Littérature maghrébine sépharade

Voix migrantes au Québec
2

Collection « Autour des textes maghrébins »
dirigée par
Najib Redouane (CSU- Long Beach - États-Unis)
et Yvette Bénayoun-Szmidt (Université York-Glendon – Canada)

Déjà parus

Najib Redouane (dir.), *Clandestins dans le texte maghrébin de langue française*, 2008.

Najib Redouane (dir.), *Vitalité littéraire au Maroc*, 2009.

Lahsen Bougdal (dir.), *Voix et plumes du Maghreb*, 2010.

Najib Redouane (dir.), *Diversité littéraire en Algérie*, 2010.

Najib Redouane (dir.), *Lecture(s) de l'œuvre de Rachid Mimouni*, 2012.

Najib Redouane (dir.), *Où en est la littérature « beur » ?*, 2012.

Najib Redouane et Bénayoun-Szmidt (dir.), *Qu'en est-il de la littérature « beur » au féminin ?*, 2012.

Najib Redouane (dir.), *Les écrivains maghrébins francophones et l'Islam : constance dans la diversité*, 2013.

Rabia Redouane, *Femmes Arabes et Écritures Francophones : Machrek-Maghreb*, 2014.

Najib Redouane et Bénayoun-Szmidt (dir.), *Les Franco-Maghrébines autres voix/écritures autres*, 2014.

Najib Redouane (dir.), *Créativité littéraire en Tunisie*, 2015.

Najib Redouane et Yvette Bénayoun-Szmidt, *Voix Migrantes au Québec. Émergence d'une littérature maghrébine*, 2017.

Najib Redouane et Yvette Bénayoun-Szmidt (dir.), *Littératures maghrébines au cœur de la francophonie. Vol. I : Écrivains d'Algérie*, 2017.

N. Redouane et Y. Bénayoun-Szmidt (dir.), *Littératures maghrébines au cœur de la francophonie Vol. II : Écrivains du Maroc et de Tunisie*, 2017.

Najib Redouane
Yvette Bénayoun-Szmidt

Littérature maghrébine sépharade

Voix migrantes au Québec
2

© L'Harmattan, 2018
5-7, rue de l'Ecole-Polytechnique, 75005 Paris

http://www.editions-harmattan.fr

ISBN : 978-2-343-14658-4
EAN : 9782343146584

*La plume
est la langue de l'âme.*

Miguel de Cervantès

*On ne peut donner
que deux choses
à ses enfants
des racines et des ailes.*

Proverbe juif

INTRODUCTION

VOIX DES ÉCRIVAINS SÉPHARADES AU QUÉBEC

Les neuf écrivains qui figurent dans le premier ouvrage *Voix Migrantes au Québec : Émergence d'une littérature Maghrébine*[1] ne sont pas les seuls pionniers dans l'émergence d'une écriture migrante maghrébine dans la province francophone du Canada. Des écrivains, majoritairement judéo-marocains, ont pris activement part à ce renouveau littéraire lié aux concepts d'espace et d'exil. L'orientation intrinsèque de leur production poétique et romanesque émanant d'une communauté bien spécifique a largement contribué à l'essor d'une littérature sépharade qui se manifeste à travers la consolidation de souvenirs collectifs, de rituels religieux, et de traditions séculaires pour surmonter le deuil de l'exil en le coulant dans la mémoire commune. Avant de présenter ces écrivains, u aperçu historique permet de saisir la raison d'existence et d'essence d'une vocation créatrice comportant toutes les possibilités régénératrices ou thématiques.

Au Canada, la communauté juive est constituée de deux groupes bien distincts et d'origines différentes. Le premier, désigné par les *Ashkénazes* (en hébreu : Allemagne), regroupe les Juifs allemands avec une extension vers tous les Juifs d'Europe centrale y compris les Russes. Le deuxième groupe, appelé *Sépharade* (en hébreu : Espagne), est constitué par les Juifs exilés de la péninsule ibérique qui ont trouvé refuge dans tout le bassin méditerranéen. Par extension, *Sépharade* est le terme qui va désigner tous les juifs orientaux face au monde occidental *ashkénaze*.

De nombreux témoignages éclairent sur le choc culturel très profond des Juifs originaires de l'Afrique du Nord avec leurs coreligionnaires *ashkénazes*. Ces derniers, comme le souligne Lucette Heller-Goldenberg, « parlent entre eux le yiddish, mélange d'hébreu et d'allemand et ils ont des coutumes et traditions communes : le plat du shabbat est chez eux le '*gefilte fish*' (la carpe farcie), les '*bagels*' (petits pains au pavot) rappellent leurs origines de l'Est. Leurs chants rituels en hébreu sont méconnaissables par les sépharades à cause de la prononciation et de la mélodie qui les rattachent à une autre culture »[2]. Quant aux Sépharades, ils ont réussi à former une communauté francophone très vivace en parlant le français et les langues vernaculaires de leurs pays d'origine. Pour les juifs du Maroc, beaucoup parlent le judéo-arabe et une autre partie de cette communauté recourt à

---

[1] Najib Redouane & Yvette Bénayoun-Szmidt. *Voix Migrantes au Québec. Émergence d'une littérature Maghrébine*, Paris, L'Harmattan, 2016, 280 p.
[2] Lucette Heller-Goldenberg. « Les Juifs marocains au Québec : l'exil et le royaume », *New Romania*, 18, 1997, p. 176.

l'espagnol en plus de ces deux langues. Ainsi, face aux Juifs ashkénazes anglophones qui se sont affirmés et ont pris de l'ampleur en développant leurs institutions communautaires, leurs synagogues et leurs propres écoles, les Juifs maghrébins éprouvent un sentiment d'étrangeté : par delà la foi judaïque, ni la diversité des rites religieux ni la langue ne les rapprochent, et ils vont donc se retrouver Juifs sépharades francophones. En fait, c'est sur le sol canadien que beaucoup de Juifs, particulièrement du Maroc, sont confrontés à une prise de conscience identitaire brutale : ils ne sont pas uniquement juifs comme ils l'ont toujours cru en terre d'Islam, ils sont aussi foncièrement marocains. Et pour éviter de se sentir étrangers, ils vont se rattacher à l'autre famille juive sépharade. Selon l'étude réalisée par Mikhaël Elbaz, cette caractéristique apparaît exclusive chez le juif marocain qui a rejeté l'assimilation et la négation de soi en assumant sa propre différence :

> Au Maroc, je ne me suis jamais défini comme sépharade. J'étais juif et puis c'est tout. J'ai découvert la différence ici. En arrivant donc, on m'a collé l'étiquette, il y avait l'Askhénaze en face.
> Je vais rester marocain toute ma vie. Je me sens séfarade et juif. Mais séfarade par opposition à Ashkénaze.
> Nous sommes arrivés ici en tant que juifs nord-africains, marocains. Le terme 'séfarade' est apparu en 1968-69[3].

Il convient de rappeler qu'en 1956, la peur, le désarroi et la tourmente saisissent les juifs marocains qui s'arrachent à leur pays natal dans une douleur poignante pour s'exiler. Dans cette dispersion à travers différents pays tels qu'Israël, France, États-Unis, beaucoup de ces exilés ont choisi le Canada. Le choix de ce pays peut paraître surprenant du fait de son éloignement aussi bien géographique qu'affectif. Mais il reste qu'en ayant favorisé depuis les années 60 une politique d'immigration multiculturelle, attentive aux singularités ethniques, le Canada était considéré comme une terre d'élection privilégiée pour beaucoup d'émigrés venus de différents horizons. Ceci dit, une grande vague de Juifs marocains choisit d'élire cette partie de l'Amérique du Nord comme terre d'accueil. Et c'est au Québec que beaucoup ont décidé de s'établir, avançant que leur décision est motivée par une raison purement linguistique. C'est que dans cette province, la vie politique, administrative et culturelle est francophone[4]. De plus, le Québec représente les grands espaces, le rêve américain, une terre de tolérance et de liberté loin des querelles raciales, et surtout un pays ouvert à toutes les

---

[3] Mikhaël Elbaz. « Mémoires et Identités des Juifs marocains et leur adaptation à Montréal », *L'Annuaire de l'Emigration*, Maroc, Rabat, Montréal, 1994, p. 168.

[4] Dans un sondage réalisé en 1971, Esther Bénaïm et Serge Ouaknine constatent que « la francophonie québécoise fut en effet la raison principale du choix de 61% des immigrants interrogés », *Monographie de la communauté juive marocaine de Montréal*, Paris, 1974, p. 26.

opportunités possibles : « 'Pour nous, ça représentait l'Amérique, les grosses bagnoles et ce qu'on voyait à la télé, alors que la France nous paraissait miteuse' »[5].

Il faut dire que la langue française au Québec est un atout majeur, un garant d'un dépaysement moindre qui permet aux Juifs marocains, sépharades et francophones, de faire partie du paysage québécois. Leur présence va se manifester dans diverses expressions artistiques et littéraires. Soulignons une fois de plus que c'est au Québec que des Juifs marocains ont pris conscience de l'importance de leur culture judéomarocaine, menacée de disparition puisque les nouvelles générations ignorent la vie juive au Maroc et leur héritage séculaire. Des chercheurs attentifs ont recueilli les précieux témoignages des anciens pour garder vivace cette mémoire collective[6]. D'autres ont été actifs dans le domaine de la musique et du théâtre, témoignant de cette volonté de créer un espace d'expression de leur culture. C'est dans cette perspective, comme le souligne Lucette Heller-Goldenberg, que pour

> [...] sauver de l'oubli le patrimoine culturel de la 'haquetia', cette langue judéo-espagnole qui berça son enfance, Solly Lévy a fondé en 1969 la chorale 'kinor' et a participé en 1981 à la création du groupe 'Gerinaldo'. Leurs répertoires contiennent des chansons et des saynètes en judéo-espagnol. Solly Lévy a également écrit des comédies qui ont été présentées aux *Quinzaines séfarades* de Montréal ; quelques-unes d'entre elles ont été publiées dans le recueil *Yahasra, Escenas haquetiescas*[7].

Lévy a aussi réalisé en recourant au judéo-arabe mélangé au français, trois adaptations de pièces de Molière[8] et une adaptation de *Pygmalion* de George Bernard Shaw. De son côté, Bob Oré a écrit *Maurice et Faby*, une adaptation en français et judéo-arabe de *Marius* de Marcel Pagnol. À cela s'ajoute la contribution de Serge Ouaknine qui a participé au collectif d'auteurs en créant au Centre Bronfman la pièce *1492 – Ombres et*

---

[5] Marie Berdugo-Cohen, Yolande Cohen et Joseph Lévy. *Juifs marocains à Montréal. Témoignage d'une émigration moderne*, Montréal, Québec, VLB Éditeur, 1987, p. 179.
[6] Citons, outre de nombreux articles, *Juifs marocains à Montréal. Témoignage d'une émigration moderne* de Marie Berdugo-Cohen, Yolande Cohen et Joseph Lévy ; *Trois-quarts de siècle pêle-mêle* de Salomon Benbaruk ; *Séphardim d'hier et de demain. Trois autobiographies d'immigrants juifs marocains au Canada* d'André E. Elbaz et *Les Juifs du Maghreb. Diasporas contemporaines* de Jean-Claude Lasry et Claude Tapia.
[7] Lucette Heller-Goldenber. « Les Juifs marocains au Québec : l'exil et le royaume », *New Romania*, 18, 1997, p. 179.
[8] *La Bsalade imaginaire*, une expérience théâtrale transculturelle inspirée par *Le Malade imaginaire*, *Le Boujadi Zouzgnef*, transposition du *Tartuffe* dans le contexte socio-culturel actuel de la communauté de Montréal et *Le Boujadi*, une adaptation du *Bourgeois Gentilhomme*.

Mémoires[9]. Ce poète nomade a également écrit deux pièces, *Les Voiles de l'espoir* et *Les Sorcières de Colomb* qui visent l'inévitable transformation travaillée par cette « 'manière ultime de demeurer fidèle à une communauté, son destin et sa différence' »[10]. Ces deux pièces qui contribuent à l'enrichissement de ce patrimoine abordent des thèmes liés au déracinement et à l'exil qui se vit dans la confusion des lieux et des temps. Selon Lucette Heller,

> Tandis que *Les Sorcières de Colomb* insiste sur l'impitoyable colonisation américaine qui a débouché sur le massacre des autochtones, *Les Voiles de l'espoir* présente une série de fresques qui racontent les pages de l'exil des Sépharades d'Espagne de 1492, exil mis en parallèle avec 1942 et 1992, soit l'holocauste et l'établissement des Juifs marocains au Canada[11].

Au niveau littéraire, il y a lieu de noter les écrivains suivants qui constituent les pionniers qui ont œuvré pour le développement d'un espace d'expression propre à leur communauté sépharade[12]. À l'exception de Lélia Young, originaire de Tunisie, qui s'est installée à Toronto, après avoir vécu à Montréal et de Raphaël Lévy, natif d'Algérie, tous les écrivains qui figurent dans cet ouvrage sont originaires du Maroc. Il est aussi utile de préciser que si Bob Oré Abitbol est parti vivre à Los Angeles, en Californie et Thérèse Zrihen-Dvir est retourné en Israël, Yvette Bénayoun-Szmidt ainsi que Jacques Bensimon, ont entamé leurs carrières respectives à Toronto où ils y ont résidé depuis plusieurs années. Quant aux autres écrivains, ils ont choisi de s'établir au Québec, plus particulièrement à Montréal, pour exprimer leur identité individuelle et culturelle, de Juifs sépharades exilés du Maroc. Il s'agit entre autres de Mary Abécassis Obadia, Georges Amsellem, Sylvia Assouline, Salomon Benbaruck, David Bendayan, Clémence Bendelac-Lévy, David Bensoussan, Fiby Bensoussan, Roger Elmoznino, Pierre Lasry et Serge Ouaknine.

L'évocation nostalgique du passé, la perception et la description d'une « identité judéo-marocaine » qui se trouve au centre de ces différents textes, ont contribué au développement d'une aventure collective de voix littéraires sépharades au Canada qui, face à l'Autre, ont confirmé une identité juive (sépharade) qui se traduit aussi bien dans la vie quotidienne que dans la littérature. Rien de plus évident que d'assister à une expansion d'écrits qui se

---

[9] Cette pièce a été créée pour le XIe Festival sépharade de Montréal qui s'est tenu les 5 et 6 juin 1992 à l'occasion du 500e Anniversaire de l'expulsion des Juifs d'Espagne en 1492.
[10] Serge Ouaknine. « Le théâtre quand le ciel se vide. Essai de réflexion juive sur la théâtralité », *Tribune Juive*, 2e année, Vol. 2, N° 2, septembre-octobre 1984, p. 22.
[11] Lucette Heller-Goldenber. « Les Juifs marocains au Québec : l'exil et le royaume », *New Romania*, 18, 1997, p. 180.
[12] Voir David Bensoussan. *Anthologie des écrivains sépharades du Québec*, Montréal, Éditions du Marais, 2010, 651 p.

situe dans l'appropriation et la continuité créatrice avec son exigence d'enracinement et de dépassement. La trajectoire de cette production fait apparaître des parcours autobiographiques ou imaginaires, le recours à la mémoire, à l'histoire pour déclencher un questionnement identitaire, l'inscription dans le processus d'écriture d'un héritage culturel ou encore, comme le dit Régine Robin, « d'une nostalgie, d'un fantasme, d'une condition séculaire, d'une altérité interne, de l'autre en soi ou de soi en un autre ». L'examen d'une production oscillant entre prose et poésie, entre récit et introspection, indique aussi clairement une nouveauté absolue et un changement total de style et de rythme. Les œuvres de différents écrivains portent l'empreinte de ce patrimoine judéo-maghrébin mais chacune se distingue par sa source vive de sa propre inspiration qui nourrit l'élan d'une littérature sépharade transformée et ouverte à de multiples manifestations. Cet état de fait transparaît à travers les écrits suivants enrichis par une diversité qui régénère une évolution marquante, à la fois bien enracinée dans un contexte « national » et aspirant à l'universalité.

ÉTUDES

Bob ORÉ ABITBOL

Bob Oré Abitbol est né à Casablanca où il a vécu jusqu'en 1962. Après quelques années à Paris où il étudie le théâtre, la littérature, l'écriture sous la direction du prestigieux directeur Jean Vilar, il choisit d'immigrer à Montréal, au Canada où il deviendra très vite une figure dominante, un pionnier de la mode vestimentaire et un membre actif de cette communauté. En 1980, il emménage au Mexique et ouvre une prestigieuse compagnie de relations publiques et d'événementiels. En 2000, il s'installe à Los Angeles, en Californie où il continue ses activités et développe parallèlement des projets de spectacle, de cirque et de comédies musicales[1]. Parlant de cette expérience, il écrit dans « Lettre de Californie : Exil sans retour » ceci :

> Je vis depuis 10 ans à Los Angeles, ville de tous les rêves et de toutes les illusions. Ville mythique où se côtoient des millions d'habitants, sans but, sans vision, sans espérance et en même temps nourris de toutes les ambitions, de toutes les quêtes, de tout ce qui fait le rêve américain. Ville phare pour de millions d'âmes et où paradoxalement on se sent seul au monde[2].

Son premier écrit qui l'a fait connaître du public communautaire et a révélé son talent aussi bien d'écrivain que de dramaturge[3] s'intitule *Le goût des confitures*[4]. Ce recueil regroupe 17 nouvelles qui ouvrent cette boîte de Pandore pour raconter des histoires, situer des événements, faire renaître des visages oubliés, évoquer des rencontres déterminantes et relater des gestes manqués pour lutter contre l'oubli du temps. Ainsi, dès la première nouvelle de ce recueil, le ton est donné, un climat s'installe. D'entrée de jeu, le narrateur, son passé, ses souvenirs intimes seront livrés à travers le regard d'un adulte qui tente de replacer ce passé lointain dans un contexte de

---

[1] Aujourd'hui, il continue d'écrire, dirige une galerie d'art à Los Angeles *BOA Art gallery* www.boartgallery.com, est propriétaire d'un cirque www.cirqueos.com.,publie des livres, enfin vit toutes ses folies et les assume : www.bobore.com.
[2] Bob Oré Abitbol. « Lettre de Californie : Exil sans retour », *Harissa.com*, 28/01/2016.
[3] Adapté de son premier recueil de nouvelles, la pièce *Le goût des confitures : portrait de famille* fut jouée en 1990 au théâtre Sadie Bronfman, à Montréal. Elle a été mise en scène et jouée par lui-même. Le succès de cette première pièce l'avait encouragé à écrire *Maurice et Faby*, une adaptation en français et judéo-arabe de *Marius et Fanny* de Marcel Pagnol, pièce jouée en 1996. Il en écrit d'autres, *Shabbat Chalom*, adaptée du film *Le Dîner de cons* de Francis Veber, réalisé en 1998 qui fut jouée au théâtre Sadie Bronfman et au Centre Communautaire Juif de Montréal. Il réalise aussi *Chabanel Story*, une suite à *Shabbat Chalom* dont l'intrigue concerne le monde des Juifs du prêt-à-porter à Montréal, regroupés dans la rue Chabanel. D'autres pièces ont suivi, comme *En plein dans le noir*, jouée en 2003 au même endroit, ainsi que *L'an prochain à Beverly Hill (si D. veut)*.
[4] Bob Oré Abitbol. *Le goût des confitures*, Québec, Éditions Hurtubise HMH, 1986, 95 p.

remémoration du temps de l'enfance. La narration, qui se tient au plus près de cet objectif, établit un lien direct entre auteur, narrateur et personnage principal de ce récit. « Cet enfant qui évoque ces souvenirs avec tant d'émotion et de nostalgie, cet enfant, cet enfant c'était moi... et c'est encore moi » (6).

En fait, cet enfant à la mémoire capricieuse qui commence à parler de lui à la troisième personne revient immédiatement à un « Je » intime et personnel. Le recours à ce procédé autobiographique est déterminant dans le sens où il vise à rendre compte de l'authenticité et de la véracité des événements relatés. Aussi, le dévoilement de l'identité du conteur se précise-t-il dans une clarification bien apparente située quelques pages plus loin dans l'espace textuel du recueil :

> - Oui, j'aime, j'aime, raconte Bob ! Ça me rappelle ma propre jeunesse, les couleurs, les odeurs et l'atmosphère de ce temps-là. Chaque fois que tu écris, c'est moi-même qui écris, et tu évoques nos souvenirs communs. Alors, ne te fais pas prier et raconte ! (21)

Le récit prend place à Casablanca au Maroc dans les années 40 durant le Protectorat et s'étend jusqu'au départ massif des Juifs qui, arrachés à leur terre natale, s'élancent dans un exil incontournable, en passant par l'événement marquant dans l'Histoire du Royaume Chérifien à savoir son indépendance en 1956.

> Des drapeaux marocains flottaient partout. Les Arabes criaient leur joie « Houria », « Houria » [Liberté] ou bien « Hia l'Malik, Hia l'Malik [Vive le Roi] ! » Des arcs de triomphe en feuille de palmier, illuminés de loupiotes de couleurs blanches, vertes et rouges, avec une étoile à cinq branches, étaient montés à la hâte sur toutes les grandes artères. Le roi Mohammed V n'allait pas tarder à revenir. La liesse populaire atteignait son apogée. (26)

Il convient de souligner que si ce moment historique constitue pour le peuple marocain musulman une étape de libération qu'il célèbre dans une grande euphorie, il n'en demeure pas moins que pour les Juifs marocains, cet événement annonce la fin de leur paix et le début de leur malheur. Pour beaucoup, l'histoire devait bouleverser le rythme d'une vie dont on n'imaginait pas le terme. Avec le départ des Français en 1956 qui avaient fait des Juifs des citoyens à part entière, en abolissant leur statut de « *dhimmi* » depuis la colonisation de 1912, un vent de panique souffla. Apeurés d'être cibles à des représailles et à des attaques en raison de la montée du sionisme et de la création de l'État d'Israël, les Juifs quittèrent cette terre d'Afrique où ils étaient enracinés depuis des siècles. Le narrateur-protagoniste ne révèle-t-il pas cet état de fait douloureux qui a brisé la tranquillité de la vie de tant de Juifs marocains en indiquant ceci : « Bientôt, nous allions nous quitter, l'indépendance du Maroc, ce nationalisme à outrance allait affoler nos parents. Les caisses emplissaient les garages et vidaient les salons » (26).

L'évocation du temps lointain du narrateur-protagoniste est parsemée de petits et grands événements personnels, de noms patronymiques, de topographies relatives à la ville de Casablanca, de lieux et de figures qui affleurent à la mémoire, mais dont l'exil et l'éloignement n'ont apporté aucun répit. De la terre natale qu'il a quittée, il garde vivaces les souvenirs d'une époque spéciale, celle « des amis maintenant oubliés, éparpillés, diasporisés encore une fois aux quatre coins du monde » (22), de leurs jeux et leurs paris, de la chaleur humaine qui régnait dans leur quartier, de la tradition judéomarocaine et de la cohabitation harmonieuse entre Arabes et Juifs. L'époque du narrateur-protagoniste se caractérise également par une enfance dorée, entourée de l'affection parentale considérée comme le ciment de la structure familiale, par une jeunesse paisible et chaleureuse baignée dans le bonheur du partage avec les amis, de la découverte de la mode et de la musique américaine et de la solidarité de sa communauté juive au sein d'un pays musulman.

> Les habitants du mellah, où ils vivaient comme presque tous les Juifs à cette époque, se comportaient comme une grande famille où tous se connaissaient, se jugeaient sans complaisance et s'entraidaient de manière altruiste. Ville dans la ville, l'État dans l'État, ils avaient leur mode de vie, leur rythme, leurs clans. (82)

Il faut dire que la mémoire, surtout quand elle est heureuse, est un délice. Elle évoque, ranime le souvenir, prend du plaisir à le répéter et marque son expression de joie et de bonheur. C'est ce qu'évoque le narrateur-protagoniste dans la nouvelle qui a inspiré le titre à ce recueil. Il s'agit de la reconstitution de cette aventure de David et Élie qui, après une longue journée de classe, ils s'introduisent dans l'appartement de leur sœur et se régalent à manger différentes sortes de confiture « aux raisins secs et aux noix, avec des bâtons de cannelle, confiture de coings avec des clous de girofle ; la préférence des enfants allait plutôt à la confiture d'orange » (12). Sa mère lui avait raconté que de cette aventure, ils avaient eu une indigestion parce qu'on les a retrouvés se roulant par terre. Mais malgré cet incident, le souvenir demeurait fort à telle enseigne qu'il suffisait pour les détourner de l'air grave ou sérieux qu'ils affichaient de parler des confitures pour qu'un grand sourire éclaire leur visage.

Tout au long de ce récit, on décèle de nombreux va-et-vient entre passé et présent. C'est là sans doute, la seule manière cohérente de rendre compte d'une histoire personnelle dont l'horloge a été déréglée, de raconter ces existences et ce pays qui se délitent au fil des événements. Certes, le protagoniste-narrateur tente dans son évolution personnelle d'être de partout et de nulle part, mais il reste marqué par son pays natal le regrettant au plus profond de son être. Il regrette comme il précise bien « les amis, la plage, la cuisine et le soleil, le soleil... » (22). Et pour éviter de justifier les raisons qui ont motivé son départ, il se contente d'avancer tout simplement :

> Je n'allais pas tarder moi aussi à quitter ce beau pays attachant et chaleureux duquel nous sommes restés encore profondément amoureux, peu importe notre destinée. (26)

Le temps de l'insouciance passé, et, quelles que soient les raisons avancées justifiant son départ de son pays natal : protection, survie, peur, etc., le narrateur-protagoniste garde de ces moments un souvenir douloureux et une déchirure béante. L'insertion dans l'espace textuel de la lettre de sa mère lui annonçant son arrivée au Canada ramène la réalité amère du départ avec son lot de souffrance et d'angoisse, de peine et de détresse.

> On ne quitte pas son pays, un pays que l'on aime, sans déchirements, sans pleurs, sans se tourner une dernière fois.
> Et j'aime ce pays chaleureux, hospitalier, qui est celui de mes parents et des parents de mes parents.
> J'aime les gens d'ici, musulmans et Juifs mêlés à une même recherche de bonheur et de fraternité, cette vie tranquille pleine de soleil et d'amitié.
> Et je me pose la question sérieusement. Pourquoi sommes-nous partis ? Qui a commencé cet exode qui nous a éparpillés aux quatre coins de la terre ? Qui a décidé le premier que ce pays n'était plus pour nous, n'était plus sûr ? Qui a senti le premier le danger ?
> Ne l'ai-je pas entendu cent fois, mille fois cette excuse, répétée à mi-voix ?
> - Ce n'est pas pour moi que je pars, c'est pour les enfants. (73-74)

Déchirée entre la nécessité de partir et le désir d'y retourner, la mère, dans sa volonté de dépasser le chagrin et la désolation, décide de résoudre ce dilemme en se rendant à l'évidence qu'elle ne pourra jamais se détacher de ses racines et que le pays qu'elle vient de quitter la poursuivra partout comme son ombre :

> Mais quoi qu'il advienne, jamais je n'oublierai le Maroc. « On est toujours de son pays » rappelle-toi mon fils. Tes traditions sont tes traditions, car que vous le vouliez ou non, vous êtes et vous resterez Marocains. (75)

La force de l'attachement au pays natal se prête à l'exaltation mystique et le geste qu'elle pose dès son arrivée sur le sol canadien en avril à un moment où « la neige n'avait pas encore tout à fait fondu » (79), fait ressortir le caractère émouvant de cet amour éternel à la terre de ses ancêtres :

> Elle l'ouvrit, toucha le contenu tristement. Dans ce petit sac, comme une relique précieuse, comme un bijou de grande valeur, il y avait chaude et ocre et fine un peu de terre du Maroc qu'elle venait de quitter. (80)

Un constat s'impose au narrateur-protagoniste à l'observation de ce rituel : sa mère a en effet quitté le Maroc, mais le Maroc ne l'a jamais quittée. D'ailleurs, cela se confirme à travers ses remarques constantes à chaque fois qu'elle sort avec lui dans un marché. « Ne me parle pas de ces fruits et de ces légumes d'ici, tous artificiels, et rien, tu ne sens rien » (59). « Et puis le goût, ajoutait-elle, le goût du Maroc, tu ne le trouves nulle part ailleurs » (59). C'est ainsi qu'en présence d'une mère restée fidèle à elle-même, le narrateur-protagoniste retrouve un certain ressourcement et ressent sa marocanité de façon plus aiguë au Québec qu'auparavant dans son pays d'origine. Il se fait donc nostalgique et réaliste, alors que se confondent dans son esprit, le passé et le présent, les souvenirs lointains, les actions et les rapports qui guidaient les relations humaines entre sa communauté et les Arabes, et surtout la quête d'une nouvelle identité :

> Il y avait bien sûr entre nous des affinités, une manière bien orientale de voir les choses, de les ressentir. Mais nous n'étions pas vraiment Marocains. Nous le sommes devenus bien plus tard, dans d'autres pays, sous d'autres cieux. Ailleurs, nous avons dû assumer une identité qui n'avait jamais vraiment été la nôtre. Là-bas, nous étions des Juifs marocains. Ici nous sommes devenus des Marocains juifs, des Québécois « sépharadistes ». (17)

On découvre tout un univers dans ce recueil de Bob Oré Abitbol, nostalgique dans sa progression comme dans son propos, qui apparaît révélateur de la force de l'attachement au pays natal et de la sauvegarde, voire de l'acceptation d'une identité sépharade, judéomarocaine en terre canadienne. En fait, le plus formidable de tout cela qui mérite d'être signalé, c'est que le Canada permet au Juif du Maroc d'assumer sa nouvelle identité sans abandonner sa personnalité, sa culture, sa religion, ses habitudes, ses traditions, son mode de vie. Écrire et raconter ses souvenirs lointains met le narrateur-protagoniste en face de sa quête de la mémoire et de son identité. Si bien que dans le poème placé à la fin du recueil, l'affirmation identitaire ne laisse aucune ambiguïté et rejoint en grande partie l'expérience des Juifs marocains qui ont choisi le départ de leur terre natale pour être dispersés à travers le Monde.

> On est toujours de son pays
> Quoi que l'on dise, quoi que l'on fasse
> On traîne toujours sa nostalgie
> Où que l'on vive, où que l'on passe
> Jamais, jamais, ça ne s'oublie
> On est toujours, on est toujours
> De son pays (95)

Les dix nouvelles qui composent *Les Faucons de Mogador*[5] continuent sur la voie de cette quête mémorielle traitée dans le premier recueil. L'auteur rassemble des morceaux de son passé pour témoigner du déracinement, de la transplantation, de l'immigration, de l'exil, de la nostalgie et du retour au pays natal. D'ailleurs, le recueil s'ouvre avec une nouvelle intitulée *Le Retour* et se termine par *Voyage à Jérusalem*, comme si l'écrivain tenait à bien insister sur dualité : sa marocanité et sa judéité qu'il a tenté de concilier tout au long de sa vie.

Dans ce recueil où la part autobiographique de l'écrivain est importante, les circonstances de son expérience de l'exil pendant plusieurs années au Canada renforcent la nécessité d'effectuer un retour au pays natal et de renouer avec ses origines. Pour lui, vivant au sein d'une communauté sépharade importante, imprégnée des langues judéo-arabe, judéo-espagnole et française, culturellement dynamique et différente des Juifs ashkénazes anglophones, l'affirmation de son identité passe inéluctablement par le fait de retrouver ses racines. C'est ainsi qu'il décide un jour de quitter « Montréal, enneigée et plutôt triste, pour embarquer non sans une certaine appréhension, à destination de Casablanca » (13-14). Il justifie ainsi sa décision :

> Depuis longtemps, je voulais retourner au Maroc. Retrouver, même pour quelques jours, la chaude ambiance de là-bas, revoir mes amis, déguster les sandwichs délicieux de « Chez Isaac » le gargotier, respirer à fond l'air marin d'Anfa, tremper ma nostalgie dans mon quartier, serrer dans mes bras Marika, mon premier amour. Elle vivait encore là, mariée, mère de famille. Elle serait sans doute ravie de me revoir après tant d'années. Ce serait une merveilleuse surprise pour elle et pour moi. (13)

En fait, ce voyage qui s'impose à lui comme une urgence, comme un droit à la mémoire, n'échappe pas de susciter en lui des sentiments de crainte et d'inquiétude, c'est qu'il est source d'attentes, de rêves et d'espérance. Mais il le considère également comme une épreuve à surmonter parce que ce qu'il redoute le plus, c'est de se trouver plongé dans un océan de déceptions, de regrets et de désillusions. Ainsi, dès son arrivée, il expose sans détour sa

---

[5] Bob Oré Abitbol. *Les Faucons de Mogador*, Montréal, Les Éditions Balzac, 1994, 115 p.

sensibilité exacerbée d'un revenant après plus années d'exil à la quête des ses anciens repères qui ont forgé son identité.

> De l'aéroport de Nouasseur jusqu'à l'hôtel Hyatt Casablanca où j'étais descendu, je regardais avec attention les visages, je tentais de reconnaître au passage les rues familières, de retrouver comme par magie l'atmosphère riche et belle qui avait nourri ma nostalgie pendant vingt ans. (14)

On n'est pas sans noter que dans ce recueil, chaque nouvelle possède son espace ou ses espaces qui annoncent la localisation du récit et dans lequel se déroulent des événements pour la plupart marqués par une série de ruptures ayant des implications existentielles. En fait, les études consacrées à la spatialité romanesque sont diverses et elles empruntent différents concepts et méthodes. À titre d'exemple, Jean-Yves Tadié aborde l'espace « comme l'ensemble des signes qui produisent un effet de représentation »[6]. Pour Denis Bertrand, « l'espace n'est pas une simple topographie, il est en même temps, et à tous les niveaux le support d'une axiologie ; [...] entièrement investi de valeurs »[7]. Ce qui fait de la présence de cette donnée structurale dans la narration, l'un des opérateurs par lesquels s'instaure l'action. Selon, Jean Weisgerber, l'espace romanesque se présente comme :

> Un ensemble de relations existant entre les lieux, le milieu, le décor de l'action et les personnes que celle-ci présuppose, à savoir l'individu qui raconte les événements et les gens qui y prennent part[8].

La caractéristique la plus frappante de la fonction assignée à la spatialité dans *Le Retour* est l'évocation constante de deux espaces : l'espace du passé et l'espace du présent. Dès que le narrateur touche le sol marocain, surgit alors, devant lui un espace ouvert, un espace où il y a beaucoup de lieux qui sont restés ancrés dans sa mémoire. Ainsi, l'impatience et la hâte s'emmêlent, il est pris dans une sorte de transe en se rappelant ses promenades dans les grandes avenues de Casablanca qu'il connaît bien. Naviguant dans ses souvenirs lointains, il n'en revient pas de l'ampleur de la transformation de la ville de son enfance. Sa mémoire, emportée dans un rythme soutenu de souvenance, restitue une vérité fulgurante, celle du paradis perdu.

---

[6] Jean-Yves Tadié. *Le récit poétique*, Paris, PUF, 1978, p. 48.
[7] Denis Bertrand. « L'espace et le sens *Germinal* d'Émile Zola », Paris-Amsterdam, Éditions Hadès-Benjamins, 1985, p. 60.
[8] Jean Weisgerber. *L'espace romanesque*, Lausanne, L'Âge d'homme, Coll. Bibliothèque de littérature comparée, 1978, p. 14.

> J'arrivai transpirant et fatigué à mon hôtel qui se trouvait à l'ex-Place de France, devenue Place Mohammed V à la mémoire de ce bon roi, père du souverain actuel, Hassan II. Autour, tout avait changé. Disparus, les cinémas Régent et Apollo, où passaient régulièrement les films de Tarzan et de Zorro, qui avaient fait nos beaux jours. De même l'immeuble de la Metro-Goldwyn-Mayer avec son lion tellement caractéristique sur le fronton. Et le cinéma Vox, témoin des amours clandestins de naguère et théâtre des films épiques, plus qu'un terrain vague. Le glorieux magasin des Galeries Lafayette, transformé en magasin d'articles d'artisanat et de tapis de Rabat. Le terminus des autobus crème et rouge de la CTM et celui des petits taxis rouge et noir, maintenant déplacé à la Place de Verdun, un grand jardin avec un grand jet d'eau l'ayant remplacé. Mais toujours là, le grand immeuble tout blanc de la Banque Nationale (BMCI), l'unique gratte-ciel d'antan, témoin impassible et immuable d'un autre temps, d'une autre époque. (14-15)

Quelle que soit l'importance de la dimension du dehors inscrite au début de la trame narrative, le constat du narrateur est teinté de tristesse et de désarroi qui transpire dans la perte de ses repères. Le dispositif spatial vient participer à la pluralité de ses souvenirs et le rythme mouvementé de l'errance trace un remarquable itinéraire à travers la ville de son enfance et de son adolescence. Il détaille la nature des souvenirs qui le submerge en déployant un étonnant mélange de nostalgie et d'observation de ce qu'il découvre.

> Je déambulai dans les rues achalandées et disparates de ma ville natale. Je traversai la Place de France et me retrouvai sur le Boulevard Mohamed V. Il me semblait qu'hier encore, j'empruntais ce chemin pour me rendre à la belle imprimerie de mon oncle Haïm qui se trouvait près de la gare. Il me donnait régulièrement une pièce de cent francs pour le cinéma, quelques carnets, deux ou trois jeux de cartes que je distribuais fièrement à mes amis comme si l'imprimerie m'appartenait.
> Toutes les enseignes sont en arabe, ce qui leur donne un autre air : ce sont pourtant les mêmes magasins que je vois. (15)

Pour retrouver l'ambiance de ses souvenirs d'enfance et sentir l'air marin, il désire revoir la mer. Le lendemain, il entame sa première visite en prenant un taxi pour se rendre sur « la côte », appelée aussi croisette par les Casablancais.

> J'ai respiré profondément et longtemps les parfums mêlés de l'Atlantique et de la Méditerranée. J'ai foulé le sable chaud des plages de mon enfance aux noms si évocateurs : Tahiti, Lido, Kontiki, Miami Beach. (16)

Le rappel de ces lieux privilégiés de l'exercice du souvenir ne représente pas seulement une simple remémoration anecdotique, mais il est bel et bien une manière de reconquérir son identité à travers la quête du passé. Il lui permet d'envisager les jeux avec les attentes du lecteur qui peut bien adhérer volontiers à un pacte autobiographique donné[9]. En retrouvant les goûts et les odeurs d'un temps lointain et en se ressourçant de la beauté marine, il sent le besoin d'exprimer les tréfonds de son âme.

> Oh ! lieu de nos premiers pas, de nos premières amitiés, de nos premières amours, berceau de notre enfance ! Oh ! châteaux de sable de nos espoirs les plus fous que vient caresser la mer qui les avale tout doucement ! Ah ! ce sable chaud, qui coule entre nos doigts comme notre vie, insaisissable, comme le vent qui se répète à l'infini entre les branches d'acacias et d'oliviers, je veux te dire ma peine et ma joie, comme ces frissons qui courent, légers, sur les vagues de ma Méditerranée bien-aimée, ou sur l'eau des lacs de mon Canada, ce Canada étrange et lointain. (18)

Cette visite à la plage sert de prétexte à une rétrospection en soi-même, et pour révéler un trésor de souvenirs caché au fond de son passé qu'il veut restituer dans son authenticité. Aussi, se livre-t-il à l'exercice de reconstitution des épisodes de son passé en faisant appel à des souvenirs qui relèvent d'un vécu ultérieur : « Notre jeunesse était sacrée, et les amours innocents de ce temps-là ont gardé le goût pour des sources fraîches que rien ne vient altérer » (13). Mais à l'intérieur du long itinéraire du retour s'opèrent le doute et la déception. L'espace de quête ouvert au narrateur, qui refuse d'être un simple touriste comporte plusieurs lieux qui dans le déroulement de la dynamique narrative le pousse à passer du constat à l'interrogation sur sa propre réalité et de l'excitation à l'incertitude sur la validité de ce voyage : « Avais-je bien fait de revenir ? [déclare-t-il] Ne valait-il pas mieux vivre avec ses souvenirs ? N'allais-je pas être déçu ? » (14).

L'arrachement au pays natal a fait du narrateur ce qu'il n'a jamais cessé d'être depuis, en dépit des gaietés, des circonstances, des déplacements, des découvertes, un enfant perdu. Cet arrachement demeure aussi empreint de peine intérieure, toujours source de mélancolie et de nostalgie, qui donnent lieu à des interrogations et à des réflexions qui assaillent son être d'exilé, désireux de revenir sur les lieux de son enfance.

> Ainsi, j'ai fait le tour du monde plusieurs fois, cherchant des vérités qui m'échappaient et que, jusqu'à aujourd'hui, je n'ai pu

---

[9] Selon Philippe Lejeune, c'est un « pacte » entre l'auteur et le lecteur engageant le premier à raconter directement sa vie dans un esprit de vérité. Voir Philippe Lejeune. *Le Pacte autobiographique*, Seuil, coll. « Poétique », 1975, 332 p.

> trouver et que je cherche encore. Après toutes ces années d'errance, de pérégrinations dans des villes étranges qui le sont restées pour moi, étranger parmi les étrangers, je retournai aux sources dans le quartier béni de mon enfance heureuse, quittant Montréal enneigée, froide et triste, pour retrouver comme instantanément la lumière éclatante de ma ville natale. (18)

Il convient de rappeler que prise dans la fièvre du départ, la communauté juive perdra de son unité, de sa cohésion, de sa solidarité et de sa fraternité, se brisera sous l'impact des séparations et des conséquences de l'éloignement. Implantée de longue date sur le pays des ancêtres, en terre d'Islam, la majorité de ses membres se trouve soudainement habitée par la frayeur d'être cible de répression et d'attaques meurtrières. En peu de temps, le vent du départ souffle et elle décide de tout quitter espérant trouver refuge ailleurs dans des contrées lointaines. En racontant ses souvenirs, bons ou mauvais, en rassemblant les morceaux de son passé, le narrateur témoigne de la douleur du déracinement et de l'exil. D'ailleurs, ce qui semble le plus important pour lui, ce qui a bouleversé sa vie, tant bien que mal, c'est d'avoir émigré, d'avoir changé de pays. Il ne cesse de se demander si les Juifs marocains avaient pris la bonne décision de partir et de chavirer dans un exode quittant le lieu qui les a vus naître risquant de ne jamais le revoir de leur vie.

> Pourquoi avions-nous quitté ce merveilleux pays ? Avions-nous le choix ? Encore aujourd'hui, je me pose la question. Était-ce nécessaire de nous déraciner ainsi ?
> Pourquoi partir, toujours partir ? Fallait-il absolument abandonner cette terre d'Islam accueillante et belle où nous vivions depuis des générations ? Le devions-nous vraiment ? Je crois que oui, pour notre sauvegarde et notre bien-être, mais aussi celui de ce peuple qui voulait s'affirmer, qui devait s'affirmer, il devait quitter tout ce qui était nôtre, tout ce qui était nous. (16)

En effet, la communauté juive marocaine fait partie intégrante de l'identité du pays qu'elle a contribué à édifier et à enrichir. Ses membres étaient soudés et vivaient bien entretenant de bonnes relations avec les musulmans. Malgré cette bonne cohabitation millénaire qui faisait du Royaume chérifien l'un des derniers pays arabo-musulmans comptant une communauté de confession juive, les aléas politiques ont poussé l'écrasante majorité de partir, abandonnant leurs villes et leurs maisons sachant qu'en accomplissant cette action, c'est pour la vie.

> Oui, malgré le fait d'avoir vécu là depuis des siècles, mêlés à toutes les populations, intégrés dans toutes les villes, nous devions partir. Nous étions différents, les mêmes et différents. À cause de notre religion, de notre attachement à Israël, nous aurions formé

> une cinquième colonne qu'aucun pays arabe, étant donné les circonstances, ne pouvait tolérer. Malgré les assurances du Roi, malgré les embrassades chaleureuses, spontanées et fraternelles, il fallait tout quitter. (16-17)

Il lance un cri lancinant en transmettant cette réalité si dure, des sensations de détachement et d'éloignement, liée au destin de sa communauté à travers les sentiments d'angoisse et de désarroi qui habitent ses membres. Ceux-ci vivent dans une détresse permanente, obligés à la moindre tension de quitter le pays où ils sont nés et où ils ont vécu. En fait, contraints de quitter les domiciles et les quartiers de leur enfance, habités par une peur séculaire, leur départ forcé est en soi un exil marqué de déchirements, de séparations, de détachement et de rupture avec les espaces de leur passé. De tout temps et partout où ils se trouvent, ils ont affronté des problèmes d'adaptation et des difficultés d'intégration. Sa mise au point capte la faille, la fragilité de l'exil et la particularité de sa communauté large marquée par le sceau de la fatalité du destin.

> Demain, la même chose nous arrivera. Pour garder notre identité, nous nous marginalisons, nous voulons être différents, nous cherchons à l'être. À la moindre étincelle, nous prenons feu, nous nous révoltons contre cette majorité imbécile qui veut à tout prix nous assimiler, nous intégrer. C'est pourtant le rôle de la majorité, de tirer malgré elle comme un aimant les autres communautés. Partir serait donc notre destin et émigrer d'un endroit à l'autre, notre lot. Ah ! Qu'on me donne une terre où je retrouverai mes racines, qui sera la mienne, où je me sentirai enfin chez moi. (17)

Ce qui est intéressant dans les réflexions du narrateur, c'est qu'il inclut des échos multiples qui renvoient à la mémoire aussi bien dans sa dimension individuelle que collective. Il constate avec regret que le temps lointain, sur lequel vogue la mémoire, s'est perdu à jamais. Il s'interroge non seulement sur lui-même, mais sur le destin de ces Juifs qui se trouvent dans un état d'exil perpétuel, ne réussissant par à reprendre racine après leur départ du Maroc pour divers pays. Ce qui frappe dans le rappel de ses souvenirs, c'est la réduction de la communauté juive qui était large et dont les membres vont s'établir dans différentes parties du monde. Il pense à ses anciennes connaissances qui ont déserté leur quartier pour élire domicile ailleurs. Son émotion va au-delà de la sphère de l'expérience personnelle, car elle dérive vers des scènes appartenant à l'Histoire collective qui annonce une vérité dure sur l'essence de l'existence.

> Dans ma tête, les noms évoqués fusaient comme des étincelles et chacun allumait, pour un instant, des visages oubliés, les faisait danser dans ma mémoire engourdie, puis retombait dans une

> léthargie que seuls le temps et les rencontres raviveraient peut-être un jour. Mariages, divorces, un enfant, deux enfants, l'un vit à Bordeaux, l'autre à Montpellier : celui-ci au Brésil, celui-là à Tel-Aviv ou à Jérusalem. L'éclatement a été total, comme au temps de l'Inquisition espagnole. Une explosion qui a fait autant de morts que de blessés. Nous essayons de réparer les vases en fabriquant mille vases avec les morceaux éparpillés. Sommes-nous faits pour la souffrance ou pour le bonheur ? La vie est pleine de désillusions : naître est une souffrance, mourir est une souffrance, vieillir est une souffrance entre quelques éclairs de bonheur intense, quelques moments de joie, quelques années d'insouciance et puis après, le silence. (21)

Dans cette nouvelle, ce narrateur, jamais nommé sinon par « je », raconte, quelque part dans ses mémoires, ce qu'il n'a jamais oublié. L'approche intimiste qu'il insuffle à son retour ouvre tout grand la porte, non seulement à sa réflexion, mais à l'ensemble de son univers personnel. En fait, ce qu'il rapporte et présente revêt une importance primordiale car, il est le narrateur-protagoniste et tout est vu à travers le prisme de son regard. Poursuivant sa marche ne sachant pas vers quelles découvertes se dirige-t-il entre des gens, des sons et des odeurs qui lui étaient jadis familiers. Quand il se trouve près de l'horloge municipale, il reconnaît avec émotion qu'il est près de l'atelier de son père disparu.

> Ma promenade solitaire et nostalgique m'a conduit vers les places de naguère sans retrouver la magie de mes souvenirs. Je suis passé par l'ex-magasin de mon père, à l'endroit même où il s'installait pour titrer à l'or fin les livres savants de ses clients. Près de lui, une petite flamme bleue dansait, sur laquelle il chauffait les caractères en plomb. Il s'appliquait vraiment, les dents serrées, concentré sur ce travail qu'il aimait. Mon père, ce poète qui ne savait ni lire ni écrire, mais qui a passé toute sa vie avec des livres. Mon père, cet humaniste qui ne pouvait communiquer son amour qu'avec ses yeux. (23)

Il décrit sa relation avec un père exceptionnel pour qui il éprouve un amour infini et à qui il rend un vibrant hommage. Il se souvient de lui avec tristesse et reconnaissance, parce que c'est grâce à lui qu'il a pénétré dans le monde des livres et a découvert la richesse de la lecture.

> Mon père, un homme humble, un homme bon, je l'ai aimé et je l'aime encore, plus que moi-même. Il était et il reste pour moi le modèle de l'homme universel, avec sa candeur, son sens de l'humour, son sens de l'amour infini qu'il donnait aux autres avec tant de facilité, avec tant de naturel. (23)

Il fait une rencontre inattendue et touchante avec un homme musulman qui travaillait avec son père. Ce dernier est très ému de revoir le fils d'un ancien collègue qu'il accueille chaleureusement. Son geste réalise sans aucune transition l'actualisation du passé du narrateur dans son présent.

> Un vieil Arabe de la mezzanine du magasin m'a aperçu. Il est descendu et m'a serré dans ses bras, puis il s'est à pleurer longuement, à chaudes larmes. Il retrouvait à travers les mois les accents de son passé, mon père, ma mère, et cette belle époque, à jamais révolue, où nous étions ensemble. (24)

Il saisit cette occasion pour souligner que l'attitude du vieil homme montre la bonne entente qui régnait entre les deux communautés. L'accueil chaleureux vise à créer un lien autour de cette mémoire plurielle de deux communautés qui cohabitaient bien jusqu'à ce que l'histoire les sépare. À vrai dire, la coexistence entre les musulmans et les juifs est une relation singulière et un exemple puissant de la tolérance et de l'acceptation de l'autre. Par l'indication de cette fraternité qui existait entre les communautés, le narrateur met en lumière une histoire commencée il y a plus de 2000 ans, avant même la naissance de l'Islam. Protégée au Maroc, qui par exemple n'a jamais livré à la France les listes de « juifs marocains », la population juive a cohabité avec la population musulmane, en partageant les mêmes traditions, une culture commune, un patrimoine musical et des goûts culinaires semblables. La coexistence et la connivence entre ces deux communautés ont forgé la riche mosaïque interculturelle marocaine.

Incapable de retrouver son équilibre et sa sérénité, il exprime le conflit d'identité qui le perturbe de façon émouvante en revenant sur les lieux de son enfance après plusieurs années d'exil. L'espace de sa mémoire se trouve bien défini en signalant un déplacement entre le Maroc et le Canada. Il indique qu'il vit sa déchirure douloureusement ne réussissant pas à se reconnaître dans aucun de ses pays, ni dans celui de ses origines ni dans celui d'accueil confirmant ainsi sa déconvenue d'émigré.

> À Montréal, je ne cessais d'évoquer le Maroc, le soleil, la mer, la cuisine, l'hospitalité et la chaleur des habitants. À Casablanca, étranger dans ma propre ville, c'est Montréal qui me manque, que je vante, dont je parle sans arrêt.
> Étrange et douloureuse sensation : me serais-je donc, malgré moi, malgré tout, habitué à cette ville du froid, à cette vie d'hiver sans même m'en rendre compte ? (18)

Le narrateur et les membres de famille ont choisi le Québec et l'arrachement au pays natal a eu des répercussions sur eux. Dès leur installation, ils sont déracinés et transplantés. La langue n'est pas un obstacle pour eux comme les autres sépharades qui ont choisi de s'installer dans cette province francophone du Canada. Néanmoins, ils se sentent étrangers. Ils ont beaucoup de mal à s'adapter au nouvel espace, à l'occuper. En fait, l'exil est dur pour eux et chacun s'en sort comme il peut inventant ses propres moyens pour panser les blessures et pour échapper à la dureté de la nostalgie. Il relate l'expérience de sa grand-mère qui se sent étrangère, à plus forte raison en terre d'accueil. De plus, elle ressent le manque, le (dé)-racinement, la rupture, la solitude, l'exil et le froid. Pour elle, le Québec demeure une autre terre et sa marocanité s'est réaffirmée avec une force incroyable depuis qu'elle a quitté le Maroc.

> Ainsi ma grand-mère qui, pendant les vingt ans de son séjour canadien, ne cessa de nous ressasser son amour pour son pays d'origine.
> Tout lui manquait. Je vous répète en vrac une partie de ses doléances (je ne parle pas du climat et de la mer qui vont de soi). La femme de ménage, l'épicier du coin, le pain, le four et le bain maure, ses voisines, ses amies, sa maison (qu'elle imaginait immense), son travail, la Côte (une promenade au bord de la mer qui faisait partie de son quotidien). Même le Pepsi, disait-elle, avait un goût différent. (19)

La modernité du mode de vie nord-américain n'a aucun point commun avec les traditions bien ancrées dans l'esprit de sa grand-mère. De ce fait, elle éprouve une profonde béance intérieure, un manque d'appartenance, une sensation d'isolement et de désarroi, de regrets et de nostalgie.

> Ainsi, malgré le confort relatif dans lequel elle vivait, tout lui paraissait futile. Tout le reste de son existence se passerait à regretter quelque chose qu'elle savait ne pouvoir jamais retrouver. Mais n'est-ce pas ainsi de tous les émigrés, de tous les immigrants ? (19)

Il est clair qu'on ne peut pas parler d'espace migrant sans parler d'exil, de rupture, d'aliénation, de dépaysement et de nostalgie. Le narrateur donne une idée de cette terre d'accueil qui a peu à voir avec son pays d'origine et insiste sur la notion de liberté et la difficulté d'affronter un autre climat, une autre culture.

> Mais est-ce être libre lorsqu'on est dépendant ? Est-ce être libre lorsque chaque fin de mois est un cauchemar ? Est-ce être libre que d'être dans le froid, la neige, les tempêtes, la gadoue, la boue, le vent glacial, les bottes, les claques, les manteaux trop lourds, les maisons trop chaudes, les voitures qui ne démarrent pas, les dents qui claquent, les mains qui gèlent, le nez qui coule ? La vie qui s'enfuit ? Comme cette neige qui fond par un beau jour d'avril et

qui nous fait patienter encore un jour, encore un an, jusqu'à la mort ? (19)

Tout au long de sa marche, le narrateur constate la grande transformation de sa ville, se souvient de l'école et les joies du temps avant le départ, errant dans ses souvenirs lointains. Même s'il a commencé une vie nouvelle ailleurs, il se rappelle son quartier qu'il désire revoir. Son appréhension grandit à vouloir renouer avec son passé.

> Puis, j'ai continué ma route. Je me suis approché lentement de ma rue, tout doucement, pour ne pas la contrarier, pour ne pas l'effaroucher, pour qu'elle ne prenne pas en me voyant des airs d'amoureuse fâchée, pour qu'elle continue de vivre à son rythme, celui de mon passé.
> Je ne l'ai pas reconnue tout de suite. Elle avait maigri, elle s'était comme rapetissée. D'un coup, les fenêtres se sont animées. J'ai revu nos voisins, nos amis, qui me faisaient de grands signes de la main.
> Mon cœur se met à battre la chamade et devient gros jusqu'à emplir ma poitrine.
> Je ne reconnais rien et je reconnais tout. (25)

Il évoque avec nostalgie cette visite. Tout son passé surgit et les souvenirs l'envahissent par vagues. Il revoit tout. Il ressent une certaine tristesse en constatant que les maisons jadis animées se sont vidées de leurs âmes. En fait, ce n'est pas une rue qu'il retrouve, « c'est une mémoire de sensations qui remontent à l'enfance, de visions familières, de perspectives amicales, de sentiments locataires d'une histoire personnelle »[10] dans laquelle des personnages témoins de ce temps, à jamais ancré en lui, reviennent comme des instants de solidarité et de fraternité.

> Je revois la rue grouillante d'activité, de vitalité, de bonne humeur, de joie de vivre. Je revois les copains de la rue Lacépède, Cowboy, Bébé Laredo, Poupée Benouaïch, Jojo Benzaquine, Jacques de Gouveia, mon ami de toujours, Lison Gabay qui chantait si bien Brassens et les autres.
> Je revois tout et je regrette ce quartier, semblable à des milliers d'autres et cependant unique, qui aura marqué nos jeunes vies à tout jamais. (27)

L'inépuisable source de son passé remonte à la surface et il comprend que la tristesse et la désillusion sont le lot de tout visiteur qui revient sur les lieux de son enfance. Il se sent étranger dans son quartier qui ne reconnait

---

[10] Patrick Chamoiseau. *Martinique*, photographies Michel Renaudeau et Emmanuel Valentin, Paris, Richer-Hoa-Quoi, 1994, p. 4.

pas le bruit de ses pas ni les battements de son cœur. Il fait venir à lui les frémissements des souvenirs qui appartiennent à un temps disparu. Sa maison n'existe plus, mais sa demeure mentale continue à le rattacher à son pays que même s'il l'avait quitté, il n'a jamais eu de rupture avec lui, car sa terre d'origine demeure le Maroc. En visiteur solitaire, il se heurte contre une dure réalité de sa rue retrouvée qui vit une grande blessure marquée par l'empreinte du temps. De tous les habitants du mellah, seulement quelques personnes sont les seules qui sont restées, animées d'un profond sens de rattachement à leur terre natale.

> Tout le monde semble s'être évaporé dans les grandes vagues migratoires des années 50, 60 et 70. Plus rien, plus personne à l'exception de Hanania, le cordonnier, et des filles Dayan qui sont restées ancrés « chez eux », accrochés à leur malédiction de vieilles filles comme le lierre indestructible et tenace s'accroche à des ruines et finit par les recouvrir entièrement jusqu'à les étouffer, vieilles comme les murs lézardés de ces maisons déchirées par le soleil, la pluie et la négligence. (28)

N'ayant plus les mêmes valeurs que les Juifs restés au pays, étant donné que son exil géographique a entraîné une forme d'exil social, le narrateur est saisi par sa rencontre avec Suzanne, une des filles Dayan. Lorsqu'elle lui ouvre la porte, il n'en revient pas. Celle qui était jeune, belle, fraîche, et qui « s'était transformée en une espèce de femme ratatinée, décrépite, ridée » (29) est devenue âgée, diminuée physiquement, portant dans sa chair la marque de la désagrégation de sa communauté.

> C'était une vieille femme, aux cheveux blanchis et mal entretenus. Elle portait un foulard noir à lourdes franges et une robe également noire, mais d'un noir incertain, violacé, défraîchi. Seules ses babouches vert et or mettaient une note de gaieté timide sur ce personnage austère. Je finis par m'enquérir du sort de sa famille. (29)

Elle l'accueille chaleureusement, demande de ses nouvelles et celles de sa famille. Elle lui donne des nouvelles du quartier et désire évoquer avec lui le passé. Sa rencontre avec elle le déroute, mais ce qui l'ébranle le plus, car elle était arrêtée dans le temps, d'une autre génération, n'ayant pas connu ni la dureté de l'exil ni l'arrachement du pays de ses ancêtres. Elle lui offre un verre de thé qu'il refuse parce qu'il était pressé de partir et de quitter le lieu de cette mémoire blessée.

> Elle discutait avec moi comme pour s'acquitter d'une tâche ou d'une obligation, comme si elle était devenue la gardienne, par force, mais sans imagination, de notre mémoire. Sans se soucier le moins du monde du sort de ces individus qui venaient chercher

> dans leur quartier d'autrefois un peu de leurs racines, un peu de leur histoire, un peu de leur jeunesse. (30)

Ses craintes paraissent totalement fondées et de plus en plus, au fil de son errance, ce n'est plus lui qui cherche à évoquer les souvenirs, ce sont les souvenirs qui se présentent à lui par vagues successives et répétées.

> La rue m'apparut triste tout d'un coup. Je passai rapidement devant le four d'où s'exhalait une bonne odeur de pain chaud. Je revis Hanania le cordonnier, à qui je parlai quelques instants, puis je continuai ma route, mélancolique.
> Je tentai sans succès d'entrer à la synagogue Benarosh. Faute de « clients », celle-ci avait définitivement fermé ses portes. (30)

Le narrateur-protagoniste s'appréhende dans ces espaces, se déplaçant de l'un à l'autre, pour finir son parcours et d'autres souvenirs viennent le frôler en passant « rapidement devant le four d'où exhalait une bonne odeur de pain de chaud » (30), en échangeant quelques mots avec Hanania le cordonnier, en revoyant le charbonnier arabe qui vendait l'eau chaude aux Juifs le samedi et en constatant que le hammam existe toujours. Ce bain-maure était un endroit important dans le cycle de vie des gens de sa rue où les mères juives se retrouvaient entre elles une fois par semaine.

> Après le dur travail du vendredi pour préparer simultanément les repas de deux jours consécutifs, ce bain-sauna hebdomadaire représentait une récompense méritée et un moment de relaxation totale pour nos mères surmenées. (31)

Pour lui, la cohérence et le sentiment d'appartenance des membres de sa communauté se fondent autour d'un même corps de croyances et de pratiques religieuses. La religion observée par les Juifs règle le mode de leur vie au quotidien, leurs fêtes et des étapes majeures dans l'essence de leur existence. La synagogue toute proche, lieu autrefois animé de prières ferventes est maintenant fermée. Faute de fidèles, elle n'est devenue qu'un vestige d'un temps totalement disparu.

> Du vivant de mon père, c'était le temple le plus beau et le plus raffiné qui se puisse voir. Le vendredi soir, le samedi et les jours de fête, la rue s'emplissait joyeusement d'hommes élégants et de femmes aux toilettes élaborées.
> [...]
> Le samedi, jour du Shabbat, il nous était strictement interdit de faire quoi que ce soit, excepté de prier, de jouer, de manger ou de nous reposer. (31)

Il faut dire que le départ a brisé toute continuité historique, patriotique et culturelle d'une communauté qui a vécu mille ans « en terre arabe, en un jour ils l'ont quittée [et le fil] d'une tradition millénaire s'est rompu »[11]. Ainsi, les Juifs dans leur grande majorité qui se sont exilés ailleurs, se sentent démunis de leur capital mémoriel et affectif, et décident de revenir, « eux aussi, aux sources, faire leur pèlerinage nostalgique » (22), comme le fait le narrateur au cours de ce voyage où il veut s'imprégner des bouffées de menthe et d'orangers qui continuent à vibrer au plus profond de son âme. Mais ce qu'il redoute le plus dans son retour au pays, c'est qu'« après ces années passées deçà delà, dans d'autres pays [il se sentait] étranger avec un œil de touriste critique » (14).

Marie Laberge soutient avec perspicacité que : « L'enfance [...] est la seule source, le seul commencement, la seule déchirure vraiment essentielle et ineffaçable, l'ultime parce que première blessure. Les autres, celles qui suivront, n'en seront que le terrible écho »[12]. Pour le narrateur, ce retour sur les lieux de son enfance incorpore la mémoire individuelle et collective. Chaque souvenir est amplifié et soumis à la distorsion temporelle et spatiale. Il constate amèrement que toutes ces habitudes, ces traditions, nées au fil des années, des gens et des lieux, au sein de sa propre communauté, ne seront plus nourries, mais préservées pour la mémoire. Ce voyage reste un territoire essentiel pour l'exploration de son identité et il « se rend compte que l'on a toujours tendance à voir le passé plus beau qu'il ne l'a été, le présent plus laid qu'il ne l'est et le futur plus terrible qu'il ne le serra » (32). Ainsi, venu au Maroc dans l'espoir de rendre visite à Marika, son premier amour, qui n'habite pas loin, il renonce à aller la voir. Il décide de visiter quelques villes du pays et de rentrer à Montréal, heureux de retrouver son monde habituel :

> Très vite, j'avais fait abstraction de ce voyage et je revenais à mes souvenirs anciens, comme si ce voyage n'avait pas compté. Les visages seraient les visages de mon enfance, et les maisons seraient celles d'autres fois. Marika serait la même jeune fille que j'avais connue et ainsi, tout rentrait dans l'ordre.
> Pourtant en entendant sa voix l'autre soir, j'avais eu des frissons. Elle était tellement heureuse de savoir que je pensais à elle, que je n'avais rien oublié. Mais c'était mieux ainsi, et puis au fond, au fond, dites-moi, oublie-t-on-jamais ? (32)

De toutes les nouvelles du recueil, *Le Retour* est la plus longue (dix-neuf pages). Les autres se situent généralement entre trois et dix pages. Bien construite et rythmée, son importance réside dans le fait qu'elle réunit de nombreux thèmes chers à l'écrivain, tels que la mémoire, le besoin du retour

---

[11] Voir Edmond Amran El-Maleh. *Mille ans, un jour*, Marseille, André Dimanche, 2003, 183 p.
[12] Marie Laberge. *Quelques adieux*, Québec, Boréal, 1992, p. 263.

sur les lieux de son enfance, l'attachement au pays de ses origines, les doutes, les interrogations, l'exil extérieur et intérieur, entre autres. Elle reflète sa tendance d'écrivain migrant intéressé à discuter de sa réalité en tant qu'immigrant et exilé. Autrement dit, il agit comme un être qui a un message à faire passer, à faire accepter, qui veut « conscientiser » les membres de sa communauté, ainsi que les autres, pour qu'ils adhèrent à sa vision du monde. Ces thèmes revêtent une extrême importance qu'il a aussi intégrés en tant qu'avant-dernier chapitre de ses romans *Les amants de Café Prague*[13] et *Les Amours Interdites de Mme Cohen*[14].

Plusieurs espaces et lieux physiques sont évoqués dans ce recueil : Fès, Tanger, Marrakech et Mogador. Cette ville qui fait l'objet de la deuxième nouvelle intitulée « Les Faucons de Mogador » donne son titre au recueil, et dont la spatialité marquée, permet à l'écrivain de montrer son importance comme paysage mémoriel marocain qui a inspiré plusieurs écrivains nationaux ou étrangers. Cette ville surprend de prime abord par son histoire, mais aussi par sa situation géographique. Appelée « Essaouira la Magnifique »[15], elle est située sur la côte Atlantique, véritable cité portuaire datant de l'époque des Phéniciens qui était animée de différentes manières. D'abord, c'est une ville calme tenant fièrement à sa gloire d'être jadis le siège d'une forteresse portugaise consolidée par la construction de remparts. C'est aussi une ville « avec une âme, avec une flamme qui brûle encore dans l'âme des gens de Mogador » (35). Ensuite, elle est célèbre en raison de la fameuse tour qui abrite la station météorologique la plus ancienne d'Afrique, par ses remparts, son port près desquels « se trouve une île : l'île-aux-faucons. Ce n'est pas vraiment une île, c'est un rocher que la mer fracasse, érode ou caresse suivant le temps et son humeur ». Enfin, c'est une des villes juives les plus importantes du Maroc où la présence d'une forte communauté juive dans le pays avait contribué à sa renaissance. Symbole de fraternité et de solidarité de ses habitants, elle était une ville plurielle, avec une multiplicité d'appartenances, de cultures et de fois religieuses. Pour le narrateur, elle est considérée comme l'une des villes côtières les plus ouvertes, les plus offertes du Royaume Chérifien :

> La rue des Ebénistes, la rue des Bijoutiers, le cinéma Kakon, les cocos roses moelleux et fondants de Ouazana, Messoda la cuisinière, les gargotiers près du port : monuments de la mémoire. Les gâteaux de chez Driss pour toutes occasions : visites à l'improviste, mariages intimes, Bar Mitzvah de pauvres. (35)

---

[13] Bob Oré Abitbol. *Les amants de Café Prague*, Bloomington, Author House, 2006, 232 p.
[14] Bob Oré Abitbol. *Les Amours Interdites de Mme Cohen*, Bloomington, Author House, 2006, 311 p.
[15] *Essaouira*, signifie « la bien dessinée » en berbère.

Natif de Casablanca, le narrateur ne s'est jamais rendu à cette ville. Il saisit cette occasion pour l'intégrer dans son itinéraire et en mesurer toute la dimension historique. Le déplacement qu'il effectue pour la visiter lui permet de découvrir son passé riche d'histoires et aussi la présence d'un espace original, voire symbolique qui l'éblouit et l'intrigue.

> Sur le chemin de Oualidia, j'avais insisté pour visiter cette ville que je ne connaissais pas, mais dont tout le monde vantait le caractère spécifique et la beauté unique.
> C'est là, pour la première fois, que j'entendis parler de l'île-aux-faucons.
> Une colonie de faucons pèlerins peuplait en effet ce rocher. Des oiseaux rapaces d'une grande beauté et, chose remarquable, nombreux, pour cette espèce en voie de disparition. (36)

Ce qui donne de l'importance à cet emplacement, c'est le mode de vie de ces d'oiseaux qui le peuplent et qui sont essentiellement migrateurs, mais contrairement à d'autres espèces qui migrent aux premiers froids à différents endroits pour des périodes limitées et reviennent à leur lieu d'origine vers le début du printemps, les faucons de Mogador s'envolent sans espoir de retour à leur île où ils vivaient depuis des siècles, à l'image de son exil.

> Nul ne le sait, tout ce que je peux vous dire, c'est qu'ils partirent inéluctablement, comme si inconsciemment, confusément, ils sentaient que désormais, leur destin se situait ailleurs, sous des cieux plus cléments, moins tourmentés, moins hasardeux. Alors ils prirent leur envol, un grand vol large et majestueux, poussant des cris puissants et comme désespérés qui déchiraient le ciel clair. Puis, petit à petit, les uns après les autres, ils partirent pour ne plus revenir.
> […]
> À l'exception de quelques spécimens, l'île se dépeupla inexorablement. Ne restèrent que les mouettes et les goélands qui suivent encore, indolents, les bateaux revenant du large. Ce fut la fin des faucons pèlerins sur le rocher de Mogador. (37-38)

Il ajoute aussi que :

> Les quelques-uns qui restèrent, accrochés à leur rêve, rattachés à leurs souvenirs, conscients, semble-t-il, de leur fragilité attendent je ne sais quel messie pour leur indiquer le chemin.
>
> En attendant, le rocher se vide comme se vide Mogador. (37-38)

Ce qui est intrigant dans la réflexion du narrateur, c'est que ces oiseaux et les membres de sa communauté sont désormais liés à travers le phénomène de la migration. Il perçoit une relation évidente entre le départ qui touche les deux et associe cet état de fait au destin de sa communauté. Ainsi, l'île se dépeuple-t-elle de ses résidents comme le mellah, le quartier juif, se vide de ses âmes vivantes. Et aussi bien chez les uns que chez les autres, il se trouve toujours quelques-uns qui refusent de prendre le chemin de l'exil, attachés à vie aux lieux de leur naissance espérant un jour revoir les partants reprendre le chemin du retour.

> Ainsi en est-il de certaines communautés qui rétrécissent comme peau de chagrin, qui essaient, malgré l'histoire, de survivre, qui tentent de se fondre, de se confondre avec leur environnement, mais qui finissent par partir comme sont partis, et partent encore, contre leur gré, ces grands faucons pèlerins, beaux et nobles, sur le rocher de l'île de Mogador.
> Seul un vieux faucon, solitaire et triste, le dos voûté, le regard vague, fixé sur l'horizon, attend, avec de moins en moins d'espoir, que ses enfants reviennent. (38)

L'originalité de ce recueil, comme il en va pour le premier, réside dans la démarche d'écriture de l'écrivain. Une riche construction dans ses nouvelles se noue autour d'une écriture simple, envoûtante et fluide. Il transporte le lecteur vers une époque lointaine, ancrée dans sa mémoire, qu'il évoque avec amour et nostalgie, expression intense d'une communauté éparpillée, morcelée, se raccrochant essentiellement à la réminiscence de l'Eden perdu, après tout avoir quitté du pays des origines se lançant sur le chemin d'un exil définitif.

Grâce à la description de personnages placés dans leur milieu naturel, miroir de la vie de la communauté juive au Maroc, avec ses traditions, ses mœurs, ses goûts, ses croyances et ses pratiques religieuses, nombreux sont les Juifs exilés qui se reconnaissent dans le rappel de ses souvenirs d'enfance. Abitbol évoque le monde où il a grandi en insistant sur la particularité des membres de sa communauté attachée à leur foi séculaire en indiquant la présence de grands saints partout dans le pays, de nombreuses tombes de rabbins, lieux sacrés de pèlerinage et de recueillement pour la communauté juive qui effectue des visites annuelles.

Pour que les histoires qu'il raconte exhalent un parfum de sincérité et d'authenticité, il décrit des personnages qui l'ont beaucoup marqué. Dans ce recueil, il réserve une nouvelle intitulée *Le Cordonnier Philosophe*, à Hanania, qu'il a rencontré lors de son errance et avec qui il a parlé quelques instants avant de continuer sa « route, mélancolique » (30). C'est à ce personnage emblématique qui avait été sujet vivace de tant de commérages dont l'arrivée au quartier « constituait un événement de la plus haute importance » (75) pour tout savoir sur son statut et sa famille avant d'être définitivement accepté par les membres de sa communauté. Cet homme, « une espèce de géant sympathique au large sourire, à la chevelure et à la barbe noires, abondantes, et à la force herculéenne (77-78), s'intègre rapidement dans le déroulement de la vie au Mellah pour devenir par le métier qu'il exerce un pilier central. Ses remarquables habitudes de travail, son chaleureux rire, son don de raconter « des histoires millénaires et fantastiques [...] tirées de la Bible ou de son imagine fécond, ses contes [qui] avaient toujours un fond philosophique ou moral » faisaient de lui un être aimé et respecté. « Sa gentillesse de bon géant, son affabilité ajoutaient à sa popularité » (80). C'est avec une immense tristesse qu'il retrouve des années plus tard, cloué à la même place dans son échoppe, martelant le marteau et les clous pour réparer des chaussures. Il apparaît très pauvre, vieilli et démuni, ayant décidé de rester dans sa rue n'ayant aucune raison de partir ailleurs. Il révèle au narrateur le drame qui s'est passé dans sa vie en perdant sa famille et ses enfants, brûlés « dans un incendie près de Sefrou » (83). Mais ce qui surprend le narrateur, c'est sa volonté de continuer à vivre en appréciant la simplicité de sa vie et en envisageant de projet d'avenir stimulant.

> - Où veux-tu que j'aille ? Je suis heureux malgré tout, j'ai mes amis, mon travail, le soleil et la mer, et puis, ajouta-t-il mystérieusement, j'ai un projet.
> - Quoi donc ? demandai-je, intrigué.
> - *Je veux apprendre à lire et à écrire.* (84)

Il existe entre ces deux êtres blessés une compréhension mutuelle, instinctive qui n'a pas besoin de mots pour s'exprimer, se contentant de gestes tendres qui suffisent amplement. Chacun comprend la détresse de l'autre, la souffrance de ce vent ravageur qui a soufflé sur leur communauté, les abandonnant à une dérive profonde et à une déchirure béante que le temps ne pourra jamais panser. Les souffrances de l'un n'ont pas de secret pour l'autre, même si elles sont réprimées pour ne pas gâcher l'émotion entourant la joie de leurs retrouvailles. Le narrateur saisit toute la tristesse dans les yeux de cet homme qui est resté attaché à sa terre natale assistant impuissant à l'extinction graduelle de sa communauté. Il a choisi de rester dans son quartier espérant y mourir et être enterré comme ses parents et certains membres de sa famille dans le cimetière des Juifs.

> Lorsque je revins vingt-cinq plus tard aux sources, seules quelques familles juives demeuraient encore dans mon asile d'autrefois. Des musulmans réclamaient leurs territoires, reprenaient, rue après rue, les quartiers où ils ne pouvaient avoir accès auparavant, à cause des Français et de la ségrégation qu'ils pratiquaient volontairement ou pas. (82)

En revenant sur l'histoire et l'héritage d'une communauté qui est rattachée à ses racines, malgré les tensions et les tragédies qui ont précédé son départ de ses anciennes demeures, Abitbol développe une prise de conscience humaine, sociale, politique et religieuse assez discernable. Cette courte visite le fait réfléchir sur son identité, son espace, sa voix et sur le sort réservé aux membres de sa communauté qui de tout temps étaient écartelés entre leur amour pour la terre natale, leurs familles et leurs enfants et « celui plus viscéral et troublant pour Israël » (81). Et, comme chez la majorité des Juifs, l'amour voué à la terre sainte est un lien spirituel très fort, beaucoup prient constamment rêvant d'y revenir et ce désir se manifeste à travers cette parole lancée religieusement : *L'année prochaine à Jérusalem*. À cet égard, pour souligner l'importance vitale de ce retour mythique, il clôt son recueil par *Voyage à Jérusalem*.

> Je me trouvais à Paris lors d'un salon de prêt-à-porter lorsque je reçus un message urgent de ma chère mère. Elle se trouvait en Israël, à Jérusalem, et elle m'implorait de venir la rejoindre pour me faire bénir, me protéger du mauvais œil, faire retomber le mal sur mes ennemis, et autres délicatesses du même genre. (103)

Le « je » autodiégétique du narrateur révèle le rapport entre sa mère et lui qui est très touchant. Elle nourrit envers son fils un amour profond qui ne ressemble à aucun autre. Elle le formule et l'assume de manière particulière, soucieuse toujours de le protéger pour montrer combien la relation qui les lie est intense et singulière.

> Elle m'accueillit, comme à son habitude, par des prières, des bénédictions, des cris de joie et des ordres qu'il valait mieux ne pas discuter. (104)

Durant ce voyage, en Terre sainte, ils font une rencontre intéressante qui confirme le proverbe célèbre qui dit que « seules les montagnes ne se rencontrent jamais », les êtres humains peuvent le faire un jour ou un autre.

> Elle observait avec attention puis avec émotion la jeune fille qui nous servait.
> -Dis-moi, dit-elle, tu n'as rien à voir avec Perla Benayoun de Casablanca ? (108) Son intuition était juste puisque c'était sa mère, sa meilleure amie, du temps d'avant la séparation, l'éloignement, la cassure et l'exil. Malgré les protestations de son fils, elle se décide d'aller la voir. Je conseillai à maman de laisser ses souvenirs à leur place, de ne pas gâcher par une mauvaise réalité les moments idéalisés d'autrefois, de laisser Perla Benayoun tranquillement dormir dans sa mémoire. (108)

Il est normal que les retrouvailles de ces enfants de la tribu de Moïse soient un moment plein d'émotion. Cette femme était bouleversée par la présence de son ancienne amie qui vient lui rendre visite et surtout qu'elle manifeste le désir de vouloir la voir. C'est qu'elle ne l'avait jamais oubliée et les souvenirs d'antan demeurent vivaces tant dans la mémoire que dans le cœur de l'une comme de l'autre.

> Sa mère se présente pour alléger l'étonnement de cette femme qui voit sa fille ramener deux étrangers chez eux :
> -Simone, Simy Malka, je suis ton amie Simy Malka.
> Perla ouvrit de grands yeux étonnés et se mit à verser un torrent de larmes.
> Elle pleurait, elle hoquetait, elle serrait dans ses bras sa chère amie retrouvée.
> -Simy, Simy, cria-t-elle entre deux sanglots. (110)

Au fond, cette rencontre va être surprenante, aussi pour le narrateur. On n'échappe jamais à ce qui doit arriver et se manifester dans le cours d'une vie. Myriam, l'autre fille de Perla, qui étudiait le droit à Washington, leur propose un voyage à la mer Morte. Cette sortie se transforme en étreinte qu'il vit pleinement avec elle dans la grâce du partage.

> Je la pris. Elle m'accueillit, comme à son habitude, par des prières, des bénédictions de manière forte et désordonnée, dans une grotte à proximité. Nos corps en sueur semblaient soudés l'un à l'autre. Nous n'osions bouger de peur de casser la magie qui s'était installée entre nous. Nous nous taisions.
> Notre respiration, lourde d'abord, se fit plus régulière. Je l'embrassai de nouveau, et là plus calmement, nous fîmes l'amour pour la première fois. (114)

Cette brève aventure amoureuse reste aussi bien pour l'un que pour l'autre la réalisation d'un désir ardent né au hasard du temps. D'un commun accord, ils ont choisi de la garder comme un acte de souvenance conservé précieusement à l'infini du temps qui passe.

> Myriam nous déposa à notre hôtel avant de rentrer chez elle. Je lui écrivis quelques fois à Washington, je l'appelai même je crois, mais inconsciemment peut-être, nous voulions garder pour nous cette journée magique où nous nous étions aimés. (115)

La fin de cette nouvelle est inévitable. Puisque l'on sait comment, sa vie durant, l'écrivain malgré le fait qu'il soit resté attaché au souvenir de cette aventure amoureuse, n'a jamais tenté de la revoir respectant ainsi le pacte passé entre eux. Pour lui, la nature de cette relation ou même de leur séparation ne s'inscrit que dans cette suite continue d'adieux qui frappe les membres de sa communauté.

> Jamais plus je ne la revis, mais chaque fois que ma mère chantonne les vieux airs dont elle raffole, je retourne à Jérusalem et je retrouve ma chère, ma merveilleuse Myriam, intouchée par le temps. (115)

Si cette perte s'ajoute à celles connues et vécues par l'écrivain, c'est le destin qui le veut ainsi. De ce fait, il ne peut rien que d'accepter et de continuer sa vie avec ses hauts et ses bas, parce que beaucoup de choses peuvent se produire en dehors de sa volonté. Et qu'au lieu de vivre avec des regrets, il opte pour une réaction plus sereine, plus positive de continuer à avancer implacablement au rythme de ses bons accomplissements et de l'épanouissement de son être dans une subjectivité avouée.

> Mais suffit, suffit de pleurer. Tu as trop pleuré. Tu as eu d'autres joies et ce que tu as perdu en soleil et en brise marine, tu l'as retrouvé en liberté. Tu as pu faire ce que tu as voulu, tu n'as rien à regretter. (23)

D'écrit en écrit, l'écriture d'Abitbol est indissociable de sa mémoire et de ses origines. Il désire plonger au cœur de ce temps d'innocence structuré par une remémoration fragmentaire des souvenirs qui constituent son enfance. Depuis son départ de son pays natal, arraché à son environnement amical et social, il vit déchiré ruminant constamment des pensées négatives sur son identité et sur son impossibilité de trouver des points d'ancrage quelles que soient les villes où il a habité, constamment poussé par cette force intérieure de toujours se diriger vers l'ailleurs. Dans « Lettre de Californie : Exil sans retour », il relate avec émotion et intensité cet état de fait :

> Me suis toujours enfui de quelque part ? N'ai-je fait que fuir toute ma vie ? De Casablanca la magnifique à Paris la Sublime, De Montréal la chaleureuse à Acapulco la nonchalante et aujourd'hui de Los Angeles l'élusive, la passagère, l'énigmatique, la transparente, […] ?[16].

L'écrivain est habité par un profond désarroi existentiel. Comme il a été juif errant une fois, son destin le pousse à être errant pour toujours avec cette sensation de n'être de nulle part qui revient de manière récurrente. Son existence s'ouvre aux flux changeants du devenir avec une interrogation poignante, avec des « *Qui suis-je ?* » qui animent constamment ses réflexions, désireux d'atteindre son dépassement dans l'épanouissement de son individualité.

---

[16] Bob Oré Abitbol. « Lettre de Californie : Exil sans retour », *Harissa.com*, 28/01/2016.

> Je suis d'ici et d'ailleurs, éternel voyageur de l'univers, éternel compagnon d'aventure.
> Je cherche, cherche encore. Quand je trouve, je repars, je m'en vais, je cherche encore quelque chose que je ne trouve pas.
> Que suis-je ? Qui suis-je ? Quelle est ma route ? Quel est mon chemin ?
> Quêteur de rêves, Don Quichotte, Petit Prince, je suis un vagabond, à la recherche de la lumière et d'un rêve qui n'a pas de nom qui n'existe pas et qui n'a sans doute jamais existé ![17].

On ressort touché de la lecture de ces nouvelles qui sont servies par une écriture sobre d'une grande fraîcheur et un mélange de compassion et de lucidité. La simplicité de la narration prouve la sincérité des écrits d'Abitbol qui tiennent au récit autobiographique fidèle et authentique pour témoigner de la solide présence de la mémoire et de l'attachement à ses origines malgré le passage du temps.

L'écrivain met en avant sa volonté de lier son expérience personnelle à une expérience collective en livrant le portrait d'une époque disparue appartenant à son pays d'origine. Ses deux recueils possèdent la densité qu'il faut pour être lus, découverts et appréciés à leur juste valeur. Il possède une plume sensible et touchante, un regard lucide avec un grand souci de précision, marqué de sincérité, souvent voilé de tristesse et de nostalgie.

Fruit de la mémoire soudaine et de l'instant fugitif, écrire devient une nécessité vitale, si bien que par la création littéraire, l'écrivain atteint un sentiment de réconciliation avec lui-même.

Pour tout dire, la perfection narrative, la finesse de la construction hissent Bob Oré Abitbol à un niveau considérable et lui permettent de prendre place dans la production littéraire des Sépharades au Québec comme écrivain pionnier et de légitimer aussi une pratique de l'écriture autobiographique qui établit un lien indéfectible entre l'espace de la mémoire et la situation d'immigration. Son écriture à revendication identitaire consolide un véritable attachement apparent à ses racines et à ses origines mêlant en une symbiose harmonieuse « judaïté » et « marocanité ».

---

[17] *Ibid.*

Salomon BENBARUCK

Né à Casablanca en 1920, Salomon Benbaruk a occupé pendant de nombreuses années le poste clé de Secrétaire Général de la Communauté Israélite de Casablanca. Dès son arrivée à Montréal, en 1964, jusqu'à son décès en 1994, il a repris son engagement communautaire. Installé à Montréal où il a vécu, il a été vice-président de l'Association Sépharade Francophone, président-fondateur de la Hevra Kadisha, membre du *Board of Trustees* du YM-YWHA, de la *Jewish Immigrant Aid Society*, de la Fédération Séphardie du Canada.

Benbaruck est aussi l'auteur d'un livre de souvenirs *Trois-quarts de siècle pêle-mêle*[1]. Son entreprise est intéressante : réaliser une traversée dans le temps qui couvre trois périodes précises. C'est un voyage à rebours que propose l'écrivain en faisant le parcours de sa vie dans lequel il mêle à sa manière, l'intime et le collectif, l'anecdote et la réflexion, l'informatif et le pédagogique au cœur d'un récit où l'histoire des Juifs du Maroc en exil au Canada ont construit une vaste communauté en perpétuelle mutation. Il invite le lecteur à l'accompagner dans le rappel de ses souvenirs d'ici et de là-bas, tout en le prévenant de la particularité de son écrit.

> J'avertis le lecteur que ce n'est ni un récit historique, ni un roman, ni une légende. Ce sont des chapitres apparemment sans lien entre eux, ayant rapport avec l'école, le sport, la Communauté, la politique, le sionisme, et tout ce qui a fait vibrer les juifs du Maroc, sortis du Moyen Âge et entrant de plain-pied au XXIe siècle, étonnant par leur dynamisme, leur jeunesse, leurs réussites, leurs tribulations, les autres communautés du monde qui ont vu arriver ces frères lointains, méconnus, retraçant un nouveau chemin dans leurs pays d'accueil[2].

En fait, le défi qu'il se lance est de taille. C'est qu'il présente son savoir en matière des vécus marocains et les devenus canadiens qui sont variés et différents. De là, son récit se déroule comme une véritable remémoration de son passé aussi exhaustive que possible. Chacune des parties qui composent son livre inclut des informations pertinentes qui dynamisent le procédé de l'écriture et activent la machine mémorielle. Ce qui fait dire à Claude Chriqui, dans la postface du livre, ceci :

---

[1] Salomon Benbaruck. *Trois-Quarts de Siècle Pêle-Mêle*, Québec, Imprimeurs du 21e Siècle, 1990, 289 p.
[2] *Ibid.*, « Avant-propos », Salomon Benbaruck. *Trois-Quarts de Siècle Pêle-Mêle*.

> Ce n'est pas un livre : ce sont deux livres. Là-bas et ici... [...] Benbaruk nous distille son Histoire via la grande histoire, et quand il se fait conteur, il m'émerveille. Sa mémoire affective devient collective. J'ai humé de nouveau les rues de Casa et entendu, en stéréo, ses vacarmes... Il m'a douloureusement rappelé combien bas nous avons courbé l'échine. Est-ce là que nous avons trouvé cet acharnement à bâtir une vraie tribu juive à Montréal ?[3].

L'installation des Juifs marocains dans un nouveau pays et le temps qui passe font que les souvenirs risquent de s'estomper et la mémoire est menacée de verser dans l'oubli et l'effacement des traces du passé. Entre les parents qui viennent d'ailleurs et leurs enfants nés sur le sol québécois, les réactions, les attitudes et les croyances envers la notion identitaire diffèrent[4]. Alors si les nouveaux arrivants en terre québécoise, typiquement francophones, arabophones et berbérophones, ont dû se forger une nouvelle vie, faite de réajustement et d'adaptations tout en gardant leurs traditions et pratiques religieuses séculaires, les générations subséquentes, bon gré mal gré, ont favorisé l'anglais et délaissé le français. Quant aux parlers de leurs parents, il leur est totalement étranger. Ainsi, quand sa petite-fille de 15 ans, née au Canada, qui, entendant sa grand-mère glisser de temps en temps dans la conversation des mots en judéo-marocain, a manifesté son désir d'apprendre à parler arabe (le judéo-marocain), Benbaruck était vivement touché par sa demande. En fait, elle n'en a aucun besoin pourtant, mais elle a exprimé inconsciemment une curiosité bien légitime de ses origines.

Ainsi, la perte du français au profit de l'anglais chez les jeunes Juifs sépharades montréalais a-t-elle bouleversé leurs relations avec leurs parents et se retrouvent dans l'influence de la culture nord-américaine sur leur vision de la réalité. L'apparition subséquente d'idées ainsi que de valeurs nouvelles, propres à la culture nord-américaine les pousse à avoir une autre perspective sur le monde et leur identité. Cependant, beaucoup d'entre eux s'interrogent souvent sur leurs origines et, pour mieux comprendre leurs racines, questionnent leurs parents ou grands-parents. Madame Coty Benchetrit avance que, comme tant d'autres juifs marocains, l'écrivain s'était retrouvé dans une telle situation et a su agir avec sagesse et intelligence.

> Pour nos enfants que sommes-nous ? Quel sens donnent-ils à notre mentalité, nos valeurs ? Que retiennent-ils de nos traditions, de notre raisonnement ? L'exploration du passé sert à mieux comprendre le présent afin de diriger son futur. À ses petits-enfants qui le questionnent à propos d'une vie qu'ils n'ont pas

---

[3] Claude Chriqui. « Préface », Salomon Benbaruck. *Trois-Quarts de Siècle Pêle-Mêle*.
[4] Voir à ce sujet Rachida Azdouz. « Les Québécois d'origine maghrébine, entre bricolage, affirmation et reconstruction identitaire », dans *Histoire d'immigrations au Québec*, Québec, Presses de l'Université de Québec, 2014, pp. 233-250.

> connue, celle du Mellah, à tous ceux parmi nous qui ne se sont pas suffisamment intéressés à ce contexte qui ne sera plus, et qui le regrettent par moments, Salomon Benbaruck a apporté des réponses. Aucune trace de nostalgie ni de regret, mais porteuse d'espoir éternel. (279)

Benbaruck, de son propre aveu, n'aurait pas envisagé d'écrire ce livre s'il ne sentait pas le besoin d'agir pour laisser des traces de l'héritage judéomarocain menacé de disparition. Il portait en lui ce projet depuis longtemps. Quand l'occasion lui est présentée, il a pris la plume pour assumer la transmission des bases solides de l'identité sépharade aux jeunes générations en tentant de concilier à la fois une expérience singulière et une mémoire collective.

> C'est ainsi que je me suis décidé enfin, après de longues années d'hésitations, à déposer ma contribution à la recherche de notre vécu. Je le dis ici sans ambages, ce recueil n'a aucune prétention littéraire. Je n'ai procédé à aucune recherche approfondie, j'ai fait appel à ma mémoire et à mes souvenirs. Ce que je rapporte est exposé tout simplement, sans effets de style, mais avec sincérité. Les personnages sont réels.

Intitulée « Casablanca (Maroc) 1920-1960 », la première partie comporte une quinzaine de chapitres qui évoquent souvenirs et chroniques de la vie quotidienne des Juifs à Casablanca, vie familiale, scolaire, sportive, sociale, communautaire, politique, sioniste et surtout folklorique. Ainsi, dans la présentation de sa vie au Maroc, la force de la mémoire reprend ses droits et les souvenirs remontent à la surface pour témoigner de son vécu d'une époque extraordinaire, pleine d'événements qui ont marqué plusieurs générations de son temps. Spectateur, acteur quelquefois, il se distingue par cette capacité d'évoquer ces faits qui animaient la vie quotidienne, les actions entreprises et les développements réalisés qui constituent une somme considérable de souvenirs inoubliables reliés aux circonstances vécues et aux gestes posés autour de lui. La période de 1920-1970 qui commence à Casablanca pour aboutir à Montréal, demeure riche d'évènements quelquefois inattendus, d'anecdotes, de découvertes et de rencontres, mais toujours pleine d'intérêt dont il saisit l'importance une fois ailleurs loin de la terre natale. À cet égard, il souligne ceci :

> Je me les remémore souvent, sans regrets, sans nostalgie, surtout sans sentimentalisme déplacé, mais avec un réel plaisir, comme si je relisais un livre passionnant. Cela m'a créé le besoin de partager avec mon entourage et ma Communauté cette connaissance du recul dans le temps, des années d'une voie qui nous a été commune et qui laisse chez beaucoup une soif d'apprendre encore plus, et surtout de comprendre.

L'ancienneté du judaïsme au Maroc est un fait indiscuté et la présence des Juifs dans ce pays remonte avant l'arrivée des Arabes. Benbaruck ancre le début de son récit par un rappel historique concernant le peuplement de la communauté juive de Casablanca qui a grossi sa population à partir de l'émigration interne d'autres communautés.

> À partir de 1890, les juifs de diverses parties du Maroc commençaient à affluer à Casablanca, venant de Marrakech, Tanger, Mogador, Settat, Mazagan, Tétouan, et des petits villages environnants, Ben-Ahmed, Berrechid, Boujad. (10)

À travers l'acheminement d'une pensée qui prend forme par le biais de rappels historiques se profile l'histoire d'une communauté qui a vécu dans son époque et qui a suivi l'évolution du temps.

> En 1920, après une période d'adaptation où les logements étaient constitués de "nouallas", cabanes de roseaux plantées sur le terrain appelé "*EL BHI'RA*" ; les juifs se retrouvent groupés derrière les remparts dans les maisons construites en dur, dont l'importance et le mobilier étaient en proportion avec la richesse de l'occupant. (10)

De même, Casablanca doit son essor à la volonté du Protectorat français de promouvoir une grande métropole économique au Maroc avec l'installation d'un port des plus importants de la Méditerranée. Les opportunités économiques se sont accrues et des dizaines de milliers de Juifs en provenance de toutes les autres communautés, sont venus rejoindre ceux qui y étaient installés depuis longtemps. Ce qui porta la population juive à un grand nombre d'habitants dont les disparités sociales se creusèrent profondément, mais le brassage des différents éléments d'origine communautaire variée fait d'elle une composante judéomarocaine de l'histoire du Maroc. Il livre les conditions matérielles de ses compatriotes et la spécificité des métiers qu'ils exerçaient et qui les cantonnaient dans une catégorie sociale bien délimitée. Il reste que par la multitude des formes de leurs activités dans un contexte social et culturel, celui de la société judéo-marocaine de la moitié du siècle dernier indique que les Juifs avaient leur place dans ce pays et étaient considérés comme le « levain dans la pâte ».

> La majorité étaient des artisans, ferblantiers, peintres à la chaux, tailleurs traditionnels, fabricants de peignes, menuisiers, et aussi marchands de légumes, fruits, pains et bouchers *cacher*, épiciers, qui vendaient aussi vin et *mahia*, et vendeurs ambulants de toutes sortes. L'eau était amenée des fontaines publiques ou achetée des "*guerrab*", porteurs d'eau qui venaient déverser le contenu de leur outre ou bidon dans les jarres. (10)

Son récit conserve toute sa vigueur et son authenticité quand il aborde la dimension religieuse qui était le pilier central sur lequel se fondait la cohésion humaine et sociale des membres de sa communauté. De son temps, les *hédarim* et les petites synagogues assuraient le maintien et la cohésion au sein de sa communauté, attachée à l'exercice de sa foi, et de ses traditions séculaires et son cycle annuel cérémoniel qui a façonné l'identité judéomarocaine traditionnelle et son rythme de vie. Aussi, l'Alliance venait-elle « d'ouvrir sa première école au Mellah, dirigée par M. Bibas » (10) qui joua un rôle déterminant dans l'évolution des mentalités qui vivaient dans un monde fermé, conçu selon leurs besoins en accord avec leur foi dont les pratiques et les rituels sont fidèlement respectés et rigoureusement suivis.

> Le samedi, le Mellah, nettoyé vendredi après-midi, prenait son allure du Shabbat : façade des maisons chaulée en couleurs, tout le monde "endimanché". Le samedi, les synagogues sont pleines et, à midi, les "*terrah*", porteurs du four, livraient à chaque maison sa "*s'khina*" dafina, reconnaissant la marmite de chacun.
> L'après-midi, les gens devisaient à l'extérieur des maisons, les femmes surveillant les enfants, les hommes attendant l'heure de *Min'ha*, et les trois étoiles de la sortie du Shabbat, en jouant aux dames. (10)

Il est des thèmes qui reviennent sans cesse chez les écrivains sépharades du Québec, et celui du souvenir du passé en est un de ceux-là. Après avoir décrit et donné un aperçu de l'intérieur de la vie quotidienne de la communauté juive casablancaise d'antan, la vie de ses membres, de la pratique de leur judaïsme, à travers son expérience personnelle, il révèle indiquant la date de sa naissance et le milieu dans lequel il a grandi.

> C'est dans cet environnement que je vins au monde, un jour de 1920. Deuxième d'une famille juive marocaine type, mon père, fils d'artisan bijoutier, était devenu boucher comme son oncle maternel. Il épousa ma mère, issue d'une famille de rabbins d'El Jadida ; classique union de l'homme au métier confortable et de femme pratiquante qui aura à diriger le foyer et à s'occuper des enfants, trois garçons et trois filles. C'était la bonne mesure. (11)

Bien des souvenirs sont investis d'une grande charge émotive et la rétrospection qui régit le souvenir de l'enfance fait ressortir un parcours placé sous le signe de l'apprentissage et de l'acquisition du savoir. Les souvenirs sont ceux d'une enfance bien encadrée dans laquelle le rôle de la figure maternelle est très important.

> À l'âge de cinq ans, ma mère me prit par la main pour m'amener à l'école de l'Alliance, déménagée rue de Tanger, près du port. Elle

> me remit entre les mains d'une maîtresse, lui demandant de recommander à mon grand frère de me ramener le soir. (11)

Outre l'apprentissage religieux, BenBaruck avait suivi une éducation laïque. D'après ses dires, le noyau enseignant et surveillant qui entouraient les élèves au quotidien, jour et nuit, était très dévoué pour bien les former et les préparer à affronter l'inconnu.

> Le soir, à quatre heures et demie, après un passage rapide à la maison pour le thé, nous allions au *héder* jusqu'à l'heure du souper. Il faut dire que l'école fermait le vendredi à midi et ouvrait le dimanche matin. C'est ainsi que, parallèlement, je fis mes premières armes dans l'alphabet et l'*Aleph-Beth*. Enseignement laïque (par des professeurs juifs) et enseignement religieux à la manière coranique, page de texte collée sur une planche "KALB". (11)

La période héroïque de sa scolarité, surtout celle d'avant la construction du groupe scolaire (Narcisse Leven), l'avait beaucoup marqué. Elle revêt une importance énorme au courant de sa vie, car elle a apporté une grande nouveauté et même une transformation sociétale. En fait, elle l'avait préparé ainsi que ses camarades à accepter la scolarisation des filles. En plus d'intégrer dans leur programme de formation les sports, la discipline, l'hygiène, et d'apprendre à avoir confiance en eux et dans leurs habilités pour bannir la crainte des brimades et le complexe de soumission, il se souvient que le *héder*, avant l'Alliance et le *Talmud-Thora*, a été un facteur déterminant dans leur apprentissage. Il leur a inculqué, « quelquefois à coups de nerf de bœuf, les notions de [leur] culture hébraïque, le respect de [leurs] traditions, la pratique de [leur] religion » (12). La rigueur de cet enseignement n'a jamais été oubliée et le temps, quelle que soit sa durée, n'a pas réussi à effacer ses empreintes. En recourant à l'écriture, il se propose de le fixer pour toujours dans l'espace diégétique du texte.

> L'école, le *héder*, les jeux, la synagogue, les friandises, les punitions, c'était le lot des enfants de cinq à douze ans. L'école, aménagée dans une maison d'habitation à étages, se voulait moderne. Elle institua la cantine pour les repas du midi (œuvre de l'Aide Scolaire) et engagea un jeune militaire de la caserne voisine pour nous initier à la gymnastique, leçons données à toute l'école sur un terrain vague du boulevard Sour-Djedid, près de l'océan. (11-12)

La progression de ce récit autobiographique et linéaire qui se suit chronologiquement est fondée sur des faits réels. Il s'attache à présenter la présence de ces personnes extraordinaires qui l'ont accompagné ainsi qu'à d'autres élèves de sa génération tout au long de leur admission à l'école professionnelle, enseignés, corrigés, punis, mais toujours dans un esprit paternel et maternel, pour les forger et les préparer à l'un des premiers grands défis du moment, le certificat d'études primaires qui constituait une grande réussite susceptible de leur ouvrir beaucoup de portes dans le domaine du travail.

> Vint ensuite l'École professionnelle pour compléter l'éducation par un métier manuel : – ébéniste, mécanicien, tailleur, électricien – École professionnelle devenue Ort-Maroc.
> La sanction valorisante des années 30 a été l'obtention du Certificat d'Études Primaires Élémentaires. Après un examen subi dans une école française, le candidat reçu pouvait fièrement exhiber ce "diplôme" pour solliciter un emploi de bureau de transit, la banque, l'assurance, l'imprimerie, l'exportation des céréales, d'œufs, de peaux, etc. (12)

L'auteur s'efforce d'être sincère. Mais, il opère une sélection parmi ses souvenirs qui a un sens par rapport à l'image qu'il veut donner de lui-même, dont son passage à l'école est émaillé de réussites et de succès.

> Lorsque j'eus reçu ce fameux "diplôme" à l'âge de douze ans, on me dirigea avec mes camarades vers le "Cours Complémentaire" pour nous préparer aux études secondaires, au Brevet Élémentaire et au Brevet Supérieur. L'école, dirigée par M. Tadjoury avec beaucoup de cœur et de compétence, nous ouvrait tous les horizons et, pour ceux du Cours Complémentaire, la possibilité de concourir à l'examen d'admission à l'École Normale Israélite Orientale (E.N.I.O.) Paris, pour la carrière d'instituteur avec poste assuré après quatre années d'études à Paris. (12-13)

Le parcours de Benbaruck croise celui d'autres enfants qui après des années studieuses ont bien réussi dans leurs études. Ils avaient atteint leur objectif de parfaire leur éducation tant académique, de savoir-vivre, qu'au passage vers un statut d'adulte, les préparant à mieux s'armer pour affronter leur nouvelle vie. Il cite les noms de certains de ses camarades qui ont suivi cette voie et se souvient des professeurs qui étaient merveilleux et célèbres. À travers cette rétrospective, ce sont aussi quelques aspects significatifs de la culture juive et de l'expérience juive au Maroc qui seront abordés, à partir notamment de l'élément pivot qu'est l'école, qui était à maints égards exemplaire de l'épanouissement des jeunes de la communauté judéomarocaine et surtout un moyen pour se moderniser, s'européaniser en quelque sorte, ainsi que se débarrasser du fardeau lourd des traditions archaïques et rigides.

L'histoire de la destinée de Benbaruck se poursuit par l'évocation de son implication dans le monde du travail. Il s'attache à évoquer des évènements (politiques, culturels...) individuels ou collectifs dont il a été témoin ou acteur. Ce retour vers les origines fait remonter à la surface de sa mémoire les scènes de son engagement par rapport à la question de l'émigration de ses compatriotes qui était une préoccupation constante des dirigeants de la communauté juive du Maroc indépendant. Il relate le parcours chaotique des Juifs marocains, privés de leur « droit à la liberté de circulation », tracassés par les obstacles que dressaient les autorités marocaines à l'octroi de passeports leur permettant de quitter le pays.

À travers son récit autobiographique, il ébauche les contours de la société judéomarocaine dans ces années difficiles qui précèdent l'indépendance du pays. Certes, il écrit un récit intimiste, mais authentiquement ancré dans la réalité sociopolitique de son époque. C'est l'histoire de cette génération qui a été arrachée de sa terre natale qu'il compose dans son exil canadien. Il veut témoigner de son expérience et de son implication, qui est vitale, pour apprendre à la jeune génération que les Juifs au Maroc ont vécu des années difficiles, mais leur mémoire collective a retenu que leur sort fut meilleur que celui de leurs coreligionnaires dans des pays voisins et dans d'autres parties du monde, notamment en Europe[5]. Il expose leur histoire, leur passé dans leur pays en constante évolution. Aussi, insiste-t-il sur le fait que leur vécu était riche, émaillé de bonnes expériences, mais également de mauvaises. Pour certains une existence misérable, pour d'autres une vie idyllique. Mais cela est l'histoire de tout peuple, de toute une communauté qui revendique son droit à l'existence.

Les raisons pour lesquelles la masse juive du Maroc avait décidé de quitter le pays sont diverses[6]. Cependant, elles découlent toutes des inquiétudes concernant un avenir assuré dans le nouveau Maroc. Ce pays, sorti du colonialisme, était imprégné d'une longue tradition dont l'islam constituait un noyau parmi d'autres de sa civilisation. Il se posait ainsi d'emblée un problème d'incompatibilité avec la possibilité d'intégration des Juifs dans la société du pays. En dépit de déclarations apaisantes, la classe dirigeante marocaine était relativement consciente que la fièvre du départ s'était emparée de toutes les communautés juives du sud au nord du Royaume Chérifien qui vont prendre le chemin de l'exil en vagues différentes, d'ampleurs déroutantes, avec des motivations et des destinations spécifiques. Beaucoup partent vers Israël, un retour vers la Terre Promise, d'autres ont choisi la France ou des pays de l'Amérique latine. Une grande

---

[5] Voir Armand Lévy. *Il était une fois les Juifs marocains, témoignage et histoire de la vie quotidienne*, Paris, L'Harmattan, 1995, 302 p.
[6] Voir à ce sujet Frédéric Abécassis, Karima Dirèche et Rita Aouad (dir). *La bienvenue et l'adieu. Migrants juifs et musulmans au Maghreb XVe-XXe siècle*, Casablanca, Karthala, La Croisée des chemins, 2012, 685 p.

catégorie a opté pour le Canada[7]. Devant ce flux migratoire, il n'y avait plus rien à faire que de les laisser partir pour les libérer des sentiments de doute, de peur, de craintes et de panique qui dominaient dans chaque foyer[8]. Le syndrome : « le dernier qui s'en va éteint la lumière… » n'a épargné personne, touchant toutes les couches sociales de la communauté juive marocaine.

Au gré de son engagement, Benbaruck, en sa qualité de membre du comité de la communauté juive de Casablanca se joint à d'autres militants qui croient que dans cet univers coercitif où les minorités, comme les exclus, sont vouées au silence et à l'aliénation, le départ devient la seule issue salutaire, l'ultime acte de révolte contre le diktat de l'oppression. Pour lui, la masse des Juifs du Maroc comprit qu'elle ne pouvait plus s'accrocher artificiellement à la France et à sa culture dans le Maroc indépendant. D'ailleurs, il n'était pas particulièrement partisan de l'intégration et note à ce propos :

> Comment pouvait-on naïvement penser que les structures factices, maintenues par le régime du colonialisme agonisant ne seraient pas abolies ? Que toute cette façade de francisation inacceptable par le peuple marocain, son chef et ses dirigeants ne serait pas rejetée comme un corps étranger ? Aucun compromis, aucun paternalisme ne sauraient être admis. Honnêtement, il fallait s'intégrer ou partir. (6-7)

Désirant laisser une trace de son expérience et lutter contre l'écoulement du temps et l'oubli, il s'est employé à montrer que la présence des Juifs au Maroc, leur vie et leur culture ont façonné une grande partie de leur identité. C'est la diversité de leurs expériences au Maroc et la variété de leurs différentes trajectoires historico-géographiques qui font toute la richesse et la multi-culturalité reconnue de la particularité de leur judaïsme qu'il va retrouver au Québec. Ses compatriotes arrivés avant lui ont transporté avec eux la culture matérielle propre à leur communauté comme leurs pratiques culturelles liturgiques et cérémonielles quotidiennes, ou particulières aux grandes fêtes et au shabbat. Il va se joindre à eux mettant à leur disposition ses expériences, ses connaissances, son engagement, ses convictions et sa vocation à l'édification de la communauté sépharade de Montréal.

---

[7] Yolande Cohen. « Souvenirs des départs de Juifs du Maroc au Canada », dans Yolande Cohen et al. *Migrations maghrébines comparées : genre, ethnicité, religion (France/Québec de 1945 à nos jours)*, Paris, Riveneuve éditions, 2014, pp. 19-38.
[8] Voir Jacques Dahan. *Regard d'un Juif marocain sur l'histoire contemporaine de son pays*, Paris, L'Harmattan, 1995, 174 p.

La deuxième partie de son livre traite justement de ses années à Montréal de 1960 à 1990 où il évoque la prise de conscience des Juifs du Maroc de la spécificité de leur identité en terre canadienne, la naissance et le développement de la Communauté Sépharade originaire de son pays natal. Il enrichit son récit en apportant des informations pertinentes sur les dirigeants, les personnalités, les institutions et les activités réalisées qui ont contribué à bâtir une nouvelle et vraie communauté. À cet égard, Coty Benchetrit note dans la postface du livre ceci :

> Communautaire par excellence et conscient d'exceptionnels devoirs, Salomon Benbaruk est allé jusqu'à la limite de sa responsabilité. Après avoir "bâti le temps", après avoir tout au long de sa vie participé à l'édification de communautés, il nous transmet son vécu, la conscience qu'être juif, c'est porter témoignage. "Il ne faut surtout pas", m'avait-il dit en parlant des Sépharades de Montréal "que tous ceux qui aujourd'hui jouissent des privilèges d'une communauté florissante, pensent que cela s'est fait tout seul". (279)

Il importe de préciser qu'à partir des années 1950, les séfarades arrivent nombreux à Montréal. Leur venue modifie le visage de la communauté juive montréalaise, jusqu'alors à prédominance ashkénaze et anglophone. En fait, dans les années de l'après-guerre, une vague importante de Juifs séfarades arrive à Montréal en provenance de différents pays du Maghreb et du Machrek. Entre 1945 et 1970, les populations juives séfarades quittent massivement ces pays, et le Canada constitue le troisième pays d'accueil pour ce groupe. Peu après la création de l'État d'Israël, en 1948, un premier groupe de juifs est expulsé d'Irak[9]. En 1956, les juifs d'Égypte connaissent aussi l'expulsion et plusieurs s'établissent à Montréal, parfois après avoir tenté leur chance en France ou en Israël[10]. Et, dans la foulée des mouvements d'indépendance des pays du Maghreb, des milliers de juifs du Maroc et de Tunisie quittent leur pays dès la fin des années 1950.

Entre 1960 et 1991, 7995 juifs marocains s'établissent dans la ville. Les Juifs algériens sont moins nombreux à venir s'établir à Montréal, la plupart d'entre eux ayant obtenu la nationalité française en 1870, ce qui facilite leur établissement en France. En 1967, la guerre des Six Jours, qui se déroule entre Israël et les pays arabes, contribue à l'exode des séfarades de l'Afrique du Nord, vers Montréal. Des Juifs séfarades libanais, syriens, iraniens arrivent à Montréal pendant ces mêmes années. Ainsi, l'arrivée des Juifs de langue française au Québec bouleverse des perceptions fortement enracinées

---

[9] Certains d'entre eux, dont la famille de l'écrivain Naïm Kattam, arrivent à Montréal dans les années qui suivent.
[10] À titre d'exemple, la famille de l'écrivain Victor Teboul s'installe à Montréal pendant ces années après avoir séjourné en France.

chez les Canadiens français, qui liaient la langue et la religion, le groupe ethnique et la culture. À un point tel que les Canadiens français, n'ayant aucune connaissance ni de la culture ni des traditions, vieilles de 2000 ans, de ces nouveaux immigrants,[11] vont les surnommer « Juifs catholiques »[12]. Force est de préciser que l'intégration des séfarades dans la société montréalaise est facilitée par leur maîtrise de la langue française. Les institutions ashkénazes, souvent anglophones, ne répondent pas aux besoins de cette communauté qui tient fermement à son héritage religieux, culturel et linguistique. D'après Benchetrit,

> Les premiers émigrés ont vécu ce dilemme et c'est sur la religion et non la culture qu'ils ont misée. Chose singulière, c'est l'acculturation qui de façon progressive nous a confrontés avec notre séphardisme. En nous rapprochant des ashkénazes, nous reconnaissons que nous sommes différents ; c'est dans le regard des autres que nous nous percevons. La prise de conscience a exhaussé notre identité, la fierté d'être séphardade a retrouvé ses racines : des étapes cruciales qui nous mèneront vers une meilleure intégration de notre judaïsme. (280)

Comme ils ont toujours consenti qu'ils n'étaient considérés juifs que par le regard des autres, une fois au Canada, ils vont œuvrer pour réclamer une identité juive séphardade librement consentie[13]. L'arrivée au Québec, rappelle l'écrivain, a mis la communauté devant d'immenses défis à relever. Cependant, c'est le dynamisme de ses dirigeants et de ses membres qui a créé une cohésion autour de cette identité perdue et retrouvée. En fait, cet exil qui constitue une fin et un début se transforme en quelque chose d'inspirant, voire de valorisant, comme l'indique Benchetrit.

> Au Maroc, nous étions autres que les Arabes, les colons ou les Européens. En Amérique, et à une époque qui privilégie l'affirmation de l'identité, la mémoire nous revient de ce qu'être séphardade signifie réellement.
> Transplantée au Canada, cette communauté faite de juifs du Maroc, qui a vécu entre deux mondes – l'Orient et l'Occident – a dû faire un choix : se "regarder dans les yeux", faire revivre le judaïsme à la mode d'antan, toujours tournée vers l'Orient, s'isoler de peur de se perdre dans l'autre ou relever le défi de

---

[11] Voir André E. Elbaz. « A New Immigration to Canada : North African Jews in Montreal », *Revue d'Études canadiennes*, Vol. 3, N° 1, février 1968, pp. 51-54.
[12] André E. Elbaz. « Les séphardim au Canada, mythes et réalités », *Les Nouveaux Cahiers*, N° 74, 1983, p. 19.
[13] Yolande Cohen. « Migrations juives marocaines au Canada ou comment devient-on Séphardade », dans Pierre Anctil et Ira Robinson. *Les communautés juives de Montréal. Histoire et enjeux contemporains*, Montréal, Septentrion, 2004, pp. 234-255.

> l'acculturation. Et en dernière analyse, s'agissait-il véritablement de choix ? Car enfin dans quelle mesure les juifs au Maroc pouvaient rester juifs dans une société où le moyen le plus facile de s'intégrer était de se rapprocher de la population francophone dans sa grande majorité. (279-280)

Dès leur arrivée, les Juifs du Maroc n'avaient d'autre choix que de se joindre à la communauté juive ashkénaze existante qui les a accueillis[14], bénéficiant des avantages mis à leur disposition et acceptant, pour un temps, l'orientation qu'on leur imposait aussi longtemps que celle-ci leur était appropriée. Mais leur présence pose aussi la question de la place qu'ils doivent occuper dans la société canadienne-française étant de langue française, car bien qu'ils partagent une culture commune avec les Canadiens français, ils se différencient d'eux par la religion[15]. Placés entre l'enclume et le marteau, se considérant la minorité d'une minorité[16], leur unique moyen pour survivre dans la société d'accueil est de s'adapter aux exigences du temps présent et au mode de vie totalement différent ce qu'ils avaient laissé derrière eux[17]. Mais dès que la nécessité s'est fait sentir, ils ont agi pour tracer leurs voies au sein du milieu juif contemporain[18] après avoir acquis la conviction qui leur était indispensable, voire nécessaire pour forger leur identité propre. En fait, forts d'un judaïsme épuré et conscient, les sépharades ont pu, comme le souligne Benchetrit, « se permettre de suivre l'élan irrésistible vers ce qui est à présent constitue le noyau réel du judaïsme Israël et la Torah » (280).

Il faut rappeler que les Juifs sépharades dès leur arrivée en Israël, sont exclus d'une économie contrôlée par les Juifs ashkénazes. Dans ces conditions, leurs membres subissent un processus de prolétarisation, une ségrégation dans des quartiers bien définis et un rejet culturel de la part des Juifs ashkénazes. Ceci dit, la résurgence de l'identité sépharade est une réponse au rejet culturel dont ils furent victimes et un moyen d'action pour réduire leur exclusion politique et économique. La situation aliénante que connaissent les Juifs sépharades en Israël renforce la revendication de leur

---

[14] Joe King. « Les sépharades accueillis dans un monde à dominance ashkénaze », dans *Les Juifs de Montréal. Trois siècles de parcours exceptionnel*, traduit de l'anglais par Pierre Anctil, Outremont, Carte Blanche, 2002, pp. 230-238.
[15] Voir Mikhaël Elbaz. « Entre l'errance et l'espoir : les Juifs de Montréal », *Forces*, N° 73, hiver 1986, pp. 58-59.
[16] Julien Bauer. *Les minorités au Québec*, Cap-St-Ignace, Boréal, 1994, 126 p.
[17] Voir à ce sujet Joseph Lévy et Yolande Cohen. « Moroccan Jewish and Their Adaptation to Montreal Life », in Ira Robinson et Mervin Butovsky (dir.). *Renewing Our Days. Montreal Jews in the Twentieth Century*, Montréal, Véhicule Press, 1995, pp. 95-118.
[18] Morton Weinfeld. « Le milieu juif contemporain », dans Pierre Anctil et Gary Caldwell (dir.). *Juifs et réalités juives*, Québec, Institut québécois de la recherche sur la culture, 1984, pp. 53-80.

identité propre parmi les Juifs sépharades de la Diaspora[19]. C'est ainsi que les Juifs d'origine marocaine vont fonder l'association juive nord-africaine qui se transforme, dans les années qui suivent, pour devenir plus inclusive en misant sur l'identité sépharade comme affirmation de voix distincte à son histoire, sa culture, ses coutumes, ses traditions au sein de l'identité juive au Canada large et variée[20].

À la fois acteur et spectateur, Benbaruck va activement s'impliquer depuis son arrivée à Montréal à la vie de sa communauté. Comme d'autres dirigeants, c'est le temps de ses premiers engagements sur le sol québécois qu'il poursuivra durant une trentaine d'années pour consolider l'héritage de sa vie dans le maintien de ce judaïsme. Celui qui s'est appris, façonné et transmis de génération à une autre, celui qui se vit individuellement et se renforce avant d'être collectif. Très tôt, une réalité s'est imposée à lui. Contrairement à leur vie au Maroc, la culture d'ici est universelle, ouverte sur l'autre. En fait, cette période semble être une « *in your face* » comme disent les Américains, un temps où la réalité de la vie est lancée aux visages et que l'intégration était inévitable. Ses souvenirs de cette période disent que la rencontre des sociétés nord-américaines (juive et non-juive), le foisonnement de reconstructions identitaires de ces immigrants et des générations subséquentes avaient donné lieu à une réinvention du modèle organisationnel communautaire. Ce processus prenait plusieurs voix et notamment celle de la recherche et de la compréhension des motivations premières de la construction d'une société juive sépharade au sein de la grande communauté juive montréalaise qui tout en s'inscrivant au courant moderne ambiant demeure attachée à ses habitudes et à ses traditions[21].

Ce qui frappe dans son récit, c'est de voir défiler une suite de souvenirs qui sont restés ancrés dans sa mémoire malgré le passage du temps, qui indiquent sa participation avec d'autres membres de la communauté pour bâtir et rebâtir une culture, une identité. Ils étaient des Juifs majoritairement venus du Maroc, animés par la même quête identitaire, portés par la même volonté de survie et aussi le même élan créateur pour avoir leur juste place dans la société québécoise. En créant rapidement leurs propres associations,

---

[19] Voir Mikhaël Elbaz. « Figures de l'identité et de l'altérité : les Juifs dans le système urbain et ethnique », dans Ida Simon-Barouh et Pierre-Jean Simon (dir.). *Les étrangers dans la ville. Le regard des sciences sociales*, Paris, L'Harmattan, 1990, p. 329.
[20] Alti Rodal. « L'identité juive », dans Pierre Anctil et Gary Caldwell (dir.). *Juifs et réalités juives*, Québec, Institut québécois de la recherche sur la culture, 1984, pp. 19-51.
[21] Jean-Claude Lasry. « Essor et traditions : la communauté juive nord-africaine au Québec », dans Jean-Claude Lasry et Claude Tapia (dir.). *Les Juifs du Maghreb : Diasporas contemporaines. Histoire et Perspectives Méditerranéennes*, Montréal, Les Presses de l'Université de Montréal, Paris, L'Harmattan, 1989, pp. 15-54. Voir aussi Marie Berdugo-Cohen, Yolande Cohen et Joseph Lévy. *Juifs marocains à Montréal. Témoignages d'une immigration moderne*, Montréal, VLB Éditeurs, 1987, 209 p.

synagogues et centres communautaires ainsi que des institutions où la culture sépharade est mise à l'honneur, leur préoccupation majeure est de préserver leur identité en devenir, tout en s'ouvrant sur le monde extérieur.

Mikhaël Elbaz explique l'émergence d'institutions communautaires juives sépharades de langue française par trois causes. Au refus et du rejet affichés par les Juifs d'origine marocaine de vivre et de subir l'exclusion de la part de leurs coreligionnaires ashkénazes, la structure dualiste et pluraliste des sociétés québécoise et canadienne a contribué à l'éveil des sépharades et a alimenté leur culture, leur judaïsme et leur création[22]. C'est dans ce contexte, que les élites Juives sépharades ont réclamé la création d'institutions communautaires distinctes des Juifs anglophones au nom de la différence de langue, mais aussi au nom de la sépharadité, un héritage culturel, fruit d'une grande civilisation, qui a pris naissance en Espagne et qui s'est ensuite enracinée en Afrique du Nord, en France, en Israël et au Canada[23]. Leur détermination et leurs actions ont ébranlé les structures de la communauté juive globale qui voit dans la fondation en 1966 de l'Association Sépharade Francophone (A. S. F.) une menace sérieuse à son unité[24].

Doté d'une expérience riche du temps de son engagement politique dans son pays natal, Benbaruck a contribué avec d'autres personnalités à donner une assise solide aux Juifs marocains de Montréal. Il porte un regard attentif et judicieux sur les réalisations qui ont contribué à la bonne marche de la communauté avec d'autant plus de précision et de justesse se basant sur des documents et des archives. Il révèle tout le travail fait pour permettre à la communauté sépharade d'avoir sa voix et de dessiner son destin. Dans un document majeur intitulé *La Communauté sépharade du Québec*, auquel il collabore avec d'autres responsables, on lit ceci :

> Au début des années soixante, un petit groupe d'immigrants fondent l'Association juive nord-africaine, dont la vocation est essentiellement culturelle et sociorécréative. Ce regroupement se donne comme objectif la création d'un centre socioculturel, d'une synagogue nord-africaine et d'une école juive et française. Dès 1964, cette association cesse d'exister. Quelques jours plus tard, la Congrégation des Juifs de langue française voit le jour, mais son existence est très brève. En 1965, ses membres fondateurs mettent sur pied la Fédération Sépharade des Juifs de langue française qui change de nom en 1966 pour l'Association Sépharade

---

[22] Elbaz. « Figures de l'identité et de l'altérité... », p. 329.
[23] Mikhaël Elbaz. « Ethnicité et générations en Amérique du Nord. Le cas de la seconde génération de Juifs sépharades à Montréal », *Revue internationale d'action communautaire*, N° 31/71, printemps 1994, p. 71.
[24] Voir à ce sujet Jean-Claude Lasry. « A francophone Diaspora », dans Morton Weinfeld, William Shaffir, Irwin Cotler (dir.). *The Canadian Jewish Mosaic*, Nexdale, John Wiley & Sons, 1981, pp. 227-233.

Francophone. Son principal mandat est de promouvoir les valeurs culturelles et linguistiques des Juifs natifs d'Afrique du Nord. Elle change à nouveau de nom en 1976 pour la Communauté Sépharade du Québec (C. S. Q.)[25].

La fondation de cette association illustre bien la vitalité de communauté juive de Montréal[26]. Mais la plus belle réalisation demeure la création de l'école Maïmonide[27] en 1969. La mise sur pied de cette institution apporte un statut linguistique crucial dans le devenir des Juifs sépharades francophones en les approchant des Québécois de souche pour qui la langue française est un ciment de leur revendication identitaire. Elle constitue aussi une juste interprétation du devenir du fait français au Québec en mettant un frein à l'anglicisation des sépharades qui fréquentaient des écoles juives anglophones et en en remettant en cause le principe que seul l'anglais peut permettre aux immigrants d'accéder à une certaine mobilité sociale[28]. Lors de la première rentrée scolaire, en septembre 1969, l'école ne comptait que quatorze élèves ! Avec le temps, elle s'est développée et au début des années quatre-vingt, avec la valorisation de la langue française dans la société québécoise au cours des années soixante-dix, le nombre d'admissions et des inscrits, elle comptait près de sept-cent-cinquante élèves[29]. Aujourd'hui, en offrant les cycles primaires et secondaires, l'institution d'enseignement suit les programmes du ministère de l'Éducation en plus d'offrir des cours d'études juives. Elle est devenue un pilier solide dans l'édification et la valorisation de l'identité singulière des Juifs sépharades à Montréal[30]. Du point de vue culturel, le *Festival Séfarade de Montréal* met à l'honneur l'art et la culture sépharades chaque année depuis sa création en 1980.

---

[25] Élie Benchétrit, Salomon Benbaruk, David Bensoussan, Judah Castiel, Solly Lévy, Solange Pinto. *La Communauté sépharade du Québec*, Montréal, Larry Presse, 1992, pp. 3-4.
[26] Voir à ce sujet Pierre Anctil et Ira Robinson (dir.). *Les communautés juives de Montréal, Histoire et enjeux contemporains*, Sainte-Foy, Septentrion, 2010, 275 p.
[27] La plus grande réussite de l'A.S.F. est la création d'une école privée juive de langue française. Les Juifs sépharades, à leur arrivée à Montréal, sont confrontés à un système scolaire, peu préparé à accueillir des francophones ni catholiques ni protestants, ne disposant pas d'un secteur neutre ou d'un secteur protestant de langue française. Ils se voient suggérer par le Congrès Juif Canadien lors de la session plénière de 1962 à Toronto d'intégrer les institutions juives anglophones déjà existantes. Ce n'est qu'en 1968 que le Congrès Juif Canadien décide d'appuyer l'A.S.F. dans ses efforts pour créer une école juive et française. En août, 1969, un comité conjoint de l'A. S. F. et du Congrès Juif Canadien, dirigé par le docteur Lasry, président de l'A.S.F., engage des pourparlers avec le sous-ministre de l'Éducation et obtient une école juive et française : *l'École Maïmonide*.
[28] Lasry. « Essor et traditions... », p. 4.
[29] Lasry. « A Francophone Diaspora... », pp. 238-239.
[30] Yolande Cohen. « Les Juifs sépharades à Montréal », dans Guy Berthiaume, Claude Corbo et Sophie Montreuil (s. la dir. de). *Histoire d'immigrations au Québec*, Québec, Presses de l'Université de Québec, 2014, pp. 95-110.

Grâce au travail fourni par Benbaruck, on peut avoir une idée de l'évolution des Juifs marocains à Montréal et du travail accompli au niveau communautaire. Il donne une vie véritable à ce monde qui n'a pas été très connu jusqu'à maintenant. En recensant les activités, en présentant différentes personnalités qui participèrent sans relâche à la mise en place de structures communautaires permettant ainsi à travers une multitude d'organisations l'épanouissement de leurs membres. En insistant sur le fait que les sépharades forment aujourd'hui une plateforme religieuse et culturelle bien identifiée, attachée à son héritage séculaire tout en évoluant par rapport à la conception originale de l'appartenance collective, il vise à livrer un combat contre l'oubli, l'indifférence et le malentendu. C'est sa manière de garder, par écrit, la mémoire vivante, l'identité sépharade pour les générations futures, riche de ses aspects spirituels, intellectuels et affectifs.

Benbaruck réserve la troisième partie de son livre à la présentation d'un panorama de la Communauté Sépharade de Toronto, car, pour lui, parler des Juifs d'origine marocaine vivant à Montréal doit nécessairement ramener à jeter un regard sur ses coreligionnaires qui ont choisi de s'établir dans cette ville. Avant de dresser l'éventail de cette communauté à travers toute une panoplie de portraits qui permet d'esquisser cet écheveau communautaire et religieux, il rappelle la division qui existait au Maroc « au temps du protectorat en trois zones, la zone du sud dominée par la France, du nord par l'Espagne, et la zone internationale de Tanger » (249). Il ajoute aussi des informations pertinentes relatives à la langue d'usage par les membres de la communauté juive dans cette région du pays.

> Au nord, la langue de communication était évidemment l'espagnol avec, pour les juifs, le savoureux langage *Hakitia* sorte d'idiome judéo-arabe espagnol pour parler entre nous sans se faire comprendre par *El Mel-ouk*. À Tanger les écoles florissaient, enseignant toutes les langues y compris l'anglais. L'Alliance Israélite avait établi sa première école à Tétouan en 1860. (249)

Mais ce qui caractérise plus spécifiquement cette ville par rapport aux autres villes du royaume, c'est l'envergure de sa prospérité offrant la possibilité aux Tangérois de briller dans différents domaines dans les administrations, les institutions internationales et les fonctions libérales[31]. De plus, elle était un pôle d'attraction pour les jeunes de Tétouan, de Ksar-kebir

---

[31] L'auteur souligne que Les Tangérois ont brillé dans divers métiers : « la poste anglaise, espagnole, allemande, française, etc., le transit, le cabotage, les professions libérales, médecine, assurances, change (*cambios*), le commerce local, meubles, bijouteries, confiseries, cafés, restaurants. On ne peut pas oublier ni la *confitéria Pilo*, ni le gargotier Elias ou Zoco chico, les meubles Caro, Place de France » (249).

et d'autres villes environnantes. Ce qui a eu des effets positifs et stimulants sur la vie communautaire qui était intense.

> Les comités composés principalement de notables, s'occupaient activement de charité, du cimetière, des écoles, de représentativité. Les synagogues étaient nombreuses. On peut constater une sorte de chemin parallèle avec la vie casablancaise. Vie libérée, modernisme, jeunesse internationalisée, études poussées, déjudaïsation, reprise de conscience, sionisme et enfin émigration. (249-250)

Il rapporte aussi que l'émigration a toujours été l'objectif de plusieurs générations de juifs marocains du Nord. Ils sont émigrés dans plusieurs pays en Amérique du Sud, dont au Venezuela et au Brésil, également en Espagne, et même à Gibraltar. Au Canada, ils ont préféré l'Ontario, dont Toronto, la grande ville économique. La plupart des Juifs *espagnols* parlant anglais l'ont choisie

> De 1955 à 1999, la communauté sépharade de Toronto a suivi peu à peu près le même développement, les mêmes progrès, les mêmes difficultés, les mêmes conflits de personnalités, les mêmes réussites que Montréal. Quoique de population sépharade plus faible que Montréal, on a vu émerger des personnalités qui ont à cœur le bien-être de leur communauté, qui ont créé des institutions, érigé des établissements, et qui réussissent à sauvegarder et à fortifier leurs traditions, leur langage, leur culture, leur identité. (250)

Dans la mise en récit de l'expérience torontoise, il présente un survol de cette communauté juive à travers des faits saillants marquant son existence et son évolution en reliant deux pôles essentiels : les individus et les institutions. Aussi, se voulant avant tout descriptif et anecdotique, insère-t-il dans son texte des informations inédites qui ne sont pas dénuées d'intérêt pour ceux qui s'intéressent à cette population juive principalement concentrée dans cette région anglophone du Canada. En effet, Benbaruck parsème son ouvrage de photos, lettres, documents administratifs, articles de journaux, correspondances en anglais de toute sorte. C'est sans conteste dans les chroniques propres à l'histoire des Juifs à Toronto que sa contribution apparaît la plus palpable. Il parvient à faire ressortir de l'ombre des dirigeants et des personnages importants, mettant à l'avant-scène quelques-unes des figures de proue qui ont contribué à la création d'un collectif cohérent, voire harmonieux qui se manifeste à travers l'élan de solidarité qui domine entre les Juifs aussi bien du Nord que du Sud. À cet égard, il affirme que les Juifs sépharades à Montréal, originaires de la zone sud, avaient toujours admiré et apprécié leurs frères tangérois. Il y en avait beaucoup à Montréal qui étaient particulièrement compétents et dévoués. Il saisit cette occasion et cite quelques noms dont notamment Samuel Bendahan, Moïse Amsellem, les rabbins Isaac Ezaguy, Bengio, Sultan, Mme Coty Benchétrit, San Serfaty et Elias Lévy, pour ne citer que ceux-là. D'ailleurs « le premier président de la Communauté sépharade du Québec a été à l'unanimité Jack Delmar homme très efficace et membre d'une grande famille de militants communautaires » (250). Il rapporte également que la Communauté Sépharade de Toronto avait inclus elle aussi une bonne proportion de personnes d'origine du "Sud" francophone, qui ont donné d'éminents dirigeants de grande valeur. Le regard qu'il pose a le mérite d'offrir un visage plus humain quand il prononce un vif hommage au feu Léon Oziel, un être exceptionnel qui s'est beaucoup dévoué à sa communauté. Par ses actions, ses valeurs, sa vision et ses combats, il a mérité, à titre posthume, l'Ordre du Mérite sépharade. Il reproduit la conclusion de l'éloge qui a été fait à cet homme remarquable :

> L'expression ouverte d'un visage que le sourire quittait rarement et une foi en la destinée, sereine, caractérisée par le courage et le dynamisme, complétaient la personnalité de cet être remarquable. Tous ceux qui l'approchaient étaient marqués par son charisme et gardaient de lui un souvenir ineffaçable. C'est un homme qui aimait faire, « qui aimait aider ». (251)

Benbaruck affirme qu'il a travaillé sans plan, laissant les flots de sa mémoire couler sur la page blanche. Dans une note de l'auteur, il révèle :

> Ce qui est écrit sur Toronto n'est pas à proprement parler un historique fidèle et chronologique de faits ou d'événements ou de circonstances. C'est une réflexion avec toutes les lacunes que cela peut comporter, les erreurs aussi, ce dont je m'excuse à l'avance auprès de mes amis torontois. (277)

Même s'il se défend d'avoir rédigé ce dernier chapitre de la même manière, et avec des moyens plus limités que ceux servis pour la présentation de la communauté sépharade à Montréal, insistant sur le fait qu'il a tout simplement relaté une situation actuelle telle qu'il l'a entrevue ou telle qu'elle lui a été rapportée, ne prétendant en aucun cas faire œuvre d'historien, il n'en demeure pas moins que dans l'ensemble, tout se tient, vu sous l'angle d'une transmission de mémoire pour que demeurent vivaces l'affirmation et le rayonnement de la communauté. Il aboutit à la conclusion suivante :

> Les voies des deux communautés sont similaires, parallèles, se suivent, se croisent et finalement les deux groupes partagent le même destin, les mêmes espoirs, les mêmes aspirations. Ce beau pays du Canada, si diversifié dans sa culture, nous a accueillis

favorablement, et aussi les communautés établies, nos frères ashkénazes. (277)

L'écrivain exprime son infinie reconnaissance envers ceux qui l'ont encouragé à relater par écrit ses souvenirs et qui ont ainsi nourri encore plus sa passion pour l'écriture. La pertinence et l'intérêt de son travail, qu'il offre à ses amis de la Communauté Sépharade du Québec, et à ses coreligionnaires, résident dans la nécessité d'avancer que l'apport fondamental de sa communauté au judaïsme est celui d'exister et de s'épanouir au Canada où elle maintient vivante la flamme du judaïsme marocain. C'est là où les membres de sa large communauté ressentent une grande fierté d'être sépharades s'attachant à préserver leur patrimoine culturel précieux comme une richesse religieuse et socioculturelle unique et irremplaçable.

> Profitons de notre grande chance de vivre dans ce pays auquel nous apportons notre contribution avec notre ardeur habituelle. Notre culture passée et présente est garante de nos succès. Nous avons pu trouver notre place grâce à notre éducation d'origine, que cela soit au Québec avec notre langue française, en Ontario avec notre langue anglaise, et auprès de nos coreligionnaires avec orthodoxie religieuse, notre langue hébraïque et nos traditions. (277)

S'il y a un message à retenir de cet ouvrage, estime l'écrivain, c'est qu'ayant identifié leur particularité d'être sépharades, la structuration de leur communauté est bel et bien établie et persistera à évoluer avec le temps, en fonction de la communauté elle-même. Il est du devoir de tous les Juifs marocains de se mobiliser pour que la solidarité soit l'essence de leur existence et que la force qui les fait « avancer vers la lumière de l'Universel se trouve dans la recherche d'un plus être juif » (280).

> La base solide de notre culture biblique, religieuse, scolaire, française, arabe, espagnole, berbère, anglaise, hébraïque, héritage des traditions de nos familles, de nos ancêtres, de nos rabbins, de nos maîtres, de nos grand-mères et leurs talents culinaires que nous avons conservés ou les talents de nos artisans orfèvres ou couturiers est une richesse inestimable. Elle doit être le lien qui nous cimente entre nous pour maintenir notre cohésion et transmettre le flambeau à nos enfants. Nos enfants sont des juges sévères. Meilleur sera l'exemple que nous leur présenterons, meilleurs eux-mêmes ils seront. HARVEST OF HOPE, moisson de l'espoir, notre futur dépend de nous et de notre union à tous main dans la main. (277)

Trois-quarts de siècle pêle-mêle consiste en un livre remarquable sur la vie de Benbaruck au Maroc et au Québec. C'est une réalisation importante et judicieuse, parce que c'est la première fois qu'un travail de cette envergure soit produit sur l'histoire de la communauté juive marocaine aussi bien à Montréal qu'à Toronto. C'est en ces termes que Chriqui le présente :

> Tout compte fait, ce ne sont pas deux livres, mais une multitude de résumés et de flashes qui, bien souvent, nous laissent en appétit. Tout y est : le souci de l'exactitude quand Benbaruck se fait historien, l'exaltation lorsqu'il se fait communautaire, la profonde nostalgie lorsqu'il se fait conteur. Dans cette mosaïque où il est mêlé à tout et jamais mouillé, il est l'éternel optimiste[32].

Salomon Benbaruck tire du grand bassin de ses expériences un puissant témoignage sur sa vie et sur celle des Juifs au Maroc et au Canada, car, il l'a bien compris, il y a bien longtemps, que la pérennité de la communauté passe par la transmission de savoirs particuliers aux plus jeunes. Ainsi, c'est à la faveur d'une construction temporelle où les événements d'ici et de là-bas s'entremêlent et où passé et présent alternent, que ses souvenirs sont étalés, permettant à la communauté des sépharades de posséder maintenant son Histoire. Et s'il brosse un vaste panorama de l'évolution des Juifs marocains immigrés au Canada qui ont dû se forger une nouvelle vie, faite de réajustements et d'adaptations diverses, il offre aussi des éléments de réponse aux générations futures qui s'interrogent sur le devenir de l'identité sépharade. Par son écrit, il montre qu'en quittant son pays natal, il a perdu au même titre que ses compatriotes un climat, un mode de vie et une histoire, mais qu'il n'a jamais oublié ses racines inscrites dans la structure religieuse et familiale. Cet état de fait a procuré à l'être sépharade peu importe où il se trouve à Montréal, à Toronto ou ailleurs l'assise d'une conscience lucide de ses origines et de tout ce qu'il a perdu, mais aussi historique de tout ce qu'il a gagné et de ce qu'il devint, réussissant son inclusion à une société en pleine mutation et exercer pleinement ses droits et devoirs de citoyen.

---

[32] Chriqui. « Préface », Salomon Benbaruck. *Trois-Quarts de Siècle Pêle-Mêle*.

Serge OUAKNINE

Pour avoir une idée pertinente sur l'originalité de Serge Ouaknine et sur l'importance de son rôle au sein de la littérature sépharade au Québec, la présentation qu'il se fait de lui-même est très judicieuse et offre un portrait varié et intéressant sur son parcours artistique et littéraire[1].

« Écrivain canadien, juif marocain », docteur ès lettres et sciences humaines, artiste interdisciplinaire, concepteur visuel et metteur en scène, Serge Ouaknine est né à Rabat, au Maroc en 1943, au carrefour de plusieurs langues et de plusieurs cultures.

Reçu Premier de sa promotion à l'École Nationale Supérieure des Arts Décoratifs de Paris en 1961 et à la Troisième Biennale de Peinture de Paris. C'est en réfléchissant sur les représentations d'Orient et d'Occident qu'il rencontre Jerzy Grotowski, un maître de théâtre moderne dans la Ville lumière en 1965. Il décide de poursuivre ses études en Pologne, et après une incursion aux Beaux-Arts de Varsovie, se rend au Théâtre Laboratoire de Wroclaw en 1966 où il travaille deux ans et devient collaborateur de Grotowski, homme de théâtre avant-gardiste. Cet enseignement va lui permettre de développer ses idées et ses connaissances artistiques pour devenir un spécialiste[2], transformant ainsi son parcours artistique et intellectuel, à la croisée de plusieurs chemins : mise en scène, peinture, et recherche sur l'interculturalité : une exploration aux frontières des arts visuels et du théâtre.

Cofondateur du premier département de pratique théâtrale de l'Université de Paris 8 – Vincennes (1970-76). En 1977, il s'installe à Montréal où il enseigne à l'École Supérieure de Théâtre de l'Université de Québec à Montréal (UQAM) et devient le Directeur du Programme de Doctorat en Études et Pratiques des Arts (1983-2006).

Le parcours intellectuel et artistique de Serge Ouaknine est donc riche et varié. Il a à son actif plusieurs années d'enseignement universitaire à l'UQAM sur le théâtre et son intérêt pour la transmission théorique et pratique l'a amené à réaliser nombreuses publications consacrées aux arts contemporains, à la formation d'acteurs, aux liens entre arts et nouvelles technologies, des essais sur les pensées d'Orient et d'Occident. Il est également l'auteur de poèmes, récits et nouvelles et d'un roman qui lui ont valu une notoriété internationale[3]. Aussi, a-t-il signé plusieurs mises en scène

---

[1] Voir « Serge Ouaknine par lui-même », *www.biblio.ville.laval.qc.ca/in/.../details.xhtml?*
[2] Il réalise la première étude systématique sur « Le Prince Constant dans les Voies de la création théâtrale », *CNRS*, Vol. 1, Paris, 1971, accompagnée de nombreux croquis et dessins.
[3] Tout en poursuivant une carrière artistique internationale des créations théâtrales et événements en arts visuels, Ouaknine conçoit et anime des Ateliers expérimentaux interdisciplinaires et interculturels et des Ateliers sur les paradoxes de la communication. De

au théâtre et d'événements interdisciplinaires en arts visuels, des scénarios pour le cinéma, un opéra, deux feux d'artifice pour la fête de la Musique au Parc Culturel de la Villette à Paris.

Depuis 2006, Ouaknine partage sa vie entre Montréal, Montpellier, en France, et Jérusalem. Il a cofondé à Montpellier avec le professeur de médecine et cancérologue, Marc Ychou, un programme d'ateliers de théâtre pour des médecins cancérologues qui a pour but d'humaniser les relations de ces derniers avec les malades et les préparer à l'annonce à leurs patients d'une maladie grave ou d'une récidive[4]. À la suite de la signature d'une convention de la faculté de médecine de Montpellier avec l'École supérieure d'art dramatique (ENSAD), ce programme universitaire, une première mondiale, est destiné à de futurs médecins en 4e année de formation. Les cours donnés par des acteurs seront sous le contrôle et la supervision de Ouaknine.

Il a réalisé trois expositions rétrospectives (2005-2006 à Paris – 2012 à Rome) sur l'ensemble de son œuvre picturale et graphique pour le théâtre La Galerie Esperluette de Paris. Il part à Jérusalem où il a mis en scène cinq pièces de théâtre avec un groupe de femmes religieuses, notamment une pièce sur la *Shoah*, qui a été présentée aussi en Allemagne et en Pologne. Il prépare actuellement un nouveau spectacle, qui a pour titre *La Joconde et le Kamikaze*, qui traite d'un thème funeste de grande actualité : le terrorisme contre la culture et les œuvres d'art. Il reprend ses activités de recherche en se consacrant à la rédaction d'un ouvrage, intitulé *L'Acteur en transe – Pourquoi Grotowski aujourd'hui* soutenu par les notes inédites et des dessins de son journal de Wroclaw auprès du maître Jerzy Grotowski – une réflexion sur le théâtre expérimental et les chemins de l'acteur.

Ouaknine continue dans sa voie d'artiste interdisciplinaire, concepteur en arts visuels, scénariste qui dessine l'ensemble de son travail pour la scène considérant que les paradoxes de la création artistique sont ainsi ventilés en Atelier de communication ou le dessin, le jeu vocal et physique, l'énonciation d'un message deviennent autant de repères auditifs et visuels, en situation d'urgence ou de tension, et d'outil d'intégration sensible de la personne et du groupe[5].

---

ce fait, il est invité à travers le monde pour des interventions sur la formation artistique. « Son travail particulier sur l'écoute et la trace a inspiré sa méthode d'animation en Atelier où il intègre des exercices rigoureux de perception et de notation, de distinction entre réel et imaginaire et de sensibilisation à l'intimité et la durée l'espace d'autrui », cité dans « Serge Ouaknine par lui-même », *Op. Cit.*

[4] Leur collaboration vise la réalisation d'un travail de sensibilisation des médecins cancérologues à la relation malade/médecin (relation au diagnostic de gravité, récidive, relation aux proches et à la famille, assistance à l'agonie et annonce de décès). Sur ce sujet, il finalise ensemble un ouvrage intitulé *Le Nouveau Serment d'Hippocrate – théâtre et médecine*.

[5] Voir « Serge Ouaknine par lui-même », *Op. Cit.*

Il n'est pas étonnant que l'ensemble si vaste et si hétérogène qui constitue l'œuvre immense de Ouaknine présente comme le souligne Mechtild Gilzmer « une ouverture vers des horizons nouveaux. Elle est imprégnée du perpétuel changement, d'un nomadisme de l'écriture qui correspond à l'esprit de mobilité de l'auteur lui-même qui ne connaît pas de point fixe ou stable »[6].

Ce qui caractérise la démarche créative de Ouaknine, c'est qu'il attribue au théâtre une fonction particulière établissant un lien intrinsèque entre histoire et mémoire empruntant de perspectives contemporaines[7] qui accordent au passé une dimension importante de ses réalisations théâtrales revisitant l'histoire juive dans une vision histographique plus large. Dans cette perspective, à l'occasion des commémorations pour le 500e anniversaire de l'expulsion des Juifs sépharades d'Espagne dans le cadre de la *Quinzaine Sépharade*, il écrit la pièce *Les Sorcières de Colomb* en collaboration avec Sol Navarro et la met en scène à Montréal en 1992. C'est un thème qui lui est très cher, qu'il a doublement mis en scène (1980 à Nancy et 1982 à Montréal) pour montrer la coïncidence temporelle frappante entre la décision prise par les Rois Catholiques d'Espagne, de financer à Christophe Colomb son projet de traverser l'océan Atlantique et la fin du royaume maure de Grenade qui entraînera après l'expulsion des musulmans, celle de tous les juifs d'Espagne. Dans une étude pertinente, il précise l'importance que revêt ce sujet dans son cheminement personnel et artistique :

> Ce récit, je le connais depuis mon enfance et par trois fois au cours de ma carrière d'auteur et de metteur en scène, j'ai été hanté, travaillé par la quadrature quasi mythique de ce thème comme si je butais sur l'écran d'une scène primitive, aussi primordiale pour moi-même qu'elle ne le fut pour toute l'humanité[8].

Pour Ouaknine, le rappel de l'année 1492, considérée comme charnière dans le récit de l'Histoire de l'Espagne moderne, est en effet « écriture de part en part »[9]. Appelée « Année cruciale » (« Año crucial » en espagnol), c'est une date déterminante qui signe la chute définitive du royaume de Grenade, dernier bastion musulman d'Espagne, qui tombe aux mains des

---

[6] Mechtild Gilzmer. « Littérature migrante francophone d'origine marocaine au Québec », *Zeitschrift für Kanada-Studien*, 27, 2, 2007, p. 18.
[7] Voir à ce sujet Joël Beddows et Louise Frappier. *Histoire et mémoire au théâtre : perspectives contemporaines*, Hermann, 2016, 256 p.
[8] Serge Ouaknine. « Exil, catastrophe et rédemption : 1492 l'obsession d'une origine », Jean-Claude Lasry, Joseph Lévy, Yolande Cohen. (s. la dir. de). *Identités sépharades et modernité*, Québec, Presses de l'Université Laval -Éditions de l'IQRC, 2007, p. 225.
[9] Paul Ricœur. *La mémoire, l'histoire, l'oubli*, Paris, Le Seuil, 2002, p. 302.

forces de Ferdinand II d'Aragon et Isabelle de Castille[10] et marque la fin de la Reconquista. Cette année voit ensuite l'expulsion des Juifs séfarades d'Espagne[11] par le décret de l'Alhambra (31 mars) souffrant au même titre que les musulmans de la cruauté de l'Inquisiteur général Torquemada qui donna à l'Inquisition espagnole une importance et une puissance sans précédent. Enfin, c'est l'année de la découverte de l'Amérique par Christophe Colomb au nom des Rois Catholiques et du Royaume d'Espagne. Cet événement représente un moment historique d'une extrême importance qui lie « ainsi la tragédie du passé avec un mouvement libérateur et prometteur pour l'avenir »[12]. En fait, la découverte du Nouveau Monde marque la fin du Moyen Âge et l'avènement des Temps Modernes, déclencheur avec le progrès de la science d'une grande révolution humaine et économique. Mais, au fond, si l'on prend en compte ses motivations et ses croyances, Christophe Colomb recourt à des arguments d'autorité pour étendre la foi chrétienne aux populations nouvelles. Ce qui donne lieu à des massacres des populations indigènes en inscrivant son aventure dans la tradition médiévale. Selon Gilzmer,

> Sous la plume de Serge Ouaknine, les différents moments de l'histoire deviennent des « lieux de mémoire transculturels » qui représentent le passé, tout en symbolisant un pan élémentaire de la condition Humaine : le déracinement et l'exil. Ce passé devient ainsi métaphore pour une position en marge, hors des normes, telle que la vit l'artiste lui-même. Elle est indispensable pour que ce voyageur dans le temps et l'espace puisse « secouer les pensées et modifier les idéologies »[13].

Ayant ses racines dans un pays oriental et nourri de culture occidentale, Ouaknine a su transformer à son avantage la condition de l'être qui a deux patries : au lieu de déchirement on peut parler d'enrichissement permanent des deux versants de son vécu, des valeurs nouvelles s'ajoutant aux anciennes. Il réussit non seulement à frayer son chemin, mais à tisser le fil de

---

[10] « L'abdication du sultan Boabdil met fin à sept siècles de présence musulmane en Espagne. Ferdinand d'Aragon et Isabelle de Castille font alors leur entrée dans la ville. Les combats menés depuis le VIIIe siècle contre les musulmans en vue de reconquérir les terres catholiques espagnoles, la Reconquista, s'achèvent avec cette victoire. Les nouvelles frontières du pays définissent une Espagne à présent unifiée. À partir du mois de mars, l'unité se fera religieuse. Après les musulmans, la reine expulsera tous les juifs d'Espagne », *www.linternaute.com › Histoire,* consulté le 10 mars 2017.

[11] Certains juifs vont contribuer à l'essor financier des Pays-Bas, alors sous domination espagnole, d'autres s'installent au Maghreb, au Portugal, en Italie ou en Méditerranée orientale : en tout, entre 150 000 et 200 000 Juifs s'exilent. Quelques années plus tard, les Morisques et d'autres non-convertis sont expulsés à leur tour (en 1503, en 1525, puis en 1609).

[12] Gilzmer. « Littérature migrante francophone d'origine marocaine au Québec », pp. 18-19.

[13] *Ibid.*, p. 20.

son histoire réelle, enrichi de nuances de ses expériences qu'il rapporte dans son premier recueil de poésie. Tout en déployant les ressorts intimes de son processus créateur, *Poèmes désorientés*[14], est un recueil au statut défini qui atteste son esthétique poétique, « construit de traces en forme de poèmes, la mémoire pérégrine autour de cinq peintures et dessins à la tonalité et aux contours énigmatiques, œuvres de l'auteur »[15]. En fait, répartis en quatre temps, les 52 textes qui le constituent, se suivent selon une trame empruntée à la kabbale juive qui rend possible une si grande cohésion thématique et formelle.

Dans le premier des quatre volets qui donne son titre au recueil, il propose certains thèmes qu'il affectionne, invitant le lecteur à saisir l'importance que revêt un lieu de l'enracinement, de l'acquisition d'une nouvelle vie pour toute une masse humaine désemparée, venue de contrées lointaines, poussée à fuir les impasses sombres de l'Histoire à la quête de l'espoir sur la Terre promise, considérée comme son ultime port d'attache.

> Ertz! Eretz!
> Au kibboutz Tséélim
> on veut des artistes aux champs
> Ertez! Eretz!
> Tes prières ont un goût d'argile
> Sur l'aorte sèche de tes attentes (25)

À l'intérieur de ces vers denses où les images sont parlantes, il rappelle un temps passé, mais toujours présent dans les plis de la mémoire de tous ces arrivants qui ont choisi l'exil comme un besoin vital de survie.

> Au large du Carmel
>
> Sur le pont du ferry au large du Carmel
> sur le pont du navire qui criait Haïfa !
> Il y avait des bébés qu'on tendait comme des
> Livres
> ils étaient des talits la kippa sur la tête
> le temps s'effaçait Dreyfus ne pleurait pas de honte
> je ne criais pas ma Shoah je revenais
> seulement d'avoir rêvé de toi que je croyais polie
> et pionnière et discrète et humble
> je t'ai trouvée bruyante. (24)

Il met en valeur la diversité et l'hétérogénéité des visions qui se rencontrent dans ce cadre qui nécessite une organisation dynamique et où

---

[14] Serge Ouaknine. *Poèmes désorientés*, Montréal, Éditions du Noroît 1993.
[15] Andrée Lacelle. « SERGE OUAKNINE, Poèmes désorientés », *Envol*, Vol. II, N° 1, Hiver 1994, p. 64.

rôde constamment l'angoisse du présent néfaste marqué d'incertitude et de frayeur.

> Des immigrants déballent leurs caisses de Russie
> on négocie le rachat des poutres et des planches
> Je suis chimiste! J'étais pianiste!
> À Névé Ilan on fait de l'industrie?
>
> Un *Phantom* traverse le ciel de Gilo
> rubis de nuit grondant vers Tel-Aviv
> d'autres surgissent et montent vers le Liban
> décharger leurs pluies d'insecticides. (25)

Ouaknine fonde son écriture poétique sur l'évocation de lieux et d'événements qui portent en eux des notes sensibles associées à cette réalité douloureuse chargée de haine et de violence, enracinée dans un terreau bien précis du Moyen-Orient. Sa poésie tient de la méditation, de la réflexion profonde, du chant de la prière, forte de la conviction que, malgré toutes les destructions et les tensions, le dialogue finit par gagner dans les rapports entre Israéliens et Palestiniens pour rendre possible la cohabitation sur la terre promise, aux confluences juives et arabes, d'en faire un lieu de paix et d'espoir. On découvre ainsi un poète émouvant, mais aussi sévère et tranché dans ses jugements qui profère une parole sincère et bouleversante, mais nécessaire pour dire que l'acte d'écrire représente pour lui une profession de foi à cœur ouvert.

> Je jouis pour perdre
> le signe
> de mon corps
> je jouis par indolence
> devant le vieillard
> j'écris pour dire
> l'odeur de gouache
> de l'enfant bariolé
> je jouis d'écrire
> le poids de l'aube
> efface le rite. (23)

Dans *Voyages amers*, Ouaknine convie le lecteur à le suivre dans un périple poétique de la France, à l'Europe centrale et sur les rives de la Méditerranée. Les références aux événements tragiques, nombreuses dans le texte poétique, ont essentiellement une valeur symbolique de rappel des atrocités qui ont jalonné l'Histoire, illustrant la puissance des forces du mal qui a traversé le temps et les espaces continuant à semer les feux de l'effroi et de la mort.

> *Et l'esclavage vint créer l'ombre*
> *confondue au petit jour*
> *qui questionne les navires.* (33)

Comme il veut ancrer pleinement sa parole dans ce contexte tragique où s'est réalisée de façon monstrueuse l'élimination de son peuple, il évoque les atrocités commises en Pologne qui restent à jamais inoubliables. Gardien de mémoire, il se donne la tâche de transmettre à la postérité une vérité, la sienne, marquée de sa propre sensibilité.

> Triste le soir
> des marchés
> un Varsovien
> a crié
> vive l'Éternel
> l'aigle a vieilli
> sur sa goutte de sang. (35)

Pour le poète, d'autres lieux sont aussi célèbres que le ghetto de Varsovie et méritent d'être signalés, car ils restent évocateurs de la cruauté nazie de la marée noire d'horreurs déversée sur la communauté juive d'Europe Centrale. Il s'agit, entre autres, du quartier de *Josefov* (en allemand : *Josephstadt*) qui fait partie de la vieille ville de Prague en République tchèque. Ce quartier qui constituait le ghetto juif[16] est souvent représenté par le drapeau des Juifs de Prague, une étoile de David jaune sur fond rouge.

> À Prague
> la statue de Palach
> brûle
> sous la chenille du tank
> un violoncelle
> se scinde.
>
> Au Jardin des Oliviers
> Un dromadaire regarde
>
> Et Kafka ne vient pas. (38)

Alors, si l'histoire de la Méditerranée, cette « mer au milieu de terre », demeure importante dans l'origine et le développement de la civilisation occidentale, Ouaknine lève le voile sur cette face cachée du bassin méditerranéen riche d'anomalies et d'aberrations complexes et anciennes. Cette région a aussi contribué à la souffrance humaine. Il rappelle le destin

---

[16] Voir Harad Salfellner (auteur), Didier Debord (Traduction). *Le Golem de Prague : les récits juifs du ghetto,* Poitiers, Vitalis, 2010, 64 p.

tragique des Juifs de Thessalonique[17] qui vont connaître, la barbarie de la machine nazie qui va les déporter vers les camps de mort[18].

> Ô Salonique! Tes barques goudronnées
> transhument vers le Nord, elles ne
> reviendront pas.
>
> Ô Méditerranée! L'histoire recommence le
> bleu de chaque siècle. Aucune Somalie à
> Cythère n'éteindra le deuil du
> hiéroglyphe. (39)

Certes, la communauté juive sépharade de Salonique a souffert de la plus grande proportion de déportés relativement à sa population totale presque totalement décimée pendant la folie meurtrière des Allemands. Les survivants sont partis en Israël qui, comme d'autres rescapés de la guerre, ont les cœurs remplis de blessures, d'impuissance et de désespoir en évoquant la folie sanguinaire de ces esprits maléfiques qui sèment les haines, les discordes et les guerres. En s'adressant à eux, le poète souligne la gravité de leur déchirure et les exhorte à regarder vers l'horizon lointain et de ne pas rester attachés à leur douloureuse malédiction.

> infortunés de la terre promise
> je vous ai nommés
> obèses
> parce que vous étiez aux cieux
> la neige a cassé
> vous domptiez les horizons
> de petites fleurs jaunes
> sur la chaux blanche
>
> alors je dis on ne meurt qu'une fois
> statue de sel
> chantez la source
> et ne vous retournez pas. (36)

Ainsi, par ce recueil qui se distingue nettement par un souffle et une inspiration saisissante, Ouaknine scande-t-il la matrice fondamentale de son

---

[17] Voir Lisa Pinhas. *Récit de l'enfer : manuscrit en français d'une juive de Salonique déportée*, Paris, Le Manuscrit, 2016, 424 p. et Erika Perahia Zemour. « Le judaïsme perdu et retrouvé de Salonique », *Pardès*, N° 28, Paris, 2000, pp. 153-154.

[18] Les Allemands déportèrent massivement les Juifs de Salonique dont la principale communauté était sépharade et installée depuis le XVIe siècle après l'expulsion des Juifs l'Espagne. On estime que 98 % de la communauté a été exterminée pendant la Shoah.

identité. Il réclame sa judéité qui lui apparaît un devoir de mémoire essentiel ancré dans les résonances particulières de l'être.

> Je suis un juif tautologique
> un juif de cathédrale
> je n'ai pas de goût
> pour les salons funéraires
> ni les réunions de famille
> je suis une mémoire ambulante
> je n'ai qu'une préoccupation
> trouver chaussure à mon pied
> tant on m'a appris
> Dieu est comme une femme
> dont on ne pourra jamais divorcer (42)

Le poète avance que « la nostalgie est un mot navire/ aux carrefours des dunes » et qu'ayant vendu l'encrier, il s'est « mis à parler au poème » (44) pour affirmer son attachement aux valeurs ancestrales et au maintien des rituels de sa large tribu. Il s'identifie à Don Quichotte et tisse un vibrant discours qui condense ses préoccupations existentielles qui, pour dépasser le parcours semé de pertes et de déchirures, l'ont conduit à l'errance, pour embrasser d'autres réalités imminentes.

> Moi Quichotte
> je fabrique mon errance
> à l'œil bleu de mise à mort
> je pose à l'espagnol
>
> on frappe je suis là
> on réfléchit
> on épluche le dictionnaire
> on frappe je suis là
>
> quand on libère Treblinka. (37)

La référence à ce personnage célèbre, héros de Cervantès, impose à sa poésie un statut hypertextuel très important. D'autant plus que la présence d'un certain nombre d'indices renforce la position du poète qui agit selon des convictions et des certitudes qui sont en constant décalage avec les pensées et les actions de ceux qui manquent de sincérité et de profondeur. Il cherche lui aussi à être authentique, généreux et idéaliste, capable d'avancer des choses que personne d'autre n'était en mesure ni de penser ni de dire. Ce qui le met toujours dans un état de perpétuel voyageur moderne qui erre à la quête de la vérité, de la lumière et de la liberté existentielle.

> Au voyageur
> Que le voyageur dompte
> ses désirs d'une calligraphie sage
> que la couleur épouse le peuplier
> que cent routes fleurissent
> à l'ombre du geste. (43)

Dans *Temples indécis,* il articule une brillante réflexion sur le sacré et l'écriture du temps. Il évoque ses raisons, sa nature et sa portée. Aussi, ressent-il un impérieux besoin d'utiliser l'acte d'écrire comme un défi, pour transgresser et faire vibrer la langue en la dotant d'une calligraphie hébraïque.

> adonaï   adonaï
> errer   errer
> je fais ma vie,
> béni soit
> voici l'amour (51)

À travers l'écriture, il se cherche, il retrace son chemin. Il questionne, s'interroge et refuse de céder au désespoir et au mensonge. Il vit par la mémoire et l'imaginaire, se nourrissant de sa propre expérience qui incite à la saisie de la vie pour trouver Dieu. Entre rêve et réalité, il insère dans son espace poétique sa quête de l'unité impossible pour se construire à travers des fragments d'abîmes dans un monde où il éprouve la douleur de la perte.

> Très jeune j'ai perdu la mort
> j'avais une faille dans géhenne
> des voyants grecs parlaient avec les morts
> des Espagnols illettrés conversaient
> avec l'accent d'Oxford
> des moines bouddhistes se réincarnaient
> dans des corps médiums
> [...]
> j'ai perdu la mort qu'elle me montrait
> une autre vie
> et tout fut retiré
> je cherche encore
> par delà ces géhennes apprises
> le chemin de mon existence. (54)

Le poète veut franchir le mur de l'absurde qui lui barre constamment le chemin et perturbe l'atteinte de ses élans de sérénité et de plénitude. Il conçoit, tente de transcender, de maîtriser le percevable, au plus loin de lui-même et les autres, pour inventer la lumière. Il en a la vision, mais en quête d'un guide qui l'oriente à explorer les possibilités de création, de déplacer les continents afin d'atteindre l'Homme dans le tourbillon de sa condition et dans son espérance, il imagine un dialogue sobre et intense entre le maître et l'artiste :

>   Le maître
>   tu dois être seul
>   et nu devant dieu
>   et plonger dans l'océan
>
>   l'artiste
>   je doute
>   je crains
>   l'imperfection
>   l'immaturité
>
>   le maître
>   ne fuit pas
>   l'inconnu est
>   ta seule promesse
>
>   je fuis
>   l'artiste
>   dans le bruissement
>   de la foule
>
>   le maître
>   ose ta violence
>   au buisson ardent
>
>   l'artiste
>   l'écuelle est vide
>
>   va
>   dit le maître
>   tu n'as plus besoin
>   de ma lecture. (55)

Cependant, la transmission du savoir et de la connaissance n'est jamais totale ou complète ; parfois, sinon souvent, la volonté ne suffit pas et l'élan reste limité. Au fil des hésitations et des incertitudes, se précise ainsi la conception que c'est au poète de trouver sa voix et de tracer sa propre voie. Chose certaine, rien n'est perdu puisque les acquis constituent une source pour un dépassement et servent de toile de fond à l'élaboration de méditations poétiques d'une extraordinaire pertinence.

>   Ce poème ne se chante pas
>   je n'ai pas su l'écrire

> cette mélodie entre les mots
> j'en ai rêvé voyelles
>
> le noir
> qui ne se dit pas
> que le cœur l'accomplisse
> la bouche expatriée
> la main perdue
> furtive
> de tant de calligraphes (56)

Ouaknine avance qu'il se considère la doublure d'un juif inévitable, le penchant de sa destinée et que par le biais aussi bien de sa création que de son engagement, il avance rapidement « pour rétrécir l'écart/ entre errance et ombre » (59). En fait, ouvert à toutes les expériences de la vie, il assume son identité extrêmement vivace en perpétuelle évolution. Il se présente comme gardien d'un imaginaire personnel et d'une sensibilité collective souvent en opposition avec son idéal humain et intellectuel. Il veut se détacher de cette histoire, arrêtée dans le temps, ressassant constamment les blessures et les tragédies d'un passé douloureux. Pour lui, personne n'est en mesure de renier l'ampleur du massacre subi par son peuple, mais ce pôle unitaire ne doit pas constituer le ciment de son identité et le fondement de son existence. Aussi, déterminé à ne pas se taire, maintient-il son élan créateur pour rendre à sa poésie l'éclat d'une voix vive de la pensée, de la connaissance et de l'espoir. Il signale qu'il faut arrêter de se remémorer à l'infini les malheurs enfouis dans cette mémoire à jamais blessée et d'être dans le présent pour donner sens à la vie et aller vers l'horizon lointain.

> Avec cette passion pour les deuils
> il faudra en finir.
> Avec cette alliance par le sang
> cette union par la mort
> cette garantie du *nous*
> par ce qui meurt
> cette mémoire-tragédie
> il faudra en finir. (61)

Intitulé *Intimités,* le dernier volet qui clôt ce recueil renvoie aux lois qui séparent les corps, à ces silences qui s'installent, à l'exil de l'autre, à travers la rencontre amoureuse.

> Quand je t'ai rencontrée
> je ne savais pas que je t'aimerais
> j'ai cru que je serai sauf
> que la fin viendrait par accident
> simple effacement par oubli
> sans vainqueur ni vaincu
> sans mémoire surtout (72)

Ouaknine parle de la quête de la plénitude, l'absolu et l'amour sublime avec sa bienaimée. Pour exprimer le bonheur qu'il vit avec elle, il l'interpelle à pleine voix la désignant par le surnom de Nidda qui revêt une charge très symbolique dans le judaïsme. Par le recours à ce deuxième commandement que la femme juive est tenue d'observer[19], il lui signifie que ce qui les unit est plus fort que ce qui peut les séparer.

> Nidda
> Nous fîmes l'amour
> et tu étais nidda
> je n'autorisais
> à jouir de toi
> qui n'étais pas juive (76)

Sans nulle hésitation, réserve ou fausse pudeur, il exprime la consécration de leur passion, une expérience sensuelle de communion infinie de leurs êtres, leurs cœurs et leurs corps. La présentation poétique de leur

---

[19] Sylvia Assouline et Pauline Jacob ont donné une conférence à deux voix sur *Le rôle de la femme dans le judaïsme et le christianisme*, le 10 octobre 2007, au Temple Emanu-El-Beth Sholom de Montréal. En évoquant le rôle de la femme dans le judaïsme, Sylvia Assouline, Québécoise d'origine marocaine, a souligné ceci : « Il y a trois commandements que la femme juive est tenue d'observer : (1) la *Halla* qui est le prélèvement d'un morceau de pâte lorsqu'on fait le pain, (2) la *Nidda* qui concerne les lois de la pureté familiale et (3) la *Hadlakat Nerot*, c'est-à-dire l'allumage des bougies le vendredi soir à l'entrée du Shabbat et pendant les fêtes. Ce sont trois *mitsvot* qui assurent un foyer juif empreint de sainteté (*Kédousha*) et qui instillent l'observance des autres commandements ». En ce qui concerne la *Nidda*, elle a présenté cette explication intéressante : « Il s'agit des lois de la pureté familiale. Pendant ses menstruations, la femme a un statut particulier : elle est *nidda*, c'est-à-dire impure, exclue, repoussée (physiquement, pas moralement). Au Maroc, une jeune fille ou une femme qui avait ses règles ne pouvait se rendre à la synagogue pendant les grandes fêtes (Rosh Hashanah, Kippour ou Soukkot), seuls moments de l'année où les femmes s'aventuraient dans ce lieu de culte. Au Canada, on leur a appris que rien dans la loi ne justifie cela ; pourtant, nombreuses sont celles qui continuent à s'abstenir d'aller à la synagogue lorsqu'elles sont *nidda*. Une femme est surtout *nidda* pour son mari et les rapports sexuels sont strictement interdits pendant les règles. Pour éviter toute tentation entre mari et femme pendant cette période, il y avait toujours un petit lit supplémentaire dans la chambre des conjoints que la femme utilisait quand elle avait ses menstruations. Ce petit lit était un rappel constant pour grands et petits, de l'importance du respect de la loi de la pureté familiale. L'immersion dans un bain rituel (le *mikvé*), mettait fin à la période de *nidda* et était le signal pour la reprise de l'activité sexuelle. Le terme *nidda* pourrait paraître dégradant. En réalité, comme c'est la femme qui décidait du jour de l'immersion dans le *mikvé*, on peut conclure qu'elle avait le plein contrôle de son corps et des rapports sexuels. Pour beaucoup, la période d'abstinence permet une lune de miel renouvelée, un remède à ce qui se passe dans les couples qui souffrent d'ennui, de perte de désir ou de vie répétitive. On ne peut parler de *nidda* sans parler de sexualité. Le désir sexuel est reconnu et accepté dans le judaïsme comme partie intégrante de la vie humaine. Dans la tradition juive, la faute d'Adam et Ève n'est pas associée à la sexualité. Adam et Ève ont eu des rapports sexuels avant de désobéir à l'ordre divin parce que l'ordre de procréer a été donné avant la faute ».

intimité traduit cette volonté mutuelle de franchir les barrières de leur différence et de déclamer aussi bien leur union que leur amour profond.

> La première goutte
> La dernière fleur de Picasso
> tu l'as écrite d'une goutte
> de sang sur mes draps
> la première goutte
> de ton amour
> sur mon lit.
>
> Elle est là ma vie
> qui t'étonne
> et ne saigne pas
> de la faille par laquelle
> notre différence
> fait tissage. (75)

Il est évident que le poète vit avec sa bienaimée une symphonie amoureuse porteuse de sens et de promesses inventant un nouveau rythme qui s'accorde harmonieusement avec la plénitude de leurs êtres. Et comme elle n'est pas de la religion de sa large tribu, il l'invite à intégrer son espace religieux, en lui proposant de prendre comme le font les femmes juives le mikvé[20], ce bain purificateur qui obéit à certaines règles et qui est nécessaire aux puretés dans le judaïsme.

> Un bain rituel
> je voudrais
> que tu prennes
> et courber la nuque
> pour combler
> l'enfer-scorpion
> des eaux stagnantes
>
> pour recommencer
> de l'exil de ta bouche
> l'humide
> incommensurable. (77)

---

[20] Le **mikvé** (ou **mikveh**) est un bain rituel utilisé pour l'ablution nécessaire aux rites de pureté dans le judaïsme. C'est l'un des lieux centraux de la vie communautaire juive, avec la synagogue et l'école juive (yeshiva). Pour qu'une femme juive puisse avoir des relations sexuelles avec son mari, elle doit compter sept jours après la fin de ses règles et se tremper dans un bain rituel. Aussi, l'immersion totale du corps dans l'eau du mikvé fait-elle partie du processus de conversion au judaïsme.

Le poète confie que cette présence qui s'envole avec lui vers des cieux magiques est nécessaire pour abolir la distance, le vide de l'absence, l'éloignement et l'exclusion. La véritable femme qui a su conquérir son cœur devient l'aliment de son imagination et il est essentiel pour lui de continuer à œuvrer dans des actions unifiantes pour maintenir vivace la vigueur de leur union singulière et que jamais ne cesse l'espoir et le désir du futur.

> *Le corps prend la forme de celui qui le regarde*
> *il est désir de désir corps de corps,*
> *mais n'avons pas plus de corps*
> *que de mémoire,*
> *mais pas moins* (85)

La poésie de Serge Ouaknine s'avère d'une extrême densité par sa structure, son contenu et son écriture. Elle représente pour lui une autre voie/voix, qui exprime une sensibilité particulière et se distingue par l'accumulation des images, par un élan qui va dans toutes les directions, un amalgame d'impressions, de concepts, d'images dont la variété lui assure sa propre originalité.

> Errance en zone stérile, évidence du transitoire, décalage douloureux de l'exil... Malgré l'adversité, s'acharne, indéfectible, ce vif courage qu'impose la difficulté de vivre, et se poursuit le déplacement ininterrompu le long de l'axe du monde, tendu vers la transparence de l'autre[21].

À travers la luminosité de ses vers, il réalise un recueil qui se compose et se décompose au rythme de ses angoisses, de ses impasses, de ses rêves, des versants de son vécu, de ses valeurs nouvelles qui s'ajoutent aux anciennes. Il réussit à tisser la toile de son histoire réelle et de sa vision humaine, enrichies de son nomadisme, de ses découvertes et constats dans un Orient inévitable, au destin difficile, des nuances de ses rencontres avec des êtres et de ses traversées des terres qui disent l'éphémère, le sacré de l'écriture, la calligraphie des jours, la violence des histoires condensées et le dialogue avec l'autre. En fait, ces *Poèmes désorientés* « sont des ambassades, des créances ou des prières, peut-être des aveux pour réunir des cendres »[22].

Après s'être exprimé par le théâtre et la poésie, Serge Ouaknine livre également ses réflexions en forme de prose avec *Café Prague et autres récits de voyage*[23]. Ses récits amènent le lecteur à la découverte de plusieurs lieux, des villes qui l'ont vivement marqué : Rabat, Montréal, Los Angeles,

---

[21] Lacelle. « SERGE OUAKNINE, Poèmes désorientés », p. 65.
[22] *Ibid.*, p. 66.
[23] Serge Ouaknine. *Café Prague et autres récits de voyage*, Montréal, Humanitas, 2000.

Venise, Varsovie. Dans les douze nouvelles – onze en vérité[24] puisque le premier texte, *La quête du lieu*, est davantage une introduction au recueil tout entier, l'écrivain nous invite à le suivre du Maroc aux Amériques, en passant par l'Europe, le Moyen-Orient pour revenir, encore et toujours, à la Terre promise, à la Jérusalem biblique ou moderne, réelle ou symbolique. Il reste comme l'indique Linda Amyot, « Serge Ouaknine n'est pas un touriste ; c'est un voyageur. Mais ses voyages suivent l'itinéraire singulier de son parcours d'artiste et d'enfant de la diaspora juive »[25].

À travers le questionnement qu'apporte tout voyage dans ses découvertes et dans ses rencontres, d'après Gilzmer, l'écrivain « se livre à une minutieuse exploration de la mémoire dans des lieux de transit, à un questionnement personnel sur la judaïté et l'exil qui exige selon lui de se redéfinir constamment »[26] du fait que la condition juive étant « l'impossibilité de s'inscrire dans un espace oblige à réécrire le temps. Chaque déménagement nous nourrit des pertes qu'il nous impose. Telle est la loi absurde et féconde de l'Exode » (12).

Dans *La quête du lieu*, Ouaknine indique des éléments biographiques d'une extrême pertinence qui révèlent les influences qui ont conditionné son amour pour la peinture, le théâtre et l'écriture[27]. Il indique l'importance que revêt pour lui la réalisation de ces textes qui vise le partage de ses expériences aussi bien personnelles que professionnelles. Ainsi, définissant son théâtre comme nomade, dilate-t-il son espace pour retrouver l'urgence des voix, sentir les musiques et retrouver le rythme qui « rend à l'univers son infini, d'inscrire dans la béance des lieux, le souffle qui enveloppe la nappe chromatique des résonances » (13). À cet égard, il précise ceci :

> Mes récits sont chargés de théâtre. Mettre en scène ou écrire recouvre ma nostalgie des foules bigarrées, grouillantes, la marche urbaine comme labyrinthe, la proximité de tout autre comme geste et parfum. J'ai résisté à la frontalité des salles pour retrouver l'inégalité des sols, l'urgence des voix, le fouillis des villes médiévales. D'essence nomade, mon théâtre n'a presque pas de décor, à peine quelques accessoires. Mes éclairages ou mes feux d'artifice dilatant l'espace pour honorer le site. La sensation des

---

[24] À propos du nombre de ses textes inclus dans ce recueil, Serge Ouaknine précise ceci : « J'ai réuni onze récits de voyages parmi un nombre plus vaste, des treize dernières années. Ce dont je parle survient immédiatement après un déplacement ou remonte le temps et se souvient, profil perdu d'un dessin revisité » (16).
[25] Linda Amyot. « Serge Ouaknine. Café Prague et autres récits de voyage », *Nuit Blanche*, N° 81, 2000-2001, p. 37.
[26] Gilzmer. « Littérature migrante francophone d'origine marocaine au Québec », p. 21.
[27] « J'écris ou je peins pour qu'advienne la sensation d'une étendue infinie. Pour que la vie me saisisse comme une texture transparente. Comme une calligraphie éphémère, entre le monstrueux et le divin » (10).

> musiques m'est plus essentielle que les objets qui voudraient imiter les choses telles que nous « nous croyons » qu'elles arrivent. (13)

Pour le poète, peintre et dramaturge, « écrire est l'antiviolence par laquelle répond le voyageur » (11). Et comme il a « été témoin de la ferveur des communautés chrétiennes, musulmanes et juives de [son] enfance. La force tranquille des rites. La psalmodie des prières. La faconde sensuelle des fêtes » (13), il a forgé une identité riche de tous les apports qui ont jalonné le parcours de sa vie.

> Au Maroc, je savais d'où je venais, mais ni l'hébreu ni l'arabe ne m'ont été transmis, tant nous étions dans l'ombre flamboyante de la France. La culture c'était Paris, et c'est là que j'ai compris le monde d'où je venais. Puis j'ai quitté la Ville lumière pour la Pologne, pour une descente alchimique dans une « grande œuvre théâtrale », et puis la France encore post soixante-huitarde pour Montréal. La Californie, Israël, l'Argentine furent des terres d'adoption... J'ai cherché, sans cesse, un lieu pour réconcilier mon Orient et mon Occident, la modernité et la ferveur qui a baigné les premières années de ma vie. (13)

En fait, c'est dans l'acte d'écrire qu'il va pouvoir exprimer cette mémoire qui l'inspire et qui détermine l'essence de son être.

> J'en fus le témoin, mais non l'acteur. J'ai donc vécu comme spectateur. À travers l'art, les langues et les voyages dans la civilisation des autres j'ai tenté de retrouver et de reconstruire ce que j'ai reconnu comme loi première. (14)

De culture arabe, Ouaknine vivait dans un univers marqué par le mode de vie et de pensée de la culture française, fournie par son éducation. Ainsi, très tôt, a-t-il été formé au dialogue, à l'ouverture et au multiculturalisme bénéfique. Et si son choix s'est posé sur le Québec, c'est par amour du français comme langue de création, sentant que dans ce milieu il peut s'épanouir dans ce qu'il envisage d'entreprendre en tant qu'artiste. Il précise aussi que la raison d'élire domicile dans la Belle Province vise surtout à protéger cette mémoire métissée, véritable socle identitaire qu'il ne faut jamais perdre. Or, Montréal qui se présente au départ en tant qu'« Amérique francophone » restitue de façon paradoxale la Pologne où il a séjourné et étudié, et les souks marocains qui ont marqué son enfance : « J'y regarde les êtres comme les arpenteurs d'un vaste refuge pour toute la diversité du monde » (14). Cette ville hétéroclite réveille en lui des souvenirs lointains et le pousse à percer l'horizon et les secrets qu'ils recèlent.

> La nostalgie creuse des isoloirs confortables. Le pays a gagné en cosmopolitisme, mais, sans doute, son interculture organique heurte un certain désir d'hégémonie. Montréal, la multiethnique, dérange Québec la blanche, l'homogène. Son territoire s'édifie de la substance solitaire des sensations de différents mondes – c'est par elles qu'une histoire inconnue se raconte et advient à une écoute universelle. (15)

De « ces multiples mémoires émergent les œuvres d'un vaste métissage » (14) qu'il rapporte dans sa démarche d'écriture qui lui permet de consolider son assise identitaire, d'acquérir une redécouverte, une voie de renaissance par laquelle il sera en mesure de retrouver le sens de son être au monde dont les échos de l'exil résonnent pour longtemps dans sa mémoire.

> Celui qui reconnaît la mémoire de son lieu de naissance vivra la sensation de l'exil pour toujours. Aucun lieu ne le comblera malgré toute joie partagée. Celui qui est parti une fois ne revient jamais. Écrire est le seul territoire dont je puisse faire appartenance. Où revenir pour fidéliser les promesses du passé. (12)

Son va-et-vient constant entre ses mondes qui l'habitent devient la source principale de son inspiration et de sa création. En fait, source des ruptures, mais aussi d'enrichissements réciproques, cette structure est le propre de tous ceux qui ont une double appartenance. Être de la dualité peut s'avérer complexe, mais signifie même parfois pouvoir naviguer entre les deux rives et se nourrir des fruits qui y poussent.

Dans le texte qui donne son titre au recueil, il évoque un lieu mythique à Montréal. À l'époque, fin des années 70, il était presque impossible de trouver un expresso ou un café au lait dans cette ville. Les connaisseurs se rencontraient alors au seul café Prague, un bistrot situé dans un sous-sol du centre-ville. C'était « l'un des rares cafés à l'européenne, à une époque où ne régnaient au Québec que des brasseries pour hommes seulement, et des drugstores, genre breakfast au café jaunâtre » (21). Dans ce refuge, avec son bon jazz et quelques groupes hétéroclites, il rencontre un acteur roumain. Durant leur discussion, il le fait voyager à travers temps et espaces et lui enseigne que le voyage n'est pas seulement un déplacement dans des contrées lointaines, une frontière que l'on franchit avec le passeport à la main. Il ne le revoit plus jamais, mais n'oublie jamais le pouvoir de ses mots qui lui ont procuré une grande évasion vers l'ailleurs et lui ont appris une certaine manière de percevoir le monde, un certain style original pour filtrer les choses qui arrivent.

> Je ne l'ai jamais revu après ce soir-là, mais il m'a laissé pour toujours le goût d'un miracle possible entre les hommes. Chaque

> fois que je m'assois à un comptoir de bar, chaque fois que je vais au théâtre, j'entends sortir des coulisses une Bessarabienne gracile et blanche qui emmène l'air dans son sillage, en ne laissant qu'un halo discret de lumière. (34)

Café Prague est aujourd'hui disparu. Il n'en reste que le nom. Ouaknine a tenu à rappeler son existence pour indiquer qu'il était de cette faune qui s'y retrouvait alors pour se remémorer, avec d'autres immigrants, la vieille Europe et son histoire. Son emplacement comme le premier des onze récits que comporte ce recueil est intentionnel. Pour Ouaknine,

> Café Prague donne le ton, le tempo à l'ensemble de la sélection. Je me suis demandé s'il y avait des points communs, des nœuds récurrents dans mes récits. Je crois en discerner quelques-uns : la permanence d'une sourde douleur, tempérée par le miracle des rencontres, tout comme Jérusalem nous inscrit à nous soumettre à sa majesté. Un certain sentiment de deuil traverse mes textes, une théâtralité picturale, mais aussi un immense espoir, une quête passionnée pour le destin de l'être dans ses lieux de transit. Qu'est-ce qui retient le nomade à sa course sinon son négoce avec l'intangible, avec ce qui ne change pas et se présente comme unique ? (16)

On sent chez l'écrivain ce désir de voyager vers un autre ailleurs, vers ces territoires liés à l'histoire. Il veut inviter tout lecteur à se laisser imprégner de la grâce des rencontres et la magie du partage.

> De toute rencontre assumée devient une promesse, fidèle seulement d'accéder au visage de l'autre. Le lieu idéal est ainsi une terrible illusion. Le voyage, au-delà du miroir, touche au fondement immuable qui travaille le temps et façonne le geste d'écriture. Voyage et écriture se confondent avec les rencontres qui redéfinissent nos jardins traversés, car la langue est cette partie mobile qui fabrique de l'être. Malgré la terrible charge de l'histoire. (16-17)

Comme « l'imaginaire échappe au contrôle des idées et se plie à la prégnance des premières mouvances, malgré le changement séduisant des paysages » (12), il se propose à travers ses récits de voyage d'emporter le lecteur au-delà des mers et des océans, dans plusieurs endroits de par le monde, l'exhortant à apprécier les rencontres fortuites auxquelles il le convie avec des êtres qui portent en eux des blessures béantes, de profondes cicatrices et qui possèdent une grande dignité qui les pousse à regarder la vie autrement.

Dans *Bertha de Los Angeles*, il raconte l'histoire d'une actrice qui était « très belle et un peu folle, actrice de génie » (45), qui a connu ses moments de gloire, mais qui a fini dans la perte totale :

> Bertha est une clocharde, une *bag lady*. Elle n'a pas de villa avec piscine. Bertha est sortie de l'asile. Elle dort dans un parking, protégée seulement par l'amas des cartons et des canettes vides qu'elle accumule. (49)

Ayant conquis sa liberté d'écrivain tout en étant à l'écoute des échos qui lui viennent des origines et des horizons nouveaux, il relate dans *Une lumière dans la brume* sa rencontre avec une femme sur un vol de Swissair en se rendant en Pologne. Celle-ci qu'il appelle Anna Swissair lui donne à penser à ce qui pousse l'être à s'ancrer dans cet entre-deux insaisissable parfois, à prendre racine à la jonction de deux langues, de deux cultures, tout en repoussant les étiquettes très encombrantes de l'enfermement et de l'exclusion. Cette passagère le surprend et l'intrigue parce qu'elle parle plusieurs langues et a de multiples identités façonnées à travers ses errances.

> Je compris que toutes les expériences de sa vie s'étaient assimilées en une seule langue et un bouquet de mémoires. Pour elle, les frontières du monde se confondent en une vaste blessure. Kiev, Dantzig, Bratislava, Tel-Aviv, Zurich, Prague, Térésin... je ne pus m'empêcher de penser aux étranges symétries qui marquèrent son destin. (68-69)

Cette intense rencontre lui fait découvrir des émois inconnus. Absorbé par son histoire, ses paroles sont inscrites en lui dans ce chant intime de la souvenance incarnant de l'espoir en l'humain qui infuse une ardeur à vivre partagée dans le silence des alliances et des mélodies.

> Pour moi, elle demeurera Anne Swissair, avec de nombreux petits paquets qu'elle se doit de porter ailleurs, en plusieurs langues, dans la diaspora de sa descendance, ses nombreux petits-enfants, avec tant de lumière dans la brume, avec tant de passeports différents. (69)

Dans ce recueil, d'autres récits s'apparentent davantage à une observation et à une réflexion sur les lieux visités, s'adressent moins à l'émotion et demandent une lecture plus attentive. Parmi eux, *Les vacances à Auschwitz, Kippour en Pologne, Venise, la lépreuse du temps et Le silence des portes maghrébines* sont les plus remarquables.

Dans *Les vacances à Auschwitz*, il relate la découverte de cette aberration historique et de la cruauté humaine lors d'une visite d'un camp de concentration en compagnie de deux Polonaises Anna et Irina.

> Je m'attendais à l'horreur, je vis le génie de la géométrie que cachait Satan... une abstraction quasi indécente. Le silence de Dieu, qu'aucune prière, qu'aucune pensée ne peut combler. Derrière l'épure : la barbarie. (39)

Il comprend que la mort dans cet endroit macabre « n'avait pas d'autre nom que l'indifférence objective » (40). Mais ce qui le choque le plus, c'est l'attitude passive des visiteurs dont les manifestations prennent la forme d'un détachement total marchant sur les traces d'un terrible génocide sans la moindre compassion aux souffrances endurées par les déportés dans ce lieu sinistre de mise de leur mort. Ils profitent de leur visite en appréciant des mets mis à leur disposition dans la cafeteria sans nul bouleversement émotif de l'horreur vécue dans ce camp.

> Et puis ce fut la sortie vers la cafétéria, blanche, avec de larges baies vitrées. Il y avait là des bus flambant neufs, de toute l'Europe libre, et des touristes bruyants. Là-dedans on mange des saucisses et des laitages. Ce n'est pas cacher me dis-je. Comment osent-ils ? Et puis ce manger-là ! Une cafétéria à Auschwitz ! Le monde est un spectacle et l'horreur a ses touristes. (41)

Kippour en Pologne est l'un des plus percutants récits où la voix de l'écrivain est touchante en évoquant son retour sur les lieux d'une mémoire blessée. Cette nécessité de revenir dans ce pays qui l'a fortement marqué jusqu'à transformer sa trajectoire humaine éclaire la nature des sentiments qu'il porte au plus profond de son être.

> Tant d'années étaient passées et j'étais de retour sur ce sol tant de fois dévasté, avec ce peuple où les hommes doivent savoir mourir en héros et faire le baise-main à toutes les femmes. Je me rendais à nouveau sur le lieu de ma seconde naissance, celle qui me fit quitter l'adolescence joyeuse pour un sens plus dramatique de mon destin. (73)

Telle est, par ailleurs, la raison de base qu'avance l'écrivain pour justifier son retour là où il avait séjourné durant quelques années. Dans ses propos, on passe de l'informe à la forme pour renforcer l'idée de l'importance que revêt l'histoire des juifs de ce pays dans sa prise de conscience identitaire qui indique une certaine revendication d'appartenance.

> J'ai toujours aimé la Pologne. Glorieuse ou vaincue. C'est mystérieux. Je suis pourtant né à six mille kilomètres d'ici ! Tu sais, le destin des juifs ressemble à la Pologne. Elle est notre miroir pathétique ! Trouve-moi un peuple aussi religieux et patriote qui a perdu une fois sa terre, qui a disparu de la carte, qui a connu conquête, exil et destruction, un peuple musicien, poète,

> héroïque qui a le sens de l'abnégation et de la famille. En vérité, on se ressemble tellement qu'il a dû leur être insupportable de se voir en notre portrait. On ne peut pas vivre tout le temps en regardant chez l'autre ses propres cicatrices ! (85)

Cette manifestation sensible que l'on observe chez Ouaknine sert à affirmer les fondements d'un processus d'individualisation inscrit au sein d'une vision collective qui fait que tous les juifs portent en eux le même souffle mémoriel comme il le dit lui-même : « Nous oublions et nous souvenons, car tel est bien notre désir d'interpeller ce qui nourrit le rêve » (73). Cette volonté marquée du retour est déterminante dans l'affirmation de son identité juive. « Je marche vite. Je veux les rencontrer, mes frères juifs de Pologne » (73) précise-t-il pour se joindre à eux dans cette portion de leur existence déjà entamée par la mort qui ne sera ni oubliée ni effacée.

> Je crois que toute parole, que toute prière que nous avons pu proférer les murmures, les frissons et les cris, les pensées même, restent éternellement suspendus dans l'univers. (73)

Pour exprimer la profondeur de ses sentiments, le rappel du passé est nécessaire même si l'oubli tient une place importante dans la mémoire humaine. Sans se lancer dans des descriptions détaillées et sans être nommé explicitement, le ghetto est néanmoins aisément reconnaissable parce que chaque pierre de ses murs regorge de souvenirs et de traces inoubliables d'une vie jadis en effervescence éteinte par la folie meurtrière des semeurs de la haine.

> Les lieux sont imprégnés de nos vies. Si nous pouvions embrasser toute l'épaisseur de l'oubli, nous soumettre à la mémoire intangible du passager, la terre entière deviendrait un soupir, un livre prégnant, l'effluve d'une alchimie souterraine – une ivresse trop forte, comme un jasmin dans le désert. (73-74)

Il est intéressant de noter l'admiration que voue l'écrivain à son peuple qui se distingue par une attitude particulière devant les malheurs qu'il a subis tout au son long de son histoire. Quelles que soient l'ampleur des horreurs et l'immensité des ravages qui ont marqué son destin, sa foi dans la puissance divine, de tout temps, est demeurée inébranlable.

> La ferveur s'est arrêtée au sacrifice, une interpellation réelle qui dit à Dieu que malgré la douleur des temps, la foi en sa Puissance reste entière. (82)

Signe tangible dans cette tentative d'oblitération, voire de délaissement des lieux de mémoire, est le rôle joué par les autorités gouvernementales du pays qui veulent façonner une autre réalité humaine, sociale et historique. Ce faisant, si la décision d'effacer les traces d'une communauté qui a bel et bien existé, trahie et massacrée cruellement par la machine nazie, apparaît comme un élément essentiel pour échapper au passé tragique, il n'en demeure pas moins que le peu des vestiges qui restent peut facilement participer à la reconstitution mémorielle. Ce qui suggère l'impossibilité de tout effacer et de vaincre le temps qui passe, car, pour le peuple juif, l'oubli s'apparente à une mort absolue.

> La Pologne communiste a reconstruit toutes ses églises, mais aucune de ses synagogues. Aussi le peu des survivants qui ne s'est pas assimilé a trouvé quelques catacombes pour se souvenir, sur les lieux mêmes où jadis vivait une foule grouillante. (76)

Lors de cette visite, l'écrivain ne peut s'empêcher de visiter ce lieu artistique qui occupe une place proéminente dans sa création. Pour lui, sa fonction est accolée à l'espace mémoriel, à ce passé lointain qui résonne d'échos qui vont constamment apparaître et se répéter.

> Le théâtre célèbre la fiction des disparus. Il sacrifie l'apparence pour la construction exsangue que nous laisse l'idée de l'art sur le deuil des choses évanouies. (80)

C'est dans les interstices des souvenirs qu'il comprend mieux l'importance de son amour pour ce genre littéraire qui concilie à la fois littérature et spectacle, qu'il voit mieux la trajectoire de sa vie et qu'il acquiert sa capacité d'avancer et de se mouvoir à l'aise l'expression de sa propre voix.

> Le théâtre est ma prière. Je vais vers les juifs parce qu'ils sont mon destin. Je vais vers la scène parce qu'elle me permet d'en réinventer le rite en des mots et constructions qui sont autrement miens. (81)

La visite d'une autre ville l'ébranle. Pour lui, Venise, qu'il appelle *la lépreuse du temps*, « a depuis longtemps cessé d'exister. Elle subsiste au moyen de la parole de ceux qui la vivent » (125). Il réalise qu'elle existe sans réellement exister, sans maintenir cette distance qui sépare le passé du présent. Son charme traverse le temps, ne suscitant plus d'étonnement demeurant à jamais mystérieuse et secrète.

> On peut, à Venise, marcher cent jours sur le même pont, sous le même porche, sans lassitude. C'est bien la preuve que la ville n'a rien à offrir que l'évanouissement des choses qui nous les fait voir comme infiniment neuves et sans épaisseur temporelle. (125)

Ouaknine considère l'évocation de la particularité culturelle de son pays natal comme faisant partie intégrante d'un monde auquel il appartient. Dans *Le silence des portes maghrébines,* il parle du caractère spécial et original du seuil d'entrée dans toute maison arabe qui appartient à un ancien usage des codes toujours en vigueur malgré les transformations imposées par une modernité effrénée.

> Au Maroc, comme dans tout l'Orient, les portes sont associées aux sanctuaires de la prière et à l'érotique de la maison. Passer une porte arabe c'est entendre ce que hospitalité veut dire : l'accès à la demeure de l'autre. A sa loi. (119)

Comme un artiste ébloui, il parle de l'aspect artistique de ce seuil premier à franchir pour pénétrer dans l'enceinte du foyer. La porte qui fait face à toute personne qui veut entrer dans la maison est généralement très travaillée et marque la frontière avec l'extérieur. Elle possède au même titre que d'autres éléments du bâtiment des décors riches dont les motifs regorgent de significations profondes. Pour Ouaknine,

> Toutes les portes et les murs et paysages sont, au Maroc, un pas vers une spiritualité fervente, colorée et d'une égale et farouche sensualité. (121)

Il ajoute aussi,

> Une porte, un seuil, une fontaine touchent à l'héraldique, à la force du signe, simple comme un drapeau. La terre maghrébine est une écharpe, un drapé qui aurait réduit les rythmes à un élan essentiel. (120)

C'est au sein de cet univers d'ouverture et de valeurs qu'il se ressource et renoue avec les forces inaliénables et imprescriptibles de son passé culturel et artistique. Il donne l'impression de comprendre cet état de fait et d'être profondément imprégné par l'atmosphère de ces lieux familiaux et magiques.

> Le Maroc ne se peint pas. Il est odeur, objet figuratif dont les signes forts transfigurent les lieux en de subites mémoires. Les portes sont les amphores de l'imaginaire. Elles nous convient à franchir le seuil d'une voile ouverte, toujours réelle et déjà fugitive – que le corps apparent ne soit que le souvenir d'une mémoire heureuse. Car pour l'islam, la vérité n'a pas d'image. Elle est nostalgie seulement de la sensation. (120)

De ce fait, pour Ouaknine, la vérité n'est pas dans la créativité, mais dans le geste absolu d'obéissance que tout artiste adopte devant l'interdit et le tabou. Ce qui est intéressant dans la présentation de cette réalité évidente de la porte et sa symbolique magique c'est l'établissement de ce lien entre l'islam et le judaïsme eu égard la représentation de l'image sacrée, et aussi de souligner ses variantes et ses constantes.

> L'homme juif d'Orient et l'homme musulman contournent l'Imprononçable, l'Infini. Ils invitent à la joie des seuils, des portes, des passages allusifs ou plus réfléchis de la sortie et de l'entrée du sens des choses de ce monde. La porte, par excellence, est le signe aussi de l'Exode, du nomadisme terrestre et céleste, un seuil jusqu'au Saint des Saints infranchissable du Temple de Jérusalem, à la Ka'ba de la Mecque où il convient de tourner sept fois en priant. La porte est encore exil du corps. Une errance. Une perte du désir. Mais la porte est aussi celle du savoir, un Livre à ouvrir et à franchir, une appropriation paradoxale de l'Origine. (121)

Ce qui caractérise l'écriture de Ouaknine, c'est qu'il relate des faits, décrit des paysages, présente des lieux chargés d'histoires et de mémoires, se permettant de temps en temps d'avancer des réflexions, des opinions et des jugements personnels. Pour Caroline Montpetit,

> Les réflexions de Ouaknine sont toutes baignées de poésie. Elles se déploient comme une dentelle fragile sur le grand canevas du monde. Le lecteur referme le livre avec une impression de grande culture. Un peu de l'essence de chaque pays visité[28].

Et c'est justement ce qu'il fait dans son récit *Chronique argentine de l'eau, du sel et des hommes,* où il raconte comment des découvertes et des rencontres dans une contrée lointaine en Amérique latine, un « pays aux êtres généreux, hospitaliers mais, aussi, terre de l'arbitraire et du népotisme » (105) l'ont transformé dans son for intérieur comme ce *Vol au-dessus de la Vallée de la Mort* qui lui permet de scruter la beauté de ce paysage singulier en Californie. La découverte de l'étendue du désert est vibrante et viscérale, de silence, de méditation dans la puissance de sentiments entremêlés de souvenirs vécus ou rêvés.

> Il fait silence. Je n'avais pas écouté la pulsion sourde, sereine de la paix depuis longtemps. Je « l'enregistre » sur mon walkman pour ma fille. Quinze secondes de silence de la Vallée de la Mort, sur piste, pour qu'elle en reçoive la bénédiction, comme un morceau de Judée. Nous vivons dans l'infortune des bruits. Le désert nous conduit aux murmures de la parole. Peut-être est-ce pour cela que

---

[28] Caroline Montpetit. « Terre promise », *Le Devoir*, samedi 6 janvier 2001, p. D.1.

> j'ai tant de plaisir dans les cimetières où tout repose, même les sons. (59)

Et dans cet endroit exotique et magique, qu'il survole en compagnie d'un ami, se manifeste la force de son expression identitaire dans cet appel déchirant qu'il lance et dont la force réside dans sa manière de se rendre directement à l'émotion pour entraîner une réflexion pertinente sur le temps, la mémoire et l'Histoire, à partir des principes de connexion entre l'ici et l'ailleurs.

> Non, tout au long de ce vol je n'avais pas rêvé, Jérusalem était dans le paysage intérieur de la mémoire. Titus, cette ordure qui mit le feu au Saint des Saints, détruisit le Temple et fit table rase de Jérusalem, ce chien-là, sur la carte ! Fred, il faut prendre l'avion, monter vers le nord-est, contourner la faille. Je veux cracher sur Titus ! On n'a pas le temps. Le jour décroît en une symphonie chromatique. (60)

Il important de souligner que même au cœur de la pampa argentine ou au-dessus du désert californien, le sort d'Israël et des ses enfants marque les pensées de l'écrivain. Peu importe l'endroit, la dimension du voyage devint « recueillement, méditation »[29], une reconstruction où s'articulent souvenirs, mémoire et création.

Dans le déroulement de ses voyages, l'écrivain perçoit la réalité et note ce qu'il observe, sent et vit dans ses moindres détails. Une observation et une expression de sensations d'une manière poétique et en même temps très précise. Il rend compte de la particularité de Jérusalem à laquelle il réserve deux récits, ville emblématique qui se présente comme « le terminus de toutes les errances, le commencement de toutes les attentes » (89). Dans *Fragments en Orient*, il la décrit comme une cité à part, distincte de toutes les autres villes visitées, qui revendique par elle-même son statut bien particulier où plusieurs cultures et religions se sont croisées, où la modernité côtoie un monde arrêté dans le temps. Dans ses errances à travers ses ruelles, il est envoûté par sa magie, mais se trouve dans l'incapacité de s'approprier ces instants d'éternité. Car, la photographier, « c'est rendre indécente la lumière du jour. Occidentaliser la mort en un objet consommable. *Jeter la pierre* sur l'autre. Faire du Dieu des juifs un fantasme visible » (91). Ce faisant, la ville rebelle lui a imposé son rythme et sa volonté de garder son mystère.

> J'ai compris mon impuissance. Cette ville m'a vaincu. Elle a pétrifié le peintre et le photographe. Seul le voyage du temps peut contenir son vêtement de nostalgie et de colère. (94)

---

[29] Amyot. « Serge Ouaknine. Café Prague et autres récits de voyage », p. 36.

Après une expérience particulièrement singulière, où il se rend à l'évidence qu'il ne peut être qu'un observateur ordinaire, il ne cède plus à la tentation de l'immortaliser artistiquement. Il se contente de la saisir comme elle se présente à lui dans l'immédiateté du temps de la visite et de la découverte.

> Alors, j'ai déposé mon appareil et je me suis assis. J'ai regardé les êtres passer, comme les ombres de l'Histoire, dans la demi-obscurité. Une sensation de mort et de passion m'a saisi. En un instant, tout pouvait chavirer. Pourquoi photographier ? (94-95)

En véritable prestidigitateur des mots, l'écrivain, imprime un ton particulier à son propos en présentant l'unicité de son caractère qui tient une place prépondérante dans l'histoire de cet Orient inévitable auquel il nous convie dans ses écrits.

> Tant de fois convoitée, conquise et puis détruite, tant de fois peinte et racontée, l'aura qui prolonge Jérusalem ne se love ni en ses pierres, ni en ses monuments, mais dans le bruissement des êtres. (100)

Pour exprimer la fascination qu'elle exerce à l'infini du temps qui passe, il présente sa différence et son étrangeté insistant sur ses multiples facettes qui la rendent à la fois un lieu céleste et terrestre.

> Les pierres de Jérusalem sont des épidermes du temps. La ville, mystérieusement, nomme une frontière invisible. Un feu et sa chute passionnée dans le toujours recommencé. Ville de rite et de cadence. Elle n'accepte pas d'être prise, la ville à la paix plurielle. Elle se rend seulement à celui qui l'aime et courbe l'échine. Jérusalem réclame de chacun de ses captifs de devenir le destin du lieu – un passant seulement, dans sa fulgurance incendiée de reflets. (101)

Dans ses mémoires, l'écrivain rapporte sa visite dans un lieu de passage obligé, Mahané Yéhouda, littéralement, le *Camp de Yéhouda.* « Ainsi se nomme le ventre gourmand des juifs. Son souk » (99) qui se distingue par son charme, son originalité et la variété des goûts, des couleurs, des sons et des odeurs qu'il offre et propose aux regards des visiteurs. Il décrit l'animation qui se produit en préparation pour le shabbat où une atmosphère du sacré baigne la ville d'un temps en dehors du temps qui rattache les enfants d'Abraham à leur religiosité et à leurs rites séculaires.

Il y a des espaces dans *Café Prague et autres récits de voyage*, une forme d'ampleur majestueuse, engendrée par l'immensité de ce désir et la nécessité de ce besoin d'embrasser par la géographie des lieux visités qui englobe des territoires étranges et lointains, des langues, des religions et des rencontres humaines. Tout au long de ses récits de voyage, ciselés avec la minutie et la précision d'un joaillier, Ouaknine offre des histoires très condensées, parfois fulgurantes, qui font pénétrer le lecteur dans un espace-temps réglé selon les mécanismes de sensations personnelles, du rêve, du chant intime, de « la prégnance de l'événement, son chaos et sa fuite » (11), de la découverte, du nomadisme et du partage. En tant que gardien de la mémoire, l'écrivain « réinvente la prière collective par un geste solitaire et intemporel » (15) pour que « le voyage, au-delà du miroir, touche au fondement qui travaille le temps et façonne le geste d'écriture » (11). Ceci dit, il « plonge aux sources de son peuple, fait jaillir des langues qui reviennent comme des mantras et le font vibrer. Une entreprise qui n'est pas toujours facile pour le lecteur s'il ne possède pas son érudition ou ses connaissances »[30]. Ses textes ont la grande qualité d'exister par eux-mêmes, qui leur vient justement de cette grande force et autonomie stylistiques qui confère à son écriture son esthétique poétique.

Ouaknine excelle à être un écrivain de l'intime et de l'infime qui dote son écriture d'une nouvelle esthétique alliant art et devoir de mémoire. C'est ce qu'il réalise dans son premier roman *Le Tao du Tagueur*[31], un récit magnifique et envoûtant, qui, selon Elias Levy, « nous plonge dans un univers urbain décapant, clandestin et fort méconnu : celui des tags »[32]. En fait, c'est durant son séjour de quatre ans à Montpellier qu'il découvrit avec émerveillement l'univers singulier des tags. Dès son arrivée dans cette ville, il a constaté qu'elle était taguée en entier. « Tout a été nettoyé depuis, mais je voulais comprendre ce qu'était le tag, pourquoi ce cri »[33], se remémore-t-il. Il ajoute aussi :

> Je fus alors intrigué, voire fasciné, du fait que tout le centre-ville médiéval de Montpellier était entièrement tagué. Tout était recouvert, effacé et recommencé. Une lutte de tous les instants. Rien n'échappait à cette furie urbaine surgissant comme une peau sur la peau plus ancienne de la ville, avec parfois des trésors de poésie ou de compulsion destructive. J'ai pensé que seule une fiction pourrait rendre compte de ce cri en relatant le parcours d'un tagueur et en restituant sa rupture marginale[34].

---

[30] Yvon Paré. « Qu'est-ce qui pousse les humains à partir un bon matin », *Lettres québécoises*, n° 101, 2001, p. 35.
[31] Serge Ouaknine. *Le Tao du Tagueur*, Montréal, XYZ, 2015, 176 p.
[32] Elias Levy. « 'Le Tao du Tagueur'. Un roman de Serge Ouaknine », *The Canadian Jewish News (CJN)*, 17 mars 2017.
[33] Marie-Louise Arsenault. « Serge Ouaknine et le cri du tagueur », Entrevue avec Serge Ouaknine - Plus on est de fous, plus on lit !, *Radio Canada*, le lundi 26 janvier 2015.
[34] Levy. « 'Le Tao du Tagueur'. Un roman de Serge Ouaknine ».

Son roman raconte la rencontre d'un ex-publicitaire français devenu tagueur et une Chinoise amoureuse de la langue française. Deux êtres que tout sépare. Mais c'est leur destin qui les réunit. C'est leur quête de vérité aussi. Ils l'acceptent et la vivent sans chercher à déchiffrer au début le mystère de son existence. Toutefois, la lecture des centaines de fragments du narrateur étalés dans une espèce de journal de sa dérive révèle leurs blessures et déchirures respectives, et surtout cette volonté de survie qui les anime et qui détermine leurs cheminements individuels. Lui, fils de mineur du Nord de la France dont les origines modestes lui montent à la gorge, quitte son travail à Paris pour se lancer dans une errance permanente, vivant comme un itinérant, subsistant de petits boulots après avoir connu une situation financière confortable.

> J'ai vomi l'agence parisienne qui me faisait vivre. Mes affiches couvraient les panneaux des autoroutes. Toute la France. J'aurais dû en être fier. J'ai plutôt claqué la porte en bois exotique du patron. (15)

Enragé, il abandonne une prometteuse carrière dans le monde de publicité pour se lancer dans les tags urbains. Il graffe et signe la nuit, comme il le précise, pour bien souligner la spécificité de ce qu'il entreprend.

> *Moi, je targue de nuit.*
> *Ou, à l'aube, quand vous êtes endormis.*
> *Je tague pour me confondre avec la lumière du jour naissant. Pas avec sa clarté.*
> *Ceux qui œuvrent en plein jour sont des grapheurs.* (118)

Toujours est-il, le tag devient l'expression de sa colère et de sa révolte. Il l'inscrit partout sur les portes, les fenêtres, les murs, les façades, les hôtels particuliers de la ville. Il couvre tout.

> Et, un jour, tu pars emporter le fruit de ta naissance. Tu ne simules plus ce que tu n'as pas. Tu te mets à taguer. Tu tagues – tu triomphes des flics. Et dans ta rage tu couvres un mur tout comme une peau de lapin retournée nargue le chasseur. (16)

Dans son aventure, il s'empare de tout mur, cet énorme espace de manifestation d'une création véritable, une reprise de contacts avec des dimensions occultées qui lui permettent de maintenir sa force d'affirmation même si elles s'enlisent dans le rejet des diktats idéologiques et des règles restrictives.

> Un mur, c'est plus qu'un accessoire pour une campagne publicitaire. Moi, je suis toujours en « campagne ». Je ne vote

> pour rien d'autre que ma propre signature. Les murs sont la peau d'une Jeanne d'Arc à l'envers qui prétend faire sortir la voix cachée qu'elle entend dans la pierre ou le béton. (16)

Quant à Leily, elle est fille de calligraphe chinois, détenteur d'un art ancestral en voie de disparition qu'elle décide de sauver en apprenant une autre langue, le français, et de la maîtriser à la perfection. C'est aussi un geste de survie pour elle, rescapée des camps de rééducation des Gardes rouges de Mao. Elle le voit sa fenêtre, elle l'héberge, et ils sont tous les deux propulsés dans une fulgurante histoire d'amour.

> Après cette nuit merveilleuse, j'avais le sentiment que si je restais, je serai coincé dans une histoire d'amour comme on dit. Au matin, elle avait fait du thé. Tout semblait ralenti dans sa chambre. Elle dit : « Je me nomme Leily. C'est, je crois, la déformation de Lilly. Avant Mao, ma grand-mère maternelle travaillait chez des Anglais, à Shanghai. On m'a appelé Leily en souvenir d'elle. Et toi ? – Un tagueur n'a pas de nom. » Elle a eu un pincement de lèvres. « Chez nous, un être qui n'a pas de nom n'a pas de destin. » Elle a baissé les yeux : « J'aime la patience avec laquelle tu dessines, lentement. » – Je tague, je ne dessine pas. – Laisse aux autres le soin d'en décider, a-t-elle dit froidement. (22)

À défaut de lui révéler son nom, elle le nomme Panda et saisit le moment présent dans la saveur des premières étreintes et le souffle d'une passion naissante. Elle s'avance avec lui dans une aventure amoureuse le temps de ses études d'un *master* sur les arts de la rue dans un cursus de communications. Elle est étudiante et ne survit qu'avec « deux cent quatre-vingt-trois euros, des petits boulots et une bourse France-Chine qui lui couvre juste ses frais scolaires » (80). Mais ce qui la caractérise, c'est qu'elle a l'esprit tag et s'intéresse au travail de Panda, lui avouant dans son pays natal, ces signatures urbaines sont interdites, voire bannies et dont les auteurs sont sévèrement punis. « La Chine ne tague pas ? – Celui qui s'y risquerait serait immédiatement jeté en prison » (18) avance-t-elle.

Leurs différences les rapprochent, car, au fond d'eux-mêmes, ils sont des sources artistiques profondes et motivantes qui se joignent malgré toutes les distances et les séparations. Pour Panda, quand il s'adonne à son mode d'expression, il se sent un peu chinois taguant sa rage et son mal de vivre sur les murs. De son côté, Leily Tchen demeure à jamais marquée par une phrase, dite une fois seulement par son père, en vieux mandarin : « La vérité de la langue n'est pas le refuge des mots, mais dans tout ce qu'elle ne dit pas » (106). Elle lui révèle comment les artistes dans son pays résistent à l'agression et à la destruction, afin que demeurent vivaces leur volonté d'exister et leur tradition calligraphique.

> À Shanghai, Panda, il y a des hommes survivants qui écrivent sur le sol des rues avec de gros pinceaux et de l'eau. À l'eau seulement. Des hommes qui se souviennent de la langue perdue, qui apparaît, et sèche aussitôt. Ils écrivent, et leurs mains dansent en écrivant. Et tout s'efface. Ce qui compte, Panda, c'est le dessin du poème. Il y a toujours des jeunes qui passent, et des plus vieux qui lisent et qui traduisent pour eux. Et les jeunes attrapent des mots qui n'existent plus. (106-107)

Ce qui est intéressant dans leur échange, c'est ce retour sur soi, qui provoque une prise de conscience sur leurs blessures à l'évocation de leur passé, et leurs états existentiels présents pour trouver une lumière profonde « qui les soude et les amène sur un "chemin de connaissance" »[35]. Leily aide le tagueur à trouver son envol dans le cœur médiéval de cette ville du Sud. Du geste à la parole, Panda, moitié artiste, moitié clochard, libère sa parole et livre des réflexions surprenantes, voire grandiloquentes :

> *Nous les tagueurs, nous sommes des calligraphes urbains.*
> *Des scribes pour des mots d'amour en forme de raccourcis.*
> *Nous sommes d'antiques Chevaliers perdus dans un mauvais siècle.*
> *Nos couleurs sont criantes comme au temps des joutes médiévales !*
> *Nous sommes la mémoire des siècles et nous disons non à la royauté des nantis.*
> *Pour cela nous restons sobres.* (118)

Étant donné qu'il a choisi sa voie, en se détachant du monde du négoce de l'image en publicité, Panda porte en lui son savoir et désire faire la paix avec sa mémoire. Chaque jour, il manifeste son défi à la routine, aux interdits, au pouvoir de l'argent, libre et fier d'être un tagueur. Il reste qu'en quête de survie, ces deux écorchés vifs, traversent ensemble le temps d'un amour sans lendemain, appréciant charme, fascination et mystère des écritures d'Orient et d'Occident, luttant chacun à sa manière contre la violence des sociétés modernes, valorisant les arts de la rue et le monde des tags, royaume de l'insolite qui s'apparente au « baromètre d'un lieu [dénotant] d'un amour poétique et d'une rage sociale »[36].

En effet, Panda et Leily, deux êtres déroutés, provenant de deux univers culturels et artistiques aux antipodes l'un de l'autre, découvrent leur amour pour l'art des tags. Le temps de leur rencontre, ils ont vécu une parfaite communion exprimant sans gêne et sans fausse pudeur leur nostalgie et leurs souffrances respectives. Mais la vie qui les a réunis, les sépare, et dans sa

---

[35] Marie Cloutier. « Entrevue. La beauté du geste », *La Presse*, 1er février 2015.
[36] Levy. « 'Le Tao du Tagueur'. Un roman de Serge Ouaknine ».

lettre, Leily explique les raisons de son retour en Chine et lui révèle la puissance de sa présence dans son devenir existentiel.

> *Shanghai, le 19 mai 2016*
> *Panda, mon amour*
> *Je suis partie sans te dire au revoir, non pour te fuir, mais pour retourner vers les miens. En Chine, une femme doit respecter l'honneur de l'homme. J'aurais aimé ne pas te blesser. J'aurais aimé avoir un enfant de toi. Près de toi, le bonheur. Poème impossible. Comme je te l'ai dit : Tu trouveras ton ciel.*
> *Mon père se fait très vieux. J'ai cru qu'il m'envoyait une partie de sa pension de vieillesse. En fait, les 283€ mensuels qui me parvenaient, en plus de ma bourse misérable, étaient un emprunt. Chez nous, les enfants ou les proches doivent pourvoir aux besoins de leurs parents. C'est désormais plus difficile, car la politique de l'enfant unique a détruit l'équilibre ancestral des familles.*
> *Je t'ai aimé dès que je t'ai vu, de la fenêtre. Nos nuits et tes gestes restent en moi. Parfois ma peau te cherche. Mais je demeurerai une femme stérile. Tout m'a été retiré. Près de toi, j'étais une hémorragie presque permanente, sur mon amour.*
> *J'ai perfectionné ma langue française, et tu seras, pour toujours, celui qui y a attaché l'amour. Moi, au mieux, je deviendrai une institutrice de province.* (168-169)

Comme le souligne Mario Cloutier, Ouaknine « est un poète et sait les images. Il est metteur en scène et connaît les gestes. Il est peintre et comprend l'importance de la ligne. Sa vie dans les arts l'a amené à ce premier roman, *Le tao du tagueur* »[37]. En fait, nombreuses sont les critiques qui ont salué cette réalisation romanesque de l'écrivain. Martine Desjardins parle d'« un livre transformateur qui ouvre les yeux du lecteur et le force à regarder ce qui se cache sous la surface des murs »[38]. De son côté, Dominique Blondeau a elle aussi « aimé ce roman traitant d'un sujet marginal peu exploité, dépeint avec une ferveur intense qui ne laisse aucun doute sur la qualité littéraire du livre, autre écriture si intelligemment utilisée par l'écrivain »[39].

Il est certain que par ce roman, Ouaknine réussit à ouvrir une belle fenêtre de création sur un monde intense poétiquement stimulant et effervescent qui nous interpelle et nous transforme à la fois. Il explique son goût d'écriture qui est né d'une métaphore du monde qui l'entoure, et qui l'inspire. « Que ce soit par le geste graphique ou par l'écrit, c'est la même question. Après 35 ans de théâtre, en vieillissant, on mesure que la transmission ne passe pas par l'éphémère de la parole, mais quand elle se

---

[37] Cloutier. « Entrevue. La beauté du geste ».
[38] Martine Desjardins. « Au-delà du mur », *L'actualité*, 9 mars 2015.
[39] Ma page littéraire Dominique Blondeau, lundi 27 avril 2015. Consultation le 30 mars 2017.

dépose dans l'écriture »[40], indique-t-il. En lui, trois sources d'inspiration se sont mêlées à savoir la Bible, les récits bouddhistes et le *Tao*, considéré comme « l'art du geste juste et du geste vrai »[41]. L'avantage de ces sources, c'est qu'elles rendent l'art un outil universel de compréhension, d'échange et de partage.

L'écrivain qui maîtrise bien l'histoire pousse en effet ses personnages dans les méandres de tous les événements majeurs issus de leur rencontre inattendue. De quoi dire que *Le tao du tagueur* est innovant dans la forme, mais procure aussi d'agréables moments de lecture. Encore une fois, par cette création romanesque, Ouaknine montre qu'il possède un talent d'extraire du langage simple et naturel les plus belles images poétiques. Sa vie et son œuvre ressemblent à un éternel voyage d'aller-retour entre sa culture d'origine, son besoin vital d'appartenir à son destin de juif et à sa passion pour la création artistique. Sa production variée, riche et enrichissante lui a valu une reconnaissance internationale le rendant une voix bien singulière dans la littérature sépharade au Québec.

---

[40] Cloutier. « Entrevue. La beauté du geste ».
[41] *Ibid.*

Lélia YOUNG

Lélia Guez-Bellaïche Young est née le 18 août 1950 à l'Ariana en Tunisie. Elle vit quelque temps en France vers l'âge de dix ans, puis elle retourne dans son pays natal, qu'elle quitte définitivement à dix-sept ans pour s'établir au Québec avec ses parents. Elle a aussi vécu aux États-Unis, dans le New Jersey et dans le Massachusetts. En 1976, elle suit son époux s'installe à Toronto, s'occupe de leurs trois enfants, et enseigne dans le Département des Études françaises à l'Université York. Mais c'est avant tout une poétesse qui fait paraître divers poèmes dans plusieurs revues : à Montréal, dans *La Voix Sépharade* et la *Tribune Juive*, à Toronto, dans *Les Cahiers de la femme*, *Amaranth*, *LittéRéalité* et *Indigo*. Elle a également eu dix pages de tribune dans *Émergence Poésie*, Numéro deux (Montréal, 1984). Puis, la publication de deux de ses recueils de poésie *Entre l'outil et la matière*[1] et *Si loin des Cyprès*[2] reçoit une critique élogieuse, l'érigeant au rang d'une nouvelle voix poétique qui vient enrichir la culture française à Toronto et la littérature sépharade au Québec. Poétesse, nouvelliste et professeure, elle continue sur sa lancée poétique en réalisant deux autres recueils publiés aux éditions du Marais à Montréal : *Aquarelle, la paix comme un poème*[3] et *Réverbère*[4] ainsi qu'un troisième bilingue *I write these words / J'écris ces mots*[5], publié à Toronto. Lélia Young a également fondé et édité le journal *Langage et Créativité*. En décembre 2003, elle a été élue présidente d'honneur de la Société des écrivains de Toronto (la SET) en reconnaissance de services rendus à la littérature et à la SET.

Notre étude vise à montrer que le cheminement poétique de cette femme à la croisée de plusieurs cultures dépasse de loin son simple enfermement dans l'étiquette de poétesse de l'écriture migrante au Canada. Son écriture, qui hésite entre une revendication révoltée et une préciosité sentimentale, fait autant appel à l'histoire et à la mémoire qu'aux lieux où elle a vécu : elle ramène à l'essentiel de la culture qui guide et transforme son être, traçant un itinéraire vers un retour constant aux sources identitaires, et fait preuve d'une grande ouverture d'esprit vers la lumière de la renaissance. Sa poésie – métaphore d'un espace et d'un état de conscience – transcende l'aliénation, les souffrances, l'injustice, l'exil, la violence, les préjugés, pour aboutir à une nouvelle genèse d'un moi pacifié et à une transfiguration poétique de la conscience.

---

[1] Lélia Young. *Entre l'outil et la matière*, Toronto, Éditions du GREF, 1993, 134 p.
[2] _____. *Si loin des Cyprès*, Montréal, Cidihca, 1999, 151 p.
[3] _____. *Aquarelle, la paix comme un poème*, Montréal, Éditions du Marais, 2006, 66 p.
[4] _____. *Réverbère*, Montréal, Éditions du Marais, 2006, 80 p.
[5] _____. *I write these words/J'écris ces mots*, Toronto, Innana Publications, 2013, 90 p.

Dans un texte intitulé « L'expression poétique comme mesure de réflexion et d'action », Lélia Young présente la raison d'être de son écriture poétique, qui constitue un sentiment d'éveil très tôt manifesté dans son évolution personnelle, et qui cherche à faire sens, à ouvrir une brèche du dit face au non-dit. À travers la poésie, une sorte d'acte de foi a eu lieu, qui l'a aidée dans sa quête individuelle. On assiste à la renaissance de son être par un langage qui est aussi une présence et par le biais duquel son existence devient une ouverture au possible. Sur ce, la poétesse affirme ce qui suit :

> Le processus de création par l'écriture m'a séduite très tôt. Mon penchant pour la poésie s'est affirmé vers l'âge de 13-14 ans, lors de la lecture des poèmes de Joachim du Bellay. On aurait dit un coup de foudre venu du XVIe siècle, la révélation d'un universel auquel j'appartenais sans le savoir. C'était ma première rencontre avec mon origine. La découverte de cette forme d'écriture m'avait alors envahie pour ne jamais me laisser. Il ne se passait pas un jour où cette expression rythmée ne se manifestait. C'était devenu mon cordon de liaison avec l'univers et mon lieu d'équilibre sur terre. Rien ne se produisait plus sans être filtré par ce langage qui me permettait de découvrir le monde[6].

C'est d'ailleurs de cette vocation révélée à elle-même dès le début de l'adolescence que lui est venue l'idée de se lancer dans la poésie pour traduire l'intériorité de ses sentiments et de ses plus fines nuances. En outre, ce moyen d'expression lui permet de poser un regard sensible et tendre sur la nature, les êtres, le quotidien et les éléments qui composent sa vie. Toutefois, il lui a fallu attendre la fin de la quarantaine pour se rendre compte que l'injustice créée par l'homme est partout dominante et s'impose comme une maladie extrêmement dangereuse et contagieuse pouvant mettre en péril le destin entier de l'humanité. Ceci dit, son travail d'écriture prend une nouvelle dimension, une autre signification qui explore une prise de parole face à la contemplation du monde dans sa totale complexité. Comme elle l'explique,

> L'écriture devint mon seul espoir, un outil de brassage partagé avec mes semblables et véhiculant une volonté de réduire l'incertitude. Prose et poésie ont toujours rempli pour moi une fonction sociale de communication où le poète est déjà un autre pour lui-même. La poésie a toujours été mon langage de prédilection, car cette forme d'écriture rompt avec le code de la langue, fait émerger de nouvelles structures et relève du domaine des équations non linéaires, domaine où une simple modification

---

[6] Lélia Young-Guez-Bellaïche. « L'expression poétique comme mesure de réflexion et d'action », *Le Maghreb Littéraire*, Vol VII, N° 14, 2003, p. 133.

de la séquence change le développement attendu de l'information[7].

La force suggestive de ce procédé et l'intensité expressive qui en résulte concourent à mieux révéler que, pour elle, la poésie apparaît comme l'intermédiaire par excellence pour dire la quête humaine qui s'ouvre à une vérité métaphysique marquée par l'urgence précipitée de la vie et qui trouve dans la tragédie troublante du monde une façon de retenir le temps à travers sa déroute.

> La poésie est cette harmonisation des espaces au sein d'un tout qui échappe à l'appropriation et qui se révèle à nous dans notre quête du savoir. Sur le plan physique et spirituel, ce ne peut être que dans cette quête vers l'amélioration de notre condition que réside la volonté du destin humain. Cette avancée nous mène à pardonner, malgré les tragédies qui nous affectent, pour comprendre et soigner les souffrants et les égarés. Une démarche qui demande beaucoup de courage et de foi. La structure qui nous comporte n'abolit pas le libre arbitre et nous sommes entièrement responsables de nos actes dans les limites données à notre existence[8].

Partant du fait que toute interprétation du poème est subjective, qu'elle laisse entendre plusieurs voix et ne s'apprivoise pas au fil d'une seule lecture, Lélia Young demeure consciente de la complexité de communication de ce phénomène poétique au sein de notre société. Car, pour elle :

> La poésie comporte un mystère pour son propre créateur. Elle situe l'encodeur et le décodeur dans un univers sémantique qui suggère tout en transmettant un message. Son ambiguïté nous force à réfléchir et remet en question ce qui est établi. Le poème est un représentant du microcosme de l'incertitude existentielle. Elle se plaît à répéter qu'il n'y a pas une seule réponse à la question posée, qu'il n'y a pas une seule interprétation à la phrase écrite ou dite et qu'il n'y a pas une seule théorie mathématique ou autre qui peut s'arroger le droit de présider à notre destinée[9].

Mais ce qui frappe le plus dans ses propos, c'est son désir de transcender la léthargie du temps par le biais de la poésie. Elle réaffirme constamment le besoin d'être à l'écoute du présent, faisant graviter sa parole poétique autour des mots qui ouvrent des chemins, dressent des constats,

---

[7] *Ibid.* p. 134.
[8] *Ibid.*, p.135.
[9] *Ibid.* p. 135-136.

construisent des passerelles, creusent l'émotion jusqu'à la blessure la plus vive. Elle tente aussi de concilier le non-sens du monde avec quelque chose de semblable à l'espoir, à l'ouverture vers autrui en l'acceptant dans sa singularité, voire son individualité.

> L'écriture poétique est un incessant point d'interrogation qui se transforme infiniment pour communiquer. C'est le langage d'avant le langage. C'est l'ouverture des frontières formelles et du sens. La poésie est par définition rupture. Pour moi, c'est surtout la pratique d'un humanisme dont l'objectif est de réduire la souffrance en l'exposant et en montrant qu'au-delà de l'apparence, de l'image, nous sommes l'attente de l'autre qui ne peut être que la présentation de notre différence. L'autrement différent est vital pour la découverte de soi[10].

Ce qui compte le plus pour Lélia Young, c'est que le caractère propre de sa poésie demeure fluide, sensible, avec une exigence de transformation constante portée par l'évolution de son être. Cette longue méditation qui s'élève et se laisse éclairer par la transparence même du langage constitue l'originalité de sa parole poétique qui se caractérise par cette façon

> ... d'être, de rechercher la note juste, celle qui ne se ment pas, qui permet d'éviter l'égarement en réduisant l'incertitude. Cette démarche qui m'est inhérente a pour but de rapprocher les êtres en dépit de leurs différences, car c'est par nos différences que nous devenons complémentaires au sein de la diversité. Chacun de nous a quelque chose à apporter aux autres et à la planète[11].

La lecture des deux recueils de poésie de Lélia Young est une belle occasion de découvrir le talent de cette poétesse tunisienne d'adoption canadienne, sa douceur poétique et son exceptionnelle humanité. Elle permet de saisir sa démarche personnelle, très originale, qui s'intéresse aux coutures du langage comme aux rides silencieuses d'un voyage ancestral. C'est que pour elle, l'écriture poétique est considérée comme « une expression révélatrice qui reconnecte avec la source de l'authenticité de l'aventure humaine »[12]. En fait, sa passion pour l'équité et la quête du sens a conditionné son acte d'écrire à tourner dans tous les sens, mélangeant les intempéries humaines et celles du cœur. Poème après poème, la poétesse tire son être de la pénombre, faisant profiler derrière la clarté des vers et la fluidité des enchaînements, une écriture distinguée, prompte et nuancée où s'enchevêtrent divers motifs et thèmes, des histoires personnelles et

---

[10] *Ibid.* p. 136.
[11] *Ibid.* p. 137.
[12] *Ibid.*

collectives ainsi que des cris de révolte, engagés et soutenus par une indignation sensible envers l'injustice et le désordre humain qui domine partout. À propos de l'essence et l'existence de son aventure d'écriture, elle précise ceci :

> Tout est lié à mes expériences, à ma vie telle que je la vis. C'est associé aussi à toutes mes prises de conscience à tous les niveaux : professionnel, familial, culturel, identitaire, des domaines de l'anglophonie et de la francophonie. Donc ce sont des réflexions que je développe et que j'exprime tout au long de mon écriture dans ma poésie, dans des articles et dans tout ce que je fais. Et aussi tout ce que j'ai vu dans mon passé aussi. J'ai grandi en Tunisie. Il y a mon passé qui est très important quand même. Je dois en tenir compte dans ma progression. Il y a aussi l'histoire de mes parents. Il y a le nazisme. Il y a le colonialisme français et il y a eu beaucoup d'antisémitisme. Il y a eu encore une fois l'effet israélien qui a suffisamment effrayé pour que l'on nous pousse à quitter la Tunisie. Il y eut tout ça, beaucoup de choses indépendantes de notre volonté parce que vraiment on est des bouchons sur la vague. On a été transplanté par des faits politiques et puis bon, on est arrivé heureusement au Canada. Bon alors ce passé et surtout la souffrance de mes parents – sur le plan politique – nous a marqués. Mes parents ont été comme des bouchons de liège obligés de flotter tout simplement au gré de la vague. Ils ont dû faire leur vie à plusieurs reprises et ce ne fut pas facile. Déjà de faire une vie ce n'est pas chose facile. La vie est assez dure et cruelle. Je m'explique, l'expérience humaine est loin d'être facile. Alors si en plus on ajoute des iniquités politiques, religieuses, culturelles, sociales et professionnelles. Que dire. Tout est problématique[13].

Son premier recueil, *Entre l'outil et la matière*, fut bien accueilli. Christine Klein-Lataud écrit à son propos, c'est « [u]n beau recueil, qui nous ramène "du côté de l'essentiel" »[14]. Quant à Hédi Bouraoui, « la poésie de Lélia Young relève le défi qui rythme notre existence »[15]. Et aux dires de Benoît Conort :

> *Entre l'outil et la matière* de Lélia Young, dessine une voix qui semble hésiter entre la revendication révoltée et une préciosité sentimentale. Tout en sensibilité, la voix tend à inscrire sur la page

---

[13] Yvette Bénayoun-Szmidt (Entrevue avec). « Lélia Young », *Le Maghreb Littéraire,* Vol X, N° 19, 2006, pp. 107-143.
[14] Christine Klein-Lataud. « *Entre l'outil et la matière* », *Les Cahiers de la Femme*, Vol. 15, N° 1, 1994.
[15] Hédi Bouraoui. « Lélia Young. *Entre l'outil et la matière* », *LittéRéalité*, Vol. VI, N° 1 [pp.172-175] Printemps/Été 1997, p. 175.

aussi bien la volonté d'un engagement que la soumission aux élans du cœur, s'efforce de tracer, dans cet interstice qui est aussi instant, et qui sépare l'outil de la matière qu'il travaille, un chemin d'espérance[16].

Le titre du recueil appelle de nombreuses connotations, en particulier la locution figurée « entre le marteau et l'enclume ». À vrai dire, il révèle l'esprit profondément philosophique de la poétesse qui précise à Mireille Desjarlais-Heynneman que « L'outil, ce serait, pour donner un exemple, le crayon, et la matière, le bois dont il est fait. Entre les deux, seule la pensée peut se glisser ». Ce qui laisse entrevoir un projet d'écriture où la poésie en éclat se nourrit de la nostalgie d'un temps traversé et avec le temps présent tisse également un dialogue sensible, vif et intelligible. Ainsi, dans les cinq parties qui composent le recueil qu'elle a illustré elle-même avec des dessins par ordinateur, Lélia Young tente de mettre en relief deux idées essentielles d'une part, que son identité est métaphorique et, d'autre part, que la souffrance humaine demeure au cœur de ses préoccupations et de ses engagements. Tout cela s'imbrique énergiquement dans le déroulement de sa vie et devient un puissant marqueur de transformation, voire de métamorphose individuelle. Sa parole poétique capte avec justesse ce double mouvement qui exprime son besoin vital de fusion simultanément à celui d'expression identitaire :

> des aiguillons
> du pauvre
> Je suis et je deviens
> Métaphore
> je suis et je deviens

Deux poèmes liminaires introduisent le recueil. À la manière de Paul Éluard, « J'écris ton nom », Lélia Young intitule son poème « J'écris ces mots » afin de donner le ton à son écriture poétique qui, naviguant entre la réflexion et l'émotion, se veut un cri de dénonciation contre les injustices de la vie, les horreurs de la guerre, les misères humaines et les conditions aliénantes des femmes. Coiffé du titre « Paix », le deuxième poème exprime l'autre voix de la poétesse qui aspire à trouver la lumière du cœur et de l'âme, la douceur des sentiments, la beauté des choses et l'espoir en l'espèce humaine. Ce n'est que dans un élan de justice, de respect et de liberté qu'elle pourra atteindre la joie de vivre, l'extase et une harmonie avec l'éternité.

Il est significatif de préciser que Lélia Young est vivement concernée par les malheurs d'une humanité souffrante. En fait, sensible au sort de tout individu tributaire d'un destin collectif, elle fait de sa voix un écho aux peines inguérissables et un acte libre d'écriture pour porter haut la douleur

---

[16] Benoît Conort. « Écrits Torontois », *Le français dans le Monde*, N° 264, avril 1994.

d'autrui où qu'il-elle soit et d'où qu'il-elle vient. C'est dans ce sens que l'ouverture très symbolique de son recueil traduit la grandeur de ses intentions :

> Pour ceux qui souffrent
> et qui ne parlent pas
> Pour ceux qui parlent
> et qui ne souffrent pas
> J'écris ces mots (9)

Elle demeure marquée par l'absurdité de cette horrible tragédie qui a frappé les Juifs. Dans la partie intitulée « Les survivants de l'inouï », sa parole secoue les plis de la mémoire pour que jamais ne soit oblitéré le temps moribond de ces

> [...] années de guerre
> où des corps se tordaient
> livrés comme du bétail
> aux portes de Tréblinka
> marquent notre regard
> s'emparant de nos membres (65)

Toutefois, elle ne se limite pas exclusivement à la souffrance du peuple élu. Elle évoque aussi la douleur dans le monde et la gravité de la haine, du rejet et de l'intolérance qui a touché d'autres êtres dans d'autres lieux :

> Des années trouvant leur écho
> Sabra et Chatila
> L'immolation de l'innocence
> Les volets de la douleur réunissent
> à distance des blessures
> Le ciel est leur miroir (65)

Sans réserve, Lélia Young s'arroge le droit de parler et de dire les horreurs de l'Histoire, dénonçant les maux qui rongent « la terre belliqueuse ». Elle pose un regard interrogateur et lucide sur la fragilité des êtres et des choses, propose entre tensions et émotions les infinies possibilités qui permettent de dépasser les bouleversements existentiels pour accéder à une vie plus sereine. C'est pour elle une absolue nécessité de concilier le non-sens du monde avec quelque chose semblable à l'espoir, à la liberté, à la justice, à l'unité entre les humains et surtout à la fusion des êtres avec l'environnement et les éléments naturels qui les entourent. Lié à cet état, le chemin de sa parole poétique trouve son souffle entre passé et présent où certaines thématiques de la terre et de la mer, du soleil et des océans, de la lumière et de la plénitude se juxtaposent avec celles des béances et des absences, des craintes et des douleurs, des angoisses et des déchirements.

À travers le souvenir du lieu tant maternel que paternel, la poésie de Lélia Young opère, à la force des mots, une affinité profonde avec les saisons de son adolescence et de sa jeunesse. C'est « le halo de l'éveil » où les premières notes annoncent la grâce et l'énergie d'une naissance poétique qui se profile à l'horizon. De cette écriture inventive et évocatrice portée par une expérience très personnelle transpirent la fascination et l'attachement à l'entourage familial et social, la joie des jours heureux sous le ciel bleu de la terre natale, de même que la découverte des préjugés et des illusions, la hantise de la peur et de la crainte et l'interrogation lancinante sur l'absurdité de l'existence. La métamorphose de l'être est animée d'une verve audacieuse qui ébranle la réalité dans ses certitudes. C'est le temps de la femme-phénix qui s'affirme et laisse entendre une imagination poétique qui interroge dans « une parole indicible /le réconfort des fusions /incertaines » (49). C'est toute l'ambition de l'acte créateur qui, dépassant les sources étroites de l'expérience intime, s'engage par nécessité intérieure et par conviction personnelle dans une voie/voix de rejet et de dénonciation contre les injustices humaines et les avatars de l'Histoire.

Il faut dire que dans le parcours personnel de cette poétesse, l'arrachement du pays natal est considéré comme un rêve assassiné. L'errance n'a guère effacé les traces du passé qui continuent à vibrer en elle à l'infini. Revenir sans cesse à cette trahison humaine à cette douleur illimitée est nécessaire en soi pour l'écrivaine. Dans « Terracotta », elle fait un retour émouvant aux sources de son inspiration poétique, la Méditerranée et plus particulièrement la Tunisie :

> Ô mer des jours heureux
> forte insouciance de l'enfance
> dans mes malheurs tu étais là
> Souvent ton sel brûlait mes yeux
> [...]
> Loin de toi aujourd'hui
> je refroidis (98)

Du lieu de l'exil, son cri nostalgique se fait écho à cette recherche du temps perdu, celui de l'enfance sur une terre chaleureuse et sous un ciel plus clément :

> Le sable de tes plages
> Chauffait mon être et absorbait ton eau
>
> A présent privée des rumeurs de tes vagues
> Montréal aux caprices des neiges
> inonde déjà mon paysage (98)

Si Lélia Young ne se défait pas facilement du lieu de sa naissance, c'est qu'elle cherche à ne jamais oblitérer les drames de l'histoire, tâchant de faire apparaître cette part sombre de la mémoire sous laquelle se cachent d'amères réalités du passé. L'appel constant des souvenirs lointains est essentiel pour ne pas mourir dans la douleur de l'absence de l'exil, car : « Le bonheur ne saurait glisser/ Sur des barques amarrées/ Sans mémoire » (110). Il reste que la terre d'accueil offre un refuge sécurisant qui, par la richesse de ses paysages et la variété de ses couleurs, peut à son tour donner sens à l'existence et transformer en gestes lumineux des silences hantés par des ombres inquiétantes :

> les différences se taisent
> dans le crépitement
> d'un solo matinal
> Proche de la terre
> l'argile se fait tendre
> et le parfum s'évapore
> d'une anse veloutée
> dans une auréole
> brunâtre
> danse l'informulable
> malléabilité (103)

Pour atteindre cette luminosité révélatrice, Lélia Young s'intéresse au signe linguistique qui est mis en évidence par l'énoncé poétique. C'est que le concept du langage lui importe au plus haut niveau, à telle enseigne qu'elle a intitulé la dernière partie de son recueil « Scypto-mitose ». En réfléchissant sur la nécessité de la création, elle avance cette disposition sociale, mystique et spirituelle qui agit sur sa créativité. « J'ai besoin de croire/ pour trouver mon langage/ m'envelopper de soir/ dans ma robe de jour » (125). Son écriture, toujours saisissante, s'engage entièrement dans cette démarche de valorisation de la parole, de ramener le Verbe à sa juste expression pour donner au poème toute son ivresse : « Te voilà poème/ maître libérateur/ libéré par son jour » (128).

Dans son élan poétique, des images très fortes se succèdent afin de rendre compte du chaos du monde, de l'insatisfaction de la vie et d'une expérience intérieure qui gravite entre rêve et réalité. Du songe à la déception, de l'émerveillement au cauchemar, sa parole transcende un pessimisme factuel pour chanter en des « mots qui font naître » et qui, porteurs d'une musicalité propre, opposent aux angoisses et aux frustrations du temps présent la plénitude de l'amour et la fraternisation humaine :

> Les mots prennent forme
> les sons deviennent visuels
> et le dialogue s'ouvre
> sur les solitudes (p. 121)

Lélia Young embrasse une quête ouvertement humaine sans jamais sombrer dans l'illusion de pouvoir nécessairement changer le monde. Pour elle, la poésie est une appréhension de la vie qui s'incarne dans un mouvement dynamique pour retrouver une vision plus exigeante des choses perdues. Tout est fluidité dans ses vers qui évoquent des moments d'humeurs variées, allant du désarroi à la sérénité et où la joie et la souffrance sont les miroirs d'une expérience où l'inséparable arrive à réconcilier les liens du présent. Une voix qui cherche à naître dans la rumeur ainsi que dans l'*intranquillité* du poème pour tout simplement

> Être le pont en formation
> la passerelle
> Et devenir
> le passant
> la jointure du rivage (47)

Le second recueil *Si loin des Cyprès* diffère sensiblement du précédent en ce sens que la manifestation de l'amour dans toutes ses dimensions, l'ouverture vers l'autre, les éléments de la vie et de la conscience forment le coulis des mots. Le message qu'elle cherche à transmettre dans cet écrit est clairement énoncé dans les propos suivants :

> À la base l'amour entre deux personnes. L'amour en général et l'amour humain avec son lot de déceptions. C'est aussi une quête menant à une acceptation de cette hybridité. Le sous-titre de ce recueil devrait être « Hybridité de l'être ». C'est la problématique du monde que les êtres humains en général n'arrivent pas à accepter. Que nous sommes des êtres hybrides. Les êtres humains ont peur de vivre sur cette ligne de démarcation entre le temps et l'atemporalité. À cause de cela ils préfèrent fuir. Ils croient posséder des choses et en fait ils ne possèdent rien du tout. Ils vivent à un niveau primitif parce qu'ils ont peur de confronter cette essence, parce que cela n'est pas du tout facile et ils s'entretuent. Il faut accepter de vivre cette dualité. Car tout est inter-relié. On a une responsabilité à créer, à nouer ces liens. Tout étant inter-relié on se doit de préserver, protéger et ne briser aucun chaînon de la chaîne, car cela va engendrer d'autres problèmes. C'est une grande responsabilité à vivre. On peut devenir fou à perdre les êtres que l'on aime. Il y a aussi la phase du gain, la jalousie, le pouvoir, ce sont des problèmes parce qu'en réalité on a tout et cela nous éloigne de notre hybridité[17].

Comme le suggère le texte liminaire, dédié à « l'inconnu familier qui éveille la métaphore », les trois parties qui composent ce recueil : *Entre toi et*

---

[17] Bénayoun-Szmidt. « Lélia Young », pp. 140-141.

moi *Lecture oxymore*, *Dans le corps du python* et *Torsades* se distinguent par un élan lyrique soutenu par un travail d'écriture où les figures de style et le jeu habile sur les mots mettent en lumière la beauté et la grâce qui jaillissent d'une grande diversité poétique. C'est que chacun des poèmes du recueil constitue une unité bien définie surgie de l'intérieur « d'un être hybride, aux prises avec son incontournable dualité »[18] qui cherche dans la poésie un chemin, un partage pour se rendre vers les blessures souterraines :

> Hybride dans le souffle de la résistance
> je ne sais plus d'où vient le vent
> je me souviens de la peur de perdre
> les aimé-e-s et plus tard le souffle de ma terre
> ses odeurs de terreau et son cœur de clocher (8)

Les variations sur l'amour donnent à la première partie du recueil son intérêt et sa puissance. Cet amour qui est exigence, dévouement, attente, déception et peur de perdre l'être aimé prime sur tout. À travers des échappées vers les songes de son expérience personnelle, la poétesse médite sur l'existence réelle d'un « amour heureux » (37). De l'évocation par touches successives de l'unicité des sentiments de deux êtres liés par une passion singulière jusqu'au vide de l'absence, l'aventure créatrice fait de ce thème une source d'épanouissement, de bien-être ou encore d'égarement et de rupture.

> Je t'aime et alors
> tout le monde aime
> oui, mais tu as la forme d'une barque
> et moi celle de l'eau
> nos mains réunies partagent la même rame (87)

La grâce de l'union avec l'autre ne se suffit pas à elle-même et se trame graduellement dans les péripéties de la vie entre incertitude et effacement, entre insatisfaction et disparition progressive :

> Tu me manques
> tout s'éparpille
> Mes jours sont des fossés d'ébauches
> il y a trop de responsabilités
> Je voudrais te le dire
> je te l'écris (32)

C'est ainsi que par le biais d'une parole libre et libérée, ponctuée d'éclats de colère, de cris d'indignation, de manifestations de désarroi et de révélations amères, que la poétesse se décante pour en finir avec les gestes

---

[18] Suzette Dulac. « *Si loin des Cyprès* », *L'Express de Toronto* du 21 au 27 mars 2000.

muets, les vérités blessantes et les pensées meurtrières de son échec amoureux et sentimental. Dans un ton intimiste, elle ouvre son cœur et expose la profondeur de sa blessure.

> Tu ne m'as jamais aimée
> Aux confins de toute virtualité
> [...]
> Tu ne m'as jamais aimée
> Je n'ai été qu'un tremplin à l'orgueil (120)

Avec un sens aigu de vérité, elle s'adresse à l'être aimé avec lequel elle aurait souhaité atteindre l'extase de la vie, mais qui n'a fait que bouleverser son existence en figeant leur relation dans une stérilité émotionnelle et affective :

> Ô cruel
> Tu t'abats comme une larme sur une joue lisse
> et ta griffe attend patiemment
> l'ultime mouvement espéré de ta proie
> Tu t'amuses du regard étendu
> en toute méconnaissance (110)

Profondément déroutée, la poétesse médite sur son sort et prend conscience de ses limites et de ses faiblesses :

> et je suis restée
> dans la grisaille de l'isolement
> involontairement
> Séduite par ta liberté
> figée par ma réalité (34)

La déchirure individuelle est transcendée pour avancer une vérité troublante sur l'écrasement de l'être féminin qui, bafoué dans sa dignité humaine, subit en silence humiliation et aliénation :

> Nous sommes
> soumises à notre prison
>
> Nous regardons la fin du temps
> et nous restons coincées
> Sans savoir où enfouir la tête
> aucun terroir
> pour freiner l'inéluctable (26)

Comme preuve d'existence, la parole de Lélia Young veille dans la force de la mémoire « à comprendre/ Ce qui ne s'inscrira jamais » (81). Comment une fusion sublime avec l'Autre mue par une extraordinaire passion concède-t-elle à la léthargie du regard ? En fait, de cette union qui a animé de son éclat, la vie de la poétesse, il reste une sorte de grâce qui imprègne à jamais son être. « J'ai été à travers toi/ différemment » (34), précise-t-elle, tenant aussi à souligner la grande virtuosité d'une relation qui se voulait essentiellement fusionnelle :

> D'un même tronc nous émergeons
> deux brindilles habitant des extrémités opposées
> une sève commune
> un lit de feuille différent
> et de l'encre comme seul éclat de voix (38)

Malheureusement ce désir captivant de s'imbriquer l'un dans l'autre laisse un arrière-goût d'inaccompli et d'inachevé. La vérité incontournable de l'échec amoureux est là pour faire écran à la déception de la poétesse qui n'hésite pas à enlever son masque face à son destin :

> A présent trahie
> j'ai ma croix
>
> Elle est lourde
> il n'y a plus d'espace
> ni de temps à être (31)

Apparemment, les deux atomes promis « l'un à l'autre irréversibles/ et inconnus du monde » (44) n'ont pas réussi à vaincre leurs incertitudes face au néant qui les menace. Pour la poétesse, une fissure sentimentale et relationnelle qui révèle une béance incommensurable vient mettre en déroute ses rêves et ses espérances :

> Après il faudra redescendre dans la solitude
> tendre la main au silence
> pour qu'il rappelle l'écho de sons
> émis par la douceur des lignes
> saisies à l'éveil du passage (79)

Se rendant compte qu'« Il n'y a plus d'espoir au bord de l'escalier » (18) et que « la vie est un creux d'incendie » (36), la poétesse refuse de se déstabiliser et de devenir inerte fouettée par le vent de l'absence. « Il faut apprendre à vivre » (18), affirme-t-elle, témoignant d'une certaine reconnaissance à l'égard de cette ouverture vers autrui qui a contribué à prendre conscience d'une existence à résoudre. De l'étonnement à la désillusion, un « Je » pris dans la tourmente entre fuite et attente s'empresse à ouvrir une voie incontournable à la métamorphose pour mettre fin à l'angoisse du vide. Sa survie dans un monde dominé par les forces du mal est de saisir la grandeur de toute ouverture qui « ramène le regard/ sans inquiétude » (14) et qui célèbre la richesse de tout métissage de son être : « Des gestes millénaires devant le visage/ Tournent les feuilles de l'éveil » (124).

L'émergence de l'être apparaît comme une vertigineuse découverte qui se conçoit comme une nouvelle présence en dehors de l'absence. Élan qui s'étire au rythme de l'immense besoin de trouver la lumière, de changer les modalités d'une existence figée dans le silence.

> Naissance la Simplicité des réflexes
> Le je trébuche dans le noir mal éclairé
> Nouvel arrivé
> Il s'étonne au seuil du monde
>
> Un premier mot sur les lèvres
> Donne vie au fleuve (142)

Il convient de souligner que pour cheminer vers une nouvelle renaissance et reconquérir la reconnaissance de soi dans l'autre, Lélia Young défriche dans la parole poétique une extraordinaire méthode de réflexion sur le monde. C'est sa manière à elle de se détacher des idées abstraites de son expérience personnelle, sa façon aussi de ralentir, de maîtriser le temps en établissant des liens étroits entre son passé et son présent :

> Les mots plongent dans un océan
> qui raccorde le présent à l'éternité
> Par leur nage effrénée dans la nuit de l'ombre
> ils ramènent le courant au bout de leurs lettres épuisées. (104)

Il est certain que dans ce processus de chevauchement du temps lointain et du temps actuel qui marque le mouvement poétique de ce recueil, la poétesse s'avance dans le territoire de l'intime en levant le voile sur ses blessures profondes. Toutefois, la remontée aux sources de sa vie apparaît comme une nécessité absolue pour retracer son appartenance et pour affirmer son identité propre :

> Je peux retourner sur mes pas
> retrouver le calame des anciens
> me rapprocher du végétal
> et entendre les sons d'un univers qui ne trahit pas
> le zeste de sa nuit dans le mouvement d'un roseau (143)

Et pour bien mettre en évidence l'importance de l'acte d'écrire dans sa pérégrination personnelle, elle indique que

> Du calame sort une créature
> Elle dissout l'air de ses orbes boulonnés

> et en fait une terre brune et féconde
> Ses paroles s'accrochent aux pierres des maisons
> pour sourdre le langage de la roche pétrifiée (144)

Au terme de sa déambulation poétique, l'écrivaine parvient à la conclusion suivante : « je suis et je deviens » (144). Sa métamorphose annonce un état de grâce et d'exaltation certain, mais elle inscrit aussi avec justesse sa poésie dans cette veine à la fois singulière, profonde et touchante tel « Un cri [...] lancé comme une caravane » (145) qui donne raison à son existence et à son essence : « Un trait d'union dans l'immensité d'un champ /exulte comme une lave symphonique » (145).

Lélia Young poursuit son projet poétique par un troisième recueil (en voie de publication) qui se distingue par une écriture moins hermétique, plus branchée sur l'actualité contemporaine. C'est que la contemplation du monde, sans sa complexité tragique, devient l'activité majeure de la poétesse, comme elle le précise dans les propos suivants :

> Le recueil de poèmes qui s'intitule *Les Aquarelles de la paix* est un mouvement qui constitue un pont entre le passé et le futur. Une des idées maîtresses qui l'habitent est que le présent n'est qu'un mouvement transformateur de la matière et des idées qui peuvent parfois y loger. Ce que l'on appelle le temps est donc ce mouvement métamorphosant, le passé et le futur sont la création de nos actions et l'écriture ne prend de sens que parce qu'elle est elle aussi action. À partir de cette perception j'aborde les thèmes qui ont préoccupé et qui préoccupent notre condition humaine en cette fin de XXe siècle et début de XXIe siècle[19].

La volonté d'explorer de nouveau cette prise de parole qui conduit vers ce dépouillement de l'être face à des réalités des plus troublantes n'exclut en rien celle qui fait de l'acte d'écrire une voix sacrée débordant les limites des symboles figés :

> Notre époque est l'époque de la globalisation, de la mondialisation, de l'électronique, mais elle est surtout celle de l'impasse, celle d'une évidence longtemps mise de côté et que l'on ne peut dissimuler. La Terre est devenue un village dans lequel on ne peut fermer l'œil sur les iniquités des uns et les souffrances des autres. Mon livre est une passerelle qui cherche à éloigner de l'impasse en ouvrant des portes alors que notre époque, dramatiquement irrationnelle, est marquée par la démagogie de l'ignorance et par la violence[20].

---

[19] Bénayoun-Szmidt. « Lélia Young », pp. 141-142.
[20] *Ibid.*, p. 142.

Bien qu'on reconnaisse immédiatement le ton introspectif et lapidaire des recueils antérieurs de la poétesse, ce nouveau recueil fait preuve d'une exigence encore plus large pour dénoncer les zones d'ombre d'une humanité en détresse, désespérée et inquiète, livrée à une barbarie sans mesure :

> La guerre est sur tous les lieux
> Elle se nomme Compétition
> Elle se nomme Racisme
> Elle se nomme Cupidité
> Elle se nomme Irrespect et j'en passe
> Les innombrables vocables qui la traduisent
> Déchirent le ventre de la terre
> Et vident la vie de l'enfant[21].

Comme son nom l'indique, la paix est au centre du recueil qui traduit l'intériorité des sentiments de la poétesse et ses plus fines nuances. À cet égard, elle confie que :

> Cette paix nous l'avons tous invoquée depuis des millénaires. Les prières de l'humanité la célèbrent et l'appellent. Cette attente est la seule réalité du destin humain, le reste n'est qu'illusion et appât. *Les aquarelles de la paix* cherchent à réorienter vers la quête de notre odyssée pour se joindre au Mouvement de base du livre de la vie.

Lélia Young soutient aussi que pour contrecarrer la violence qui met notre planète en péril, seule une méditation sur la paix est susceptible de réconcilier l'humanité avec elle-même : « Si la guerre t'agresse/ Déploie le Bouclier de la Paix/ Ceux qui s'y heurteront laisseront leur place/ Et tu y planteras les graines de la Conscience ». En opposition à tout ce qui peut diviser les êtres, l'expression de cette notion est susceptible de rendre sens aux différentes formes de la vie et apporter le salut aux âmes perdues, aux fragiles et aux égarés :

> Il n'y a pas de religion dans la destruction
> Elles sont arrivées à destination
> Le front rutilant de sueur dans l'angoisse d'être
> Tilisées à des fins politiques
> Elles sont arrivées à l'aboutissement du voyage
> Elles déposent leur présent comme un fardeau
> La promesse ultime de la PAIX
> Un Nouveau Niveau de Conscience est Appelé
> Par les Croyants
> Par les laïques

---

[21] Les poèmes suivants sont inédits et font partie de son œuvre *Les Aquarelles de la paix*. Ils seront publiés dans un prochain recueil de poésie.

Le caractère engagé de la poésie de Lélia Yong montre clairement que le monde dans lequel nous vivons est obscur et qu'« Il y a trop d'injustices sur notre Terre saccagée », que « Des enfants meurent tous les jours/ Des innocents tombent partout/ Et [que] le mal continue à frapper ». C'est ainsi qu'elle entreprend le difficile exercice de secouer les mémoires en nommant l'origine des maux et qu'elle exhorte les humains à agir dans une action collective avant « qu'il soit trop tard », car, pour elle

> Dix doigts s'étendent sur la planète
> Le rêve ne peut être bousculé
> Il regarde la vie et absorbe ses éléments
> Deux mains créent un monde

La puissance de la cohésion humaine illustre une dynamique féconde qui peut constituer un nouveau fondement à toute société pour féconder du monde qui se déchire inlassablement un lieu propice de fraternité et d'entente entre les êtres :

> Ensemble pour guérir
> Tendre la main aux innocents
> Aux nécessiteux du temps
> Regarder la vie Protéger ses formes
> La spiritualité émerge dans la paix

Plus que jamais, ce projet ne peut être atteint que par une implication réelle et une participation perceptible de chaque individu dans une perspective de progrès social et humain :

> Assumer sa Responsabilité pour des branches
> Du verbe Aimer émergent
> Celles des verbes Respecter Apprendre
> Comprendre Soigner dont les fruits enfantent
> D'autres sarments de la parole
> Pour former le dessin de la vie

Lélia Young ne cesse de rappeler qu'elle « refuse le silence et la peur » et qu'elle cherche des signes d'un espoir encore possible pour atténuer le péril d'un monde dont elle fait irrémédiablement partie. Tout cela passe par une action commune qui augure une vision humaine plus prometteuse :

> Il faudra se lever et marcher
> Pour NOUS les arbres les animaux et les rivières
> Et ensemble lancer le moment d'une expression
> Comme un anneau de lumière dans une nuit d'ébène

Par ce recueil qui condense une écriture répondant au reflet du temps, Lélia Young va à l'essence même de la parole. Ces poèmes traduisent cette recherche logique et fondamentale de dire une parole poétique juste, dense, marquée par l'urgence précipitée de la vie :

> *Les Aquarelles de la paix* sont une œuvre de translation conceptuelle qui essaie de faire un message primal d'un mode non linguistique à un mode poétique. Ce recueil fait le pont entre toutes les religions cherchant à mettre en relief l'essence même du message religieux en montrant qu'il ne se révèle que par le rythme poétique qui l'endosse et non par les mots qui véhiculent ce même rythme[22].

Ayant grandi entre des préoccupations d'un réalisme déconcertant et des rêves absurdes qui compensent les angoisses terrifiantes, Lélia Young considère que la toile de l'existence, comme l'imaginaire, ouvre mille chemins de traverse qu'elle peut explorer pour vivre l'habitable, pour s'accorder à tout le moins la possibilité de survivre. C'est que la réalité tangible, dans laquelle elle cherche à mordre avec son instinct ardent, lui paraît dangereuse, hasardeuse. Le monde n'engendre-t-il que des souffrances impérissables ? Où aller ? Que faire ? Qui suivre ? Pour y répondre, la poétesse se dirige du côté de la poésie susceptible de nourrir des ambitions démesurées ou des rêves inaccessibles.

> La poésie est donc pour moi un langage qui porte depuis une origine non retraçable vers un futur encore inconcevable. Elle m'aide à faire passer la sensibilité qui m'unit au monde et pour cela constitue un langage de paix. Un langage qui perçoit l'être humain comme un citoyen de la planète, plutôt que celui d'un pays, et la terre comme une confédération d'états démocratiques démilitarisés où le respect des droits universels de la personne prévaudra un jour pour devenir respect des droits de la vie sous toutes ses formes. Un premier pas vers un niveau de conscience hors de la barbarie de ce début du siècle. Un niveau de conscience autre qui unit, humanisme et protège les êtres dans leur courte aventure spatio-temporelle[23].

Partant du principe que « rien ne nous appartient, car nous sommes une infime partie du tout qui nous englobe »[24], Lélia Young rêve d'un monde unifié dans la diversité des expériences humaines. Pour ce faire, elle découvre dans l'expression poétique un espace où il est encore possible de vaincre certaines angoisses existentielles et d'éclairer son rapport au monde.

---

[22] *Ibid.*
[23] Young. « L'expression poétique comme mesure… », p. 138.
[24] *Ibid.* p. 137.

Et en rejetant les injonctions du pouvoir politique ou religieux, elle porte en elle l'ambition d'être citoyenne du monde. Elle souhaite dépasser l'enracinement dans un microcosme culturel ou spatial pour faire de la conscience un espace qui devrait mener tout être « à l'humilité et au respect »[25]. À ce sujet, elle formule l'explication suivante :

> Peu importe mes origines, j'aurais pu naître, j'aurais pu grandir n'importe où et partout sur cette vaste planète. Donc je suis née, par hasard du destin, en Tunisie et grâce à cela j'ai appris à découvrir certaines personnes, certaines sensibilités. J'ai appris à découvrir la beauté de la mer, du climat méditerranéen ; à être amoureuse d'ailleurs, fortement amoureuse de la mer. Je crois que j'y retournerai un jour, vers la mer. Mais en réalité si je parle d'identité, comme je l'ai dit, mon identité n'a de lien qu'avec ma conscience. Je ne suis pas une femme qui s'enracine à la terre. Je m'enracine à ma conscience. Et donc oui, je parcours la terre physiquement. Je m'arrête dans les endroits que je veux admirer, que je salue pour leur beauté, pour leur transcendance. C'est une transcendance de la beauté. Ainsi la beauté de la terre me transcende et me transforme en son sein. Mais mon identité c'est ma conscience ; ce sont mes principes ; c'est le respect de l'autre[26].

Lélia Young ne désire pas être une poétesse assimilée du fait de son décentrage géographique. À la différence de la plupart des écrivains et poètes franco-ontariens venus d'ailleurs, elle revendique à la fois son appartenance à l'espace littéraire canadien et à un espace de conscience, où triomphent l'ouverture vers l'Autre et un besoin vital d'être à l'écoute du présent. Elle a porté son inspiration poétique dans une langue française, au cœur d'une littérature franco-ontarienne qui s'affirme de plus en plus au sein de la Francophonie littéraire canadienne. Sa contribution se distingue par un style propre et une originalité bien spécifique. C'est une nouvelle voix marquée par une musicalité et un univers chargé d'émotions qui vise, par le biais d'une poésie sensible et émaillée de tendresse, intime et lyrique, à atteindre les secrets à la pointe du cœur, les douleurs muettes, les cris étouffés, les non-dits et les lourds silences.

Sa profonde compassion poétique est à la mesure de ses ambitions et de ses désirs de faire de son acte d'écrire une violente protestation, engagée et soutenue par une indignation radicale envers l'injustice, les avatars de l'histoire et le désordre humain qui domine partout.

---

[25] *Ibid.* p. 138.
[26] Bénayoun-Szmidt. « Lélia Young », pp. 116-117.

C'est un espace de conscience, qui réclame cette liberté de pensée et de mouvement, au travers duquel elle s'adresse avant tout, en cette époque effroyable où les forces obscures sont déchaînées, à l'humanité en mal d'être, l'exhortant à accepter les diversités qui la composent afin d'atteindre l'harmonie existentielle tant souhaitée.

Clémence BENDELAC-LÉVY

Clémence Bendelac-Lévy est née à Tanger le 5 avril 1919. Orpheline de père dès son très jeune âge, elle jouit, avec sa mère, sa sœur et ses frères, de la généreuse affection de sa famille maternelle qui les a accueillis.

Arrivée à Montréal en septembre 1973 et prise par son travail professionnel, Clémence Bendelac-Lévy a attendu le temps de sa retraite, pour permettre à sa plume de s'exprimer et de faire revivre la mémoire de quelques histoires sépharades qui risquaient de tomber dans l'oubli, dans son recueil de contes sépharades[1], réalisé avant son grand départ en 2002. Dans sa préface intitulée « La mémoire et la voix », Alexis Nouss voit dans le choix de ce genre bien spécifique, à savoir le conte, une volonté propre à l'écrivaine pour assurer la transmission de cet héritage précieux.

> Le conte vit le long d'une chaîne de transmission qui, en aucun cas, ne peut ni doit s'interrompre. Un conte non raconté s'efface. Or notre siècle a connu de nombreuses interruptions. Au risque pour le peuple juif de perdre sa mémoire. (19-20)

C'est aussi pour rendre un vif hommage à sa grand-mère dont l'impression de dynamisme, de bonté et de sérénité trouvant toujours le temps de raconter des histoires à ses petits-enfants demeure une forte réminiscence d'une enfance inoubliable.

> Ma grand-mère ! Mon Inoubliable ! Elle nous avait accueillis chez elle au moment du décès de mon père et faisait de son mieux pour aider notre mère à nous élever, respectant, malgré sa différente manière de penser, l'éducation maternelle plutôt ferme que nous recevions. Mais *Abuelita* (traduction de *Grand-Maman* en espagnol) intervenait quelquefois de sa voix douce, pour obtenir de sa fille une liberté d'action presque perdue, ou un dessert envolé, et emmenait les amateurs de contes auprès d'elle, changeant ainsi l'atmosphère. (13-14)

Parmi les personnes à qui elle dédie son livre, son aïeule occupe une place privilégiée parce qu'elle la considère son « Inoubliable, qui a enrichi [son] enfance de valeurs morales et de tendresse » (7) et surtout a nourri son imaginaire. Le passage du temps n'a rien effacé de ses souvenirs ancrés au

---

[1] Clémence Bendelac-Lévy. *Histoires que racontait ma grand-mère... et d'autres*, Québec, Phidal, 1994, 125 p.

plus profond de son être, de l'immensité de ses désirs d'entendre sa voix chaleureuse et de ses insistances de lui raconter des histoires.

> Je balbutiais : « *Abelita, quétame un queto !* » (traduisez par : Grand-Maman, raconte une histoire !). J'étais l'Insatiable ! Jamais repue ! Et j'entends encore le ton de mendiante que je prenais, alors que mes frères et ma jeune sœur disparaissaient pour aller jouer ailleurs. Quel âge pouvais-je avoir alors ? Trois ans ? Quatre ans ? Je restais là, suspendue au joli petit tablier de l'après-midi (elle le mettait quand ses travaux ménagers étaient terminés) noué à la taille et qu'elle portait si élégamment. *Abelita* n'accepterait de continuer que sous certaines conditions et si une occupation l'attendait ailleurs dans la maison, elle s'arrangeait pour me raconter des histoires sans queue ni tête. Afin de me décourager peut-être ? Et moi qui croyais avoir remporté la victoire !
>
> « *Erase un gato, con los pies de trapo y la cola al revez. Quieres que te lo cuente otra vez ?* »
> « *Il était une fois un chat dont les pattes étaient en chiffon et la queue à l'envers. Je te le raconte encore une fois ?* » (14)

Aux yeux de Bendelac-Lévy, sa grand-mère détenait un don certain de conteuse qui savait donner aux histoires qu'elle relatait un ton vif et séduisant. Subjuguée, elle s'est interrogée d'où lui venait cette variété des contes qui enchantait ses petits-enfants.

> De son Espagne ancestrale, de ses origines sépharades ou de l'accueillante Afrique du Nord qui, au XVe siècle, ouvrit ses bras aussi bien aux Juifs qu'aux Maures exilés des Royaumes de Castille et d'Aragon ? Et qu'importe que le monarque soit « Roi » ou « Sultan » pour plaire au lecteur et le mettre dans l'ambiance de l'époque ? (15)

Il convient de préciser que ce recueil comporte une série des contes judéo-espagnols qui ont été produits dans un passé révolu et que l'écrivaine tente par son entreprise de sauver de l'oubli. En fait, ils ne sont pas ceux d'un pays, mais d'une communauté condamnée à l'exode. Ils se sont répandus dans l'ensemble du monde à la suite de diverses émigrations des descendants des Juifs expulsés d'Espagne en 1492 qui ont été obligés de quitter leur pays natal pour éviter la conversion ordonnée par Isabelle de Castille et Ferdinand d'Aragon[2]. Beaucoup de Juifs choisiront de s'installer

---

[2] À défaut de se convertir au catholicisme, 150 000 Juifs s'embarquent vers l'inconnu. Ils n'emportent rien d'autre que leur langue et, dit-on, la clef de leur maison, pour le jour où ils rentreront. Ils ne sont jamais rentrés. Certains débarquent en Europe du Nord, en Angleterre ou en Hollande, d'autres sur les côtes du Maghreb, en Égypte et en Palestine. Une partie se

dans les pays du Maghreb et de l'Empire ottoman alors en pleine expansion. Ils emportent avec eux un trésor considérable entre autres : leur langue, leur culture, leur patrimoine oral, chants, contes, proverbes ponctuant leur quotidien.

Un fait vital à souligner, c'est que l'édit d'Alhambra de 1492 a été vécu comme une tragédie, mais cet épisode dramatique est considéré comme l'acte fondateur d'une culture originale. Tout au long de ses exils, le peuple juif, selon Nouss, s'est donc forgé, « une mémoire de contes, légendes, récits qui l'ont aidé à franchir les nuits de l'oppression et des persécutions » (19). Il a développé le sentiment d'une communauté de destin et d'avenir, d'une conscience historique. Les Juifs ont eu un même vécu et ont conservé jalousement la mémoire de leur origine espagnole et, avec elle, l'usage du castillan médiéval. Celui-ci évolue différemment de celui en Espagne du fait qu'il s'enrichit de nombreux emprunts aux langues des pays hôtes. C'est précisément à la fois l'aspect archaïque de cette langue et son contact avec les parlers dans les divers territoires où les exilés ont élu domicile qui la feront qualifier par les autres de judéo-espagnol[3]. C'est dans cette langue que partout où ils se trouvent, un certain nombre de sépharades conversent, commercent, plaisantent, cuisinent et transmettent leurs histoires, car, cette langue marquée par le métissage est devenue le miroir fidèle d'un peuple qui maintient les mêmes références historiques, d'identiques nostalgiques et des aspirations communes. Bien sûr, cette langue connaîtra encore différentes mutations, au point que l'on peut parler d'un judéo-espagnol vernaculaire oriental ou *djudeszmo* et d'un autre occidental ou *haketia*. Il reste qu'en marge des ouvrages savants, le judéo-espagnol réussit à transmettre une tradition orale porteuse de contes et légendes, d'historiettes et d'anecdotes amusantes, de proverbes et de traits d'esprit, à travers lesquels on perçoit le génie d'un peuple et de ses conteurs.

Ce patrimoine a fait l'objet de plusieurs collectes entreprises pour assurer la sauvegarde et la transmission de la tradition orale issue de la diversité culturelle, comme les us et les coutumes des sépharades. La source de leur résistance colore ces histoires et, pour les Juifs, dans leur culture propre et millénaire, le premier honneur est celui qu'on rend aux ancêtres. C'est exactement l'intention manifestée par Bendelac-Lévy qui a compilé dans ce recueil des contes appartenant à sa grand-mère et d'autres venus de différentes personnes de son entourage. Cette richesse fécondée par la présence de plusieurs versions de contes malicieux, délicieux et insolents remplis de tendresse, d'humour et de sagesse où l'on aborde une variété de

---

fixe en Italie. Les plus nombreux font route vers l'Empire ottoman, car c'est là qu'ils sont le mieux accueillis.
[3] C'est approximativement vers 1620, l'espagnol péninsulaire poursuivant sa propre évolution, que ce judéo-espagnol se sera définitivement distingué de la langue péninsulaire.

sujets l'ont incitée à dégager plus précisément quelles relations peuvent êtres établies entre ces contes ainsi que les circonstances et les modalités de leur production.

> La recherche que j'entrepris pour connaître l'origine intrigante de cette structure toute particulière (strophes formées de suite d'éléments s'enchaînant les uns aux autres) m'amena à l'Antiquité, aux cultures anciennes, toutes, possédant la même technique d'écriture dont les Hébreux font usage dans le *Had Gadia*, chant qui suit le cérémonial du *Séder* de *Pessah*, la Pâque juive. Ces chants, nous dit *l'Encyclopédie Judaïca*, auraient été écrits aux XVe ou XVIe siècles avec l'intention de capter l'intérêt des enfants et de les tenir éveillés jusqu'à la conclusion du *Séder*. (17)

Après un minutieux travail d'environ trois ans, elle réalise ce recueil qui comporte quatorze contes judéo-espagnols répartis comme suit : Trois histoires racontées par sa grand-mère : *El Medio Gallito ou Le Demi-Coq, La femme au poisson, El Medio Gallito ou Le Demi-Coq* et d'autres provenant de différentes personnes : *La Berenjenita* (Histoire racontée par Myriam Cohen-Shapiro), *Quien Te Lo Dicho ? Qui te l'a dit ?* (d'après une histoire de Betsie Laredo), *La jeune fille au fuseau* (d'après une histoire de Mme Fanny Obadia), *La petite rate prétentieuse* (d'après l'histoire racontée par Coty Marrache), *Mijita* (d'après une histoire racontée par Esther Ohayon) et *La femme à la fontaine* (d'après l'histoire racontée par Raymonde et Gilberte Cohen-Scali). On trouve aussi plusieurs adaptations : *El Medio Pollito ou Le Demi-Coq (3)* (adaptation du conte *The Half-chick* par Andrew Lang, dans *The Green Fairy*), *Juana la lista ou (la promptitude de Jeanne)* (adaptation d'un conte de Calleja, écrivain espagnol du XVIIIe-XIXe siècle, auteur de nombreux contes populaires), *Demi-coq (4)* (adaptation d'après l'analyse du conte « Demi-Coq » tirée du livre *"Types of the Folktales"* par Aarne-Thompson), *Histoire d'un coq invité à un mariage* (adaptation d'un conte panaméen) et *Pérez, le petit raton* (adaptation d'un conte panaméen, dans lequel elle a retrouvé une des histoires de sa grand-mère).

Ce recueil dont les contes sont fondés sur la nécessité de sauver ce patrimoine de l'oubli est un exemple et un devoir de mémoire. Leur lecture peut nous conduire au-delà des frontières du temps et de l'espace. Elle permet également d'effectuer un véritable voyage dans une époque lointaine et mythique où les bêtes et les êtres humains parlaient le même langage. En fait, chaque conte ouvre des portes vers la découverte de l'ailleurs, nous transportant dans le monde de l'enchantement et du ravissement qui emprunte à plusieurs registres : fantastique, merveilleux, philosophique, morale, humoristique, comique et poétique. Ce qui caractérise ces récits, qui lui ont été rapportés par ses amies qui les tenaient de leurs grands-mères, c'est qu'ils ont été écrits en judéo-espagnol et malgré les différentes couleurs de sa propre palette, Bendelac-Lévy « a essayé de garder intacts, aussi bien les citations en espagnol que les thèmes suggérés, conservant ainsi une note sépharade » (18). Il reste que leur construction s'apparente au schéma narratif qui caractérise l'écriture des contes et qui est composé de cinq étapes : la situation initiale, l'élément perturbateur, l'action, l'élément de résolution et la situation finale.

Le recueil s'ouvre par *El Medio Gallito ou Le Demi-Coq (1)* que racontait son inoubliable aïeule et qui initie la série de ces différents contes « sortis de la mémoire de gens dispersés aux quatre coins du monde et dont le berceau commun est l'Espagne du Moyen Âge »[4]. Avant la présentation dudit conte, elle tient à indiquer les conditions de sa réception.

> *C'était l'heure sacrée réservée aux histoires. Collés aux jupes de notre patiente et inoubliable « Abuelita » (grand-mère, en espagnol), ma sœur, mes frères et moi attendions pour la énième fois le récit du Demi-Coq, animal rusé dont les tromperies et l'audace nous tenaient la bouche ouverte.* (21)

Dans la distribution des rôles, ce personnage du Demi-Coq occupe un rôle pilier. Il est le sujet principal, celui qui réalise l'action. Ses aventures débutent quand il trouve un *chavito*[5], une pièce de monnaie. Après maintes réflexions, il décide d'acheter un pois chiche qu'il va utiliser pour tromper différentes personnes rencontrées sur son chemin. On se doit de remarquer que tout au long du rythme du récit, Bendelac-Lévy intervient pour rapporter leurs réactions et leurs attitudes, en tant qu'enfants, suspendus aux lèvres de la grand-mère pour connaître la suite de l'histoire de cet audacieux et malin « Medio Gallito » qui était leur favori.

> *Alors commença la ronde de ses malices et nos frémissements de joie. Car nous l'aimions, cet étrange animal ! Nous n'avions pas la moindre idée de sa forme ni de sa couleur, mais c'est notre "Medio Gallito" (demi-Coq) celui qui nous tenait haletants et dont les tours effrontés qu'il se permettait nous procuraient à nous, enfants avides de l'extraordinaire, des émotions indescriptibles.* (22)

Pour donner plus de vivacité au déroulement narratif de ce conte, elle indique comment ses frères réagissent en entendant les péripéties du malicieux Demi-Coq :

> *(« Ahi esta matado ! » s'indignait mon frère aîné bouleversé par ce drame, l'index pointé vers l'endroit imaginaire du crime.* (« La voilà, elle est morte ! »). (25)

---

[4] Citation tirée de la quatrième de couverture du recueil.
[5] Cette monnaie représentait à cette époque, en Espagne, la huitième partie d'un sou.

> (« *Ahi esta matado !* » *interrompait à nouveau mon frère aîné, excité par tant de cruauté*). (27)

Aussi, sa grand-mère interrompt-elle le récit pour les faire attendre et augmenter le suspense : « Mon Inoubliable (ma grand-mère), une fois l'ordre rétabli, reprenait, avec notre héros, la suite des événements » (25).

Toujours est-il, utilisant ruse après ruse, Demi-Coq réussit à escroquer tout le monde jusqu'à la fin quand sûr de lui, il vole une mariée de la salle des fêtes et l'enferme dans son sac. Il la dépose à la porte pendant qu'il fait le ménage chez lui. Il veut l'épouser et la pauvre fille se met à pleurer de plus en plus fort. Alertés, les voisins la libèrent et décident de donner une leçon à ce méchant voleur.

> Ils prirent alors le sac et le remplirent de tous les insectes et petites bêtes nuisibles qu'ils trouvèrent dans les champs avoisinants : sauterelles, grosses fourmis noires, lézards, scorpions, et même une petite couleuvre. Ils remirent le paquet à l'endroit où le malhonnête personnage l'avait placé et ils attendirent son retour. (31)

Quand il revient et il ouvre le sac, il est sévèrement puni : « bêtes et insectes se jetèrent sur lui et le dévorèrent sans laisser ni plumes, ni os » (31). Après avoir présenté le dénouement de cette aventure qui n'est pas heureuse pour le personnage, la conteuse termine le conte avec une formule habituelle qui l'inscrit dans une structure bien déterminée.

> Nous laissant savourer la joie de la vengeance, l'Inoubliable faisait une pause et ajoutait : « *Y se terminó el cuento, con sal y pimiento y rabano tuerto !* » Je traduis ces mots pour vous : « Et le conte se termine ici avec sel, piment et radis tordu ». (31-32)

C'est encore *El Medio Gallito* qui est le personnage principal d'un autre conte que lui raconte sa grand-mère et qui présente un Demi-Coq arrogant et insolent qui se permet de narguer le Roi en perturbant ses promenades dans le parc. Énervé par sa présence insultante et irrespectueuse, le Monarque décide de le punir et donne l'ordre de l'attraper et de le lui servir « à l'heure de [son] déjeûner dans la grande salle à manger où tout le monde est invité à assister à [son] repas ! » (44). La fricassée fumante du Demi-coq fut servie au Monarque dans un superbe plat en or massif. Celui-ci « trouva la préparation de la volaille à point, se lécha les doigts et alla même jusqu'à grignoter les petits os du poulet » (45). Or, quand le Roi se retire pour faire sa petite sieste, il éprouve un terrible mal au ventre. Accompagné du Grand Chambellan, le Médecin du Palais suggère d'ouvrir largement la fenêtre pour atténuer le mal dont souffre le Roi qui continue à se tordre de douleur. Pour lui,

> Seul un courant d'air frais pourrait ramener un peu de couleur sur les joues mortellement pâles de l'auguste malade. Lentement, avec beaucoup d'égards, on l'installa confortablement afin de faciliter sa digestion. Dans sa nouvelle position, les traits du Roi se détendirent. (45)

Le conte se termine d'une manière surprenante qui fait basculer le lecteur du réel au fantastique. Le triomphe du Demi-Coq est présenté sur le mode comique et grotesque qui non seulement lui redonne la vie, mais lui permet de ridiculiser le roi.

> C'est alors, qu'au grand étonnement de l'assistance, on vit sortir du lit et voler vers la fenêtre, un Demi-Coq qui dans le ventre du Monarque, avait repris sa forme d'oiseau et plus coquin que jamais, de sa voix moqueuse criait à tue-tête :
>
> *Yo ví el culo del Rey como una granada,*
> *Medio blanca y medio colorada, Na, na !*
> *(J'ai vu le derrière du Roi ! Il est comme une grenade*
> *La moitié blanche, la moitié rouge, Na, na !)* (45-46)

Dans « Le conte en question », Michel Vaïs souligne que

> Le conte se répand, se multiplie, se popularise et voyage plus que jamais, non seulement de bouche à oreille, mais d'un pays à l'autre, qui au-delà les mers et les âges, de la parole à la scène, du théâtre au livre, de l'enfant à l'adulte, en une spirale apparemment sans fin[6].

Ce qui est intéressant dans la démarche personnelle suivie par Bendelac-Lévy dans sa recherche des contes judéo-espagnols, c'est justement la découverte de récits qui abordent la même thématique, mais dont les personnages sont adaptés aux formations sociales au sein desquelles ils ont existé et se sont développés ainsi qu'à toutes les traditions avec lesquelles ils ont été en contact. À cet effet, elle relate ceci :

> Ma « chasse aux contes » resta fertile. Je rencontrai, par le plus grand des hasards, une émigrante originaire du Panama, sépharade comme moi, qui m'a dit : « *Cuentos del Medio-Gallito ? Si, como no ? Pero en nuestro país le llamamos « Medio Pollito »* ; traduisez par : « Des contes du Demi-Coq ? Mais oui, bien sûr !

---

[6] Michel Vaïs. « Le conte en question », *Jeu* 87, 1998, p. 8.

> Mais chez nous il se nomme « Demi-Poulet ». Et elle ajouta : *Si je les trouve, je vous les envoie !* ». (16)

En présentant deux adaptations d'El Medio Pollito ou Le Demi-Coq, elle remarque la présence d'éléments communs dans des contes appartenant à des types différents, mais qui reflètent la conscience de provenir d'une judéité culturellement supérieure. Dans la première, tirée du conte *The Half-chick* par Andrew Lang, dans *The Green Fairy*, l'histoire se déroule dans un petit village à la campagne assez éloigné de Madrid où une poule donne naissance à plusieurs poussins, mais à sa surprise, elle constate que l'un d'entre eux est différent.

> « Mon Dieu, s'écria-t-elle subitement en voyant un poussin différent des autres! Comme il est curieux! Il lui manquait une patte! Il n'a qu'un œil et une seule aile! Ce n'est qu'un demi-poulet alors ! Le pauvre ! » Et elle nomma : « Medio Pollito ! » L'infirmité de son petit la tracassait. « Il ne va pas survivre, pensa-t-elle. Il ne pourra jamais marcher ni sauter normalement et les autres animaux de la ferme l'écraseront sous leurs pattes. » Elle se mit donc à l'observer. (76)

Or, durant son développement, Medio-Pollito s'avère indépendant et débrouillard, insolent à certains égards avec sa mère n'étant pas aussi docile que les autres poussins qui répondent tout de suite à ses appels. Un jour, il l'informe qu'il s'ennuie dans la ferme parce « qu'il n'y avait plus rien d'intéressant à voir ni à entendre […], [et] qu'il avait décidé d'aller rendre visite au Roi, à Madrid » (77). Elle essaye de le raisonner et de le dissuader de se lancer dans une aventure qui risque d'être dangereuse, mais il n'en fait qu'à sa tête et part clopin-clopant, sautillant sur sa seule unique patte sans même prendre le temps d'écouter ses recommandations.

Durant son voyage, il fait des rencontres qui lui demandent son aide : un cours d'eau bloqué par feuilles et des branches mortes qui l'empêchent de couler tranquillement, un feu de brindilles qui se meurt dans un coin, le vent pris entre les branches d'un gros arbre. À chacune de leur sollicitation, il répond qu'il n'a pas le temps et qu'il est pressé n'ayant pas une minute à perdre.

Arrivé à sa destination, il tombe sur le chef cuisinier du roi qui l'attrape pour préparer un bon bouillon de poulet comme lui a demandé le matin même le monarque et le jette immédiatement dans une casserole pleine d'eau. Quand il commence à se sentir tout mouillé, il appelle au secours l'eau pour le faire sortir, mais celle-ci lui répond qu'il est puni parce qu'il n'a pas répondu à son appel et qu'il doit maintenant se débrouiller tout seul. Il s'adresse aussi au feu sollicitant son aide, mais il reçoit la même réponse. Le cuisinier lève le couvercle pour vérifier la cuisson et goûter le bouillon qu'il trouve horrible, il ouvre la fenêtre et le jette dehors. Medio Pollito est accueilli par le vent qui souffle fort et risquant de suffoquer, il lui demande d'arrêter. Mais le vent lui rappelle ce qu'il a fait :

> -Pourquoi te ferais-je cette faveur, *Medio Pollito* ? M'as-tu aidé quand je t'ai demandé d'écarter les branches qui m'empêchaient de sortir d'un arbre ? Tu as fait le fier et tu es parti ! Tu es bien puni, Medio Pollito ! Et maintenant tu vas voler avec moi ! (81)

La situation finale est assez explicite ayant la vocation de transmettre une morale. Elle préconise d'une manière originale qui fait réfléchir et donne une leçon, au sens propre, à toute personne égoïste, arrogante et indifférente aux demandes des autres qui s'adonne à la méchanceté gratuite risque d'être sévèrement puni comme ce Demi-Coq.

> Le vent continua à tourner au-dessus des toits de Madrid et quand il fut fatigué de tourner, il suspendit *Medio Pollito* sur le clocher de la plus haute église. Il l'y attacha si fort que *Medio Pollito* ne bougea plus, paralysé par la peur. Et, chose incroyable, mais vraie, il y est encore ! (81)

Quant à la seconde adaptation d'après l'analyse du conte « Demi-Coq » tirée du livre *"Types of the Folktales"* par Aarne-Thompson, elle s'inscrit dans le registre du merveilleux qui déploie des événements miraculeux, c'est-à-dire des éléments féériques et de la magie[7]. Dans ce conte, les enchaînements logiques et chronologiques sont fortement accentués et les parties fondamentales sont représentées à travers l'intervention de la fée Hada[8], adorable marraine de deux frères d'une dizaine d'années qui se disputent au sujet d'un coq décidant de le couper en deux pour que chacun obtienne son demi-coq. Elle apparaît pour résoudre ce différend et avec sa baguette magique, elle le transforme en un oiseau capable de faire des choses merveilleuses qui les enchanteront tous les deux.

Le Demi-Coq décide de partir à Tolède pour récupérer son argent de grands seigneurs qui refusent de le lui rendre. Après, il continue vers Madrid pour voir le Roi déterminé à recevoir son dû. Il emporte avec lui quelques voleurs, deux renards et un petit cours d'eau qui lui seront fort utiles dans son entreprise. Il arrive devant le château des seigneurs qui non seulement refusent de le rembourser, mais donnent l'ordre à leurs gardiens de l'enfermer avec les poules. En pleine nuit, il libère les deux renards qui fondent sur elles et les étouffent de leurs museaux sans leur laisser le temps de crier au secours. Le lendemain, constatant le poulailler vide, les gardiens informent leurs maîtres qui leur donnent l'ordre de l'enfermer dans la grande

---

[7] Larousse définit le merveilleux comme ceci : « caractère de ce qui appartient au surnaturel, au monde de la magie, de la féerie », t. 2, LZ, Paris, Librairie Larousse, 1977, p. 1144.
[8] *Hadda* : mot espagnol qui se traduit par « fée ».

écurie où il sera « écrasé par les sabots des chevaux, des ânes et des mulets » (108). Encore, en pleine nuit, accroché à une poutre du toit, il libère les voleurs tapis sous son aile qui se chargent de vider l'écurie des animaux qui s'y logent.

Soutenu par ses amis les deux renards et les brigands, Demi-Coq leur promit qu'une fois riche, il leur donnerait une bourse pleine de louis d'or. Aux premières lueurs du jour, l'un des seigneurs, suivi de ses serviteurs, s'approche de l'étable et il est reçu par l'œil moqueur du Demi-Coq qui sautille sur son unique patte au milieu de la salle. Encore une fois, il demande au seigneur de lui rendre son argent, mais arrogant, celui-ci refuse, l'attrape et le jette sur des fagots en flammes que l'on vient de préparer au milieu de la cour du Château. Aussitôt, Demi-Coq lâche le petit cours d'eau caché sous son aile qui se laisse tomber en une pluie violente qui éteint le feu.

Persuadé qu'il est en face d'un oiseau spécial doté de pouvoirs exceptionnels, il accepte de lui rendre son argent. Mais Demi-Coq exige qu'il organise une fête en son honneur et qu'il invite tous les grands seigneurs, ses voisins et aussi tous ses amis. Et c'est après les réjouissances que le Gardien du Trésor lui verse les louis d'or que le seigneur lui doit. Quand les invités sont venus assister à ces festivités, Demi-Coq prend place à côté du Seigneur.

> Que tout le monde boive à la santé de mon meilleur ami, Demi-Coq, s'écria le Seigneur qui avait déjà bu coupe après coupe et qui commençait à s'égayer plus que de raison. Je t'aime, Demi-Coq. Je t'adore, Demi-Coq ! Et pour te prouver l'amitié et l'affection que j'ai pour toi, je vais... je vais... te manger. Et en deux bouchées, le Seigneur croqua Demi-Coq, plumes et os compris. (111)

Le Seigneur s'adresse à l'auditoire jubilant de son accomplissement se désignant comme le plus fort et le plus malin. Entraîné par son orgueil et sa folie, il descend du trône et se met à danser. Mais à peine fait-il quelques pas qu'un « cocorico » se fait entendre. À la surprise de tout le monde, ce cri sort du ventre du Seigneur. Demi-Coq continue à faire entendre sa voix et à chaque fois qu'il lance un « cocorico », des sourires moqueurs se dessinent sur les lèvres des invités du Seigneur que la honte et la tristesse se lisent sur son visage. Entre temps, Demi-Coq qui cherche le moyen de quitter les entrailles de ce méchant homme a oublié sa bonne amie la fée Hada. Elle ne vient pas pour le sauver comme elle lui a promis. Soudain, il se souvient qu'il doit chanter son ton plus strident « cocorico » trois fois et là il la verrait auprès de lui. Et c'est exactement ce qui se produit.

> Tout à coup, l'air s'emplit d'un bruissement d'ailes. La multitude de gens réunis sur cette place vit un énorme oiseau qui descendait vers eux. Il se posa finalement, tout près su Seigneur. La fée Hada, accompagnée des deux petits garçons qui aimaient tellement Demi-Coq descendirent de la singulière monture. (112-113)

Il y a quelque chose de magique et de merveilleux dans la fin du conte par l'intervention de la fée qui provoque chez le lecteur « une impression mêlée de surprise et d'admiration »[9].

> Hada posa alors délicatement sa baguette magique sur le ventre du méchant et Demi-Coq en sortit, s'ébrouant allègrement. Il remercia la fée Hada, donna un affectueux coup de bec aux enfants et ramassa ses sacs de Louis d'or qu'il partagea plus tard avec ses amis les renards et les brigands.
>
> Heureux d'avoir rempli ses promesses, Demi-Coq s'envola à la recherche de nouvelles aventures et il vole encore... (113)

Bendelac-Lévy insère aussi une adaptation d'un conte panaméen qui possède une place importante dans le recueil parce qu'il se distingue par une philosophie profonde à travers l'histoire d'un coq invité à un mariage de son oncle. En effet, se faisant une réelle joie de rencontrer les membres de sa famille et ses amis, il met sa belle toilette et s'engage sur la route. En prenant un raccourci, il passe près d'un champ rempli d'une montagne d'ordures. Au milieu de ce tas d'immondices, il aperçoit un grain de maïs dont la vue le trouble parce que c'est sa nourriture préférée. Il hésite à le manger par peur de se salir le bec, mais la tentation est tellement forte qu'il ne résiste pas. Il décide ainsi de manger le grain de maïs et naturellement, se salit le bec. Il se dirige vers l'herbe pour lui demander de lui nettoyer le bec sinon il ne pourrait pas assister au mariage de son oncle. Il reçoit un refus catégorique. Il demande également à une brebis, à un chien, un bâton, au feu, à l'eau, mais rien à faire. Alors, il fixe son meilleur ami le Soleil qui comme lui, réveille le monde tôt le monde, et crie très fort :

> Soleil, sèche l'eau qui ne veut éteindre le feu, qui ne veut pas brûler le bâton, qui ne veut pas battre le chien, qui ne veut pas mordre la brebis, qui ne veut pas brouter l'herbe, qui ne veut pas me nettoyer pour que je puisse assister au mariage de mon oncle ! (124)

---

[9] Encyclopaedia Universalis. *Dictionnaire des genres et notions littéraires*, Paris, 1997, p. 456.

Et le Soleil répond qu'il exécute sa demande sur-le-champ. Ce qui fait que tous les autres réagissent en lui présentant leurs excuses et chacun lui affirme qu'il est prêt à exécuter ses ordres. Ainsi, en fin de la chaîne, l'herbe accepte de lui nettoyer le bec.

> Alors, d'un strident "cocorico" le coq remercia son ami le Soleil et partit en courant, assister au mariage de son oncle.
>
> Notre ami arriva à temps à la fête, se régala de délicieux petits gâteaux et avec plaisir le bon vin généreusement offert. (125)

Il faut d'emblée signaler une particularité qui figure dans le conte *La petite rate prétentieuse*, d'après l'histoire racontée par Coty Marrache. Son introduction « *Era se que se era...* Il était une fois... » (83) obéit à cette structure classique qui ouvre le récit et place le lecteur dans une situation d'attente pour suivre le déroulement du schéma narratif de l'histoire

> [d]'une petite rate qui vivait seule et triste, sans parents ni enfants, sans amis ni voisins. Personne avec qui parler, personne à qui raconter ses malheurs. Seule, seule, toujours seule ! (83)

Ainsi, désirant se marier, décide-t-elle « de choisir elle-même un mari, un mari avec qui elle pourrait entretenir de bonnes et affectueuses relations et passer des moments agréables » (83). Beaucoup d'animaux du village voisin se présentèrent devant elle : un coq, un chat, un chien, un hibou et un petit raton. Elle leur demanda, à chacun s'il désirait se marier avec elle, mais elle n'aimait pas leurs réponses et les rejetait sauf le dernier. Voici comment se déroule le dialogue entre eux :

> Raton, raton, voudrais-tu te marier avec moi ?
> -Oui, oui, dit le timide animal en pointant ses petites oreilles.
> -Et que me diras-tu le soir ?
>
> « *Comer y callar, comer y callar !* »
> « Manger et me taire, manger et me taire ! »
> dit tranquillement le petit raton. Ravie, la petite rate descendit de l'escabeau d'où elle voyait venir les animaux et lui dit, radieuse :
>
> « *Etonces contigo me he de casar !* »
> « Alors, c'est avec toi que je vais le faire ! »
> (sous-entendu : me marier.)
>
> Et patte-dessus, patte-dessous, ils rentrèrent dans la maison de la petite rate, leurs queues tendrement entrelacées et faisant beaucoup de jaloux. (86-87)

La chute du conte présente un tournant majeur qui apporte une fin heureuse à l'histoire, mais comporte également un message important. En fait, on trouve dans cette petite histoire les deux impératifs : *Comer y collar* : « Mange ! » et « Tais-toi ! » adressés aux enfants distraits qui, à l'heure des repas, parlent au lieu de manger.

Il convient de noter que de cet aspect répétitif de certains personnages, qui se trouvent dans différents contes, se dégage avec netteté une volonté de la part de Bendelac-Lévy à récupérer ce précieux patrimoine afin d'en montrer sa richesse et sa diversité. L'intérêt réside dans le fait que n'importe où ils ont élu leur ancrage, les Juifs ont maintenu un vieux fonds sépharade d'inspiration très ancienne et de tradition uniquement orale qu'ils ont passé et retransmis de génération en génération. En incorporant une autre version, adaptation d'un conte panaméen dans lequel elle a retrouvé une des histoires de sa grand-mère, qui s'intitule *Pérez, le petit raton*, elle s'inscrit dans cette logique de filiation entre les contes qui s'affirme justement dans l'imprégnation d'intrigues très variées. À cet effet, elle souligne ceci :

> *En vain ai-je essayé pendant deux ans, de faire revivre le "raton" de mon conte <u>La petite rate prétentieuse</u>. Combien de fois ai-je frappé à la porte de ma mémoire ? Une voix intérieure me disait que le docile raton pourrait bien être "PÉREZ" ou un sien cousin, héros d'une autre des histoires que racontait mon inoubliable grand-mère. Je suis donc partie à la recherche de mes souvenirs et par un heureux concours de circonstances et l'entremise d'un jeune Panaméen, j'ai trouvé, dans un Choix de Lectures écrites en espagnol, les aventures de Pérez, le petit raton. C'était bien le raton de mon enfance, apparenté sans doute, au mari de la petite rate prétentieuse. Voici donc sans plus tarder, comment j'ai adapté l'histoire.* (89)

Pérez, le petit raton, était tombé follement amoureux de Myra, la petite fourmi et ils décidèrent de se marier. Comme d'habitude, Myra, la laborieuse petite fourmi, se leva très tôt et s'en alla faire le marché. Avant de partir, elle pria son mari de bien veiller sur la marmite de soupe qui mijotait sur le feu :

> Ne va surtout pas t'en servir avant mon retour, lui recommanda-t-elle gentiment. Attends-moi, nous la goûterons ensemble ! Tiens, si tu veux, voici la louche pour remuer de temps en temps ! Et sans plus perdre de temps, elle partit. (90)

Mais le petit raton, gourmand, quand il commença avoir faim, grimpa sur la marmite et s'y pencha essayant d'attraper un oignon et finit par tomber dans la soupe. Quand sa femme revint et ne le vit pas, elle le chercha dans tous les coins. Elle le trouva flottant parmi les vermicelles de son potage et affligée se mit sur le pas de sa porte pleurant et gémissant :

El ratoncito Pérez se callo en la olla,
Por golosina, y por une cebolla !
Y la hormiguita le canta y lo llora !

Par gourmandise et pour un oignon
Pérez, le petit raton,
Est tombé dans la marmite,
Et la petite fourmi a de la peine et pleure ! (91)

Une succession de personnages apparaissent qui demandent la raison de sa tristesse et, chacun à sa façon, entreprend une action de solidarité avec elle en rapportant ce qu'elle a entendu à toute rencontre. L'oiseau coupe son bec, le pigeon les plumes de sa queue, la fontaine arrête de couler, Marie, la servante du roi, casse sa cruche, la reine enlève sa coiffe et le roi sa couronne. Après avoir accompli ce geste, le monarque court chez le médecin du palais lui demandant de sauver Pérez. Utilisant leurs talents, ils firent tirer le petit raton de la marmite et réussissent à le guérir en lui faisant boire une bouillie d'épinards mélangée avec les vitamines que prescrivit le docteur et qui firent aussitôt leur effet.

> Quand la petite fourmi s'assura que son gentil mari était sain et sauf, elle courut à la cuisine préparer un empois fait de farine et de jaune d'œuf, pour recoller le bec du petit oiseau, la queue du pigeon et la cruche de Marie.
> Enchantée, la reine changea sa coiffe noire contre une coiffe rouge,
> Le roi ramassa sa couronne et se la planta bien droite, sur sa tête,
> L'eau de la fontaine se remit à couler et à chanter,
> Le pigeon allègrement, roucoula,
> Le petit oiseau, sur sa branche, d'un cri strident, siffla.
>
> *Et tout fut pour le mieux, dans le meilleur des mondes.* (94-95)

Dans la lecture de ce choix de contes, un certain intérêt pour la femme apparaît clairement : *La Femme au poisson*, récit raconté par sa grand-mère. De sa famille vient aussi *Quién te lo dicho ?* Quant à *La Berenjenita*, elle la recevait par des amies qui les tenaient de leurs grands-mères. D'autres histoires qu'elle a réussi à trouver dans ses recherches telles que *Mijita, Juana la lista* ou *(La Promptitude de Jeanne), La jeune fille au fuseau et la Femme à la Fontaine* contribuent à offrir un panorama étendu qui suggère le pouvoir vivifiant des contes judéo-espagnols.

La Femme au poisson raconte l'histoire de David qui refuse de se marier, gâté par sa mère Simy. Et quand il décide de le faire, il exige que l'amour que sa future épouse lui voue doit égaler celui que lui donne sa mère. Il finit par accepter Léa et immédiatement après leur mariage, il lui apporte plusieurs sortes de poisson pour qu'elle les prépare pour le déjeuner. Elle a tout bien fait en gardant même un morceau cru. Et voulant mettre le couvert sur le balcon en disposant sur la table une jolie nappe blanche, une hirondelle laisse tomber quelques résidus de sa digestion. Pressée, Léa ne peut aller chercher une autre nappe, elle se contente de pose la salière sur la tache.

Quand David revient pour ce premier déjeuner, Léa s'empresse de le servir. À chaque plat qu'elle pose devant lui, il refuse et exige un autre. Léa le sert, surprise devant son ton qui monte de plus en plus. Elle obéit en silence. Devant le défilé des plats, il lui demande d'apporter le poisson cru. Elle le fait, ce qui l'irrite davantage. Voulant aller jusqu'au bout de l'épreuve qu'il entend lui infliger, il l'informe que rien ne l'intéresse du défilé de poissons. Par contre, ce qu'il veut c'est du *caca d'oiseaux*. Sans nulle hésitation, Léa lève la salière et s'écria : « -Ah ! C'est du *Caca d'oiseau* que tu veux ? Tiens, voilà du *caca d'oiseau* ! » (39).

Confondu et déconcerté, David ne sait comment s'excuser de sa violente attitude à sa gentille épouse. Il s'approche d'elle en changeant de ton, il l'enlace contre lui et se laisse tomber à ses pieds en implorant son pardon :

> Je n'aurais jamais dû... Tu es la femme la plus obéissante, la plus intelligente qui soit au monde. Tu ne méritais pas un tel traitement et tu m'en vois honteux, confus et repenti. Fais de moi ce que tu voudras ; je ne suis qu'un homme, un pauvre qui n'arrive pas à la hauteur de tes chaussures. Tu es la meilleure parmi les meilleures. Dis-moi que tu me pardonnes, Léa, chère femme ! Tu as devant toi et pour la vie, un esclave soumis et obéissant ! (39)

Léa releva David et pardonna en se laissant couvrir des baisers. Bendelac-Lévy se souvient comment son inoubliable grand-mère finissait ce conte en disant :

> « *Ellos se fueron con bien y nosotros tambien !* »
> Ce que nous pouvons traduire par :
> « *Ils s'en allèrent heureux et nous aussi !* ». (40)

Comme le veut la tradition : « Ils furent heureux et eurent beaucoup d'enfants ! » est une fin heureuse, mais qui vise à dessiner le chemin à suivre pour les jeunes filles qui seront un jour appelées à se marier, les éduquant à être dociles et obéissantes. La grand-mère raconte des histoires qui participent à l'éducation de ses petits-enfants. À travers le comportement de l'héroïne, ce conte a pour but de donner une leçon qui consiste à assurer la continuité de cette éducation qui les prépare à bien assumer leurs rôles d'épouse et de maîtresse de maison. La morale cherche à montrer ce qui rend une femme une bonne épouse, c'est-à-dire de rendre son mari heureux.

Le conte *Quien Te Lo Dicho ? Qui te l'a dit ?* d'après une histoire de Betsie Laredo revêt une importance capitale dans les souvenirs de Bendelac-Lévy. À cet effet, elle rapporte ceci :

> *C'est Betsie Laredo, de Manchester, cousine de mon inoubliable grand-mère qui racontait cette histoire. Cette dame avait gardé le parler espagnol de nos ancêtres (ladino) et employait souvent une prononciation particulière comme « Quien te lo dicho ? » au lieu de « Quien te lo dijo » qui se traduit par : « Qui te l'a dit ? » Pour nous les enfants qui écoutions émerveillés, cet accent donnait une saveur exquise à ce conte.* (55)

L'histoire se déroule en Espagne où un Roi, bon et généreux, aimé et vénéré par son peuple se trouve entraîné par les souverains des états voisins qui étaient de terribles guerriers. À cause de la guerre, les caisses du Trésor étaient vides. Ne voulant pas imposer de nouvelles taxes à ses fidèles sujets, il apprend par son conseiller qu'il existe une jeune fille, l'aînée d'un laboureur douée pour l'art de la broderie et on dit d'elle qu'elle a « des doigts en or » (56). Il lui suggère de la faire venir parce qu'elle pourrait, si ce qui est dit est vrai, changer tout ce qu'elle touche en or.

Le Roi fait venir le père de la jeune fille et lui demande si sa descendante a « des doigts en or ». Le pauvre homme lui avoue que Marguerite fait de très jolies dentelles avec ses fuseaux et que c'est sa femme qu'elle l'a désignée ainsi. Sur ce, le Roi lui répond que si sa demoiselle possède de telles mains, il se chargera de lui trouver le bon mari et exige de la faire venir.

Devant le Monarque, Marguerite tremble. Elle a peur et le souverain en mettant sa main sur son épaule la rassure qu'elle est en sécurité. Il a besoin d'elle pour aider leur royaume qui s'appauvrit à cause de leurs voisins qui les incitent à la guerre. Les caisses du Trésor sont vides et il se trouve dans l'incapacité de payer leurs braves soldats. Sans son aide, leur État sera disparu. Marguerite ne sait pas ce qu'elle attend d'elle. Elle n'est qu'une fille d'un pauvre laboureur. Le Roi lui dit que si comme on dit qu'elle avait ce don, alors elle va la mettre à l'épreuve en l'installant dans une des granges du château où ne se trouvent que des meules de paille. Il veut que de ses doigts merveilleux changer tout en or. Ce qui sauvera leur royaume de la défaite et de la ruine.

Laissée toute seule, Marguerite pleure redoutant le châtiment du roi s'il apprend qu'elle n'a ni pouvoir ni don. Si elle ne réussit jamais dans une telle entreprise, son père et elle seront décapités sur la place publique. Pendant trois jours, le souverain vient lui rendre visite et en la trouvant toujours dans la même position, il lui tape l'épaule pour lui donner du courage.

Une nuit, pendant qu'elle se désole, elle voit quelque chose qui bouge devant elle pensant que c'est un rat. Mais la forme « était celle d'un petit lutin, un petit génie difforme comme ceux qui habitent à l'intérieur de la terre » (59). Il grimpe sur les bottes de paille pour arriver à la hauteur de la malheureuse enfant qui n'arrête pas de pleurer. Il lui crie ceci :

> Marguerite ! Marguerite ! Je suis venu te sauver ! Moi je sais transformer tout ce que je touche en or et je te ferai des fils en or, des lingots ou des écus. Ainsi le Royaume sera sauvé et tu épouseras le fils du Roi. Un jour tu deviendras Reine, Marguerite ! Et je ne te demande en échange qu'une toute petite chose ! (59)

Il l'informe qu'une fois mariée avec le Prince, ils auront un enfant, un garçon qu'il viendra chercher dès sa naissance et il sera sien pour toujours. Après réflexion, Marguerite accepte et donne son accord. Le lutin fait transformer la paille en écus d'or. Avant de la quitter, il lui dit qu'il a tenu sa promesse et qu'elle ne doit pas oublier la sienne. Quand le Roi ouvre la porte de la grande, il est ébloui par l'étincelante richesse qui s'étale devant ses yeux. Son Royaume est sauvé et il marie Marguerite avec son fils.

Des mois passent pendant lesquels le couple s'adore et s'aime jusqu'au jour où Marguerite apprend qu'elle est enceinte. Son visage devient pâle en se souvenant de sa promesse au lutin. Après la naissance de son enfant, elle imagine que le lutin est mort ou simplement qu'il a oublié l'accord passé dans la grange. Celui-ci se présente un matin dans sa chambre pour réclamer son dû. Marguerite panique et essaye de le convaincre de revenir le chercher dans deux ou trois ans. Après l'écoulement du temps, le lutin revient. Marguerite reprend son marchandage et essaye de l'attendrir de ne pas enlever son enfant. Le lutin lui propose une nouvelle condition, de deviner son nom et si elle réussit, il renoncera à le prendre et elle pourra garder son enfant, mais si elle échoue, elle aura perdu son enfant.

Marguerite accepte ce pari et décide de parler de cette situation avec quelqu'un. Elle cherche une personne de confiance et fait « venir le conseiller personnel, homme habile et discret, sur qui elle pouvait compter » (63).

Le conseiller lui apporte une liste de tous les noms qu'ils connaissent et lui propose de se cacher pendant qu'elle reçoit le lutin. Il lui conseille de lui demander de revenir dans une semaine et elle saura l'appeler de son nom. Quand le vilain gnome revient, en l'entendant citer tous les noms, il rit d'elle. Il accepte de nouveau sa proposition en l'avertissant que ce sera sa dernière tentative. En quittant les lieux, le conseiller le suit et tellement joyeux qu'il va emporter le fils de la Reine qu'il commence à danser au milieu d'une petite place en chantant :

> Jamais, elle ne devinera mon nom ! Jamais ! Je n'ai pas de nom !... Je m'appelle "Sans nom !" Elle ne devinera jamais et le petit sera à moi... Je l'emmènerai sous la terre et il deviendra le Roi des lutins. Je m'appelle "Sans nom"... (64)

Le conseiller court prévenir sa maîtresse et quand le lutin réapparaît, un sourire vainqueur aux lèvres, Marguerite fait semblant de chercher dans sa mémoire, quelques prénoms :

> Tu dois donc t'appeler Jérémie ?... Joseph ?... Isaac ? Jacob ?... et subitement, d'un air de déception, la Princesse reprit sa respiration. Je ne sais plus ! Tu n'as pas de nom ! Tu dois t'appeler "Sans nom" ! C'est cela, tu t'appelles : "Sans nom" cria-t-elle d'une voix excédée en voyant pâlir le petit homme. (65)

La fin de ce conte qui conserve son caractère merveilleux indique que la perte du lutin est assurément due à son arrogance et à l'intelligence de Marguerite qui réussit à sauver son fils et à déjouer tous ses plans diaboliques.

> Quien te lo dicho ? ... Quien te lo dicho ? (« Qui te l'a dit ?... Qui te l'a dit ? ») cria le gnome devenu pourpre. La colère et la rage l'étouffaient. Il frappa bruyamment des pieds à plusieurs reprises, trépignant de fureur, tant et si fort que, subitement, le sol s'entr'ouvrit en engloutit, à tout jamais, le vilain petit lutin. (65)

Dans ce recueil, Bendelac-Lévy joue sur plusieurs registres, contes de fées merveilleux, fantastiques, facétieux, philosophiques, allégoriques ou encore d'apprentissage qui regorgent de plusieurs messages. À titre d'exemple, *La Berenjenita,* histoire racontée par Myriam Cohen-Shapiro, est un conte marqué de finesse et de subtilité qui s'adresse aux enfants pour leur apprendre d'agir correctement pour ne pas être dans la situation embarrassante de Myriam et Albert qui « se trouvaient tous les après-midi, après la sieste, chez Mama Hanna leur grand-mère commune » (47). Pendant son absence, ils ont osé se servir dans sa jarre des « *berenjenitas* », les petites aubergines, sans avoir son autorisation. « Mama Hanna finit par s'apercevoir que le contenu de la jarre avait curieusement baissé » (50). Elle réfléchit d'un moyen pour donner une bonne leçon à ses petits-enfants et décide de leur faire peur en les informant qu'ils ont mangé une petite souris comme il y en a quelquefois dans la « *Despensa* »[10] et qui est tombée malencontreusement dans la jarre. Myriam et Albert ont honte et se jettent sur ses genoux lui demandant pardon. Et pour leur faire oublier le mauvais moment qu'ils viennent de passer, elle les invite dans sa chambre pour leur montrer les souvenirs des leurs parents quand ils étaient enfants. « Il y avait des tiroirs pleins de photographies des membres de la famille dans des costumes anciens qui les faisaient paraître déguisés pour une soirée de

---

[10] « La "*Despensa*", petite pièce sombre attenante à la cuisine, que Mama Hanna entreposait ses multiples préparations culinaires et les produits comestibles d'usage courant dont elle se servait » (48).

cirque » (52). De son côté, *La jeune fille au fuseau*, d'après une histoire de Mme Fanny Obadia, constitue un conte de fées qui raconte la rencontre avec le fils du roi d'une jeune fille qui s'occupe de sa mère et de son frère qui étaient pauvres, en gagnant « grâce à son fuseau, le pain quotidien de sa famille » (67). Un jour, elle s'installe avec son ouvrage sur la margelle d'un puits et dans un mouvement distrait, elle lâche le fuseau qui disparait dans le vide. Elle descend lentement pour le récupérer et en remontant, elle aperçoit, entre l'espace de deux pierres, une lumière. Elle élargit le trou et pénètre à l'intérieur où elle est très surprise par ce qu'elle découvre. Devant ses yeux, se dresse une large table où trônent des fruits de toutes sortes, des mets alléchants et des vins. Comme elle a faim, elle se jette sur la nourriture abondante. Occupée à avaler ce que ses mains prennent, elle entend « à peine un léger bruissement de tissu derrière son dos » (69). Elle se retourne et se trouve en face d'un bel homme qui lui parle gentiment désirant savoir par où elle est entrée. Il lui révèle qu'il est le fils du roi et qu'il aime s'isoler dans cette salle souterraine du palais attenante au puits ajoutant que c'est « un endroit frais et agréable » (69). Heureux de la voir, le prince lui offre tout ce qu'elle désire et lui demande de lui ce qu'il lui fait plaisir. Nul doute que le prince est tombé amoureux d'elle. Quant à elle, rassurée qu'il ne sache pas par où elle est entrée, elle lui demande de lui apporter « des olives vertes et du citron mariné » (70). Elle cherche à l'éloigner pour se sauver et attend quelques instants après sa sortie pour se précipiter vers l'orifice par lequel elle est venue. Arrivée à la cabane où son frère et sa mère l'attendaient, inquiets par son absence, elle n'ose leur raconter son aventure.

Sa vie reprend et des semaines s'écoulent. Un jour, elle voit son frère courir vers elle l'informant qu'il a entendu un crieur public envoyé par le Prince annonçant que celui-ci est à la recherche d'une jeune fille promettant une belle récompense à qui donnerait des informations sur elle. En écoutant cette nouvelle, elle l'interrompt en disant qu'il aurait dû avoir fermé la porte.

Le serviteur du Prince continue sa recherche et quand il entend son frère répéter ce que sa sœur avait dit, il lui demande d'où il tient cette réponse. Il lui rapporte que c'est sa sœur qui a réagi ainsi en apprenant que le fils du roi est à la recherche d'une jeune qui a mangé chez lui et a curieusement disparu. Il exige qu'il l'amène tout de suite chez elle.

Conduite au palais, la jeune fille éprouve de la peur parce qu'elle ne sait pas ce qui l'attend. En la recevant dans sa cour, le Prince désire qu'elle lui révèle par où elle est entrée et sortie de la salle fraîche du palais quand il est allé lui chercher les olives vertes et du citron mariné. Elle lui révèle son secret et sollicite son pardon pour son audace et sa témérité. Dans geste tendre, il lui tend la main et s'adresse à elle ainsi :

> -Relevez-vous, je vous en supplie ! Vous m'aviez déjà envoûté par votre beauté et votre douceur. Votre sincérité me touche. Consentez-vous à devenir ma femme ? (73)

Ce qui est remarquable dans cette note finale, c'est qu'elle marque l'engagement des personnages vers une belle conclusion qui prône le sentiment d'une morale de félicité et d'enchantement.

> Confuse de tant de bonheur, la jeune fileuse se laissa relever et fut étonnée de voir le nombre de personnes qui les entouraient : toute la cour du Roi avait assisté à de si belles promesses de bonheur ! On embrassa la jolie fiancée qui envoya chercher immédiatement sa chère mère et son frère. Ceux-ci furent accueillis avec bienveillance et la date des noces fut aussitôt fixée. (74)

Ces deux histoires sont aussi significatives sous un autre aspect, celui du conte populaire qui aborde le thème de la superstition. La première intitulée *Juana la lista ou (la promptitude de Jeanne)* est une adaptation d'un conte de Calleja[11] qui relate les réactions de toute une famille prise de panique en imaginant les pires conséquences à la vue d'une hachette accrochée au mur. Tout commence par Jeannette, envoyée par ses parents Jean et Jeanne chercher du vin. Elle est heureuse de le faire et quand elle remplit la bouteille du précieux liquide, elle lève la tête et la vue d'un instrument formé d'un fer tranchant, l'horrifie. Elle panique et immédiatement referme le robinet et, « songeuse, commença à imaginer les pires choses qui pourraient arriver si cette hachette venait à tomber du clou » (97-98). Elle gémit doucement et autour de la table, on s'inquiète de son retard et on demande à son frère Jeannot de descendre au cellier pour voir ce qui se passe avec sa sœur. Lui aussi, à la vue de la hache, imagine le pire qui aurait pu arriver à sa famille et tous deux se mettent à geindre de plus en plus fort. Inquiète, la mère se lève pour aller voir pour quelle raison ses enfants ont tardé de remonter. Elle réagit de la même façon augmentant leur angoisse en poussant un cri déchirant. Ne pouvant cacher son anxiété Jean laisse son ami et descend à son tour. Il s'approche du groupe et ne peut retenir son inquiétude. Il est aussi pris par la même panique. Resté seul, le visiteur n'attend pas longtemps et descend vivement au cellier. Surpris de voir les regards affolés de ses amis, il leur demande la raison. Jean se précipite pour lui raconter leur peur en désignant l'arme tranchante qui pend au-dessus du tonneau de vin. Il les rassure qu'ils ne courent aucun danger.

> Vous avez donc perdu l'esprit, s'écria leur hôte d'une voix presque coléreuse. Comment pouvez-vous donner vie à une vision aussi épouvantable que celle de Jeannette ? Calmez-vous d'abord et regardez bien en face de cette hachette qui vous a terrorisés. Vous voyez comme moi que le clou qui la supporte est solidement fixé au mur et que, même si elle venait à tomber, elle n'irait pas

---

[11] Calleja est un écrivain espagnol du XVIIIe-XIXe siècle, auteur de nombreux contes populaires.

> plus loin que ces vieux fûts inutilisés qui se trouvent juste au-dessous ! Allons, allons, reprenez-vous mes amis et remontons boire cet excellent vin à notre bonne santé ! (100)

La deuxième, d'après une histoire racontée par Esther Ohayon, qui porte le titre de *Mijita* aborde le même thème à partir de la rencontre d'un jeune homme avec une femme à qui il demande un verre d'eau et qui l'invite à rentrer dans sa demeure pour se reposer. Elle voit en lui le futur mari de sa fille aînée, celle qu'elle appelle mi hijita ! « ma petite fille » en espagnol. Celle-ci « avait déjà refusé plusieurs offres de mariage. Aussi, cette fois-ci, la mère décida de ne pas perdre de vue ce bel étranger et décida de tout faire pour ne pas le laisser repartir » (103).

Elle laisse le jeune homme attendre pendant qu'elle est allée lui chercher de l'eau fraîche. Tardant de remonter, le voyageur est étonné d'entendre des voix qui ressemblent à des lamentations et il descend à la cave d'où elles viennent. « Le tableau qui s'offrit à ses yeux l'affola : autour d'un berceau, trois jeunes filles et une femme gémissaient » (103). Il s'adresse plus particulièrement à son hôtesse pour savoir la raison de leurs pleurs. Celle-ci ne le reconnaissant pas, lui révèle qu'elle vient de trouver un mari à sa fille Mijita et comme elle partage tout avec ses enfants, elles ont imaginé le mariage et la naissance d'un beau bébé qu'elles ont l'intention de coucher dans un berceau qu'elle lui montre. En levant leurs têtes, elles ont découvert la présence d'un marteau accroché au mur et elles ont imaginé le pire.

> -Mon Dieu, dit une de mes jeunes filles, si cet instrument venait de se détacher du mur et tombait sur le nouveau-né en le tuant ! Ce serait horrible ! Pauvre Mijita ! quel horrible destin ! « Avoir enfin trouvé un bon mari, mettre au monde un si joli nourrisson et assister impuissante à cet accident ! Comprenez-vous, monsieur, notre peine et notre désarroi ! » Et les quatre femmes se mirent à pleurer et à se lamenter. (104)

Le conte se termine par une réaction surprenante du voyageur provoquée par cette situation indésirable qui le pousse à adopter un comportement sage pour éviter des conséquences graves. La perspective morale de son action s'applique à tout le monde dont la finalité peut être didactique pour inciter à la vigilance en présence de gens bizarres, voire insolites.

> Ces femmes sont folles, se dit le voyageur ! Il vaudrait mieux que je me sauve avant d'être reconnu ! Et oubliant sa gorge desséchée et la soif qui l'étouffait, il s'enfuit en courant de la maison. (104)

De toutes les histoires présentées dans ces contes, la seule qui déroule au Maroc est *La femme à la fontaine*, racontée par Raymonde et Gilberte Cohen-Scali.

> Comme tous les vendredis après-midi, Messoda s'affairait autour de ses fourneaux pour une dernière vérification. Le repas du soir et celui du lendemain, jour du Shabbat, resteraient bien au chaud jusqu'au moment se mettre à table. Le couvert avait été mis avec beaucoup de soin dans la grande salle à manger et les fleurs que le maître avait rapportées donnaient un air de fête à toute la maison, cette belle maison de Fès qui était devenue la sienne depuis que, toute jeune, elle était arrivée un jour, de Tiznit[12]. (115)

Aimée par les enfants de la maisonnée qui l'appellent « Dada », Messoda représente pour eux la grand-mère qu'ils n'ont pas eue et ils sont toujours heureux de s'asseoir en tailleur autour d'elle pour lui demander de leur raconter leur histoire favorite.

> S'il te plaît Dada, raconte… Raconte LA FEMME À LA FONTAINE, LA FEMME À LA FONTAINE !
>
> -Encore LA FEMME À LA FONTAINE ? Toujours la même histoire ? Vous l'aimez donc tellement ? Donnez-moi une minute et je suis à vous. (116)

Et toujours le même questionnement qui traverse leur esprit se demandant d'où tient-elle toute la variété de contes qu'ils découvrent quand elle décide de leur accorder un moment de joie et de partage.

> Comment connaissait-elle tant d'histoires ? Les tenait-elle de ses ancêtres venus de Palestine après la destruction du deuxième Temple, ou de la Tripolitaine[13] où cette même colonie juive avait séjourné avant de s'installer définitivement aux confins du Sahara ? Qui le saurait jamais ? (116)

Le conte débute par l'expression « Il était une fois » qui, comme dans la tradition populaire, introduit l'histoire. Celle-ci raconte le destin d'une belle femme mariée à un homme riche et puissant, qui était éperdument amoureux d'elle. Très possessif et jaloux, il lui construit une maison de toute beauté, mais lui interdit de la quitter ou de rencontrer n'importe qui. Elle y vit entourée d'une esclave et de trois servantes qui s'occupent de tout et sont à

---

[12] Fès est une ancienne ville impériale du Maroc, et Tiznit une petite ville située à l'extrême du sud du Maroc, à l'entrée du Sahara.
[13] Tripolitaine : ancienne province du nord-ouest de la Libye (Afrique).

ses soins. Un jour, en partant en voyage pour ses affaires, il l'informe que pendant son absence, elle ne doit pas quitter leur logis et qu'il entend qu'elle obéisse à ses ordres.

Demeurée seule, l'épouse de cet homme orgueilleux est habitée par une immense tristesse et éprouve de l'amertume de ne pas pouvoir s'adresser aux membres de sa famille. Seule, elle sort dans la cour et s'approche d'une fontaine. Elle essaye de changer les idées en regardant couler l'eau transparente qui l'apaise. Cette fontaine semble être une vraie merveille, murmurant « des mots doux à longueur de temps, tous les jours et toutes les nuits » (118). Elle s'adresse à elle en lui racontant sa peine et son chagrin.

> As-tu entendu ce que mon mari m'a dit, toi qui est toujours-là ? À qui vais-je parler maintenant, si je n'ai même pas le droit de voir mon propre frère ? Je n'ai plus que toi à qui raconter mes misères. Aie pitié de moi, écoute-moi ! (118)

Pour apaiser son cœur, elle ajoute pour partager avec elle ses malheurs.

> Je finirai par mourir enfermée dans cette prison dorée ! Il n'y a rien pour me distraire, ni la couleur d'une fleur ni le vol d'une hirondelle. (118)

Or, en parlant à la fontaine, l'épouse malheureuse sent qu'elle s'adresse à une personne vivante qu'elle considère comme une amie qui l'écoute avec attention. Au fur des jours, elle revient la revoir et lui confie ses sentiments. Elle se sent de plus en plus soulagée et développe une habitude qu'elle maintient jusqu'au retour de son mari après deux semaines d'absence. À sa surprise, son mari la trouve rayonnante et éblouissante, le visage détendu, les petites couleurs de ses joues et son sourire lui donnent un air de joie. Il lui demande d'où lui vient cette grande transformation, l'accusant d'être sortie de la maison, exigeant furieusement de lui dire qui est venu lui rendre visite. Terrifiée, elle tremble lui jurant qu'elle est restée seule ne parlant qu'à la fontaine pour tuer le temps attendant son retour. Mais rien à faire, son mari doute de sa sincérité l'accusant de mentir.

> -Eh bien, je ne crois pas un mot de tes dires. Où aurais-tu donc pris cet air animé, ces prunelles vives et ce teint coloré ? Tu mens, ma femme, je perds patience ! Je suis trop bon d'écouter si longtemps tes mensonges, et je ne sais plus de quoi je serais capable à t'écouter encore ! (120)

La sévérité et le doute du mari jaloux risquent de le pousser à commettre des actes graves. Devant son regard cruel, plein de rage, il lui prend la main et le tire dehors tout près de la fontaine. Elle s'adresse à elle en ces mots pour venir à son secours.

> « Si tu pouvais parler, amie si chère à mon âme, ne dirais-tu pas à ce mari sans cœur mes peines et mes misères ? Tout ce que tu as vu et tout ce que tu as entendu ? Parle, parle, pour l'amour du Ciel, parle ! » Elle hoquetait ! (120)

La fin du conte est touchante qui fait réfléchir sur la cruauté de l'humain pour l'humain à travers l'ampleur du désespoir de cette femme accusée injustement qui ne trouve ni compassion ni compréhension dans le cœur de son mari, mais plutôt dans un cœur de pierre qui sent sa peine et sa douleur.

> Alors, du centre de la fontaine jailliront des larmes, de grosses larmes. Et dans le murmure de la source, on put entendre des pleurs silencieux. Un cœur de pierre avait eu pitié !... Un cœur de pierre pleurait ! (120)

La plupart des contes dans ce recueil privilégient les formes narratives brèves et véhiculent un savoir qui se transmet de génération en génération. Des textes qui nous entraînent sur les routes du merveilleux, du rêve, mais aussi de la morale, de l'amour, de l'inquiétude ou de l'espoir. En fait, il y a une moralisante indéniable dans ces différentes histoires, en dépit du ton simple. Tout au long du déroulement du schéma narratif, il y a une oscillation entre le bien et le mal. Le vice et la vertu sont pareillement soulignés, renforçant l'idée de la moralité qui repose sur les rapports avec les autres dans une dimension à la fois individuelle et collective.

Le choix des contes s'appuie sur une conception de l'héritage judéo-espagnol qui se présente comme une essence à incarner une origine bien spécifique. La plupart des récits développent des thèmes bien connus en faisant place à la sensibilité humaine tout en manifestant une liberté et une audace d'autant plus grande que leurs personnages sont aux prises avec toutes sortes de pesanteurs sociales, politiques et économiques. Le talent littéraire de ces textes, leur écriture, n'étouffe d'aucune manière leur charge d'oralité. C'est une voix qu'on lit qui demeure fidèle à la tradition juive pour présenter des histoires qui se caractérisent par un dispositif propice à l'exposé des leçons morales qui sont souvent dures, mais aussi plus douces, marquées de générosités et de solidarités qui déterminent la conduite à suivre. Elle réussit à intégrer les traditions savantes, la spiritualité et la fantaisie dans des histoires variées qui se succèdent et dans lesquelles on reconnaît aisément les motifs de type folklorique, langages des animaux, signes de reconnaissance, techniques magiques, lieux merveilleux, ruses de tout acabit, transformations surnaturelles, féériques ou fantastiques.

Tant par sa qualité, tout à fait remarquable, que par sa richesse issue d'un vieux fonds sépharade d'inspiration très ancienne et souvent proche du genre mythique, le recueil de Clémence Bendelac-Lévy présente des contes judéo-espagnols de tradition uniquement orale, complétés par des apports appartenant au même fonds universel de thèmes, passés et retransmis à travers le temps de génération en génération. En réalisant *Histoires que racontait ma grand-mère... et d'autres*, elle a fixé leur existence par le canal de l'écrit, dans une forme littéraire d'aspect beaucoup plus élaboré en essayant de garder intacts, aussi bien les citations en espagnol que les thèmes suggérés, conservant ainsi une note sépharade. Pour souligner l'importance de son entreprise, dans le développement de la littérature sépharade au Québec, redonnons, *in fine*, la parole à Nouss :

> Comment donc ne pas saluer en Clémence Bendelac-Lévy une des authentiques porteuses de cette mémoire, au carrefour de plusieurs langues et de plusieurs cultures qu'elle maîtrise admirablement. Son regard si bleu, si pur a conservé le souvenir de tous les cieux qu'elle a connus. Ils ont parfois été orageux, menaçants, mais elle a su maintenir une impérissable flamme d'espoir et de générosité. Et cette lumière illumine les contes qu'elle nous livre aujourd'hui. (20)

Mary ABÉCASSIS OBADIA

De Tanger, sur Tanger, il s'est écrit beaucoup de choses. Située au nord du Maroc, au confluent de la mer Méditerranée et de l'océan Atlantique, cette ville a nourri l'imaginaire de nombreux écrivains aussi bien étrangers que maghrébins. Mais son évocation suprême dans le récit de Mary Abécassis Obadia, *Tanger les miens et les autres*[1] revêt une signification particulière. En effet, confrontée à la douleur de l'absence, à la séparation et à l'éloignement au Canada, sa nouvelle patrie, cette écrivaine judéo-marocaine fait appel aux souvenirs marquants de sa vie à Tanger, sa ville natale, pour conjurer la déchirure de l'exil.

La présente étude vise justement à démontrer le rapport entre la mémoire et l'exil qui trouve une expression puissante dans le récit d'Abécassis Obadia où l'espace textuel devient un lieu de double mouvement, un lieu « rhétorique » renforcé par cette nécessité de raconter l'histoire, d'enregistrer, de saisir et d'ordonner le passé autour de Tanger, considérée comme la borne ou la limite par laquelle l'écrivaine prend conscience de son individualité, et notamment de son identité.

D'entrée de jeu, arrêtons-nous sur le titre dont l'enjeu, comme le dit Roland Barthes, permet à tout lecteur de saisir non pas « la vérité d'un texte, mais son pluriel »[2]. Cela signifie que le titre est autre chose qu'une simple étiquette publicitaire. En plus d'être le premier indicateur, le premier guide du lecteur qui approche le livre, il est porteur de messages, de discours et de connotations idéologiques. En fait, la confrontation avec le texte référent permet d'élucider et d'enrichir la signification du titre de l'écrit de Mary Abécassis Obadia et d'indiquer sa volonté de créer une titrologie qui exprime singulièrement le contexte et l'expérience tangéroise, « facilement repérables et définissables par rapport au corps du texte »[3]. L'emplacement sur la couverture du livre de la mention, *Une Tangéroise de naissance et de cœur raconte les souvenirs de sa vie à Tanger*, est un renforcement complémentaire du thème exprimé par le titre général. Dans une note explicative, l'écrivaine apporte un éclaircissement qui suscite l'intérêt, provoque la curiosité et incite à la lecture :

> Ce livre est intitulé d'après ma ville natale, Tanger, et j'ai ajouté *Les miens et les autres*. Les miens fait référence à ma famille,

---

[1] Mary Abécassis Obadia. *Tanger les miens et les autres*, Montréal, Éds Phidal, 1996, 223 p.
[2] Roland Barthes. « Par où commencer ? », *Poétique* 1, N° 1, 1970, p. 9.
[3] Léo Hoek. « Description d'un archtone, préliminaires à une théorie du titre », dans Jean Ricardou et Françoise Van Rossum-Guyon. *Le Nouveau Roman, hier et aujourd'hui*, Paris, Coll. 10-18, 1972, p. 291.

> tandis que l'expression les autres englobe mes amies, mes connaissances, mes voisins, mes collègues de travail... qui, je tiens à le préciser, font également partie des miens, car, grâce à leurs apports affectifs, intellectuels ou amicaux, ils ont apporté au métier à tisser de ma vie, les fils qui ont formé la trame de mon existence.
> Oui ma vie est constituée des miens et de tous les autres avec qui j'ai eu des contacts et qui ont apporté leur grain à ma récolte de souvenirs. (13)

À cet indice inaugural qui retient l'attention, s'ajoute l'épigraphe ou la citation placée en exergue[4], lourde de sens. Son choix appartenant à un fond occidental puisqu'elle est tirée de la préface d'André Maurois, de l'Académie française, dans « *À la recherche du temps perdu* » de Marcel Proust, s'explique par le fait que sa fonction vise à cautionner le texte qu'elle ouvre, en orientant sa lecture vers une remontée dans le temps pour rendre présents des souvenirs lointains ancrés dans la mémoire de l'écrivaine.

> Il y a en chacun de nous, quelque chose de permanent, qui est le passé. Donc, au premier thème : le **Temps** qui détruit, répond un thème complémentaire : la **Mémoire** qui conserve... (14)

Par son aspect authentique et son acte d'autorité, cette épigraphe donne le ton à elle seule et, dans une certaine mesure, fixe les modalités de lecture du récit. Son rôle est si essentiel qu'elle ne laisse aucune ambiguïté quant au dessein de l'écrivaine qui s'annonce comme une quête du souvenir le plus lointain et comme une volonté de garder vive et vivante la mémoire. Cette mémoire d'un temps qui sommeille en elle renaît manifestement et ouvre un chemin sur le passé afin de mieux comprendre le passage du temps ainsi que l'absence et la déchirure qu'il génère. L'acte de remémoration est mis en valeur à travers une écriture spontanée, directe et simple qui, pour servir de support fonctionnel à la mémoire, ne se perd pas dans la flamboyance de la description.

Il convient de préciser que le projet de l'écriture de ce livre est clairement annoncé dans l'espace textuel du récit. Il prend naissance en fait lors d'un voyage qu'effectue Mary Abécassis Obadia en 1993 à Tanger, et qui coïncide avec l'attribution du Prix Nobel de littérature à Miguel Delibes. Désirant se procurer quelques-unes des plus récentes publications de cet écrivain espagnol, elle se présente à la bibliothèque espagnole de la ville qu'elle habitait jadis. À sa grande surprise, sa carte de membre encore valide

---

[4] Gérard Genette définit l'épigraphe comme « une citation placée en exergue, généralement en tête d'œuvre ou de partie d'œuvre, « en exergue » signifie littéralement hors d'œuvre, ce qui est un peu trop dire ; l'exergue est ici plutôt en bord d'œuvre, généralement ou plus près du texte, donc après la dédicace, si dédicace il y a », *Seuils*, Paris, Le Seuil, 1987, p. 134.

lui confirme que lorsqu'on s'inscrit une fois, c'est pour la vie. « L'émotion qui m'envahit alors était si profonde et si intense [raconte-t-elle], qu'il m'a été difficile de retenir mes larmes » (17). Et voilà donc qu'à partir de cet instant, l'écrivaine prend la parole, revendiquant ainsi le droit à la mémoire, utilise l'écriture pour remonter le fil du temps, pour ressusciter son passé dans sa ville natale et pour amoindrir la blessure de l'exil.

Ainsi, la tête pleine de souvenirs qui ont façonné sa vie, se lance-t-elle à recréer ces « lieux de mémoire » qui forment un réservoir d'idées, mobilisant les mots pour nourrir son imagination. En se multipliant dans l'espace discursif, ils constituent également une toile de fond et deviennent une source d'invention du temps à deux facettes : l'une éclairée par la mémoire, l'autre assombrie par l'exil, toutes deux entremêlées et merveilleusement narrés dans le récit.

Tanger les miens et les autres est un récit linéaire et chronologique, encadré par un prologue et un épilogue, composé de 28 chapitres marqués par des intertitres thématiques qui consistent en des noms de personnes, de lieux, de rencontres, d'événements, d'anecdotes révélant un mode, voire un style de vie passée à Tanger. Et comme l'écrivaine manie la poésie[5] avec enchantement, elle termine son écrit par un poème intitulé *Hyménée maritime* qu'elle dédie à sa radieuse et romantique ville natale. Elle insère également cinq photos pour insister sur le caractère autobiographique de son livre, caractère largement marqué dans l'espace textuel par des références à des membres de sa famille, à des ami(e)s vivant(e)s ou décédé(e)s, à des personnages réels, à des endroits bien spécifiques et à la référence à ses origines sépharades ainsi qu'à son nom qui prenait des tonalités différentes selon la personne ou le milieu où elle se trouvait :

> À l'école, à Tanger, il y avait un détail très curieux : mon nom et prénom prenait une intonation (ou une prononciation) différente selon la nationalité du professeur. Le professeur de français, tout naturellement, m'appelait MARY OBADIA, celui d'anglais prononçait MARY très à l'anglaise avec le « R » roulé puis OBADIA était alors presque méconnaissable (chaque consonne et voyelle ayant une intonation différente de l'habituelle) ; le professeur d'arabe quant à lui disait HOBADIA, ajoutant cet «H» aspiré qui me faisait penser aux écrits de Jardiel Poncel [écrivain espagnol très lu dans les années 50-60] dans « Amor se escribe sin H » l'Amour s'écrit sans H, voulant indiquer que, d'après lui, l'amour est éphémère, peu durable contrairement aux noms

---

[5] Mary Abécassis Obadia est née à Tanger en 1926, a publié sous le pseudonyme de Mariabec, dans « Le Journal de Tanger » et des poèmes en langue espagnole, sa langue maternelle, dans l'ancien journal « España ». Elle est décédée en 2008 et enterrée à Montréal où elle avait vécu le reste de sa vie, après son départ de son pays natal, le Maroc.

> commençant par « H » comme **Honor**, honneur, **Hogar**, foyer, **Honestidad**, honnêteté, etc. qui sont les valeurs les plus importantes de la vie. (188-189)

Il faut signaler que ce livre est émaillé de nombreuses expressions, souvent très imagées, de mots d'origine hébraïque et d'origine arabe, ainsi que de tournures de phrases inspirées de l'espagnol. C'est la révélation que la *haquetia* (mélange d'espagnol, d'hébreu et d'arabe) était largement répandue à Tanger considérée comme « une ville cosmopolite, riche des nombreuses cultures qui se côtoient » (17). Et s'il reste que la langue utilisée comme mode d'écriture est le français, c'est que, aux dires de l'écrivaine, les Tangérois sépharades, sont fortement exposés à la littérature française à travers leurs études aux écoles de l'Alliance israélite et dans les lycées français. Néanmoins, ils demeurent fidèles à la culture espagnole, leur culture originelle. Cet attachement s'explique, d'autant plus, en partie par la proximité de l'Espagne qu'ils visitent souvent et par le fait que, depuis leur plus tendre enfance, ils parlent espagnol à la maison.

On observe aussi que la structure du récit est orientée par le cheminement de l'écrivaine qui relate des événements intimes et personnels servant à l'expansion de la mémoire. Les images qu'elle rapporte et les détails qu'elle présente sont évocateurs, voire agissants. En raison de leur grande faculté à restituer, à conserver et à servir de support au passé, ils condensent et concentrent en quelques pages toute la trame d'une vie. D'où cette omniprésence, dans le récit, de souvenirs particuliers, d'une plénitude sociale et religieuse, de moments de doux bonheur réalisés en famille et avec les amis. Dans ce contexte, Tanger qui occupe l'espace de la mémoire est matérialisée comme un lieu de désignation et de signification, qui est celui de la joie et de l'euphorie, justifiant l'attachement indéfectible de l'écrivaine à sa ville natale. N'affirme-t-elle pas en des termes sobres et intenses la force de son amour éternel pour Tanger ?

> Tanger, c'est mon amour parce que c'est là que j'ai vu le jour, c'est là que j'ai vécu une enfance heureuse, une vie de famille chaleureuse et des amitiés chaleureuses et que tout cela ne peut s'effacer. (210)

C'est ainsi que l'itinéraire auquel elle nous convie est centré sur une certaine spatialité qui donne au récit un caractère propice à la connaissance et à la découverte de Tanger. Le caractère en apparence subjectif de la présentation de différents lieux et endroits particuliers ne doit pas tromper puisque leur évocation permet de dégager une profonde nostalgie. Qu'il s'agisse de la mer détachée et souveraine, rayonnante d'un bleu pur et brillante de mille reflets ; de la baie tangéroise, suave de cette odeur d'iode et d'algues ou encore de l'immense plage, transparente et caressante par ses vagues qui s'étalent sur le sable mouillé, le regard de l'écrivaine exprime une vision de l'être, habité à jamais par des sensations indescriptibles de calme et de sérénité que, « même les plus beaux voyages et les expériences les plus agréables » (165), ne sont pas arrivés à altérer. Qu'il s'agisse aussi de la *Fuenta Nueva*, le quartier de son enfance, de la Place *Quad el Hardan*, du *Grand Socco*, des bibliothèques françaises et espagnoles, du théâtre *Cervantès*, du cinéma *Paris*, du parc *Marshan*, de la *Confiteria Espagnola*, des terrasses du Café *El Valenciano*, de l'hôtel *Minzah*, de l'hôtel *Rembrandt* avec son fameux salon-bar-café *Le Balcon*, du Café de *Paris*, de *Chez Porte*, un élégant salon de thé, de la *Compagnie Algérienne*, où elle a travaillé plusieurs années, devenue aujourd'hui la *Wafabank*, de la *Pandéria Mozi*, de la boulangerie *Mozi*, située rue *Delacroix*, le parcours de l'écrivaine à travers les dédales de sa ville natale révèle une succession d'habitudes qui caractérisent sa vie et inscrivent la force de sa mémoire restée intacte et vivante. De plus, il affirme sa fierté d'être une Tangéroise de *pura cepa*, de pure laine, qui n'a jamais eu l'idée ni même songé à quitter un jour sa *Tangar la Beïda*, Tanger la Blanche qui a façonné son existence et qui habite fortement son imaginaire, car, comme elle le précise, « *como Tanger, no Hay* !, ce qui signifie qu'il n'y a pas comme Tanger » (162).

L'appropriation évidente de la localisation et de la spatialité se présente comme un prétexte pour traduire concrètement une perception particulière de la vie de la communauté juive de Tanger en terre d'Islam. Ainsi que la majorité des écrits des écrivains judéomarocains, le récit de Mary Abécassis Obadia n'échappe pas à la règle de mettre en valeur le patrimoine culturel et religieux de sa communauté juive qui, constituée d'une fraction des descendants des anciens *Megorashims* ou expulsés de la péninsule ibérique, s'est établie dans l'ancienne zone espagnole du Royaume chérifien. Elle évoque les liens légendaires de solidarité et de soutien entre les fils d'Israël, les contacts et les visites aux membres de sa famille à la *Judéria*[6] à Tétouan et à Casablanca, les déplacements à Malaga, Séville, Cadiz, Madrid et Toledo. Elle décrit les pratiques relatives au respect des traditions et des coutumes juives, aux fiançailles, à la dot, au mariage et réfléchit sur la naissance. Elle dénonce subtilement les attitudes précaires et sévères à l'égard des filles, surtout la première née, dont l'arrivée n'entraîne que déception et regret. Les gens ne disent-ils pas *la bejora es boba*, « ce qui signifie que la première enfant fille est bête » (179). La naissance d'un garçon, quant à elle, fait incontestablement honneur à tout le monde et selon la coutume sépharade, on lui attribue le nom du grand-père paternel. Elle insiste sur l'instruction et la scolarisation données dans les écoles modernes de l'Alliance Israélite et surtout sur l'ouverture de la communauté juive tangéroise à l'Occident. Son récit demeure également un témoignage de la vie sociale et familiale au sein de sa communauté et en partie le rôle joué par

---

[6] Le quartier juif à Tétouan.

la femme juive de Tanger et de Tétouan dans le maintien, et surtout la préservation d'un judaïsme profond et sans faille[7].

Aux faits sociaux sont liées des références religieuses importantes qui révèlent la place considérable qu'occupe la religion dans les pratiques quotidiennes de la vie communautaire des Juifs de la zone nordique du Maroc. Comme chez leurs coreligionnaires à travers tout le pays, l'observance des rites religieux chez les Judéo-marocains de Tanger est de rigueur. Le principe de fidélité à la loi rigoureuse de Moïse s'annonce comme une condition de la survie de leur communauté. Ainsi, élevée dans un esprit de forte religiosité puisque son père était « Chaliah et dirigeant de la synagogue El Estudio sur la Rue des Synagogues, juste au bas des quelques escaliers qui menaient à la synagogue Nahon » (69), l'écrivaine s'accorde le bonheur de revivre son passé religieux à Tanger. Ce faisant, elle évoque maints souvenirs entourant les préparatifs et les cérémonies des différentes fêtes juives. Sa mémoire, véritable porte-voix, multiplie les descriptions et les détails pour valoriser les pratiques religieuses de sa communauté judéomarocaine au sein d'une société musulmane. C'est pourquoi elle n'hésite pas à relater les sacrifices qu'ont endurés certains Juifs tangérois durant la Seconde Guerre mondiale, s'efforçant de dresser des tables magnifiques et luxueuses à l'occasion des trois fêtes *Roche Ha-Chana*[8], *Kippour*[9] et *Soukkot*[10]. En fait, l'expression utilisée en espagnol (*Tres pascuas como tres leonas*) montre qu'il était difficile de faire face à ces trois lionnes qui exigeaient plus de dépenses que d'ordinaire. Et pour signifier que le flambeau du judaïsme était dans sa famille haut et inaltérable, teinté d'une élévation spirituelle incommensurable, elle intègre dans son récit des souvenirs lointains rapportés par sa mère sur Imma Saâda. Celle-ci est une femme pieuse, connue et vénérée pour sa foi, son courage et son endurance de rester six jours et six nuits consécutifs sans rien absorber, observant pendant le mois d'Eloul[11], un jeûne ininterrompu qui commence le samedi soir et qui finit le vendredi soir suivant.

> Ma mère me racontait qu'avant l'arrivée du vendredi soir, Imma Saâda montait les deux étages qui menaient à notre appartement afin que ma mère lui remette une piécette d'argent, le *real*

---

[7] Dans un article intitulé « La femme juive de Tanger et de Tétouan », Ney Bensadon fait ressortir les caractéristiques essentielles des femmes sépharades dans ces deux villes. Pour lui, « Gardiennes du foyer, respectueuses des traditions, épouses accomplies et mères jalouses, la Tangéroise et la Tétouanaise formaient le plus beau fleuron de notre civilisation judéo-espagnole en voie de disparition », Sarah Leibovici. *Mosaïques de notre mémoire - Les Judéo Espagnols du Maroc*, Paris, U. I. S. F., 1982, p. 140.
[8] *Roche Ha-Chana* est le Nouvel An juif.
[9] *Yom Kippour* est le jour du Grand Pardon.
[10] *Soukkot* est la fête des tabernacles.
[11] Le mois *d'Éloul* correspond au mois de septembre, un mois sacré.

> *hassani*[12]. Le dernier jour du jeûne, elle gardait cette pièce de monnaie dans sa bouche, toute la journée. Ce geste représentait quelque chose de sacré qui devait apporter la *ségoulla*, c'est-à-dire la protection dans la maison. Puis, avant l'arrivée de *Chabbat*, Imma Saâda allait se purifier au *miqwé*[13] : tout ceci après avoir jeûné pendant six jours. Mozi, mon grand-père paternel, offrait ensuite une *séôuda*[14] dans sa grande maison de la Fuente Nueva qui était à la fois boulangerie et restaurant *Kachère*. Une grande table richement garnie était alors dressée en son honneur et tous ceux qui le désiraient étaient invités à écouter la prière et à manger, ce qui était considéré comme une *mitswa*[15].

L'attachement des Juifs de Tanger aux traditions tout comme leur fidélité aux coutumes et aux usages anciens transmis de génération en génération ne constituent nullement un état de marginalisation. Vivant en parfaite harmonie avec la communauté musulmane, ils participent activement à la vie sociale, économique et culturelle de leur ville, jouissant de leur droit d'être citoyens marocains à part entière. C'est dans cette perspective que l'écrivaine insiste sur sa bonne relation avec ses collègues musulmans et relate dans le chapitre « Pour dix dirhams, il est vivant » l'événement qui consiste à secourir le beau-frère de Fatima, sa femme de ménage. Atteint d'une sténose du pylore, Si H'med n'avait pas les moyens de faire face à des frais d'hôpital et d'intervention. Devant le désespoir de sa femme de ménage, Mary Abécassis Obadia tente de lui apporter un certain soutien. Et lors d'une réunion avec des amies *Chez Porte*, elle raconte la misère et la souffrance des malades qui ne peuvent se permettre ni radiographie ni achat de médicaments. En prenant connaissance du cas de Si H'med, son amie Sarita initie un processus de sauvetage en offrant dix dirhams pour commencer. Ce geste déclenche toute une réaction de solidarité spontanée. Se chargeant de l'affaire, l'écrivaine prit une feuille de papier, inscrivit son nom et le montant offert. Toutes les amies présentes suivirent son geste qu'elle continua dans la rue, chez les amis de son mari, des connaissances et des voisines. Le résultat fut surprenant et la somme d'argent considérable qui fut amassée permit au malade de faire la radiographie demandée et de se présenter à l'hôpital *El Kortobi* pour subir gratuitement une intervention chirurgicale par un médecin polonais. Si H'med fut opéré et « l'argent qui restait de la collecte servit à lui acheter de la nourriture pour pas mal de temps après sa sortie de l'hôpital » (113). Ainsi,

---

[12] Le *real*, ancienne monnaie d'Espagne, aussi monnaie marocaine de l'époque, la plus petite pièce du système monétaire.
[13] Le *miqwé* est le bain rituel servant à se purifier et dans lequel il faut se plonger trois fois, tête et cheveux compris.
[14] La *séôuda* est une réception de style religieux.
[15] Une *mitswa* est un commandement dicté par Dieu.

grâce à dix dirhams, mais surtout grâce à l'esprit de générosité de plusieurs bénévoles juifs, une vie musulmane fut sauvée.

Il reste que favorisant la concentration sur des instants de doux bonheur, de vive convivialité, de tolérance et d'acceptation mutuelle entre les différentes communautés vivant à Tanger, l'écrivaine a délaissé délibérément un pan de la réalité amère, omniprésente dans l'Histoire des Juifs marocains qui, après l'indépendance du pays en 1956, se sont dispersés aux quatre coins du monde. Les raisons du départ massif d'une forte majorité de Juifs marocains vers l'Amérique demeurent multiples comme en témoignent plusieurs parmi ceux qui ont choisi le Canada[16] comme terre d'accueil. À vrai dire, dans son récit, elle rapporte cet événement dans une totale distanciation, comme pour éviter d'entacher ses souvenirs par l'ombre d'une page sombre de l'histoire et de la politique de l'époque, solidement tatouée dans la mémoire collective de son peuple. « Nous avons dû quitter, d'accord ! [précise-t-elle]. Chacun pour des motifs différents : fuir une situation politique délicate suite à des événements survenus en Israël ; se réunir avec sa famille ; l'avenir des enfants... » (210). Et pour éviter de surprendre le lecteur qui, tout en parcourant ses récits, découvre son amour pour Tanger ainsi que son vécu, risque de se demander ce qui a motivé son propre départ d'une ville natale qu'elle aimait et où elle avait mené une vie si agréable, elle explique :

> Moi, j'ai quitté uniquement pour être près des miens. N'ayant pas d'enfants, la chaleur familiale me manquait trop. J'étais l'aînée et mes frères et sœurs étaient comme mes enfants. Le départ simultané de mes neveux et nièces avait laissé un grand vide. De plus, mes parents avaient besoin de ma présence, car j'étais plus disponible que les autres. (171-172)

Cherchant également à établir une dynamique positive à l'égard du Québec, l'écrivaine évite même d'exposer dans ses souvenirs, les réalités pénibles d'adaptation des membres de sa famille et des autres juifs marocains installés à Montréal, esquissant à peine leurs problèmes d'insertion et leurs difficultés d'intégration au milieu juif anglophone en majorité ashkénaze. Elle met l'accent sur le respect, l'amabilité et la générosité des gens, sur le bonheur de ses parents qui se sont facilement accommodés à leur nouvelle vie sur cette terre accueillante, chaleureuse et tolérante. Son père, qui désirait vivre sa religion avec plénitude, « était heureux de voir les synagogues combles les jours de fêtes et les facilités à obtenir les produits kachères » (172). Cependant, comme tous ses compatriotes[17], elle se plaint « de la neige

---

[16] Voir Marie Berdugo-Cohen ; Yolande Cohen et Joseph Lévy. *Juifs marocains à Montréal. Témoignages d'une émigration moderne*, Québec, VLB Éditeur, 1987, 209 p.

[17] C'est dans le même sens que certains juifs marocains considèrent le climat comme un grand

et de l'hiver, de cet hiver long et froid, car on ne s'habitue pas au climat canadien » (209-210).

On pourrait avancer ou croire que derrière cette hostilité climatique se cache tout un phénomène de refus ou de véritable révolte par rapport au Québec. Rien de cela n'est apparent dans les réflexions de l'écrivaine. Certes, pour elle, le Québec se présente comme un espace d'exil dépassant les limites de l'exil géographique pour s'étendre à un exil culturel, mais il ne constitue aucune négation de son identité judéomarocaine. Ce qui est mis en jeu ici, c'est un nouvel espace de définition qui vient permettre à son existence ainsi qu'à celle de sa famille de se recréer. C'est le lieu de toutes les possibilités des êtres favorisant une dynamique du renouveau, du développement, voire d'épanouissement de leur devenir. L'interprétation ou la lecture de la devise du Québec *JE ME SOUVIENS* qui revient dans l'espace textuel du récit comme une litanie pour livrer des souvenirs en vrac peut être comprise comme lieu/anti-lieu où la mémoire renforce, d'une part, les sentiments de nostalgie et, d'autre part, inscrit le temps dans une linéarité pour faire revivre la dimension globale du passé. L'appel constant à la référence Québécoise devient valeur symbolique, centre de création pour affirmer que par delà la présence de la *Montréalité*[18], la force du sentiment particulier appelé *Tangérite*[19] demeure intangible. Cet état ultime à travers lequel l'amour de l'écrivaine pour Tanger, « son premier et merveilleux amour » (211), domine le mouvement de ses souvenirs est clairement annoncé au dos de la couverture du livre.

> Tangérite, comment te définir ?
> Attachement, nostalgie, ineffaçable amour
> Nés, d'avoir eu la chance, dans Tanger la belle
> Grandi, vécu, passé, ou vu le jour en elle
> Et ne pouvoir plus vivre sans contempler ses charmes
> Reconnaître que, loin d'elle, le cœur s'emplit de larmes
> Imaginer qu'en partant on pourrait en guérir
> Tourmenter à nouveau son cœur de souvenirs
> Et vivre d'un seul espoir : revenir! revenir!

En plus de sa dimension autobiographique, en définitive le texte dégage une réalité nostalgique que sous-tend une rhétorique de la désolation, du déchirement et du regret. Ainsi, pour intérioriser la douleur de l'absence et de l'éloignement, même si elle paraît être vécue sereinement, voire fatalement,

---

problème : « Ce que je regrette le plus du Maroc comme beaucoup, c'est le climat ; j'ai besoin de soleil, l'hiver est trop long », Berdugo-Cohen. *Juifs marocains à Montréal*, p. 143.
[18] Par la *Montréalité*, l'écrivaine désigne cet effort réalisé, quand arrivés son mari et elle en terre canadienne, les membres de sa famille ont fait l'impossible pour les recevoir, les sortir, leur faire connaître la ville et atténuer le choix du départ.
[19] À Tanger, on appelle Tangérite le virus de l'amour pour cette ville.

l'écrivaine recourt au temps passé ailleurs, qu'elle avoue avoir le bonheur de se remémorer dans sa sérénité particulière, sa sublime douceur et dans ses souvenirs réels et éternels. Son attitude consciente qui concilie mémoire et exil, passé et présent, contribue à consolider ses sentiments d'attachement à sa ville natale et à atténuer le degré de pénétration de cette nostalgie qui l'habite manifestement dans sa nouvelle patrie. Et comme elle le précise, son être et son cœur sont à jamais envahis par

> [...] cette nostalgie inconsolable que ressentent certaines personnes qui ont quitté le Maroc pour le Canada ou pour ailleurs. Ce *ya hasra* qui sort dans un gros soupir et qui implique que la vie que nous menions là-bas était bien meilleure. (209)

Il n'est pas sans intérêt de noter que l'écrivaine arrive à transcender cette situation douloureuse par des retours constants à Tanger. Comme son imaginaire porte l'ancrage solide d'un désir de re-partir, elle aménage des espaces d'ouverture et élabore des points de fuite pour se retrouver sur ces « lieux de mémoire ». Ses allers et retours entre le pays d'origine et le pays d'accueil sont placés sous le signe d'un attachement presque viscéral à sa ville natale.

> Il est vrai que ma situation est particulière. Moi, je n'ai pas complètement coupé le cordon ombilical. En hiver, quand ceux de notre âge vont en Floride, mon mari et moi retournons à Tanger. Au Casino Israélite nous retrouvons nos anciens amis pour une partie de bridge ou pour de très agréables *tertulias* (réunions d'amis où l'on bavarde). Nous nous installons dans de larges fauteuils en cuir posés sur de luxueux tapis marocains, et nous nous remémorons le passé. Actuellement Tanger compte environ 300 juifs. (211)

En fait, se retrouver à Tanger avec son passé et ses souvenirs, revoir ses amis, revisiter ses endroits familiers illustre pour l'écrivaine une forme de fixité identitaire. D'ailleurs, elle est foncièrement fière d'affirmer et d'afficher son identité tangéroise. C'est ce qu'elle précise à de jeunes Espagnoles rencontrées sur un bateau reliant Algésiras à Tanger. Amoureuse et orgueilleuse de sa ville natale, car y ayant vécu longtemps, elle leur répond qu'elle est Tangéroise en ajoutant en plus, qu'elle est juive marocaine. Mais l'appellation marocaine suffisait seule à porter confusion. C'est alors qu'une précision s'impose pour ces touristes. En ces termes, elle leur révèle la profondeur et la spécificité de son identité :

> [...] nous sommes de nationalité marocaine, mais de religion juive, nous ne sommes pas arabes ni musulmans. Nous aurions pu

> ajouter que, par nos ancêtres qui avaient habité l'Espagne, nous étions un peu espagnols, comme elles, mais nul besoin de rappeler l'Inquisition et les sévices subis par nos frères à cette époque. (203)

Dans un article intitulé *Les Juifs marocains au Québec : l'exil et le royaume*, Lucette Heller-Goldenberg soutient que c'est loin du Maroc, ailleurs dans d'autres contrées, que l'identité première des Juifs marocains se manifeste amplement. Une identité qui rythme leur vie quotidienne, transforme leurs rapports aux autres et provoque une véritable renaissance identitaire.

> C'est seulement lorsqu'il quitte son pays natal que le juif marocain est confronté à une prise de conscience brutale : il n'est pas uniquement juif comme il l'a toujours cru, il est aussi foncièrement marocain. Dans son exil, il va rencontrer d'autres peuples, découvrir d'autres cultures. Face aux Juifs d'Israël, de France d'Espagne, face aux Juifs américains, allemands et russes, il ressent profondément sa différence, sa marocanité. Sa langue est le français, mais en famille, il parle le judéo-arabe qui est le gardien de sa culture ancestrale, culture orale, porteuse des croyances et des traditions qui l'ont bercé depuis sa tendre enfance. Il est imprégné par un imaginaire marocain peuplé des histoires de « jnouns », des légendes sur les « ghouls » et les ogres, des contes des *Mille et une Nuits*, des histoires savoureuses de « Jha », des pratiques contre le mauvais œil. Sa cuisine, son sens de l'hospitalité, son mode de vie, son paysage intérieur et extérieur sont le reflet de son appartenance au Maroc. Sa religion elle-même en porte une marque indélébile, puisque la croyance en la superstition et le culte voué aux rabbins miraculeux et aux saints est interdit par l'orthodoxie juive[20].

Cette évidence se pose clairement dans le récit de Mary Abécassis Obadia qui, à Montréal, au Canada, comme tant d'autres de ses compatriotes marocains, prend conscience de son statut de sépharade par rapport aux autres Juifs ashkénazes. À Tanger, où elle avait passé plus d'un demi-siècle, elle vivait son identité sans aucune ambiguïté :

> Séfarades, bien sûr, nous l'étions et nous le savions. Nous vivions en séfarades de par notre langue, nos habitudes familiales, le style de nos prières, etc. Et surtout les fêtes, avec toute la panoplie des diverses cérémonies et des us et coutumes : la merveilleuse nuit de

---

[20] Lucette Heller-Goldenberg. « Les Juifs marocains au Québec : l'exil et le royaume », *New Romania*, 18, 1997, p. 174.

Berberisca[21], la circoncision et le *talamon*[22], la nuit de la *Mimouna* et les excursions le lendemain à la Forêt Diplomatique, les nombreux *âdas*[23]. Tout était accompli selon le rite séfarade. (201-202)

En effet, à Montréal, l'écrivaine est « classée, cataloguée, nommée, indubitablement, indéniablement et irrévocablement » (207) la SÉFARADE. Cette prise de conscience de sa différence identitaire l'amène inévitablement à une attitude d'affirmation de ses origines, de sa culture et de sa religiosité dans un esprit d'enrichissement et de complémentarité. Car, pour sauvegarder leur judéité séculaire et pour solidifier leurs liens légendaires de solidarité et d'entraide, les Juifs estompent toute différence entre eux. Et comme elle le révèle : « Il faut connaître les gens pour arriver à les aimer, et... ashkénazes ou séfarades, nous sommes tous juifs » (207).

S'il est vrai que l'œuvre autobiographique tend à englober une tranche suffisamment importante de la vie de tout écrivain pour pouvoir rendre compte de son existence, elle tend à être porteuse d'une signification vitale. Par les thèmes récurrents de la nostalgie, de l'éloignement, de l'absence, du voyage et du désir de retour, le récit présenté dans *Tanger les miens et les autres* est teinté d'un profond chagrin, car derrière les mots qui ressuscitent tant de souvenirs, on pressent une douleur aiguë, réelle et pénétrante du temps passé, saisi dans sa complexité à travers une mémoire chargée du poids de l'Histoire individuelle et collective. Cependant, l'originalité de la démarche de Mary Abécassis Obadia demeure, par-delà la simplicité du récit, un témoignage sincère d'une époque, d'un style de vie qui se rattache exclusivement à un désir puissant et incontournable, celui d'affirmer son identité judéomarocaine et de transmettre avec simplicité son amour inébranlable et inoubliable pour Tanger, sa ville natale.

---

[21] La nuit du henné, avant le mariage.
[22] La nuit précédant la circoncision.
[23] Coutumes, traditions transmises par les familles relatives à certaines circonstances.

Georges AMSELLEM

Né en 1947 à Midelt, une petite ville située entre le Haut et Moyen Atlas, Georges Amsellem a coulé une enfance heureuse dans un environnement chaleureux et paisible entre cèdres, pommiers et oliviers. Petit-fils du Grand rabbin Chélomo Amsellem, il a fait ses études primaires dans sa ville natale avant de se rendre à Meknès où il a intégré le collège juif local (Cours complémentaire). C'est là qu'il a obtenu son baccalauréat en 1965. Après un court passage dans la vie active en tant que contrôleur aux services finances à l'Office de Commercialisation et d'Exportation (OCE), il émigre à Montréal en 1968 en passant par Israël et la France. En effet, à l'âge de 21 ans, bénéficiant d'une bourse d'études, il se rend au Québec pour pousser plus loin son cheminement académique études et voler de ses propres ailes.

Parallèlement à ses études en comptabilité, puis à l'Institut de l'Urbanisme, il finit par intégrer l'Université de Montréal de 1976 à 1980 en tant que chercheur. Au cours de cette période, il s'est découvert un penchant manifeste pour les arts, les lettres et la scénarisation, ce qui l'a convaincu de prendre un cours en audiovisuel pour donner un sens à son *hobby*. Ainsi, en 1981, à l'âge de 34 ans, produit-il une série pour enfants intitulée « *Les Transistors* » diffusée sur Radio-Canada et la principale chaîne française de l'époque TF1, du temps des Léon Zitrone et Yves Mourousi, entre autres. Il a aussi travaillé avec de grands noms comme Naïm Kattan en tant que producteur ou coproducteur de longs métrages, inspirés notamment d'œuvres littéraires portées à l'écran.

Il produit plusieurs films dont *Sentence diabolique* ; *Dead ringer* ; *Scorpio factor* ; *Vent de folie* ; *Dangerous Dream* ; une série documentaire pour la télévision ethnique : *Les troisièmes solitudes*. Il s'adonne aussi à l'écriture et réalise quatre recueils de poésie : *Le cœur en voyage*[1], *L'amour en face*[2], *Secrets murmurés*[3] et *Nomad's Land*[4]. Ce dernier recueil a fait l'objet d'une étude détaillée dans l'ouvrage de Mostafa Benfares[5].

Le lien tissé entre Georges Amsellem et son pays natal ne s'est jamais démenti. En 2017, il se rendra à Essaouira à des fins de tournage, l'occasion de se ressourcer et d'avoir une pensée pour son Maroc dont l'image ne l'a jamais quitté et qu'il n'a pas cessé de chanter dans sa poésie. En fait, il se souvient profondément de ce qu'il a vécu au pays natal, réminiscences

---

[1] Georges Amsellem. *Le cœur en voyage*, Montréal, Éditions du CIDIHCA, 1999, 77 p.
[2] _____. *L'amour en face*, Outremont, G. Amsellem, 2004.
[3] _____. *Secrets murmurés*, Elzévir, 2009, 82 p.
[4] _____. *Nomad's Land*, Israël, Les Éditions Balagane, 2014, 78 p.
[5] Voir Mostafa Benfares. *Francophonie Québécoise et littérature marocaine migrante. Mémoire, médiation et potentiel symbolique*, Paris, L'Harmattan, 2017, 206 p.

évoquées avec chaleur et nostalgie dans ses recueils, dont certains ont été préfacés par Gaston Miron, un grand nom de la poésie québécoise.

Ce qui caractérise l'itinéraire particulier d'Amsellem ainsi que son « existence d'un nomade en transit permanent »[6], c'est de l'avoir sensibilisé à la condition des immigrants, au déracinement des minorités, écartelées entre l'exil et l'espoir. D'ailleurs, son premier recueil, que nous présentons dans cette étude, est consacré, en grande partie, à son existence d'exilé, tiraillé entre plusieurs pays, qui ont façonné l'ensemble de son identité. Gaston Miron souligne dans sa préface que ses poèmes « vont beaucoup plus loin que l'idée que l'on se fait facilement parfois de la poésie. On écrit, pas avec ce que l'on a, mais avec ce que l'on est. Il y a l'être d'abord. La poésie n'est pas La Poésie, il y a des poésies »[7]. Il précise aussi que : « Les poèmes de Georges Amsellem sont empreints de son itinéraire et de son expérience, de ce qu'il s'est fait non pas de ce qu'il a. […]. Il écrit avec une sensibilité, une pensée sensible, une vision sensible du monde, dans la chair et dans l'esprit »[8].

La dédicace, insérée dans le recueil de poésie d'Amsellem, qui se lit ainsi : « À Gaston Miron qui, par sa générosité, m'avait encouragé à lire pour la première fois en public, mes textes. Il m'avait incité à prendre la parole qui lui était si chère », témoigne de ses sentiments de gratitude ou d'amitié envers ce grand poète québécois qui a beaucoup apprécié sa poésie. En effet, Miron souligne, entre autres :

> Ce que j'aime dans la poésie de Georges Amsellem, cette lucidité à travers son expérience. Il y a toujours cette lucidité et même dans les vers, dans la construction des vers, c'est comme la mémoire du monde du vingtième siècle, de cette vigilance de ce qui s'en vient. Donc, il y a cette lucidité et aussi cette espèce de distance dans son texte. C'est-à-dire, il est indépendant d'esprit. Son poème ne nous contraint pas, même s'il est donné des contraintes pour l'écrire, à une interprétation. Il ne nous impose pas son choix. À la fin, c'est toujours un choix ouvert. C'est à nous de choisir[9].

Ainsi, du « Le cœur en voyage » à « Flâneur à la terrasse », en passant par « Ballade ethnique », « Les nomades immobiles », « Le départ des nomades », « Les cavaliers bleus », « Funambule », « Nomad's land », « Famille », « Jardin de nuit », « Sur la route blanche », « Une nuit vaut

---

[6] Mechtild Gilzmer. « Littérature migrante francophone d'origine marocaine au Québec », *Zeitschrift für Kanada-Studien*, 27.2, 2007, p. 21.
[7] Gaston Miron. « Extrait de l'allocution prononcée le 28 février 1996 lors de la Soirée de poésie donnée par Georges Amsellem », Georges Amsellem. *Le cœur en voyage*, Montréal, Éditions du CIDIHCA, 1999, p. 8.
[8] *Ibid.*
[9] *Ibid.*

bien une vie », « Le temps ne s'arrête pour personne », « La guerre », « De Babel à Varsovie », « La Place des rois », « La tête dans la neige », « Du pain et des jeux » et « Célébration galactique », les dix-neuf poèmes qui constituent ce recueil offrent une écriture chargée d'émotions, de sensations, pétries de souvenirs présents et lointains du poète, qui se sont nourries de réflexions philosophiques et humaines approfondies sur le sens de l'existence, de l'exil, de la nostalgie, du bonheur et de sa propre présence au monde. Elle se présente également comme un refuge pour des temps d'incertitude et de désespoir qu'il dévoile sur le versant intime de l'intranquillité et de la créativité.

Dès l'incipit du recueil, ses mots surgissent pour dépasser la pensée de l'exil et lui enseigner à transcender ses tourments face à ce sentiment d'étrangeté qui l'habite en terre nouvelle choisie comme pays d'accueil. Il se demande que faire, lui, au « cœur en voyage », sachant qu'il vient d'ailleurs, animé par ce désir de se détacher de son passé, voire de l'enfermer dans l'oubli du temps pour aller librement, à la rencontre de l'humain, manifestement hostile à sa présence, à la quête de l'amour et de la grâce du partage.

> J'entends
> en vous vos secrets murmurés
> Vos souvenirs se bousculer
> Au bout de votre langue ravalés.
>
> Et moi figé,
> Par votre mutisme étourdi.
>
> Êtes-vous d'ici ?
> Comment le savoir
> Moi qui viens d'ailleurs,
> Ça, on me l'a déjà dit.
>
> Je suis parti je ne sais d'où
> Derrière moi mes traces se sont effacées.
> Le cœur en voyage,
> Mes confidences en partage,
> Cherchant à traverser, jusqu'à vous,
> Le pont des mots,
> Atteindre l'amour en face.
>
> Que faire ? (11)

Le ton est signifié d'emblée. Le poète vit dans l'émotion de soi et dans l'émotion de parler avec un mélange de nostalgie et d'ironie lucide issu de son expérience dans la belle province qui connaît une grande vague d'immigration internationale. Dans « Les Nomades immobiles », il précise que les immigrants viennent de tous les continents, ce qui rend le portrait du Québec encore plus cosmopolite.

> Nous étions de partout
> Venus de loin.
> D'Europe et d'Afrique
> D'Asie et du Levant.
> En Terre française d'Amérique
> L'avenir commençait maintenant. (16)

Si comme on dit « aucun homme ne quitte son pays pour le plaisir d'immigrer » et que les raisons de l'immigration sont multiples, le poète tient à indiquer qu'un grand nombre de migrants prennent la route de l'exil pour trouver de meilleures conditions de vie. Sa voix singulière se trouve immergée dans un « Nous » qui établit un réseau de relations complices avec tous ceux que la misère, la pauvreté, la guerre, la frayeur et le désespoir ont poussés à tout laisser derrière eux, prêts à affronter tous les dangers possibles, à la quête d'un havre de paix pour vivre, déterminés à tout faire pour réussir.

> Nous avions quitté
> Nos vieux pays
> Pour être ailleurs dans la vie,
> Avions largué
> Fatigués et intrigués
> Nos histoires et nos origines
> Nos souches et nos racines.
>
> Étions pour la paix contre la guerre.
> Traversé les mers pour l'hiver
> Troqué le sable pour la neige
> Et fui les états de siège. (16)

Rappelons qu'après avoir quitté sa terre natale et entrepris des déplacements dans d'autres pays, il décide de larguer ses amarres à Montréal en 1968. Une fois installé, il constate que son sort est identique à ceux qui l'avaient devancé et que sa destinée, ainsi que celle de sa communauté, ressemble à celle des autres immigrants venus de toute part. C'est dans ces vers qu'il singularise son expérience pour donner un ton plus intimiste, plus sensible à cette nouvelle trajectoire qu'il vient d'entamer

> Avec mes pieds en Amérique
> Dans un drôle de pays excentrique.
> Avec mes mains trop allergiques
> Aux coups de baguette magique.
> Avec ma bouche cherchant ses mots

> Qu'on veut mettre sous embargo.
> Avec mes oreilles fragiles
> À tous ces discours hostiles.
> Avec mes yeux plutôt bridés
> Des mers houleuses, évadé.
>
> Avec mon allure de touriste
> Et de nomade, un peu triste
> Avec ma gueule si exotique
> Avec mon âme qui a fui la guerre (14)

Il annonce la difficulté de s'adapter à cette réalité déstabilisante, mais demeure convaincu que, riche de sa propre individualité et solidaire des autres avec lesquels il partage un objectif commun, ils peuvent atteindre un certain absolu dans la fraternité des hommes. Il conçoit dans leur union une force inébranlable à la conquête d'une gamme de lumière, de chaleur et de liberté.

> Moi qui viens d'ailleurs et du Levant
> Nous remuerons ciel et mer
> Et nous ferons chavirer la Terre
> Pour qu'elle ne tourne plus à l'envers
> Où il fera enfin chaud l'hiver. (15)

Et avec une douceur brûlante, il s'appuie sur son expérience personnelle et intime pour relater ce qu'il a vécu, vu et senti en tant que « nomade immobile » qui a connu la chute et la douleur, le silence et l'absence, avant d'accéder avec l'âme des mots, à la réconciliation de soi avec soi, dans le partage recueilli de la parole enfin écoutée. Il s'inscrit à son tour dans cette lignée des êtres déchirés qui vivent dans l'entre-deux. Ces errants perpétuels, des « damnés de la terre », dont l'existence manque encore de plénitude et qui doivent subir les contraintes non seulement de l'immigration, mais aussi de l'exil.

> L'histoire avance et se répète
> Avec ses lancinantes litanies à perpète
> Pour les nostalgiques permanents
> D'un monde qu'on a fui pourtant.
>
> Les hivers et les amours ont passé
> Les amitiés se sont dispersées.
> La diaspora nous avait réunis
> Depuis chacun vaincu par l'oubli
> Se méfie et regarde derrière lui.
>
> Ni ici, ni ailleurs
> Sur la route ou à demeure

> Entre la tête et le cœur
> Pour l'honneur et l'exil
> Comme des nomades immobiles. (17)

Le poète vise à réaliser une écriture de mémoire dans une dimension large optant pour une parole poétique à la fois individuelle et universelle. Dès l'incipit, il se place comme élément de cette masse humaine qui a affronté des difficultés d'intégration au sein de la société québécoise. Cette dernière, contrairement au discours avancé d'ouverture et de tolérance, s'avère fermée sur elle-même, bloquant à tous égards et dans tous les domaines l'intégration professionnelle des immigrés. Pour sensibiliser le lecteur à la réalité complexe de sa vie, il se présente comme un errant infatigable, déterminé à aller jusqu'au bout de ses convictions pour atteindre sa liberté existentielle :

> Ma dernière semelle
> Usée à la corde
> D'avoir fui tant de hordes
> Touche enfin le macadam. (24)

Il est à noter que, quelles que soient les barrières dressées devant lui, Amsellem réussit à frayer son propre chemin et à acquérir sa juste place pour se développer et s'épanouir. Bien que ce résultat le gratifie, sa mémoire qui demeure enchaînée à son passé appréhende l'acte d'écriture pour invoquer cette angoisse jamais effacée, attachée indéfectiblement à son état de doute et d'incertitude pour toucher les étoiles lointaines et transcender la douleur de l'exil.

> Sur le fil, funambule
> Désarmé, sans bagages,
> Pas à pas je me dandine
> Dans le vide latéral,
> Saisi des pieds à la tête.
> L'effroi je bouscule
> Mes doigts s'accrochent
> Aux colonnes de l'air,
> Mes mains s'agrippent aux nuages.
>
> Où est la lune qu'on m'a promise ? (23-24)

Dans son parcours migratoire, le poète est conscient de sa différence. Fier de son identité berbéro-judéo-marocaine, il axe sa mémoire sur son expérience individuelle, tout en se situant parmi ces « [n]omades et vagabonds de l'espérance » (19) qui ont pris, malgré eux, le chemin de l'exil pour partir vers le large, à la quête de cet ailleurs, ou encore de ce nulle part. Pour lui, ils sont infatigables, déterminés à trouver ce nulle part, qui est encore quelque part, aspirant à s'installer dans des lieux paisibles pour estomper leurs cris de douleur qui rappelle cet abîme qui les a accompagnés pendant plusieurs années de leur existence. Dans un poème émouvant, « Le départ des nomades », il partage sa sensibilité envers ces déracinés, de plus en plus nombreux, qui affrontent tous les risques possibles pour provoquer le déplacement au-delà des espaces et du temps. Ils transcendent les barrières et les frontières dressées par l'humain pour souligner leur volonté d'être sur une terre qui appartient à l'humanité entière.

> Nous partirons à l'aube,
> Avant les grandes chaleurs,
> Ce sera notre dernier ici.
>
> Nous fuirons les arpenteurs du territoire,
> Les géomètres du temps,
> Aux étranges regards.
>
> Nous saluerons dans le silence de nos cœurs,
> Nos hôtes de passage,
> Qui nous ont accueillis,
> Sans rien nous demander,
> À l'arrivée comme au départ.
>
> Nous emprunterons les grandes
>   et les petites routes,
> Sans nommer personne,
> Sans mot dire,
> Sans crier gare,
> Nous chanterons l'hymne à la Terre.
> C'est encore loin le désert ? (18-19)

Dans son écriture toujours saisissante, le poète rend compte de l'essence d'une vérité intérieure qui indique assurément que dans cet arrachement du lieu originel – et peu importe où l'on se trouve –, le rappel du passé et la saisie des souvenirs lointains aussi pesants que les mots qui les entourent sont toujours évidents.

> Quand nous serons loin,
> Que notre âme sera apaisée,
> Nous entendrons l'écho de nos souvenirs,
> Ramassés sur les chemins du hasard
> Ceux-là que nous avons toujours fréquentés. (19)

Sa voix poétique, tel un souffle vibrant, laisse entrevoir la poursuite du rêve pour atteindre la luminosité révélatrice de l'espoir. Pour l'être solidaire avec cette masse humaine qui lui ressemble, l'une de ses intentions les plus explicites, est de demeurer vigilants, animés par cette volonté d'échapper à ces temps sombres toujours en marche pour dépasser le parcours semé de pertes et de déchirures qui les a conduits à l'errance.

> L'avenir est dans nos pas,
> Attendant les secrets de la prochaine nuit
> Aux aguets du destin.
>
> Le rêve claque au vent du sable à l'horizon
> Le désert n'est plus très loin ! (20)

Pour Amsellem, l'appartenance à une communauté est en soi une appropriation de ses propres racines. Il souligne l'attachement qui lie les Juifs berbères au Maroc comme revendication des spécificités de leur identité. En fait, la présence des Juifs remonte très loin dans l'histoire de ce pays, à l'époque romaine, juste avant et après l'avènement de l'ère chrétienne. Elle a été renforcée par le flux de migrants juifs d'Espagne qui avaient fui plusieurs persécutions à travers le temps[10]. Avec l'arrivée de l'islam, la population juive passe sous la domination musulmane et se voit imposer le statut de *dhimmis*. Mais les deux entités culturelles et religieuses juive et musulmane ont cohabité des siècles durant jusqu'à ce qu'un vent ravageur souffle détruisant les sentiments de fraternité entre elles provoquant des séparations et des déchirures irrémédiables. Cette présence des musulmans, venus d'ailleurs, trouve sa place dans sa démarche d'écriture poétique dans ce recueil :

> Les cavaliers bleus
> Chevauchent leurs bêtes bossues
> Elles avalent les dunes
> Dans une terre qui prend feu
> Pour une maigre oasis
> Depuis longtemps déjà bue
> Ils l'ont tronquée jadis
> Pour un croissant de lune. (21)

En faisant part de ses sentiments et de son vécu, le poète insiste sur l'évocation de son passé qui semble prendre place dans le déroulement du temps. Le recours à ce procédé lui permet de modaliser son discours par la mise en scène de motifs obsessionnels ou de visions cauchemardesques, devenant au fil des années cette présence invisible dont l'éloignement et l'exil n'ont jamais signifié ni l'oubli ni le silence. Ainsi, la mention de la

---

[10] La population juive dite *tochavim* du Maroc connaît des variations démographiques et politiques jusqu'à être renforcée à nouveau par l'arrivée de migrants juifs de la péninsule Ibérique, forcés de quitter les royaumes d'Espagne et du Portugal durant la Reconquista ; ce sont les *megorachim*.

perte de sa mère et de son frère se fait l'écho, même l'amplificateur de la peine et de la souffrance gravées en lui à l'infini du temps qui passe.

> Me suis frotté aux fantômes,
> Tapis, cachés dans les feuillages,
> Venus prendre des nouvelles.
> Par une nuit d'été,
> Des humains qu'ils ont quittés.
>
> J'ai vu l'âme, comme un cœur,
> De ma mère, dans une fleur
> De mon frère, fauché à la fleur de l'âge.
> Mûrs à jamais, comme des fruits,
> Dans le jardin d'Éden
> Purs aussi la nuit. (32-33)

Par le rappel de l'image de la mère, le poète fait aussi allusion au long périple qu'il entame, le cœur en souffrance, emportant dans sa mémoire non cicatrisée l'éloignement forcé de son pays natal.

> Ce fut un dur voyage,
> Pour un bref passage.
> On s'est juré d'être loyal,
> Pour la mère, ce fut fatal.
>
> Puis rattrapé par le destin
> Comme un étrange tour de mains
> Qui rappelle à l'ordre, fatalement
> Tel un perpétuel recommencement. (31)

Ce douloureux souvenir, tatoué à jamais en lui, rappelle la phobie du départ marquée par des visions absurdes qui continuent à l'accabler malgré le passage du temps. En libérant sa voix pour relater son expérience personnelle, il se rend compte que son destin est identique à celui des membres de sa propre communauté qui ont emporté dans leurs pas vers l'exil des déchirures béantes et des blessures inguérissables.

> Un jour, on s'est fait la valise,
> Sur des routes sans balises.
> Pour le meilleur comme le pire,
> Voir ce que réservait l'avenir. (30)

Sur un ton teinté de tristesse et d'amertume, il ajoute et précise la réalité humaine des Juifs marocains pendant les temps de crise et les périodes de désordres politiques. En effet, des excès de violence et de persécutions se sont manifestés avec un degré de sévérité et de brutalité tel qu'ils ont détruit la cohabitation légendairement harmonieuse entre les deux communautés.

Personne n'était épargné de ce vent de haine et d'intolérance qui a remplacé la paix et la solidarité, terrifiant les Juifs en les obligeant à se cloîtrer dans leur quartier et à développer diverses stratégies de survie jusqu'à leur grand départ.

> Pour gagner, il fallait tricher
> Pour survivre, on devait se cacher
> Garder son calme, ne pas se fâcher.
> Notre présence était un péché. (29)

Après des décennies de relations judéo-musulmanes[11] harmonieuses qui ont généré un espace de dialogue et perpétué une symbiose culturelle riche et originale[12], les signes de bon voisinage entre tous les Marocains de toutes confessions se sont soudainement évaporés, remplacés par l'intolérance et des épisodes d'attaques et massacres.

> On s'est longtemps connu,
> On ne se fréquente plus.
> On n'a rien oublié, tout confondu
> Les vrais et les faux malentendus. (29)

L'instabilité et l'insécurité qui règnent à présent dressent des murailles infranchissables. Les conséquences demeurent graves et douloureuses. Et de part et d'autre, le fossé s'élargit et chaque groupe demeure cantonné dans ses positions, incapable d'arrêter les diatribes haineuses qui ont secoué leurs communautés respectives.

> On écoute le silence,
> Glacial et lourd de sens.
> Au nord comme au sud,
> À chacun sa solitude. (29)

> Alors, chemin faisant,
> Le temps passé au gré du vent.
> Chacun se braque sur ses positions,
> Convaincu que son cœur a raison. (30)

Pour échapper à ces jours de terreur et de frayeur, à ces nuits noires, le juif errant reprend le chemin de l'exil, obligé de se déraciner et de s'arracher aux paysages familiers de sa patrie. Il vit la preuve de la rupture comme un perpétuel commencement dans un ailleurs incertain, voulant toujours aller de

---

[11] Voir Michel Abitbol. *Relations judéo-musulmanes, perceptions et réalités*, Montrouge, Stavit Éditions, 1999, 367 p. et Robert Assaf. *Une certaine vie moderne des juifs au Maroc*, Paris, Jean-Claude Gawsewitch, 2005, 834 p.
[12] Voir Haïm Zafrani. *Deux mille ans de vie juive au Maroc. Histoire et culture, religion et magie*, Paris, Maisonneuve et Larose, 1983, 315 p.

l'avant et où qu'il se trouve, il s'installe dans la nostalgie du passé caressant ce rêve illusoire de quiétude, de paix et d'enracinement définitif.

> Qui prend épouse prend pays,
> Qui prend mari fonde famille
> C'est la loi de la nature,
> Ainsi commence l'aventure.
>
> À part la famille,
> On se faisait des amis.
> Des garçons et des filles,
> Pour se livrer aux jeux interdits. (28)

Amsellem avance que « [l]es peuples heureux n'ont pas d'Histoire /Les damnés inventent l'avenir /Qu'ils s'acharnent à bâtir /En attendant le Grand Soir (49) ». Pour lui, si les juifs du Maroc demeurent sensibles à l'attitude courageuse du roi Mohamed V qui nourrissait une affection réelle envers tous ses sujets sans distinction de confession religieuse, refusant d'appliquer les lois racistes du Gouvernement de Vichy, d'autres membres de la tribu de Moïse n'ont pas été épargnés de la machine destructrice des Allemands qui leur a fait subir les pires atrocités du régime nazi pour les anéantir à tout jamais. Poussé par la nécessité de dire ce qu'il ne faut ni taire ni oublier, il évoque les monstruosités qui se sont déroulées à Varsovie. En fait, cette folie meurtrière a propagé l'éradication presque totale de la population juive polonaise durant l'occupation allemande de la Pologne (1939-1945)[13]. Il rapporte une vérité historique troublante de la trahison humaine et de la responsabilité des Polonais qui ont collaboré avec les occupants pour accomplir de terribles massacres antisémites[14].

> Livrés avec mépris et malice
> Par leurs voisins à la milice
> Au nom du père et du fils
> Il n'y a pas d'amour sans justice (49)

Dès leur prise de pouvoir en hiver 1939-1940, les nazis entament leur plan démoniaque pour persécuter les juifs qui menaient une vie tranquille, plongés dans leur vie quotidienne et attachés à leurs rituels séculaires. Ils les obligent à porter un brassard blanc avec l'étoile de David, identifient des magasins juifs sur leurs vitrines, confisquent leurs radios et établissent des lois leur interdisant de voyager en train. Face à cet abus de pouvoir, ils

---

[13] Voir Henri Minczeles. *Une histoire des Juifs en Pologne*, Paris, La Découverte, 2006, 372 p.
[14] L'historiographie des relations entre Polonais et Juifs au cours de la Seconde Guerre mondiale se trouve dans l'ouvrage de Jan Tomasz Gross. *Les voisins : 10 juillet 1941 un massacre de juifs en Pologne*, Paris, Fayard, 2002, 285 p.

continuent cependant à maintenir leurs pratiques religieuses sous l'ombre de cette injustice humaine qui s'abat, sans raison logique, sur eux.

> L'étude de la Thora et de la Loi
> Au point de perdre la foi
> Chassés par le maréchal du logis
> Ni kaddish ni ici gît. (49)

Dans cet univers clos, la faim et le froid se font ressentir durement. Les conditions de vie des damnés de ce lieu maudit sont incommensurables et la mort est courante. Une charrette passe pour ramasser les corps en pleine rue. Le ghetto jadis florissant devient une « zone d'épidémie », pour être quelques mois plus tard définitivement désigné comme une « zone de contagion » où ses habitants sont livrés à eux-mêmes et à leur terrible sort.

> Ils étaient en état de siège
> Comme des rats dans un piège
> À Varsovie, dans le ghetto
> Tel du métal dans un étau. (50)

Amsellem n'a que l'écriture et la force des mots pour dénoncer cette tragédie inhumaine avancée par la main de fer nazie qui ravage et saccage tout sur son passage. Sa voix s'amorce à travers une prise de conscience de ce mal, qui a régné par un pouvoir qui cultive la haine envers les autres peuples, et surtout envers les Juifs, inspirée par un antisémitisme obsessionnel qui s'inscrit dans une volonté d'anéantissement et d'extermination du peuple juif en particulier.

> Pour les antisémites
> Ils étaient un mythe
> Pour détruire la mémoire
> Aux camps et au crématoire.
>
> Leur haine était profonde
> Puait des milles à la ronde
> Dévorés par la bête immonde
> Effacés de la surface du monde (50)

Évoquant les atrocités perpétrées sans répit durant la Deuxième Guerre mondiale et le massacre délibéré des Juifs, le poète nous rappelle ce « devoir de mémoire » de l'holocauste. Et par une sensibilité nourrie de souffrance des membres de sa large tribu par-delà le temps et les espaces, son chant douloureux se termine par le rappel de ce sentiment messianique qui vibre dans le cœur de chaque enfant de Moïse et qui marque la fin de son exil ainsi que de ses tourments. Dans la liturgie juive, la manifestation constante du retour à Sion est une identification avec la mère patrie judéenne et le début de la rédemption. C'est aussi l'acquisition de la paix tant attendue et tant espérée loin du mépris, des humiliations, des persécutions et des tueries qui ont jalonné le destin tragique des Juifs.

> En exil, dans la diaspora
> Traités comme des parias
> Tel Itzhak béhar Hamoriah
> La Shoah, Avec Maria. (51)

> Ils rêvaient dans leur tête
> En deuil, comme aux jours de fête
> Jérusalem était leur quête
> L'année prochaine, peut-être. (51)

Amsellem fait éclater sa mémoire pour raconter non seulement les malheurs et la misère de son peuple qui de tout temps a affronté la cruauté humaine, mais exhorte le lecteur à ne pas oublier les autres atrocités largement liées aux réalités tragiques de la guerre qui ont touché plusieurs pays telles que la Russie, l'Allemagne, l'Italie, l'Espagne, la France, le Japon et la Chine. Il dévoile en fait que cette cruauté et cette horreur qui ont marqué une époque sombre sont l'œuvre des hommes qui ont instauré un nouvel ordre de violence, l'inauguration de génocide et l'ère des régimes totalitaires.

> Entre Joseph et Adolph
> On sombre dans la catastrophe
> Ces ennemis ultimes
> En vérité, complices intimes.
> [...]
> Le drapeau rouge, les chemises noires
> Empoigne de larrons en foire
> Toujours, la veille du grand soir
> Au matin, horrible cauchemar. (45-46)

Pour renforcer son idée et se placer comme actant dynamique dans l'éveil des consciences, il rappelle :

> Socialisme dans un seul pays
> Barbarie chez les nazis
> Le petit père au Kremlin
> Des nuits noires sans lendemain. (47)

Le poète, tout en faisant part de ses sentiments et de ses préoccupations, pense qu'une fois « le Führer » est mort et « le petit père des peuples » est replié sur lui-même pour mener à bien son dessein sanguinaire, une page sombre dans l'Histoire humaine est tournée et que les horreurs d'un temps noir ne sont que traces lointaines dans les plis d'une mémoire blessée.

>Au bunker, le cadavre de Hitler
>Fini le Reich millénaire
>Staline, tire le rideau de fer
>La guerre, c'était hier. (48)

Malheureusement, la lumière de l'espérance n'a pas jailli des nuits tyranniques. Dans le système du monde où règnent la violence et la haine, l'être humain n'est pas épargné de la dérive absurde et cruelle. Avant de porter l'étendard de la liberté, de la paix, il doit encore lutter pour ne pas céder au désespoir et à l'impuissance dans un présent défiguré et un avenir marqué d'incertitudes.

>Venus de l'Est et du Croissant
>Des bruits, des cris menaçants
>La mort rôde sur les vivants
>Le retour des fantômes comme avant. (48)

Ce qui donne le mouvement et la force à l'élan poétique de Georges Amsellem, c'est qu'il réussit à rendre chaque poème saisissant par sa forme contenue et sa thématique vaste et vibrante. Passé et présent tiennent une place prépondérante pour permettre au poète de chevaucher les béances et les frissons de l'histoire, des veines du devenir humain et sociétal, et les ondes de la vie en perpétuel devenir. Ainsi, son inspiration est-elle ancrée dans un réel où déferle une dénonciation acerbe devant la complicité des temps modernes.

>On vit des temps bizarres
>Où l'argent se fait plutôt rare
>L'amour se marchande comme au bazar
>Au Casino, aux jeux de hasard
>
>Fini l'État-providence
>Faut accélérer la cadence
>Pour rentrer dans la danse
>Encore un effort et beaucoup de patience (62)

Le poète fait le procès de ce monde corrompu et taré qui favorise les alliances entre les puissants, les enjeux du pouvoir des finances et où les faibles sans ressources ni soutien sont condamnés à l'exclusion, au silence et à la résignation totale.

>Faut faire partie de la clique
>Silence, surtout pas de polémique

> Rien à comprendre, c'est de la politique
> Mariage du pouvoir et du fric. (63)

Le poète chevauchant sur sa lancée indique que du rapport avec l'Autre surgit un déséquilibre relationnel renforcé par le discours d'une élite qui gouverne et qui véhicule une idéologie basée sur le renforcement des tensions entre les démunis et les nantis. Cette élite se veut pour elle une action déterminante pour assurer la continuité de son pouvoir dans une société divisée en classes sociales antagonistes.

> Tuez-vous les uns les autres
> Prônent les nouveaux apôtres
> Les riches contre les pauvres
> Telle la proie dévorée par les fauves (64)

Pour signifier sa colère, sa révolte et son indignation envers cette situation d'abus et d'inégalité, il dresse une liste des peuples qui ont été décimés à travers le temps. Comme il ne tolère pas l'indifférence bien nantie, le refus aux yeux fermés, et l'arrogance de ceux qui placent des hommes au-dessus des autres, il clôt son poème par un cri plein de sens et d'intentions.

> Combien de peuples ont disparu
> Combien d'autres disparaîtront
> Combien survivront
> Combien ont trépassé
> Passés à l'Éternité
> Inscrits au Livre des Souvenirs
> Aux Archives de l'Humanité.
>
> Qui disparaîtra, qui survivra,
> Qui asservira, qui régnera ? (65)

Georges Amsellem a choisi la poésie comme souffle créatif pour aborder une multitude de thématiques dans un monde en perpétuelle transformation. Il n'hésite pas à dévoiler les maux qui rongent la société et dévoiler certaines vérités pour permettre au lecteur non seulement d'en saisir les structures et les modes, mais d'en dégager l'esprit.

> Il paraît que c'est la crise
> On coupe, on rationalise
> Plusieurs ont perdu leur chemise
> Les malins ont empoché la mise. (62)

Dans cet ordre d'idées, le poète semble être très conscient de sa condition d'immigré au Québec et des difficultés d'adaptation dans ce

Nouveau Monde migratoire plein de défis. L'un des aspects les plus ardus de l'immigration dans la Belle Province est d'apprivoiser les rigueurs du climat qui affectent les immigrants nouvellement arrivés. Ces vers : « La tête dans la neige/ La neige dans la tête » (56), offrent une image percutante de cette nouvelle réalité avec laquelle tout immigré doit composer et que l'on ne peut point métamorphoser. L'inscription du climat accentue le désarroi et les afflictions du poète qui, comme d'autres immigrants venus de pays où le froid est tolérable, souffre du manque de soleil, de luminosité et de chaleur tout en supportant difficilement le rythme des saisons où les hivers sont longs et rudes violentant le passage de la culture méditerranéenne à une autre, la québécoise. En plus du déroulement implacable des intempéries climatiques aux rigueurs de vie insoutenables qui s'écoulent lourdement, il doit affronter une autre réalité amère et poignante. En fait, il doit composer avec l'exil dans la solitude. Certes, le Québec, comme les autres provinces du Canada, est un immense territoire qui offre des opportunités de développement et d'épanouissement à toutes ses composantes ethniques. Et il est vrai que c'est l'unique province canadienne à promouvoir le français comme langue officielle, permettant ainsi aux nouveaux arrivants francophones de se sentir à l'aise et d'acquérir leurs justes places dans la société québécoise riche de sa diversité. Toutefois, dès leur arrivée, tout immigrant se trouve, malgré lui, au milieu d'une série de conflits linguistiques au Québec entre Français et Anglais dont les tensions remontent au début de la conquête. Par la force de leur situation minoritaire, les immigrants sont cantonnés dans une « troisième solitude »[15] qui vient s'ajouter aux « deux solitudes »[16] qui persistent encore aujourd'hui à subsister entre les deux principales communautés qui composent le Canada[17].

> Deux ou trois solitudes
> Se fréquentent par inquiétude,

---

[15] Dans « Les Trois Solitudes », Rino Morin Rossignol utilise cette expression pour dire « qu'il n'y a pas seulement deux solitudes au Canada, il y en a TROIS! ». Il ajoute : « Parce que les Autochtones qui, tout autant et peut-être plus que les Anglais et les Français, ont créé ce pays qui a d'ailleurs un nom amérindien constituent une autre solitude indéniable coincée en Amérique entre l'Atlantique et le Pacifique », *Acadienouvelle*, le 2 juin 2005.
[16] L'expression *deux solitudes* réfère, dans la société canadienne, à l'isolement existant entre les Canadiens anglais et les Canadiens français. L'expression est utilisée pour illustrer le manque de communication et l'éloignement culturel entre les deux groupes linguistiques. La paternité de cette expression revient à l'auteur Hugh MacLennan dans le roman *Two Solitudes* publié en 1945.
[17] Dans son discours d'investiture en tant que gouverneur-général du Canada, Michaëlle Jean a parlé de la fin des deux solitudes. Or, les relations entre les Français et les Anglais au Québec continuent à être marquées par des tensions linguistiques. Les Québécois francophones expriment avec force leur volonté de vivre en français dans les différentes sphères de la société. Devant la résistance de l'autre communauté, la situation devient potentiellement explosive.

> Leurs regards s'invitent
> Leurs pas se précipitent
> Pour des rencontres sans suite. (40)

Amsellem opte pour une poésie militante, très engagée qui interpelle par la variété et la pertinence des sujets soulignant une puissance d'évocation et de provocation. En fait, c'est sa manière de réagir et de révéler sa colère en dénonçant les actes barbares et les meurtrissures « [l]orsque [des] bicots maudits/ Pressés d'aller au paradis » (52) versent le sang innocent de nobles âmes qui œuvrent pour la paix entre les humains. Dans « La place des rois », il réalise un poème émouvant à la mémoire d'Itzkak Rabin, assassiné par un fanatique religieux. Cette nouvelle l'ébranle et il rend hommage à cet homme en y partageant sa peine profonde, sa grande sensibilité, ses rêves, ainsi que son espoir de voir enfin un jour, la paix régner entre les enfants d'Abraham et triompher des actions haineuses perpétrées par les forces du Mal.

> Sèment terreur et violence
> Pour tuer paix et espérance
>
> Un jour, les cousins ennemis
> Seront voisins et amis
>
> *Paix au lointain et au prochain*
> *Tu ne tueras point* (52)

Il centre sa réflexion sur la présentation de la gravité de la situation qui exige une bonne volonté des humains prêts à braver tous les risques et toutes les attaques pour transcender les barrières et les frontières qui les séparent. Par leur effort commun, ils présentent une véritable unité pour changer les larmes et les pleurs de la détresse de leurs peuples respectifs en des cris de joie pour apprécier ensemble la grâce du partage d'une réelle paix.

> Terre promise par tous les Dieux
> La foi à qui mieux mieux
>
> Terre de feu et de sang
> De pleurs de mères et d'enfants
>
> Terre de lait et de miel
> Où l'enfer est tombé du ciel
>
> Quand Ismaéliens et Judéens
> Venus d'Égypte à Canaan
>
> Coiffés de kippa et kéffieh
> Les barbares ont osé défier

> Conscients que l'heure est grave
> Ont scellé la paix des braves
>
> *Paix au lointain et au prochain*
> *Tu ne tueras point* (53)

Sa vision illuminée d'optimisme l'aide à dépasser l'inquiétude du présent morose pour saisir d'autres possibilités à venir plus lumineuses, où les différences et les divergences seront abolies laissant la place à une fraternité universelle retrouvée entre tous les enfants du Tout-Puissant.

> Quand on mettra fin à la guerre
> Qu'on fleurira le désert
>
> L'eau détrônera le pétrole
> L'on chérira le Livre et la parole
>
> Le Mur des Lamentations
> Sera l'écho de vos incantations
>
> Le Mur occidental
> Sera le Pont oriental
>
> Le temps descendra du Ciel
> Pour tous les enfants de l'Éternel
>
> Allah s'entendra avec Yahvé
> Et le Christ les fera rêver (54)

À la fin de son poème, il précise une conception personnelle qui manifeste la profondeur de sa pensée pour que la ville sainte soit une cité de lumière où l'esprit de paix et de fraternité pourra trouver une raison d'être.

> Jérusalem sera la Cité
> Des hommes de bonne volonté
>
> *Paix au lointain et au prochain*
> *Tu ne tueras point* (55)

Au-delà de l'inquiétude singulière qui surgit dans son parcours migratoire tourmenté par son incontournable exil, le poète avance une parole poétique, empreinte d'une nostalgie amère et d'une dénonciation acerbe, qui apparaissent comme un souffle vital déclenchant une vision plus introspective du monde et des choses. C'est dans cette perspective que sa dimension de l'exil et de l'errance devient la matière poétique qui dévoile la sensibilité de l'être du dedans, telle que lui-même la vit, entremêlant souvenirs douloureux dans les rides d'une mémoire blessée, alliant des distances temporelles et spatiales, des faits historiques et des événements marquants. À ce sujet, Miron révèle que l'écriture d'Amsellem est originale et surprend par la richesse de son imagination et la force créatrice de son verbe :

> C'est une poésie de la mémoire. Ses poèmes sont les traces de cette mémoire. Non pas une mémoire figée, nostalgique, mais au contraire, une mémoire active qui donne des signaux à l'avenir, qui envoie des signaux aux hommes et aux femmes de l'avenir. C'est une mémoire tournée vers l'avenir, c'est une espèce de vigilance. Car il n'y a pas d'avenir sans mémoire. On ne peut pas imaginer sans mémoire. C'est cette vision qui se dégage des poèmes de Georges Amsellem[18].

Chez Amsellem, l'espace poétique est pleinement habité, et la parole poétique entend exposer les blessures de l'exil, le déracinement, la déchirure, la nostalgie, le désespoir, le nomadisme et le périple en quête de rencontre fraternelle dans un monde trouvant enfin son juste reflet dans la diversité et la tolérance. Aussi, fine et tendre, son écriture demeure-t-elle l'expression d'une vocation personnelle en perpétuel renouvellement et d'un témoignage inspiré et nourri par son expérience personnelle. Armé de courage qu'il puise dans la noblesse et la grandeur de sa conscience, il défie les maux de ce temps en trouvant sa quiétude et sa plénitude auprès de la femme aimée qu'il interpelle dans un poème pour lui exprimer la force de l'amour qu'elle lui inspire.

> Ma chère compagne, sur le drap blanc,
> Je couche avec toi mes émois turbulents,
> Mes désirs inassouvis,
> Tu m'apaises de la cruauté des humains,
> Auprès de toi, je me réfugie
> Jusqu'au prochain périple.
>
> [...]
>
> Tu me prends par la main
> Nous marchons ensemble,
> au bout de notre fatigue,
> Jusqu'au prochain sommeil,
> Pour rêver, de ce que nous
> nous dirons le lendemain (34-35)

Il enchaîne en indiquant clairement que l'aspiration de son bonheur n'a de sens qu'avec elle, car il ne trouve l'apaisement de son cœur que dans le recueillement de leurs retrouvailles. À dire vrai, elle représente son refuge,

---

[18] Miron. « Extrait de l'allocution prononcée le 28 février 1996 … », p. 8.

qui lui procure une foi inébranlable pour traverser l'opacité de son existence qui regorge de souffrances et de déceptions.

> En compagnie des autres
> J'ai hâte de te retrouver,
> D'être seul avec toi,
> Pour te raconter les joies et les peines,
> De la condition humaine :
> «Tu sais, ils sont bizarres mes semblables». (36)

En fait, à travers sa présence, il se défait de l'angoisse qui l'habite et retrouve sa voix, sa source, ses rêves et son espoir. Il est évident que les sentiments qu'il éprouve et les liens affectifs qui le rattachent à elle constituent une valeur suprême dans l'illumination de son existence. Il lui témoigne sa profonde gratitude de le soutenir dans ses errances pour l'aider à sortir des tumultes du chaos de la vie et se débarrasser des fantômes qui ont hanté ses nuits agitées.

> Comment ne pas t'aimer,
> Toi qui a chassé d'un trait lapidaire,
> Cette bête parasite et solitaire,
> Qui vampirisait mon encre et mon
> ventre,
> Ce fantôme, cette ombre tutélaire,
> Hantant mes éveils et mes rêves.
> Toi ma compagne éternelle. (37)

Tout en évoquant, dans des mots frémissants, l'intensité de leurs désirs, il avance une parole évocatrice et touchante pour révéler la grâce de leur intimité qui mène à la gloire de l'amour pour atteindre une sérénité tant fugace.

> Ce soir je t'obéis
> Jusqu'à la fin de la nuit
> Nos corps en étreinte sublime
> Nos cœurs battront le festin
> Rassasiés jusqu'au souffle ultime
> Et nous braverons notre destin. (38)

Aussi, en vertu de la force de leur union, ouvre-t-il ses élans dans la saveur de mots poétiques pour libérer d'un souffle vivifiant l'écho d'un beau chant d'amour.

> À quoi as-tu rêvé ?
> À rien, je n'ai pas dormi
> Le jour s'est trop tôt levé
> Une nuit vaut bien une vie. (38)

Après avoir exprimé les tiraillements, les échecs, la violence, le désespoir, les tourments et les tournants de la vie, il attribue à son acte d'écriture sa singularité pour représenter les turbulences des actions humaines et s'emparer de l'absolu pour atteindre la liberté existentielle. Il aspire au repos du guerrier et à retrouver la paix intérieure tout en restant fidèle à ses principes et à ses convictions, maintenant aussi ses engagements. C'est un choix qu'il va mener jusqu'au bout pour se défaire de l'anxiété, du doute et du désarroi qui encagent le courage et l'espoir libérateur.

> Moi, si cela ne vous dérange pas,
> Je continue à flâner peinard à la terrasse
> À vous faire part, de temps en temps,
> De mes réflexions.
> C'est promis. (74)

« Juif enraciné et sépharade errant [...] citoyen ethnique, nomade un peu artiste »[19], c'est comme cela que George Amsellem aime se définir. C'est aussi un poète qui a fait déjà ses preuves poétiques, un amoureux des mots qui crée à partir de lui-même pour exprimer directement sa pensée et surtout pour confier ses souffrances et partager son bonheur. En fait, son talent se manifeste dès le premier recueil dont le ton est remarquable où l'on découvre une voix forte, audacieuse et sensible qui éclaire notre savoir, visant à oblitérer l'ignorance sur les dérives humaines et les aberrations historiques, qui lance un appel et transmet un message.

À dire vrai, *Le cœur en voyage* est un recueil saisissant par la force évocatrice de ses images, la richesse de ses réflexions ; un livre d'intériorité, toute en finesse, grave jusqu'au sombre, et pourtant nourri de lumière. Amsellem offre une poésie dense, ancrée dans une réalité sociopolitique bien circonscrite, pour rappeler les maux et les avatars du passé et du présent sans la satire ou l'ironie de la facilité de la critique. Il emprunte sans réserve une parole libre et libérée pour confronter les zones d'ombres irrémédiables de la terre fragmentée qui impressionne et qui touche la sensibilité humaine. De ce fait, il réussit à faire de sa poésie non pas une dénonciation en filigrane, mais une constante recherche de l'espoir pour un monde meilleur, harmonieux et fraternel.

---

[19] Gilzmer. « Littérature migrante francophone d'origine marocaine au Québec », p. 21.

David BENDAYAN

David Bendayan est né en 1941 à Tanger. Après des études au lycée français, il enseigne dans les écoles primaires et secondaires tangéroises. Il émigre en 1966 au Canada et entame des études supérieures à l'Université McGill, à Montréal. Professeur de français et d'espagnol, il est aussi chargé de cours à l'Université de Montréal. Membre actif de la communauté sépharade, il a servi pendant des années, au sein du Comité culturel francophone de la Bibliothèque publique juive de Montréal, comité qu'il a, par ailleurs, présidé.

Il s'intéresse à la culture sépharade. À cet effet, il a écrit une série d'articles, parus dans la revue montréalaise *La voix sépharade*, intitulés *Histoire des Juifs d'Espagne*. D'autres écrits ont été publiés dans des revues marocaines : *Le voyage d'Alexandre Dumas à Tanger, Un epílogo a La vida perra de Juanita Narboni* [sorte de pastiche du roman de Angel Vásquez, écrivain tangérois], *Noces juives tangéroises vues par Eugène Delacroix et Alexandre Dumas*.

C'est dans son enfance tangéroise qu'il faut chercher les sources d'inspiration de son premier roman *Une jeunesse à Tanger*[1] qui se présente comme l'expression manifeste de son autobiographie, mais aussi le rappel des traces d'un passé, celui de l'époque légendaire de cette ville désignée comme la « perle du nord » du Maroc. Au fil des pages, Bendayan, avec une émotion retenue, remonte dans le temps pour relater ses souvenirs lointains inscrits entre les années quarante et soixante visant à livrer le récit d'une profonde nostalgie qui plonge le lecteur au cœur d'un monde disparu.

Sur sa composition formelle, ce récit s'ouvre par deux dédicaces adressées à son père et à sa mère[2], et deux épigraphes qui ne sont pas choisies arbitrairement, mais en fonction de la lecture du texte que l'écrivain annonce :

> Souvenir, souvenir, que me veux-tu ?
> Verlaine
> *Poèmes saturniens*

---

[1] David Bendayan. *Une jeunesse à Tanger*, Montréal, Éditions Latitudes, 2000, 122 p. ; 2e édition 2004, 174 p.
[2] Voici le texte des deux dédicaces :
À mon père qui me portait, petit garçon,
sur ses épaules lorsque nous remontions
la redoutable côte du Paseo Cenarro

À ma mère, mer consolatrice

> J'ai plus de souvenirs que si j'avais mille ans,
> Baudelaire
> *Les Fleurs du Mal*

En outre, afin d'éclairer sa démarche d'écriture, propose-t-il une préface pour offrir au lecteur des explications pertinentes, ce qui peut exercer le goût, susciter la curiosité, procurer au savoir même des faits et évènements complémentaires dans la compréhension de son récit.

> Ô Tanger, mon tendre péché ! Bien que l'exil nous ait séparés, ta lumière radieuse luit toujours au fond de moi.
> De tout temps, Tanger, terre d'élection, a exercé une puissante fascinante sur ses citadins et ses voyageurs. De Delacroix à Paul Bowles, en passant par Matisse et Morand, peintres et écrivains ont tous succombé au charme de ses collines insouciantes. C'est donc dans cette ville mythique que s'imbriquent mes émerveillements d'enfant, mes émois d'adolescent et mes désarrois d'adulte. Aujourd'hui, cet amour se transforme en devoir de mémoire et ma nostalgie revêt la force du témoignage. Toutefois, le lecteur ne saurait trouver dans ces pages ni un récit autobiographique classique, riche en confessions nuancées, ni des images, des esquisses de choses vues de l'extérieur, impassiblement. J'y ai cherché surtout à reconstituer, à travers des jeux de mémoire, un univers disparu à tout jamais. (9)

Il aspire à donner une dimension plus large et plus intense à son initiative d'écriture, en soulignant que le rappel de ses souvenirs ramène son passé dans le présent et lui permet de retrouver « le temps perdu de sa jeunesse » pour faire renaître l'essence de la joie qu'il avait vécue dans sa ville et qui continue à vibrer au plus profond de son âme.

> Mais de quel univers s'agit-il ? Question ardue, car comment saisir l'essence d'une ville protéiforme ? Est-ce le Tanger en carton-pâte véhiculé par les films hollywoodiens ou le bazar d'illusions colporté par les romanciers américains ? La ville de toutes les jouissances permises ou le repaire des aventuriers et des contrebandiers ? L'espace des âmes errantes en quête de paradis artificiels ? Chacun a son propre Tanger. Le mien fut celui d'un temps béni où la vie était faite de mille plaisirs anodins, mais enrichissants.
> Qui sait si, en faisant ressurgir ces souvenirs obsédants, je pourrais enfin me libérer de cette emprise ? (10)

La simple vue d'une photo se présente comme l'élément clé déclencheur et émotionnellement stimulant qui nourrit son parcours mémoriel. Ce faisant, l'écriture reste le moyen privilégié pour remonter le temps et tenter de restituer ce qui avait constitué le bonheur de ses années de jeunesse à Tanger et surtout ce qui a rendu cette période de sa vie singulière et inoubliable.

> Posée sur un rayon de la bibliothèque, une photo récente représente le premier étage d'un immeuble à la façade badigeonnée à la chaux où de larges taches noires, telles des cicatrices, viennent souiller la blancheur d'antan. C'est là que sont déroulées mes premières vingt-six années, dans cette maison aujourd'hui méconnaissable, abîmée par le temps et l'indifférence et pourtant, intacte et solide dans les recoins de ma mémoire. Chaque fois que j'allonge la main vers l'étagère, mon regard s'attarde sur ce cliché et, à l'instar de la madeleine proustienne, ressuscitent des scènes vécues il y a bien longtemps et que le temps a anéanties. (13)

Cette image tangible, en fait, ne lui reflète qu'une partie de ses mémoires dont l'évocation fait surgir des souvenirs agréables, des instants d'éternité de bonheur. Cet indice réel va inaugurer son périple à rebours qui aboutit à une errance dans le temps et dans les espaces pour assurer la transmission de perceptions réelles, voire embellies. On observe que dans la production de ses souvenirs, Bendayan fait appel à la mémoire volontaire qui restitue son passé et à celle involontaire qui lui permet de revivre toutes les expériences fondatrices de son passé et de se les approprier.

> Parfois, quand le silence m'entoure et que mes yeux se posent sur la photo de la bibliothèque, émergent les voix, les cris, les appels, les chants qui résonnaient, dans une sorte de cocktail linguistique à travers ces murs. Du castillan le plus pur au français le plus châtié, en passant par un haketia[3] qu'il était de bon ton, par vanité sociale, d'effacer et un arabe dialectal à l'usage surtout de la domesticité, toutes ces langues formaient une polyphonie symptomatique de l'internationalisme de la ville. (21)

Ainsi, si l'autorité du texte se lit dès la marque inaugurale de cet incipit, il n'en demeure pas moins vrai que de 5, rue Salvador-Hassan jusqu'à l'arrachement en passant par l'appartement, lieux, *zocos*, mosaïques, le lycée, l'été, émois divers, les neuf chapitres composant ce roman constituent la remémoration d'une vie antérieure avec un ensemble d'images positives dont les différentes pièces autobiographiques sont réorganisées dans une logique chronologique en vue de retraduire les évènements de sa vie les plus marquants.

Cette mémoire se trouve mise en valeur par des représentations précises d'une époque pleine de vie et de palpitations qui fait émerger une histoire au réalisme saisissant ainsi que des réflexions judicieuses sur le passage du

---

[3] Dialecte judéo-espagnol.

temps. Convaincu que seul l'éloignement permet de retourner en arrière et que n'importe où il se trouve, le lieu des origines est toujours vivace, il démontre dans la réalisation de cet écrit une sensibilité remarquable en commençant par la rue de son enfance. Celle-ci se trouvait dans le quartier du Marshan, quartier résidentiel de la ville qui comportait une grande variété d'individus, des Tangérois de souche ou ceux venus d'Espagne ou d'ailleurs. En fait, dans la communauté judéo-espagnole, on trouve aussi ceux qui, « ayant fui l'oppression nazie, comme tant d'autres exilés d'Europe centrale, avait trouvé asile en terre marocaine » (19). Dans l'évocation de ses souvenirs relatifs à son quartier et à ses voisins, il a surtout voulu révéler certains aspects de la vie de ces locataires dont les habitudes, les croyances, les émotions se sont, pendant son enfance, intimement entrecroisées, marquant et façonnant en partie son être profond et sa sensibilité. Parmi eux, les B..., dont il revoit la grand-mère, Señora Clara et surtout « l'âme, le pivot de la maison, la fille bien-aimée Estrella » qui menait « une vie, faite de passion, de souffrance et de résignation » (19) qu'il trouvait belle et sensuelle.

Après avoir présenté son quartier, il conduit le lecteur dans sa maison natale, située dans un immeuble, « une sorte de microcosme concentré de la réalité tangéroise d'alors, caractérisée surtout par une grande diversité socio-culturelle » (21).

> Le grand appartement du premier étage allait être, pendant longtemps, mon unique demeure tangéroise, mon sanctuaire. On pouvait jouir d'une vaste vue qui s'étendait de la mer lointaine, blottie entre les toits de la ville et du clocher de l'église espagnole, jusqu'à l'extrémité de la rue Salvador-Hassan, rue rectiligne, étroite, tranquille et sans arbres. (25)

De la grande fenêtre du salon donnant sur la rue, il se trouvait vis-à-vis d'une villa luxueuse, la villa Hassan, où des grandes cérémonies se déroulaient et ainsi que de vastes réceptions qui réunissaient la haute société tangéroise. Malheureusement, ces spectacles qui nourrissaient son imaginaire avaient cessé vers les années cinquante quand, « les gens du monde avaient donné le signal de l'exode. La villa devint une école d'infirmiers » (26). Pour lui, cette période demeure spéciale, animée aussi de rencontres des jeunes de quinze à dix-huit ans qui se rassemblaient, soit pour écouter de la musique, soit pour danser jusqu'à l'épuisement. Les boums constituaient pour eux un évènement très attendu vers la fin des années 50. C'est à ce moment-là également, à l'âge de dix ou onze ans, qu'il pressentait intuitivement « que quelque d'indécent s'était produit à [une] heure nocturne » (29) quand en pleine nuit, il a entendu des gémissements venant d'un terrain vague et à sa vue du balcon d'un couple qui surgit entre les arbres, il était dérouté et avait posé aux adultes autour de lui des questions qui restèrent sans réponse.

Il est important d'indiquer que l'emprise de la mémoire sur le texte est manifeste dans ce récit par l'énumération de cette vivacité qui régnait pendant les fêtes, les célébrations religieuses, où rituels étaient suivis et traditions respectées. Il se souvient de la préparation de plats que les maîtresses de maison offraient à la famille et aux amis ce qui, malheureusement, a cessé d'exister.

> Progressivement, au début des années soixante, cette Hada, cette coutume commença à perdre son ampleur. Les décès, les départs firent que, telle une peau de chagrin, le nombre d'envois ne cessa de diminuer. Le climat avait changé, la joie et l'enthousiasme cédaient la place à l'indifférence et à la mélancolie. (30)

Les souvenirs qui se poursuivent accordent une grande place à la nourriture. Ce qu'il garde vivace dans sa mémoire, c'est la précision de chaque geste de leur « servante au grand cœur, la fidèle et dévouée Fatima » (31) dans la préparation du couscous. C'est également « un festin aux étapes rigoureuses et aux gestes habiles que le mercantilisme a fini par abolir au nom de l'immédiateté » (31). Il décrit aussi une scène qui remonte à la surface, relative à sa chère vieille tante Tía Hallo qui préparait « les fameuses tortillas tangéroises, sorte de galettes parfumées à l'anis » (31) et qui accompagnait l'exécution de cette tâche en fredonnant un de ces vieux chants judéo-espagnols qui a survécu aux ravages du temps après la dispersion de 1492.

Un des lieux qui demeure pour lui une succession de joie et d'enchantement est le Paseo Cenarro, une pente raide qui menait au Marshan. Il aimait beaucoup s'amuser dans ce jardin, un lieu plaisant et reposant. Malheureusement, tout cela a disparu.

> Aujourd'hui, le jardin n'est plus. L'avidité immobilière y a construit des dizaines de studios ou de trois-pièces, baignés par une lumière crue qui tombe à la verticale, car les eucalyptus ont été abattus et leur immense ombrelle s'est refermée à jamais. (38)

Le rappel de ce souvenir revêt son importance parce qu'il est lié au temps de ses sorties et de ses promenades avec ses parents. Mais la plupart du temps, il emprunte ce chemin pour aller à la découverte de la vieille cité, animée, un monde différent de celui européanisé du Marshan et son calme rustique. Dès qu'il arrivait à la rue d'Italie, « l'Orient s'offrait à [lui] avec ses scènes multiples pittoresques » (40). De ses descriptions s'échappent les bruits de la ville et propose un étonnant voyage à la redécouverte de lieux familiaux tels que le Café Colón où les clients dégustaient leurs breuvages, principalement de bière pression, accompagnés « de l'obligatoire et succulent assortiment de tapas composé d'olives vertes, de crevettes rose orangé et de croustillants bocorones frits » (40-41) ou encore les étalages des marchands ambulants qui offraient à l'œil toute une variété de produits :

> [...] montagne, pommes caramélisées d'un roux luisant. Le vendeur de mercerie exposait sur le petit comptoir de sa voiturette un amoncèlement de boutons nacrés, de peignes d'écaille et de chaussettes de fil voisinant avec des flacons de Heno de Pravia, au parfum irrespirable. Il y avait aussi cette agitation continuelle, ce bruit incessant, ces hommes et ces femmes qui se hâtaient, se bousculaient, se bagarraient, s'interpelaient, débordaient des trottoirs resserrés pour envahir la chaussée qui devenait ainsi une rue piétonnière. (41)

Pour se rendre chez sa grand-mère qui habitait près de la Plaza del Progreso, une placette calme, presque déserte, il emprunte La Calle de los Joyeros (Rue des bijoutiers), passe devant diverses boutiques, notamment la bodega, avec ses énormes tonneaux de vin. Sur son chemin, se trouve aussi sa boutique préférée, la librairie Don Iglesias riche de magazines pour enfants, de revues de mode et de romans. Il la visitait une fois par semaine, le jeudi, impatient d'acheter son « Pulgarcito (Le petit Poucet), sorte de bande dessinée qui [lui] procurait une joie indicible et [qu'il lisait] souvent chez [sa] grand-mère (43). Ces visites à sa *abuela*, à l'heure du goûter lui procuraient une joie inégalée. Ce sont des moments de partage et d'apprentissage où elle lui contait des histoires peuplées d'être insolites qui l'enchantaient et le faisaient rêver. Elle lui commandait le thé du *caouadji*[4] et quelquefois, ils allaient chercher des *churros*[5], près du Zoco Chico. Pour lui,

> Quel ravissement que de savourer ces spirales de pâtes, rainurées, chaudes, saupoudrées de sucre ! Et ce mariage heureux de l'Orient et de l'Occident symbolisait bien l'unicité de Tanger, trait d'union entre deux continents. (44)

La conjonction entre le passé et le présent, et par là même, entre la réalité intérieure subjective, faite de souvenirs lointains et la réalité extérieure, marquée par une dynamique propre aux changements survenus et au passage du temps, fait naître en lui un arrêt émotionnel, teinté de désarroi et de déceptions. Citons à titre exemple, son état de dévastation quand, des années plus tard, lors de son retour à sa ville en compagnie de son épouse où, manifestant le désir de revoir sa voisine la belle Estella, il la retrouvait dans l'hôpital Benchimol, lieu d'hébergement pour personnes âgées ou esseulées.

---

[4] Café maure.
[5] Sorte de beignet typiquement espagnol.

> La clarté aveuglante de l'été inondait le jardin qu'on entrevoyait du vestibule où ma femme et moi attendions son arrivée. De temps à autre, je voyais passer le long des plates-bandes fleuries des êtres égarés, tristes vestiges du passé, dont le visage ne m'était pas inconnu. Lentement et pesamment, à travers l'étroite porte à l'encadrement en fer joliment ouvragé, une vieille femme, toute tassée, à l'aspect presque ridicule, s'avança sur le carrelage blanc et noir. En l'apercevant, j'hésitais quelques secondes. De longs cheveux ternes, grisonnants et des lunettes énormes et affreuses, une peau toute parsemée de taches de pigmentation me rendaient cette personne méconnaissable. C'est alors qu'elle s'écria, d'un ton doux et ému : « David ! ». C'était elle. Nous nous assîmes sur un des deux bancs placés contre les murs immaculés de l'entrée. Tout près d'elle, je constatais, la gorge nouée, les transformations que le temps avait opérées sur elle. Nous parlâmes, nous nous rappelâmes toutes ces années mortes. (20)

Et combien son émotion était grande, quand, lors de ce retour aux sources après une longue absence, grâce à la bienveillante hospitalité des locataires d'alors, il franchissait, le pas de la porte de ce lieu où il a vécu. Il s'est trouvé assailli de mille et un souvenirs en circulant à travers des pièces si familières et si différentes à la fois. Aussi, sa tristesse est-elle indéniable, impossible à dissimuler quand, il s'acheminait, le cœur serré vers le lycée où il avait passé sept belles années.

> L'horloge était là, immuable, avec ses grandes aiguilles noires se détachant sur la façade crépie. Elle me salua : « Tiens, tiens, c'est toi. Je savais que tu reviendrais... comme les autres... Allez, rentre ». La cour était déserte, calcinée par le soleil d'août. Sous les arcades, les galeries à contre-jour restaient silencieuses. Ce décor, presque irréel, me causait je ne sais quelle impression de mélancolie, d'abandon. (81)

Proposant une association entre le passé et le présent, ce récit est judicieusement construit. La dimension autobiographique et historique qui caractérise ce mode d'écriture et qui en assure son originalité s'ancre dans cette volonté de décrire un univers où les lieux, les personnages et les évènements prennent la physiologie, la physionomie et les caractéristiques des individus, de tout un monde qu'il a lui-même connu et côtoyé. En effet, avec un style précis, Bendayan projette un éclairage stimulant pour saisir d'une manière intime, et souvent originale, tout un pan de la société tangéroise et de ses habitudes et de son mode de vie influencée par sa proximité avec l'Espagne.

> Tanger abritait, et probablement cela n'a guère varié depuis des centaines d'années, deux marchés principaux : le Grand Socco et

> le Petit Socco. Si le premier revêtait un caractère exotique de par ses nombreuses échoppes où l'on vendait dattes, noix, henné et autres produits locaux, en revanche, l'activité principale du Zioco Chico[6] gravitait autour du monde des affaires où régnaient les devises, les articles importés et la mode. Il reste que ces souks, cœurs battants de la ville, grouillaient de monde, jasaient sans répit, marchandaient interminablement et mettait en scène mille drames divers dont j'étais parfois témoin. (47)

Il accompagnait à contrecœur sa mère et leur fidèle servante Fatima au Zoco grande, appelée « *Zoco de afuera* » ou souk extra-muros. Dans ce marché, il observait le spectacle permanent du grand théâtre de la vie et où il doit être vigilant pour échapper aux dangers qui semblaient le guetter de toutes parts. Cependant, c'est en se rendant au bureau de son père, situé au Zico Chico, en longeant une « artère commerciale, piétonnière, bordée de boutiques à la diversité prodigieuse et dont les enseignes témoignaient du caractère cosmopolite et de l'essor économique de la ville » (50) qu'il découvre les merveilles et les richesses de sa ville. Ses souvenirs semblent si intacts, si vifs et si réels qu'ils permettent même de sentir les odeurs et les goûts.

> Comme les souvenirs affluent ! Souvenirs en particulier des odeurs : arôme du café grillé, acide ou amer, provenant d'El Chiquet où la torréfaction des mélanges, faite selon les goûts et les recettes personnelles de chaque client, satisfait le connaisseur le plus exigeant ; fragrances fleuries ou épicées, subtiles ou lourdes, enfermées dans des flacons de cristal taillé, aux appellations exotiques : Soir de Paris, Tabu, Maja..., qui s'alignaient esthétiquement sur les étagères métalliques de la parfumerie ; enfin, effluve tièdes, sentant bon le beurre et les œufs frais qui se dégageaient des vitrines tentantes du pâtissier proposant des babas au rhum, des tocinos de cielo[7], des mokas... (51)

En recréant une tranche véritable de sa vie, beaucoup de lieux surgissent qui prouvent que sa mémoire n'a jamais abandonné la présence dans l'espace de ses souvenirs de ses cafés : *Café Fuentes, Café Central, Tingis*, ni oublié ces passants de toute espèce qui peuplaient sa ville considérée comme une plaque tournante dans la zone espagnole du pays. Ses sensations sont extrêmement nuancées quand il évoque la mosquée, l'église, la synagogue, les lieux de culte et même, plus loin ceux de dépravation comme cette maison dans une ruelle, aux volets toujours fermés et sa « grande porte en cèdre qui ne s'ouvrait que pour laisser passer des hommes [qui] s'engouffraient à l'intérieur » (54-55) qui l'intriguait. Alors, si ces

---

[6] Petit Socco.
[7] Sorte de flan.

souvenirs l'atteignent de l'extérieur, un certain nombre le touchent de l'intérieur quand il allait rejoindre son père.

> Cinq heures sonnaient à l'horloge de l'église. L'intense circulation des gens allait en retentissant, ici et là, dans l'air transparent, retentissait le bruit métallique des rideaux de fer qu'on baissait. Le moment mémorable était arrivé de nous rendre, mon père et moi, à la pâtisserie *La Española*, au coin d'une ruelle de la place. (54)

Cette rencontre très symbolique comporte aussi un sens tout à fait précis dans sa mémoire, se rappelant avec une sensation bienheureuse, ses visites quand il accompagnait son père pour poster des lettres à la poste espagnole, *le Correo*, avant de se rendre à ce salon de thé pour savourer son breuvage favori et saisir de mutuels instants de bonheur. La plénitude de sa signification est réelle et vivante d'autant plus qu'elle s'inscrit dans la restitution d'un passé vécu qui est porteur d'un sens plus profond pour lui.

> Plus qu'aucune autre ville, Tanger ressemblait à un énorme kaléidoscope d'images, de couleurs et de sensations. Cité privilégiée de par son statut international, les religions et les cultures, les fêtes et les cuisines s'interpénétraient harmonieusement. C'est ce cosmopolitisme, ce métissage qui conférait ce charme si unique et indéfinissable. Fabuleux bonheur d'y vivre et d'y rêver. (59)

Ce qui frappe dans le récit de Bendayan, c'est que dans ses évocations, il présente des souvenirs agréables, des instants éternels de bonheur qui se révèlent presque palpables, au fil des pages, tissant à partir du rappel du passé, une belle aventure humaine. Ils tirent leur signification et leur importance de son individualité profonde et lucide. Dans le rappel de ses années de jeunesse, le moi véritable se découvre, se retrouve, lui offrant la possibilité de parler de sa foi.

> Dans le lacis de ruelles de la Vieille ville, au fond d'une impasse, se trouvait la synagogue Nahon où nous nous rendions pour les festivités. Elle surpassait les autres, concentrées dans un même secteur dénommé Calle de las sinagogas (Rue des synagogues), par son architecture raffinée et la richesse de sa décoration intérieure. (59)

Pour lui, la reviviscence totale d'un instant de son passé religieux s'inscrit dans la célébration du Yom Kippour. Il y retrouve dans sa réalisation ses joies d'alors,

> « Le jour le plus sacré de l'année ». Quel tableau fascinant ! A certains moments, on eût pensé qu'il s'agissait d'une réception

> mondaine où banquiers, spéculateurs et commerçants étaient conviés avec leurs épousés. Celles-ci, vêtues de toilettes élégantes et de bijoux étincelants, se dirigeaient vers la hazara, sorte de galerie surplombant la synagogue d'où les femmes pouvaient assister aux offices. Quant aux hommes, graves et distingués, pincés dans des costumes foncés, coiffés de chapeaux de feutre gris, ils faisaient leur entrée remarquée en s'acheminant vers leurs sièges habituels. (61)

Il rappelle aussi une autre célébration, celle où la Zoco Chico devient le théâtre d'une fête qui revêtait un éclat exceptionnel : la Nochebuena ou Nuit de Noël. Son évocation apporte le signe d'une réalité qui consiste à être plus qu'une cérémonie religieuse, mais de se transformer en un divertissement collectif où le peuple espagnol se donnait à cœur joie et dont les multiples scènes d'allégresse restaient ancrées à jamais dans sa mémoire.

> En vérité, tout le monde y trouvait son compte. Des connivences, des sympathies liaient aussi bien juifs qu'arabes à ces manifestations et la nuit, à la maison, en tapotant sur un vieux tambourin abandonné dans un placard, je hurlais :
>
> *Esta noche es Nochebuena*
> *Y manãna Navidad* (63)

Bendayan fait revivre sa ville natale avec dextérité, les célébrations des fêtes, la chaleur de ses habitants, leur convivialité, et en particulier, ce moment à jamais perdu où juifs, musulmans et chrétiens coexistaient. Il faut dire que se replonger dans le passé rempli certes, l'écrivain d'un immense bonheur, mais aussi d'une tristesse aigüe à cause de ce qu'il a de particulier et de fort, mais qui malheureusement a fini par disparaître à jamais. En fait, c'est en se penchant sur la période de sa jeunesse que l'écrivain comprend l'importance de saisir le présent, ce qui signifie pour lui, apprécier la vie à sa juste valeur, continuer à vivre avec ses souvenirs pour ne pas mourir avec des regrets.

Une tout autre émotion s'ajoute à celles déjà éprouvées par l'écrivain dans cette mémorable aventure de faire revivre ses souvenirs à Tanger. Il s'agit de celle qui surgit quand il parle de son passage au lycée Regnault, digne représentant de la « Mission universitaire et culturelle française » qui a formé toute une génération de Tangérois y ayant appris « à manier une langue aux beautés chatoyantes et s'imprégner d'un riche savoir et à affiner leur pensée sous le dogme de la raison » (71).

Il était entré directement en onzième du fait de sa précocité et en 1953, il quittait les bancs de l'élémentaire pour entrer au secondaire, en sixième. Avec des détails minutieux, il dresse un éventail de portraits de ceux qui l'avaient marqué, chacun à sa manière. On y trouve Mme Many, professeur d'histoire, Mme Y., qui entretenait une relation sévère, voire méprisante envers ses élèves, M.T. et M. P, professeurs de français. Il termine la galerie des portraits par Melle R., belle et attrayante, « pôle d'attraction de la gent masculine (78) », qui par-delà la transmission des notions de la chimie nourrissait par sa beauté leurs fantasmes de jeunes adolescents.

Durant ces années qui revêtent un sens profond et particulier dans l'évocation de ses souvenirs, les faits passés et présentés sont ressentis comme ayant fait partie de sa transcendance personnelle, une sorte de développement humain et intellectuel qui a permis à sa personnalité de s'affirmer et de se confirmer. En fait, il a toujours gardé ce qu'il y avait d'extraordinaire dans ses expériences, et voici ce qu'il dit, à propos de cette tranche de sa jeunesse dans cette institution.

> Quelques fois je songe à ce bon temps et je me demande où sont passés ces professeurs ? Combien peuvent encore, à la veillée, se remémorer nostalgiquement le lycée Regnault, car ces heures furent belles pour nous tous. Par-delà les accents, les carnations, les castes et les crédos, nous constitutions une société étudiante où la jovialité, la camaraderie, l'émulation régnaient harmonieusement. En somme, nous étions le produit et le reflet de Tanger, et l'air du temps, d'une époque belle qui devait disparaître, mais dont la légende ne s'est point perdue. (79)

Ce sentiment de joie et de satisfaction qui accompagne l'évocation des souvenirs marquants de cette période de sa vie comporte aussi d'autres moments privilégiés et de rencontres intéressantes qui lui ont offert la possibilité de retrouver une richesse perdue marquée de découvertes liées à l'actualité du temps et qui demeurent pour lui d'une exceptionnelle valeur. À titre d'exemple, le théâtre Cervantès, où il allait avec ses parents assister à différentes représentations théâtrales tirées d'un répertoire très riche et varié : « Lope de Vaga côtoyait Molière et Dante, Goethe » (65). C'est aussi une salle de projection de films espagnols. Un aspect important marque ses souvenirs, c'est que les séances commençaient par les actualités, surtout politiques dominantes à l'époque. Ce faisant, l'Histoire avec un grand « H » et la vie quotidienne des Tangérois se déploient en arrière-plan sans trop alourdir le déroulement de son récit.

> En fait, ces journaux parlés étaient fortement patriotiques et célébraient la dictature franquiste sous tous les rapports. On y voyait régulièrement Franco inaugurer un barrage, Franco assister à un défiler militaire, Franco recevait des dignitaires dans son palais du Pardo, ayant toujours à ses côtés la très vertueuse Doña Carmen Polo de Franco. Inutile de dire que ces documentaires m'assommaient royalement et que je brûlais d'impatience

d'assister à la projection du film qui en général était une comédie. (66)

Ainsi, le Teatro Cervantes se dressait, en quelque sorte, comme le centre de gravité culturel de résidents espagnols. Cependant, du fait de son statut, du nombre et de la variété des intérêts qui sont en jeu, plusieurs missions diplomatiques ont fait de Tanger une ville où chaque communauté possédait son foyer à elle « où s'organisaient la vie intellectuelle, les modes d'expression, les manifestations d'envergure, produits et reflets de l'histoire d'une nation » (66-76). À côté de l'école espagnole et française, il y a aussi l'américaine et l'italienne, entre autres, qui renforcent l'image particulière qu'il a gardée de sa ville, qui doit une grande part de sa spécificité aux rapports harmonieux qui existaient entre toutes les communautés qui la composaient. Ce faisant, son récit apporte une certaine valeur documentaire qui contribue à donner une vision présente d'un temps passé, le sien qu'il n'a jamais oublié.

> Avec le passage des ans, je devais m'y rendre pour des fêtes, des bals, des commémorations qui rythmaient la vie de cette communauté exubérante et créative et qui témoignaient des liens étroits qu'elle entretenait avec les autres groupes, en particulier avec la société maghrébine. Là, dans ces spacieuses salles qui couraient autour d'un administrable patio fleuri qui laissait échapper tous les parfums de la Méditerranée, se retrouvait une élite tangéroise. Mosaïque de races, Babel de langages, assemblage hétérogène de mœurs, le tout harmonisé par l'éblouissante clarté du jour. (67)

En fait, ce qui caractérise ce récit, c'est cette sorte d'acharnement à maintenir à flot le devoir de témoigner du passage du temps, des événements marquants et des rituels propres aux Tangérois, mais aussi ceux qui le considèrent plus directement et qui demeurent mémorisés n'attendant que le moment propice pour sortir de l'oubli et apporter une reviviscence du sentiment d'autrefois. C'est dans ce contexte qu'il a tenu à rappeler l'atmosphère qui prévalait au Cinéma Mauritania où se manifestait la sacrosainte coopération franco-marocaine !

> Conférenciers renommés, récitals prestigieux, ciné-club remarquable, pièces de théâtre classique attiraient une foule policée et distinguée d'ascendances diverses, mais marquée au sceau de la culture française. Professeurs, cadres, professionnels, ronds-de-cuir, bourgeois, étudiants, tout ce beau monde ne parlait, ne pensait qu'en français et par une sorte de phénomène d'osmose leurs gestes, leurs attitudes, leurs sourires semblaient conformes à un certain prototype français. Certes, certains accents chantaient, d'autres roulaient longuement les r, les intonations ne portaient

> pas toujours sur la bonne syllabe, trahissant ainsi des origines étrangères. Mais, cela n'avait guère d'importance du moment où ces voix ne s'exprimaient que dans cette langue à la fois chérie et crainte du fait de sa fragilité et de ses nombreuses difficultés lesquelles, par-delà le niveau socio-économique de tous ces gens, finissaient par constituer une aristocratie de l'esprit. (68)

On se doit de souligner que parmi les souvenirs fortement tatoués dans sa mémoire persiste celui qui s'est passé en juin 1960, grand jour de la distribution des prix au cinéma Mauritania, qui récompensait les élèves de leurs succès et annonçait la fin des études. Ce qui voulait dire que c'était l'été. L'évocation de cette saison dans le déroulement mémoriel est une essence intime de son être. C'est la période des vacances qui, pendant trois mois, constituaient une fête interminable, une grande fête où il s'enivrait de tout. Tant d'images et de sensations assaillent sa mémoire, mais il choisit des souvenirs, qui lui appartiennent en propre, et qui entraînent de la joie et de la félicité. Il se rappelle avec émotion et vivacité ses promenades sur *l'Avenida de Españae* fréquentée par une population animée et joyeuse qui se promenait le long de cette avenue calme et paisible, longeant la baie bordée d'un côté et d'une suite de cafés-terrasses de l'autre. Dans ce monde en effervescence, où les gens se donnaient avec gaieté aux saveurs de l'été, « [c]haque café a sa clientèle fidèle, homogène, appartenant à un contexte socioculturel bien déterminé » (86). Son père aimait se rendre à un café à l'extrémité de la promenade, à l'angle de la *Cuesta de la playa* (la Côte de la plage), fréquenté par une clientèle d'origine espagnole, bruyante et gaie, qui envahissait une vaste terrasse. Quant à lui, il préférait de loin Café de Bretagne, qui répondait plus à ses désirs et à ses attentes.

> Cette chasse gardée était fréquentée par une clientèle française de professeurs, de fonctionnaires, de notables. L'atmosphère y était calme, feutrée : on aurait dit un salon, une causerie à la belle étoile. C'est là que j'aurais voulu prendre place, côtoyer ces gens cultivés, parler cette langue qui me fascinait. On passait outre : il faut croire que peu d'affinités unissaient ce milieu sélect à mes parents, et cela à ma grande déconvenue. (86)

Bendayan se donne la liberté de sauts dans le temps pour refaire vivre un passé caché dans les méandres de la mémoire. Avec son talent noble et grave, son style soigné et son rythme soutenu, ainsi que son sens précis de l'observation et de la narration, il réussit magistralement à amener le lecteur à saisir le cœur battant de l'atmosphère de Tanger, qui, un jour a cessé de battre, pris dans le vertige des transformations du temps.

> Telle fut donc « la belle époque » de l'avenue d'Espagne où chaque heure s'emplissait de parfums, de saveurs, de couleurs

> persistants. Mais comme dit le poète : « Avec le temps, va, tout s'en va ». Au début des années 50, une mutation sociale se produisit dont je ne parviens pas à en cerner les causes : il y eut un phénomène inexplicable de désaffection à l'égard du front de mer qui progressivement commença à décliner. Glacée de solitude et de tristesse, la promenade vit ses terrasses se vider, le Luna-park disparaître, le cirque démonter définitivement sa tente, la troupe itinérante cesser de se produire. Curieusement, cette mutation coïncida avec des changements personnels. Subitement, mon corps et mon âme subissaient eux aussi de profondes mutations. (98-90)

De ses multiples promenades, de ses jeux, de ses meilleures soirées dans la chaleur de l'été, de ses vacances, de ses découvertes, de ces moments particuliers dans la grâce du partage avec ses camarades, un souvenir en particulier se détache et dont il se souviendra longtemps, très longtemps. C'est la connaissance d'une fille de son âge qui va réveiller ses émois amoureux et lui procurer l'excitation d'une sensualité naissante.

> Notre amourette d'adolescents dura le temps d'un été radieux, mais le souvenir persiste toujours, souvenir de ces baisers volés, par une nuit caressante, dans l'obscurité des marches qui conduisent à la plage. (92)

Ce que l'on peut noter dans le cheminement personnel de Bendayan, c'est qu'il avait la possibilité de poursuivre des études de médecine en France, mais qu'il a renoncé à la bourse offerte, optant pour une carrière dans l'enseignement. Il a choisi ce métier où l'attirait sa vocation comme une fonction expressive qui lui permet de marcher sur les traces de ses professeurs qui l'ont profondément marqué et à qui il voue, pour toujours, respect et admiration.

> Aussi loin que je m'en souvienne, tout enseignant, fût-il instituteur ou professeur, revêtait pour moi un prestige et une respectabilité, empreints d'admiration et de crainte. (De nos jours, les choses ont bien changé. Le maître est devenu une sorte de laissé-pour-compte qu'on crucifie sur le tableau noir de la classe, car hélas, rares sont ceux qui ont grâce aux yeux de la société). (18)

Après un début à l'école de la Casbah où il avait hérité d'un cours moyen, il a été affecté, l'année suivante, au lycée de garçons de l'Emsallah, nouvellement construit pour enseigner le français dans une classe de sixième. À ce point, il était bien et heureux de cette expérience très courte, mais ô combien intense. Il garde en mémoire la visite un jour d'un homme qui, d'une voix calme dans un français-espagnol écorché, lui demande d'excuser son fils qui venait en classe sans cahier. La vie étant dure pour lui, il lui demande de patienter quelques jours jusqu'à ce qu'il trouve de l'argent pour lui acheter le matériel demandé. Il était vivement touché par la bravoure de cet homme et il a apporté un grand soutien à « cet élève qui, par dignité, dissimulait sa détresse derrière un masque d'effronterie » (114). Ainsi, ce qu'il y a dans le réel et le présent révèle surtout ce qui n'a pas survécu du passé. Si bien qu'au fond, ce qui le réconcilie avec lui-même, ce n'est pas la réalité présente, mais celle ancrée dans sa mémoire qui contient sa vie et l'essence même de son être.

> Cet incident reste encore gravé dans mon esprit et quand je vois aujourd'hui des étudiants vandaliser des cahiers aux feuilles vierges, je revis cette scène et la lueur de gratitude qui brillait dans les yeux de ce « misérable » se présente aussitôt à moi. (114)

En achetant une Renault Dauphine, il va apprécier davantage l'âme vibrante de sa ville, car cette « petite auto fut une sorte de sésame propre à élargir [ses] horizons, à explorer les alentours de la ville et à parfaire [son] éducation sentimentale » (98). Les descriptions de cette expérience qui insistent sur l'épanouissement de son être coïncident avec une surprenante rencontre, par une douce journée de juillet 1961, son chemin croise celui de celle qui allait lui procurer de nouvelles sensations. Elle était jeune, belle et ravissante. Elle aimait beaucoup la musique et la danse. Leur attraction est mutuelle et leurs goûts sont similaires. Ils fréquentaient les boîtes, surtout « celle qui faisait fureur alors, le Whisky à Gogo » (100). Et lors d'une de leurs sorties, ils dansaient « sur une piste exiguë et comble, emportés par les sonorités de l'orchestre interprétant *Yesterday* ou par la voix mielleuse de Richard Anthony chantant *Que c'est loin où tu t'en vas* » (101). Ils ne prenaient pas garde aux paroles de ces chansons ô combien prophétiques !

Ainsi, il vécut une histoire d'amour, simple et douloureuse, qui dura deux années, exaltée par les beautés et les plaisirs de sa ville. Il se souvient avec nostalgie et tristesse de la célébration de leur dernière nouvelle année ensemble où les douze coups de minuit sonnaient en fait, le glas de la fin de leur histoire. Quelques mois après, le destin séparait définitivement leurs chemins. Ils ne devaient plus se voir. Le souvenir de cette relation s'est éternisé dans son cœur comme une donnée réelle et vivante. Il saisit l'espace de son écrit pour lui adresser un message révélant la continuité de son amour pour elle par-delà les limites du temps.

> *Non, tu vois, Marie, je n'ai rien oublié.* Si d'aventure, ce livre te parvenait, sache, qu'au gré de mes voyages, sur une de ces plages tropicales aux eaux turquoises, le long d'un sentier ondulant à travers les forêts américaines, je retrouve ton regard couleur vert de mer, de cette mer que tu aimais tant... (102)

Bendayan s'insère dans le mouvement de la vie, mais ne peut prévoir ce qui peut advenir depuis que le jeu politique s'est déréglé. Le départ soudain de sa bienaimée l'avait affecté et préfigurait celui de tant de proches, de camarades, de connaissances et d'inconnus. Il était fortement perturbé et sentait que quelque chose d'indéfinissable altérait le visage de la ville qui avait perdu de son harmonie et de sa cohésion. « L'euphorie collective avait fait place à une mélancolie diffuse qui, progressivement, gagnait les habitants » (109). Tout le monde est conscient que l'âge d'or de Tanger est fini et que des nouvelles réalités, plus dures et plus déroutantes s'imposaient. Les discussions des gens intensifient considérablement les sentiments de peur, de doute et d'inquiétude qui dominaient partout.

Ce qui est efficace dans l'écriture de *Jeunesse à Tanger* dans lequel aucun sentiment n'est outré, aucun effet exagéré, c'est justement l'exploitation de la sincérité et de l'authenticité pour faire revivre son passé. Ainsi, relate-t-il la douleur de son arrachement dans le dernier chapitre qui clôt son récit et comme son écrit est placé sous le signe de l'allégresse, il ne le dote pas de plainte ou de complainte. Encore moins d'amertume ou de colère. Il est dérangé par la gravité de la situation qui se dessine devant lui ayant trop tardé à en prendre conscience, à admettre ou à accepter. Il se console comme il peut, luttant contre ce vent ravageur qui risque de modifier le cours de son existence en s'accrochant à ces lieux de mémoire, désirant s'imprégner éternellement de leur présence.

> C'est dans ce climat morose que j'errais, découragé par les séparations et la morne perspective de lendemains aléatoires. L'ennui et le désarroi me poussaient souvent dans les salles obscures, en particulier au Mauritania, là même où se déroulait habituellement la distribution des prix et où se produisait la Comédie-Française.
> [...]
> À la sortie, encore grisé par cette symphonie de couleurs, j'allais sur le boulevard grouillant de monde. Cependant, je ne reconnaissais guère personne. De nouveaux visages d'adolescents, d'étudiants s'étaient substitués à ceux des autres, partis aux quatre vents. La grande horloge, érigée au centre de la Place de France, avait été remplacée, pour des motifs obscurs, par une hideuse architecture rappelant vaguement une fontaine décorée d'une multitude de lumières multicolores. Sa disparition symbolisait bien la fin de toutes ces heures exquises. (110-111)

Lorsque les regrets pèsent plus que d'habitude, il file à la rencontre de sa consolatrice fidèle et constante : la mer ou prendre sa voiture pour sillonner les routes remplissant ses yeux et son cœur des merveilles de son pays.

> Ainsi, grâce à ces randonnées, je constatais à quel point la nature avait prodigué ses dons à cette terre marocaine où la beauté du monde paraissait se donner rendez-vous. Et pourtant, je rentrais attristé. L'idée de devoir laisser derrière moi tant de splendeurs avivait mon désespoir. (115)

De plus en plus, il meuble son présent de souvenirs destinés à soutenir la constitution d'une mémoire ou des mémoires que ce soit ceux des espaces, des lieux, des formes, des couleurs, des odeurs, des parfums, et à les garder dans leur singularité intacte, indispensables un jour dans l'évocation de ses années de jeunesse à Tanger. À sa grande déroute, il finit par comprendre que le destin des Juifs de Tanger est similaire à celui des autres membres de la communauté juive marocaine condamnés à l'exil. Et à la différence de tous ses étés d'auparavant, celui de l'année 66 demeure associé à la douleur de la perte, de l'absence de chaleur, « installé dans une ville qui semblait prendre le deuil » (115). À l'arrivée de juillet, il sent les forces de la menace imminente l'atteindre et sa famille, prenant conscience que cette fois-ci, se profilait forcément son dernier été à Tanger, car l'étau politique se resserre chaque jour davantage. Jusqu'ici, ses parents, sous des prétextes futiles, avaient réussi à différer le départ. À présent, ils étaient acculés devant le fait accompli. Il pressent bien que ce déracinement sera douloureux. Pour calmer l'angoisse et la détresse qui s'emparent de lui, il remplit son univers intérieur bousculé dans sa propre solitude quotidienne par tout ce qui peut le retenir à la vie et le rattacher à sa ville natale.

> Septembre languissait. J'aimais m'attarder à la terrasse du Mistral, boire jusqu'à la lie ces derniers jours lumineux, emporter avec moi ces ultimes images de la mer qui, tel un lac diamanté, étincelait au soleil déclinant dans un ciel bleu pâle, trié de filaments d'ouate. (116)

Au fil des jours, ses amis éparpillés, il essaye de remplir son temps du mieux qu'il peut pour atténuer ses angoisses, vibrant aux variations des saisons.

> Puis ce fut l'automne, saison détestée avec ses feuilles mortes et son soleil refroidi. Des rencontres fortuites, des amitiés éphémères, des conversations fastidieuses à la terrasse des cafés, la tendresse infinie d'un joli minois, la musique yé-yé du nouveau club 007, tout cela meublait mon désœuvrement, mais rien ne me délivrait de mes angoisses. Je devais me soumettre à l'inéluctable. (117)

Il est indéniable que ce récit, relevant du rappel particulier des années de jeunesse marquées de bonheur et de joie de vivre, contient aussi l'expression du mal de l'arrachement, des tourbillons et des tremblements entourant le départ vers l'exil. La description de sa traversée en bateau est troublante de sincérité, mettant à l'épreuve l'exigence d'un temps perdu. Il ne verse ni dans la colère ni dans l'amertume, mais va droit au cœur en relatant cet instant avec une poésie intime où le mot compte autant que le trait. Le charme de son style laisse percevoir ses tremblements intérieurs, la violence de la déchirure et l'annonce des regrets éternels. Sa peine est intérieure et il excelle à immortaliser toutes ces émotions, ces palpitations qui furent les siennes et qu'il partage de manière si singulière.

> Le ciel de février était gorgé d'eau. Une pluie serrée et froide crépitait sur les hublots du ferry qui venait de quitter le débarcadère. Derrière le navire, un sillage écumeux s'ouvrait, telle une blessure, dans la masse sombre des flots. À mesure qu'on s'éloignait du quai, Tanger s'offrait à mon regard, derrière un voile gris. Les souvenirs allaient à la dérive. Sur ma droite, je distinguais la colline du Marshan où je devinais, nichée quelque part dans la brume, la maison natale, le cœur battant à grands coups. Dans le jardin de mon enfance, les eucalyptus géants ruisselaient de larmes. Devant moi, la plage, assombrie par l'absence du soleil, cet amant aux ardeurs insatiables, profilait un grand arc. Comme le sable devait être triste et désolé sous ce crachin persistant ! Où était passé mon Tanger, auréolé de lumière, que j'apercevais naguère, de loin, dans un de ces joyeux pédalos ? Ce matin, pour la première fois, la mer, ma mère consolatrice, resta impuissante, devant mon chagrin inconsolable.
>
> A un instant donné, la ville s'anéantit derrière un rideau de grisaille. Ma vue se brouilla, mes yeux étaient embués, mais non pas seulement par la pluie. (117-118)

Son récit terminé, David Bendayan se sent délivré et soulagé de cette peine incommensurable cristallisée par la perte définitive d'une enfance heureuse, ainsi que par le déchirement aigu qu'il a ressenti en quittant son pays. Avec des détails subtils, touchants et émouvants, il a su restituer un Tanger, avec une atmosphère d'antan bien spécifique, quoique révolue. Certes, au fur et à mesure de l'évocation de ses souvenirs, d'événements, de sentiments, d'images, de sons, d'odeurs et de bruits, tout s'enchevêtre dans le destin d'une vie, pour émerger de sa mémoire et le replonger dans ce passé si particulier. Et comme il le dit dans la postface de son écrit, sa ville était spéciale à ses yeux, un paradis unique, et même si elle n'existe plus, elle existera dans son cœur pour toujours parce qu'elle a façonné l'être qu'elle enrichit de ses expériences et ses connaissances qui attribuent une valeur considérable à son identité tangéroise.

> Tanger fut comme un poème célébrant les noces de la terre et de la mer, comme un hymne chantant la lumière et la liberté. C'est

> donc méconnaître cette ville que de croire que : « ce n'est pas le Tanger qu'[on] pleure, c'est [notre] jeunesse[8] ». Nous verrons toujours des larmes sur ces heures d'innocence, sur l'aube de notre vie. Non, ma nostalgie, celle des Tangérois, ne se nourrit pas de ces regrets-là. Elle émane d'une douceur de vie incomparable, douceur des petits matins quand on ouvrait les volets, du jaune se confondant avec le bleu, douceur des inflexions des voix, douceur des gens, simples et joviaux. Elle provient d'un royaume où convergèrent tant d'ethnies différentes, où se construisit cette identité tangéroise complexe et indéfinissable que le destin implacable marqua de sceau de l'exil. (121)

L'histoire part de la vue d'une photo et débouche sur une belle aventure humaine et mémorielle. Il reste que l'intensité de ces souvenirs qui ont ramené le passé dans le présent se recrée à travers la mémoire des mots très fascinante. L'évocation par l'écrivain de ses années de jeunesse qui donne toute son épaisseur de sens au texte apporte une vérité immuable qui consiste à dire que l'âme et la beauté de sa ville natale perdurent, à l'infini du temps qui passe.

> Et, à l'heure actuelle, où le temps ronge imperceptiblement la trame des jours, je revois la photographie sur la bibliothèque et je souris, libéré de toute mélancolie, de toute amertume. Certes, ce paradis est perdu à jamais, tout s'est dégradé, tout s'est dissous. Néanmoins, dans les replis de ma mémoire, « *l'édifice immense des souvenirs* » comme dit Proust, reste inaltérable, renfermant précieusement les éblouissements de Tanger. (122)

Une Jeunesse à Tanger se présente comme un écrit débordant et généreux qui livre une vision lyrique et touchante du monde de l'enfance et de l'adolescence. David Bendayan peint avec des touches émouvantes la remontée dans un temps lointain marqué par les traces de la mémoire de sa ville natale sous régime international jusqu'aux premières années de l'indépendance. Ainsi, doté d'une mémoire fertile, de beaucoup d'érudition d'un imaginaire fécond et d'autant de lucidité, l'écrivain intègre habilement la réalité au fil de la narration et évoque avec une douce sensibilité un monde en pleine mutation, en rapportant les faits comme il les a vécus et ressentis, selon la force de ses souvenirs.

Écrit dans un culte français, mais tout en étant simple et très sincère, le récit est coloré, frais et attachant. En plus d'être très bien écrit, il a l'avantage d'être concis offrant de magnifiques photos en prose qui s'étalent agréablement devant le lecteur. L'écrivain émaille son écriture sobre et élégante d'échappées poétiques, de termes, locutions et expressions empruntés au judéo-espagnol. Il excelle à raconter ses souvenirs en maître

---

[8] Daniel Rondeau. *Tanger*, Paris, Quais Voltaire, 1987, p. 14.

conteur qui s'empare des voix, campe des personnages et relate des épisodes de vie familiers. Dans cette atmosphère qu'il rapporte, riche de découvertes humaines, il nous enveloppe de flots d'images, de paroles et de sensations dans lesquels Tanger irradie comme un lieu éminent capable de projeter dans l'espace romanesque des énergies rayonnantes et surtout la particularité de son histoire.

Par cet écrit – réalisé avec raffinement dans sa composition et l'écriture, faisant preuve d'un maniement précis et impeccable de la langue française – David Bendayan contribue à l'enrichissement de la littérature sépharade au Québec. C'est un écrivain qui a autant de grâce que d'audace pour évoquer les souvenirs d'une ville à laquelle il est attaché et dont la nostalgie enrobe tout l'espace.

David BENSOUSSAN

Né à Mogador en 1960, David Bensoussan a vécu dans cette ville côtière jusqu'au déménagement à l'âge de huit ans avec sa famille dans une grande ville du pays avant de partir en Israël en 1965. Il fait des études dans ce pays avant de le quitter vers le Canada en 1976. David Bensoussan est titulaire d'un doctorat en électronique de l'Université McGill. Il enseigne au Département de génie électrique de l'École de technologie supérieure de l'Université du Québec depuis 1980.

Président de la Communauté sépharade unifiée du Québec de 2004 à 2008 il démontre un long passé d'engagement dans des organisations philanthropiques et communautaires, il est également membre de la Table ronde transculturelle sur la sécurité du Canada. Il a publié de nombreux ouvrages dans les domaines des télécommunications (hyperfréquences, fibres optiques, téléphonie et communication numérique) et de l'automatique (linéaire, non linéaire et robuste) et déposé de nombreux brevets dans le domaine de l'énergie. Ce qui nous intéresse ici c'est qu'il est également l'auteur de plusieurs volumes littéraires, dont *La mémoire vivante – Récits de l'Âge sépharade*[1], *Témoignages – Souvenirs de réflexions sur l'œuvre de l'Alliance israélite Universelle*[2], un commentaire de la Bible intitulé *La Bible au berceau*[3], un livre de souvenirs *Le fils de Mogador*[4], un ouvrage d'art trilingue *Mariage juif à Mogador*[5], *L'âge d'or sépharade en Espagne – Grandeur et décadence de la Convivencia*[6] et un essai historique *L'Espagne des trois religions*[7]. Il a aussi édité *Le livre sépharade, 50e anniversaire de la Communauté sépharade unifiée du Québec*[8], et a réalisé *Il était une fois le Maroc*[9], une *Anthologie des auteurs sépharades du Québec*[10], un roman

---

[1] Bensoussan David, Sarah Arditti Asher. *La mémoire vivante – Récits de l'Âge sépharade*, Montréal, Éditions du Lys, 2000, réédité en 2001, 166 p.
[2] David Bensoussan. *Témoignages – Souvenirs de réflexions sur l'œuvre de l'Alliance israélite Universelle* - En collaboration avec Edmond Elbaz, Montréal, Éditions du Lys, 2002, 206 p.
[3] ———. *La Bible au berceau*, Ouvrage en trois volumes (Préfacé par André Chouraqui), Montréal, Éditions du Lys, 2002, 297 p.
[4] ———. *Le fils du Mogador*, Montréal, Éditions du Lys, 2002, 192 p.
[5] ———. Asher Knafo. *Mariage juif à Mogador,* Ouvrage d'art trilingue français-anglais-hébreu, Préface de Haïm Zafrani, Montréal, Éditions du Lys, 2004, 272 p.
[6] ———. *L'âge d'or sépharade en Espagne – Grandeur et décadence de la Convivencia,* Montréal, Éditions du Lys, 2006, 202 p.
[7] ———. *L'Espagne des trois religions,* Paris, L'Harmattan, 2007, 210 p.
[8] ———. *Le livre sépharade, 50é anniversaire de la Communauté sépharade unifiée du Québec,* Montréal, Publication CSUQ, 647 p.
[9] ———. *Il était une fois le Maroc,* Montréal, Éditions du Lys, 2009, 300 p. Deuxième édition augmentée et illustrée, *iUniverse*, 2012, 620 p.
[10] ———. *Anthologie des auteurs sépharades du Québec*, Montréal, Éditions du Marais, Montréal, 2010, 650 p.

historique *La rosace du roi Salomon*[11] et *L'énigme du roi Salomon*[12] ainsi que *Le livre d'Isaïe, lecture commentée*[13]. David Bensoussan a été lauréat de la Fondation Matsumae du Japon en 1988 et pour son livre *Il était une fois le Maroc – Témoignages du passé judéomarocain*, du Prix *Haïm Zafrani* de l'Institut Universitaire d'Études Juives Élie Wiesel de Paris en 2012, ainsi que de la Médaille du Jubilé de diamant de la Reine Elizabeth II.

Nombreux sont les textes d'auteurs marocains, juifs ou musulmans, originaires ou non de Mogador, aujourd'hui Essaouira[14], qui ont été inspirés par cette ville. Mais aucun d'eux ne ressemble, ni dans le fond ni dans la forme au livre de Bensoussan. En effet, *Le fils de Mogador* est un écrit ambitieux, accompli et prétexte d'un envol vers le lieu de son enfance qu'il pensait avoir oublié, mais qui se révèle à lui à travers une errance dans le temps et dans l'espace. À dire vrai, l'affirmation dans le titre de son écrit de sa filiation à sa ville natale annonce la présentation d'un récit qui comporte des faits et des évènements relatifs à son passé. C'est une construction mémorielle mobilisée contre l'oubli qu'il décide de livrer dans une exploration autobiographique qui fait revivre en lui des souvenirs, des sensations, des émotions et des impressions qu'il croyait éteints.

Il est évident qu'à travers la réalisation de cet écrit autobiographique qui relate avec nostalgie une tranche de sa vie, avec le souci de témoigner, Bensoussan vise à rendre un vif hommage à tous ceux et celles qui continuent à entretenir des liens très particuliers avec l'âme de leur ville et, particulièrement à ses enfants, qui sont restés fidèles à leur patrimoine

---

[11] David Bensoussan. *La rosace du roi Salomon*, Montréal, Éditions du Lys, 2011, 304 p.
[12] _____. *L'énigme du roi Salomon,* iUniverse, 2012, 248 p.
[13] _____. *Le livre d'Isaïe, lecture commentée,* Montréal, Éditions du Lys & Éditions du Marais, 2014, 278 p.
[14] À Wikipédia, l'explication de l'appellation de cette ville Mogador-Essaouira se lit comme suit : « Concernant l'origine du nom berbère « Mugadur » (Mogador), on sait que « Mugadir » signifie en berbère « la remparée », terme que l'on peut séparer comme suit : m + *ugadir*, littéralement « *celle au rempart* », d'où l'origine du nom de Mogador.
Au début du XVIe siècle, avec l'arrivée des Portugais qui y construisent un « mauvais château », le site d'Essaouira connaît un nouveau souffle. Le diplomate et chroniqueur Louis de Chénier note, à la fin du XVIIIe siècle, que la ville est appelée « indifféremment *Suera* ou *Mogodor* », nom formé d'après Sidi Mogodour, saint régional dont le tombeau est alors encore visible au sud de la ville. C'est sur le nom de ce dernier que les Portugais auraient formé le nom de « Mogadouro ». Lors du protectorat français de Maroc, Mogador devient la dénomination officielle de la ville entre 1912 et 1956.
À l'indépendance, en 1957, le nom d'Essaouira est définitivement adopté. Deux interprétations sur l'étymologie de ce mot arabe se confrontent. La première suit la toponymie phénicienne qui considère que *Souira* désigne une petite forteresse entourée de murailles, *Souira* étant le diminutif de *Sour* qui veut dire en arabe 'roche'. Selon la deuxième, le nom Essaouira serait dérivé de *Tasaouira* et ses variantes (Atassouira, At'souira, Sawira, Saouira) qui signifie tableau, image, la dessinée rappelant la disposition de la ville : *la bien dessinée, la bien tracée, la bien conçue*.

séculaire, fiers de leur appartenance, d'être Mogadoriens ou Souiris malgré l'éloignement et le temps écoulé.

> Cet ouvrage vient rendre hommage à tous ceux qui ont connu et aimé la ville. À l'heure où la ville natale ne devient qu'un souvenir de plus en plus vague, il a été jugé utile de reconstituer la ville dans ses moindres recoins. Cette reconstitution est par instants exhaustive et éveillera certainement des souvenirs auprès des seuls ressortissants de la ville. Mais l'ensemble des brèves narrations vise plutôt à esquisser la culture du monde de jadis, l'atmosphère qui régnait dans la ville et d'autre part à faire état de la fierté et de l'optimisme inébranlables de nos ineffables Mogadoriens.

Pour lui, le rappel de ses souvenirs est production de vérité sur un passé qui, en fait, a existé et c'est ce qui fonde l'importance de l'écrire. Sa préoccupation essentielle, c'est de transcrire autant d'informations, de rapporter autant d'événements, de présenter une multitude de personnages, destinés à prouver la véracité des faits énoncés. Sa réalisation littéraire l'aide à son expression et donc à sa compréhension par le lecteur. Comme le dit Cisèle Seninger, c'est la « puissance d'une écriture qui fait de la cohérence une manifestation de la vérité historique »[15]. Son récit est envisagé comme un moment de plaisir et de partage, mais aussi une recherche sérieuse, pertinente et authentique pour évoquer tout ce qui sommeille dans sa mémoire et dans son cœur, qui a marqué son développement personnel. La structure originale, est faite de petits tableaux qui, un à un recomposent la toile dans laquelle il a évolué. Ce qui compte, c'est l'émotion qu'il veut susciter ; et qu'il cherche à maintenir de page en page.

Au niveau formel, l'écriture cristallise en une série de textes courts (en moyenne de trois pages), portant chacun un titre, et présentant, en général, une donnée historique, une scène, un souvenir, un événement, une anecdote. Quant au contenu, chacun de ces récits révèle une individualité, mais tous ensemble constituent un grand texte sous-tendu de filons thématiques circulant tour à tour dans les diverses parties de l'ensemble : la ville de Mogador avec ses monuments, ses quartiers, ses habitants et son histoire. La forme brève tient, comme on le sait, à une rhétorique et à une stylistique particulières et un de ses meilleurs théoriciens Alain Montandon, établissait une taxinomie de ces formes, tout en rappelant, à juste titre, leur « concision formelle, déterminée par des facteurs de condensation, de raccourci, d'économie spécifiques »[16]. Présentant ce livre, Asher Knafo précise, dans l'avant-propos, ce qui suit :

---

[15] Gisèle Séginger (Textes réunis par). *Écriture(s) de l'histoire*, Strasbourg, Presses universitaires de Strasbourg, 2005, p. 6.
[16] Alain Montandon. *Les formes brèves*, Paris, Éditions Hachette, 1992, p. 4.

> Le Fils de Mogador qui n'est autre que l'auteur, vous prend par la main (des fois à la gorge) pour vous emmener dans une promenade virtuelle, mais fascinante à travers ce Mogador qui, cinquante ans après, hante toujours ses ressortissants. Vous voilà dans le Souk Jdid, buvant avidement les paroles des anciens et prenant parti pour telle ou telle position sur l'étymologie d'un mot dont on n'avait plus depuis longtemps souvenir ou bien, subitement devenus enfants, vous écoutez, sagement assis sur les bancs du Talmud Thora, les cours donnés par Rabbi Ms'eud Elkabas ou par Rabbi Yitshaq Haroche. Vous visitez tour à tour le Fort portugais, les remparts de la Scala, la Place Publique, la Attara, vous passez par la rue du Consul Koury et vous vous recueillez avec le souvenir de Rbi Ms'eud Tamsot. Et, si vous êtes fatigués, asseyez-vous gentiment devant l'oncle Meyer qui vous donnera une belle leçon d'histoire ou, si vous n'aimez pas l'histoire, allez donc au chapitre La Ala pour écouter avec ravissement cette belle musique qui prenait ses racines dans l'Andalousie.

En effet, à travers une démarche pluridisciplinaire qui convoque l'anthropologie, l'histoire, l'oralité et l'écriture, l'objectif de Bensoussan est de brosser un tableau d'une société d'antan des plus réalistes et des plus authentiques. Ce faisant, il invite le lecteur à le suivre dans une visite guidée de sa ville. Suivant donc cette piste autobiographique, le narrateur de ce live, Alain, *alter ego* de l'écrivain, décrit avec maints détails la remontée dans un temps lointain marqué par les traces de la mémoire d'une communauté juive de Mogador qui a vécu une vie intérieure riche en couleurs et en traditions. Son récit répond à sa propre logique, et tout est orchestré pour le pur plaisir des découvertes et du partage. Son apport ne se résume pas uniquement à la résurrection de son passé ni à la couleur locale de sa ville, mais aussi à la présenter et à faire connaître la genèse de l'histoire entourant sa naissance.

> Mogador est une presqu'île divisée en ville moderne et ville ancienne, cette dernière étant entourée de murailles élevées. Ces murailles forment un polygone s'étirant du Sud-ouest au Nord-est. Elles datent du règne du sultan Sidi Mohamed III (1757-1790) qui décida de fonder la ville en 1764 avec le concours d'architectes français. L'architecture s'inspire des constructions de forteresses françaises conçues par Vauban. Ce sultan décida d'attirer dans la ville de nombreux commerçants juifs désignés *tejjar el seltane*, les Négociants du Roi, en vue d'encourager le commerce avec l'Europe et les Amériques. (9)

Le narrateur rapporte que le fondateur de la ville voulait en fait la voir prospère, et encourage le développement de son port. Il a réussi dans sa tâche, aidé par ses négociants qui étaient privilégiés. Chacune de ces familles avait droit à une garde de deux soldats et à deux esclaves noirs. En plus, de la réception par décret du titre de *Tajer es-Soultane*, négociant du Roi, elle n'était redevable qu'au Sultan allant jusqu'à bénéficier de la même immunité dont jouissaient certains consuls étrangers. En fait, ces « familles étaient en outre exonérées de la taxe des Juifs ou *Jazya* que les communautés juives étaient tenues de verser de temps à autre au trésor chérifien » (9). Montandon cite les noms de dix familles choisies qui avaient un certain nombre de privilèges et de concessions relativement aux importations et aux exportations de certaines des denrées.

Grâce à l'initiative royale, Mogador n'a cessé de croître, de prospérer dans tous les domaines connaissant un âge d'or et un développement exceptionnel. Devenue le plus important port commercial du pays, elle acquiert plus de prestige par le grand flux de familles juives venues de l'intérieur du pays en plus de la présence des représentants consulaires juifs au XIXe siècle des pays d'Europe. Tout arrivant qui décide d'élire domicile dans cette ville portuaire devait prendre connaissance du fameux discours du roi dont les directives avaient marqué le destin de cette ville et de ses habitants.

> La légende veut que le sultan Sidi Mohammed Ben Abdallah aurait tenu les propos suivants lors du parachèvement de la construction de la ville : « Quiconque entre dans cette ville pauvre la quitte prospère. Car dans cette cité la richesse arrive d'horizons lointains. Le croyant qui s'y émeut meurt en martyr. Celui qui y exerce la tyrannie périt en enfer. Sa subversion aura lieu un vendredi ou un jour de fête ». (13)

Désirant retranscrire la vérité sur le passé de sa ville, Alain se base sur une méthode visant à prouver la véracité de chaque élément énoncé. En fait, en établissant des liens entre histoire et littérature, sa démarche l'amène à donner une image fidèle des lieux qu'il présente par l'intermédiaire d'une typographie bien précise. Pour accéder à l'enceinte de la médina, rien de tel que de la parcourir de porte en porte, dont chacune témoigne de son histoire et de son architecture particulière soit de style chérifien soit de style européen.

> À part l'entrée du port, trois autres accès principaux de l'ancienne ville emmurée avaient la forme d'arcade. Celles-ci étaient toutes dotées de canon protégeant ainsi l'accès à la ville : *Bab Dkala* (Porte de la région de Doukkala qui s'appelait autrefois *Bab Asfi*, la porte de la ville de Safi) au Nord-Ouest et à proximité du Mellah, soit le quartier juif, *Bab Merrakch* (la porte de Marrakech) au Sud-est et *Bab Sba'* (la Septième Porte, également connue sous le nom de Porte du Lion) au sud, entre la jetée du port et la Porte de Marrakech et *Bab el-Mersa* (la Porte de la Marine) à l'entrée du

port. Le rivage de la muraille nord portait le nom de *Bab el-Bhar* (Porte de la Mer) bien qu'il n'y ait pas eu de porte à cet endroit. (13)

Ce qui est étonnant dans ses évocations de la ville, c'est la force des souvenirs précis qui réapparaissent dans le moule narratif, rempli de faits et d'événements qui se sont déroulés le long de sa vie à Mogador. En commençant par les portes, Alain montre qu'elles font partie du noyau ancien de la Médina au même titre que le rempart limitant la kasbah. En pénétrant dans la vieille ville, ville où se trouve *El Mellah Elqdim*, c'est-à-dire l'ancien Mellah, une multitude d'images l'assaille. Il donne suffisamment de détails pour refaire surgir les vestiges du passé de cet espace très exigu qui contenait difficilement toute la population juive et qui avait nécessité la construction d'un nouveau quartier du nom *Mellah Eljdid*, signifiant le nouveau Mellah. Ce dernier fut fondé en 1870 et occupait le quartier des Sbanat longeant la muraille Est de la ville. Alain insiste sur le fait que le découpage de la ville abritait une population variée, répartie dans divers des quartiers de la ville où il était possible d'identifier certains groupes majoritaires dans les années 50.

> Le Mellah et le Nouveau Mellah étaient occupés par les Juifs, la partie de la Médina au nord de la Hdada l'était par les Juifs et les Arabes, la partie de la Médina au sud de la Hdada l'était par les Arabes, et la Kasba et la Nouvelle Kasba par les Français et les Juifs. À l'extérieur des murailles, les villas longeant la plage étaient pour la plupart habitées par les Français. (17)

Il précise aussi que :

> Les Juifs commerçants de la Kasba étaient anglophones ou anglophiles et formaient un noyau aristocratique. Les Juifs du Mellah devaient provenir pour la plupart des régions rurales proches de Mogador. Le cantonnement forcé des Juifs au Mellah cessa avec l'arrivée des Français et les Juifs s'établirent alors également dans la Médina et dans la Kasba. (18)

En fait, ce qui typifie ce récit, c'est cette sorte d'acharnement à maintenir à flot le devoir de témoigner du vivant, du passage du temps, des sentiments de nostalgie, des grandes transformations et des rituels propres aux judéo-mogadoriens. L'enfance d'Alain ayant été baignée dans un grand nombre de fêtes juives, il se rappelle avec bonheur les célébrations dans la synagogue Attia, les réunions familiales, la joie de vie qui anime les membres de sa communauté et aussi de ce moment spécial dans sa vie, sa Bar-Mitsva. Il se souvient aussi des ruelles, des historiettes, du folklore et, surtout, des solennités religieuses, avec tout ce que cela entraînait comme spécificités culinaires. Un des souvenirs qui est resté gravé à jamais dans sa mémoire est le déroulement du Chabbat qui commence vendredi où tout s'arrête subitement quand, après les embrassades, le patriarche entonne « *Chabbat Chalom* » entouré de toute sa descendance, grands et petits, debout autour de la table entonnant à leur tour « *Chabbat Chalom, Chalom Alekkem...* ». La festivité continue jusqu'au lendemain qui est un jour sacré.

> Samedi matin après la synagogue, la seconde partie du shabbat débute par la *s'euda*, petits hors-d'œuvre pleuvant sur la table : frites, œufs, salades, sauce, poisson, poulet, mouton, cacahuètes, amandes, vins, liqueurs et limonades, l'apéritif quoi... Ensuite, on médite accoudé à la balustrade. On reçoit du monde en attendant l'arrivée du plat national juif, la *skhina* (la chaude) ou *dafina* (la mijotée). Après le copieux repas, deux ou trois vétérans de l'eau-de-vie, la *mahia* – nectar nec plus ultra national des juifs – s'abreuvent copieusement ; les yeux se dilatent, on se met à l'aise ; puis, après quelques interjections sporadiques de lucidité, on entame un dialogue qui sombre vertigineusement dans la mythologie marseillaise : « *Z'mann lai keun l'yeum* » (que le passé ne soit pas aujourd'hui, i.e. que Dieu nous préserve des temps anciens). (4)

Le protagoniste narrateur, note avec une grande minutie la présence d'une infinité de traditions dans les familles juives marocaines parmi lesquelles celles de la *'ada*.

> Bien que le terme *'ada* se traduise par tradition, il désigne le plus souvent une tradition gastronomique particulière. À différentes occasions au cours de l'année, la coutume veut que des familles s'envoient des plats traditionnels : plats d'olives, pâtisseries, riz au lit dit *berkouks,* etc. À chaque *'ada* correspond un type de plat particulier. L'agenda est truffé de dates de *'ada* qui surviennent en des occasions religieuses ou tout simplement en raison des traditions propres à chaque famille. Mais la vraie raison d'être de la *'ada* était de permettre de distribuer des plats aux pauvres. C'était une façon indirecte de venir en aide à des groupes de pauvres ou d'indigents que l'on soutenait ainsi en leur faisant prendre part aux traditions familiales. Alain se souvient aussi que lors de l'*Azkara* où l'on commémore annuellement la mémoire des disparus, la maison se remplissait de pauvres qui venaient recevoir leur assiette anglaise et leurs biscuits en forme de couronne. (45)

C'est un fait incontournable que les Juifs au Maroc formaient la première communauté juive du monde arabe. Alain souligne la contribution des judéo-mogadoriens à l'histoire de sa ville natale, à sa culture, son patrimoine, son économie, ses échanges maritimes et sa diplomatie. Il s'attache notamment à rappeler la diversité des fondements de leurs relations avec les autres populations, quels qu'en aient été les aléas et les turbulences. En fait, les Juifs et les Musulmans avaient souvent les mêmes marabouts et célébraient les mêmes traditions. Leurs similitudes étaient importantes qui faisaient que l'affection que se portaient les uns envers les autres « en de telles occasions était indicible. Ils avaient envers eux des élans de cœur que eux seuls pouvaient apprécier à leur juste valeur » (53).

À travers ses souvenirs et ses expériences, il devient chroniqueur des hauts et des bas de la vie de ses compatriotes. Il met en parallèle le côté euphorique de leurs actions ainsi que les aspects dysphoriques qui entourent la fatalité de leur destinée, comme le rappel de cette journée de deuil.

> *Tish'a beav*, dit *nhar ts'a* le 9 du mois d'*av* est le jour néfaste du calendrier hébraïque. C'est le jour commémoration de la destruction du Premier et du Second Temple de même que de nombreuses expulsions qui furent intentionnellement promulguées en cette date. Les neuf premiers jours du mois s'écoulent sans fêtes ni repas à la viande et la baignade est déconseillée. La prière allègre de la *haftara* du samedi matin prend un air triste et les prophéties poignantes de Jérémie émouvaient jusqu'aux larmes. Le jour de jeûne, qu'est *nhr ts'a*, le soleil s'arrête de luire. (184)

Les descriptions portant sur les éléments de culture judéomarocaine abondent au cours des longues analepses, dans une vision ethnographique, car on peut détecter des traits communs entre ce récit et ceux d'autres écrivains appartenant à la diaspora. Il reste qu'en restituant tout un pan d'histoire du monde de son enfance, Alain pensait souvent qu'il avait vécu dans un musée riche de précieuses mémoires.

> Non seulement parce qu'il a vécu au Maroc, pays regorgeant de coutumes inexpliquées, mais aussi parce qu'il était juif. Pour lui, le judaïsme était un musée de civilisations. Les fêtes bibliques saisonnières, l'aversion biblique pour certaines mœurs païennes, les fêtes célébrant les événements historiques à l'époque babylonienne, persane, grecque ou romaine le forçaient à comprendre ces époques, leurs croyances et leurs mœurs. Et dans le microcosme de la société juive du Maroc, il pouvait déceler les traces d'un passé fort lointain. (182)

L'effort mémoriel d'Alain est de reconstituer l'environnement de son enfance et celui de nombreux moments nostalgiques qui évoquent à l'occasion la vie des Juifs anglicisés, Maghrébins surnommés *toshavin* et ceux exilés d'Espagne ou *megorashim*, les rabbins et les juges rabbiniques inspirant le respect, les orchestres de musique andalouse et la truculence régnant dans le quartier juif du Mellah. L'intérêt de son récit réside dans la précision dont il fait preuve dans des descriptions des lieux et des événements relatés ainsi que dans la présentation de divers portraits, aussi bien physique que morale, de plusieurs personnages. En fait, la galerie de personnages qu'il fait défiler tout au long de la trame narrative de la remémoration de ses souvenirs propose un tableau vivant et mouvementé de la communauté juive mogadorienne dans ses valeurs, ses comportements, ses ambitions, ses succès, ses luttes et ses alliances. Comblant la réalité d'anecdotes, il met en scène des mentalités et comportements, éventuellement de certaines personnes réellement emblématiques, comme ses professeurs à l'école de l'Alliance et dans l'enceinte du Talmud Thora qui sont entrés dans la légende de leur vivant. Il les passe en revue pour souligner l'impact des traces de leurs influences sur lui qui demeurent tant vivaces dans son cœur et dans sa mémoire. Il y a Monsieur Cohen, le couple Ohayon, Monsieur Bitton, le directeur de l'école et surtout le professeur Benarrosch qui l'a beaucoup marqué. Un être exceptionnel dont la réputation était légendaire.

> Tout en lui était élégance : son discours comme son parler. Son tabac Amsterdamer parfumait la classe et il les étonnait par ses pipes toujours différentes. [...] Sa voix était claire et son discours parfaitement ponctué. Il leur faisait lire des volumes qu'ils devaient résumer et Alain avait l'habitude le jeudi soir de dicter des résumés à ceux qui voulaient bien prendre pour lui un livre supplémentaire à la bibliothèque, car il était un lecteur avide. (35)

Dans l'évocation de soi, Alain insiste sur le fait qu'il était un élève brillant, doté d'une vive intelligence et assoiffé de connaissance. L'éducation représentait pour lui une porte ouverte sur l'infini du savoir et sa réussite lui attirait la fierté de ses parents et de ses maîtres.

> Alain parlait français à la maison et dut s'exposer à l'étude de l'hébreu traduit et commenté en judéo-arabe. Il se souvint que le directeur Rabi Haïm Azencot le promenait tous les matins et lui faisait réciter les leçons de chacune des classes et en rabâchant sans cesse les mêmes propos : « Vous voyez le petit Alain, Prenez exemple ! C'est comme ça qu'il faut apprendre ! » On le trouva brillant et on décida de le placer dans la Yeshiva, avec des adolescents mûrs. Là, les lectures talmudiques en araméen étaient traduites en judéo-arabe.

Il reconnaît devoir beaucoup au milieu dans lequel il avait grandi, vouant une grande admiration aux personnes de l'ancienne génération qui pouvaient réciter par cœur des pages entières de Talmud et du Zohar. Ce qui le fascinait le plus, c'est leur capacité de parler plusieurs langues : l'hébreu, le judéo-arabe, l'araméen, le français, le berbère.

> Certains maîtrisaient en plus l'espagnol ou le judéo-espagnol dit *haqéti*, d'autres l'anglais ou l'arabe classique. Elles évoluaient avec une aisance admirable entre les textes et les dialectes en plus d'avoir un dialecte en propre. (140)

Il est important d'indiquer que ce qui particularise davantage ce récit et souligne son originalité, c'est le recours justement à cette variété de langues en usage dans la vie quotidienne mogadorienne. L'écrivain émaille son écriture sobre et élégante avec un parler judéo-arabe des Juifs de Mogador qui était épicé de locutions hébraïques, anglaises ou espagnoles. Alain se réjouit de parler une langue d'une richesse fabuleuse qui possède une longue histoire, se laissant envelopper par son langage enrichi de termes, de locutions, d'emprunts dialectaux, de dictons et d'expressions du terroir.

En détenant le secret et la connaissance de multiples événements et de différentes situations qui le concernaient directement, Alain fait de son récit plus qu'un simple rappel de son passé, mais une reconstitution fidèle des lieux et des évènements qui contribue à donner une image plus présente d'un temps passé dans lequel Mogador, considérée comme un bastion fort portugais du XVIe siècle, était aussi un repaire de corsaires. Il se souvient que dans sa ville, on pouvait reconnaître les exilés musulmans venus de l'Andalousie, les membres des tribus environnantes, les Juifs marocains et ceux exilés d'Espagne, ainsi que « des commerçants des pays de la chrétienté, des esclaves noirs, des captifs chrétiens, des prêtres venus négocier des rançons avec les autorités pour racheter la liberté des naufragés ou des captifs des corsaires » (22). L'épopée des corsaires a peuplé son imaginaire et celui de ses camarades, enfants et adolescents[17]. Alain se souvient que dans sa jeunesse, il aimait s'adonner à son jeu favori et trôner sur les remparts de la Scala.

> [Il] se revoit avec ses amis alors qu'ils se promenaient en maîtres sur les remparts de la Scala en direction du port et en descendaient pour retrouver les trois chalutiers échoués sur le quai. De là ils partaient contre-attaquer leurs assaillants flibustiers imaginaires et qu'importe si une odeur de poisson pourri se dégageait des cales ! (23)

Animé de ce désir de partager son parcours de vie pendant l'enfance et l'adolescence, il rapporte aussi ses jeux avec d'autres enfants pendant le *Pourim*, le mardi gras des Juifs, et leurs jeux sur la plage, surtout le foot, son sport favori comme celui des Mogadoriens. Sa joie était immense quand il accompagnait son père, un ancien joueur, qui l'emmenait au terrain voir des

---

[17] « Ainsi, l'imaginaire de Mogador était meublé de Jean Bart et de Barberousse, de corsaires du roi et de pirates barbaresques aussi impitoyables que fourbes » (22).

matches de football de l'équipe locale contre l'équipe d'Agadir. Dans ses souvenirs, les matches entre Mogador et Marrakech étaient les plus excitants à cause de la rivalité qui opposait les deux villes. Ceci dit, il raconte l'anecdote suivante qui confirme le sens de fierté légendaire qui caractérisait les Mogadoriens ou les Souiris de refuser d'être humiliés par les Marrakchis.

> Un match de foot entre Mogador et Marrakech, c'est là tout un événement. On raconte que, au cours des années quarante, une troupe de foot juive se forma et jouait régulièrement à la plage. Quand le temps fut venu de se mesurer à Marrakech, il faut décider d'équiper les joueurs mogadoriens de nouvelles tenues et de spartiates. En premier mi-temps, Mogador fut battu à plate couture. Quel coup pour l'ego ! Un Mogadorien à l'égo blessé est tel un lion qui a laissé sa crinière au vestiaire ! Il y eut conciliabule. Les joueurs décidèrent d'ôter leurs souliers et de jouer pieds nus comme à l'accoutumée à la plage. C'est à ce moment-là que la ville côtière de Mogador put montrer qui avait réellement la cote ! (30)

Ainsi, avec érudition et lucidité, Alain intègre habilement la mémoire des espaces au fil de sa narration et évoque avec une acuité touchante la place de l'Horloge, la *Ksba Zdida* (la nouvelle Kasba) qui se trouve « entre les murailles interne et externe de la ville, soit entre la Porte de Lion et la grande horloge » (15), la place du Chayla et la Grande Place publique. Sur son chemin, il se souvient du Fort Portugais, de la Tour de l'Horloge dite *Bab El Magana*. Des images de la visite du Roi avec son cérémonial lui reviennent à l'esprit quand il évoque l'Avenue du Méchouar dont la grande avenue est celle « des Cérémonies, car c'est à cet endroit que la population arabe venait une fois l'an – durant la fête du mouton (*id el kbir*) – faire preuve de son allégeance en se prosternant devant le Makhzen (le gouverneur) » (37). Il la connaît dans tous ses coins, car, enfant, il la longeait en rentrant chez lui pour arriver derrière la muraille où se trouvait la rue Galilée. C'est là où sa famille habitait dans cette rue « qui porte le nom d'un navire de guerre français qui débarqua en 1907 à Casablanca pour venir au secours des protégés consulaires en danger » (37). En sillonnant les ruelles de sa ville, il évoque les noms de familles qui y habitaient, les activités qui s'y trouvaient inscrivant dans sa narration ses descriptions avec une concision et une authenticité historique.

> Le Salon Riche du coiffeur Suissa fait face à la rue principale de la kasba, la rue du Lieutenant Chamand, rue des salamalecs et des politesses par excellence à n'en plus finir. Cette rue porte le nom d'un soldat français qui mourut en 1912 à Smimou, sise à 35 kilomètres au sud de la ville, lors de la répression de la révolte des

Berbères Haha, peu de temps après l'avènement du Protectorat français. (56)

En se souvenant de *derb Pariz* (rue de Paris), il revoit l'animation autour de « ce jeu de tiro, sorte de baseball que l'on jouait en envoyant dans les airs des morceaux de bois grâce à une planchette ». C'est aussi un chemin qui menait « au Club de l'Alliance et à la synagogue des Aflalo (première synagogue de la ville de Mogador) ainsi qu'au Hammam ou bain maure public des Lévy » (44). Un autre souvenir qui réveille en lui de profondes émotions est celui lié au moyen de transport d'usage à l'époque qu'il prenait souvent : la calèche.

> Par temps de pluie, Alain et ses frères avaient droit à la calèche. Le cocher demandait alors de voir d'avance *l'flous* (l'argent) c'est-à-dire le tarif de la course, puis il s'installait pour conduire son fiacre en faisant claquer son fouet. Ils étaient alors comblés (38)

Cette mémoire, ample et haute en couleur, se présente au lecteur, par une construction narrative où de nombreux flash-back font remonter au présent des souvenirs inoubliables : tout le lot des fêtes juives, chacune avec ses rituels émanant des us et coutumes ancestrales ; les pratiques religieuses à la synagogue familiale ; les déplacements, chaque année au printemps, à « Aït Bayod, lieu de pèlerinage du saint Rbi Nsim » (186) et les pique-niques familiaux tous les dimanches soit à *l'a'ouina* ou la source qu'il fallait pomper soit au Pont-Rose au-dessus de l'oued Ksbo, un endroit magnifique et favori, « notamment lors de la Mimouna, le lendemain de la fête de la Pâque » (188). Tout y passe dans ce récit au rythme soutenu de sa vie à Mogador, à laquelle l'écrivain lui prête un trait délié et un dessin d'une précision aigüe. Avec un style particulièrement « impressionniste », il fait revivre les bruits, les odeurs et les couleurs du « *Sok Elghzel* (le beau Souk) spécialisé dans les épices et les herbes sèches et [de] la poissonnerie dite *Plassa delhouth* ou *Sok Elhouth* (le souk des poissons) » (103), du *Sok el Gzara* (la Place des bouchers) où des carcasses de viandes sur l'étal attiraient des clients de partout, du *Sok el Khder* (le marché de fruits et de légumes) et du (*Sok Zra'*) le marché de grains où les céréaliers proposaient leurs récoltes. Il décrit aussi les boutiquiers de la médina, les artisans de la Kasba, tous héritiers d'une histoire millénaire en terre d'Afrique, les marchands ambulants[18], le *Sok Jdid* (le nouveau Souk) qui regorgeait de produits de luxe

---

[18] À côté du célèbre marchand de zabane (nougat), il y en a plusieurs qui jouent un rôle important dans la vie sociétale : « Dans la rue, on pouvait voir les porteurs aux larges couffins d'osier, les porteurs d'eau ou *gerrab* transportant d'énormes cruches, les distributeurs de produits contenus dans un triporteur dont les relevaient le couvercle durant leurs poses. Le marchand de lait passait et remplissait leurs bouteilles en puisant au moyen d'une louche dans l'un de ses bidons de lait métallisés. L'éboueur sortait une petite trompette de plastique pour annoncer son passage : ouiuiuin !. Le commis du boulanger se promenait avec son plateau ou

avec son marché des tissus riches aux coupons multicolores, superposés et soyeux. Sa mémoire a gardé vivace l'animation en plein air à la porte de Marrakech avec des acrobates et des saltimbanques, des charmeurs de serpents et des conteurs. Il présente également des avaleurs d'eau bouillante, des guérisseurs de tous les maux offrant au public des potions magiques ou des *Khamsas*, amulettes « en feuille d'argent en forme de main aux phalanges étendues » (137) pour repousser les maléfices et se protéger du mauvais œil ou encore contrecarrer les pouvoirs maléfiques des *Djinns*.

Dans cette atmosphère qui marque sa remontée dans le temps, une partie considérable est accordée aux habitants qui sont éparpillés dans tous les coins de la ville. Il évoque « la pléthore de sobriquets (*knia*) dont s'affublaient mutuellement les Mogadoriens » (96) et dresse un éventail des noms de familles juives de Mogador en signalant leurs métiers et leurs fonctions, tout en demeurant fidèle à la description d'une époque. Aussi, en s'attachant à mettre en lumière les réalités sociales dévoilées des membres de sa communauté judéomarocaine, tente-t-il de combler un déficit de l'historiographie. C'est qu'à Mogador, il existait beaucoup de familles avec des noms bibliques, araméens, d'autres Berbères, arabes ou hébreux sans oublier celles avec des noms d'origine espagnole ou qui indiquent des qualités, des particularités ou des professions. L'entreprise d'Alain est extrêmement méritoire constituant un travail de recensement de la population juive de Mogador d'une extrême pertinence parce que chaque « nom aide à connaître et comprendre ses origines et à tenter à comprendre le secret de la survivance juive et sa destinée mystérieuse » (159). Il émaille aussi son récit de portraits des membres de sa propre famille allant de son grand-père Chemtov et Grand-Mère Rahel qui vivaient à Marrakech jusqu'à ses parents en passant par ses frères, l'oncle Smuel, sa tante Hassiba, leur fille Alice et leurs deux fils Maurice et Baba, le cousin Jannot déchu par les jeux du hasard à Marrakech, et Moïse, « l'oncle de son père, un philosophe bien connu dans tout Mogador » (157). On y trouve aussi, comme dans les autres villes du pays, des Juifs qui connurent des destins éminents, soit dans le commerce, soit même dans la politique. Mais c'est dans le domaine religieux que Mogador se distinguait par la présence d'un grand nombre de figures rabbiniques, citons à titre d'exemple, Rbi Hayim Pinto, R. Benisty, R. Abraham Bensoussan, R. David Knafo, R. Benabou, R. Moshé Bensimon, R. Yossef Melca, Rbi Isso qui était courtier en amandes, ne quittant « jamais son foulard bleu à pois jaune-blanc, sa djellaba noire et ses babouches noires[19] » (66), le rabbin Haim Serrero, Rabi Ms'eud Tamsor, Rabi

---

taro sur la tête. Au marché, les marchands à la criée pullulaient. Seul le tabellion attendait dignement et calmement devant sa minuscule tablette qu'on lui apportât des lettres à lire ou à écrire » (91).

[19] « Les babouches noires faisaient partie du vêtement obligatoire des Juifs en terre marocaine » (66).

Abraham Attar (fils de Rabi Youssef 'Attar qui fut Rabbin du Maroc) et Rabi Yitshaq qui

> ont été également non moins célèbres pour leurs enseignements, leurs sermons et leurs panégyriques. Ils avaient le don d'être non seulement des *darshanim* visant à commenter les textes et à les vulgariser au besoin, mais aussi d'être des guides spirituels, des maîtres de l'exégèse et des pédagogues qui ont touché droit au cœur leur assistance. Ils étaient rentrés dans la légende de leur vivant. (66)

En fait, le récit offre tout un programme de lecture qui participe à ce vaste projet de l'écrivain de faire connaître les multiples facettes de sa ville. On y apprend plein d'éléments sur les figures du passé et du présent qui ont contribué à sa particularité et à sa spécificité. Il jette un éclairage sur des personnalités emblématiques qui ont excellé dans plusieurs domaines : religieux, historiques, musicale, artistique, poétique et littéraire. De nombreux ressortissants de Mogador de seconde et de troisième génération ont fait leur marque partout. Il cite quelques écrivains qui, comme lui, sont restés attachés à leur ville relatant leurs souvenirs dans différents écrits. Ce qu'il considère remarquable en présentant ces écrivains, Ami Bouganim, Pol-Serge Kakon, Asher Knafo, Faraché Rémon, Marcel Crespil et Edmond Amran El Maleh, pour ne citer que ceux-là, c'est à quel point ils « ont pu avoir une vision aussi distincte du même paysage social qu'ils ont tenté de rendre » (180).

Il y a lieu de noter la présence d'un signe extratextuel qui accompagne le déroulement du récit. C'est celui de la photographie qui se manifeste de par le biais d'un nombre impressionnant de photos qui jonchent le texte de bout en bout. Quel est donc le rôle de ces photographies dans l'espace du récit ? Est-ce qu'elles renforcent les dires d'Alain ? Est-ce qu'elles clarifient ce que les mots n'arrivent pas à expliquer ?

Cent cinq photos traversent le texte et témoignent d'un état de fait précis à savoir que l'insertion de la photographie n'est pas utilisée comme remplissage décoratif et ne peut se réduire non plus à un simple accessoire d'illustration de l'espace littéraire. En fait, par son choix et son emplacement, cet éventail de photos dépasse la fonction ornementale et s'avère essentiel, en tant que signes extratextuels conformes à la signification globale du livre. De cet ensemble varié qui se manifeste sous diverses formes et qui contribue au processus de la création, quarante-cinq photos concernent les vestiges du passé et participent à la construction d'une mémoire en image. De la vue du port du XXe siècle, la porte du Lion en 1910 et en 1950, la Scala de la kasba, l'avenue du Méchouar, le Fort Portugais, la grande Horloge, Bab Doukkala au début du XXe siècle avec ses canons et au milieu du XXe, la porte de Marrakech, le souk Jdid au début du XXe siècle, porte de la Hdada menant à l'avenue du Méchouar 1920, la rue de l'Attara et la vue de la synagogue Attia, pour ne citer que celles-ci, ces photos présentent la fascination de l'écrivain pour l'opération photographique qui revêt une portée magique pour fixer sur le papier des images qui parlent par elles-mêmes. Elles indiquent les traces de l'espace urbain et témoignent d'un profond souci d'authenticité. À dire vrai, elles sont ce qu'elles sont et traduisent l'obsession du temps[20] pour révéler le passé comme il était et le sauver de l'oubli. On est confronté aussi à seize photos qui traversent le texte et apparaissent comme des signes nécessaires ou des documents pertinents pour exprimer ce que la langue ne peut fournir. On y trouve, à titre d'exemple, la Ballade sur le vin et l'eau-de-vie en judéo-arabe, les caractères hébraïques de l'écriture judéo-arabe des Juifs de Mogador, un contrat de vente ratifié par le tribunal rabbinique de Mogador, une Kétouba (acte de mariage) mogadorienne signée David Elkaïm, une invitation biblique en français et judéo-arabe, une vénération de Juifs du Sud Marocain du tombeau des 50 martyrs d'Oufrane (qui, devant l'imposition du choix entre le bûcher et la conversion forcée à l'islam, optèrent plutôt pour le bûcher) et le recensement des Juifs sous le régime de Vichy durant la Seconde Guerre mondiale qui reste une page tragique dans l'histoire des Juifs de Mogador. Le but de ces photos, c'est d'ajouter des preuves tangibles, concrètes à ce que Alain narre dans son récit, pour prouver que la communauté juive de Mogador-Essaouira a bel et bien été présente, florissante et comment elle vivait. Le processus de leur répétition dans les fragments textuels vise justement à renforcer cette relation établie avec le récit qui les intègre.

Pour enrichir son récit en y ouvrant des espaces visuels potentiellement porteurs de compréhension et d'interprétation, Alain insère dans l'espace textuel six représentations de différents plans de la ville : Mogador-Essaouira en 1936, les quartiers de la ville, les grands axes de la ville, plan de la Kasba et de la Nouvelle Kasba, plan de la Médina et le Mellah qui occupe la partie Nord-est de la ville. Aussi, agrémente-t-il son récit par une photo de Bacchus, le chien berger de son père, une autre sur laquelle l'écrivain, jeune adolescent, monte sur une bicyclette et une troisième qui montre l'arganier, un arbre très célèbre dans la région. Et pour rendre son récit un support de transmission et de conservation de son patrimoine, il insère quatre photos de produits artisanaux : la première qu'il appelle la « lampe magique » des conversations : la théière..., une deuxième avec la khamsa ou la main de Fatima, une troisième concernant la bijouterie mogadorienne type en filigrane d'argent : la Skara, sac pour le Talit (châle de prière) et enfin la quatrième qui illustre deux louches en métal avec le croissant et l'étoile de David au bout de chacune d'entre elles.

---

[20] Voici à ce sujet Danièle Meaux. *La photographie et le temps : le déroulement temporel dans l'image photographique*, Aix-en-Provence, Publications de l'université de Provence, 1997, 259 p.

Parmi les nombreuses photographies qui mettent en jeu l'identité du récit et sa consistance, on relève trente et une qui se présentent comme un document autobiographique visuel susceptible de donner un aperçu de l'enfance et de l'adolescence d'Alain lié à une double fonction mémorielle, celle d'abord personnelle sur l'écrivain à usage intimiste. En effet, à travers l'album de famille qui comporte, entre autres, des photos de son grand-père Chemtov avec sa petite-fille et de sa grand-mère Rabel, l'écrivain, le grand jour de sa Bar Mitsva, ses parents Fiby et Salomon Bensoussan, qui ont vécu la transition du monde traditionnel au monde moderne, sa tante Hassiba et son oncle Smuel entourant leur fille Alice, son oncle Moïse, son cousin Baba et le pique-nique familial, l'écrivain fait pénétrer le lecteur dans son jardin intime. Ensuite, une autre catégorie plus générale met en lumière la variété des composantes juives à Mogador. Citons à titre d'exemple, la famille Aboulafia de Mogador, la famille Elmaleh de Mogador, le rabbin Yossef Melca, les notables de Mogador au milieu du XXe siècle, le rabbin Haïm Serrero, le grand rabbin Rabbi Nissim Ben Nissim, la buraliste Madame Fouyssat, le marchand de zabane (nougat), les bouchers de la Place du Marché, le docteur Bouveret, l'orchestre andalou – début du XXe siècle et l'historien David Cros dans son bureau à Jérusalem. Ce regard photographique dans le récit est destiné à fixer des souvenirs-images qui échappent au passage du temps. En fait, la présence de tous ces signes participe à créer un effet du réel et confirme que dans ce phénomène d'établissement des relations entre littérature et photographie[21], le texte oriente la lecture de l'image[22] et celle-ci devient embrayeur de la narration et agit comme déclencheur de la mémoire.

Il convient de noter que ces signes extratextuels, d'une certaine manière, viennent compenser les lacunes des historiens et instituent une nouvelle pratique dans la reconstitution de la mémoire identitaire. Des visées spectaculaires et intellectuelles de ces photos émanent des histoires potentielles qui visent à sauvegarder ce que l'exil a fait disparaître. Ainsi, réalisé dans la veine traditionnelle ethnographique, *Le fils de Mogador* se concentre-t-il autour de la nécessité de ressusciter un passé lointain comme paradigme de l'écriture et comme thématique du récit. En puisant son inspiration dans des situations, « des évènements et des impressions qui ressortent tels des affluents qui viennent alimenter aujourd'hui encore la personne qu'Alain est devenu [et qui] sont le reflet d'un monde disparu à tout jamais et qui renaît de ses cendres dispersées aux quatre coins du monde »[23],

---

[21] Voir à ce sujet Jean-Pierre Montier, Liliane Louvel, Danièle Méaux et Philippe Ortel (éd.). *Littérature et photographie*, Rennes, Presses universitaires de Rennes, coll. « Interférences », 2008, 576 p. et Philippe Ortel. *La Littérature à l'ère de la photographie : Enquête sur une révolution invisible*, Paris, Chambon, 2002, 382 p.
[22] Voir à ce sujet Liliane Louvel. *Texte/Image. Images à lire, textes à voir*, Rennes, PUR, 2002, 268 p.
[23] Citation tirée de la quatrième de couverture.

l'écrivain opère une nouvelle relecture de ces des faits pour permettre la redécouverte d'un pan spécifique et méconnu de l'histoire de sa ville natale. Ce faisant, son écrit apporte une certaine valeur documentaire qui contribue à étaler une vision présente d'un temps passé. Pour Bensoussan, l'idée d'écrire un tel livre répondait à un besoin vital de déployer ses souvenirs et de les inscrire pleinement dans l'acte de création qui sommeillait au fond de son être désirant le partager à la fois avec tout lecteur issu de la communauté juive originaire de son pays natal, mais aussi avec tous ceux et celles appartenant à la collectivité d'accueil, ouverts à la littérature des autres. Ce besoin vital d'écriture n'attendait que le moment propice pour surgir et pour ainsi dire devenir un processus essentiel d'épanouissement tangible.

> Il arrive que les souvenirs remontent et dansent dans la mémoire d'Alain tels les effluves d'une essence rare. À chacun d'eux se rattachent un visage, une expression et des couleurs de l'époque. Que de pages d'histoire sont restées méconnues ! Que des pages d'histoire transmises par une tradition orale que pratiquement personne n'a pris le temps de consigner ont été rejetées du revers de la main ! Mais il n'y avait pas que de l'histoire événementielle. Ce que Alain retient de son passé judéomarocain est une certaine nostalgie due à la magie du récit d'antan où les légendes et la réalité ne font qu'un. Et les conteurs en parlaient tout comme s'il s'agit d'une vérité incontestable – cela faisait partie du charme du récit. Une grande profusion de détails et d'épisodes intermédiaires meublait le récit des conteurs. L'audience était fascinée et en redemandait encore et encore. Et Alain en raffolait... (150)

Il faut rappeler que la ville de Mogador connut autrefois ses heures de gloire sur les plans économique et culturel. Les Juifs, qui formaient quasiment la majorité de la population, ont fini par prendre le chemin de l'exil. Leur destinée est à l'image de celle des autres Juifs du Maroc qui ont laissé derrière eux un passé qui a eu certes ses moments difficiles, mais qui a également connu des moments d'un épanouissement culturel intense. En voyant sa ville se vider, il arrivait à Alain de penser au devenir de toutes les communautés juives marocaines dispersées de par le monde, francisées, américanisées ou hébraïsées en Israël. De leur séjour bimillénaire en terre musulmane, de leur implication dans la vie sociale, culturelle, religieuse, économique et même politique de leur pays natal, il ne resterait peut-être que la trace d'un nom et un vague souvenir qui serait, éventuellement lui aussi, érodé par le temps. Ainsi, quand l'heure de son départ définitif avait sonné, l'emportant vers des terres lointaines avec le sentiment certain de la quasi-impossibilité de retour, il remplissait ses yeux au moment de son adieu à sa ville et imprégnait son cœur et son âme d'images fortes et de souvenirs pénétrants qu'il garde précieusement pour l'aider à transcender la douleur du déracinement et à lui donner un sens pour se définir par rapport à l'autre.

> En quittant Mogador, Alain était triste. Il savait qu'une fois passé à l'extrémité de la ville le Garage Pahaut tenu par le mécanicien Rossi, il laissait derrière lui son royaume. Un royaume qui se dépeuplait. Alain pensa aux multiples sociétés d'études qui foisonnaient dans la ville. Celle de *Ora Vestimha* où l'on a étudié le *zohar* (la cabale) au début du XXe siècle, celle de *Shomeré shabbat* qui a offert le thé le samedi en vue de distiller un enseignement plus populaire, *Hevrat Hazohar* qui dans les années vingt réunissait les étudiants en cabale et tant d'autres encore. On y étudiait entre autres l'œuvre maîtresse du *Séfer hayetsira*, le livre de la Création, qui faisait remonter les secrets cachés de la Thora au patriarche Abraham. Comment son royaume vivrait-il sa solitude son aura mystique ? Il se souvint des jeux de billes au pied des murailles de la rue Galilée, des jeux de à "délivrer !" devant la fontaine de la Place de l'Horloge, des jeux de tiro rue de Paris, des jeux d'à saute-mouton sur la plage, des courses de natation au radeau, des cabrioles incessantes à partir du haut des dunes de sable, des jeux de pirates sur ses chalutiers échoués du port, des batailles navales imaginaires alors qu'il était assis à califourchon sur ses canons de la Scala. Comment le royaume de ses jeux d'enfants vivrait-il sa solitude ? Ce royaume qu'il pensait posséder ; ce royaume qu'il croyait connaître... (190)

Le Fils de Mogador est donc un écrit qui entend présenter une autre perspective de l'Histoire pour donner un sens à ce qui a été oublié ou encore effacé. En exhortant les spectres du passé à se lever, à rendre la parole à ceux qui l'avaient perdue, Bensoussan inscrit sa démarche dans cette optique de revisiter des faits et des évènements dans la saisie d'un temps diachronique des générations passées. Cette appropriation du passé contribue à apporter justement une signification historique qui, en se plaçant dans une dimension synchronique, permet de mieux appréhender le présent et de bien agir en face de l'avenir. En fait, depuis longtemps, l'écriture constitue pour lui un espace privilégié, non seulement pour communiquer avec son passé, mais aussi pour établir une conciliation avec lui-même en abordant des thématiques importantes telles que l'exil, la nostalgie, la mémoire/ transmission et l'histoire, comme l'ont fait des écrivains juifs du Maghreb en France dans le contexte migratoire, à partir des années cinquante, qui étaient contraints à l'exil massif[24]. La réalisation de son récit autobiographique confirme alors l'investissement de son écriture par des « thématiques liées à l'exil, la mémoire, l'histoire et en lien avec l'identité juive »[25], plus spécifiquement judéo-marocaine ou mieux encore judéo-mogadorienne.

---

[24] Voir Ewa Tartakowsky. *Les Juifs et le Maghreb. Fonctions sociales d'une littérature d'exil*, Tours, Presses Universitaires François Rabelais, coll. « Migrations », 2016, 330 p.
[25] *Ibid.*, p. 122.

David Bensoussan est un écrivain prolifique d'une extrême force dans la littérature sépharade au Québec d'expression française qui a à son actif une œuvre magistrale. Ceci dit, en avançant dans sa production littéraire riche et variée le sens de l'Histoire qui créée la densité dans ce récit, l'écrivain Mogadorien ou Souri a réussi à imposer des références historiques renforcées par le dispositif de la photographie comme genre à part entière dans le paysage littéraire sépharade au Québec, contribuant de manière singulière à son renouveau et à son dynamisme. Son écrit ethnohistorique se présente comme une écriture de la quête des Origines ou de l'Origine. En effet, la finalité de ce type de travail est d'offrir autant d'arbres généalogiques judéo-mogadoriens, qui deviendrait une affirmation identitaire, est aussi un plaidoyer pour la tolérance, de telle sorte que le présent n'oublie pas les souvenirs du passé. Son ultime objectif est que dans ce récit de confession libératrice, la mémoire en ce XXIe siècle, plus que jamais, fait valoir son droit et son exigence.

Pierre LASRY

Pierre Lasry, né au Maroc en 1938 est arrivé au Québec en 1957. Lauréat de nombreux prix internationaux comme cinéaste à l'ONF, il est l'auteur de films documentaires sur les membres les plus vulnérables de la société, ainsi que sur la maladie mentale et certains mécanismes psychologiques tels que l'effet placebo et l'hypnose. En 2002, il entame une carrière littéraire en publiant son premier roman *Une juive en Nouvelle-France*[1] qui obtient le prix Ségal de la littérature française. Ce roman sera réalisé dans une version anglaise qui porte le titre de *Esther a Jewish Odyssey*[2]. Il publie aussi *Don Juan et les moulins à vent*[3] qui sera suivi de *L'Homme qui n'avait rien à dire*[4]. Bilingue, il écrit tantôt en français, tantôt en anglais et ses dernières publications se composent de *Casa mes amours*[5], *Me and Stanley Kubrick with the NFB Chronicles*[6], *Casablanca, my love*[7] et *Numbaï, le marché des voleurs*[8].

Ses activités de cinéaste, surtout dans le domaine des films documentaires portant sur des personnes vulnérables, expliquent peut-être le choix du sujet de son entrée dans le monde littéraire. En réalisant *Une juive en Nouvelle-France*, un roman historique, qui avait remporté le Prix Segal de la littérature française, il était le premier écrivain ayant reconstitué à partir d'archives historiques et de documents sur la vie d'Esther Brandeau. Il raconte l'aventure et les péripéties d'une jeune fille autrement marginale du XVIIIe siècle, qui perd son caractère aventurier pour devenir une victime ballottée par les évènements marquants de son époque. Après le succès de l'édition en français, il en réalise une deuxième en anglais qui porte le titre *Esther a Jewish Odyssey*.

Cette histoire a aussi fait l'objet de deux autres ouvrages en anglais. L'écrivaine canadienne Sharon E. McKay a réalisé *Esther*, un roman marquant pour les jeunes de 15 à 17 ans[9] et une adaptation en français[10], haletante et finement basée sur le parcours aventurier d'Esther, un personnage tout simplement hors norme.

---

[1] Pierre Lasry. *Une juive en Nouvelle-France*, Montréal, Éditions Midbar, 2004, 387 p.
[2] ———. *Esther a Jewish Odyssey*, Montréal, Midbar Éditions, 2004, 386 p.
[3] ———. *Don Juan et les moulins à vent*, Montréal, Éditions du Marais, 2008, p. 304 p.
[4] ———. *L'homme qui n'avait rien à dire*, Montréal, Éditions Midbar, 2008.
[5] ———. *Casa mes amours*, Montréal, Éditions Midbar, 2016, 339 p.
[6] ———. *Me and Stanley Kubrick with the NFB chronicles,* Montréal, Éditions Midbar, 2016.
[7] ———. *Casablanca, my love,* Montréal, Éditions Midbar, 2017.
[8] ———. *Numbaï, le marché des voleurs,* Montréal, Éditions Kalleck, 2017.
[9] Sharon E. McKay. *Esther*, Penguin Books Canada, 2004, 320 p. Version récente en français : Traduction par Diane Ménard, L'École des Loisirs, 2016, 384 p.
[10] Sharon E. McKay. *Esther*, Trad. par Diane Ménard, L'École des Loisirs, 2016, 384 p.

Sur la quatrième, ce roman est présenté comme ceci :

> Comment imaginer qu'une jeune fille vivant au XVIIe siècle encore mineure, ne connaissant rien à la vie, puisse trouver en elle la force de se réinventer de la sorte ? Esther si frêle est en fait pleine de ressources. Elle ne va pas hésiter à braver les interdits et se grimer en garçon, faire des tâches normalement réservées aux hommes. Son intelligence n'a d'égale que sa malice, grâce à son instruction, Esther va se rendre indispensable. Parfois, elle recevra des aides inattendues aux moments critiques, mais sa chance peut-elle suffire dans une société qui ne tolère pas les juifs ?[11]

Quant à Susan Glickman, poète et critique torontoise, elle s'est inspirée de ce fait pour lever le voile sur un pan peu connu de l'histoire du Québec : la place des Juifs à l'époque de la conquête. Les aventures étranges et surprenantes d'Esther Brandeau, moussaillon, traite aussi de la place des femmes dans une société catholique et très religieuse[12]. L'ouvrage de Glickman est volontairement romancé, à la manière d'un conte. Elle y relate, comme il est indiqué sur la quatrième de couverture, l'arrivée à Québec au printemps 1738 d'un navire venu de France, à bord duquel,

> [...] un passager scrute non sans trépidation cette nouvelle terre où il a choisi de vivre. Il a peut-être raison de trembler, car il voyage sous une fausse identité. D'abord, ce n'est pas un adolescent, comme son déguisement le laisserait croire, mais une jeune femme. Quand elle est sommée de dire qui elle est, Esther Brandeau se lance dans un étonnant récit. Il y est question d'enfants perdus dans un naufrage, de marins aveugles en proie à la passion amoureuse, de sultans cruels qui broient les os de leurs esclaves pour renforcer le mortier de leurs prisons, de traversée du désert et de nomades au grand cœur, bref, de toutes les merveilles qui peuplent le vaste monde. Dans ce roman dense et captivant, le lecteur découvre au fil de l'histoire des quotidiens incroyablement rudes et ce surtout pour les femmes, des traitements humiliants réservés aux Juifs (depuis des siècles), et un roi, Louis XV pourtant bien-aimé, complètement absent de la réalité[13].

De son côté, l'historien canadien-anglais Irving Abella s'est aussi intéressé à l'extraordinaire aventure d'Esther Brandeau, qui, déguisée en un jeune homme, avait décidé coûte que coûte de quitter la France pour se rendre au Canada. En fait, par son action, elle avait défié tous les interdits

---

[11] Extrait tiré de la quatrième de couverture de la version traduite en français.
[12] Susan Glickman. *Les aventures étranges et surprenantes d'Esther Brandeau, moussaillon*, Traduit par : Christiane Duchesne, Montréal, Boréal, 2014, 240 p.
[13] Extrait de la quatrième de couverture dudit roman.

imposés par le décret de Colbert qui, au XVIIIe siècle, réservait la colonie aux catholiques[14]. Dans son ouvrage, *La Tunique aux multiples couleurs. Deux siècles de présence juive au Canada*, Abella relate le périple de cette fascinante aventurière qui arrive à Québec en 1738, à bord du Saint-Michel, sous le nom d'emprunt de Jacques La Frage. Il indique qu'une fois son identité dévoilée, elle est arrêtée et les autorités ont tenté en vain de la convertir au Catholicisme. Sous les ordres de Louis XV, elles seront contraintes de la ramener en France. La conclusion de l'historien qui faisait l'éloge du multiculturalisme canadien est frappante, car il souligne plusieurs fois que la « Nouvelle France n'était pas ouverte aux Juifs qui voulaient demeurer juifs »[15].

Le récit de Brandeau et de son exclusion de la colonie française et catholique fascine. Il reste qu'en dépit du fait d'être femme ayant emprunté une identité masculine pour survivre, elle est la première personne à se déclarer ouvertement juive en Nouvelle-France. Son parcours demeure méconnu, comme le souligne Nathalie Ducharme dans son étude « Esther Brandeau, le parcours fascinant de la première juive à résider en Nouvelle-France »[16]. En fait, les écrivains, les historiens et mêmes les artistes[17] qui se sont intéressés à raconter son histoire, ont mis l'accent sur son aventure nord-américaine, insistant sur l'anecdote historique qui a duré une année en tout, révélée dans une déposition d'un peu plus de 500 mots et tenant lieu d'unique source pour connaître ses origines[18]. Toutefois, chacun à sa

---

[14] Le décret émis par Colbert en 1685 fait de la Nouvelle-France une colonie exclusivement catholique. De fait, les Juifs et les Huguenots ont été empêchés de s'y installer.
[15] Irving Abella. *La Tunique aux multiples couleurs. Deux siècles de présence juive au Canada*, Hull, Québec, Musée canadien des Civilisations, 1990, p. 2.
[16] Nathalie Ducharme. « Esther Brandeau, le parcours fascinant de la première juive à résider en Nouvelle-France », Tolerance.ca, 25 mai 2009.
htpp ://www.tolerance.ca/Article.Aspx ?ID=45201&L=fr.
[17] À ce sujet, Ducharme indique que : « Le fantastique récit d'Esther Brandeau, mieux connu parce que diffusé dans les livres d'histoire des Juifs, a inspiré deux artistes de Vancouver, Sarah Leavitt et Wendy Oberlander, qui ont monté en 2001 une production amateure intitulée *Sometimes Known as Esther*. La pièce a été présentée durant *Purim*, une célébration au cours de laquelle on honore, entre autres, la mémoire d'Esther, la reine persane qui a dissimulé son identité juive jusqu'au moment où il lui a fallu la révéler, au risque de mourir, pour sauver son peuple d'un massacre. En hébreu, Esther se dit *Ha stair*, ce qui signifie « quelque chose de caché. » L'analogie est heureuse. Tout comme son homonyme biblique, Esther Brandeau doit cacher son identité, qu'elle décide ensuite de défendre malgré la menace de punition ». Elle ajoute aussi : « Après l'expérience de *Sometimes Known as Esther*, Wendy Oberlander a poursuivi son exploration de ce fascinant destin en présentant, en 2003, une exposition multimédia nommée « Translating Esther » à la *Koffler Gallery* de Toronto. L'exposition regroupait un ensemble d'éléments audio-visuels et sculpturaux restituant la traversée d'Esther sur l'océan. S'y retrouvait entre autres éléments : une jupe vide composée de centaines de mouchoirs blancs. L'essai de Betsy Warland accompagnait l'exposition expliquait la signification du tissu blanc ».
[18] Cette déposition a été signée à Québec par l'intéressée elle-même, devant le commissaire de la marine, Varin de la Mare, le 15 septembre 1738.

manière, dotait son écrit des éléments qui lui semblent pertinents et qui servait son processus d'écriture pour lui donner une voix et la faire sortir de l'oubli.

Si dans l'ouvrage *Histoire et description générale de la Nouvelle-France*, de Pierre François-Xavier de Charlevoix[19] et celui de François-Xavier Garneaux intitulé *Histoire du Canada depuis sa découverte jusqu'à nos jours*[20], la méconnaissance de l'existence d'Esther était dominante, en revanche, sa présence est mentionnée chez les archivistes amateurs du XIXe siècle, comme Édouard-Zotique Massicotte. À cet égard, Ducharme rapporte ce qui suit :

> Prenons à témoin un texte de É-Z. Massicotte publié dans *Le Monde illustré* du 30 mai 1891 et dans le *Bulletin des recherches historiqu*es à la même période. L'article, qui accorde une grande place à la transcription de la déposition, s'intitule « Les frasques d'Esther Brandeau ». De fait, le chroniqueur avoue son penchant pour les historiettes et les commentaires qui dépeignent les femmes comme des êtres fantasques.
>
> Un traitement plus sympathique est réservé à Esther dans une rubrique intitulée « la petite histoire », publiée dans La Presse en 1924. Brodant un véritable roman autour de l'archive, le correspondant du journal dépeint une jeune femme jolie et gaie, aux manières raffinées, mais au caractère rendu difficile par ses nombreuses épreuves[21].

De son côté, le romancier Joseph Marmette lui accorde une place dans *La fiancée du rebelle*[22], roman canadien publié en feuilleton par la « *Revue canadienne* », à Montréal en 1875. Elle apparaît sous sa plume comme une sorte de curiosité historique, un détail destiné à surprendre et divertir le grand public. C'est une héroïne qui revêt l'habit d'homme pour fuir sa famille et rejoindre son amant dans l'armée américaine.

Grâce aux écrits de Marmette qui ont influencé Pierre George Roy, historien premier archiviste québécois et créateur des Archives nationales de la Province du Québec, la figure d'Esther prend sa place à côté des oubliés de l'histoire de la Belle Province. Dans sa production monumentale, Roy réussit à réunir et à classer des documents historiques pour les mettre à la

---

[19] Pierre François-Xavier De Charlevoix. *Histoire et description générale de la Nouvelle-France, avec le journal historique d'un voyage fait par ordre du roi dans l'Amérique septentrionale*, Paris, Chez Rolin fils, libraire, 1999, 553 p.
[20] François-Xavier Garneaux. *Histoire du Canada depuis sa découverte jusqu'à nos jours*, Volume 1, imprimé par John Lovell, 1845, 558 p. ; Vol. 2 : 1846, 576 p. ; Vol. 3, Imprimerie de Fréchette et frère, 1848, 567 p. , Vol. 4, imprimé par John Lovell, 1852, 326 p.
[21] Ducharme. « Esther Brandeau, le parcours fascinant de la première juive à résider en Nouvelle-France ».
[22] Joseph Marmette. *La fiancée du rebelle*, Bibebook, 2015, 78 p.

disposition des historiens du futur qui vont s'intéresser aux marginaux et aux minorités religieuses. Dans cette perspective, on assiste à un renouveau dans le domaine de la publication avec le traitement de tous les sujets dont beaucoup étaient totalement interdits, où plusieurs historiens vont débattre de la provenance et de l'identité des premiers juifs arrivés au Québec immédiatement après la conquête britannique[23]. Il est à préciser que cette avancée dans la recherche va permettre, de différentes manières, l'exploration de cette thématique sur l'identité juive au Québec, parfois à partir de l'histoire, parfois à la lumière d'une approche anthropologique, ou encore sous l'angle littéraire qui chercherait à faire connaître les aspects fondateurs de l'évolution historique de la présence des Juifs au Canada en général, et au Québec, en particulier et de certaines tendances à l'antisémitisme, qui y sont apparues[24]. C'est dans ce sillage que Pierre Lasry a entamé un minutieux travail de recherche dans les archives relatives à la communauté juive au Québec, s'intéressant plus spécifiquement au parcours de vie d'Esther Brandeau, pour lui accorder la place de pionnière qu'elle n'avait jamais eue auparavant dans la fondation du pays.

Les deux prologues qui ouvrent le roman permettent de situer le contexte politique, social et religieux qui est déterminant dans la compréhension de cette histoire. Le premier intitulé « prologue ibérique » débute à Barcelone en février 1395 où une narratrice juive raconte le calvaire de la torture qu'on lui fait subir plaçant sur elle tous les péchés de ses bourreaux pour s'en débarrasser.

> *Je ne suis pas leur Christ. Je ne suis pas leur poubelle à péchés, leur réservoir du mal, et pas leur arbre de la connaissance. Je ne suis qu'une Juive, une pauvre pécheresse qui ne sait pas de quoi on l'accuse, et le monde n'est pas le jardin d'Éden.* (16)

Ensuite ce sont dans les Pyrénées occidentales en mars 1498, qu'est relaté le départ des Juifs vers l'exil, qui n'avaient d'autre choix pour rester sur leur terre, qu'une conversion sincère, comme le disaient les prêtres à qui voulaient l'entendre ou de partir ailleurs. Beaucoup, comme *Señor* Rabbi Brandao, avaient opté de rester fidèles à leur foi et avaient pris des passeurs pour accomplir leur traversée de l'Espagne au Portugal, et quelques années

---

[23] Voir à titre d'exemple Raymond Douville. *Aaron Hart, récit historique*, Trois-Rivières, Éditions du Bien Public, 1938, 194 p. ; Gérard Malchelosse. « Les premiers juifs canadiens », dans *Le Bien Public*, janvier, février et mars 1939 ; « Les juifs dans l'histoire canadienne », *Les Cahiers des Dix*, Vol. 4, 1939, pp. 167-195 ; Benjamin G. Sack. *History of the Jews in Canada*, Montréal, Congrès juif canadien, 1945, 285 p., et Denis Vaugeois. *Les Juifs et la Nouvelle-France*, Trois-Rivières, Coll. 17/60, Les Éditions Boréal Express, 1968. 154 p.

[24] Ira Robinson. « Reflections on Antisemitism in French Canada », *Canadian Jewish Studies/Études juives canadiennes*, Vol. 21, 2013, p. 93.

plus tard, ils avaient fait le voyage dans le sens inverse en passant du Portugal en Espagne pour aller en France.

> *Encore des Juifs ! L'exode n'arrête pas depuis l'édit d'expulsion de Ferdinand d'Aragon et d'Isabelle de Castille, ennemis des rois de Navarre. Six ans que ça dure, et ceux-là ont l'air plus mal au point que les autres ! À la façon gauche qu'ils ont tous de traverser le gué de la Dorne, on voit bien que ce sont des gens de la ville. Les pauvres et les paysans n'ont pas cette manière ridicule d'aider les femmes et les enfants à traverser.* (24)

Rabbi David Brando, son petit-fils et sa bru ont fini par arriver à Bordeaux, où ils décident d'élire domicile, « avec cette capacité d'adaptation dont seuls les êtres les plus démunis ou les plus nobles sont capables » (27). Obligés de tout quitter en quelques semaines, les maudits du Royaume de Ferdinand le Catholique ne peuvent guère vendre leurs biens et partent en laissant tout derrière eux. Dans son livre *L'Expulsion des Juifs d'Espagne*, Béatrice Leroy précise que :

> Les Juifs pensent donc pouvoir emporter en partant toutes leurs monnaies et leurs objets de valeur. Ils négocient en hâte leurs biens fonciers et amassent le plus possible de pièces d'or, ce qui peut aider un exil et une réinstallation. Mais il faudra laisser les corps enterrés dans les cimetières, il faudra laisser les livres, il faudra laisser les synagogues, car tous les biens communautaires sont saisis par la couronne. Au dernier moment un avis royal dit cependant qu'on ne peut exporter des royaumes aucun métal précieux, sous aucune forme. Il faut partir, les mains presque vides[25].

Le second prologue français se situe à Saint-Jean-de-Luz, en mars 1622, mettant en scène l'arrivée de la nommée Esther de Seis Portas, « descendante directe du petit-fils de Rabbi David Brandao, qui avait traversé le Pic d'Orthy, dans les Pyrénées, sur le dos de sa mère, Francesca de Seis Portas » (29). Celle-ci fut témoin d'un évènement tragique qui détermine l'expulsion des Juifs et la fin de la présence juive dans cette ville jusqu'à la Révolution française. Accusée d'avoir craché le saint sacrement dans son mouchoir, sa tante maternelle Catherine de Fernandès est condamnée aux flammes de l'Inquisition.

> À travers la foule, on l'emmène au milieu de la place, on se rue sur elle, et on la jette promptement dans une barrique où on la fit brûler toute vive, chacun y apportant de la paille, du goudron et du

---

[25] Béatrice Leroy. *L'Expulsion des Juifs d'Espagne*, Paris, Berg International, 1990, pp. 134-135.

> bois. Le feu dura longtemps, mais le matin, il n'y parut que cendres et deux bagues de ses doigts.
> Le lendemain 20, tous les Portugais furent commandés de quitter Saint-Jean-de-Luz dans les trois jours. Il fut dit que ces gens étaient cause du mauvais temps, et que depuis qu'ils étaient là, ceux du pays n'avaient pu prospérer. Ils s'en allèrent pendant que l'on disait que l'on ne purgera plus aisément ni en une si juste occasion le pays de cette race que maintenant. (32)

En soixante-douze heures, les membres de la communauté juive portugaise qui étaient venus dans cette ville pour fuir les persécutions et les massacres s'exilèrent aussi loin que leurs moyens le leur permettaient. C'est ainsi que Esther et sa famille s'installèrent à Bayonne pour commencer une nouvelle vie. Mais avant leur départ, la jeune fille a payé un jeune garçon de lui apporter un peu des cendres de sa tante restées au milieu de la place. Elle charge un vieil homme du bourg de Saint-Esprit « de mettre en terre les restes funéraires dans le petit cimetière de Peyhorade selon le rite des Hispano-Portugais » (34). Aussi, avec l'aide de Jaime Pereira-Brando qui se découvre un lien de parenté avec sa famille, organise-t-elle le *Qaddich*, la prière rituelle, pour le repos de l'âme de la défunte. Cette rencontre aboutit, une fois le délai du deuil terminé, à leur mariage et selon la coutume, les Portugais, pour éviter de réveiller des soupçons, se marient « à l'église comme nouveaux-chrétiens, quitte ensuite à contracter un mariage secret selon la façon des Juifs » (35). Ayant trouvé leur voie, les jeunes mariés décident de s'installer dans cette ville et de monter leur propre affaire.

> Pendant un mois, Esther de Seis Portas-Brandao y Pereira-Brandao, alors âgée de vingt-deux ans, a tout loisir de se remémorer et d'expérimenter la recette secrète que lui a léguée l'infortunée tante Catherine. Grâce à la valise de cacao, elle s'établit comme la première artisane chocolatière de la ville, et peut subvenir aux besoins de sa mère et de son érudit de mari. (35)

Ainsi, l'auteur fait, à cette fin, usage d'un stratagème. Il recourt à cet artifice pour classer ce roman parmi les mémoires issues des archives qui non seulement décrivent une période dramatique dans l'histoire de Juifs qui ont été forcés à l'exil, mais aussi préparent le lecteur à la saisie d'événements qui se déroulent dans le récit pour relater l'histoire et les aventures d'Esther. Une telle caution ne peut bien sûr que conférer authenticité et consistance à son écrit. Son roman constitue un champ d'analyse privilégié à la fois pour l'Histoire et pour la littérature en tant qu'expression artistique liée à l'Histoire dans sa manifestation, ses thèmes, ses formes et ses évolutions. En fait, l'histoire « [d'] Esther Brandao, arrière-petite-fille d'Esther, arrière petite-fille de Rabbi David, l'homme aux faux diamants » (40) se présente comme un très vaste sujet qui, par ses racines profondes, s'affirme comme une configuration du récit et des effets de sens que produit la fiction. C'est dans cette perspective qu'il convie le lecteur à le lire dans une linéarité construite à partir d'avril 1733, à l'âge de quinze ans, travaillant pour le compte de son père David Brandeau, négociant juif de Saint-Esprit, près de Bayonne dans son magasin « *Aux Chocolats du Roy* », situé à rue de Saint-Aimable, jusqu'à son retour à La Rochelle en France, du Québec où elle était rapatriée aux frais du roi Louis XV, le 28 mars 1743 et ses retrouvailles avec Ménahem avec lequel elle envisage de faire le vide en elle, le soir de leur union, pour faire place à l'autre. De ce fait, son conjoint « et elle seront comme un seul être pour investir dans la création d'un nouveau monde toute la force de leurs pensées » (378). Des étapes fondamentales auxquelles correspondent des moments cruciaux de l'appréhension de la réalité historique et humaine qui constitue une tragique illustration de ce qu'il y avait de dangereux et d'intolérable à l'égard des Juifs en Europe, en Nouvelle-France et comme ailleurs où, de tout temps, ils remplissaient goutte à goutte, « les réservoirs de haine, pavant la voie inévitable de la rétorsion, du durcissement de l'âme et de sa morbide surenchère » (39).

Il est essentiel d'indiquer que les dix-neuf chapitres qui constituent le roman sont, en effet, divisés en cycles d'années. Ces dates précises semblent nécessaires à la création d'un discours purement historique et ce qui illustre en elle-même une évidence, à savoir qu'*Une Juive en Nouvelle-France* est un roman où l'histoire joue le rôle le plus significatif. Elle est partout présente dans le texte. L'auteur ne s'est pas uniquement inspiré de la réalité pour offrir une peinture à la fois historique et romanesque, il a aussi cherché à s'appuyer sur les significations politiques de cette réalité. En fait, ce roman constitue un témoignage d'une dimension exceptionnelle sur les faits historiques, avec toutes ses composantes politiques, socio-économiques, religieuses, culturelles, et plus étroitement, les circonstances du lieu et du moment. Il s'agit là d'un vaste contexte situationnel fortement déterminant des tendances et orientations de ces relations.

François Furet affirme que « L'histoire est fille du récit »[26] et Ferdinand Braudel écrit que « L'histoire-récit a toujours la prétention de dire les choses comme elles se sont réellement passées »[27]. Dans ce roman, la prise en compte de l'histoire comme récit comme construction romanesque ne cherche nullement le passé, mais l'utilise comme matériau, le transformant en un déguisement commode sous le couvert duquel elle présente une vérité historique qui n'est pas réalisée dans les détails, mais dans le caractère général. Le contexte historique fonctionne comme un facteur d'information qui trace ses lignes narratives à travers l'espace. Les indications chronologiques font entrer le lecteur dans le passé comme passé. Et l'histoire

---

[26] François Furet. *L'Atelier de l'histoire*, Paris, Flammarion, 1982, p. 73.
[27] Ferdinand Braudel. *Écrits sur l'histoire*, Paris, Flammarion, 1969, p. 22.

est connaissances par traces, elle se fait avec des indices et des signes. Lasry découpe les faits, il les intègre en suites s'imposant le devoir de fidélité et le principe de vérité.

De cette façon, d'emblée, le nom de la protagoniste place Esther non seulement dans une perspective historique, mais encore une damnée de la terre en pleine lutte pour sa survie. C'est le récit d'une jeune fille qui, après avoir passé neuf ans dans le couvent des Carmélites de Sainte-Anne, où pour assurer sa survie, elle a épousé la religion chrétienne affirmant, selon son aveu, qu'elle ne se considérait « *pas comme « eux », les Juifs. Ces autres qui habitent au large, dans un non-lieu, une île déserte, dans un ghetto, où, sur les berges du réel, sur la plage de l'histoire, l'Occident entier décharge les immondices de sa mythologie meurtrière* » (302). Mais, de retour dans le foyer familial, elle reprend les rituels religieux propres à sa communauté dont les fidèles « font la prière du *Chabbat*, à toute vitesse, les yeux en alerte, avec un guetteur à la porte et un autre qui s'agite entre deux fenêtres ouvertes, sur le nord et l'ouest » (63). En fait, les nouveaux-chrétiens sont surveillés de très près et s'ils sont dévoilés, ils subissent des peines et des châtiments sévères. Esther est écœurée en assistant aux débats et aux querelles des rabbins entre eux. Elle fait la connaissance de Ménahem, un jeune érudit, qui a été lui aussi dans un monastère, ayant vécu le mépris des siens et sa religion, mais n'a jamais perdu sa foi. Ne s'entendant pas avec Rav Issac en étudiant un commentaire sur la *Michna* qui dit qu'il existe « trois cas pour lesquels un Juif doit accepter la mort aux mains des nations : si on le force à commettre un meurtre, un acte de débauche ou d'idolâtrie » 71), et surtout, éprouvant de la « honte de voir les Juifs incapables de s'entendre entre eux, surtout à propos de leur Torah, et dans un monde chrétien en plus » (73), il décide de partir. Quant à elle, pour la protéger et assurer son avenir, ses parents l'embarquent sur un navire hollandais, commandé par le capitaine Geoffroy, pour l'envoyer à Amsterdam chez sa tante Félicia. Devant le cœur brisé de sa mère de la voir partir loin d'elle, elle ne retient pas ses larmes. Une autre tante du nom d'Estella essaye de la consoler en la rassurant qu'elle sera plus gagnante en effectuant ce voyage puisqu'avec son métier, elle n'aura aucun problème de trouver du travail et « on va sûrement [lui] trouver un bon parti » (79). Or, dans la nuit du 15 avril 1733, en pleine navigation, une tempête heurte le navire qui « s'échoue sur la barre de Bayonne et son cargo fuit de son ventre, comme embâcles pendant crue de printemps » (82). Deux hommes, Turban et Borgne, la sauvent et l'emmènent chez la veuve Churiau qui demeure à Biarritz. Pour la garder, elle leur donne dix livres au lieu de la somme de deux cents demandée par eux les menaçant de contacter le Prévôt qui n'hésitera pas de les envoyer au bagne. Par peur d'être arrêtés, les deux pirates acceptent son offre et s'effacent tout de suite. La veuve appelle sa servante Rosa pour qu'elle s'occupe d'elle. Dérangée dans son sommeil par des bruits nocturnes, Esther quitte son lit, habillée d'un drap et découvre, à partir d'une loggia dérobée, l'animation qui se trame devant ses yeux. Elle observe un monde jusque-là inconnu d'elle où la patronne de la maison, qui s'était totalement transformée, apparaissant rajeunie et joyeuse, discutant avec des invités en les présentant à ses petites protégées.

> Les filles sont jeunes, entre 16 et 20 ans ; beautés locales, basques, gasconnes ou navarraises. Il y en a six ou sept. Parmi les clients ce soir, il y a un grand bourgeois, un parlementaire, un libertin de profession et un certain ecclésiastique. (90)

Le Prévôt de Bayonne qui rend visite à la matrone lui révèle l'identité d'Esther dont le nom ne figurait pas sur la liste des passagers ou de l'équipage. Il ne dispose d'aucune information relative à son entrée ou à sa sortie du port de Biarritz. Il suggère de la renvoyer chez son père, bien qu'il sache que c'est impossible. Elle l'a ruiné et il a déjà prononcé la prière des morts sur elle. Le chef de police suggère à la veuve de ne pas la garder et de se débarrasser d'elle au plus vite. C'est ce qu'elle fait, après quelques jours, en la cédant à un marquis qui l'engage comme chocolatière à contrat. Elle intègre le personnel au service du duc de Gramont se liant d'amitié avec Fernande, la seule de toutes les servantes qui l'avait entourée de beaucoup d'affection dès son arrivée. Satisfaite dans son travail et disposant de tout ce dont elle en avait besoin, Esther avait réussi même à aménager sa chambrette en laboratoire de chocolatière. Mais, pour « le duc qui se sait l'homme le plus noble et le plus brave de France, à part le roi, cette Juive représente un défi plus grave que les tournois des temps passés » (121). Un soir, il tente de la prendre par force. Mais, Esther se débat et sa résistance réveille l'ardeur d'un vieux maître des armées, déterminé à atteindre son but. Elle ne se laisse pas posséder par force, le mord et le griffe. Enragé, il ne parvient qu'à déchirer sa robe de velours. Et pour atténuer sa rage, elle lui avoue qu'elle est dans ses jours d'impureté, lui demandant de patienter, car, dans trois jours, elle sera à lui. Clara, duchesse de Gramont, sœur de Maud, arrive en chaise à porteurs, espérant surprendre son mari et l'attraper en flagrant délit. En répondant à ses questions, essayant de cacher sa robe déchirée du mieux qu'elle peut, elle se rend compte que « Maud et le duc n'ont plus besoin de sa recette de chocolats. Sa présence ici est devenue superflue. Pire : dangereuse. La gourmande n'attend pas de réponse » (125). Sans nulle hésitation, elle décide de s'enfuir et se dirige vers la forêt. Habillée grossièrement en garçon, elle trouve un abri de garde-chasse où elle se cache et procède à toute une transformation de son être.

> [...], elle lance de grands coups de lame dans ses longs cheveux, qu'elle jette sur le plat, et passe le doigt sur ses sourcils noirs et épais, dont l'arc qui entoure ses yeux verts est si parfait qu'il apparaît comme un grimage. Elle entortille les poils noirs entre le pouce et l'index et se met à les tailler au ras de la peau. Pendant

> la sordide opération, elle garde un œil ouvert alors que la paupière fermée de l'autre lance au miroir, qui la réfléchit mal, le reflet ondé d'une sublime moire violacée. Elle écarte ses cheveux du fond du plat, se regarde, aveugle à sa propre beauté, se voit difforme, défigurée, vomit dans le plat et s'endort par terre dans la position du fœtus. (127)

Méconnaissable dans sa nouvelle apparence, avec un bandeau sur l'œil, cheveux trop courts et sourcils taillardés, portant une chemise grossière et des chaussures mal ficelées, Esther poursuit son chemin pensant à ses années passées au couvent et de l'enseignement religieux que les sœurs ont tenté de lui inculquer en glorifiant la croix qui l'avait sauvée et en maudissant les Juifs qui vont en enfer puisqu'ils ne sont pas baptisés. Elle se joint à une famille de curistes qu'elle accompagne jusqu'aux écuries de relais Dax-Bordeaux. Dans les écuries de la diligence, elle se fait un lit de paille, dans l'espace réservé aux voyageurs qui attendent le coche. Son jeune mari artisan et ses enfants endormis, la femme engage une discussion avec elle parlant d'une voix basse pour ne pas réveiller les petits. Elle lui dit qu'elle compte se rendre à Bordeaux où son oncle capitaine de goélette lui trouvera un emploi. Il s'appelle Alansiette, comme l'oncle Jules, Pierre Alansiette. Esther s'endort en se répétant intérieurement ce nom censé inaugurer sa nouvelle identité. De bon matin, elle se réveille aux cris de femmes du peuple chassées par les agents du Prévôt qui arrivent à cheval. À leur vue, elles s'enfuient abandonnant leur gain que les chevaux piétinent. Et les trop vieilles ou trop lentes, attrapées par les cavaliers, sont traînées par les cheveux jusqu'aux limites extérieures de la ville. Esther remarque que la scène semble familière et les passants n'accordent aucune importance aux colporteuses de Dax dont le traitement n'a rien à envier à celui réservé aux nouveaux-chrétiens de Bayonne.

> Ces femmes semblent subir le même sort que les Portugais de Bayonne, aux mains de la jurande des marchands. Après l'Inquisition, quand on n'a plus de Juifs à expulser, on persécute des chrétiens parce qu'ils ont des traces de sang juif. Et quand on a effacé jusqu'à la trace du sang des Juifs, on tourne la mécanique emballée de la vengeance vers ceux des siens qui sont vulnérables : la veuve, pour en faire une sorcière, l'orphelin pour en faire un déviant, l'étranger, pour rejeter sur lui le mal d'une société, l'esclave, pour réduire l'homme à l'animal. (135)

On suit Esther dans son itinéraire se présentant sous sa nouvelle identité de ville en ville et exerçant différents métiers avec des escales proposant une série d'instantanés de la réalité de l'époque. Dans l'interrogatoire qu'elle a eu à Québec avec Varin de la Mare, Commissaire de la Marine et du port, en présence de Lamelin, le cruel policier, voici comment l'écrivain du roi résume sa déclaration :

> *[...] elle partit habillée en homme pour Bordeaux où elle s'embarqua en qualité de coq, sous le nom de Pierre Alansiette, sur une barque commandée par le capitaine Bernard destinée pour Nantes ; qu'elle retourna sur le même bateau à Bordeaux où elle s'embarqua de nouveau en la même qualité sur un bâtiment espagnol, commandé par le capitaine Antonio, qui partait pour Nantes ; qu'arrivée à Nantes, elle déserta, et s'en alla à Rennes où elle se plaça en qualité de garçon chez un nommé Augustin, tailleur d'habits où elle resta six mois ; que de Rennes, elle s'en alla à Clissoy où elle entra au service des récollets en qualité de domestique et pour y faire des commissions ; qu'elle resta trois mois dans ce couvent dont elle sortit sans en avertir pour aller à Vitré chercher quelque condition. Là, elle se mit au service du sieur de la Chapelle, ex-capitaine d'infanterie, qu'elle a servi en qualité de laquais ; qu'elle sortit de cette condition parce que sa santé ne lui permit pas de continuer à veiller le dit sieur la Chapelle qui était toujours malade. Qu'elle alla ensuite à Saint-Malo où elle trouva asile chez une boulangère nommée Séruanne demeurant auprès, où elle resta cinq mois rendant quelques services à ladite Séruanne.* (295)

À travers ce parcours, apparaît aussi l'histoire d'une femme qui poursuit un idéal introuvable, finit tôt ou tard par se rendre compte que partout où elle se trouve son identité originelle la hante et la fragilise dans une société qui prône l'intolérance, le rejet de l'autre, le fanatisme et l'abus du pouvoir. Il s'agit là d'une reconstitution d'un destin individuel et collectif, mais seule l'intuition lyrique de l'auteur nous entraîne, et nous sommes fascinés par un personnage « plus vrai que vrai ». L'histoire événementielle acquiert donc son support dans l'œuvre signifiante qui fournit le premier matériau de l'analyse, mais qui, rapidement, laisse transparaître une certaine histoire des mentalités au sein du roman.

L'originalité du récit trouve son compte lorsque dans l'univers de la narration d'autres traits s'ajoutent à l'historicité du récit pour élargir le roman en une entreprise d'histoire totale, un gigantesque kaléidoscope de vécus individuels replacés dans la perspective du XVIIIe siècle. L'auteur livre une description minutieuse de la vie matérielle et des gestes de la vie quotidienne des gens de métiers durant cette époque, depuis les références culinaires, jusqu'aux éléments du vêtement, des moyens de transport, des transactions commerciales et des diverses célébrations.

Dès son arrivée à Bordeaux, Esther, « « Pierre » ose demander à des cochers incrédules le chemin du quartier des nouveaux-chrétiens » (140), leur réponse est en soi parlante et révélatrice du regard qu'ils posent sur eux qui semble différent dénué de toute animosité ou hostilité à leur égard.

> -Nouveaux-chrétiens ? Y'en a pas ici ! Mais si tu cherches les Juifs, alors tu vas vers le port et tu demandes la grande synagogue !
> Terrifié par le contenu du mot Juif, prononcé plutôt de façon neutre, « Pierre » bafouille, confus, tourne les talons et marche vers le port. À Bordeaux, il n'y a ni nouveaux-chrétiens, ni Espagnols, ni Portugais, simplement des Juifs retournés à la foi de leurs ancêtres, vivant dans une relative liberté. (140)

Esther aime entendre de nouveau le mot synagogue, banni à Saint-Esprit « et qui grince aussi dangereusement qu'une délation ! Là-bas, on dit surtout *beth hamidrach*, maison d'étude. Synagogue ! Ce mot résonne ici d'une consonance exotique, sans urgence ni danger » (140). En pénétrant dans la Grande, la plus belle des sept synagogues qui se trouvent dans cette ville, un sentiment de béatitude et de sérénité l'accueille.

> La voix du chantre s'élève vers le balcon des femmes. Elle monte du milieu d'une salle à moitié remplie d'hommes, qui murmurent leur prière sans entendre leurs paroles. Une psalmodie sans inquiétude, pas comme celle de Saint-Esprit. Un chant pacifique, habituel, qui a le droit de prendre son envol, de vivre, de se poser où il veut, de parler à Dieu comme il l'entend. Inattendu. (141)

Sortie de ses pensées méditatives, elle demande de voir le rabbin. On l'informe que c'est le jour de la lecture de Torah et le bedeau s'empresse de lui offrir un châle de prières l'invitant à se joindre à eux. Mais, elle refuse avouant qu'elle a simplement honte. Sa surprise est immense, et difficile à cacher, lorsqu'à la fin du service, elle est conduite au bureau du rabbin. Pour Ménahem le talmudiste, ce visage est familier et accueille « Pierre » chaleureusement. Il prend le bedeau à part en lui chuchotant qu'il s'agit de la visite d'un nouveau-chrétien, perdu, qui cherche à être instruit et qu'il est prudent d'agir avec lui avec prudence et discrétion. Une fois la séance de lecture et de l'explication du traité Sanhédrin achevée, le rabbin renonce aux questions sous prétexte que leur invité est fatigué. Il prend congé des fidèles entraînant « Pierre » avec lui, l'invitant à l'accompagner dans sa visite de quelques synagogues. Tout en marchant, il lui parle des activités commerciales autorisées à faire pour les Juifs et surtout de la main mise des Gradis, une vieille famille juive de Bordeaux, sur une grande partie du trafic maritime vers la Nouvelle-France. Pour Esther « qui connaît au moins un descendant des Gradis, pour l'avoir refusé comme prétendant, n'arrive pas à comprendre par quel mérite ces Juifs de Bordeaux ont une vie décente » (144) à l'abri des troubles et des complications. Ménahem lui répond que cette famille « possède un statut de bourgeois depuis une dizaine d'années ! » (144). Arrivés devant son habitation, il lui demande de monter avec lui dans sa chambre, invitation qu'elle décline préférant l'attendre en bas. Le rabbin monte tout seul et de la fenêtre de sa chambre lui fait signe de prendre l'escalier en lui montrant des vêtements et une paire de chaussures. Intrigué, « Pierre » maintient sa décision ne désirant pas se trouver avec un homme dans son logis. Déçu par son refus, Ménahem descend avec un sac en toile et l'entraîne vers un quai désert et lui dit :

> - Esther, il faut fuir, et vous cacher tout de suite. On vous cherche. Il y a là des vêtements et des chaussures. Vous devez absolument vous changer. Jetez tout ce que vous portez ! (146)

Esther constate que malgré son déguisement il l'avait reconnue. Elle décèle une lueur d'espoir dans les yeux du rabbin qu'elle ne sait pas comment l'interpréter. Elle ouvre le sac, se change, se débarrasse de ses vieux vêtements et entame une discussion avec lui.

> - Vous m'avez reconnue ! Je pensais qu'on me croyait morte !
> - On vous croit morte à Bayonne ! Mais les gens du duc sont à la recherche d'une fille habillée en garçon, portant sabots, dans toutes les synagogues de Bordeaux à Biarritz ; vous lui auriez volé une fortune... (146)

Désemparée, Esther apprend qu'elle est injustement accusée d'un vol et que sa vie est en danger. Il lui suggère d'être très vigilante et méfiante, d'éviter d'entrer en contact avec ses parents jusqu'à ce qu'elle quitte le pays. Ils sont sûrement surveillés. Ce faisant, elle lui suggère qu'une fois en sécurité à Amsterdam, elle va lui écrire pour qu'il transmette ses nouvelles à sa famille. Ménahem est triste de la laisser partir et surtout de la voir se détacher de tout ce qui constitue sa vraie identité.

> - Les Juifs ont survécu à tous leurs exils, parce qu'ils ont su conserver leurs noms, leurs vêtements et leur langue. Vous, vous n'avez rien gardé, ni votre nom, ni vos vêtements, ni votre religion. (147)

Elle lui répond que lui non plus n'a rien conservé, étant né chrétien et devenu juif. Pour le rabbin, sa remarque est stupide et trouve que son comportement manque de maturité et de sagesse.

> Quelle idiote ! Cette fille ignore la règle qui consiste à ne jamais rappeler à quelqu'un son passé. L'essence d'être Juif n'est-ce pas de transcender le passé par le futur, de remplacer les mauvaises actions par des bonnes, au lieu de s'attacher aux péchés, comme l'idolâtrie est accrochée à son idole ? (147)

Ménahem saisit l'occasion pour lui révéler une partie de son histoire tragique.

> - Après la mort de mes parents aux mains de l'Inquisition, j'ai été élevé dans un couvent de Navarre, à la frontière espagnole. C'est un oncle déguisé en curé qui m'a sorti de là, après deux ans de recherches dans tous les orphelinats du pays. J'ignorais tout de mes origines et du sort de mes parents. (148)

Ce qui est révélateur dans son partage avec elle, c'est qu'il lui ouvre son cœur pour dire son incapacité de trouver une épouse à Bordeaux du fait que tous les membres de la communauté juive connaissent son histoire et que personne n'était prêt à donner sa fille à un rabbin qui était chrétien. Il ajoute que quand il avait appris son refus de se marier avec le fils Gradis, cela l'avait intrigué et suscité en lui l'envie de la connaître. Et quand il l'avait vue pour la première fois au four, il avait senti qu'il venait de trouver la femme, celle qu'il désirait qu'elle soit l'autre moitié de son âme et qu'il l'attendait depuis longtemps pour le compléter et de créer avec lui le Messie, c'est-à-dire avoir un enfant ensemble. Il se rend compte avec une infinie tristesse qu'elle n'est pas encore prête pour sceller son destin et qu'il est déterminé à l'attendre si elle restait Juive. Il l'exhorte de maintenir sa foi et qu'il aurait souhaité qu'elle reste, mais que dans les circonstances actuelles, c'est quasiment impossible, voire dangereux.

> Même dans un Bordeaux libéral, si on surprend un Juif à essayer de convertir un chrétien, même un nouveau-chrétien, on ne donnerait pas cher de sa vie. Il y a trop de monde dans les rues pour parler librement. (149)

Dans le récit de l'histoire d'Esther que livre Lasry, le talent et la valeur du témoignage sont indiscutables. Ils expriment la réalité telle qu'elle a été transmise par le rabbin. Au travers de ses paroles, c'est l'expression de toute la douleur de nouveaux chrétiens qui doivent subir la loi de leurs nouveaux maîtres. Cet état de fait intègre dans une lutte idéologique contre l'intolérance et contre l'obscurantisme dont le roman veut être un instrument essentiel. De ce fait, il attache une importance particulière à la situation des Juifs, puisqu'il les place dans la révélation des angoisses et des inquiétudes de Ménahem en insistant sur certains aspects du discours qui montrent que les Juifs convertis ne sont pas à l'abri de tout excès d'abus et de cruauté s'ils sont découverts toujours attachés à leur judaïsme.

La représentation de cette réalité tragique dans une fiction romanesque doit répondre au critère de l'authenticité qui se mesure au pouvoir de la création imaginaire à ressusciter le passé et à le communiquer sans le dénaturer. Authentique, elle permettra à l'imagination et à la sensibilité du lecteur d'appréhender la tragédie vécue et d'en saisir le sens. Ceci implique tout d'abord de l'auteur une capacité d'imaginer l'essence et de la traduire telle qu'en elle-même, quelle que soit son idéologie[28]. Ainsi, le contexte historique et le cadre de la persécution des Juifs en Espagne et au Portugal, de même que sa perpétuation en France, sont évoqués à l'aide de détails informatifs bien connus dans l'histoire. Le romancier rassemble les détails caractéristiques, les concentre en des personnages bien spécifiques, afin de créer un type ou une existence rendus aux exemplaires. Le choix des particularités psychologiques qui déterminent le caractère de vérité s'effectuera en fonction du général et non de l'extraordinaire.

Dès lors, évoquer les nouveaux-chrétiens oblige le lecteur à se transporter, grâce à la mémoire collective, dans l'histoire événementielle, témoin des atrocités perpétrées par les inquisiteurs de Ferdinand et de l'expulsion de Juifs d'Espagne. Le sort réservé aux ancêtres d'Esther joue ainsi le rôle de référent réel. Elle est un signe de temps que la narration assimile à sa propre structure temporelle. L'intégration de l'historique à la fiction permet d'établir une chronologie exacte des éléments constituant cette dernière.

Les interventions du rabbin pour relater ses peurs et ses angoisses face à la situation des Juifs en Espagne et au Portugal revêtent une importance capitale. C'est grâce à lui qu'Esther est informée des événements marquants au sujet de l'expulsion de ses ancêtres de cette terre qui leur était une patrie, « cette terre où ils surent s'intégrer à un degré jamais atteint par aucune communauté juive en exil »[29]. Les propos rapportés animent la toile de fond du roman qui présente un intérêt central, celui de témoignage historique très riche sur les crimes et châtiments dans l'Espagne Inquisitoriale[30].

Lasry fait constamment allusion aux sentiments de peur et de méfiance qui rongent Esther, aux persécutions des Juifs qui ancrent le discours romanesque, permettant à celui-ci d'éviter la légèreté d'une fable sans prise sur un réel tragique. L'angle d'approche qu'il choisit « est apparenté à celui de l'histoire des mentalités, qui se donne pour tâche de faire ressortir les structures stables du comportement collectif dont la surdétermination normative conditionne la conduite des individus dans leur vie quotidienne[31].

---

[28] Charlotte Wardi. *Le Génocide dans la fiction romanesque*, Paris, PUF, 1986, p. 136.
[29] Don Barkaï. *Chrétiens, musulmans et juifs dans l'Espagne médiévale. De la convergence à l'expulsion*, Paris, Les Éditions du CERF, 1994, p. 33.
[30] Dans *Crimes et châtiments dans l'Espagne inquisitoriale*, Michèle Escamilla-Colin soutient que : « [...] en 1492, ils sont des millions à savoir, souvent pour s'en réjouir, le malheur qui frappe 200 000 juifs espagnols, plus peut-être, plus sans doute, dont plus de 150 000 refusant la fausse quiétude d'un baptême sans foi qui serait insulte à Dieu et reniement, ruinés, spoliés, arrachés à leurs tombes, aux souvenirs qui sont l'essence de la vie, jetés sur les chemins boueux ou poudreux, livrés au risque de la mer et aux voleurs, déjà en quête d'une patrie de substitution », tome 1, Paris, Berg international, 1992, p. 8.
[31] Jacques Perronnet. « Poporino ou les mystères de Naples », *Représentations de l'histoire*, Actes du colloque franco-allemand de Cologne (17-18 juin 1988), publiés par Gérard Laudin et Edgar Mass, 1993, p. 235.

Dans ce contexte, l'effort anti-juif se manifeste de façon cruelle, et l'on adopte contre eux une attitude menaçante.

Il est pertinent d'indiquer que cette nouvelle communauté des Nouveaux-chrétiens, des « *conversos* » ou encore « *marranos* » qui avait été contrainte d'accepter le baptême était observée avec circonspection et suspicion. À cet effet, Martinelli soutient que :

> Le « Conversos », qui avait embrassé la foi du Christ malgré lui, qui, par un instinct naturel de conservation, avait plié le genou devant la croix, pour lui rien d'autre jusque-là qu'un symbole de justice, méritait un autre traitement. Au contraire, le fait d'avoir appris à se battre la poitrine devant un autel où l'on célébrait des rites si différents des siens, d'avoir renoncé à la tradition séculaire de ses pères pour une vie tranquille imposée par un absolutisme aveugle, n'attirait sur le malheureux que la méfiance générale de la part de ses nouveaux frères de religion, qui le considéraient encore plus qu'auparavant comme un ennemi terrible[32].

En fait, ces Juifs convertis au christianisme par une conversion de terreur ont subi des avanies diverses. « Les calomnies les plus infâmes, les soupçons les plus hideux, les jugements les plus abjects ne furent pas ménagés. « *Converso* » devint synonyme de traître de la foi, sodomite, blasphémateur, assassin d'enfants, empoisonneur, usurier sordide »[33]. La vague de haine qui s'abat sur les Juifs débouche dans la mer terrible et orageuse du fanatisme et de l'intolérance.

Il ne fait aucun doute que pour les historiens comme pour les romanciers, l'Inquisition apparaît bien ce qu'elle fut. Lasry élabore sa production littéraire en tenant compte des systèmes politiques et idéologiques qui ont structuré le phénomène de l'Inquisition espagnole. Il renforce le caractère dynamique de l'histoire dans cette vision où elle est racontée à partir d'événements qui sont le point de départ de toutes les manifestations de la communauté juive. Toute réalité historique est inscrite dans l'espace unidimensionnel de cette conscience humaine, stigmatisée par la souffrance, la peur et la tragédie individuelle. Car chaque juif d'Espagne ou du Portugal affrontait ce dilemme : rester fidèle à sa foi et à sa culture, ou bien s'accrocher à sa terre natale au prix de sa conscience, et de sa vision du monde, au profit d'un parjure. L'instance narrative s'appuie sur les paroles du rabbin qui conjure Esther de rester fidèle à elle-même et de ne jamais renier sa foi. C'est sa marque identitaire et religieuse qu'elle se doit de maintenir impérativement vivace, quels que soient les risques à courir sur son chemin jusqu'à ce qu'elle soit saine et sauve.

---

[32] Franco Martinelli. *L'Inquisition espagnole*, traduit de l'italien par Jean Manga, Paris, Éditions Vecchi, 1987, pp. 26-27.
[33] *Ibid.*, p. 37.

Poursuivant son parcours qui devient rocambolesque, affublée de son déguisement en garçon et exerçant divers métiers en se présentant sous le nom de « Pierre Alansiette, né à Dax, dans les Landes. Apprenti-boulanger, membre du Devoir de Bordeaux. Faisant [son] tour de France » (166). Il reste que depuis sa rencontre avec Ménahem et la promesse qu'il lui a faite, la chrétienté n'a plus aucune emprise sur elle, tenant à suivre les rituels de sa propre religion. Quand à Saint-Malo, elle rencontre une dame la Séruanne, boulangère et juive comme elle, qui l'héberge pendant plusieurs mois, elle se joint à sa famille de « marranes » dans les célébrations des fêtes juives dont les manifestations doivent être entourées de grande discrétion et prudence.

> *Chabbat* à Saint-Malo, chez une marrane, ce n'est pas *Chabbat* à Bayonne, chez les nouveaux-chrétiens. Ici, pas de sermons obligatoires avec bouchons de cire aux oreilles, pas de taxes de capitation abrutissantes qui empêchent le Juif de vivre ou lui interdisent d'inviter chez lui l'étranger. [...]
> *Chabbat* à Saint Malo, chez les marranes, c'est la liberté enfermée dans la peur de se faire espionner par les voisins, de se faire dénoncer à l'Inquisition. La liberté prisonnière du mauvais œil et de mauvaise oreille des autres. Le marannisme est un phénomène non pas Juif, mais chrétien. Le marrane est un chrétien qui tue sa vraie nature, pour avoir le droit de vivre dans le monde. Le marrane sacrifie sa vie au nom de sa survie. L'essentiel au nom du superflu. Le Marrane est à l'image du chrétien. Comme le chrétien, il cache ses origines juives, pour se réclamer d'une religion nouvelle. (215)

Et, justement, pour ne pas attirer l'attention sur la pratique de leurs rituels, la Séruanne et « Pierre » se mêlent à la foule dehors pendant la célébration des fêtes chrétiennes, fréquentent l'église et assistent à une représentation théâtrale des jeux de la passion, dehors, sur le parvis de l'église. Ils entrent à la messe pendant la communion, se recueillent à genoux, yeux et bouches fermés, en essayant d'éviter « l'hostie, pain étranger, non consacré pour la Pâque juive, qui circule dans les rangs des fidèles aux mains des acolytes » (230). À la sortie de l'église, prennent part ensemble aux activités qui se déroulent à cette occasion, arborant un air de joie et de grande fête pour échapper à tout soupçon ou accusation qui risquent de les plonger dans les excès de cruauté envers les Juifs. De retour à la maison, elles reprennent leurs rituels dans un effort permanent de prudence et de vigilance.

Sur les encouragements de la famille de La Séruanne, Esther adresse une lettre à Ménahem le remerciant de son aide passée et l'informant qu'elle était à Saint-Malo et qu'elle a économisé assez d'argent pour acheter son passage à Amsterdam. Elle lui demande de lui répondre à l'adresse de la boulangère. Quelques jours plus tard, à la fin de juin, elle reçoit sa réponse qui la comble d'un immense bonheur. Elle apprend des nouvelles sur sa famille qui la rassurent et se sent heureuse de la confidence qu'il lui fait, devenant officiellement rabbin, toujours animé de ce désir de fonder un jour un foyer avec elle. En terminant sa missive, il lui recommande de ne plus utiliser le nom de P.A. qui est bien connu de ceux qu'elle veut éviter. Suivant son conseil, elle lui répond en signant Jacques Lafargue. C'est ainsi qu'elle va continuer son errance sous le manteau de cette nouvelle identité.

La caractéristique la plus saillante de Lasry, c'est qu'il met en scène un nombre important de personnages et offre une véritable panoplie des idées dominantes dans la société française pendant le Siècle des Lumières. Chaque personnage est envisagé dans sa singularité par rapport aux événements dont il fut témoin et qui se présentent comme des sujets qui symbolisent l'esprit de l'époque, l'âme de l'histoire font une entrée massive dans le déroulement du récit[34]. Les détails choisis comme signes révélateurs sont un procédé romanesque dont la conceptualisation est l'équivalent historiographique. En fait, le romancier soumet la réalité historique qu'il envisage à la représentation d'une société en pleine mutation politique, sociale, économique, religieuse et humaine. L'action romanesque est brodée autour d'événements historiques qui permettent de donner au récit une trace matérielle d'existence et de garantir son ancrage dans l'histoire dont il a besoin pour renforcer l'originalité de son récit. Celui-ci trouve son compte lorsque dans l'univers de la narration, il émaille son discours d'une certaine vérité historique qui remplit une double fonction, celle de constat et de contestation. Comme par exemple, quand il signale la cruauté qui domine dans l'univers des marchands d'esclaves, commerce prospère, fructueux et mortel depuis la promulgation du Code noir. Les ports d'embarquement et les destinations correspondantes, tels qu'il les signale, sont les mêmes que ceux que donnent les sources des historiens.

> D'Espagne, de Hollande, d'Angleterre, de partout en Europe, affluent des individus de tout acabit qui veulent s'enrichir dans ce « commerce » de l'avenir. Maltraités, malades, blessés, pendant leur transport, Guinéens, Mandingues, Congolais ou Abyssiniens, sont retapés rapidement dans des fermes spécialisées des environs de Nantes. Signes extérieurs de richesse, ils sont vendus et achetés pour leurs caractéristiques génétiques et culturelles avec l'exagération fantasque et le raffinement du connaisseur que l'on retrouve chez les experts en chevaux de race. (170-171)

Ébranlée par l'arrestation de Fanchon et de son frère, qu'elle avait rencontrés lors de son passage chez la Veuve Churiau, et sauvée de justesse des mains de chasseurs d'hommes qui cherchait « Pierre » aussi, Esther est

---

[34] Zoé Oldenburg. « Le roman et l'histoire », *La Nouvelle Revue Française*, numéro spécial, « Le roman historique», N° 238, 1972, p. 144.

outrée, voire meurtrie du traitement inhumain qu'ils ont réservé à leurs deux captifs. « Après une inutile résistance, Franchon et son frère, encerclés par une meute de mastiffs aboyant à s'en déchirer la gorge, sont enchaînés par les croisés de l'esclavage » (177). Elle s'identifie à leur malheur et porte en elle la profondeur de leurs blessures. Elle se sent solidaire de tous les damnés de la terre.

> Même si la vie des nouveaux-chrétiens de Saint-Esprit est insupportable, la vie des Juifs impossible, celles des femmes du bas-peuple inhumaine, Esther a pu changer son nom, son identité, et cacher ce que la peau de Fanchon ne peut cacher. Destin inéluctable que celui attaché à une réflexion de la lumière, à la pigmentation d'une peau. Fanchon et son frère sont prisonniers d'une apparence, comme elle, fille de David, ne le sera jamais, malgré toutes les épreuves qu'elle traverse. (177)

Cette époque se caractérise aussi par la continuité de l'exploration française du continent américain ainsi que le développement d'un vaste réseau commercial qui poussent beaucoup de Français à traverser l'Atlantique pour se rendre vers cet Eldorado plein de terres défrichées, de lacs, de rivières, de poissons et d'animaux de toutes sortes. Le lieu idéal pour faire fortune pour ceux qui convoitent le commerce des fourrures. Mais l'occupation de ce territoire n'était accordée qu'aux catholiques. Les Juifs, au même titre que les 'nègres', étaient considérés par les Lumières comme différents[35]. Elle est également teintée par l'expansion de la pensée jésuite qui englobait une série de postes pour des missionnaires établis par les jésuites dans le but d'évangéliser les Amérindiens de la région et y promouvoir la religion chrétienne.

Au début du siècle dernier, le philosophe Alain affirme la supériorité du roman sur l'écriture historienne[36]. C'est le roman qui éclaire l'histoire, il permet d'en faire découvrir la partie non visible. Dans le récit de Lasry, le découpage historique en série d'émergences de faits de société dont chacune a sa caractéristique propre permet à ces instances de se rencontrer dans les événements majeurs qui ont marqué le parcours d'Esther. L'éclatement de l'Histoire en histoires, les noms propres des personnages et des villes particulières, les dates qui entrent en jeu dans la chronologie du récit revêtent une incidence cruciale sur l'économie du récit. Elles deviennent dès lors une condition d'historicité, d'authenticité et de crédibilité sur lesquels repose le roman.

Portée toujours par l'espoir de se rendre à Amsterdam, Esther quitte la Séruanne le 27 juillet 1738, à cinq heures du matin à bord de la diligence

---

[35] Voir Pierre Pluchon. *Nègres et Juifs au XVIIIe siècle. Le racisme au Siècle des Lumières*, Paris, Tallandier, 1984, 313 p.
[36] Émile Chartier Alain. *Système des Beaux-Arts*, Paris, Gallimard, *NRF*, 1920, pp. 316-322.

Saint-Malo-Nantes-La Rochelle n'emportant pour « tout bagage que ses vêtements de garçon sur le dos et une trousse de grosse toile bleue assez lourde, contenant ses outils neufs de chocolatière commandés à Bordeaux » (249). La boulangère l'embrasse une dernière fois avant de la laisser monter dans la voiture. Durant quatre journées, les neuf voyageurs endurèrent la rudesse du chemin, serrés les uns contre les autres, emportant « leurs destins scellés dans cet univers restreint » (250), soulagés de constater que chaque jour qui passe sans incident les rapproche de leur destination. Or, « le 30 juillet 1738, à la nuit tombante, à sept lieues au nord de La Rochelle » (251), le destin d'Esther bascule dans le chaos total. La diligence est arrêtée pour un contrôle par une escouade de trois cavaliers de la maréchaussée, menée par le sergent Trollat. Celui-ci demande aux voyageurs d'ouvrir leurs bagages pour procéder à une fouille. Quand il demande à Esther de décliner son identité, elle s'empresse de répondre : « Je suis orphelin. Je fais mon tour de France » (252). Aux yeux du sergent, sa réponse entraîne immédiatement son arrestation. Il justifie ainsi sa décision.

> - Bravo ! Un orphelin sans feu ni lieu ! Ça, c'est original ! Nous avons arrêté trois voleurs de grand chemin qui s'apprêtaient à vous dévaliser. Nous les avons fait parler, ils ont un complice à bord. Son travail, c'est de vous espionner pour ses comparses ; des assassins qui ne laissent jamais de témoins vivants. (252)

Encore une fois, Esther ne peut échapper à son destin. Elle est accusée injustement et ne peut rien faire pour assurer sa défense et prouver son innocence. Le sergent lui confisque tout son bien, lui enchaîne les poignets à la taille, et la laisse entre les mains d'Auberre pour rejoindre les autres prisonniers. Elle sera admise sous le nom de « Jacques Lafargue, né à Peyhorade, le 24 mai 1718, baptisé à l'église Sainte-Catherine » (253). En discutant avec les compagnons de sa cellule, elle apprend avec stupéfaction le motif de son inculpation.

> Esther découvre que, comme les quatre autres prisonniers, elle a été arrêtée à cause de mots-clés : orphelin, sans-feu-ni-lieu. Ceux qui partagent son sort sont debout, les poignets entravés à la taille, enchaînés à un anneau fixé au mur de la cellule. Elle passe une bonne partie de la nuit du trente juillet à faire connaissance avec eux, dans une pénombre de plus en plus familière, dans l'étroitesse des chaînes qui se réchauffent aussi vite qu'elles se glacent, et l'inconfort d'une odeur âcre et tenace de vieille urine. (255)

Un tournant majeur dû au hasard des rencontres et des circonstances se produit pour changer définitivement le parcours de sa vie. Il s'impose à elle afin que son destin prenne un cours inattendu et l'entraîne vers l'aventure canadienne qui se dévoile dans les quatre derniers chapitres du roman.

> À cause des nouvelles de la famine qui sévit en Nouvelle-France depuis 1737, l'émigration de France s'est pratiquement arrêtée. Pour pallier à la disette et à la rareté de la main-d'œuvre, la Compagnie des Indes se voit encore une fois forcée d'enfreindre la loi pour importer de jeunes colons, selon le stratagème utilisé sous Law. Elle offre dix livres à des recruteurs peu scrupuleux pour chaque vagabond sans-feu-ni-lieu, mais sain de corps et d'esprit, qui part pour la Nouvelle-France, et vingt-cinq livres par couple de nouveaux-mariés. (256-257)

Pour Lasry, le récit des aventures d'Esther part d'un fait historique authentique. C'est ainsi que la caractéristique essentielle de tout discours sur le passé est qu'il recourt délibérément à la fiction[37], même lorsqu'il s'entoure de précautions pour rassurer le lecteur sur la véracité de sa relation. L'auteur fait appel à la mémoire collective pour mener à bien la trame de sa « narration historique ». L'histoire en tant que telle a toujours ses référents documentaires attestés, et elle n'est pas la propriété exclusive des historiens. Faisant entrer en jeu la « fascination de l'authentique », il cherche derrière la surface des choses les forces qui les animent parce qu'il pressent dans l'histoire la puissance motrice du récit. D'ailleurs, le paradigme narratif a été relayé par un paradigme de démonstration. Les événements qui tirent leur signification de l'histoire historisante sont intégrés sur l'axe du récit pour assurer la chaîne des mutations. Cependant, l'écrivain est conscient qu'il ne choisit dans le passé d'Esther, que ce dont il parle, et que, ce faisant, il impose à ce passé des paramètres sélectifs. Son travail « ne consiste pas à calquer le réel, mais à inventer à partir des faits réels »[38]. Il se penche ainsi sur l'histoire afin de l'élucider, de la comprendre et de l'expliquer, car comme le souligne Paul Ricœur, « l'histoire n'a pas pour ambition de faire revivre, mais de composer, de re-constituer, c'est-à-dire de composer, de constituer un enchaînement rétrospectif »[39].

En fait, dans les Archives Maritimes de La Rochelle, il existe un document datant du XVIIe siècle, un règlement qui faisait force de loi dans ce port et qui établissait clairement la volonté du Roi de France, interdisait formellement à toutes autorités portuaires, commandants de navire compris, etc., de recruter des itinérants, des vagabonds, des aventuriers[40] et de les embarquer sur les navires en partance pour La Nouvelle-France. Toutes les personnes sans exception qui s'embarquaient comme passagers sur les navires en partance pour la Nouvelle-France devaient préalablement être

---

[37] Daniel Madelénat. « Histoire littéraire », *Dictionnaire des littératures de langue française*, Paris, Bordas, 1984, p. 1027 ; pp. 1034-1036.
[38] Erich Auerbach. *Mimésis, la représentation de la réalité dans la littérature occidentale*, traduit de l'allemand par Cornélius Heim, Paris, Gallimard, 1968, p. 476.
[39] Paul Ricœur. *Histoire et Vérité*, Paris, Seuil, 1955, p. 30.
[40] Voir Alexandre Stroev. *Les aventuriers des Lumières*, Paris, PUF « Écritures », 1997, 349 p. et Suzanne Roth. *Les aventuriers du XVIIIe siècle*, Éditions Galilée, 1980, 304 p.

vérifiées par les autorités portuaires, y compris les capitaines de navire. Le règlement royal était formel, tout passager devait être identifié et, en possession des papiers requis pour s'embarquer. Ceci dit, tout manquement aux directives du roi de France était sujet à la rigueur de la justice royale.

En ce qui concerne Esther, au lieu d'aller à Amsterdam rejoindre sa tante, elle a été tout simplement enrôlée de force pour la colonie. Sous la menace de la maréchaussée qui l'a accusée de vol ainsi que ses compagnons de cellule illettrés, elle les voit « se faire libérer un par un, signer un contrat avec une croix au bas d'une page, qui les oblige à prendre le chemin du Canada pour les trois prochaines années » (257). C'est ainsi que le 31 juillet 1738, en compagnie de onze passagers, dont cinq sont mariés avant l'embarquement, à l'exception d'elle qui a refusé de prendre pour épouse Élyse, une jeune fille de 17 ans, elle monte dans le bateau le *Saint-Michel*, commandé par le sieur Michel de Salaberry[41], en partance pour le Canada. Au commissariat du port de La Rochelle, et sur le carnet de bord du navire, elle est inscrite sous le nom de Jacques Lafargue.

À bord du navire, Esther qui loge au pavillon des hommes rencontre deux passagers qu'elle connaissait auparavant. Le jeune Trudel qui était de la bande à Trombe et qui n'arrivait pas à croire que « Pierre » est avec lui sur ce trois-mâts. Il lui avoue que dans son cas, il n'avait pas de choix, c'était le bagne ou le Canada. Il l'informe que toute la troupe a été exilée en Nouvelle-France et qu'il était le dernier à être « attrapé après l'escarmouche avec les mousquetaires » (271). De son côté, Esther lui révèle qu'elle ignore son chef d'accusation qui avait conduit à son arrestation à Noisel : vagabondage, cambriolage ? et qu'elle était placée devant un choix difficile, c'était les galères ou ce bateau, forcée à signer un trente-six mois, contrat de trois ans. Elle ajoute qu'elle veut qu'il l'appelle dorénavant « Jacques ». Quant au marquis d'Amou, il l'a reconnue malgré son déguisement en garçon. Celui-ci, comme beaucoup de fils de famille sujets à la débauche et au scandale, qui, pour les punir, sont exilés au Canada ou en Louisiane, a déjà l'intention de retourner en France, par la Nouvelle-Angleterre. Il l'informe de son plan.

> - Chut ! Je sais que vous pouvez garder le secret ! Grâce à l'aide du capitaine, nous avons déjà constitué un groupe sur ce bateau. Des guides canadiens et indiens nous attendent à Québec. Joignez-vous à nous ! En deux semaines de marche, de canot et de portage, nous arriverons en Nouvelle-Angleterre, d'où nous faisons passage jusqu'à Calais sur des bateaux anglais. Le coût n'est que de quelques centaines de livres... Après quelques mois de séjour

---

[41] Dans les Archives Maritimes de La Rochelle, il est indiqué que Le sieur Michel de Salaberry est noble, il est le fils de Martin et de Marie Michelance, de St-Vincent-de-Cibour, diocèse de Bayonne, Gascogne. Nommé à La Rochelle capitaine du navire le *Saint Michel*, il ne fait qu'un seul voyage en Nouvelle-France.

tranquille dans les collines de l'Artois, on nous aura bien vite oubliés. (273)

Malheureusement, elle ne pouvait pas se joindre à eux. Elle n'a aucun sou à cause de Trollat, sergent de la maréchaussée, qui lui a volé six cents livres la veille de son départ. Alors, le duc lui propose une autre solution.

> - Mais j'y pense ! Vous êtes bien la fille de David Brandao, le chocolatier ? « *Aux Chocolats du Roy ?* » Ah ! Les fameux chocolats... En fait, vous n'avez pas besoin d'argent ! Vous êtes Juive ! Dites-le au capitaine de Salaberry et votre retour devrait être aux frais de la Compagnie des Indes ! Vous n'êtes pas sans ignorer que le Code noir interdit aux Juifs et aux non-Catholiques de résider en Nouvelle-France, tout comme dans les autres colonies du royaume. Le capitaine est mon ami, je peux lui parler si vous voulez ! (274)

Mais elle le supplie fermement de ne rien faire lui demandant de lui accorder un temps pour réfléchir. Elle veut à tout prix éviter d'être de nouveau arrêtée et prisonnière, et surtout de ne rien à voir avec les agents de la loi. Au fond de son être, elle est fortement ébranlée.

> Aujourd'hui, pour la première fois, son identité nommée par un autre, expose une strate dangereuse comme une lave volcanique. Elle est Juive... C'est la première fois en quatre ans qu'un non Juif la nomme. Un baptême-blasphème : Juive... ! Elle est Juive. (274)

Elle est déroutée et se sent d'autant plus fébrile quand elle croise le regard des hommes qui la rend soudainement vulnérable. Elle se réfugie dans la salle d'eau, en attendant l'extinction des lumières. Mais cette quatrième nuit blanche qu'elle passe sur le pont luttant contre le sommeil par peur de s'endormir lui sera fatale. Au petit matin, elle « se lève, courbée en deux, perturbée par l'arrivée douloureuse de ses menstruations. Elle lance un cri immense à l'océan noirci. L'orage se déchaîne » (275). Les vêtements tachés de sang la trahissent et réveillent sa féminité cachée depuis quatre ans. Le médecin qui l'examine rassure tout le monde qu'elle n'est pas malade. Il lui murmure à l'oreille qu'elle est une femme et lui demande pour quelle raison s'habille-t-elle en garçon. Entendant ses paroles, elle se réveille difficilement et lui décline son identité : « - Je m'appelle Esther, fille de David Brandao, je suis femme. Je suis Juive » (277). Sa déclaration surprend tout le monde et Élyse sursaute criant : « - Il divague, il s'appelle Jacques Lafargue. Je voyage avec lui depuis Noisel... (277) ». Les langues se délient et elle devient sujet de discussion entre les membres de l'équipage et les passagers. Le médecin l'enroule dans une couverture et l'emmène titubante dans le pavillon des femmes où elle est accueillie avec animosité et colère par les sœurs. Car, être « habillée en homme, tachée de sang, crée un scandale chez les religieuses qui font la haie devant son lit » (277). Épuisée, humiliée, Esther fait face à son destin plongée dans un mutisme total.

Après six semaines de navigation, le *Saint-Michel* lance ses amarres à Québec, au quai de la Compagnie des Indes, le 15 septembre 1738, à cinq heures du soir. Son arrivée, comme tout navire de France, constitue un événement majeur dans cette ville de cinq mille âmes, dont la moitié s'est déplacée au port pour l'accueillir. Pendant que le bateau transborde marchandise et passagers, Esther, habillée de vêtements de fortune qui laissent planer une ambiguïté sur son identité, est maintenue à l'écart, surveillée par trois sœurs qui montent une garde serrée autour d'elle sur ordre du capitaine Salaberry. Maintenue prisonnière, elle doit garder le silence tant que les autorités de la Nouvelle-France n'ont pas procédé à son interrogatoire. On lui permet simplement de regarder dehors par un hublot sans même pouvoir de faire un signe d'au revoir à qui que ce soit.

Sœur Marie-Noël, accompagnée de deux autres sœurs, la remettent aux fonctionnaires de la police maritime qui spéculent sur la raison de son travestissement, considérant que la « - meilleure façon d'espionner, c'est de s'habiller en femme », « - Oui, mais elle, c'est une espionne habillée en homme » (285). Son cas est complexe et elle doit être remise en main propre au Commissaire de la Marine et du port, sieur Varin de la Mare. Ce grand serviteur du pouvoir demande à Lamelin, son sous-serviteur, de faire venir au plus vite l'écrivain, monsieur Couture, pour prendre sa déposition.

> *Aujourd'hui, quinzième septembre, mil sept cent trente-huit, par devant-nous, Commissaire de la marine, chargé à Québec de la police des gens de mer, est comparue Esther Brandeau, âgée d'environ vingt ans, laquelle s'est embarquée à La Rochelle en qualité de passager en habit de garçon sous le nom de Jacques Lafargue, sur le bateau le Saint-Michel, commandé par le sieur de Salaberry.*
> *Elle a déclaré se nommer Esther Brandeau, fille de David Brandeau, Juif de nation, négociant au Saint-Esprit, diocèse de Dax, près Bayonne, et être Juive de religion...* (294)

Esther relate tout son parcours depuis les derniers cinq ans de sa jeune vie à partir de cet instant où elle a été embarquée sur un navire hollandais à destination d'Amsterdam jusqu'à son arrivée sur le sol canadien en racontant ses aventures et ses pérégrinations à travers différentes villes, exerçant divers métiers et endossant de nouvelles identités, accusant la maréchaussée de l'avoir dépouillée et la Compagnie des Indes de l'avoir forcée à venir au Canada signant contre son gré un contrat de trois ans. Furieux, le Commissaire de la Marne lui assigne l'ordre de se taire, car, il trouve ses « accusations tout à fait scandaleuses pour les serviteurs de Sa Majesté et pour la Compagnie des Indes... » (295). Il ordonne à Lamelin de prendre une nouvelle feuille et de procéder à l'écriture d'une nouvelle version de ses dires. Il réfléchit un peu et tout d'un coup se met à débiter très vite les propos suivants :

> - Oui, voilà... *On la fit sortir au bout de vingt-quatre heures parce qu'on s'aperçut qu'on s'était mépris ; elle se rendit ensuite à La Rochelle en ayant pris le nom de Jacques Lafargue pour passager sur ledit bateau, le Saint-Michel, sur laquelle déclaration nous avons interpellé ladite Esther Brandeau de nous dire quelle raison elle a eu ainsi de cacher son sexe pendant cinq ans...* (296)

Devant cette mascarade qui la secoue totalement, Esther reste muette. Varin se dresse de toute sa taille derrière son bureau et continue avec rapidité sa dictée dont Couture a du mal à suivre. Il ajoute :

> - Sur quoi, elle nous a dit que, s'étant sauvée du naufrage arrivé à Bayonne, elle tomba dans la maison de Catherine Churiau, comme il est dit ci-dessus, qu'elle lui fit manger du porc et d'autres viandes dont l'usage est défendu parmi les Juifs, et qu'elle prit la résolution de ne plus retourner chez son père et sa mère pour jouir de la même liberté que les chrétiens. La même liberté... Ah !... ah, bien !
> Dont et du tout, nous avons dressé le présent procès-verbal et à ladite Esther Brandeau.
> Signé avec nous à Québec les jours et aux susdits.
> Collationné Varin (296-297)

Ainsi, Esther assiste-t-elle à l'écriture d'une nouvelle version de son histoire, adaptée selon les besoins et les intérêts de l'administration portuaire. Tout est mensonger loin de sa propre vérité. Pendant son emprisonnement à l'Hôpital-Général de Québec, elle se rappelle qui elle est, d'où elle vient et quelle sa vraie religion. Elle prend conscience du combat qu'elle doit livrer pour retrouver sa liberté et surtout maintenir sa foi.

> Aujourd'hui, j'ai vingt ans. Je m'appelle Esther Brandao. Je reviens d'où je suis partie, il y a cinq ans, d'un autre couvent, d'un autre ghetto. Hier, j'avais quinze ans. En fuyant, j'ai laissé derrière moi l'écho de ma honte, vent d'Ouest, qui m'a rattrapée en haletant.
> [...]
> Aujourd'hui, sur une autre île déserte, à l'autre bout d'un monde sauvage, en Amérique, là où l'Europe assassine va renaître d'un sang neuf, le destin me donne l'occasion de laver ce qui dans mon cœur s'est souillé, de repasser ce qui dans mon âme s'est froissé, de guérir ce qui dans mon corps s'est blessé. (302-303)

L'une des ambitions de Lasry en relatant le séjour d'une année d'Esther au Québec, est d'offrir à son lecteur un vaste tableau de la vie telle qu'elle se présentait sous le règne du roi Louis XIV, ou plus exactement pendant la période où le commerce avec le Nouveau Monde a mis en œuvre l'application de lois et de règlements favorisant certains et privant d'autres au nom d'une justice a deux poids et à deux mesures. Il se propose, en effet, de le transporter dans un passé lointain et de le faire pénétrer dans un univers dont il ne peut avoir connaissance que par le biais de l'étude historique ou de la narration romanesque. C'est ainsi qu'il organise la fiction romanesque à la confluence d'un discours sur le passé intégré dans l'organisation d'une mémoire.

Durant le temps de son incarcération, elle est exposée aux pratiques exercées dans l'Hôpital-Général, considéré comme une institution carcérale qui se charge de nettoyer la société de tous les dégâts matériels qui causent sa perte. C'est « un purgatoire où, à travers la souffrance qu'on leur impose, les internées doivent prendre conscience de la dimension spirituelle de leurs fautes. Souffrance, souffrance, partout la souffrance ! » (308). La notion de péché est omniprésente et le traitement réservé par les religieuses aux filles pécheresses est insoutenable. « Leurs sentences servent au rachat de leurs âmes et les sœurs servent de modèles virtuels dans cet univers de pesanteur et de grâce » (309). Elle découvre avec désarroi les préjugés et les jeux de pouvoir qui régissent la nouvelle colonie.

En novembre 1738, Esther est admise dans la classe de Monsieur Mornède, un missionnaire laïque, auprès duquel elle est censée revenir à la raison et d'orienter sa conscience religieuse en assurant sa conversion au catholicisme qui lui offre une nouvelle naissance à la vie de la grâce. Ce faisant, elle s'engage aussi bien avec lui qu'avec des religieuses dans des discussions à n'en pas finir qui ne font que renforcer sa foi juive, refusant de la nier par crainte de l'enfer. Esther se libère progressivement de l'endoctrinement qu'elle avait reçu au couvent et endosse avec conviction son identité de femme juive. À la fin du mois, Mornède écrit un rapport exaspéré à sa sœur Lallier, la directrice de conscience d'Esther : « *La nouvelle est tellement indisciplinée dans son questionnement, que je dois la renvoyer* ». En plus, il a remarqué que : « *Les Indiennes, Kahantinehta en tête, commencent à murmurer entre elles dans leurs langues étrangères et certainement interdites, des paroles visiblement critiques de la religion, et jusque là inouïes* » (318).

Le 23 décembre 1738, Esther quitte sans regret et sans dire au revoir à personne l'Hôpital à pied, en fin d'après-midi, escortée par un gendarme pour se rendre chez les Gélinas. C'est une famille admise dans la colonie il y a un siècle comme nouveaux-chrétiens, et qui a « un ancêtre, le Juif Élie de Léna, établi à Saintes, près de Bordeaux, après l'expulsion des Juifs d'Espagne. Juif Élie se contracta, en langage populaire, en Juélina, en Gélineau ou Gélinas » (331). C'est l'occasion pour elle de découvrir la vie incroyablement rude dans un climat nordique très dur surtout l'hiver, l'importance de la terre, de la chasse, de la pêche, du marché des fourrures, de la famille et de la religion. Durant son séjour chez les Gélinas, elle va pouvoir célébrer avec eux toutes les fêtes et toutes les commémorations juives. Et surtout, elle va accomplir sa *téchouvah*, son retour à l'identité juive, qui représente pour elle, retour à la pureté de l'âme qui est près de Dieu.

Il convient de préciser que les tentatives infructueuses de sa conversion par les ecclésiastiques « zélés » décrites dans la lettre en date du 17 septembre 1739 de Gilles Hoquart, l'intendant de la Nouvelle-France, au ministre de la Marine en France insistent sur le refus d'Esther de se convertir. C'est sa foi qui est mise en cause et non son travestissement[42], même si le fait d'emprunter les vêtements d'un autre sexe est punissable par la loi au XVIIIe siècle.

> *J'ai de nouveau interrogé cette fille, pour découvrir la vérité. Elle est si volage qu'elle n'a pu s'accommoder ni à l'Hôpital-Général ni dans les maisons particulières où je l'avais fait mettre. Le concierge de la prison en a pris soin en dernier lieu et l'a retirée. Elle n'a pas tenu absolument une mauvaise conduite, mais elle a tant de légèreté, qu'elle a été en différents temps aussi docile que revêche aux instructions que les ecclésiastiques zélés ont voulu lui donner ; je n'ai d'autre parti à prendre que la renvoyer. Le sieur Lafargue, capitaine du bateau le Comte de Matignon de la Rochelle, doit s'en charger et la remettre à Monsieur de Belamy.* (373)

La réception de la lettre de Ménahem lui apporte une immense lueur d'espoir et annonce la fin de son calvaire et la réparation de l'injustice qu'elle avait subie.

> *Chère Esther,*
> *J'ai pu avoir des nouvelles de vous grâce à M. Gradis, qui a été d'un grand secours, lorsque j'ai su qu'on vous avait embarquée de force sur Le Saint-Michel au Port de La Rochelle... Tenez bon. Vous n'avez rien à craindre. J'ai retrouvé un voyageur de la diligence Saint-Malo-La Rochelle, prêt à témoigner de votre arrestation en pleine route près de Noisel, et j'ai les noms de trois personnes qui ont assisté à l'échauffourée provoquée par l'embarquement forcé de plusieurs de vos compagnons*

---

[42] Voir Yvonne Völkl. « Un travestissement instructif. Esther Brandeau dans *Une Juive en Nouvelle-France* de Pierre Lasry », Gilles Dupuis, Klaus-Dieter Ertler, Alessandra Ferraro (s. la dir. de) *Présences, résurgences et oublis du religieux dans les littératures française* et *québécoise*, Frankfurt a. M., Peter Lang, 2017, pp. 217-235.

> *d'infortune, au port de La Rochelle. S'il le faut, j'écrirai au Ministre des Colonies, et au roi lui-même qui, d'après ce que l'on dit, a interdit ces enlèvements. Le duc de Gramont n'est plus. Votre père David, et votre famille au complet, sont au courant de votre destin. Ils prient nuit et jour pour votre retour.* (358)

Excitée, elle ne peut retenir sa joie en repliant sa lettre, se demandant au plus profond de son cœur s'il voulait encore créer le Messie avec elle. C'est décidé, son rapatriement en France est pris en charge personnellement par Louis XV, le 28 septembre 1739. En regardant le port de La Rochelle et repérant la présence de son père et de Ménahem parmi la foule de personnes attendant sur les quais, elle dirige son regard vers l'horizon, vers une Amérique lointaine, porteur de souvenirs de son long périple, exprimant au Tout-Puissant sa profonde gratitude.

> *Merci, mon Dieu. Tu as mis entre moi et ma honte d'être Juive, l'espace d'un océan. À quelque chose malheur est bon. Cette honte m'a exilée à travers le monde en me faisant découvrir mon passé vivant et l'avenir qui aurait pu être le mien. Cette honte ne venait pas d'une connaissance de ma propre culture, mais provenait d'une culture qui, en voulant remplacer Israël, en a fait un objet de mépris universel. Une culture qui nous a dit pendant des siècles, « si tu es qui tu es, comment moi puis-je être ? » Caïn n'a pas pu comprendre qu'Abel était différent, alors il l'a tué. Tu es qui tu es, je suis qui je suis. Que tu m'aies brûlée à York, assassinée à Barcelone, réduite en cendres à Auschwitz, je suis revenue. C'est pour cela que je suis revenue, pour le dire tout haut.* (374)

Esther retrouve son bonheur et sa quiétude auprès de Ménahem, scellant leur destin dans la joie des retrouvailles. N'éprouvant plus ni de déchirement ni de doute envers son identité juive, elle fait le vide en elle, pour faire place à l'autre, l'enfant qu'ils vont tous les deux concevoir en leur nuit de noces et d'union.

L'écriture de Lasry est reconstruction et représentation. La reconstruction historique et la restitution de la réalité lui ont permis la réalisation d'un roman dense et captivant dans lequel il déploie sa fougue et sa fureur pour faire surgir toute une époque avec rigueur et vigueur. Son intérêt majeur porte sur l'imagination d'un vécu, sa re-création à partir d'une vérité historique transposée dans un récit qui unit de manière articulée pensée critique, travail de recherche, considérations historiques (et parfois sociales), descriptions détaillées et narration fluide. En recourant à l'histoire d'Esther pour faire revivre la fatalité de son destin qui est celui de tous les Juifs d'hier à aujourd'hui, il traduit ses préoccupations à la source de sa propre vision du monde et de la vie. En effet, la voix d'Esher représente toutes les facettes de la réponse humaine face à l'oppression : le déni, la peur, la fuite et enfin la résistance. Femme, jeune et juive, elle est un symbole intemporel de lutte contre toutes les contraintes passées et présentes, qu'elles soient politiques, culturelles, religieuses ou familiales.

Chez Lasry, ce n'est plus l'Histoire qui entoure la fiction, mais la liberté de la fiction qui est mise au service d'une représentation de l'Histoire. Il induit la détermination et la compréhension du présent par le passé et, parallèlement, la rétraction du présent sur notre compréhension du passé. Le fait historique est racontable et recourt à des procédés de re-présentation. Ainsi, expliquer l'Histoire en la représentant, en la faisant « revivre », c'est établir une corrélation entre le passé et le présent. Des informations précises renseignent le lecteur sur l'Histoire, mais cette dernière est soumise à l'imagination. Ce qui constitue une forme spécifique de fusion entre la réalité et la fiction[43], pour dépasser la condition du Juif dans son unicité pour la rendre plus générale, voire plus universelle.

> *Ce n'est pas une histoire de race ! Le Juif existe dans toutes les couleurs, dans toutes les races, dans toutes les langues, de l'Afrique à la Chine, de l'Amérique à l'Europe... C'est une histoire d'héritage spirituel, de message à transmettre que confronte chaque peuple. Cet héritage, on le garde ou on le perd. Faut-il encore savoir ce qu'il vaut, ce que l'on vaut. Si on ne le sait pas, alors l'Indien ou le Noir deviennent Blanc, mais un Blanc honteux. Le Québécois devient étranger chez lui, le Juif idolâtre, la femme un homme et l'homme une femme ! Et partout règne la honte de ce qu'on ne veut plus être !* (345)

Une Juive en Nouvelle-France est pertinent dans la mesure où il reproduit la décomposition sociale de l'époque traitée et constitue une interprétation directe de l'Histoire. Il représente des événements qui se sont effectivement déroulés et des personnages qui ont réellement existé. Ceci dit, avec ce roman, Pierre Lasry livre une compréhension de l'Histoire plus moderne et surtout supérieure à celle des historiens. Il a réalisé à partir d'une relation historique entièrement authentifiée par des instances extralittéraires, une œuvre qui n'a d'existence que littéraire. Maître du jeu narratif, il a réussi à faire de l'écriture de l'Histoire une remarquable fiction romanesque qui allie cohérence, constance et volonté d'approfondissement, de dénonciation des formes de l'obscurantisme catholique qui touchait les Juifs à travers les époques et les continents. Par-dessus tout, *Une Juive en Nouvelle-France* demeure un instrument de la connaissance historique. Mais ce qui plaît dans ce roman, c'est qu'il dépayse et raconte, tout en posant de grandes et vraies

---

[43] Jean Molino. « Qu'est-ce que le roman historique ? », *Revue d'Histoire littéraire de la France*, 75e année, N°s 2-3, mars-juin, p. 204.

questions, qu'il s'adresse à la fois à la sensibilité et à l'intelligence du lecteur abordant une thématique originale et inédite dans la littérature du Québec.

Point n'est besoin d'ajouter qu'il s'agit d'un roman majeur dans la production littéraire de Lasry, marqué par des subtilités délectables et qui acquiert une plénitude sémantique par la référence à la réalité historique sur laquelle elle se fonde. Il se caractérise par une scrupuleuse exactitude dans la relation des faits, du moins la délimitation de ce qui relève de l'imagination de l'écrivain, procurée par l'écriture de ce récit qui se trouve donc vraisemblablement coïncider avec la « vérité historique »[44].

---

[44] Pierre Ronzeaud. « Formes et enjeux de la réécriture moderne des crises du XVIIe siècle : les romans historiques de Raymond Jean », *Représentations de l'histoire*, Actes du colloque franco-allemand de Cologne (17-18 juin 1988), publiés par Gérard Laudin et Edgar Mass, 1993, p. 250.

Raphaël LÉVY

Natif d'Algérie, Raphaël Lévy est né à Alger le 26 septembre 1948. Diplômé de l'ENPA à Alger, une école d'ingénieurs en aéronautique, il se sent très tôt attiré par les arts, les lettres et le cinéma. Après la réalisation de quelques documentaires à Paris et à Bruxelles, il part à Los Angeles. C'est suite à un accident de voiture sur l'autoroute menant de Los Angeles à San Francisco, alors qu'il prévoyait de retourner en France, en 1968, qui le fait séjourner à Montréal pour sa convalescence, où il décide finalement d'y résider. Il entame une carrière riche et diversifiée. Il réalise des films sur la Chasse et la Pêche, des spots publicitaires, un long-métrage « *Le Noël de Madame Beauchamp* » et écrit pour le doublage des films américains. À Paris, un second long-métrage « *Toccata et fugue pour un enfant* ». Artiste multidisciplinaire, il est l'auteur de plusieurs scénarios, deux pièces de théâtre, « *La petite Injustice* », jouée au Saïdye Bronfman, et « *Rédemption* ». Il mène aussi une carrière de peintre-dessinateur, tout en enseignant et pratique le vitrail et l'enluminure sur parchemin. Il est l'auteur de deux romans : *L'homme qui voulait changer le monde*[1] et *David, la vie fabuleuse du berger devenu roi d'Israël*[2]. Après la réalisation de ces romans, il décide de ne se consacrer qu'à l'écriture. Il a à son actif plusieurs textes achevés en attente de publication : des romans[3], des essais[4], un pamphlet[5], un livre d'art[6] et deux projets en cours d'écriture[7].

Ainsi, doté d'une imagination foisonnante, Raphaël Lévy est un brillant créateur culturel. Il est à la fois peintre talentueux, maître dans l'art du vitrail, cinéaste chevronné, scénariste de pièces de théâtre, réalisateur, dramaturge et romancier. Son premier roman de science-fiction a été encensé unanimement par les critiques littéraires francophones. C'est un écrit passionnant et plein de rebondissements inattendus où le surnaturel et le fantastique se mêlent dans une trame narrative très saisissante qui permet d'entamer un voyage extraordinaire.

En choisissant de « commencer par la fin », l'écrivain concrétise une démarche judicieuse en livrant une histoire intrigante qui suscite l'intérêt du lecteur d'aller jusqu'au bout pour découvrir le mystère qui se cache derrière

---

[1] Raphaël Lévy. *L'Homme qui voulait changer le monde*, Montréal, Lanctôt Éditeur, 2005, 2009, 340 p.
[2] Raphaël Lévy. *David, la vie fabuleuse du berger devenu roi d'Israël*, Montréal, Éditions Coups de Cœur, 2012, 443 p.
[3] *Alger…. Alger, 21 jours ailleurs* et *Requiem pour un père*.
[4] *Guérir d'un chagrin d'amour* et *De la possibilité d'un 5ème évangile*.
[5] *Tout ce que vous devriez savoir sur les Juifs et Israël et qu'on ne vous a pas dit*.
[6] *Il était une fois Jérusalem*.
[7] *Recherche âme sœur désespérément* et *Dog Family*.

l'assassinat à Paris, une nuit de Noël, en décembre 2006, du professeur Justin Luckiny, âgé de cinquante-cinq ans, considéré comme une des figures emblématiques de paix et de justice de la fin du vingtième du siècle. C'est, apparemment, un meurtre crapuleux. Il laisse une veuve, son épouse et disciple, Lisa Harrison, et deux enfants en bas âge.

> Justin Luckiny, l'astrophysicien et humaniste de renommée mondiale, que tout le monde reconnaît, est intransportable. Il respire faiblement dans les bras de son épouse, dont il peut encore replacer la fleur tombée de ses cheveux. Il sait qu'il va mourir. Il ménage sa respiration pour s'ancrer à l'infime souffle de vie qui l'habite et au visage de son épouse, à cette blondeur précieuse, tout auréolée de la lumière des réverbères. Leurs lèvres s'unissent, leurs larmes bleues se rejoignent. Justin Luckiny chemine dans le mirage de l'au-delà, il est mortellement blessé franchissant les derniers mètres qui le séparent de la margelle d'un puits… (16)

Après avoir exprimé ses adieux à sa femme, son âme « débarrassée de son enveloppe corporelle flotte maintenant au-dessus du lieu du drame » (17). Les courants ascensionnels l'arrachent à l'attraction terrestre et d'un coup, à la vitesse d'un projectile, il est projeté loin de Paris, toujours scintillante de ses milliers de lampions de Noël qui devient une « grande toile noire perforée de points lumineux lui faisant regretter de s'être tant éloigné des siens » (17). Il se distance de la terre ferme à des kilomètres d'altitude dans l'atmosphère.

> Le mirage s'estompe et s'éparpille dans le velours sombre de la stratosphère. La planète Terre n'est maintenant qu'une lointaine turquoise incrustée de nacre. Propulsé à une vitesse fabuleuse, Justin Luckiny traverse le système solaire, vite englouti dans l'amas stellaire de la Voie lactée. Tel un météore parcourant les profondeurs de l'Univers, Justin Luckiny fonde en direction de la galaxie Andromède. (18)

Les sommités religieuses, scientifiques et politiques rendent hommage à travers le monde à cet humaniste et scientifique de génie qui a prouvé l'existence de l'au-delà. Quant aux médias, ils évoquent le parcours de sa vie extraordinaire dont l'histoire est singulière, riche et enrichissante. En effet, orphelin de mère, il a neuf ans lorsque son père Jérémie, un athlète fatigué, au glorieux passé de boxeur, qui à défaut de s'occuper de lui, est obligé de le placer dans un centre d'hébergement de la DDASS. Il entretient une relation spéciale avec cet ancien champion qui réalise que son fils possède des dons surnaturels et une mémoire fabuleuse. Justin sait qu'il sera astrophysicien. Un jour, son père qui n'a pas donné signe de vie depuis un certain temps lui rend visite. Ce qui lui procure un bonheur inégalé.

> Un matin, Justin explose de joie : son père est là qui l'attend nonchalamment sur le perron de l'orphelinat de la DDASS, une cigarette qu'il ne fume pas pincée aux lèvres. Près du métro qu'il prend chaque jour, Justin ralentit le pas devant un kiosque à journaux. Jérémie Luckiny note la fascination qu'exercent sur son fils les revues consacrées aux sciences, à l'espace et à l'astrophysique. Il les lui achète toutes. (34)

Dans cet orphelinat où il est placé, il apparaît un enfant surdoué de l'Assistance publique qui suscite l'admiration de ses professeurs. C'est un cas unique qui dispose d'aptitudes intellectuelles surnaturelles et qui mérite des encouragements pour avancer dans sa progression de l'acquisition d'un grand savoir scientifique.

> La directrice de l'orphelinat de la DDASS, invitée à prendre part aux conseils de classe du lycée, se réjouit des dons extraordinaires de son protégé. En France, aucun établissement pour enfants surdoués n'existe encore. C'est ainsi que le directeur du lycée Charlemagne fera changer l'élève Justin Luckiny trois fois de niveau au cours de la même année scolaire. En une année encore neuf ans et l'on sait que sa prochaine rentrée scolaire s'effectuera en terminale. (38)

En récompense à ses réussites remarquables, « ayant magistralement cumulé quatre années d'études en une seule et révélé un don inouï pour les mathématiques, la physique et la chimie » (38), il reçoit plusieurs prix. Ce faisant, le considérant un pupille de l'État, le ministre de l'Éducation nationale s'engage à l'aider et à le soutenir en lui accordant « toutes les dérogations nécessaires et à veiller à ses besoins matériels » (38). En plus, il se voit offrir des vacances d'été payées par le gouvernement à Menton, dans le sud de la France, au bord de la mer. Il décide de les passer avec son père. Malheureusement, à la veille de leur départ, son père meurt dans des circonstances tragiques, à la suite d'une altercation avec des policiers.

> [...], ils sont trois à punir le prisonnier récalcitrant. Jérémie esquive les premières volées de coups de poing et de trique, se défendant du genou, du pied et de quelques-uns de ses redoutables coups de tête. Pas pour longtemps. Cerné, assailli de coups de bâton et de chaussure, il grimace, se plie et s'affaisse sur les genoux... Les tortionnaires ignorent qu'il est terrassé par une crise cardiaque. L'estocade, un coup de botte asséné en pleine poitrine, le renverse au sol. Essoufflés par leur besogne, ils brossent leurs vêtements de leurs mains, crachent sur le fauve vaincu et relèvent leurs collègues envoyés au tapis. (43)

Enfant prodige, Justin est admis à poursuivre ses études en banlieue parisienne, dans la prestigieuse Académie Technique Mathématiques et Scientifique, un organisme d'État pour élèves surdoués. Le directeur de cette institution, Robert de Rouvray, et son épouse Jeanne ont été nommés ses parents adoptifs. Il sera considéré comme membre de leur famille Ainsi, c'est dans une grande émotion qu'il quitte ses camarades du pensionnat et Géraldine Guillaumet, la directrice, le rassure de la bonne décision prise pour lui assurer un meilleur avenir. Il est confié au mari de sa sœur Jeanne qui habite une grande maison, avec sa femme et leurs deux enfants plus âgés que lui. Il peut vivre avec eux, s'il le désire, disposant de sa propre chambre « au lieu de loger avec les internes dans un pavillon de chambres à deux lits » (49). Il Justin est touché par la sensibilité et la générosité de la directrice à son égard qui lui offre un télescope et il saisit l'occasion, avant son départ, de lui exprimer sa gratitude envers son soutien et sa compréhension d'avoir accepté qu'il garde son chat Andromède durant tout le temps passé dans son institution.

Avant de quitter Paris, son père adoptif lui demande s'il a quelque chose à voir ou à faire dans la ville. Comme il décide de régler ses comptes avec les agresseurs de son père, il demande qu'on le conduise au commissariat. À la réception, il indique qu'il veut révéler une information d'une extrême importance au commissaire. Quand celui-ci apparaît, Justin annonce à une demi-douzaine de personnes perplexes les faits suivants :

> -Il y a trois mois, mon père était. Il est mort parce que vous l'avez frappé, beaucoup frappé, et que vous ne l'avez pas transporté à temps à l'hôpital… Cette nuit, j'ai fait un rêve. Je l'avais oublié, mais tout à l'heure, ça m'est revenu. J'ai vu des hommes et une femme en uniforme. Les Champs-Élysées étaient devenus un fleuve… Ils sont tombés dedans avec leur grosse voiture. Ils sont peut-être en danger, je voulais juste vous prévenir… (50)

Il quitte les lieux calmement laissant les agents de l'ordre dans une totale confusion. Immédiatement après son départ, une sonnerie de téléphone interrompt le silence.

> L'officier de police, qui a décroché, blêmit : il apprend qu'une estafette du commissariat a percuté la rambarde d'un pont et s'est précipitée dans la Seine. Les cinq occupants ont péri. Ce ne sont autres que les personnes impliquées dans l'accident ayant entraîné la mort de Jérémie Luckiny. Le commissaire se précipite hors du commissariat et rejoint la voiture de Robert, sur le point de démarrer :
> -Dis, petit, tu es content de ce qui est arrivé ? demande-t-il, essoufflé et la mine ahurie.
> - Oh non ! monsieur ! répond Justin. (50)

Justin grandit au sein d'un foyer harmonieux, entouré de ses parents adoptifs et de leurs enfants Éric et Juliette qui le traitent comme un frère. Aussi, l'établissement où il suit ses études est-il considéré comme élitiste préparant « les savants français de demain et a pour but avoué de gaver de connaissances – en mathématiques, astronomie, physique, chimie et sciences naturelles – le cerveau de ses prodigieux pensionnaires » (50-51). Dans son nouvel environnement, ses extraordinaires prédispositions spirituelles et scientifiques l'exposent à d'inévitables épreuves, tant avec ses camarades de classe beaucoup plus âgés que lui qu'avec ses professeurs qui demeurent « stupéfaits par ses facultés intellectuelles et manuelles » (53). Hors de l'académie, Justin fréquente des enfants de son âge. Il devient un bel adolescent charismatique qui sait se servir d'un radiotélescope, étudier les étoiles, piloter des planeurs, mais ne conduit pas de voiture. Il séduit par sa douceur et émeut par l'indéfinissable lueur de nostalgie qui l'habite. Il reste que le souvenir de son père ne le quitte pas, mais trouve auprès de sa nouvelle famille d'accueil un très grand soutien, l'encourageant et ne freinant pas sa boulimie de connaissances.

> Puisque, pour son fils prodige, les microscopes de l'ATMS ne sont plus assez performants et que l'infiniment petit l'intéresse autant que l'infiniment grand, Robert de Rouvray déploie toute sa force de persuasion administrative pour que Justin puisse approcher des instruments de haute technologie. Durant les vacances de Pâques, en avril 1962, recommandations à l'appui, Justin est admis au laboratoire d'optique électronique du CNRS de Toulouse. (63)

Très vite, il s'expose à mener une vie stimulante pleine de défis et apparaît en possession de forces surnaturelles qui vont lui permettre non seulement d'intégrer le groupe des élèves brillants et doués, mais surtout de progresser dans l'acquisition du savoir d'une façon remarquable.

> L'élève Luckiny fait très tôt partie du groupe qui se démarque du reste de la classe. L'électronique, l'informatique, la chimie, la mécanique, l'optique et les mathématiques appliquées sont des matières que l'enfant absorbe avec un plaisir et une facilité relevant du surnaturel. (73)

Ses dons exceptionnels sont forts remarqués et il devient un sujet de vive curiosité. Ce qui transforme totalement sa vie. Désigné comme un cas spécial, il est obligé de trouver un moyen pour se protéger contre cette pression médiatique et sociale qui risque de porter atteinte à son développement intellectuel.

> En quelques jours, les rumeurs de l'existence d'un enfant génial transforment le site du château en un lieu touristique. La police du

village a du mal à endiguer les meutes de gens et de journalistes. Justin, traqué, ne peut plus sortir de sa chambre. (79)

Cette situation ne l'empêche pas d'avancer dans ses études et de grandir traversant le temps en assistant à des événements majeurs de l'histoire contemporaine, déterminé à atteindre son but. L'idée scientifique qu'il a toujours caressée se précise davantage dans ses recherches et le motive à poursuivre sa voie pour prouver ses découvertes qui pourront avoir une valeur universelle incontestable.

> Les années passent. L'étudiant prodige, aux cheveux bouclés et à la barbe naissante, est demeuré fidèle à ses camarades de Villebon-sur-Yvette, malgré une réputation qui le maintient à la une de l'actualité. À la veille de son dix-septième anniversaire, sorti major de l'École polytechnique, diplôme d'aérosup et déjà une sommité en exobiologie, il achève la rédaction d'une thèse de doctorat qu'il a intitulée « De la possibilité d'existence de planètes habitées dans la galaxie Andromède ». Il existerait dans l'Univers d'autres formes de vies et pas nécessairement calquées sur la nôtre. (85)

Il convient d'indiquer qu'à 18 ans, Justin Luckiny est un jeune homme charismatique, déjà célèbre dans le monde entier. Il soutient sa thèse de doctorat sur *La possibilité de l'existence de planètes éthérées habitées dans la galaxie Andromède,* devant une élite astrophysicienne internationale. Il met en évidence l'existence d'une civilisation métaphysique en état de grâce perpétuelle, ayant privilégié le développement de l'esprit sur celui de la matière. Il nomme ces entités éthérées *Scintillas*, des âmes dépourvues de tout aspect corporel conventionnel. Son mentor et ami n'est autre que Stephen Hawking, le physicien britannique. De plus, le Canadien Norbert Bees et le Britannique Stephen Hawking, ayant suivi avec un grand intérêt son cursus universitaire, parrainent-ils volontiers la thèse de doctorat qu'il soutient devant un jury issu de la communauté astrophysicienne mondiale. Son idée est géniale considérée comme une avancée remarquable dans le domaine des sciences.

> Justin Luckiny parvient à la conception métaphysique d'une civilisation hors du commun, d'une civilisation en état de grâce perpétuelle, ayant privilégié le développement de l'esprit à celui de la matière. Une civilisation composée d'entités qu'il nomme « êtres éthérés », des âmes dépourvues de tout aspect corporel conventionnel. (86)

Ayant acquis une renommée internationale, l'industrie aérospatiale et les départements de recherche de prestigieuses universités le sollicitent, mais son père adoptif lui conseille une période sabbatique. C'est ainsi que, pour joindre l'utile à l'agréable, le jeune savant accepte la mission scientifique que lui confie l'Association *International Dark-Sky* de Tucson en Arizona, d'enquêter sur les performances des plus grands télescopes du monde. Une contrainte assombrit la perspective de cette passionnante odyssée : il devra se séparer pendant trois ans de Marguerite, son amour d'enfance. Son périple, de l'Occident au Proche-Orient et en Asie, s'avère un voyage initiatique ponctué de mystères, d'aventures et de rencontres enrichissantes. Et il endure son premier chagrin d'amour : Marguerite a cessé de lui écrire. Après une halte dans le monastère de Tendzin Gyatso, l'actuel Dalaï-Lama, il atterrit par erreur à Calcutta où il est soudain confronté à la misère humaine, un choc qui, dorénavant, conditionnera toute son existence. De retour chez lui, Justin revoit Marguerite. Elle a été séduite par un jeune homme ; enceinte, elle l'a épousé pour donner un père à son bébé.

Après ce long voyage initiatique à travers le monde, à 23 ans, le jeune savant, dont la célébrité ne cesse de grandir, accomplit son service militaire à l'Aérospatiale, puis entre au département d'exobiologie du Centre national de la recherche scientifique, tout en menant de front une carrière d'auteur de romans de science-fiction. Il gagne beaucoup d'argent qu'il distribue à des organismes humanitaires, multiplie ses fonctions, estimant ainsi donner un sens à son existence. Embrassant la carrière d'astrophysicien, il remporte grâce à sa thèse de doctorat le prix Nobel et devient, à l'instar d'Einstein et de Hawking, une figure emblématique de la science mondiale, vouée tout entière à une évolution sans frontières.

Il est important de rappeler que dès son plus jeune âge, l'orphelin surdoué comprend que l'univers est à l'image du corps humain. Si une cellule cancéreuse peut, à elle seule, contaminer tous les tissus, pourquoi une planète « malade » ne pourrait-elle pas faire courir le même risque aux nébuleuses qui l'entourent ?

Tout en se liant d'amitié avec les combattants de la pauvreté, il a foi en l'Organisation des Nations Unies, persuadé que de cette grande famille des Nations émergera un monde meilleur. Aussi, les ravages de la drogue aux portes des écoles l'astreignent-ils à concevoir secrètement un radar détecteur de molécules chimiques, le DMC, une arme redoutable contre les trafiquants. Il mène une carrière scientifique effrénée tout en s'engageant dans une lutte contre la misère qu'il lui demande beaucoup de sacrifices.

> Ayant décliné toutes les propositions de poste de scientifique qui lui ont été faites depuis son départ, il sort quatre dossiers volumineux relatifs à sa thèse sur la possibilité d'existence d'êtres éthérés et les place bien en vue. Parallèlement à ses travaux en exobiologie, de jour comme de nuit, Justin mène de front plusieurs activités humanitaires. Malgré des gains très substantiels, l'état de son compte bancaire est déficitaire. Il octroie aux fondations caritatives, qui ne cessent de le solliciter, plus qu'il ne gagne et

doit se résoudre à demander à ses éditeurs des avances sur les livres qu'il n'a pas encore écrits... (137)

Il devient ainsi l'esclave de sa plume parce qu'il a besoin de plus en plus d'argent pour faire face à ses nombreux engagements humanitaires, et payer le fisc. Il publie *Le jugement dernier ou comment changer le monde* qui va le tirer d'affaire et qui sera bien apprécié. Boutros Ghali considère ce roman comme une fable surréaliste qui suscite une prise de conscience dont la teneur le hisse au niveau universel, car c'est un message adressé au monde entier.

> C'est une fable se déroulant dans la première décennie du troisième millénaire. Née d'une réflexion, à savoir pourquoi la planète Terre, disposant de ressources naturelles suffisantes pour l'ensemble de ses habitants, gouvernée par des élites et dotée d'une institution comme l'ONU, ne parvient pas à endiguer la misère et les guerres, ce réquisitoire n'est rien d'autre qu'une série de questions auxquelles les classes dirigeantes et les chefs religieux sont dans l'incapacité de répondre sous peine de se discréditer à leurs propres yeux. (161)

En fait, c'est un récit fictif, étrangement prémonitoire, qui évoque les urgences de l'humanité, de l'éradication de la misère, de la violence et dénonce l'échec des gouvernants de la planète.

> Chaque génération possède ses visionnaires. Le bon sens n'est pas l'apanage exclusif des élites formées dans les grandes écoles nationales. Un sans-logis en possède autant qu'un Premier ministre. Quant aux mères de famille nombreuse, qui parviennent à élever leurs enfants dans la dignité et l'austérité, elles sont l'exemple même de la probité et de l'efficacité en matière d'administration et de gestion. Il y a des gens qui mettent bénévolement leur vie au service du prochain ; ces anges de pitié et de miséricorde ne sont pas intégrés aux gouvernements qui se suivent et se ressemblent dans leur inefficacité. (163)

Au moment même, dans une clinique de Chicago, un nouveau-né pousse son premier cri : Lisa est l'enfant unique et tardive des richissimes Gloria et John Harrison. L'indication de cette naissance est marquante parce qu'elle va entraîner un grand changement dans le devenir existentiel du savant qui se prépare à sceller son destin avec la brillante et aguichante Ariane. En effet, cette collègue de travail a réussi de le tirer de sa solitude en le convaincant de fonder sa propre famille. Mais une semaine avant leur mariage, fixé le 15 mai 1979, un fait tragique, en l'assassinat d'une fillette par un pédophile, rouvre sa plaie de Calcutta jamais cicatrisée. En France, voici plusieurs années, il avait soumis au gouvernement la conception d'un bracelet de surveillance dont il préconisait le port à tous les écoliers. Il décide de financer lui-même et sans tarder ce projet. Elle croit le consoler et bien faire en lui brossant le tableau d'une vie conformiste, où chaque conjoint a un droit de regard sur les gains de l'autre. Il comprend alors qu'il fait fausse route avec elle et annule son mariage sur le champ. La jeune femme hurle et s'effondre de douleur.

Justin s'oublie dans le travail et le temps passe. Il prend à son compte une diversité de projets aux ressources inépuisables et aux frontières illimitées qui sont pertinents pour combattre les maux qui sévissent dans plusieurs pays. Sa mission humanitaire l'emporte sur tout et révèle ses soucis constants pour contribuer à l'amélioration de l'humanité. En avril 1996, Robert de Rouvray meurt paisiblement au château de l'ATMS à l'âge de quatre-vingt-treize ans. Le savant est affecté et « déplore son impuissance à ne pouvoir prolonger le souffle de vie qui se retire d'un être cher » (165). Pour lui, cet homme a été un père et un guide pendant trente-cinq ans. Son grand départ le fait réfléchir sur le sens de sa vie se demandant ce qu'il a fait de sa jeunesse maintenant qu'il a atteint quarante-quatre ans.

Des années plus tard, n'ayant pas encore fondé un foyer, il craint de ne jamais rencontrer son âme sœur. Un soir, il fait part de son angoisse à Jeanne, sa mère adoptive, tandis qu'il observe le ciel avec elle.

> [...] Je me demande s'il m'arrivera un jour de respirer un parfum de femme... si j'en tiendrai une dans mes bras... je ne sais plus ce que c'est ! J'ai quarante-huit ans...
> Jeanne joue avec les cheveux bouclés de Justin, grisonnants par endroits.
> - Qu'est-ce que tu me racontes là ? Charlie Chaplin a trouvé son véritable amour à cinquante-cinq ans ! dit-elle sur un ton enjoué. Mais lui, au moins, il y pensait. Est-ce que tu regardes les femmes autour de toi ? Il y en a sûrement qui te lorgnent, mais tu es toujours dans les nuages et que ton nez demeure planté dans tes livres, il y a peu de chances pour que tu en trouves là... J'ai rangé ton bureau. Mon Dieu, tous ces cartons d'invitation que tu n'ouvres même pas ! Tu t'imagines peut-être qu'un jour une femme viendra frapper à ta porte et te dira : « Coucou, c'est moi ! Je suis la femme qu'il vous faut, je voudrais vous épouser ! »
> Jeanne a parfaitement miné la scène et Justin rit.
> - J'avoue que j'aimerais ça se passe comme ça. (171)

Lisa Harrison, maintenant âgée de 21 ans, est adulée par son père John. Ses dons extrasensoriels et le choix d'une carrière en astrophysique en font un personnage marginal. Cette jeune astrophysicienne américaine a l'intime conviction que son destin est lié à celui du professeur Luckiny dont elle a lu tous les ouvrages. Comme lui, elle est acquise à l'exobiologie, la science de la recherche d'une intelligence extraterrestre. Justin habite tout en haut d'un immeuble de l'île Saint-Louis, dans un appartement dont une partie est aménagée en laboratoire d'astronomie. C'est elle qui va le demander en mariage ! Une même essence existentielle et un amour hors du commun vont donc les lier.

À la veille de l'an 2000, la Terre est malade parce que privée de ce dont elle a le plus besoin : la compassion et la justice. Les victimes crient contre l'injustice à travers tous les pores de la croûte terrestre. La NASA dépêche Lisa en France, à l'observatoire de Nançay. Pour la jeune scientifique surdouée, c'est un signe du destin. L'an 2000 est dans quelques jours. Le professeur Luckiny donne une conférence à la Sorbonne, à l'occasion de la sortie de son livre, *La métaphysique du destin*. La salle est comble et la seule façon pour elle d'être admise est d'aller à la rencontre du conférencier et de se présenter à lui.

> Lisa noue ses cheveux en chignon, se lisse les sourcils et frappe à la porte qu'on lui a indiquée, tremblante d'appréhension. Le trac qui la ronge ne disparaît qu'à l'instant où cette porte s'ouvre... à cet instant précis où elle lance, le moins naturellement du monde pour l'avoir trop répété à l'avance :
> -C'est moi, je suis là !... (177)

Ce qu'elle garde de sa première rencontre avec l'homme dont elle est amoureuse, sont trois flashs qui restent gravés dans sa mémoire : « Une porte qui s'ouvre, un éclair subliminal et un homme qui chancelle ». Et, pour lui, une jeune femme blonde en pull rose, ajustant une mèche de cheveux et disant candidement : « C'est moi, je suis là ! » (177) et dont l'apparition lui a complètement coupé le souffle. Mais le rêve de Lisa s'écroule lorsqu'à l'issue de la conférence, elle voit le professeur s'engouffrer dans une voiture conduite par une femme, et dans laquelle se trouvent deux adolescents. Cette méprise les fera se perdre de vue durant deux ans.

Lorsque la NASA charge Lisa d'une nouvelle mission et qu'il lui faut contacter le professeur Luckiny, une brève conversation téléphonique met fin au quiproquo. Lisa pleure de joie. Quelques jours plus tard, c'est armée d'une farouche et touchante détermination qu'elle se rend à une autre de ses conférences. *La télépathie, science ou conscience ?* tel est le sujet à débattre dans une université de Londres, en l'honneur du Dalaï Lama. Lisa se porte volontaire pour l'expérience que les invités réclament. C'est un défi auquel le conférencier ne peut se soustraire. Le cocktail de clôture bat son plein. Elisabeth Harrison attend son professeur de pied ferme, bien qu'elle craigne qu'il soit emmené au restaurant ou ailleurs, selon l'usage. Elle s'ancre alors à sa méthode d'auto-persuasion.

> « Il sera seul, il sera seul, il sera seul !... Parce que je le veux et qu'il va pleuvoir très fort ! » se dit-elle avant de se lancer au ciel un tonitruant :
> - *Think positive*, Lisa !
> Ce à quoi une voix amusée répond :
> - *Yes, think positive* ! (190)

Elle attend Justin qui apparaît effectivement seul, au moment où la pluie redouble d'intensité. Un simple échange s'engage entre eux :

> -Vous n'auriez pas de parapluie, comme toutes les femmes ? lui demande-t-il sur un ton badin.
> - Et vous, vous ne seriez pas marié, comme tous les hommes ?
> - Quel est le rapport avec le parapluie ?
> - Aucun, je l'avoue ! Non, je suis désolée, je n'ai pas de parapluie. (190)

Par cette rencontre, le roman entre dans une autre fonction narrative qui présente des éléments frappants dans un style mouvementé, insistant dans l'échange entre Justin et Lisa sur des qualités émotives et des réflexions intellectuelles. Dès que la glace se brise entre eux, c'est la jeune Américaine qui mènera la danse face à un homme désorienté, timide, mais souhaitant ne pas être abusé par un rêve. Elle lui demande s'il était marié et apprenant qu'il n'a pas de compagne, elle n'hésite pas de lui affirmer qu'il n'est jamais trop tard, ajoutant sur un ton plein de certitude et de conviction.

> - Ne cherchez plus, je suis la femme qu'il vous faut ! Vous n'en trouverez pas de meilleure, épousez-moi !
> - Pardon ? s'écrie Justin, foudroyé par cette proposition.
> - Épousez-moi, répète Lisa pour mieux le ferrer, tandis que le dossier qu'il tenait sous le bras lui échappe et qu'il lâche un *Nom de Dieu !* (191)

Incapable de dissimuler son fou rire, elle récupère la totalité des pages, avant qu'il n'ait pu en ramasser une seule. Elle lui indique qu'ils sont trempés et qu'ils ne doivent pas rester pas là, en l'entraînant par la main, sous une véranda. Justin la suit et saisit l'occasion pour lui rappeler qu'il avait remarqué sa présence :

> - Et, un soir, vous avez fait un esclandre sous prétexte qu'on vous avait pris votre place, alors que...
> - Alors que tout le monde sait qu'il n'y a pas de place attitrée dans un amphithéâtre !
> - Bien entendu !
> - Mais, moi, je suis toujours parmi les premiers à arriver et je pose intentionnellement quelque chose pour réserver mon siège... Rien

de plus normal, quand on est amoureuse de son conférencier !
(192)

L'astrophysicien joue le jeu. Il se nourrit de ses réactions et renforce ses idées affirmant que ce genre de comportement arrive fréquemment en avançant qu'elle ne doit pas être surprise parce que cette situation est classique.

> -[...], on s'entiche de son professeur, ou de son acteur préféré... Sauf que dans votre cas, je n'en vois pas la raison. Vous n'avez rien à envier à qui que ce soit, la direction de la NASA parle de vous comme d'un génie... *Bachelor of Sciences* à 18 ans, la plus jeune Américaine diplômée du *Massachusetts Institute of Technology* et vos centres d'intérêt sont la recherche d'une intelligence extraterrestre et la parapsychologie. De plus vous êtes jeune et jolie... (192)

La jeune Américaine est admirative devant ses connaissances précises et pertinentes sur elle. Il l'informe que cela va de soi puisqu'elle travaille à Nançay et qu'il est son patron. Comme elle au début d'une brillante carrière, il lui suggère de ne songer qu'à réussir dans sa vie professionnelle. Loin de pouvoir la convaincre, elle l'interrompt pour lui signaler la profondeur de ses intentions qu'elle compte rester pour toujours en France et qu'elle s'y emploie de toutes ses forces. Elle est convaincue qu'elle sera, sous peu, son épouse et son assistante, manifestant son désir d'être à ses côtés quand il parviendra à communiquer avec ses *Scintillas* !

Interloqué, Justin lui répond que ce sont là les raisons qui la poussent à vouloir s'unir avec lui. Il est saisi au plus profond de lui-même, « se gratte les cheveux, dénoue sa cravate, fourre comme il peut le dossier dans son cartable » (193). Il ne sait plus quoi dire, dépassé par la force de ses arguments se contentant de baisser la tête. Quant à Lisa, elle poursuit calmement sur sa lancée pour lui permettre de bien déceler ses intentions :

> « Mais nous avons été foudroyés à mort par l'éclair, coupés en deux, selon la ligne médiane, puis éparpillés aux quatre coins du monde... C'est ainsi que nous gardons vivace en nous le souvenir de notre moitié perdue et brûlons du désir de la retrouver. Ce que Platon veut dire par là, c'est qu'il suffit d'arrêter le tourbillon dans lequel nous vivons et d'être à l'affût de certains signes, pour que nos deux moitiés se rejoignent... » Ce sont là vos paroles.
> - Ce sont celles de Platon. C'est de la mythologie, proteste-t-il, sans conviction. (193)

La pluie s'est arrêtée. L'astrophysicien quitte l'abri. Il bredouille son nom avouant qu'il est en train de faire un beau rêve, le plus beau rêve de sa vie, redoutant que tout ce qu'il entend ne soit que paroles éphémères qui vont rapidement disparaître pour la ramener à sa propre réalité.

> Mademoiselle Harrison, demain, quand je me réveillerai, je serai certainement troublé, meurtri même... Ce moment est délicieux... et je sais que, tout à l'heure, dans ma chambre d'hôtel, je vais être aussi malheureux qu'une pierre de lune perdue au fond d'un cratère... Euh... Si c'est une farce, elle est de très bon goût. Vraiment ! (193).

Une des raisons de sa crainte que leur union est quasiment du domaine de l'impossible, c'est la grandeur des différences qui les sépare. Il est trop âgé pour elle. Il a cinquante ans. Mais Lisa le rassure que « [...] quand deux âmes sœurs se retrouvent, elles ne parlent pas de leur âge... Le temps est une dimension qui n'existe pas dans l'Univers » (194).

La discussion entre eux se poursuit sur un ton allègre et espiègle. Cette nuit est décisive et ils décident de la vivre entièrement sans nulle interruption jusqu'à l'aube. Ils se dirigent vers Hyde Parc où les réverbères confèrent une couleur ambre à la brume qui flotte au-dessus des jardins humides. Elisabeth sent Justin trembler tandis qu'il s'est laissé prendre le bras. Il lui faut le rassurer davantage pour ne pas demeurer bloqué par la variable de l'âge : « [...] si vous vous donniez la peine de vous regarder dans un miroir, vous remarqueriez qu'avec votre bouille et vos cheveux en broussailles vous avez encore l'air d'un adolescent ! » (194), indique-t-elle. Suivant le fil de son raisonnement, elle lui affirme sa conviction qu'ils sont faits l'un pour l'autre et que leur avenir sera radieux ensemble. Maintenant qu'ils se sont retrouvés, plus rien ne pourra lui séparer lui rappelant ses regrets d'avoir perdu un temps précieux quand il l'avait vu avec cette femme et ces enfants pensant qu'ils étaient les siens : « J'ai été sotte, nous avons perdu deux ans et demi à cause de moi... » (195).

Justin panique et ne s'en cache pas. Il recourt à tous les arguments possibles pour la décourager espérant réussir à lui faire renoncer à poursuivre son idée qui lui semble irréelle et un tant soit peu obsessive.

> - Lisa, écoutez-moi bien. Je ne suis pas à marier. Je n'ai pas un sou, bien que je gagne très bien ma vie. Je donne tout à des œuvres de charité, je suis fauché, endetté, l'esclave de ma plume et de mes éditeurs à qui je dois fournir des textes pour payer le fisc. Un jour, la police me foutra en taule... (195)

Mais rien à faire parce qu'elle s'est donné une tâche très exigeante, celle de sauvegarder leur relation et de réaliser leur union marquant ainsi la force de leur destin qui transcende toutes les barrières et toutes les frontières. Elle réagit vivement à ses propos quand il lui indique qu'elle a droit à une meilleure vie, lui rappelant que tout le monde sait de quel milieu elle vient et que certainement ses parents seraient furieux.

> -Ah ! non, ne me servez pas ça ! Pas vous ! dit-elle, en soupirant tandis qu'elle se défait de son collier de perles, de sa bague, et de sa montre Cartier, enveloppant le tout dans son écharpe de soie posée sur le banc. (195)

Justin est mal à l'aise et tente d'avancer une explication simple en vue de la convaincre de ses bonnes intentions : « - Je n'ai jamais dit que c'était mal de porter des bijoux, mademoiselle ! » précise-t-il en s'éloignant. « Je hèle un taxi et je vous dépose à votre hôtel » ajouta-t-il, ignorant que Lisa était en train d'ôter ses vêtements, un à un, mais il l'entend dire sur un ton ferme : - « Car partout où tu iras, j'irai... Où tu demeureras, je veux demeurer, ton peuple sera mon peuple et ton Dieu sera mon Dieu... » (195).

Quand il réalise soudain qu'elle est nue, son sang ne fait qu'un tour. Il panique et se défait de son imperméable la rejoignant en catastrophe. Affolé, il ne peut croire à ce qui se déroule devant ses yeux qui risque de lui causer de sérieux problèmes.

> -Vous voulez ma perte ? On ne plaisante pas avec les policiers de Londres !
> [...]
> - Pour l'amour du ciel, gardez cet imperméable et rhabillez-vous, là, derrière ce muret. Vite, pour l'amour du ciel !
> - Vous êtes convaincu à présent ?
> - Mais de quoi ?
> - Qu'une gosse de riche n'a pas la peau cousue de fil d'or !
> - Je n'en sais rien, vous croyez que j'ai eu le temps de vous examiner ! dit Justin en refoulant son envie de rire et de pleurer à la fois. (196)

Leurs voix résonnent, foisonnent, se multiplient et se ramifient tout au long de leur échange indiquant qu'ils ont deux visions totalement différentes et que chacun agit à partir de sa propre expérience et du monde qu'il côtoie. Pour Justin, elle est jeune et n'a que vingt-neuf ans revenant constamment sur le grand écart qui les sépare. Il estime qu'il peut être son père. De son côté, Lisa est déterminée à briser les tabous et à dépasser tous les interdits rejetant totalement la variable de l'âge qui semble perturber Justin le bloquant dans la prise de toute initiative pour hisser leur relation à un autre niveau.

> - Nous avons vingt et un ans d'écart, je pourrais être votre père !
> - Faux, mon père a soixante-quinze ans ! Il y avait plus d'écart entre Oanna O'Neill et Charlie Chaplin qu'entre vous et moi... Vingt-cinq ans, je crois. Cela ne les a pas empêchés d'avoir une

> ribambelle d'enfants, lance-t-elle plus fort encore en le rejoignant en courant.
> - Je ne suis pas Charlie Chaplin, et je n'ai ni son talent ni sa fortune ! lui répond-il lorsqu'elle le rattrape.
> - Nos salaires nous suffiront. Nous aurons beaucoup d'enfants, droit aux allocations familiales comme tout le monde... Et puis, mon futur époux n'a rien à envier à Charlie Chaplin... Car je vois, je vois, là-bas dans les étoiles... qu'on lui décernera un Nobel ! Regardez, c'est écrit dans le ciel, en toutes lettres. (197)

Justin capitule. Ce qui indique un facteur important de leur évolution vers la réalisation d'une union qui a été prédestinée par des forces qui les dépasseront et qui finira par se réaliser coûte que coûte en son temps malgré toutes ses réserves et ses résistances.

> [Il] soupire, vaincu face à ce personnage au maintien de déesse, dont les yeux brillent comme les feux d'un diamant. Lisa sait qu'elle est en train de gagner une cause commune. Il est à bout d'arguments. Elle lui prend le bras, le rapproche contre elle et l'entraîne en direction de la Tamise. D'une voix tendre, posée, elle lui révèle tout ce qu'elle avait appris sur lui : la mort tragique de son père, son enfance dans un orphelinat. Elle ressentait dans son âme et son corps la solitude et les souffrances morales qu'il avait endurées. Que pouvait-elle faire ou dire de plus pour le convaincre qu'ils étaient faits l'un pour l'autre et que ce serait du gâchis de rater ce rendez-vous fixé par le destin ? (197)

Cet aspect est encore plus accentué par son rejet définitif de sa peur ou de sa gêne, laissant libre cours à ses pensées et à ses émotions pour l'encourager à chasser les doutes et d'avoir foi en la force de leur amour. Cette nuit est décisive pour connaître le mystère de leurs cœurs et de leurs âmes. Ils s'observent à la dérobée, rougissent tour à tour. Les heures passent. Les lampadaires s'éteignent.

> - C'est bientôt le matin ! , s'exclament-ils ensemble.
> Ils se regardent en riant. Leurs lèvres tremblent.
> - On a fait tout le chemin à pied, nos hôtels ne sont pas loin, constate Justin.
> - Je n'en peux plus, je tombe de sommeil... Asseyons-nous là... (198)

Sa proposition bien acceptée par Justin et leur arrêt pour un moment constitue un événement crucial dans le devenir de leur relation. Ils ont franchi toutes les barrières et à présent elle est son refuge paisible et son havre d'amour. Elle se cale au creux de son épaule. Ses paupières vacillent. Elle dit qu'elle a froid lui demandant s'il veut poser ses lèvres sur son front.

En sentant son baiser qui est brûlant, elle murmure en des paroles vibrantes : « Ma tête est lourde de pensées, elle va exploser si vous ne les partagez pas avec moi... » (198). Cette aisance de s'accepter mutuellement les rapproche et renforce le réveil de leurs désirs ardents et de leurs sensations. Lisa s'abandonne totalement, pliant ses jambes pour ramasser son corps et se blottir davantage dans ses bras. Justin ressert son étreinte et respire le souffle qui émane de sa gorge. Leur union revêt des formes variées et le contact de leurs corps respire l'oscillation entre deux cœurs qui vibrent d'intensité d'une passion singulière et profonde, entre deux êtres qui prennent conscience d'eux-mêmes que plus rien désormais ne peut les éloigner l'un de l'autre. Quand Lisa ouvre les yeux, Justin voit deux univers d'émeraude frémissants de désir. Elle entame une discussion avec lui qui permet de tisser des liens encore plus forts entre eux. Elle lui demande.

- Justin, que faites-vous, le matin, avant d'aller au travail ?
- Je prends mon petit déjeuner...
- Vous êtes assis... près d'une fenêtre...
- Une lucarne...
- Uh huh...
- Je regarde le ciel...
- Uh huh...
- C'est un petit carré... parfois bleu, parfois gris...
- Uh huh... Ensuite ?
- C'est tout...
- Non, il y a autre chose...
- Je pense à mon père... Je lui parle et... je pleure, quelquefois...
- Quelquefois ?...
- Je pleure.
- Je sais... À l'aube, les champs se recouvrent de rosée...
- Oui...
- Et ça les ravive toute la journée...
- Oui...
- Oh ! Justin, je veux aller partout où vous irez, pleurer quand vous pleurerez, rire quand vous rirez, avoir mal quand vous aurez mal !... (198-199)

Le 6 septembre 2002, trois semaines après leur rencontre, Justin et Lisa se marient en la mairie du 1er arrondissement de Paris. Ainsi qu'elle l'avait prédit, un prix Nobel le récompense pour l'ensemble de ses travaux et de son implication humanitaire. L'astrophysicien mène une existence paisible entre son épouse et ses deux enfants, bien que les problèmes du monde le préoccupent. Lisa s'épanouit auprès de cet homme tranquille, innocent et fragile, mais qui explore sans relâche les méandres de l'Univers. Elle est persuadée qu'il a quelque chose en commun avec les *Scintillas*, les Êtres éthérés de son roman. Le Détecteur de molécules chimiques, enfin opérationnel, permet de spectaculaires saisies de drogues.

Le narrateur met scientifiquement en évidence que la violence terrestre, depuis Caïn, altère non seulement l'équilibre de la planète, mais aussi, par ricochet, celui de l'Univers. De même que les cellules d'un cancer se multiplient et détruisent un corps humain, le mal conjugué de toutes les violences et injustices déclenche une explosion « de particules âmiques négatives » (250). Ces particules se propagent hors de la galaxie et en contaminent d'autres, aussi lointaines soient-elles. Le Conseil de sécurité de l'Univers condamne alors le Soleil à réduire en cendres l'une de ses planètes présentant une malformation congénitale : la Terre.

Il faut d'emblée signaler une particularité de ce roman qui se manifeste à ce moment dans le déroulement de la trame narrative. Il s'agit de l'orientation du récit de cette histoire vers le registre de science-fiction qui survient le jour fatal de l'assassinat de Justin. Comme il a été indiqué dans le premier chapitre, l'apôtre du bien effectue un voyage astral prodigieux et il est propulsé sur Andromède, la galaxie jumelle de la Voie lactée, retrouvant ainsi la planète que ses travaux avaient répertoriée sous le nom de « M31 CH26 » (246). Ses habitants, les *Scintillas* sont des entités algébriques et musicales qui ont « privilégié le développement de l'esprit à celui de la matière » (246). Là, il n'y existe ni naissance, ni maladie, ni mort, sauf quand elle vient d'ailleurs. Quelques Terriens ont droit d'asile en attendant leur métamorphose en Êtres éthérés. Justin retrouve son père, Jérémie, qui l'accueille avec sa bonhomie habituelle et sa mère qui n'est autre que la troublante créature rencontrée en Chine.

La conception du roman comme expression d'un état d'événements ancrés dans la réalité et d'autres totalement étranges, le plus souvent incompréhensibles, hors d'atteinte de la puissance humaine ou de l'explication rationnelle se manifeste à travers l'alerte soudaine qui est donnée sur la planète éthérée où la tolérance zéro de contamination extragalactique est atteinte. Il faut empêcher d'urgence le fléau de se propager. Le Conseil de sécurité des galaxies de l'univers dépêche l'Être supérieur interstellaire, l'ESI, pour qu'il intervienne sur la destinée de la Terre. Avant son départ, il demande à Justin de l'accompagner et d'être son guide. Ce dernier est fortement saisi et s'enquiert de son choix pour cette mission.

> - Pourquoi retournerais-je sur ma planète ?
> - Parce qu'il me faut un porte-parole et que vous êtes de ces créatures.
> - Un retour sur la Terre ? Comment est-ce possible ? Quand ?
> - Cela ne saurait tarder, un événement important se prépare sur votre planète. (251)

En fait, une des raisons de ce choix, c'est que l'ESI et Justin disposent d'un dénominateur commun. Ils sont dépourvus du gène de la haine et par ailleurs, le génome de l'astrophysicien comporte trois chromosomes identiques aux êtres de cette planète. De ce fait, s'il exige sa présence, c'est qu'il sait qu'il peut bien l'assister et le soutenir jusqu'à ses conséquences extrêmes. En fait, les craintes du savant se révèlent fondées lorsque le Conseil des Galaxies de l'Univers, l'équivalent des Nations unies, ordonne au Soleil de retrancher de son système l'unique planète atteinte de malformation congénitale : la Terre.

De retour sur la Terre, Justin fait une brève incursion dans son foyer avant de rejoindre l'ESI, auquel il a attribué le nom d'Adamas. C'est le 15 mai 2007 que se tient le Sommet des 181 chefs d'État. Dès l'ouverture de la Séance plénière, ces derniers sont retenus en otages. De nombreuses manifestations cosmiques sèment la terreur chez ces dirigeants assignés sur place par l'ESI au *Jugement dernier*. Le chef d'accusation : incompétence dans leurs fonctions. Le monde va être réduit en cendres, car le Tribunal des galaxies de l'univers a sommé le soleil de rappeler la planète Terre en son sein. La Terre est une erreur de la création. À cause de toutes ses injustices et de ses aberrations, la Terre perturbe l'équilibre cosmique. Un trou noir « efface » le site de l'ONU. Plus personne ne peut en sortir. Les premières brigades policières qui tentent d'y entrer fondent comme des flocons de neige au soleil. Les pays s'accusent mutuellement. On crie à la trahison. Il y a menace de guerre atomique. Certains croient à une collusion entre la Russie et les États-Unis, d'autres, à une farce. On appréhende David Copperfield, le célèbre illusionniste qui a déjà fait disparaître l'*Empire State Building*. La stupéfaction, la confusion et la panique se propagent dans le monde. Les armées sont sur un pied de guerre. Mais moins d'une heure après sa disparition, les structures de l'ONU réapparaissent et resplendissent dans un nuage nacré.

Retenus en otages dans les locaux de l'ONU, les chefs d'État sont sommés de résoudre les conflits qui les opposent, ce qui implique pour certains responsables la perspective de concessions douloureuses. Le délai de réflexion qui leur est imparti est très court. La passion du pouvoir l'emportera-t-elle sur celle de la survie de l'humanité ?

Adamas qui se manifeste sous différents aspects, fluides ou solides, et parle le langage des humains, ordonne aux chefs d'État de rejoindre l'amphithéâtre de l'Assemblée générale. L'apparition de Justin Luckiny procure un certain soulagement. Les diplomates s'insurgent contre cette « chose » qui prétend leur imposer un jugement, le Jugement dernier ! Ils sont principalement accusés d'incompétence dans leurs fonctions de dirigeants de la planète. L'ESI leur annonce que leur monde va bientôt être réduit en cendres, car le Tribunal des galaxies de l'univers a sommé le soleil de rappeler la planète Terre en son sein. La Terre est une erreur de la création. Par l'étendue de ses injustices et de ses aberrations, la Terre perturbe l'équilibre et la santé du Cosmos. Justin est suspecté. Et si le savant était l'instigateur de cet événement surréaliste, de ce diabolique jeu de rôles, lui dont toutes les œuvres prônent un monde parfait ?

Adamas, aux rires et aux colères aussi terribles que des secousses telluriques, fait comprendre aux otages qu'il s'agit bien de la fin imminente de leur monde. Si les chefs d'État acceptaient de le « refaire », il intercéderait en faveur de leur planète auprès du Conseil de sécurité des galaxies de l'Univers. Un sursis d'un mois, exigé par Justin qui prend le parti de ses frères humains, est obtenu au terme d'un duel qu'il perd cependant. On baigne dans l'absurde et la terreur. Adamas a dicté ses volontés et disparaît. Les diplomates captifs se comportent comme de simples mortels, ne pouvant dissimuler leurs peurs et leurs faiblesses. Certains se rattachent à l'idée d'un tournage de film, d'autres croient vivre un psychodrame.

Mais tout cela ne concerne ni n'impressionne Norma Pretty, la tonitruante responsable du service général d'entretien des locaux. Cette « Afro-Américaine de quarante ans, chef de service de l'entretien des locaux, est peu concernée par l'agitation générale et n'autorise aucun écart de conduite à son personnel » (270). Dans la tourmente de la vie quotidienne qui secoue ce microcosme diplomatique, elle est l'indispensable capitaine de bord, seule capable d'organiser une vie décente à bord de ce qui ressemble à une nef de fous. Bien que tout ce qui s'approche de la frontière interdite de l'ONU – commandos, véhicules, chars d'assaut, ou hélicoptères – soit happé et englouti sans laisser de traces, le Pentagone croit à une diabolique supercherie et envisage une intervention militaire internationale. La science est formelle : une force surnaturelle s'interpose à toute tentative de pénétration. Un tel phénomène ne peut résulter que d'une gravitation exceptionnelle, semblable à celle se trouvant au bord des trous noirs du cosmos ! Avant de se rendre au Conseil de sécurité de l'Univers, Adamas avait concédé quelques pouvoirs spéciaux à Justin, ainsi que la permission de passer un mois – la durée du siège – avec son épouse et ses enfants.

Justin saisit cette occasion et invite sa femme Lisa à entreprendre un bref séjour à Rome. Ils revivent l'inoubliable échappée en scooter de Gregory Peck et d'Audrey Hepburn dans le film *Vacances Romaines*.

> Le carabinier de service sur la place du Colisée, à Rome, s'époumone sur son sifflet. Il n'a jamais vu de scooter rouler sans conducteur, une femme assise sur le siège arrière, ni entendu se mêler des rires de femmes à ceux d'un homme invisible ! (265)

Le couple saisit le moment de leurs retrouvailles pour vivre des aventures cocasses qui surprennent les touristes, déroutés à la vue de Lisa qui mange et rit, engageant une conversation avec une présence fantôme.

> Lisa et Justin ont flâné dans les quartiers touristiques de Rome, mangé une pizza et bu du champagne rosé. Ils s'esclaffent encore

> de l'ébahissement des clients du restaurant, l'ayant vue rire, trinquer et parler à une personne imaginaire, plus encore l'embrasser ; et ce maître d'hôtel qui n'avait rien trouvé à redire de ses bizarreries et qui a fait placer un paravent pour l'isoler des curieux : quel n'a été son étonnement lorsque, en glissant un œil indiscret, il avait vu un verre se lever, se pencher et non se renverser sur leur table ! (266)

Un vent clément semble balayer la planète Terre. Les taux de violence et de banditisme ont incroyablement baissé ! Les médias et les humoristes commentent cet état de grâce, désirant que la « chose » retienne indéfiniment tous les dirigeants de la planète. En ce qui concerne les otages, ils sont logés à la même enseigne, astreints aux corvées quotidiennes, sous la houlette de Norma, assistée par ses femmes de ménage. Elle organise des séances récréatives et même un bal durant le séjour éprouvant. Le dictateur irakien prend le thé avec la première dame des États-Unis ; l'épouse du représentent de l'OLP danse avec le Premier ministre Israélien. Quelques diplomates se jurent de démissionner, à leur libération, ayant découvert les vertus d'une vie simple. Si les chefs d'État parviennent à s'entendre pour une répartition équitable des richesses naturelles mondiales et pour l'éradication de la misère et des guerres, ils demeurent pour la plupart inflexibles quant à la révision des frontières de leur pays. Mais les Premières dames, venues courageusement partager le sort de leurs prestigieux époux, s'en mêlent. Elles cautionnent le diktat de l'ESI et font le serment de lancer un ordre de grève de naissances à travers le monde. Le jour J et l'heure H approchent. Justin est de retour, mais pas l'ESI.

La nuit du 13 au 14 mai 2007 est décisive puisque les armées américaines, russes, chinoises et celles de l'OTAN convergent vers New York. Le Conseil de sécurité de l'Univers a programmé le processus de déstabilisation du Système solaire, en l'absence de l'ESI. Déjà des protubérances de feu explosent à plus de 1,5 million de km de la surface du Soleil qui exerce sur ses neuf planètes, de Mercure à Pluton, des bouleversements dans leur parcours sidéral. La planète Terre éprouve des turbulences atmosphériques sans précédent, tandis que le Pentagone annonce au monde une intervention armée de grande envergure. Le Président des États-Unis, contrairement au Premier ministre russe, tente de s'opposer à toute action militaire. Mais seule la voix de l'astrophysicien passe la rampe des ondes radio. Il s'en suit alors un dialogue aussi absurde que terrifiant : le Pentagone refuse d'obtempérer aux ordres de son Président. Lorsque de premières secousses telluriques infernales se manifestent, les décideurs du monde redéfinissent en catastrophe les frontières des nations. Mais n'est-il pas trop tard ? Justin Luckiny entrevoit un dernier espoir : établir un contact avec l'ESI. Animé d'une force titanesque, l'astrophysicien grimpe sur le toit de la tour administrative de l'ONU, sous des océans de pluie et de foudre tandis que la terre tremble dans des bruits d'apocalypse. L'ESI est là, qui invite Justin à se réfugier dans son habitacle. De nouveau, Justin s'insurge contre les lois de l'Univers.

> - Entrez, si vous voulez vivre, dit-il en ouvrant l'un des sas.
> - Ils ont signé !... Ils ont signé !... s'écrie Justin.
> - Pourquoi l'ont-ils fait si tard ?...
> - Non, il n'est pas trop tard, Adamas, arrêtez le temps ! Hurle Justin à s'en déchirer les tympans.
> - Mes pouvoirs sont limités...
> - Pourquoi êtes-vous revenu alors ?
> - Pour vous sauver, si vous voulez vivre... (326)

Ce qui importe pour Justin, c'est le respect du pacte passé entre Adamas et les hommes de la Terre. Et quand il se décharge de son ultime révolte, il tient à affirmer son idéal trop haut, quitte à ce que son geste risque de porter atteinte à sa vie. Il choisit de rester et de partager le sort de ses frères humains. Il accepte de mourir, mais ne veut pas partir sans savoir certains éléments le concernant plus précisément.

> - Dites-moi qui, m'a maudit, le jour de ma naissance ? Qui suis-je ? Un monstre ou un homme ? Vivant ou mort ? Ma femme et mes enfants, les reverrai-je ? Est-ce la fin du monde, est-ce vraiment la fin du monde ? (328)

Un cataclysme balaye la surface du globe. Les glas du monde entier s'affolent au même moment ébranlant villes et villages. Vingt-quatre coups de semonce fissurent la croûte terrestre. Adamas réitère sa demande envers Justin l'invitant à entrer s'il veut vivre, mais rien à faire. Non seulement qu'il ne change pas d'avis, mais il assiste, bouleversé et impuissant, au supplice de la Voie lactée. L'épicentre du mal se précise : le soleil en ébullition attire en son sein la planète Terre qu'il se repent d'avoir créée. Il s'indigne devant l'attitude d'Adamas qui n'intervient pour arrêter cette destruction, tandis que, sur un écran de l'habitacle, les armées du monde mettent le cap sur New York.

> L'*East River* se révulse. La foudre frappe, et c'en est fait des unités militaires, englouties par les flots ... ces flots qui flagellent sans répit le site de l'ONU. (327)

Ce qui est déstabilisant, c'est que la prédiction qui ne devait survenir que dans 4 milliards d'années pourrait se réaliser en ce moment même. La chaudière nucléaire du soleil consomme considérablement son hydrogène. Les planètes s'en rapprochent. Les calottes sphériques fondent... « - Seigneur

Jésus-Christ, ayez pitié de l'humanité » (327), balbutie l'Archevêque de New York. Et Norma Pretty de psalmodier :

> - Ô mon bon monsieur ! mon cher bon monsieur […], ils parlaient comme vous sur le *Titanic*... Ils ne voulaient pas y croire... Que Dieu ait pitié de nous, quand c'est la fin, c'est la fin... Et toi, petit resquilleur, tu vas finir par me dire ton nom, oui ou non ? Tu ferais mieux de te dépêcher, le jugement dernier, c'est pour tout de suite... (327)

Le ciel déverse des millions de tonnes de glace qui s'entrechoquent avant de toucher la surface de la Terre. Six heures durant, des raz-de-marée alternent avec des cyclones et des ouragans. Sous la dynamique du séisme cosmique, les parangons des Nations Unies chancellent : à Vienne, en Amérique latine, à Santiago du Chili. Tout comme la Cour internationale de Justice de La Haye. La foudre châtie ces institutions internationales qui ont échoué dans leurs entreprises humanitaires. Maintenant un souffle apocalyptique draine un à un les dépôts d'armes atomiques, jusqu'aux confins de l'espace où ils sont réduits à d'inoffensifs feux d'artifice. Puis voilà qu'au bout d'une résistance héroïque, les planètes solaires retrouvent leur stabilité. Et la planète bleue émerge de son déluge, saine et sauve, bien que marquée dans sa chair. L'Univers recèle des trésors de mansuétude. Le Conseil de sécurité des galaxies informe Adamas qu'il accorde une période probatoire à la Terre. Le firmament renaît. Un vent rédempteur souffle sur les continents. Les bruits d'apocalypse se muent en une floraison d'alléluias d'oiseaux. Une aube nouvelle resplendit sur des étendues de forêts et de prairies.

> Partout dans le monde, on est persuadé d'avoir frôlé la mort. À la radio et à la télévision, les humoristes disent que la planète Terre avait besoin d'être balayée et lavée à grande eau. Cette paysanne, barricadée dans sa chaumière, ouvre enfin ses volets, pleure et tend ses bras vers le ciel, tandis que sa nichée d'enfants se disperse dans la cour et ses animaux dans les champs. Partout dans le monde, on sort, de jour comme de nuit, et danse la farandole. On se congratule, s'embrasse et sanglote de joie... (329-330)

À l'ONU, où un brunch est servi dans une chaude atmosphère de convivialité, il s'est formé un petit forum de discussion entre des chefs spirituels, le pape, le rabbin et le mufti de Jérusalem, ainsi que le dalaï-lama et Justin.

> - Croyez-vous qu'il faille enrichir la Sainte Bible d'un nouveau canon ? demanda l'archevêque.
> - En qualité de témoins oculaires, la tâche nous incomberait... répond Pietro Paradoxio.

> [...]
> - Monsieur le professeur Lucking, demande l'envoyé du Saint-Siège, moi-même et ces humbles serviteurs de Dieu... euh... nous ignorons de quoi demain sera fait... Aussi, permettez-nous de vous demander si l'entité qui vous accompagne est matière ou esprit... (330)

La longue journée du 16 juin se termine à 17h00. Un cordon de Casques bleus en charge de la sécurité maintient à distance des curieux et des journalistes armés de leurs appareils en attendant la sortie des otages pour immortaliser ce moment. Par petits groupes, des hommes et des femmes, hier terrorisés, sortent du monument de l'épouvante dans des états lamentables. Malgré leurs apparences physiques et vestimentaires éprouvées par les difficultés endurées pendant plusieurs jours, ils affichent une solidarité apparente. Certains diplomates se tiennent par les bras, continuant à discuter ne désirant pas se quitter trop rapidement pour s'enfoncer dans les limousines étincelantes qui les attendent sur *First Avenue*. La sortie des chefs religieux marchant côte à côte attire l'attention surtout celle du Dalaï-Lama, suivi par le Premier ministre chinois. Des cliquetis de levier d'appareils photo annoncent les prémices d'un nouvel épisode. À l'entrée du bâtiment de l'Assemblée générale, l'astrophysicien et le moine échangent quelques paroles. Avant de se séparer, ils promettent de se revoir.

La fin du roman est très surprenante qui apporte une nouvelle inattendue qui accentue sa manifestation fictionnelle. Elle se déroule à Paris en une journée de juin qui se termine. Lisa et Justin se tiennent la main, immobiles, dans le clair-obscur de leur salon aux volets fermés. Adamas émet un flux de radiations tranquilles. Il se prépare pour partir. Lisa va remettre ses enfants au lit et revient dans le salon. Elle est triste ne pouvant pas retenir ses larmes.

> - Pourquoi pleurez-vous, Lisa ? demande Adamas.
> - Je vais perdre mon mari, pour la seconde fois... Mes enfants ignorent qu'ils sont orphelins et vous me demandez pourquoi je pleure ? Si les Scintillas ne ressentent rien à la perte d'un être cher, je n'ai rien à vous expliquer. (336)

Lisa se blottit dans les bras de son époux et de sa voix douce, un peu tremblante, lui murmure à l'oreille, suppliante :

> - Ne t'en va pas... ne l'écoute pas... tu es fort... tu sais faire des bateaux... Je porte notre troisième enfant... Rome...
> - Il n'a nul besoin de m'écouter... C'est un homme libre, intervient Adamas.
> - Libre ? s'étonna Lisa, les lèvres tremblantes.
> - Absolument.

> \- Libre ? que voulez-vous dire ? demande Justin.
> \- Que vous pouvez choisir. Rester ici ou m'accompagner.
> \- Choisir, comment est-ce possible ? Je... Je suis mort...
> \- C'est ce que vos semblables croient, dit Adamas alors que l'écran d'un ordinateur s'allume spontanément. Regardez. (336-337)

Adamas fournit les savoirs en sa connaissance de manière convaincante et vivante. Il effectue plusieurs arrêts sur une image comportant deux personnages. Justin, de dos, n'est pas seul. La mise au point se précise : la deuxième silhouette, de face, n'est autre que la sienne. Il leur propose s'ils veulent voir la suite. Lisa est ébranlée et lorsqu'elle parvient à parler, elle dit, en s'essuyant les yeux :

> \- Non, si c'est un leurre. J'en mourrais... dit Lisa d'une voix à peine audible.
> \- Ce n'est pas un leurre...
> [...]
> \- J'ai été cloné ? Pour quelle raison ? demande Justin, abasourdi.
> \- Pour que rien de mal ne vous arrive. Nous avions besoin de vous.
> \- Pourquoi moi ?
> \- À cause des trois éléments chromosomiques que vous possédez en commun avec nous. Nous vous avions repéré, dès votre naissance... Et vous nous aviez imaginés dès votre plus tendre enfance. Approchez-vous, je dois vous défaire de ce qui ne vous appartient pas. (337-338)

L'explication est suffisante et rassurante qui recouvre les événements et les péripéties qui constituent l'histoire de Justin. En effet, les circonstances de son assassinat ont été enregistrées intégralement grâce à la technologie extraterrestre des Scintillas. Avant de le quitter, Adamas lui restitue ses propriétés antérieures, ce qui lui permet de retrouver sa famille, reprendre sa vie, ses activités, ses combats et ses engagements pour changer le monde et le rendre meilleur. Lisa, se faisant toute petite dans ses bras, s'enquiert, en posant sa joue au creux de l'épaule de son bien-aimé,

> \- Mon chéri, le monde va-t-il vraiment changer ?
> \- J'en suis persuadé, il n'a pas le choix.
> \- Que ferions-nous au Tibet ?
> \- Devine...
> \- Un observatoire... Et des enfants.
> \- Beaucoup d'enfants ?
> \- Oui beaucoup d'enfants ! s'exclama Lisa en plaçant les mains de son époux sur son ventre. (339)

Transportée de joie, elle savoure ce temps en sa compagnie. Ils sont de nouveau réunis et plus rien ne peut les séparer. Ils rejoignent leurs enfants pour être ensemble marquant ainsi le retour de leur famille à sa cohésion et à la force du lien qui les unissait.

> Lisa et Justin entrent à pas feutrés dans la chambre de leurs enfants, toute nimbée de paix. Ils prennent place dans une bergère, si petite, qu'ils ne peuvent s'y asseoir qu'en se blottissant dans les bras l'un de l'autre. Il ne leur en fallait pas plus pour regarder leurs deux chérubins endormis et se laisser glisser dans le sommeil des justes. (340)

Les différentes réactions à l'égard de ce premier roman de Raphaël Lévy sont élogieuses. Le déroulement du récit suivant l'astrophysicien dans chacune des périodes de son exceptionnel destin est considéré comme l'œuvre d'un artiste extraordinaire, un véritable enchantement qui emporte le lecteur dans l'au-delà, jusque sur la Galaxie Andromède. Ce n'est pas à proprement parler de la science-fiction, mais plutôt de la « fiction humanitaire ». Les tribulations du héros qui se déploient dans un geste cosmique charriant ses joies et ses larmes, ses drames et ses espoirs symbolisent la somme idéalisée des aspirations et des fantasmes de l'écrivain d'une humanité réconciliée, en marche fraternelle vers le bonheur. Pour lui, seul l'amour, dans son acception la plus ample, sauve l'humain des multiples visages de sa détresse.

Richard Saint-Gelais souligne que « [p]our s'imaginer le monde de la fiction et de comprendre les enjeux de l'intrigue, le lecteur est amené à identifier et à retenir des mots et des concepts présentés par le texte »[8]. Tout au long de la trame narrative, les mots qui s'enchaînent sans complexité plongent le lecteur dans une superbe histoire d'amour, d'actions et d'aventures haute en couleur. En fait, *L'homme qui voulait changer le monde* est captivant et émouvant. Il est empreint de principes humanitaires et universels qui visent à éradiquer la violence, la misère et les guerres. C'est un voyage initiatique qui offre à chaque personne l'occasion de se remettre, en toute honnêteté, devant des questions dont l'enjeu est vital pour l'humanité et la planète qui l'héberge. C'est aussi une sonnette d'alarme pour les dirigeants de tous les pays appelés à réfléchir quant à l'avenir du monde.

Par cet écrit, Raphaël Lévy réalise un roman dense qui se distingue par un style sobre et clair, vivant, imagé et incisif. Il aborde des thèmes pertinents et d'actualité dont le rythme et la qualité de l'écriture fluide et dynamique séduisent du début à la fin. C'est une main de maître qui l'a réalisé apportant ainsi au monde littéraire une nouvelle contribution, originale, à la fois artistique et mystérieuse ou encore spirituelle, qui tend

---

[8] Richard Saint-Gelais. *L'empire du pseudo. Modernités de la science-fiction*, Québec, Nota-Bene, 1999, pp. 139-140.

vers une plus grande humanité. C'est une création d'une vive intelligence et d'une imagination féconde, maniée avec art et précision de la part d'un écrivain talentueux qui occupe une place particulière dans le concert des voix sépharades au Québec.

Fiby BENSOUSSAN

Dans le parcours de vie que Fiby Bensoussan[1] retrace dans *De Marrakech à Montréal*[2], la mémoire y joue un rôle central : elle permet de créer et de recréer le passé. En effet, parvenue à un certain âge, l'auteure sent le besoin de se connaître vraiment et de saisir les multiples facettes de son identité irriguée de souvenirs lointains. Ainsi, par la création littéraire, retrace-t-elle son itinéraire à travers le temps, emportant dans son sillage une expérience personnelle qui remonte à une époque révolue.

Tissé d'images évocatrices, son récit qui se veut descriptif-narratif, se révèle touchant en y étant livré à cœur ouvert. Elle y propose une exploration singulière du destin de la communauté juive au Maroc. En effet, par « petites touches successives, elle arrive à faire revivre, avec beaucoup d'émotion contenue, les différentes étapes de son expérience et nous offre des images ensoleillées d'une civilisation et d'un mode de vie perdu où un lecteur attentif peut sentir les battements rythmés d'un cœur émerveillé et généreux »[3]. Elle présente aussi l'histoire des Juifs marocains qui demeurent attachés à leurs racines profondes, leurs traditions séculaires, leur culture sépharade et leur identité spécifique, telles que transmises de génération en génération. À travers des lieux nommés, des personnages retrouvés, des évènements passés, des rituels observés et des fêtes célébrées dans le mellah de son enfance, elle évoque la grandeur et la misère de cet endroit relatant différents récits, portant chacun un titre, qui constituent la multitude de chapitres composant son premier livre. En fait, ce recueil contient trente-neuf récits et six poèmes. Il inclut aussi un glossaire, d'une partie « Postfaces » avec deux études : « Images d'une civilisation »[4] par Raphaël Bensoussan et « Synergie entre tradition et modernité »[5] réalisée par Arielle Sebah Lasry. L'écrivaine a inséré à la fin de son recueil un album de photos illustrant le devenir de sa vie depuis Marrakech en 1936 jusqu'au Québec en 2005, tout en retraçant ainsi le cheminement de sa vie avec son époux

---

[1] Fiby Bensoussan (née Assayag), épouse de Salomon Bensoussan, a eu une vie remplie de défis et de découvertes dans son pays natal le Maroc qu'elle quitte en 1965 en compagnie de sa famille vers Israël et après vers le Québec en 1976 où elle a vécu s'épanouissant dans ses passe-temps favoris l'écriture et la peinture. Le jeudi 4 février 2016, elle effectue son dernier départ dans sa 96e année laissant derrière elle une famille nombreuse composée de ses huit enfants, ses trois petits-enfants et de plus d'une soixante d'arrière-petits-enfants.
[2] Fiby Bensoussan. *De Marrakech à Montréal*, Montréal, Éditions du Marais, 2009, 174 p.
[3] Raphaël Bensoussan. « Images d'une civilisation », dans Fiby Bensoussan. *De Marrakech à Montréal*, Montréal, Éditions du Marais, 2009, p. 131.
[4] Bensoussan. « Images d'une civilisation », pp. 131-140.
[5] Arielle Sebah Lasry. « Synergie entre tradition et modernité », dans Fiby Bensoussan. *De Marrakech à Montréal*, Montréal, Éditions du Marais, 2009, pp. 141-144.

Salomon Bensoussan, ses enfants, ses petits-enfants, ses sœurs, ses amis de la troupe théâtrale du Bel Âge, dans le centre communautaire juif, à Casablanca, à Haïfa et à Montréal. Précisons que les textes de ce recueil couvrent trois parties : la première liée à sa vie au Maroc, la deuxième durant sa visite en Israël et la troisième relative à son implication dans la vie communautaire des sépharades à Montréal, au Canada.

L'écrivaine nous convie à un extraordinaire périple dans le temps où l'action de la première partie de son écrit se déroule à « Marrakech la rouge, perle du Sud marocain » qui « accueillit [ses] ancêtres chassés d'Espagne en 1492 » et plus précisément au cœur du Mellah, qui se présente comme, « un petit état dans l'État » (17). C'est un univers clos qui a sept portes dont la principale et la plus grande « est en ogive, cloutée de cuivre. Elle est gardée par Driss le *Mokhazni* accroupi dans une soupente sirotant du thé ou jouant aux dames avec des Juifs désœuvrés. La nuit, il ferme cette porte, mais l'ouvre pour les retardataires moyennant une pièce d'argent » (18).

Il est important d'indiquer que ce lieu, partie intégrante de la cité rouge, a été fondé en 1558 sous le règne de Moulay Abdellah à proximité du palais. Ce qui laisse entendre, comme ce fut le cas à Fès par exemple, le bon voisinage entre tous les Marocains de toutes confessions. Mais, en indiquant dans ses souvenirs la présence de ce gardien, « [g]éant, ceint d'un sabre, [ayant] un air terrible, les moustaches en croc, le visage criblé de trous des suites de la variole » (18) qui faisait peur aux enfants, mais les protégeait aussi, Bensoussan tient à rappeler par-delà les mots la menace qui guettait de tout temps sa communauté.

> On dit de lui qu'il est juste et qu'il fait partie du Mellah. On a recours à lui lors de vols, de disputes ou d'accidents. On raconte qu'en des temps pas aussi éloignés qu'on pourrait le penser, le Mellah était de temps à autre, envahi par des hordes hurlantes, venues des montagnes pour piller ou tuer des innocents. Il n'y avait ni poursuite, ni jugement. La communauté faisait le bilan de son malheur et resserrait les rangs. (18-19)

Ainsi, en rappelant une réalité dure, mais combien véridique, l'auteure pose-t-elle un regard lucide sur une communauté pauvre, voire misérable, où règnent la promiscuité, le manque d'hygiène, les familles prolifiques, l'insécurité générale, l'éducation archaïque et sévère imposée par les rabbins qui « cumulent les rôles d'enseignant, de juge, de notaire, d'avocat et de chef religieux » (17).

> Les premiers rudiments de l'hébreu étaient enseignés très tôt aux petits par des enseignants appelés Rabbins dès lors qu'ils savaient lire couramment, mais manquant de la plus élémentaire psychologie. Ils infligeaient parfois des châtiments corporels souvent cruels, éloignant et rebutant à tout jamais bien des jeunes. (24)

L'insertion de ces bribes de souvenirs dans la trame narrative laisse transparaître une situation particulière, un passé souvent très ombrageux qui encadre le vécu de la communauté juive dans le Royaume du Maroc. Celle-ci, bénéficiant du statut de « *Dhimmi* », est cantonnée dans un espace replié sur lui-même où dominent « [l]a religion, les superstitions et les innombrables interdits [qui] tissent la toile de fond des actions de chacun » (17) de ses membres. Pour Raphaël Bensoussan,

> [...] pourtant ce sombre tableau, à la lecture des petits récits de Fiby change ses couleurs, s'éclaire et éclaire ses surfaces adjacentes d'une lumière diffuse et attachante. Ce monde est aussi surchargé d'humanité, de bonté, de responsabilité collective, un monde où l'autre n'est jamais un étranger, un monde où l'on trouve toujours une épaule, chancelante, mais épaule, un monde où l'affection simple et directe est d'un partage général, un monde où le sourire et le rire font surface à tout moment, un monde enfin fait d'ironie et où la gent juive locale se moque de ses superstitions tout en les vivant profondément au quotidien[6].

Il est essentiel de préciser que malgré la pression écrasante de la misère, de la peur et des privations constantes, les relations des gens reposaient sur l'amour, l'entente, l'entraide et la fraternité. En fait, les Juifs transcendaient leurs malheurs par une solidarité exemplaire en resserrant les rangs et surtout en recourant à des visites familiales, au maintien de l'hospitalité entre eux, à la chaleur humaine et à l'observation des rituels entourant la célébration du Shabbat, ce qui leur permettait « de fuir les difficultés quotidiennes » (30) dans leur monde fermé sur lui-même, mais qui est constamment en effervescence du fait que ses « habitants sont vifs, bouillonnants d'énergie et parfois hâbleurs » (37).

> Pour fuir l'isolement où les Juifs étaient contraints de vivre dans ce vaste clos qu'était le Mellah, ils avaient recours à l'humour et particulièrement l'humour envers eux-mêmes. Une pointe d'humour détend l'atmosphère. En judéo marocain, l'humour est plein de saveur, de malice, d'injures bien senties, de quiproquos et de proverbes qui n'ont pas fini de faire rire génération après génération, jeunes et vieux. Être capable de se moquer de soi-même est salutaire. (30)

Aussi, comptant sur eux-mêmes, ont-ils créé leur propre univers déterminé par la responsabilité collective d'assurer la survie de leur foi religieuse, leurs coutumes, leur mode de vie ponctué par les mariages, les

---

[6] Raphaël Bensoussan. « Images d'une civilisation », dans Fiby Bensoussan. *De Marrakech à Montréal*, Montréal, Éditions du Marais, 2009, p. 131. (pp. 131-140).

naissances et rythmé par les rituels habituels du shabbat, les célébrations des fêtes de *Tout-Bichvat*, de *Pâques*, de la *Mimouna* ou encore *du Pourim*. Cette dernière revêt un caractère bien spécial surtout chez les enfants.

> Le Pourim, est la fête la plus gaie et la plus fantaisiste des fêtes juives. Ce jour-là, les enfants sont libres de déambuler du matin au soir dans un Mellah plus effervescent que jamais avec les quelques sous de la *krada* reçue des parents, des grands-parents, des oncles et des tantes. Ils se sentent riches et libres d'en disposer comme bon leur semble. (35)

Et une fois par année, par le pèlerinage sur la tombe de Rabbi Nessim Ben Nessim à Aït Bayod, considéré comme leurs grandes vacances en famille.

> C'est décidé, nous irons en pèlerinage sur la tombe de Rabbi Nessim Ben Nessim. Toute la semaine, les préparatifs sont allés de bon train. On a empilé dans le camion literie et vaisselle. Nous allons durant huit jours prier sur la tombe du Saint, faire un long pique-nique et aussi une provision d'air pur. La route à prendre n'est pas encore asphaltée et nous sommes secoués « d'importance ». Cela ne dérange personne, surtout les enfants qui débitent avec enthousiasme leur répertoire de chansons scoutes. Ces vacances débutent dans la joie. (47)

Une fois par an, le temps s'arrête sur le rappel de ce temps douloureux qui avait changé à jamais le destin des Juifs marquant le début de leur exil et de leurs pérégrinations. Pour rappeler ce souvenir tragique, dans certaines communautés, le fiancé se met de la cendre sur la tête pendant la cérémonie du mariage. C'est pour cette même raison que l'on brise un verre sous le dais nuptial. Les femmes avaient autrefois l'habitude de faire graver sur leurs bijoux l'image de Jérusalem et de ne jamais les mettre tous à la fois. Alors, comme autrefois *Av* était un des plus joyeux mois de l'année : le peuple en liesse y célébrait la fête des vendanges. Mais, après la destruction du Temple, il est devenu le mois du deuil national, les membres de la communauté éparpillée tiennent à ne jamais oublier le jour du triste départ. L'écrivaine se rappelle comment il est célébré dans la ville de son enfance.

> Le mois d'Av à Marrakech était lugubre. En signe de deuil, en souvenir de l'exil de Jérusalem et des misères tyranniques subies, ce mois voyait beaucoup de familles s'interdire de se laver, de se changer ou de se faire coiffer. Les hommes prenaient un air préoccupé, les femmes chantaient de tristes mélopées où il était question de Hanna et de ses sept fils qui, refusant de se convertir, furent égorgés par l'ennemi. (23)

Pour Bensoussan, c'est la venue des Français qui a changé totalement le destin du judaïsme marocain en réalisant son émancipation grâce à l'apport de l'Alliance Israélite qui, en ouvrant ses écoles, a permis aux jeunes juifs et juives d'aborder un autre courant de civilisation. Les parents, quant à eux, étaient déroutés par ce grand changement.

> Quand l'Alliance Israélite a ouvert ses écoles, les jeunes juifs et juives ont abordé un autre courant de civilisation. Les parents eux, ont subi une mutation qui a, à tout jamais, bouleversé leur vie. Une vie faite de labeur, de piété et d'espoir, l'espoir de la venue du messie et du retour à Jérusalem. (17)

Ce qui est remarquable à noter dans la présentation de cette collection de récits que nous offre Bensoussan, c'est cette notion très forte de solidarité et fraternité qui anime les membres de sa petite communauté, « tissée serrée, unie autour du judaïsme et de l'amour pour Israël, amour si fort qu'il marque tous les évènements, autant heureux que malheureux »[7]. C'est en racontant les histoires les plus originales qu'elle réussit à lever le voile sur une période de sa vie et révéler une part de son passé lointain. Elle le sait, elle sent pourtant que tout est derrière d'elle, mais elle préfère se plonger dans le rappel de tout ce qui a marqué le devenir de son être sur la terre de ses ancêtres. C'est ainsi qu'elle dissèque avec force détails ce monde dans lequel elle a grandi et donne à ses personnages une consistance et une justesse incroyables en choisissant des situations simples pour les présenter et les raconter.

Avec *Les deux ivrognes*, elle décrit la relation qui se noue entre un juif et un musulman, que tout différenciait, mais qui « déambulaient, du matin au soir, plongés tous les deux dans les vignes du Seigneur » (28). Il s'agit de Hazi Braham (diminutif d'Abraham) et de Kouitn – dont personne ne savait s'il était un diminutif ou un surnom. Toujours est-il que ce personnage était de foi musulmane et « comme l'alcool est interdit chez lui, il se réfugiait au Mellah pour y boire » (29). Au fil du temps, il avait appris, en s'asseyant sur les marches qui menaient à la synagogue de Derb el souk, toutes les prières juives. « Tout y passait ; la *Haggada de Pessah* (Pâque), l'histoire d'Esther, les prières de Kippour et même la prière des morts. Puis, il ne sortit plus du Mellah, dormant sous une porte-cochère ou au cimetière » (29). Cette amitié entre eux durera jusqu'à la fin de leurs jours. D'ailleurs, dans des discussions avec des connaissances retrouvées après plusieurs années de séparation, cette figure emblématique remonte à la surface et s'impose comme une vérité noble et immuable, de cette harmonieuse cohabitation entre différentes personnes que tout séparait, qui a traversé le temps et qu'elles n'ont jamais oubliée. Ce souvenir la pousse à évoquer le lien qui unissait ses amies

---

[7] Joseph Elfassi. « De Marrakech à Montréal », *Magazine LVS*, septembre 2013, p. 104.

d'enfance qui appartenaient à des communautés religieuses différentes, mais également à des classes sociales inégales : Nina et Suzy, Marie-Rose, Abigaël, Ruby et Aïcha, la fille de Fatima la laveuse qui « portait accroché à son dos, son petit frère, libérant sa mère qui trimait pour nourrir sa grande famille » (27). Dans un élan nostalgique, elle se demande,

> Que sont devenues ces petites filles innocentes et joyeuses ? J'espère que le destin leur a été clément. Il n'y a pas de vie sans épreuves et le temps a dû impitoyablement sillonner leur visage de rides et alourdir leurs corps. La vie allait nous faire nous rencontrer des années plus tard dans différents pays et dans des conditions particulières. Mais cela est une autre histoire. Elles ont gardé dans mon cœur une place de choix. (27)

Bensoussan fouille dans sa mémoire, dans son enfance au cœur du mellah qui, loin d'être un ghetto, regroupait certains corps de métiers qui au fil et à mesure de l'histoire de Marrakech, devinrent des spécialités de cette communauté, le rendant un lieu animé fréquenté par différents visiteurs. Elle entend tout, voit tout. Et décortique tout. Ses récits proposent de nombreuses personnes hautement colorées, typiques à un espace et à une époque. Un des personnages insolites dans ce lieu était « Rabbi Chlomo qui fait tomber l'huile (*kaï itech zit*) » (59), pour guérir et bénir les malades.

> [...] c'était un vieux célibataire presque aveugle et qui connaissait toutes les maisons du Mellah par cœur. Il arrivait, touchait le malade et réclamait une assiette avec l'eau dans laquelle il faisait tomber de l'huile, sortait de dessous de sa djellaba un vieux grimoire, psalmodiait des prières et, d'après les méandres de l'huile dans l'eau prédisait toujours la guérison du malade. (59)

La vision de ce monde et des êtres qui le composent, ce regard à la fois lucide et nostalgique porté sur des rapports humains spéciaux, sont illustrés dans plusieurs récits. Ainsi, dans *Le Sultan, grand ami des Juifs*, elle relate la relation qui s'était établie entre ce monarque et les membres de sa communauté. Il s'agit de Moulay Mohamed qui a régné 33 ans soit de 1757 à 1790, et qui est demeuré dans la mémoire des juifs comme un grand ami. En fait, « il a annulé les décrets qui empêchaient les Juifs de monter à cheval, animal qui était interdit aux *dhimmis* et leur a permis de rester chaussés devant une mosquée » (73), d'autant plus qu'il aimait la nourriture préparée par les femmes juives. Il avait même une année tant apprécié la cuisine d'une grand-tante à son père du nom de Simha, qu'il avait goutée avec un plaisir extrême, qu'il décida de l'engager au palais pour lui préparer ses plats favoris allant jusqu'à réprimander les autres cuisinières à son service qui avaient pris ombrage contre elle.

Dans *La leçon de piano*, sa visite au palais d'un grand *cheikh*, avec Marcelle, une amie de sa classe qui accompagnait souvent Hanna, couturière des femmes du harem, se présente comme une occasion d'une découverte de l'autre monde où la relation entre les hommes et les femmes obéit au modèle traditionnel. Elle décrit la vie à l'intérieur d'un palais où les femmes sont séparées des hommes, cloîtrées dans leur monde. Sa rencontre avec la dernière conquête du maître de la maison qui joue du piano et qui se propose de lui donner des leçons est très touchante. Elle décline son invitation avec politesse sachant au profond d'elle que sa vie réelle l'éloigne des rêveries de ce monde d'aisance et de richesse.

> Sans savoir de combien il s'agissait, timide, je lui réponds non et que c'était trop cher pour moi. Il eut l'air déçu et moi, en m'en allant, je fus pris d'un fou rire en pensant à ce que mes frères et mes sœurs, nous étions quatre et six sœurs, auraient dit si je leur avais annoncé que je voulais apprendre à jouer au piano avec un prof. Mon père comptable était seul à entretenir la famille. (77)

L'écrivaine voue de l'amour, du respect et de l'admiration pour ses parents. Avec le récit *La vieille horloge*, elle relate la noblesse d'âme et la générosité du cœur de sa mère qui avait donnée à son fils, qui venait de se marier, la vieille horloge de la famille, avec ses bijoux, leur grande glace biseautée et leur tapis. Comme elle le souligne : « La pudeur des mots et des gestes imprégnait notre vie et je n'ai jamais pu lui dire à quel point je l'aimais et l'admirais » (14) ainsi que son père à qui elle lui rend un vif hommage :

> Mon père, dépassé par les exigences d'une famille nombreuse, n'eut plus le goût ni la possibilité d'acheter les choses qu'il aimait. Dans mon cœur, je l'associe à tout ce qui était beau et élégant, comme il l'était lui-même. (13)

Elle insiste aussi dans *La servante*, sur la belle relation qui existe entre sa mère et une femme remarquable, propre, attentionnée et soignée qui se nomme Bisse. Ces qualités qui la distinguaient étaient fort appréciables qui, « ajoutées à une honnêteté foncière et à son courage faisaient d'elle une servante appréciée et respectée » (68). Elle était engagée à leur service et était considérée comme membre de leur petite famille se chargeant des tâches ménagères et apportant une grande aide à sa génitrice qui accusait une grande fatigue.

> Elle venait chez nous les jours de grand ménage ou de lessive pour aider ma mère fatiguée par de nombreuses grossesses et souffrant de migraines chroniques, à mettre ordre et propreté dans notre maison, pleine d'enfants. Les deux saintes femmes parlaient peu et

s'entendaient fort bien. Bissa faisait tout avec cœur, un cœur qui débordait d'affection pour nous. Le jour du Hammam (bain maure) était une fête pour nous, les enfants. (68)

Bissa était aussi pudique que sa mère, car, toutes les deux, « gardaient leurs chemises si bien qu'elle ne les avait jamais vues dévêtues devant les enfants » (69). Bissa était également pieuse sans être ennuyeuse et sa présence l'a fortement marquée. Elle ne l'a jamais oubliée malgré le passage du temps.

> Je ne me rappelle plus nettement les traits de son visage, mais son sens de l'honneur, sa grande affection pour nous et sa piété restent gravés dans ma mémoire et dans mon cœur. Le souvenir de ces jours tranquilles, quoique parfois monotones, avec leurs coutumes et leurs traditions aujourd'hui presque disparues, ces jours vécus au sein d'une famille unie, avec ses hauts et ses bas, restent toujours imprégnés de nostalgie. (70)

En revisitant ses souvenirs, Bensoussan se dote de toute la bonne volonté nécessaire pour présenter des femmes et leurs propres histoires. Ces rappels insérés dans l'espace romanesque inscrivent des expériences individuelles qui montrent que les femmes sont de véritables personnages occupant une place importante dans la trame narrative de son livre. Dans *Conte populaire d'autrefois*, à travers l'histoire de Léa, maltraitée par son mari, elle révèle le besoin de cette femme de se confier à une âme vivante de l'injustice qu'elle subit d'un époux violent. N'osant pas parler de ses malheurs à quiconque pour demeurer épouse soumise et respectueuse, elle garde le silence qui la ronge et la détruit intérieurement jusqu'au jour où elle trouve presque inconsciemment une solution originale qui la change totalement. En pétrissant la pâte pour le pain, elle façonne une forme humaine qui devient son confident qui l'écoutait patiemment lui raconter les coups, les injures et les sarcasmes qui ont trop duré et qu'elle ne supportait plus. En extériorisant ses peines, elle se sent soulagée et reprend goût à la vie. Surpris de sa transformation positive, son mari l'espionne. Et quand il retourne à l'improviste et la trouve en train de raconter ses déboires conjugaux à une forme bizarre, il entre dans une colère. Furieux, « il prit le bonhomme de pâte et le jeta par terre où il se fracassa. Stupéfait, il vit des vers qui en sortaient. C'était les vers de la douleur qui vous rongent si on ne pas son cœur » (15), déclare l'écrivaine. Pour elle, la morale de ce conte réside dans la nécessité d'établir le dialogue entre les individus dans la vie de tous les jours. C'est que tout être humain a besoin d'une oreille attentive et discrète pour se confier et d'extérioriser « des peines trop lourdes qui risquent de démoraliser et de perturber » (16). Par contre, dans *La Chleuh*, elle présente l'image d'une femme combattante, prête à transcender tous les obstacles, déterminée à se frayer son chemin et acquérir sa juste place dans la société.

> En quelques touches délicates, Fiby réussit à créer un personnage d'une présence dense. Veuve avec deux enfants à sa charge, la Chleuh est l'exemple de ce que peut être le devoir, simple, clair, présent. Faire des enfants c'est s'oublier quelque peu et la Chleuh tisse en silence et avec détermination une place au soleil à sa progéniture[8].

En effet, cette femme berbère qui débarque du bled, jeune veuve tenant par la main ses deux garçons de quatre et six ans, est venue travailler en ville. Elle a été embauchée comme ménagère et après va acheter une machine à coudre. Elle s'occupait de ses enfants leur assurant une bonne éducation refusant même des demandes en mariage. Myriem affirme le primat de la responsabilité d'une mère, de la dignité de la personne humaine et de la volonté d'agir pour changer le cours du destin individuel. L'écrivaine quitte Marrakech pour Mogador et des années plus tard en allant en pèlerinage au cimetière rencontre deux jeunes qui lui disent bonjour. C'étaient les fils de la Chleuh, bien habillés, parlant en bon français. Ils lui révèlent qu'ils ont bien réussi dans leurs carrières ayant fondé leurs familles. Quant à leur mère, Myriem, elle a accepté d'unir sa vie à un veuf sans enfants et aisé pour lui permettre de s'occuper d'eux et de leurs progénitures. À leurs dires, elle s'est avérée « aussi bonne grand-mère qu'elle a été mère admirable pour [eux] » (72).

Bensoussan fait revivre avec une grande émotion les moments qui l'ont beaucoup touchée et qui demeuraient vivaces dans sa mémoire. Dans *Soirée du Henné*, elle se remémore le mariage de son amie Esther en décrivant tout le cérémonial qui fait partie du mode de vie de sa communauté pour qui les rituels sont respectés et maintenus de génération en génération. Pendant la nuit du henné la mariée porte *la Kiswa Likbira* c'est-à-dire la tenue la plus importante et de riches bijoux dans le but de lui apporter bonheur et chance et la protéger du mauvais œil.

> C'est sûrement le vêtement d'Espagne qui a été transmis au sein de sa famille depuis l'exil d'Espagne en 1492. Sur une jupe en velours vert, brodée de fils d'or et d'argent se trouvent un corselet, sorte de boléro richement brodé, et une large ceinture tissée de fils d'or. Sur ce costume un peu lourd, mais royal, il y a une cape munie de larges manches en dentelle arachnéenne connue sous le nom d'*allège*. (64)

---

[8] Bensoussan. « Images d'une civilisation », p. 135.

On applique le henné en forme de cercle sur la paume de la main des mariés et des invités ; en même temps les youyous retentissent avec la chanson de *darija* qui est une ancienne chanson que les femmes chantent pendant cette étape et qui est appelée aussi « *Abiadi* » ; elle dit « sois fière la mariée, met du henné sur ta main ». Pendant cette nuit, on suit aussi la tradition de *Leghrama* qui est le fait de donner au jeune couple des cadeaux surtout à la *kalla* ou la mariée ; cette coutume est normalement pratiquée par tous les membres de la communauté juive. Pour les juifs, ces cadeaux peuvent être surtout des bijoux, ou bien des billets de voyages de noces ou de l'argent. Tout le monde est heureux et joyeux. Les femmes portent leurs beaux caftans de velours brodés et sortent leurs bijoux pour cette occasion et surtout afficher leurs richesses. Vient ensuite le repas et les plats à présenter doivent être variés et ce sont les plats traditionnels marocains comme *le tajine, le méchoui, les pastillas...* Il y a aussi la danse de tous les invités et des mariés jusqu'à une heure tardive de la nuit avec une musique présentée par un orchestre et qui peut être un mélange de musique andalouse, de folklore marocain et de musique orientale. La célébration s'étire et les femmes s'adonnent à la danse du ventre sous les airs d'une musique rythmée. C'est la fin de la soirée du Henné qui sera suivie par une étape importante et symbolique dans ce cérémonial. La veille du mariage, la mariée doit aller au *Mikvé*. Elle s'y rend accompagnée de sa belle mère, de femmes et d'amies proches et ce bain sert à la purifier. En ce moment les femmes chantent et lancent des youyous. La mariée s'immerge d'eau sept fois et le geste est une imitation de la coutume des sept sceaux utilisés avant par la mariée musulmane au hammam pour être purifiée. Pour l'écrivaine, ces moments de joie permettent aux « Juifs sages et patients [d'oublier] les misères de leur statut de *dhimmis* en conservant leurs espoirs, leurs coutumes, leurs rites et leur humour » (65).

Dans ce retour sur son passé au pays natal, l'écrivaine rapporte des moments heureux aussi bien que malheureux qui ont marqué le devenir humain et existentiel des membres de sa communauté. L'écriture lui a permis, donc, de prendre la parole et de s'autoriser à relater sa propre vision de ce monde sans chercher à nier ces aberrations lancées par des groupes hostiles à leur présence qui livraient de temps en temps des attaques et détruisaient tout espoir d'harmonie et de bonne cohabitation. À travers La Rassia, la Hossa, elle relate l'histoire tragique de l'enlèvement d'une petite juive arrachée de force des mains de sa mère.

> Par un après-midi de canicule, pendant que grands et petits somnolent, un piétinement rageur se fait entendre et des hordes de brigands armés de couteaux et de bâtons envahissent les maisons au Mellah, pillant en hurlant. Ils repoussent les hommes de leur bâton les tenant en respect sous la menace de leurs couteaux. Cette année, appelée l'année du *tritl*, ils volèrent une petite fille de trois

> ans. Sa mère voulant les en empêcher fut projetée à terre, perdit connaissance ainsi que le bébé dont elle était enceinte. Depuis, elle vit dans le désespoir priant et jeûnant dans l'espoir de retrouver sa petite fille. Hélas, malgré les recherches et la promesse d'une grosse récompense, la petite Suzanne demeurait introuvable. (78)

Suzanne a été confiée par Omar le voleur d'enfants à Ftoma qui détenait une maison close. La petite grandit dans cette maison de débauche et déperdition. À l'âge de huit, le temps qui résout les problèmes malgré les humains, lui apporte l'espoir en la personne de Moshé le colporteur. Celui-ci « venait de temps en temps vendre aux prostituées des vêtements, de colifichets et des fards » (80). Quand Moshé apprend qu'elle est juive et qu'elle a été enlevée, il décide de la ramener à sa famille. Il réussit à la faire s'évader et les retrouvailles avec sa famille sont douloureuses et touchantes.

> Ses parents la pressent sur leur cœur en pleurant et la petite, hébétée, ne sait ni que faire ni que dire. Son accent typiquement arabe l'empêche de comprendre, mais, leur forte émotion la gagne. Elle peut enfin pleurer. La joie est grande dans la famille. (81)

Le retour au foyer parental ne s'avère pas facile pour la jeune fille qui a passé plusieurs années dans un autre milieu différent du sien. Son adaptation s'annonce difficile et exige de la patience, de la foi et surtout de l'amour.

> Séquestrée chez Ftoma, elle le devient aussi chez ses parents. Elle ne parle pas un mot de français que ses frères et sœurs parlent couramment. Ils entreprirent de faire son éducation et de lui faire oublier son malheur. Quant à Moshé, il a renoncé à son métier de colporteur, le père de la petite fille l'a pris dans son magasin d'objets de cuir et d'argent. (81)

L'écrivaine avoue que beaucoup de souvenirs éveillent en elle l'époque de son enfance à Marrakech « habillée de lumière et coiffée d'azur » (52). Forcée plus tard de la quitter, pour suivre son mari à Mogador, mariée et famille, elle réussit à s'adapter au climat côtier, appréciant, « malgré l'alizé omniprésent, cette petite ville bleue et blanche où l'on avait l'impression de vivre au ralenti, et où l'on savourait chaque évènement comme un cadeau du ciel » (52). Mais il est clair que Bensoussan porte dans les plis de sa mémoire des sentiments tenaces d'appartenance à sa ville natale. L'exploration de l'espace où elle est née, a vécu et a grandi illustre une dimension réaliste à son écrit. Elle n'a pas cessé de clamer sa présence singulière et de rappeler ses charmes exceptionnels. Dans un poème intitulé *Marrakech*, elle rend hommage à une vie aussi imparfaite que touchante, ancrée à une époque lointaine dans le Royaume Chérifien,

> Marrakech fardée d'ocre et de rouge
> Étale ses splendeurs sous un ciel d'azur
> Dans le clair-obscur de ses rues de terre battue
> Le soleil joue, chauffe et éclaire jusqu'au crépuscule
> Ses aurores dans l'air pur des matins
> Brodent une rosée délicate sur les arbres et les fleurs
> Aux pétales de satin. (84)

Quel que soit son attachement à sa ville natale et à son pays où, pendant des siècles, juifs et musulmans ont vécu côte à côte dans une coexistence harmonieuse en comparaison à ce qui se passait ailleurs où les enfants de Moïse étaient chassés et persécutés, Bensoussan a répondu à l'appel de la fièvre du départ qui s'était emparée des membres de sa communauté qui se sont dispersés aux quatre coins du monde. Bensoussan et sa famille se sont lancés sur la voie de l'exil, choisissant tout d'abord la terre d'Israël. Elle ne s'étale pas trop sur les causes de ce premier déracinement, mais rattache le départ de sa famille quittant définitivement le Maroc comme un appel historique, mystique pour retourner à la Terre promise.

> Après la mort de mon oncle et de ma cousine, la famille a décidé d'émigrer en Israël. Ils savaient ce qu'ils quittaient, mais étaient loin d'imaginer ce qui les attendait. C'était dans les années 46 alors que le pays manquait de tout et luttait pour sa survie. Ils débarquent enfin dans le camp de Marseille avec d'autres émigrants qui supportent tant que mal les restrictions, la nourriture fade alors que ma tante était une excellente cuisinière. Elle se dit que ce n'était pas grave, car lorsqu'on arrivera en Israël, tout ira mieux et nous pourrons reprendre nos habitudes et je les gâterais, c'est promis ! (95)

Le but de l'écrivaine est de relater une réalité humaine et une expérience singulière tant attendue pour ceux et celles qui n'ont jamais cessé prier pour un retour à Jérusalem. Le jour du grand départ, chaque membre de sa famille est animé de vives attentes de frôler la Terre sainte pour un ancrage permanent et d'où ils ne seront jamais arrachés. Le voyage revêt une extrême importance à telle enseigne que « son petit fils âgé de 15 ans, refuse de rentrer au pays sans cravate » (95). Mais dès leur arrivée, elle constate avec stupéfaction et désolation que les conditions de vie mises à leur disposition sont sévères et déplorables

> Arrivés à Haïfa, ils vont être logés sous des tentes. Et quand Hanna se met à pleurer, sa mère lui demande d'arrêter en lui disant : nous sommes en Israël, le rêve millénaire et il faut en payer le prix ! (96)

Ayant décidé de quitter la Terre-mère vers celle promise à l'infini du temps qui passe, elle prend conscience que ce départ définitif l'éloigne, la sépare même du pays natal. En fait, ceux qui sont partis ne pourront plus revenir et doivent s'adapter à leur nouvel environnement. Ils se joignent aux autres revenants dans un effort collectif pour créer une partie juive. Leur dévouement donne lieu à du patriotisme israélien, à de la fierté nationale et à la solidarité juive illimitée et sans faille. Ainsi, « [a]près quelques années, Israël n'avait plus rien à envier aux autres pays de la planète. C'est de nouveau le pays du lait et du miel comme il avait été promis dans la Thora » (97). Et tout long de son séjour, l'écrivaine fait des allers retours entre le passé et le présent. Elle s'intéresse à approfondir ses connaissances historiques et religieuses pour affirmer son attachement à l'héritage culturel du peuple juif.

> Après la destruction de premier Temple me voilà plongée dans l'atmosphère de terreur du temps des Romains qui interdisent l'étude de la Torah et brûlent des exemplaires du Talmud. Ce livre qui a exigé des millions d'années de recherche, ce chef-d'œuvre unique qui couvre toutes les activités et tous les aspects de l'être humain leur fait peur. Ils savent que c'est grâce au Talmud, qui a subsisté malgré des siècles d'oppression, que le peuple en exil a survécu et conservé ses racines. (101)

Malgré le fait qu'elle soit ravie de constater que « [p]artout des chantiers : on construit des immeubles, des maisons, des centres d'achats des plus modernes » (102), elle décide de ne pas bâtir sa demeure dans ce pays tant désiré, tant rêvé. Elle reprend le chemin de l'exil vers une contrée lointaine et du profond de son cœur et de son âme, monte une prière pour la protection de ce pays qui fait partie d'elle où elle se trouve. Elle choisit de se rendre avec sa famille au Canada et plus particulièrement au Québec qui va devenir sa nouvelle patrie. À ce niveau, elle décrit une autre dimension de sa vie qui se caractérise par son implication active dans le développement de la communauté sépharade, des Juifs d'Afrique du Nord qui ont réussi après trente ans d'exil à « s'intégrer et de s'adapter à un pays dont le climat, la religion et les mœurs sont si différents de ce qu'ils ont vécu et connu jusque là » (98).

Consciente que rien ne se fait sans douleur et « que le brassage de personnes venues d'endroits différents demande du courage et de la détermination » (98), en optant pour ce pays, elle désire s'y installer, et aspire à se faire accepter par les Québécois, être vue et reconnue par eux. Du fait que son exil est volontaire, il n'a pas été blessant et elle ne l'a pas vécue comme une mutilation, comme une déchirure. Au contraire, ce Nord qu'elle choisit incarne un territoire libre et vaste, une terre de tolérance et d'ouverture à l'égard de personnes de cultures étrangères.

> Il faut dire que le Canada est un grand et beau pays, et les Canadiens en général, des gens tolérants, paisibles et honorables. Les écoles, les synagogues, les centres communautaires n'ont pas vu le jour d'un coup de baguette magique. Il a fallu des hommes et des femmes d'une trempe exceptionnelle, dévoués, ayant à cœur le bien-être des jeunes et des vieux. (98)

Contrairement à la majorité des membres de la communauté sépharade et les immigrants nouvellement arrivés qui trouvent le climat québécois dur à supporter, Bensoussan n'est pas irritée par le temps peu clément qui prévaut dans la Belle Province durant de longs mois. Elle n'éprouve aucune difficulté à s'acclimater au froid de l'hiver et en admire la beauté naturelle.

> Il a beaucoup neigé la nuit et le matin, les tracteurs avaient dégagé la chaussée et rejeté la neige sur le bas-côté de la rue. Le ciel est gris. La lumière monte et éclaire Dame Nature recouverte d'un éblouissant manteau blanc. (93)

Elle se montre très attentive aux jeux des couleurs : « D'un pinceau magnifique, la Nature, a coloré d'or et de vermeil le moindre buisson nous offrant ainsi une palette de couleurs éblouissantes » (91). Et chaque saison l'attire et la fascine devenant sensible à la beauté de la nature qui l'entoure.

> L'été tire à sa fin et fait place à l'automne. C'est dit-on l'été indien. Ce dimanche, nous prenons la route vers St-Agathe pour admirer les arbres et la nature. La route est sillonnée d'autos et de motocyclettes. On dirait que tout Montréal s'est donné rendez-vous vers le même paysage. De droite à gauche nous n'avons pas assez d'yeux pour voir. (91)

Elle se laisse imprégner de la beauté des paysages de son nouveau pays qui trace en elle des marques indélébiles. En fait, c'est une nouvelle aventure en quête d'autres expériences, de peinture, d'écriture pour une femme qui avait été passive et qui avait toujours nourri l'immensité du rêve de structurer mieux sa propre voix.

> Plus tard, je décidai de peindre et de dessiner alors que je ne savais pas par quoi commencer. Je défiai le temps que je ne voulais pas perdre inutilement. Les années ont passé avec leurs peines et leurs joies. Ce n'est qu'une fois parvenue à un certain âge que je sens le besoin de me connaître vraiment. Qui suis-je ? Ce que je sais, c'est que tous les matins, je remercie l'Éternel d'être encore là, et je Le supplie de protéger les miens. (10)

Pour Bensoussan, en plus de la peinture, l'écriture s'avère une passion du cœur attrayante, enrichissante et libératrice. Écrire, c'est faire une sorte de retour vers le pays quitté, terre de souvenirs lointains, de mythes, d'imaginaires, de rêves qui peuplent l'âme de l'identité des sépharades au Québec. Dans le poème, intitulé *Les lettres*, placé au début de son ouvrage, elle signale son rapport à l'acte d'écrire qui, en laissant couler les mots, la pousse à aller au bout de ses désirs. C'est que grâce à l'écriture, à la mise en trace de ses multiples expériences et découvertes, elle parvient à reconquérir une identité personnelle et un espace affectif plus fécond.

> Dans le jardin, ce soir.
> Le crépuscule est à moi,
> À moi toute seule, doux et serein
> Rêveuse, j'essaye de capter les lettres
> Et de les mettre en harmonie
> Mais les lettres s'envolent et me narguent
> Je les mets au bout de mes doigts
> Mais elles s'envolent et folâtrent
> Sorties de mon cœur, elles s'alignent…
> Enfin, et ma main court et écrit
> L'amour, la paix et la vie. (7)

Son séjour au Québec, avec au premier plan la ville de Montréal connue comme le théâtre du métissage, lui permet de mieux trouver sa voie/voix et de se reconnecter avec elle-même. Elle parvient à réaliser ce à quoi elle aspire vraiment. Elle trouve sa vocation dans l'écriture et dans la peinture. Elle cherche tous les moyens possibles pour se forger une identité proprement sienne, adéquate à la situation qu'elle vit. Dans cette volonté d'adaptation et d'intégration, le théâtre lui offre une occasion de développement, d'épanouissement, créant des liens solides entre les membres de ses troupes du Bel-âge qui réalisent leurs présentations théâtrales dans le bonheur et dans un esprit de jeunesse. Ils vont jouer une pièce de théâtre, « La Manigance », reçue comme une innovation par le public enthousiaste, ravi et applaudissant les membres de la troupe. Ces derniers, comme elle le rapporte, ont vécu une journée inoubliable : « Quelle aventure… pour nous du Bel Âge, qui n'avons jamais même dans nos rêves imaginé jouer sur scène avec succès » (107). Ce succès va les encourager à participer au festival Sépharade de Montréal et renforce l'entente et la cordialité qui règnent dans leur groupe du Troisième Âge. Elle révèle les raisons de cet état de fait.

> À notre âge, les petites vexations se diluent dans l'air sans atteindre leur but. Une longue vie où l'expérience est un apprentissage de la sagesse, nous aide à acquérir et à cultiver l'humilité, le calme et parfois la sérénité. (111)

Cette pensée singulièrement équilibrée et respectueuse, l'écrivaine désire la transmettre aux jeunes qui passent à côté de l'essentiel de la vie en ne construisant pas harmonieusement des rapports entre eux. Elle aspire à ce que l'expérience des membres de son groupe soit bénéfique pour eux.

> Les jeunes ne savent pas combien la jalousie et l'envie enlaidissent et font vieillir plus vite que ne le font les soucis et les épreuves inhérents à la vie de chacun de nous. Les membres de l'Âge d'Or viennent briser la solitude, gagner des amitiés, vibrer à la musique, se défouler, tout en gardant leur dignité. La seule vulgarité d'ailleurs impardonnable est celle du cœur, et le cœur des nôtres a des élans dignes de respect. (111)

Certes, Fiby Bensoussan a vécu une période extraordinaire participant activement aux réunions au foyer de l'Âge d'or où des Juives « de partout qui offrent un brassage humain et dynamique et coloré » (196) et dont la volonté de jouir de leur temps est manifeste refusant de sombrer dans la passivité totale en acceptant l'avancée de l'âge avec ses failles, ses rythmes moins soutenus. Elles déterminent leur mode de comportement qui leur donne le droit d'être actifs pour eux-mêmes.

> On s'applique à paraître le mieux possible. Par décence, mais aussi pour se plaire à soi-même et aux autres. Nous devons secouer cette inertie qui annonce la vieillesse, accrocher un sourire sur nos lèvres et profiter de quelques heures de plaisir et de détente. Des groupes se forment et jouent aux cartes. Le temps file. Nous bavardons, critiquons et faisons des commentaires. Un bon goûter est servi. Le temps file. (106)

Aussi, éprouvent-elles beaucoup de chagrin à la perte d'une de leurs membres et maintiennent leurs réunions pour apprécier des moments ensemble, jouir de l'instant présent, car, conscientes que l'heure du grand départ ne tardera pas de sonner. En tous les cas, pour l'écrivaine, cette période demeure marquante, car elle y avait découvert une autre vie riche d'éclats dans les rapports humains. Elle laisse sa verve poétique exprimer le déroulement de sa transformation et le devenir de son épanouissement dans le poème suivant, intitulé *La femme de l'Âge d'Or*.

> La femme de l'Âge d'Or,
> A changé son sort.
> De femme fragile et effacée
> S'est faite plus forte et affirmée
> Adieu tabous et mièvreries,
> Et l'art de broder aux petits points
> Noyés douloureux et chagrins
> Elle assume sa vie,

> Faite de larmes, ou de rires.
> Elle affirme son bon sens.
> Finies l'innocence et l'inconscience
> De se cacher dans l'enfance.
> Subtile et patiente. Elle mérite une couronne
> De roses de l'indépendance
> Car de tout son cœur
> Elle façonne et embellit son avenir. (103)

Ce qui est remarquable dans le parcours de vie de Bensoussan, c'est qu'elle ne pense plus à la perte de son espace originel, en s'appropriant le pays d'accueil y plantant ses racines et en orientant son amour sans limites vers la patrie retrouvée que les membres de sa communauté dispersée évoquent affectueusement dans toutes leurs prières, dans les actions de grâce après le repas et particulièrement lors des cérémonies familiales des fêtes religieuses. Elle se distance totalement du pays natal quitté pour des raisons personnelles et se met en retrait par rapport à son devenir politique et humain. Elle choisit l'enracinement dans un nouveau pays tout en restant fidèle à sa foi, à ses traditions affirmant son attachement et son amour pour Israël. C'est un temps autre où la femme accomplie s'occupe de sa grande famille, fait du théâtre et de la peinture, s'implique dans le militantisme prenant des positions politiques et avançant se propres réflexions envers le conflit entre l'État hébreu et les Palestiniens.

> Malgré la tension et l'inquiétude qui étreint chacun de nous. Des pourparlers de paix entre Arabes et Israéliens sont engagés depuis peu sous l'égide des Nations-Unies. Quelle paix va-t-on nous offrir ? (112)

Elle avoue elle-même qu'elle est très préoccupée par cette situation et se demande ce qui se passe en Israël, troublée régulièrement par des guerres et des agressions dans la région. Lorsqu'elle raconte son inquiétude, on sent évidemment que celle-ci est partagée par tous ses confrères et toutes ses consœurs. Elle comprend que son engagement est celui de plusieurs membres de la communauté pour qui soutenir Israël n'est pas une donnée facultative, c'est une obligation constante.

> Depuis la nuit des temps, rien ne nous a été donné facilement, Dieu nous met continuellement à l'épreuve et malgré les heurts et malheurs, notre foi en Lui reste intacte, si bien que nous persistons à vivre, alors que bien des nations ont disparu à travers l'histoire. (117)

Il est clair que, pour Bensoussan, l'intention qui domine ses réactions et ses propos est celle d'une femme engagée. Elle se rend compte que ses sentiments, sa situation et ses expériences ne sont pas uniques quand elle observe le malaise qui ronge sa Terre sainte. Elle dévoile la force qui l'anime ainsi que celle des membres de sa communauté qui soutiennent activement Israël.

> Les tyrans meurent, les pays changent et passent d'un gouvernement à l'autre par la grâce des guerres, et les frontières restent fragiles, mais dans nos cœurs notre foi en D. reste immuable et rien, ni les guerres, ni l'exil n'ont pu l'ébranler. Les voies de l'Éternel restent impénétrables aux hommes, et notre avenir est entre Ses mains. (119)

De Marrakech à Montréal est un écrit qui a une dimension autobiographique inhérente, mais en même temps, il se présente comme un discours collectif dans un contexte social, historique et idéologique bien particulier. Durant sa vie au Québec, elle a été très active apportant un grand soutien à ces bâtisseurs de la communauté sépharade. Des hommes et des femmes, comme elle le précise, « de bonne volonté se multiplier afin de nous tenir solidement debout et de préparer un avenir heureux à tous nos membres, jeunes et vieux » (99). Elle participe également avec le Bel Âge au congrès juif canadien où Juifs Ashkénazes et Sépharades sont appelés à vivre en bonne harmonie ensemble pour vaincre leur ennemi commun. À la fin de cette visite, le jeune organisateur David Sultan est venu la saluer ainsi que son groupe, venu nombreux pour assister à cette rencontre. Quant à eux, ils repartent satisfaits de ce qu'ils ont appris, vu et constaté,

> […] reconnaissants aux bénévoles pour leur efficacité et leur amour d'Israël, de lutter sans cesse pour essayer de faire baisser les tensions de la haine et du fanatisme, de la mauvaise volonté de certains hommes. Ces derniers, si respectueux soient-ils des écritures sacrées, suivent leurs impulsions et leur agressivité qui ne peut aboutir qu'au spectre de la guerre où il n'y a ni vainqueurs ni vaincus, mais seulement souffrance et destruction. (119)

Fiby Bensoussan propose des histoires condensées en petits récits tout imprégnés de légèreté et de douceur, offrant au lecteur des images ensoleillées d'une civilisation et d'un mode de vie disparus. Débordant d'émotions, d'humanité et de sensibilité, son livre au style à la fois vivace et rebondissant est appuyé d'une écriture claire, gaie, qui regorge de descriptions drôles, tendres ou mordantes. Bensoussan a réussi à convertir la nostalgie en bonheur de mémoire. À cet effet, Elfassi souligne ceci :

> Le livre se présente comme une collection de récits qui racontent, autant par son expérience personnelle que par des anecdotes amicales et des leçons talmudiques, un parcours auquel peuvent

> s'identifier de nombreux membres de la communauté séfarade de Montréal. Bien qu'il y ait présenté un lexique des termes exotiques pour la compréhension du lecteur non initié, il s'agit surtout d'un récit familial, au sens communautaire du terme. Fiby Bensoussan raconte à ceux qui peuvent se rappeler, comme au tour d'un feu la nuit, les petits détails de leur existence tantôt difficile, tantôt sublime[9].

Il ajoute aussi,

> On peut se demander si ce livre est accessible à tous. Bien que le lexique final puisse aider à comprendre certains termes, il semble évident que les idées, les expériences et les émotions s'adressent à un public particulier, qui n'est pas sans mérites. L'expérience de migration de Fiby s'ancrera dans le cœur de nombreux membres de la communauté séfarade du Québec, qui connaissent un rapport spécial avec la terre d'origine au Maroc, terre d'accueil au Québec, et terre près du cœur en Israël. De Marrakech à Montréal, c'est une expérience spécifique, marquante, parfois difficile, qui inspire chez Fiby Bensoussan poésie, rire et solidarité[10].

Ce qui caractérise l'originalité du récit *De Marrakech à Montréal* est l'écriture à la fois simple et souvent gagnée par une grâce heureuse. Fiby Bensoussan confirme ce constat en avançant que le style de l'écrivaine « est un appel à la générosité, à la tolérance ». Pour lui, elle « voit le monde, elle ne se voit pas dans le monde, et ce qu'elle voit du monde, c'est le beau et le généreux. Cette vision chez Fiby, [ajoute-t-il], s'accompagne d'un langage souvent serti de passages débordant de réelle poésie[11]. En effet, on y trouve dans ce livre les mêmes thèmes abordés par la majorité des écrivains judéomarocains en exil au Québec, mais, cette fois, moins d'égarements sur les sentiers du choc du déracinement, du ressassement inlassable des sentiments d'étrangeté, ultime vestige d'une identité perdue. En toile de fond, une petite musique mélancolique d'un passé, d'une enfance qui contenait tant d'aventures et d'émotions. C'est un écrit sensible et lucide qui permet à Bensoussan d'inventer le souvenir dans le souffle de ses phrases.

---

[9] Elfassi. « De Marrakech à Montréal », p. 104.
[10] *Ibid.*
[11] Bensoussan. « Images d'une civilisation », p. 139.

Yvette BÉNAYOUN-SZMIDT

C'est à une entrée dans l'univers de ses souvenirs, tout en douceur[1], à laquelle nous convie Yvette Bénayoun-Szmidt[2] avec son premier recueil de poésie intitulé *Échos de souvenance*[3]. La première page de couverture est en cela très significative : la porte entrouverte de la demeure nous invite, certes, à en franchir le seuil, mais également à la retenue. On ne peut pas pénétrer dans l'enceinte sacrée de la mémoire d'une façon intrusive, mais seulement tenter d'y parvenir dans la discrétion presque en se faufilant.

Si le titre du recueil fait, en effet, référence aux souvenirs qui rejaillissent et affleurent presque inconsciemment au niveau de la mémoire comme dans une anamnèse, c'est un voyage de la souvenance au tangible que nous propose l'auteure de ce recueil. Par le biais des bribes de souvenirs qui resurgissent en écho comme s'il fallait les confronter à la fois à des fragments de sa propre histoire et à la réalité des images gravées au plus profond de soi-même, le lecteur est engagé dans une réflexion sur la mémoire, les racines, l'enfance, le temps qui passe, l'absence, les désirs et les espoirs. Le lecteur devient ainsi le récepteur de cette errance, le capteur des sentiments qui transcendent l'écriture et qui transforment ce parcours poétique en une douce mélopée.

Souvenance comme mouvement de sens tant la nostalgie et la mélancolie sont au cœur de ce cheminement poétique.

Souvenance aussi comme rêverie jusqu'aux confins de la mémoire où se côtoient désirs, espoirs, mais aussi tumultes liés à l'absence et au déracinement.

Souvenance encore comme remontée et jaillissement des souvenirs entre un réel et un irréel, entre un passé et un présent, entre conscience et inconscience.

Souvenance enfin dans le désir de faire ressurgir celle que l'on a été, cette autre qui a été enfouie au plus profond d'elle-même, que l'on a oubliée ou plutôt que l'on a tenté d'effacer tant le présent nivelle chaque trace laissée, chaque instant du passé.

---

[1] Cette étude a été réalisée par Yamina Mokaddem. Qu'elle trouve ici l'expression de nos sincères remerciements et de notre profonde gratitude.
[2] Yvette Bénayoun-Szmidt est professeure titulaire au département d'études françaises, à l'université York-Glendon, Toronto, Canada. Elle est l'auteure et coauteure de plusieurs ouvrages critiques et articles portant, entre autres, sur l'écriture au féminin dans la littérature francophone du Maghreb. Dans ses recherches actuelles, elle se penche sur les écrivains maghrébins migrants (ou en exil) au Canada. Canadienne d'origine marocaine, elle vit depuis plusieurs années à Toronto (Canada). Elle a une fille Carolyn et deux petites-filles Maya et Cora. Après la publication de son premier recueil de poésie *Échos de souvenance*, elle en prépare un second, *Le voyage de l'oubli*.
[3] Yvette Bénayoun-Szmidt. *Échos de souvenance*, Éditions du Marais, Montréal 2009, 42 p.

Car c'est bien un cheminement autobiographique quasi mystique que donne à lire Yvette Bénayoun-Szmidt tout au long des poèmes qui composent son recueil comme s'il fallait dépasser le temps pour pouvoir se projeter vers un à venir, mais aussi comme s'il fallait défier ce temps pour pouvoir s'arrêter un instant, rassembler, sélectionner, réorganiser les images pour mieux s'y accrocher, s'y retrouver et peut-être s'y libérer.

L'organisation du recueil laisse à penser qu'il s'agit d'un seul et long poème dont les parties éparses auraient été inscrites lentement au gré des pages par un « je » qui, comme le ferait un chef d'orchestre, coordonnerait l'exécution et l'interprétation d'une œuvre. En effet, les poèmes n'ont pas de titre, pas de ponctuation, mais sont organisés comme une partition de musique avec différents tempos alliant ainsi moments forts correspondant aux poèmes courts et des moments beaucoup plus lents et doux déterminés par les poèmes plus longs.

Dès le premier poème qui ouvre le recueil, le ton est donné. L'enfance est là, bien présente, qui permet non seulement de regarder le passé avec tendresse et nostalgie, mais aussi de s'ancrer très fortement dans le présent. Car l'enfance qui n'est déjà que la « douce émanation d'[un]visage sur une photo brunie » (10), suscite pourtant des sensations d'autant plus fortes qu'elles restent encore « sous le filtre d'une réalité nimbée de vérités ensorcelées » (10).

Entre passé et présent, entre absence et présence, conscience et rêverie, cette recherche engagée, en fait, dans une réflexion sur la mémoire, les racines, l'enfance, permet au poète non seulement de recueillir des fragments éparpillés de sa propre histoire, mais aussi de confronter la réalité aux souvenirs, aux images gravées dans l'esprit. D'où l'interpellation du lecteur par l'emploi du « vous » dans plusieurs poèmes, comme pour l'associer à ce voyage, à cette remontée douloureuse des souvenirs, tant il faut « Quand la douleur vous invite à nouveau au seuil de la peur » (14) « Lisser les plis de l'amertume assécher les paroles torrentielles apprivoiser, la sauvage agonie » (16).

Se dire à travers chagrin, mélancolie, nostalgie, se remémorer souvenirs, désirs et espoirs c'est ce que transmettent les poèmes de ce recueil qui sont comme une fenêtre ouverte sur un monde façonné d'échos, de sons et d'images par le biais du lyrisme qui émane des associations de mots et d'idées et qui sont autant de capteurs d'états d'âme et de récepteurs sensoriels.

Dès lors, c'est la fonction mémorielle qui tisse page après page, chaque poème, chaque vers comme pour une fouille intérieure permettant d'exhumer peine, amertume, nostalgie et moments de bonheur, moments heureux et bénis où tout exulte.

C'est ici que les souvenirs liés à l'être aimé, par l'adresse récurrente au « toi » façonnent avec force un hymne à l'amour et à la vie, la réitération de ce signe de l'énonciation associé à celui de la première personne par l'emploi de « ma » et « mon » scandant en quelque sorte le poème comme pour une prière.

> Toi qui as su apprivoiser
> ma sauvage solitude
> Toi qui as dentelé mon âme
> d'une empreinte indélébile
> Toi qui m'as attendri
> par paroles poétiques
> nectar sécrété page après page
> pour mon temps exquis de lecture (64)

L'être aimé en offrant ainsi sa force et sa douceur, son flux d'énergie et sa vitalité permet au poète de se retrouver et de se redéfinir dans sa sensibilité, son identité et sa perception des mondes liés au passé, au présent et à l'à venir :

> En souvenance d'hier
> et pour aujourd'hui et demain
> je partage avec toi
> sans trace de réserve
> le mystère de mes lieux de mémoire (64)

Les épisodes du passé que l'auteure croyait peut-être révolus émergent alors poème après poème laissant les souvenirs affleurer comme en échos.

Dès lors la fonction lyrique se trouve doublement assumée par le « je » de la maturité et par l'adresse au « toi », au « vous » et au « nous » qui laisse s'ouvrir le champ de cette énonciation du souvenir pour propulser plus encore le lecteur dans un monde vibrant tout entier de l'intérieur.

Car c'est à partir des vibrations de cette mémoire que le lecteur peut imaginer ce qu'il ne peut avoir vécu, les mots s'inscrivant dans un espace-temps défini par un territoire solitaire et secret où les

> Souvenirs de temps anciens
> toujours tatoués en lettres de feu
> dans les mémoires des êtres
> ne s'autoris[e]nt point à oublier (49)

Si la poésie d'Yvette Bénayoun-Szmidt, tour à tour mélancolique, douloureuse, sensuelle et vibrante, ose afficher les sentiments, le ressenti, les touchers et les voix, elle installe aussi le souvenir dans le sacré. La mémoire, en capturant le flux du temps révolu, reste confrontée à l'empreinte, à la trace, au vestige. Elle devient ainsi, en affrontant la rupture de l'oubli et du deuil, quête permanente.

> Parfois le mur de l'oubli érigé
> pensée après pensée
> nébuleusement s'effrite
> Âpre mélancolie d'un autre vécu
> songes réveillés d'un chagrin répudié
> en cortèges de souvenirs momifiés
> fouettent notre mélancolie (21)

Recréer le rapport au temps vécu, ressusciter les étapes du dévoilement des souvenirs embrumés c'est ce qui transparaît de ce recueil, l'écriture poétique en se voulant porteuse d'un fil intemporel impulse le voyage dans l'intimité d'un territoire solitaire et secret qui se dévoile peu à peu, comme pour éloigner les sentiments factices. Et dans ce déplacement poétique métaphorique vers le passé, se lit surtout un formidable état de veille, de vigilance pour tenir tête à la mélancolie et à l'oubli.

> Si seulement
> quelques caresses tangibles
> pouvaient effleurer nos sens
> et charmer comme autrefois
> notre être intime
> côtoyant la lumière de l'espérance (34)

La mémoire, alors, s'avère un territoire à explorer et le poète semble avoir gardé intact ce temps du passé comme un lointain écho de tout ce qui fut bonheur, plaisir, espérance, émotion, mais aussi souffrance, chagrin et nostalgie.

> Appels lointains audibles à peine
> nous encouragent
> nous exhortent
> à franchir le seuil rocailleux
> en direction du renouveau vers une mutation créatrice
> Voyage vers ce qui demeure à vivre
> à découvrir à rebâtir
> et à aimer... (34)

Il faut ainsi, semble suggérer le poète, revisiter la mémoire pour en rapporter les matériaux susceptibles de féconder le présent, l'appui sur le temps d'avant pouvant constituer un réconfort, si tant est que la mémoire dans son fonctionnement se présente comme quelque chose d'encore possible pour soustraire à l'oubli les souvenirs.

Au fil des poèmes, les souvenirs viennent alimenter l'écriture et celle-ci est vécue comme une ressource indispensable dans la mesure où elle permet non seulement de récréer le lien symbolique entre passé, présent et à venir, mais aussi de partager le temps vécu avec l'autre.

> Quand atteindrons-nous
> la finalité du voyage
> sans nous sentir aspirer à rebours
> par le passage du temps
> Genèse d'un duel fatidique
> entre passé et présent
> oblitérant la création d'un futur triomphant (41)

L'auteure se fait ici passeur de mémoire et sa voix singulière œuvre comme la maille chaque fois renouvelée d'un tissage collectif. Dans cette recherche du temps perdu et retrouvé, les mots, qui ne valent et ne prennent sens que dans l'espace où vibre la mémoire se trouvent investis d'une force et d'un pouvoir de partage quasi mystiques. Ils permettent, au poète, à l'instar d'un maillage où passé, présent et à venir s'interpénètrent et se côtoient, d'affronter la rupture et de capturer le flux du temps qui passe.

Revisiter la mémoire pour en rapporter les matériaux susceptibles de féconder le présent, inscrire chaque geste, chaque événement, chaque parole comme autant de signes identificateurs et structurants, raconter le manque par-delà le manque, c'est un rapport apaisé à la mémoire et aux souvenirs qui transparaît de ces *Échos de souvenance*, c'est aussi fortement ce que laisse ressentir l'écriture d'Yvette Bénayoun-Szmidt, comme un appel au partage et donc à la reconnaissance de l'autre dans notre propre réalité.

Thérèse ZRIHEN-DVIR

Le parcours de vie de l'écrivaine marocaine-israélo-canadienne Thérèse Zrihen-Dvir est à noter. Née en 1945 à Marrakech, petite-fille du président de la communauté juive de Marrakech, Rabbi Moshé Zrihen, Rabbin-juge. Elle a vécu dans la ville rouge de son enfance jusqu'à l'âge de 17 ans. C'est après une courte visite en Israël en 1966 qu'elle décide de quitter sa terre natale, comme l'ont fait, des membres de sa communauté. Elle suit son époux au Canada en 1981 où elle réside jusqu'en 1985. Ensuite, elle retourne à la Terre promise où elle vit jusqu'à aujourd'hui.

Au terme d'une carrière professionnelle brillante, elle ne reprendra l'écriture de ses poèmes et romans littéraires qu'à l'âge de cinquante-cinq ans lors de sa retraite de son poste de directrice de compagnies Hi-Tech. Depuis, elle publie ses écrits en trois langues, anglais, français et hébreu. « Je ne repris l'écriture que vers la fin des années 2000, lorsque l'avenir pédagogique et financier de mes enfants fut assuré. Je pus enfin me remettre à l'écriture après une pause qui dura plus d'une quinzaine d'années », nous indique-t-elle[1].

Après avoir concrétisé *Le Défi* (*The Challenge*), une biographie bilingue (français-anglais) d'Eitan Dvir[2], elle entame sa carrière littéraire avec un roman en anglais *The Hand of Divine Justice*[3]. En fait, *Le Long Bras de la Justice Divine*, est fondé sur une histoire vécue. La saga commence peu de temps avant la Seconde Guerre mondiale, à Marrakech, lieu exotique dans l'Afrique du Nord. À l'époque, il existait une très grande communauté juive qui s'était volontairement ou non isolée derrière les remparts du Mellah de Marrakech pour des raisons économiques, religieuses, et culturelles. Certains membres de la communauté sont très riches, d'autres sont malheureusement très pauvres.

Cette œuvre relate l'histoire d'une famille juive qui, suite à un drame et à l'arbitraire, gravite sur l'étendue de trois générations sous ce que nous appelons communément, le hasard, des coïncidences, le sort, mais en vérité, ce n'est autre que la Justice Divine. Elle se mesurait aux résultats de l'arbitraire, ses tribulations au Maroc, dont une partie de la famille y vivra au

---

[1] Échange avec l'écrivaine en date du 13 novembre 2016.
[2] Thérèse Zrihen-Dvir. *Le Défi* (*The Challenge*). Biographie d'Eitan Dvir (français-anglais), Ontario (Canada), Promark, 1985, 60 p. Ce premier livre écrit en français et en anglais portait sur feu mon ex-époux Eitan Dvir, artiste peintre. L'initiative vint du *Roman Catholic School Board of Education of Hamilton* (Canada) et puisqu'elle était la plus proche de l'artiste, elle fut désignée, en 1984, pour l'écriture d'une brève biographie en deux langues pour son catalogue.
[3] Thérèse Zrihen-Dvir, *The Hand of Divine Justice*, Miami, Barnhardt & Ashe Publishers, 2007, 175 p.

début, puis quittera pour le Québec avant sa finale destination à Jérusalem. Une autre partie se dirigera vers la France, mais s'éteindra complètement faute de succession. Il s'agit d'une histoire vraie, vécue et authentique que l'écrivaine, par égard pour ses descendants, a choisi de présenter sous forme romanesque.

Elle réalise encore deux écrits en anglais *A Quest for Life*[4] et *The Stairway to Heaven*[5], avant de faire son entrée dans le fait littéraire francophone par un roman magistral à l'allure autobiographique intitulée *Il était une fois... Marrakech la juive*[6] dans lequel elle raconte sa ville natale. Sur la concrétisation de ce roman, l'écrivaine souligne ce qui suit :

> Il faut dire que j'avais sérieusement hésité entre écrire en français ou en anglais un roman qui aurait pour titre « La Cendrillon ratée ». J'avais de façon remarquable amélioré mon anglais à travers mes positions dans les différentes sociétés où j'avais été employée et mes études en économie et Business Management (Banque, import-export, compagnies de Recherche et Développement, etc.,) avaient éclipsé lamentablement mon français. Je l'écrivis donc en anglais en premier lieu, pour le reprendre en français, et plus tard en hébreu... Le titre changeait au fur et à mesure que je progressais avec son écriture, passant par « Les portes de la vie, La légende inachevée, Les mémoires d'une juive de Marrakech » pour finir sur un ton plus poétique « Il était une fois... Marrakech la juive »[7].

Elle publie ensuite *La Chasse à l'arc en ciel*[8], qui évoque une partie de football qui se termine par le rapt d'un enfant juif par un autochtone marocain. Ce roman relate l'histoire d'un adolescent juif de Marrakech, qui commet un crime pour sauver son frère de l'esclavage, de la conversion à l'Islam et d'une mort certaine. Tous ceux qui se trouvaient dans ses parages

---

[4] Thérèse Zrihen-Dvir. *A Quest for Life,* USA, Lulu.com, 2007, 225 p. C'est une biographie candide d'un Australien avec reportage du mode de vie des Australiens et l'Église Catholique, les Aborigènes et les différences sociales allant parfois jusqu'au crime. Ce livre se trouve à la Librairie Nationale d'Australie. C'est la suite d'une rencontre impromptue sur des réseaux sociaux avec un Australien qui culmina en l'écriture, en 2007, de ce livre ; une biographie intéressante surtout concernant le traitement des Aborigènes par les colons anglais.
[5] Thérèse Zrihen-Dvir. *The Stairway to Heaven,* Jerusalem New York, Gefen Publishing house, 2011, 160 p. Cette œuvre évoque la tragédie de la terreur et de la barbarie qui ont marqué le devenir d'Israël. Elle est reliée à l'époque Oslo et post-Oslo, l'assassinat du premier ministre Itzhak Rabbin... Livre dédié à toutes les victimes de la terreur partout dans le monde. « *If there is a heaven as it is believed, you have been thrown into it brutally and unexpectedly. If our existence on earth is only a sequence, part of a journey to places beyond our sight, you went there earlier than planned. And if there is a paradise, you won it tragically even though someone wrongly believed that by ending your life, he would receive Heaven as a reward* ».
[6] Thérèse Zrihen-Dvir. *Il était une fois... Marrakech la juive*, Paris, L'Harmattan, 2012, 392 p.
[7] Échange avec l'écrivaine en date du 13 novembre 2016.
[8] Thérèse Zrihen-Dvir. *La Chasse à l'arc en ciel*, Paris, L'Harmattan, 2015, 196 p.

vont devenir malencontreusement les jouets d'une aventure qui va les dépasser et changer inexorablement leur destin.

Après l'écriture d'une fiction sur un jeune juif marocain prêt à tout pour sauver son frère, elle publie *Derrière les remparts du Mellah de Marrakech - petits contes*[9], qui est peut-être son livre le plus personnel, car dédié à son petit-fils, Guy. En effet, à la demande de sa fille qui souhaite conserver et faire perpétuer le riche patrimoine de la Ville Rouge, l'écrivaine narre à son petit-fils des contes courts qui remontent au temps lointain de l'enfance qui demeure vivace dans sa mémoire. C'est une période marquée par la merveilleuse éclosion de la vie, un échelonnement dans le temps où l'innocence et la candeur sont rois, les frontières nébuleuses et les thèmes prosaïques infiniment réduits. Pour les enfants du Mellah, la structure étriquée et dotée de nombreuses ruelles exiguës et obscures stimulait leur imagination. Dans ce kaléidoscope de cultures et de religions, le quartier juif devenait leur antre de dragons, de djinns, de fées et du fantastique. Aussi, à travers les odeurs, les motifs et les mots d'antan, le lecteur pénètre dans un univers enchanté découvrant ou redécouvrant un monde perdu, celui de la Marrakech juive. Un seul regret, peut-être le manque d'illustrations pour mieux capter les couleurs des descriptions de la ville natale de l'écrivain. « J'y ai pensé honnêtement. Toutefois, la variété des récits m'a contrainte à m'abstenir de l'illustrer. Par contre dans la version hébraïque de ces contes, j'y ai ajouté quelques images ou petits dessins »[10], précise-t-elle.

Quant à l'histoire qu'elle présente dans son écrit *Hans et le petit chaperon rouge*[11], elle est inspirée d'un récit stupéfiant : celui d'un enfant juif qui, avec sa mère, échappa aux nazis en fuyant à travers l'hiver dans les forêts de Roumanie. Tel l'enfant sauvage de Truffaut, il survivra en compagnie des loups et ne quittera cette vie animale que pour retrouver ce qui subsiste de notre civilisation, alors en proie à la barbarie. De cette histoire extraordinaire, l'auteure tire un récit à mi-chemin entre la réalité brutale de cette époque et l'univers imaginaire et philosophique du conte.

Dans *Il sentait bon le sable chaud de mon légionnaire*[12], sa quatrième œuvre écrite en français, Thérèse Zrihen-Dvir change de registre d'écriture en réalisant un roman d'amour très prenant de sa tante, mariée à un légionnaire français qui lui permet de décrire l'époque de la Seconde Guerre mondiale. Dans la présentation de l'éditeur, on lit ceci :

---

[9] Thérèse Zrihen-Dvir. *Derrière les remparts du Mellah de Marrakech - petits contes*, Paris, L'Harmattan, 2015, 220 p.
[10] Ben Israël. « Thérèse Zrihen-Dvir, conteuse d'un Maroc disparu », *Israpresse*, 24 juin 2015.
[11] Thérèse Zrihen-Dvir. *Hans et le petit chaperon rouge*, Paris, L'Harmattan, 2016, 354 p.
[12] Thérèse Zrihen-Dvir. *Il sentait bon le sable chaud de mon légionnaire*, Paris, Société des écrivains, 2013, 250 p.

« Liberté ? Mon enfant ! Je suis libre à la façon et au niveau qui me conviennent. Que le fantôme de Robert soit une réalité ou le fruit de mon imagination, comme tu insistes tant à me le faire admettre, il est pour moi un havre d'amour, un compagnon, un nid douillet où je ne me sens pas abandonnée, indésirable et stérile. Alors, que cherchons-nous réellement ? Que m'apporterait la liberté que tu proposes à ce stade de ma vie, Tamar ? Elle tuerait la dernière étincelle du merveilleux conte de fées qu'était mon amour pour Robert. » Très attachée à l'histoire de la communauté juive au Maroc, c'est dans ce cadre que Thérèse Zrihen-Dvir nous conte une magnifique épopée amoureuse, touchante et pleine de poésie. En mettant l'accent sur les coutumes de cette société régie par les principes religieux, sur l'évolution du traitement réservé aux femmes, elle octroie à son ouvrage une dimension sociale et historique indéniable.

Il est significatif de préciser que ce qui étonne chez Thérèse Zrihen-Dvir à chaque nouvel écrit, c'est un sens de la surprise romanesque. Chaque livre offre une histoire, une vision d'écriture totalement originale. C'est ainsi que dans *Comment Jésus fut créé*[13], elle s'intéresse à la religion et se demande pourquoi l'Éternel qui se dit « Dieu Unique » et intime à Ses croyants à ne croire qu'en LUI, et qu'en Lui seulement, enfante un fils en se servant d'une dite jeune fille humaine vierge pour créer un autre dieu, LUI qui décrète dans les Dix Commandements : « Tu n'auras d'autres Dieux devant ma face » ? Se servant de cet état de fait religieux ainsi que d'un ton fort, elle indique que le mal de quelques « envoyés de Dieu » autoproclamés est qu'à un certain moment, ils ont cessé d'être des messagers pour se substituer au créateur. Ce n'était plus la parole du créateur qu'ils énonçaient, c'était leur parole pesée et coordonnée à laquelle ils avaient eu l'audace et même l'effronterie d'attribuer une prérogative de puissance Divine. Ni les chrétiens ni les musulmans ne semblent réaliser qu'ils se sont éloignés de la véritable parole de Dieu pour ne devenir que des vassaux de ceux qui ont usurpé et phagocyté un rôle et des fonctions à des millions d'années-lumière de ce qu'elles devaient être.

Pour continuer à inscrire avec force dans la vie réelle, armée d'une concision et d'une authenticité historique, Zrihen-Dvir publie *Les confessions de Michka*[14]. C'est un roman-témoignage d'un rescapé de la machine meurtrière nazie, qui entraîne le lecteur dans le maelström de la fuite ahurissante d'un jeune garçon juif, âgé d'une dizaine d'années qui s'échappe du ghetto de Bialystok et échoue dans la forêt. Là, il connaît la faim, le froid, la douleur et surtout la solitude. Dans cet univers glacé, il se

---

[13] Thérèse Zrihen-Dvir. *Comment Jésus fut créé,* Paris, Tatamis Éditions, 2014, 197 p.
[14] Thérèse Zrihen-Dvir. *Les confessions de Michka*, Paris, Tatamis/du Journalisme Continu, 2014, 161 p.

heurte soudain à une horde de loups… « Quelques-uns me jetèrent un regard triste, sans manifester d'hostilité particulière. Je sentis mon corps se figer et mon cœur battre à tout rompre dans l'attente d'une attaque soudaine, qui ne vint jamais… ». Pour l'écrivaine, l'annonce par le narrateur d'un tel sentiment déroutant, déstabilisant ramène inévitablement à l'échafaudage imaginaire de Misha Defonseca et à sa condamnation à l'oubli d'autres innocents parmi les loups qui se retrouvaient plus seuls et plus abandonnés que jamais.

En effet, depuis qu'elle s'est consacrée à l'écriture, allant même jusqu'à faire la promotion de ses propres écrits pour contrecarrer la malhonnêteté des éditeurs, supervisant et contrôlant ainsi le processus de distribution de son œuvre, Zrihen-Dvir vit dans l'envie et la continuité d'écrire. Elle s'adonne à sa passion avec amour et enchantement envisageant l'acte d'écrire comme une recherche sérieuse, et notamment pertinente, pour évoquer généralement le mode de vie de la communauté juive au Maroc, ses luttes de survie, son isolement et surtout son riche legs de traditions qui à ce jour continue à émerveiller et à susciter de l'intérêt. Très active sur son blog[15] où elle aborde de grands faits ayant marqué l'histoire contemporaine de ses pays et d'autres sujets plus diversifiés qui font d'elle une amoureuse de la plume, dotée d'un souffle puissant qui mêle dans son dispositif narratif histoire et fiction, puisant ses sujets dans l'actualité sociétale, politique et religieuse et qui s'effectue par des présentations précises et des réflexions. En ce moment, elle travaille sur deux autres ouvrages, d'une part un recueil d'histoires *En cherchant Cendrillon* qui s'étend sur l'Europe, le Maroc et Oran et d'autre part, une étude sur les juifs haineux de soi[16].

Ainsi, par le choix de mettre l'histoire au cœur de sa création littéraire, Zrihen-Dvir instaure au sein de la littérature sépharade au Québec une voie/voix qui constitue une véritable innovation et un grand enrichissement littéraire. Elle démontre une sensibilité remarquable conjuguée à une rigueur dans la recherche du contexte où se déroule l'action romanesque de chacun de ses écrits. Par un style précis et une imagination féconde, l'écrivaine apporte dans son roman *Il était une fois... Marrakech la juive*[17] un éclairage stimulant pour saisir d'une manière originale, voire nostalgique, tout un pan de la communauté juive marrakchie, de son histoire et de ses valeurs millénaires. Sur l'écriture et la publication de ce roman, l'écrivaine souligne ceci :

> Je l'avais commencée en 1999 en Anglais en premier lieu. J'avais entamé la version française en 2003 et ne l'aie terminée qu'en 2005, puisque je reçus la proposition de représentation en France en 2006. J'avais signé un contrat de publication avec l'Atelier de

---

[15] *therese-zrihen-dvir.over-blog.com/*
[16] Échange avec l'écrivaine en date du 13 novembre 2016.
[17] *Ibid.*

> Presse en 2006 qui malheureusement fit faillite. J'eus plusieurs propositions dont celle de L'Harmattan que j'avais refusée en premier lieu. Finalement il revint en 2011 avec un meilleur contrat de publication[18].

Cette entreprise littéraire s'inscrit dans le devoir d'immortaliser cette époque mouvementée dans les annales du Maroc et du peuple juif pour les générations futures. L'écrivaine croit que cette tâche incombe, à la dernière génération des juifs du Maroc, pour l'histoire, afin de préserver comme dans toutes les nations, les restes d'une civilisation exceptionnelle en voie d'extinction. À cet égard, son écrit qui revêt une extrême importance dans son devenir humain vise plusieurs objectifs :

> Le plus crucial représentait le legs que nous les juifs du Maroc, allions laisser derrière nous, à nos enfants et petits-enfants et à ceux des Marocains. Comment prendront-ils connaissance de notre passé, de nos origines et des causes ou raisons qui nous ont amenés à venir vivre en Afrique du Nord et principalement au Maroc. La communauté juive du Maroc était une des plus imposantes en Afrique du Nord. Le fait que cette génération tend à disparaître rendait cette tâche encore plus pressante et plus décisive[19].

Elle précise aussi :

> Le deuxième objectif était de mettre en valeur les richesses particulières du Maroc. Ses paysages, ses villes, sa diversité et ses nombreuses cultures exceptionnelles. C'est un monde où se côtoyaient le coutumier et le magique, le quotidien et le sacré, l'ordinaire et le miraculeux. Un monde d'images familières et cependant étranges, de chaleur persistante avec des fulgurances d'acier, de mille bruits et de sons étouffés. Traditions et convictions se cramponnent au réel, en dépit du progrès. Dans leurs formes les plus archaïques, ces survivances paraissent souvent ingénues ou désuètes, mais leur perpétuation produit l'illusion de vivre dans un monde immuable[20].

La réception de son roman a été positive. Elle rapporte qu'après l'avoir lu, Olivier Nora (Fayrad et Grasset) indique qu'« [u]ne rage de vivre qui incite le lecteur à suivre le destin dramatique de cette « Scarlett O'Hara juive » qui brave toutes les désillusions et les épreuves pour se reconstruire »[21]. Quant à Albert Bensoussan, il signale ceci :

---
[18] *Ibid.*
[19] *Ibid.*
[20] *Ibid.*
[21] *Ibid.*

> Nous avons l'histoire d'une enfant du Mellah qui s'élève et croit à l'amour. Elle affirme très jeune une personnalité assez forte pour refuser le lait maternel et tenir la dragée haute aux voyous du Mellah. En même temps, l'auteur a à cœur de retracer l'histoire des Juifs marocains, depuis leur arrivée, en provenance du Moyen-Orient voici 2500 ans, jusqu'à l'apogée de Mohamed V et l'inévitable Alyah collective d'après l'Indépendance du pays. De ce fait, il y a deux livres en un : d'une part, une belle histoire d'éducation et d'amour ; de l'autre un essai historique et politique – on passe au crible la politique israélienne et ses diverses options face à la paix (ou la guerre)[22].

En effet, deux parties constituent ce roman dont la trame narrative vise, d'une part, à présenter une description générale de l'origine des Juifs en Afrique du Nord, et notamment au Maroc, et, d'autre part, à montrer l'organisation entourant le départ des Juifs vers Israël et leur étonnante adaptation aux conditions de vie très dures en Terre sainte. C'est ainsi que le roman débute avec la naissance de Marie et son évolution au sein d'une communauté juive attachée à ses valeurs séculaires et à son mode de vie sous deux régimes – d'abord le protectorat français et subséquemment la monarchie alaouite déterminée par le retour du roi Mohamed V de son exil à Madagascar et sa réinstallation sur le trône. Cette première partie aborde aussi l'enfance de Marie et le train de vie journalier ainsi que les mœurs de sa communauté au sein de Mellah prise entre peur et incertitude quant à son avenir en terre musulmane, et cette urgence de tout quitter pour partir ailleurs. Cette partie s'achève par son départ du Maroc avec sa petite famille vers Israël en passant par la France à la fin de 1967. Commence ainsi une période de vie marquée de luttes, de déceptions, de frustrations et de détermination de trouver sa juste place au sein de la société israélienne. Cette deuxième partie se déroule à travers le temps allant de son mariage qui tint place en 1973, à la veille de la guerre de Kippour jusqu'à sa séparation définitive avec son mari Manfred en fin décembre 2005.

Il est à souligner qu'entrer dans l'univers romanesque de Zrihen-Dvir, c'est se laisser séduire par la trame narrative d'un récit qui nous entraîne à sa manière au cœur de l'évocation de souvenirs lointains du temps de son enfance dans sa ville natale, « Marrakech, la capitale du Sud marocain – la cité des rois –, [qui] est une ville modèle où la communauté juive, deux fois millénaire, s'édifia et prospéra jusqu'à nos jours » (17). Le roman s'ouvre sur Fanny, la jeune femme abandonnée par Sol, qui donne naissance à Marie, l'héroïne indomptable et fragile d'un récit mélodramatique.

> Créature minuscule et inattendue, Marie vint au monde à Marrakech, au sein d'une famille prématurément démantelée. Elle

---
[22] *Ibid.*

> parut à l'aube d'une radieuse journée de printemps avec les premiers rayons du soleil colorant timidement le firmament, caressant les gouttes de rosée dispersées en nappes sur les fleurs des jardins des arbres. Ce qui incita à un réveil douillet les oiseaux encore ensommeillés, entamant à l'instant un gazouillis indécis depuis les moucharabiehs de leurs nids. (7)

En fait, mariée à la fin de la Deuxième Guerre mondiale, Fanny se trouve divorcée avant que son enfant n'ouvre les yeux. Sa naissance n'est pas seulement non désirée du fait qu'elle est précocement désertée par un mari frivole, mais perturbe totalement sa vie lui causant beaucoup de problèmes et d'ennuis. Le nouveau-né refuse son lait de mère et, comme elle n'a pas les moyens de se procurer au marché noir les aliments pour bébés, elle s'adresse aux religieuses sollicitant leur aide.

> Serrant sur sa poitrine l'enfant en larmes, la jeune mère se rendit chez les bonnes sœurs, pour solliciter leur assistance. Fanny dissimula ses origines juives, afin de ne pas compromettre ses chances de recevoir quelque secours. Les sœurs se saisirent du nourrisson et l'adoptèrent immédiatement, nommant cette fille du doux prénom de Marie. Dès lors, chaque matin, Fanny et Marie, bien dans son landau, se rendaient à l'église pour recevoir leur ration quotidienne en nourriture et lait frais. (10)

C'est ainsi que la destinée de Marie s'avère dès le début escarpée. Son père Sol s'est immédiatement remarié et a choisi Casablanca pour demeure, ce qui la prive pratiquement de tout contact avec lui. Quant à sa mère Fanny, elle attend quelques années avant de convoler aussi, l'abandonnant à ses parents qui se chargent de l'élever. À cet égard, elle confie ce qui suit :

> Mon enfance n'était guère une enfance régulière. J'étais une véritable Cendrillon ratée. Née de parents divorcés avant que je n'ouvre les yeux sur ce monde, ma destinée s'avérait assez escarpée. Mais l'enfant que j'étais avait les yeux bien en face des trous. J'avais mémorisé tout ce qui se tramait autour de moi et cette conscience devint très tôt mon propre calvaire[23].

Marie se sent orpheline de parents vivants, qui l'avaient carrément abandonnée à son sort. Sans le soutien de ses vieux grands-parents, elle aurait eu une dure enfance. Meir, son beau-père, alcoolique et abusif, « l'aurait jetée à la rue où elle n'y aurait sûrement pas survécu. Elle se voyait en vagabonde, tenaillée par la faim, mendiant ou fouillant dans les paniers » (32-33). En fait, elle jouissait d'un havre sûr, entouré d'amour et de tendresse d'adultes qui, malgré leurs bonnes intentions, ignoraient ses désirs

---

[23] *Ibid.*

et ses besoins d'enfant. C'est ainsi que se sentant tellement seule qu'elle désirait à tout prix avoir des amis et faire partie d'un groupe d'enfants. Elle rejoint un groupe de gamins et se laisse voler. Elle avait besoin de camarades pour s'amuser et combler le vide laissé par sa mère.

Ce qui est remarquable dans le parcours de vie de Marie, qui est en quelque sorte l'alter ego de l'écrivaine, c'est que malgré sa réalité sociale et affective, ses privations, sa douleur et son déchirement causé par la séparation de sa mère, elle paraissait trop en avance sur son âge. À six ans, elle atteint une maturité remarquable puisqu'elle se rend toute seule à l'école pour s'y inscrire par elle-même. Elle trouve de la compréhension, du soutien de la part de Mademoiselle Benmorrash, la directrice de l'école, qui va jouer un rôle déterminant dans son devenir. Elle voulait même l'adopter faisant d'elle sa propre fille si Fanny avait accepté sa noble proposition. Malgré le refus farouche de sa mère, Marie a réussi à s'inscrire et à poursuivre ses études à l'école primaire Jacques Biggart qui a été fondée par l'Alliance Mondiale Juive. Elle va sauter des classes pour être admise à un niveau supérieur :

> Inscrite d'abord en huitième (classe maternelle), Marie y resta moins d'un jour. Ses connaissances en lecture et en écriture lui permirent d'accéder à la septième. Au bout de quelques heures, elle fut escortée à nouveau vers la sixième. Les autres élèves, âgées de huit à neuf ans, faisaient la moue devant ce *bébé de six ans* qui prenait place parmi elles. (38)

Tristement, elle paie cher le prix de son état d'être une enfant surdouée puisqu'elle va subir des attaques virulentes de la part de ses camarades jalouses et envieuses de ses succès.

> À cause de son âge et de sa taille d'enfant, Marie a été la victime de moqueries et de railleries de la part de ses camarades de classe. Elle s'isolait par détresse, manifestant un certain dédain des règles de sa nouvelle classe pour justifier son repli. (39)

Se rendant compte « qu'il n'était pas toujours facile d'être Marie » (33), elle adopte une attitude d'indifférence et de repli sur soi où elle apprend rapidement à analyser son entourage, à scruter les moindres gestes, à admirer la nature dans toute sa composition et à aimer Le Créateur qu'elle découvrit très tôt dans un rêve troublant et décisif. Ceci dit, elle se protège et se détache du monde qui l'entoure hostile à sa précocité, à l'exception de Mademoiselle Benmorrash qui, non seulement est fière d'elle, mais lui apporte un soutien inestimable. Ses réussites restent pour elle, ne pouvant pas les partager avec les membres de sa famille qui sont plongés dans leur monde. Cependant, elle est proche de son grand-père maternel qui lui voue un grand amour et se charge de lui assurer son éducation religieuse. En fait, par sa foi, sa confiance, sa douceur, il constitue son unique soutien dans le panorama lugubre dans lequel elle vit : « Ma chère enfant, ne cessait-il de [lui] répéter, cette brindille que tout le monde ignore et piétine, sera celle même qui crèvera les yeux des malfaisants ». Au niveau relationnel, elle devient amie avec Muguette, une sourde-muette, et un lien fort les unit jusqu'au départ de celle-ci à l'étranger pour aller dans une école spécialisée. Cette séparation l'affecte beaucoup et le vide de l'absence de sa seule amie est pénible.

Il est évident que Marie dispose de dons exceptionnels qui vont se manifester tout au long de sa vie. À cet effet, elle rapporte cet état de fait :

> Chaque étape de mon enfance était dominée par l'interception perçante des petits miracles qui jalonnaient ma trajectoire. Je n'ose pas prétendre à la possession de dons exceptionnels, mais oui, mes sens étaient si acérés qu'ils interceptaient les signes, la nuance subtile des couleurs, des bruits, des instincts et intentions, au point de me mettre en garde, me permettant souvent à préparer pour parer à leurs effets sur ma vie – ou à les décrire dans leurs moindres détails[24].

Elle ajoute aussi que très tôt, en plus d'être mature, apprenant que sa survie et son ascension sociale dépendent entièrement de sa sagesse et de son courage, elle montre une aisance dans l'écriture en français.

> J'ai commencé à écrire en français d'abord – d'après ma mère – dès que je fus capable de tenir une plume entre mes doigts. Je me rappelle encore la profusion de mes rédactions, lesquelles je vendais parfois aux élèves les plus cancres d'entre nous. Mon oncle, qui m'avait servi de père à l'époque, ne réussissait jamais à comprendre d'où me venait mon argent de poche qui ne tarissait jamais[25].

Cette capacité de bien écrire dans cette langue ainsi que de réaliser de brillants accomplissements[26], lui permettent de susciter l'admiration de ses professeurs et de progresser dans cette voie qu'elle aime tant et qui lui procure de grands succès et des satisfactions personnelles. En mûrissant, elle

---

[24] *Ibid.*
[25] Échange avec l'écrivaine en date du 13 novembre 2016.
[26] L'écrivaine précise dans notre échange ceci : « Je connus mon véritable succès avec l'écriture de mon premier poème lu à la radio marocaine dans le programme de Léon Noël. Je n'avais que quinze ans lorsqu'il m'invita à prendre part à son émission à la radio, à Rabat. Ce fut un choc total quand il me vit. Il s'attendait à une vieille fille rabougrie et aigre, mais ne découvrit qu'une jeune adolescente toute pleine de vie et pourquoi pas jolie… La raison de sa confusion venait du fait que mes poèmes étaient assez lugubres et sombres pour une fille de mon âge. Et c'était ainsi, que je réussissais à aligner des descriptions, des rédactions que mes professeurs avaient beaucoup de mal à croire que je puisse en être l'auteur ».

réalise qu'elle est talentueuse et, au lycée, son professeur Monsieur Laffont soumet ses peintures à l'aquarelle et à l'huile à un concours international de peinture en Angleterre, quant à son professeur de français, elle envoie ses poèmes à une radio de Rabat. À sa grande surprise, elle obtient du Conseil britannique des arts un prix pour ses peintures, et ses poèmes ont été lus les samedis soir lors du programme *Les Poèmes choisis* de Léon Noël[27].

Ainsi, dans le déploiement et l'échelonnement de l'histoire de la vie de Marie, l'écrivaine entraîne le lecteur à la découverte d'un temps lointain façonnée par une société fermée sur elle-même, cantonnée dans un espace qui lui est particulier aux variables réalités sociales, économiques, religieuses et humaines. En effet, les descriptions du Mellah se caractérisent par la présentation d'images familières et cependant étranges, de personnages pittoresques, de situations drôles et d'événements singuliers qui témoignent de sa double appartenance à sa cité natale en même temps qu'à sa communauté bien spécifique. Elle nous offre une galerie de portraits de multiples facettes de la vie de la communauté juive dans un monde où se côtoient le coutumier et le magique, le sacré et le profane, l'ordinaire et le miraculeux. Loin d'être un ghetto, comme le disent beaucoup de gens, pour l'écrivaine, les jeunes de sa génération et elle-même préféraient le considérer comme une « serre » où aucun intrus ne pouvait les nuire. Ils jouaient dans ses rues, ils empruntaient « le sentier pour l'école en chantant, sans être perturbés »[28]. Dans son livre *Derrière les remparts du Mellah de Marrakech*, elle évoque sa présence, son originalité et son importance dans le paysage social de sa ville natale et surtout au sein de sa propre communauté :

> Bien archaïque, notre Mellah était surprenant et inattendu. Chaque jour nous amenait son lot de joie, de misères et d'aventures qui ne laissaient guère le temps à l'ennui. Pas de télévision en ces

---

[27] Malheureusement l'écrivaine n'a pu conserver ni les poèmes et ni ses récits diffusés à travers les magazines français de l'époque. Elle nous fait part de ce premier poème pour nous donner un petit aperçu :

> Combien avez-vous recueilli de pleurs
> O, mes coquettes et silencieuses fleurs,
> Que de murmures et de soupirs
> Avez-vous écoutés sans rire,
> Messagères, cachotières
> Belles pour pauvres hères,
> Demain l'intempérie vous flétrira
> Et vaincue votre tête penchera
> Et comme l'amour vous partirez,
> Doucement, comment vous souriez,
> La vie vous a blessées mais vous l'avez aimée.

[28] *Ibid.*

années-là ; une petite radio peut-être dans les maisons les plus cossues, que seuls les grands manipulaient[29].

Elle confie également :

> Confinée derrière les remparts du quartier juif, notre communauté menait sa petite existence, détachée ou presque du monde extérieur. Par sa structure étriquée et dotée de nombreuses ruelles exiguës et obscures, le quartier suscitait un brassage entre les diverses classes qui y vivaient, mais immanquablement aggravaient parfois la tension et les conflits[30].

C'est donc un voyage à rebours que nous propose l'écrivaine pour découvrir un monde clos, avec ses bâtiments, ses ruelles, ses synagogues, ses rites, ses pratiques et ses mouvements de vie au quotidien baignés par une philosophie mystique et un grand nombre de superstitions. Elle ne manque pas de signaler également les particularités de son existence, marquées de chaleur humaine, de respect des traditions et des coutumes séculaires, de la fraternité, de l'entraide et aussi de rejet et de séparation. C'est que la communauté juive à Marrakech comme toute autre communauté dans n'importe quelle ville du monde est structurée selon différentes classes sociales. L'écrivaine rapporte que les juifs marocains avaient certaines conceptions exécrables qui défavorisaient la classe pauvre auparavant déchue et déshéritée, avilie par l'ignorance et le sous-emploi. Finalement rejetée, cette sous-classe était considérée comme problématique et ennuyante par l'autre classe riche et sophistiquée, insouciante et présumée « élite culturelle », d'où un clivage patent et bien réel. D'ailleurs, dans ses souvenirs personnels, l'écrivaine souligne cet écart qui existe au sein de sa communauté et les actions qu'elle entreprenait pour aider certains de ses membres démunis et illettrés en écrivant bénévolement des lettres à ceux qui désiraient correspondre avec leur famille à l'étranger ou même à travers d'autres villes du Maroc. De cœur généreux, elle était heureuse du simple acte d'avoir fait une bonne action, comme disaient les scouts dont elle faisait partie[31].

Dans l'espace romanesque, l'écrivaine retrace la lutte quotidienne de Marie pour assurer sa survie au sein d'une communauté attachée à des traditions qui paraissent souvent ingénues ou désuètes, mais tenues pour séculaires et immuables. La maladie de sa grand-mère la force à renoncer à une part de ses activités pour s'occuper d'un lourd fardeau des travaux ménagers qui bouleverse totalement son agenda quotidien :

---

[29] Zrihen-Dvir. *Derrière les remparts du Mellah de Marrakech*, p. 10.
[30] *Ibid.*
[31] Échange avec l'écrivaine en date du 13 novembre 2016.

> Elle lavait la vaisselle, préparait la table, allait à l'épicerie, pétrissait le pain, épluchait les légumes, hachait la viande avec le hachoir à main, et frottait même le plancher. Imperceptiblement, elle était convertie en une cendrillon, constamment au service de tous et de chacun. (69)

Malgré ses tâches quotidiennes, insolites et accablantes, ses résultats scolaires demeurent excellents. Elle poursuit ses rêves et ses ambitions en évitant de compromettre sa situation ou de bouleverser sa vie. En fait, le grand nombre d'obstacles qu'elle doit défier forgera sa personnalité qui la poussera à surmonter courageusement les défis qui se dressent devant elle. En fait, son endurance était presque surhumaine devant les épreuves et luttes ininterrompues de la vie. Elle réagit ouvertement et vivement, avec pour arme unique son innocence et sa résistance contre jeu perfide et malsain de son entourage, déterminé à lui nuire et à arrêter son évolution et son épanouissement. Aussi, pour se protéger contre une succession d'humiliations et de souffrances, décide-t-elle de maintenir ses croyances et ses convictions en restant chaste, courtoise et respectueuse.

Ce qui frappe dans ce roman, c'est que l'écrivaine réinvestit l'histoire de Marie, sur plusieurs modes et plusieurs strates, pour retrouver ses souvenirs heureux, des senteurs et des ambiances de jadis. La mémoire malgré les affres du temps refait surface et vient faire revivre une atmosphère bouillonnant de vie.

> Dans le pittoresque souk débordant de badauds, elle dénicha le marchand de nougat, appelé *Kazane*, arborant sa hampe de bois enrobée de petits carrés d'une confiserie dure et nacrée, faite d'un mélange exquis de caramel, de noix et d'amandes. Elle en acheta un morceau, puis continua son chemin. Plus bas, des marchands offraient des pommes enduites de sucre rouge fondu, plantées sur des bâtonnets, du maïs grillé et d'énormes tranches de concombre flottant dans de l'eau froide. Des colporteurs, traînant des charrettes, haranguaient le chaland dans un tapage assourdissant, pour lui proposer un formidable assortiment de gâteaux fraîchement cuits, de pains, de fruits et de légumes. Sur le sol nu du marché, des coqs et des poules, attachés les uns aux autres avec une ficelle, clopinaient et gloussaient plaintivement. Au bout d'une sombre ruelle, des magasins vendaient du linge de seconde main envoyé par de généreux donateurs américains. Chacun pouvait y trouver son bonheur dans leurs énormes tas de vêtements, depuis les soutiens-gorges, les sous-vêtements et les robes du soir, jusqu'aux costumes pour hommes, aux chapeaux, aux chaussures et même aux robes de mariée. Marie fit une halte à la fontaine publique, emplit ses mains du frais liquide et étancha sa soif. Elle renonça à l'idée d'acheter une glace et prit le chemin du retour. (63-64)

En fine observatrice, elle rapporte aussi certaines scènes qui l'avaient marquée, avec une précision remarquable qui suscite l'émerveillement. À la mort d'Arlette, sœur d'une camarade de classe, elle constate que sa communauté a son rituel propre pour pleurer dans la tristesse et dans la douleur le grand départ de ses membres.

> Au bout de la rue, elle buta contre un groupe de femmes formant un cercle, qui bloquait le passage. Au milieu de leur ronde, l'une d'elles, toute vêtue de noir, ondulait fiévreusement au rythme endiablé de battements de tambours imaginaires. Elle se mit soudain à psalmodier une mélopée funèbre, lacérant son visage avec ses ongles jusqu'à ce que le sang jaillisse de ses plaies. Les femmes qui l'encerclaient l'imitèrent, se déchirant littéralement le visage tout en proférant d'horribles lamentations. Les passants, adultes et enfants ensemble, restèrent figés dans un silence religieux jusqu'à ce que quelques femmes s'évanouissent. Elles furent ranimées à l'aide de seaux pleins d'eau. L'assemblée se dispersa peu à peu, et les femmes en noir regagnèrent progressivement la maison du défunt. C'était là une des façons coutumières de pleurer la mort d'un proche. Ces rites étaient également pratiqués le jour commémorant la destruction du saint Temple de Jérusalem, le neuvième jour du mois juif d'Av. Les enfants mimaient souvent cette étrange danse macabre, tout en se tailladant le visage au sein de leurs petits groupes, à l'exemple de leurs parents. (64)

Elle indique aussi que le temps se déroule dans la célébration des fêtes juives : Rosh Hashanah, Yom Kippour, Sukkoth, etc. qui atteste du dévouement et de l'enthousiasme manifeste de la population juive pour son culte et ses racines.

> En ces temps-là, l'annonce d'événements importants se faisait par différents truchements dans le Mellah. Un avis de mariage était publié grâce à un dessin géométrique peint sur la façade du mur de la demeure du futur marié ou de la future mariée. Sept jours après le mariage, le mur était repeint à sa couleur d'origine. Le magnifique fauteuil du prophète Eliahu trônant à la porte d'entrée d'une maison signifiait la naissance d'un fils dans la famille.
> Le cercueil noir des pompes funèbres *Hevra Kadisha* devant la porte du défunt annonçait son enterrement. Ces traditions furent éclipsées progressivement avec l'apparition du téléphone, des journaux et des moyens de communication modernes. (64-65)

L'écrivaine nous révèle le chemin intérieur et extérieur que Marie doit suivre dans un monde en pleine évolution et qui comporte toutes sortes de réalités expérientielles, d'épreuves, de rencontres, de déceptions, de déchirements, de conséquences et d'angoisses. Année après année, elle se développe, forgeant sa propre personnalité et démarquant par ses colères et ses contentements, sa sensualité et sa douceur, ses faiblesses et ses tourments, sa droiture et ses contradictions. Son expérience subjective donne lieu à l'émergence de découvertes, d'émerveillements et de retentissements qui la marquent à jamais. Elle se souvient qu'elle a vibré vivement au rythme des sentiments et des émotions qui avaient dominé chez tout un peuple qui célèbre le retour de son roi de son exil de Madagascar.

> Le royaume entier exultait, les villes furent remises à neuf, et le drapeau marocain flottait orgueilleusement aux portails des écoles, des administrations et des maisons. Les murs extérieurs furent repeints en rouge et les portes en vert (les couleurs du drapeau national marocain), et des défilés furent organisés dans toutes les villes. (90)

C'est un souvenir marquant dans la mémoire de l'écrivaine qui se rappelle encore les émeutes qui avaient précédé le retour du roi Mohamed V. « Je n'oublierai jamais, l'enfant que j'étais qui courait les pieds nus dans les rues du Mellah, brandissant le drapeau marocain et hurlant à s'époumoner Le roi est revenu. Je n'avais qu'une dizaine d'années »[32], souligne-t-elle.

En fait, l'expression de sa joie montre que les deux entités culturelles et religieuses juive et musulmane qui cohabitent des siècles durant au Maroc sont fortement soudées et fraternelles portant toutes deux l'amour et l'attachement indéfectible à leur terre natale. Il reste que la participation de la communauté juive à cet état euphorique qui règne au pays témoigne de leur reconnaissance et de leur gratitude envers leur souverain tant aimé pour avoir empêché l'application des lois de Vichy aux juifs de son Royaume[33].

> Les juifs, conscients et reconnaissants (le roi Mohammed V avait refusé d'implémenter le régime de Vichy contre les juifs du Maroc), collaborèrent avec enthousiasme, démontrant leur patriotisme et leur loyauté envers le roi. L'excitation atteignait son paroxysme. Les magasins et les centres commerciaux publics fermèrent leurs portes et le sol des rues principales se couvrit de tapis. (90)

C'est bien toute une vision de la société juive que livre l'écrivaine, celle qu'elle a vécue pendant des années à Marrakech. Les images qui dévalent se superposent, dans les événements qui passent et repassent dans la chaleur du Sud de ses souvenirs inoubliables. Ce qui ramène invariablement sa relation avec l'autre communauté qu'elle côtoie et avec laquelle elle entretient de

---

[32] Échange avec l'écrivaine en date du 13 novembre 2016.
[33] Voir Hassan Alaoui. « Mon Maroc juif, mon Maroc musulman… », *Maroc diplomatique*, janvier 2016, pp. 10-11.

bons rapports, signe d'une harmonieuse cohabitation. Elle est invitée au mariage de Khadija, une jeune fille musulmane, une collègue de bureau. Lors de la cérémonie nuptiale, elle constate avec stupéfaction que les mêmes pratiques traversent l'existence des deux communautés, de fois différentes, mais de coutumes et de rituels similaires.

> Les femmes, tambourinant, dansant et poussant toujours leurs youyous, se tapirent à côté de la chambre nuptiale, dans une attente sereine. Marie trouva la scène absolument fascinante. Au bout d'un quart d'heure qui sembla durer une éternité, la porte s'entrouvrit et une main masculine déposa près d'une vieille femme assise au seuil de la porte de la chambre nuptiale, un mouchoir brodé, taché de sang frais. Tels des rapaces fondant sur leur proie, certains éléments de la congrégation femelle happèrent l'étoffe pour mieux l'examiner, tandis que les autres femmes dansaient et gesticulaient frénétiquement, comme affectées de transe. L'euphorie atteignit alors son point culminant. La joie des femmes était hallucinante. Elles s'embrassaient et se félicitaient, ravies que l'honneur de la mariée fût sauf et prouvé. Sidérée, Marie resta figée devant cette scène dantesque qui la révulsait. *Et dire que ces coutumes existent aussi dans notre communauté. C'est barbare »*, se dit-elle. (206)

Dans le cadre de ce genre de vie des juifs en commun avec les musulmans et les chrétiens, il fallait bien qu'il y ait des évasions de tous les côtés… Ce qui fait que sa tante Sylvia, en dépit de son judaïsme, s'éjecte de son cocon pour mener une vie de laïque brisant les tabous dominants dans sa communauté. Elle déménage en France et s'entête à poursuivre ses relations avec l'élu de son cœur. Et ce « n'est qu'à l'âge de quarante ans qu'elle épousa un goy de France qui mourut quelques dizaines d'années plus tard. Leur union stérile n'avait jamais cessé d'attrister Marie » (158). Celle-ci agissait dans le respect des traditions favorisant une relation avec quelqu'un de la même foi qu'elle. Force est d'indiquer qu'au lycée, elle devient une belle jeune fille attrayante qui attirait tous les regards sur son passage. Sa beauté éclatante lui cause des problèmes relationnels et elle se voit entraînée, malgré elle, dans un tourbillon personnel et amoureux dont elle aura les plus grandes difficultés à s'extraire. Les sentiments que son professeur de français monsieur Ben éprouve à son égard le comble de bonheur, voire de fierté, mais sa jalousie excessive l'étouffe et la perturbe totalement ayant indéniablement une répercussion asphyxiante sur son état d'âme et l'épanouissement de son être. Quant à sa rencontre avec Philippe Abécassis, un médecin, juif, petit-fils du dernier rabbin de Fès, elle lui apporte un goût amer de déception tatouant son cœur d'une blessure béante. S'opposant à l'union de leur fils avec elle, les parents de Philippe n'hésitent pas de salir sa réputation en répandant la rumeur qu'elle était née *bâtarde*. Et pourtant, tout le monde sait qu'elle est la fille de Sol et de Fanny. Ils ont accepté le mariage de leur fils avec une non-juive, médecin, du même rang que lui, la rejetant, elle, malgré le fait qu'elle soit de leur tribu. Cet échec amoureux, humain et relationnel l'avait beaucoup affecté et Philippe qui ne l'a pas défendue s'est contenté de lui dire que « les potins de Marrakech ne s'encombraient jamais de scrupules. Ils piétineraient vite leur fragile et enchanteresse intimité et étoufferaient leur relation dans l'œuf » (175). Ce qui est tragique et révoltant, c'est que « la population juive de Marrakech était tristement célèbre pour ses langues de vipères, qui avaient ruiné la réputation de beaucoup d'infortunés et d'innocentes jeunes filles » (175). Marie était victime de la malhonnêteté humaine et reçoit un coup fatal qui l'ébranle au plus profond de son être. C'est la visite de son grand-père qui lui apporte du soulagement et la rassure et de sa présence et de son soutien.

> Tard dans la soirée, elle raconte à sa mère le rêve étrange de la nuit précédente. « *Je me vis allongée sur un matelas et je pleurais*, lui dit-elle. *Pépé se tenait à côté de mon lit et essuyait mes larmes avec au mouchoir. Son visage était sombre et ses yeux lançaient des éclairs de fureur.* Ils paieront pour cela », répéta-t-il jusqu'à mon réveil. « Sais-tu ce que cela veut dire ? » demanda Marie à sa mère.
> « Non, avoua Fanny. Peut-être devions-nous consulter mémé. »
> « Ce n'est pas la peine, répondit Marie. Ce qui m'effraie, c'est que, quand j'ai des problèmes ou des difficultés se profilent à l'horizon, pépé me rend visite dans mes rêves. » (186)

Après cette séparation, se dessine tout un destin marqué de larmes, de blessures, de souffrances et d'humiliations. Elle se rend compte qu'il y a une culture tellement ancrée dans les mentalités. Elle se fait omniprésente, envahissant le quotidien, tout comme la Thora dicte les gestes de la vie de tous les jours. Mais la vengeance de son grand-père est sévère envers tous ceux qui lui font mal ou envisagent de le faire. Il la protège aussi en l'alertant d'un danger qu'elle court quand elle se trouve dans certaines situations alarmantes. En fait, sa protection n'a jamais cessé. Elle raconte comment sa présence l'a sauvée d'un danger éminent qui aurait pu lui causer de graves conséquences la détruisant à jamais. Lors d'un voyage au nord du pays, alors qu'elle somnolait sur la banquette du train, elle vit soudain son spectre surgir devant elle, les traits défaits et le regard angoissé qu'il lui jeta la propulsa hors de sa torpeur, pour découvrir juste en face d'elle, trois hommes debout qui se préparaient à se jeter sur elle. Elle se trouvait toute seule dans ce compartiment et elle voyageait de nuit. Elle sauta sur ses pieds, empoignant avec un calme sidérant son sac à main et s'était dirigée vers le long corridor du train, faisant son chemin vers le wagon qui servait de salle à manger. Elle y est restée sirotant un café « jusqu'aux premières lueurs de l'aube. Quand elle regagna son compartiment, les trois hommes avaient disparu. Marie en ferma la porte et s'y barricada à l'aide de sa grande valise. Elle put enfin se reposer » (156). Elle comprit depuis que les morts ne sont pas tout à fait morts, mais seulement quelque part dans cet espace infini d'où ils peuvent intervenir quand ils le jugent nécessaire.

On se doit de signaler un événement qui a marqué la vie de l'écrivaine qui, dans l'évocation de son passé au pays natal, elle insiste sur le rappel de la figure de son grand-père maternel à qui elle est fortement attachée entretenant avec lui une relation particulière, voire mystique. Elle se souvient enfant quand il agonisait, elle pleurait son absence imminente à ses côtés. « Je ne te laisserai jamais seule, la rassura-t-il, même après ma mort. Où que je sois, je prendrai soin de toi. Tu peux en être sûre » (111). N'aie aucune crainte, lui avait-il dit ajoutant que là où il ira, il trouvera le moyen de la protéger. Mais à cet âge, onze ou douze ans, elle avait beaucoup de mal à croire qu'il serait en mesure de remplir sa promesse. Elle se rappelle n'avoir rien dit en le quittant. Elle nota toutefois l'esquisse d'un sourire sur ses lèvres livides face à son scepticisme. Quant au rêve qu'il fait[34], il est absolument lié à son traumatisme et à sa découverte des forces de la prière et surtout celle de la présence Divine. Selon elle, « il est dit que Dieu est en nous tous... en ce qui me concerne, DIEU est ma force et l'a toujours été »[35].

Refusant d'assumer ses responsabilités paternelles, son père s'enfuit en Israël coupant tout lien avec elle. Ce qui confirma ses sentiments de rejet à son égard, se doutant de sa sincérité qu'il multipliait les tentatives pour renouer le contact entre eux. Aussi, comme elle l'avait prédit, son beau-père n'aurait pu être à la hauteur de ses promesses. Le remariage hasardeux de sa mère avec un alcoolique était destiné d'avance à l'échec. Meir va causer beaucoup de torts à sa femme et un malheur réel qui aggrave ses tourments ainsi qu'à ses trois enfants. Il abandonne le foyer familial pour s'exiler en Israël les laissant dans une lutte constante avec la misère et la pauvreté. Ainsi, elle décide de travailler pour aider sa mère et trouve un emploi à la Province où en un laps de temps très court elle devient une assistante indispensable au gouverneur bénéficiant de son entière confiance. Avec ce qu'elle gagne, elle parvient à subvenir aux besoins de sa génitrice et de s'occuper de ses enfants Anne, Prosper et Rébecca.

> Pour la première fois de sa vie, Marie ne dépendait plus de la clémence ou de la compassion de quiconque. Grâce à son emploi à la Province, sa mère avait la possibilité de troquer leur

---

[34] Voir Tobie Nathan. *La Nouvelle Interprétation des rêves*, Paris, Odile Jacob, 2013, 249 p.
[35] Échange avec l'écrivaine en date du 13 novembre 2016.

> appartement de trois chambres contre un autre plus spacieux, qui en comptait quatre. La famille déménagea immédiatement et le mobilier nécessaire fut acquis en un rien de temps. (163)

La relation entre Fanny est sa fille s'améliore et elles se rapprochent devenant comme deux amies développant des rapports plus francs et plus ouverts. Mais il reste que tout contact physique de Marie avec sa mère continue à lui être désagréable. Pour elle, c'est une mère immature et égocentrique, préoccupée par ses soucis, tentant d'améliorer la condition de ses trois enfants. Étant donné que Marie gagne bien, sa mère peut diminuer sa charge de travail comptant sur elle pour leur assurer une bonne vie et leur éviter de connaître les privations et l'inconfort. Ne cherchant pas à susciter sa colère, elle accepte d'assumer cette lourde responsabilité faisant tous les efforts possibles pour améliorer leur quotidien.

En dépit de tout cela, Marie réussit à réaliser son rêve de visiter Paris. « Ce voyage fut un événement exceptionnel, qui bouscula de fond en comble ses conceptions de l'existence » (153). Elle découvre une belle ville constituant un pôle d'attraction pour tous ces visiteurs qui apprécient la grandeur et la diversité de sa culture, la richesse de ses sites historiques et de ses musées. Elle apprécie ses découvertes qui enrichissent ses connaissances. Mais tout au long de son séjour, elle ressent un profond malaise. Sylvie lui conseille de ne pas mentionner leurs origines juives afin d'éviter d'être dans des situations désagréables et des impasses inutiles. Il est clair pour elle que la France est loin de l'idéal humain et continue à cultiver des idées haineuses à l'égard de son peuple. Elle se plie malgré elle au conseil de sa tante ressentant cette réaction comme un reniement de ses origines, de son identité et de sa religion. Le cœur serré, elle participe « aux événements non juifs et même de consommer du non-casher » (153). L'enthousiasme qu'elle ressent à son arrivée est remplacé par une cruelle désillusion. Les démons du passé rôdent dans le présent et sa confrontation avec le racisme ordinaire l'accable. Elle reconnaît l'existence de cette terrible réalité qui ne doit pas lui enlever son amour pour la France qui demeure un pays d'expression et de création littéraire, avec de nombreux artistes et auteurs de talent qui l'ont profondément marquée contribuant à l'enrichissement de son savoir et à l'épanouissement de son être. Elle souligne clairement la différence entre le fait d'avoir des maîtres universellement reconnus et salués, et le fait de réagir cruellement envers le peuple juif pendant la Seconde Guerre mondiale. Elle prend conscience de ses racines et de cet état unique, d'invisible qui marque sa terre natale. C'est ainsi qu'au cours du vol qui la ramène au Maroc, elle manifeste un intérêt nouveau de découvrir sa partie qu'elle connaît peu :

> Elle aspira à mieux s'informer sur cette contrée qui avait servi de refuge et d'escale au peuple juif. Dès son atterrissage à

> Casablanca, elle décida de rendre visite à sa tante et de traverser les grandes villes du Maroc, avant de rentrer à Marrakech. (154)

Après un long séjour à Casablanca, la capitale commerciale et industrielle du pays, Marie prend le train et remonte vers le Nord, en commençant avec Rabat, la capitale du Royaume chérifien, en passant ensuite par Fès, la religieuse, jusqu'à Meknès, la blanche et enfin Tanger, port marocain, adossé au détroit de Gibraltar qui est une ville internationale jusqu'en 1956 pour changer de statut en 1962. Mais ce qui caractérise la « perle du Nord », c'est qu'elle accueille un flux incessant de navires, de marins, de négociants et de commerçants. Dans ses découvertes, Marie est captivée par la variété des civilisations qui se côtoient et constate que le Maroc est effectivement un très beau pays, qui gagne beaucoup à être connu. Bien que ses villes se ressemblent sous des aspects communs, chacune possède quelque chose d'exceptionnel et d'unique. L'image qu'elle perçoit de son pays est cette terre de tolérance où dans des quartiers hétéroclites les familles juives et musulmanes vivent sans discrimination et dans un respect mutuel étonnant[36]. Elle revient à la ville de son enfance heureuse et épanouie, fière de son identité et d'appartenir à une large communauté bien particulière constituée de Beldiyyins (Juifs autochtones, en hébreu Tochavim) et de Mégorachims (expulsés d'Espagne) qui vivent dans deux quartiers, celui de Mouassine, le Mellah ou disséminés en petits groupes au sein de la population musulmane.

Marie quitte son travail à la Province pour un poste dans l'entreprise de Monsieur Timsit. Elle demeure fidèle à elle-même, poursuivant sa vie avec une supériorité imprévue et prodigieuse sur le plan moral, ingénieux et spirituel. Elle s'avère une femme opiniâtre, instruite, mature, originale et chaleureuse. Elle continue à supporter sa mère et ses enfants, se nourrit de lectures et de fantasmes provenant de la littérature occidentale. Elle exprime aussi sa solidarité à sa communauté et le maintien de sa foi et de ses rituels séculaires.

Il convient de préciser que le récit de Zrihen-Dvir se présente comme le « rapport d'un moi avec sa voix »[37] qui remonte le temps lointain afin de ressusciter l'histoire de sa communauté face aux contraintes physiques, sociopolitiques, survenues au lendemain de l'indépendance du pays. À cet égard, elle rapporte que « [l]'année qui suivit le retour au Maroc du roi Mohamed V fut marquée par une intensive émigration juive en Israël » (91).

---

[36] Pour l'écrivaine, cette harmonie est unique en son genre et elle se rappelle avoir posé une question à sa grand-mère concernant les religions, et sa réponse a été pour elle la véritable voie à suivre. « Nous sommes des cousins, avait-elle dit… Allah est le nom de leur D. unique, mais il ne faut jamais oublier ou omettre que leurs enfants portent des noms juifs, Daoud = David, Abraham = Ibrahim, etc., décembre 2016.
[37] Victor Brombert. « Victor Hugo : l'auteur efface ou le moi de l'infini », *Poétique*, N° 52, 1982, p. 424.

Elle donne aussi des informations pertinentes de ce qui se trame au sein du Mellah depuis plusieurs années mettant en œuvre le travail réalisé par l'organisation *Habad* à la fin des années cinquante et qui contribue avec ses camps, ses randonnées et ses classes gratuites au développement de l'idéologie du mouvement juif d'Afrique du Nord. Comme beaucoup de jeunes de son temps, l'écrivaine a participé à ces rencontres des scouts qui se déroulaient chaque été pour renforcer leur sentiment d'appartenance à l'état hébreu et de les préparer à quitter leur pays natal vers la Terre Promise. À chaque fois, avant qu'ils ne s'éparpillent et retournent dans leurs familles, les participants se mettent respectueusement debout pour chanter l'Hatikva, l'hymne national israélien » (125).

C'est en effet un suprême sentiment de départ et de tout laisser derrière elle qui a animé une grande partie de la communauté juive. La raison que l'écrivaine avance est en soi non seulement très déroutante, mais également révoltante.

> L'inexplicable était qu'aucun représentant des autorités marocaines ne posa son pied au Mellah à cette époque. Le royaume marocain fermait les yeux sur les manœuvres des agents israéliens et ceux-ci agissaient explicitement. Les juifs du Maroc apprirent bien plus tard qu'ils avaient été simplement *vendus comme des têtes de bétail* par le roi à l'Agence juive israélienne. Celle-ci avait âprement négocié et payé pour le départ du Maroc de tout individu juif. (92)

Avec une tristesse poignante, elle remarque que l'agitation commence à toucher tous les membres de sa communauté dans toutes les villes et que la présence juive qui est bien antérieurement à l'islamisation de son pays est en voie de disparition. Le Mellah, qui était, quelques années plus tôt, l'activité juive, perd peu à peu son intégrité et sa vivacité.

> L'atmosphère nonchalante du quartier se dissipa, laissant la place à une agitation de fourmilière. Les candidats à l'émigration construisaient des caisses, emballaient leurs effets et achetaient les articles de première nécessité en vue de leur départ. (92)

Pour l'écrivaine, Marie qui a grandi en ville dans une famille aisée découvre la diversité des gens qui compose sa communauté. L'immigration massive des juifs du Maroc vers Israël touche tout le monde aussi bien les citadins que ceux qui vivent dans les zones éloignées. Elle décrit cette catégorie sociale qu'elle n'avait jamais eu l'occasion de voir avant la fièvre du départ qui s'est emparée de tout le monde.

> Ce fut à cette époque que Maria se retrouva nez à nez pour la première fois de sa vie avec les Chleuhs. L'Agence juive, ayant

> déployé ses ramifications dans tous les États d'Afrique du Nord, avait pour but de rassembler toutes les communautés juives de la diaspora et de les aider à immigrer en Israël. Ils arrivaient à dos d'âne et de chameau de l'Atlas marocain. Appelés Chleuhs ou berbères, ils étaient en grande majorité des paysans, des fermiers, des éleveurs de moutons et de chèvres, ou encore des artisans. Coupés de toute civilisation, leur mode de vie moyenâgeux s'était figé. Les Chleuhs étaient très religieux et se conformaient à la tradition. Les femmes mariées se couvraient la tête de perruques faites de crin de vache et, en dépit du climat extrêmement chaud du Sud marocain, tant les hommes que les femmes s'habillaient chastement. L'éducation, les soins médicaux, l'électricité et l'eau courante n'avaient jamais atteint ces villages éloignés. Ils étaient temporairement hébergés à Marrakech dans des centres, jusqu'à leur départ aux *pays de leurs ancêtres*. (92)

Elle constate que la population juive diminue rapide dans toutes les villes du Maroc. Elle perçoit ce qui se passe autour d'elle comme un signe de malédiction qui frappe encore son peuple qui ne cesse de subir rejet, injustice, haine et violence. Cet état de fait est d'autant plus contraignant, voire destructeur qui assaille la fondation dogmatique qui étrangle son peuple, son pays et son genre.

À sa grande surprise, Sol qui s'est installé en Israël fait son apparition et tente de reprendre contact avec elle. Il l'invite à lui rendre visite. Outrée, éprouvant de la répugnance à son égard, elle ne manifeste aucun désir à le voir. Mais son patron qui est un ancien ami de son père l'encourage à effectuer ce voyage avant qu'il ne soit trop tard et elle risque de le regretter amèrement. Monsieur Timsit se charge de lui payer le billet si elle accepte.

Ce voyage, qui se caractérise par l'intensité de l'instant, est un grand pas pour Marie qui risque de transformer sa vie. Elle ne cache pas sa nervosité et son désarroi. Sa cousine, Madame Afriat qui l'accueille à Paris et qui s'est rendue souvent en Israël la rassure de ne pas s'inquiéter et qu'elle n'a rien à craindre des autorités israéliennes à l'aéroport qui savent exactement ce qu'il faut faire.

> Israël, chère Marie, est un creuset où s'amalgament plusieurs civilisations. Chacun d'entre nous peut s'en imprégner et s'adapter au folklore local à sa guise. C'est un pays neuf, dont le patrimoine est pourtant riche des strates accumulées au fil des siècles par les peuples qui y ont vécu. Les villes nouvelles font fusionner ces cultures, et la jeune génération, dépourvue de préjugés, n'a aucune difficulté à se mélanger. Mais l'existence y est très difficile, je dirai même impossible parfois. Je ne cherche pas à t'effrayer avec mes appréhensions. Je préfère te laisser découvrir ce pays de tes propres yeux, à travers ton expérience et avec ton jugement individuel. Les grandes métropoles comme Tel-Aviv, Haïfa et

> Jérusalem te plairont sans doute. Dans les petites villes et les villages, qui ont poussé comme des champignons, la vie est plus… rustique. (227)

Pour Marie, atterrir en Israël, c'est comme poser le pied sur une autre planète. Elle ressent la même répulsion quand elle voit son père, mais s'efforce de saisir cette occasion pour établir un semblant de paix entre nous. Elle porte en elle une profonde déchirure. Toute sa vie, elle ne pourra panser la blessure de l'absence de ses parents. Malgré les mauvais moments qu'elle a connus à son arrivée, elle a réussi à surmonter d'énormes obstacles et d'apprécier son séjour. Elle apprend qu'il y a des sujets qui opposent les juifs issus de son pays natal aux pionniers, à ceux qui avaient atterri les premiers dans ce coin perdu du monde. Ainsi, les membres de sa communauté sont restés unis se serrant les coudes, ce qui les a protégés et leur a également permis de conserver leur intégrité et de perpétuer le mode de vie qu'ils menaient au Maroc. Ce qui est important pour eux, c'est que ce pays représente leur petit chez eux dans ce monde. « C'est le seul endroit sur terre où [ils] ne sont ni gênés ni effrayés de dire qu'[ils sont] juifs » (230). Elle constate aussi que partout où elle se rend, il y a beaucoup de soldats en armes. Elle les rencontre partout dans le bus, dans le train, aux diverses stations et dans les rues.

Quand elle retourne à Marrakech, elle est heureuse. L'émotion la submerge à la vue de la Koutoubia et lance sa joie : « *Ta beauté défie le temps ! Ta majestueuse splendeur me restitue paix et équilibre* » (247). Avec un immense bonheur, elle retrouve sa famille qui lui réserve un chaleureux accueil. Toutefois, elle perd son poste dans la compagnie de Timsit. Celui-ci n'a pas tenu sa parole en engageant un cousin à sa femme pour prendre sa place. Après des recherches, elle trouve un emploi chez Monsieur Assedou, une compagnie de mise en bouteille de vin à Marrakech. Ce nouveau patron l'exploite à outrance et exige d'elle de travailler plus d'heures assumant différentes tâches.

La guerre entre Israël et ses voisins arabes éclate au début de juin 1967. Soudainement, les tensions s'intensifient entre les deux communautés, sous forme d'incidents donnant lieu à un sentiment de peur et de frayeur chez les juifs qui se barricadent dans leurs maisons. Le paysage social et relationnel se trouve sérieusement affecté.

> Les rues de Marrakech s'étaient brusquement vidées et leur dynamisme gaillard habituel s'était éteint. Par moment quelques têtes chaudes arabes y défilaient, hurlant avec arrogance et morgue leur haine contre les juifs et criblant leurs habitations de pierre. Une peur panique saisit la maisonnée lorsqu'un gros caillou atterrit dans la chambre à coucher de Marie. (252)

Dans ce contexte de vive tension, le calme imposé par les autorités du pays peut facilement disparaître. Il porte en lui les stigmates d'une crise et d'une profonde déchirure. Marie est terrifiée et vit mal cette rupture et cette hostilité qui frappent les membres des deux communautés de son pays libérant chez les uns les forces de la haine et renforçant chez les autres les sentiments d'angoisse et de crainte.

> Cette situation flottante ne dura heureusement que quelques heures. Le roi Hassan II positionna des escouades de soldats dans toutes les grandes villes du Maroc. Un calme relatif fut ainsi instauré, bien qu'il fût évident que certains extrémistes se hasarderaient à le rompre. Chez Marie, personne ne dormit cette nuit-là. Un étau de peur et de désespoir se resserra autour du bâtiment entier. (252)

Marie désire retrouver la sérénité et la paix qui ont marqué le cheminement de son existence. Malheureusement les retombées de la Guerre des Six jours ont des conséquences graves. Cet espace inédit qui prônait la tolérance, l'entraide et le respect mutuel se conjugue à présent à la forme négative propageant haine et violence. Même si les jours suivants sont étrangement calmes, il n'en demeure pas moins que ce silence oppressant n'est qu'un trompe-l'œil. Tout le monde est conscient que « la moindre provocation pouvait mettre le feu aux poudres et déclencher un soulèvement collectif » (253). Malgré le passage du temps, elle n'a jamais oublié ce moment fatal dans le devenir relationnel des membres de son pays et dans cet espoir qui animait leurs cœurs de se retrouver entre eux dans la grâce de l'entente entre leurs deux communautés.

> De petits heurts sporadiques éclatèrent effectivement entre Juifs et Musulmans, échauffés par l'étrange atmosphère d'après-guerre qui régnait maintenant sur le pays. Mais la présence de soldats à chaque coin de rue refroidit le zèle des agitateurs et aucune confrontation sérieuse ne fut signalée. Quelques semaines après la guerre, le calme revint et les liens ancestraux entre les deux religions se renouèrent. (254)

C'est par touches successives que l'écrivaine décrit l'impact de cette situation dans le déroulement de vie de Marie, au rythme des sentiments qu'elle ressent, des actions qu'elle entreprend, des événements qu'elle vit ou des réflexions qu'elle cogite. Ainsi, marquée par cette expérience douloureuse qui a ébranlé ses convictions, elle met fin à ses hésitations et confirme ses certitudes. Elle annonce sa décision de quitter le Maroc pour toujours. Il faut cependant souligner que pour Marie, quitter le Maroc n'a jamais été une de ses pensées jusqu'en 1966 lors de sa visite en Israël. Sa confrontation avec ses sources a définitivement changé son opinion sur toutes ses illusions quant à l'État juif qu'elle décide de quitter sa terre natale : « Sa petitesse, fragilité, ses soldats, sa précarité et surtout le défi qu'il représentait en ces années cruciales de son existence, m'avaient fait comprendre que tous les bras y étaient les bienvenus »[38], déclare-t-elle. Aussi, décide-t-elle de rejoindre le pays dans sa bataille pour sa survie contre l'hostilité que lui manifestent ses voisins arabes. Loin d'être une décision facile, elle sait que tourner le dos à sa patrie n'est nullement aisé. La goutte qui fait déborder le vase est la Guerre des Six jours, le réveil de l'antisémitisme qu'elle ignorait, et les premiers cailloux qui tombèrent dans son living... C'était pour elle, la découverte de la fragilité et effondrement des liens tissés entre les juifs et les musulmans – entre ceux qui voient en les juifs un élément à détruire et ceux qui ont appris à les apprécier. Dans ce pays qu'elle aimait et où elle se découvrait, il fallait dorénavant le regarder d'un autre œil. Mais elle demeure habitée par l'ardent désir d'épauler Israël dans sa lutte pour la survie, tout en mesurant le risque de cet exil qui l'éloignera de façon radicale de son milieu et de sa famille. C'est une période déterminante de sa vie qu'elle veut assumer toute seule. En fait, au départ, son intention est de partir toute seule, mais sa mère tient à aller avec elle. À sa grande surprise, le processus de leur émigration clandestine se met rapidement en branle par les responsables de l'Agence Juive qui sont en charge de cette mission[39].

> Marie venait à peine d'annoncer son intention d'émigrer qu'elle fut contactée, en pleine nuit, par un agent israélien. Les petits coups timides à la porte et les murmures inaudibles ne laissaient aucun doute sur l'identité de l'homme qui se tenait au pas de leur porte, emmitouflé dans une large djellaba. Inquiète, mais résolue, Marie lui ouvrit et verrouilla la porte dès qu'il en eut franchi le seuil. Il jeta un regard circulaire sur l'intérieur de la maison et sur ses occupants. Marie découvrit, sous l'encombrant déguisement, un jeune homme aux traits avenants. Celui-ci se défit de sa lourde djellaba et demanda la permission de s'asseoir. Toute la famille

---

[38] Nelly Ben Israël. « Thérèse Zrihen-Dvir, conteuse d'un Maroc disparu ».

[39] Dans une interview sur l'émigration des juifs du Maroc, Yigal Bin-Nun, historien israélien d'origine marocaine indique ceci : « L'émigration des Juifs du Maroc se divise en trois phases : Qadima, Misgeret et Yakhin. Qadima porte le nom de l'Agence Juive qui s'occupait de faire partir les juifs jusqu'en 1957 et du camp de transit qui porte ce nom, et qui se trouve sur la route d'Eljadida (Mazagan), par où passaient les familles d'immigrés pour partir discrètement, malgré les interdictions de la Résidence française, vers l'Algérie et de là, vers Israël. La Misgeret, elle, vient du nom de la branche du Mossad qui s'occupait aussi bien de l'autodéfense juive que de l'émigration clandestine entre le début 1957 jusqu'en novembre 1961. Enfin, l'Opération Yakhin, qui se réfère au nom de l'une des deux colonnes à l'entrée du temple de Jérusalem, est le nom de code d'une véritable évacuation qui s'est déroulée du 28 novembre 1961 à fin 1966, avec l'accord tacite des autorités marocaines », Inès Bel Aiba, Younes Alami, Ali Amar, et Aboubaker Jamai. « Le Maroc et le Mossad », Dossier, *Le Journal Hebdomadaire*, N°167, Casablanca, 3 au 9 juillet 2004.

l'entoura. Il nota sur son petit calepin les noms et les âges de chacun d'entre eux. (254)

Brusquement Marie sent qu'elle ne fait plus partie de ce peuple qui avait, il y a quelques ans à peine, pleuré avec une rage indomptable la mort de feu Mohammed V et elle aussi en leur sein. Elle soutient que

> Le fil ténu qui nous reliait avait brutalement rompu faisant de moi une orpheline sans patrie et à la recherche d'un refuge, lequel ne pouvait plus n'être qu'Israël, puisque l'Europe éveillait en moi des tourments bien plus abyssaux avec son Holocauste qui venait à peine de s'étouffer, sans jamais trépasser. J'avais découvert ma patrie, mon pays, pour le perdre de la façon la plus pénible par le rejet... Celui auquel, aucun de nous n'y avait imaginé... La faille était présente et on ne pouvait plus l'ignorer. Il fallait tout abandonner et partir, les larmes aux yeux, le cœur transi, mais les sens bien en éveil puisque le futur de mes frères dépendait de ma sagacité...[40].

Au milieu de ces tourments qui l'habitent, le cri qu'elle lance résonne de tristesse et d'une peine aiguë.

> « *Adieu mon cher pays*, murmura Marie, *toi qui m'as vue naître, as abrité mon enfance et as veillé sur ma maturité ! Au revoir merveilleux crépuscules, paysages resplendissants, dunes dorées, montagnes verdoyantes, forêts et peuples, avec qui j'ai partagé les bons comme les mauvais jours... Je sais que vous me manquerez. Je vous chérirai aussi longtemps que je vivrai ! Ne dit-on pas que partir, c'est mourir un peu ? Une tranche de mon être m'est en cet instant même, arrachée.* » (257)

Son départ, aussi dur soit-il, puisqu'elle l'arrache à son pays natal, la place ainsi que sa mère et ses trois enfants dans une nouvelle aventure en allant vers la Terre Sacrée. Ils prennent le vol de Casablanca à Marseille. Après quelques jours dans cette ville, ils embarquent sur le Dan Haïfa, un bateau de complaisance en partance pour Israël. Les représentants de l'agence juive, responsables de l'intégration et du logement des nouveaux immigrants en Israël, tiennent un bureau sur le navire afin de pouvoir examiner les demandes des nouveaux venus. Ils débarquent à Haïfa où un nouveau destin se dessine devant eux.

Un grand défi les attend parce que « l'adaptation à une nouvelle partie n'est pas une question de jours ou de semaines ! Cela pourrait s'étendre sur des années avant qu'ils ne puissent gérer leurs vies de façon autonome » (259). Ils vont s'installer à *Risbon-le-Zion* et il leur faudra s'armer de

---

[40] Échange avec l'écrivaine en date du 13 novembre 2016.

beaucoup de patience et de courage avant de pouvoir s'adapter à cette chute brutale de leur train de vie. Leur situation est précaire et misérable. Ils vivent dans des conditions indignes de leurs sacrifices et de leur désir de s'installer sur les rives de la terre promise. Chacun tente de se débrouiller à se manière pour sortir du dénuement qui s'impose à eux et de l'effroi dont les portes se ferment sur eux. Fanny et Marie peinent à trouver du travail. Elles sont abandonnées à leur sort ne recevant même pas d'aide de Sol dont l'attitude distante est déconcertante. Après tant d'efforts, Fanny finit par trouver un emploi de retoucheuse et Marie accepte d'être ouvrière dans le kibboutz *Givat Brenner*, situé à quelques kilomètres au sud de la ville Rehovot, où en plus de ses tâches elle peut suivre des leçons d'hébreu.

Selon Charles Grivel, « le texte romanesque est un système rhétorique destiné à produire l'émotion du lecteur ; émouvoir est sa qualité, son but »[41]. C'est dans cette perspective que le texte de Zrihen-Dvir agit sur le lecteur en captant son attention. En effet, dans la seconde partie de son livre, elle rappelle les tribulations endurées par les nouveaux immigrants depuis leur arrivée en Israël jusqu'à leur adaptation complète et enracinement dans leur nouveau pays, Israël. L'*Aliya* s'accompagne bien souvent de sacrifices imposés qu'ils devaient surmonter, de défis qu'ils étaient forcés de relever et de la désorientation coutumière en face d'un régime inconnu qui les oblige bien souvent à faire le deuil d'une culture, d'un statut professionnel, d'un mode de vie et même de la langue maternelle. L'*Aliy*a massive qui s'annonce avec des compétences et des profils diversifiés contribue à isoler temporairement cette vague d'hommes hirsutes, perdus et totalement démunis. Pourtant, leur endurance et ténacité réussissent à tailler une brèche dans l'indifférence sociétale et acquièrent une place méritoire qui assure leur juste intégration.

Marie quitte le kibboutz et retourne au foyer familial à *Rishon-Le-Zion*. En sa qualité de soutien de famille, elle est dispensée du service militaire. Il lui faut impérativement trouver un nouvel emploi. Ses tentatives échouent constamment et son « argent de poche fondit bien vite et ses chaussures, décousues par les trop longues marches, ne lui servaient plus à rien » (285). Ce qui la frappe dans ses rencontres, c'est que certaines personnes ne les prennent pas pour des immigrés du Maroc, leur indiquant que les Marocains qu'elles ont croisés jusqu'à présent étaient des barbares et des analphabètes, ajoutant qu'elles les trouvent bien distinguées.

> Vous êtes tous habillés à la dernière mode, vous avez la peau et les yeux clairs et vous parlez correctement l'anglais. Vous vous payez ma tête, ma parole. Les Marocains que nous connaissons sont bizarres et ne parlent rien d'autre que leur affreux patois ! (260)

---

[41] Charles Grivel. *Production de l'intérêt romanesque. Un état du texte (1870-1880), un essai de constitution de sa théorie*, La Haye, Mouton, 1973, p. 316.

Ces remarques lui font prendre conscience de la composition des juifs citadins en Israël, divisés en deux grandes entités : les ashkénazes et les sépharades. Marie appartient au deuxième groupe, européanisé à certain niveau, mais toujours distinctement juif où la religion hébraïque était appliquée à la lettre avec un brin de tolérance pour la jeunesse. Même dans ce nouveau pays, sa communauté tient à suivre ses principes et ses rituels religieux. Elle est principalement religieuse, beaucoup moins chez les ashkénazes, pour qui la permissivité avait été depuis longtemps franchie. Aussi, prend-elle conscience de cette haine tenace envers le peuple juif. Dans une discussion avec Gédéon, un des visiteurs au Kibboutz, elle précise avec émotion la profondeur de sa réflexion :

> « Mon cher Gédéon », [...], « il n'y a aucune différence entre ce pays et n'importe quelle autre partie du monde. Être né juif est une malédiction, quel que soit l'endroit de la planète où cette naissance s'est produite. La persécution colle à nos pas, partout. Nous savons tous que les préjugés, la convoitise et la persécution seront les compagnons de notre vie. Même notre habileté à survivre est considérée par certains comme une menace... ». (277)

Dans l'espace romanesque, tout indique que peu importe où Marie se trouve, une aura mystique la protège. En fait, elle réussit toujours à transcender tous les obstacles qui se dressent devant elle. À bien y réfléchir,

> [...] il était évident qu'un pouvoir surnaturel guidait ses pas et veillait sur sa vie. Ainsi, à chaque obstacle qu'elle rencontrait, une main invisible la tirait d'affaire. Une simple évaluation de la situation et du cycle des occurrences ne laissa plus de place au doute en elle. Elle n'était jamais seule devant le danger. (335)

Ses efforts finissent par porter fruit. Elle trouve un travail à la mesure de ses ambitions. Peu de temps après, elle déménage avec sa mère à Tel-Aviv où elles louent un appartement. Leurs conditions de vie s'améliorent. Et une nouvelle existence commence pour elle apportant de grands changements qui vont la marquer à jamais. Elle se marie avec Manfred, un juif allemand, qui non seulement la blesse en ne lui offrant à la *ketuba* qu'une somme humiliante, mais s'avère un mari froid, détaché, incapable d'assumer ses responsabilités conjugales ou de se dégager du joug de Sonia, sa mère dominatrice et possessive. Cette dernière rejette totalement la présence de Marie, refusant de l'admettre au sein de sa famille et la faisant souffrir[42] tout

---

[42] En évoquant les souvenirs douloureux des souffrances subies de la part de sa belle-mère, l'écrivaine confie que « tous ceux qui font du mal aux autres le font d'abord à eux-mêmes... C'est la loi sur laquelle la justice divine se base. Ce qui revient à dire qu'il faut être pur et franc, être foncièrement bon pour les autres avant de l'être pour soi. La méchanceté a plusieurs formes. Elle peut provenir de l'arrogance, de la vanité et surtout de ce besoin

au long de son mariage avec son fils. Elle réussit même à leur faire quitter Israël qu'elle considère un pays dangereux en constante guerre avec ses voisins, pour être proches d'elle en Suisse. En tant qu'épouse obéissante et respectueuse, Marie accepte malgré elle et suit son époux avec son fils dans ce pays froid où elle a du mal à s'y adapter. En plus des attaques sournoises et des intrigues perpétuelles de sa belle-mère, elle vit une grossesse assez pénible, « accablée par ses nombreuses tâches ménagères, son travail à plein temps et les soins de Maor » (355). Perpétuellement épuisée, « elle donne naissance à une jolie petite fille, à laquelle elle donna le prénom de sa grand-mère, Mira-Marianne » (355). Mais après quelques années de souffrance, de privations et d'angoisses, elle décide de revenir en Israël. À son mari, elle justifie ainsi sa décision :

> Je ne me sens pas chez moi ici. Le soleil brûlant et le vent sec du désert d'Israël ne manquent. Je veux encore pouvoir me rallier à mes concitoyens, aussi vulgaires et brutaux soient-ils. Je veux aussi assister ma mère que j'ai abandonnée dans ses vieux jours ! (358)

De retour, elle se charge de la vie familiale en travaillant et en assurant l'éducation de ses enfants. Malgré ses diplômes et ses mentions excellentes, Manfred ne trouve pas d'emploi. Il fait saigner sa femme qui devient plus vigilante ne désirant pas crouler sous les dettes. Elle ne cesse de lutter avec un courage inébranlable demeurant fidèle à elle-même et à ses convictions. Confrontée tous les jours à des cas qui exigent d'elle des efforts surhumains, elle vit des expériences personnelles singulières et bouleversantes qui griffent en elle des craintes et des interrogations. L'ombre de la mort plane autour d'elle. Ses proches décèdent les uns après les autres en quelques mois : mémé, Sol, ses oncles au Maroc. La situation de son couple se dégrade de plus en plus, jusqu'à la mener avec son conjoint à une confrontation ouverte. Comme il ne trouve pas d'emploi, Manfred lui propose de reprendre le chemin de l'exil. Mais son refus est catégorique. Elle le lui fait signifier de manière claire :

> Mon cher Manfred, il est temps que tu comprennes qu'Israël fait partie de moi et que je ne peux en aucun cas lui tourner le dos. Je

---

exécrable de prétendre à l'élitisme. Souvent, elle n'est que de la légèreté… mais dans la majorité c'est la soif de s'affirmer aux yeux des autres. Si Sonia ne m'a pas voulue comme bru, c'était parce qu'elle avait un mal fou à se défaire de son emprise sur son fils. Elle le voulait à elle seule et elle voyait en moi un obstacle de taille. Je n'étais pas une mijaurée, j'étais trop intelligente pour devenir sa proie. Quand elle fut mise au courant de ma demande de divorce, elle pleurait à chaudes larmes. Mais c'était trop tard pour faire marche arrière. J'en avais assez de la faiblesse de mon époux face à sa mère. Elle l'a d'ailleurs emporté avec elle… », Échange avec l'écrivaine en date du 13 novembre 2016.

> ressemble tant à ce pays imprévisible et controversé, à la fois brave, étourdissant, humain, enthousiaste, prêt à rire ou à pleurer avec la même intensité et la même incohérence... Mon cœur bat avec le sien, je partage ses croyances, ses traditions et ses lumières. J'ai fait mon choix quand j'ai quitté le Maroc, et rien ne pourra m'en faire dévier. (379)

Manfred se décide à quitter Israël pour toujours et signe, devant un notaire, un acte de séparation de biens entre eux avant que le divorce ne soit prononcé. Marie ne regrette nullement d'avoir mis fin à un mariage malheureux qui ne lui a procuré que peines, soucis, privations et déceptions. Elle était même soulagée parce qu'elle savait dès les premiers jours de leur mariage qu'il « n'était pas fait pour la vie exigeante et ingrate » (377) de la terre promise et qu'elle a toujours senti que tôt ou tard, il allait la quitter. Elle ne pouvait plus le suivre, réclamant le droit à sa liberté allant même jusqu'à mettre fin à leur union. Pour se retrouver avec elle-même et retrouver à nouveau la plénitude son être.

Selon Michel Zeraffa : « L'art romanesque est celui qui repose le plus directement sur telle idée de l'homme à tel moment de l'histoire sociale, et qui traduit cette idée avec le plus de netteté et le plus de nuances »[43]. En effet, à travers l'histoire de Marie, l'écrivaine cherche à revenir sur des étapes ou des événements de sa vie qui l'ont marquée. Elle propose une réflexion sur les êtres et les choses, réalisant en quelque sorte une autobiographie romancée. C'est ainsi qu'elle a su recréer sa ville, invitant le lecteur à y flâner avec ses yeux d'enfant : « Mes souvenirs d'enfance ainsi que le kaléidoscope des cultures que j'ai côtoyées durant cette période m'ont permis de reproduire certains caractères et leur biographie – ou plus précisément leurs aventures et mémoires »[44], précise-t-elle. Son roman est captivant. Il se démarque par son art consommé de la narration, sa précision des détails et son intensité dramatique qui nous fait baigner dans un univers où prédominent des personnages authentiques. Il regorge aussi de magnifiques passages que l'on savoure avec respect et attention, révélant ainsi le talent remarquable de conteuse que possède Thérèse Zrihen-Dvir.

Rien d'étonnant à ce qu'elle ressemble à ces juifs du Maroc qui ne réussissent pas à tourner la page. Elle est indéniablement nostalgique d'un Maroc qui été le ciment de son identité, le moule aussi bien de son enfance que de son adolescence et qui a disparu à jamais : « Je n'oublierai jamais ses palmiers et ses couchants flamboyants. Je n'oublierai jamais mes retentissantes victoires contre les petits maraudeurs du Mellah, ni les contes, ni les craintes et ni les superstitions. Je le vois toujours derrière l'écran de la rosée du matin »[45]. Comme l'écrit Jean-Marc Desanti, « Thérèse et Marie,

---

[43] Michel Zéraffa. *La révolution romanesque*, Paris, Klincksieck, 1972, p. 8.
[44] Ben Israël. « Thérèse Zrihen-Dvir, conteuse d'un Maroc disparu ».
[45] *Ibid.*

Marie et Thérèse ont emporté à Tel-Aviv toutes les beautés de l'exil : les palmes, le ksar, la Koutoubia, les Djebilet, les remparts de Bab Doukkala et les tombeaux saadiens »[46]. Et quand elle décide d'évoquer par le biais de l'écriture, elle n'ignore pas que sa réalisation littéraire ne diffère pas de ce qu'elle a vécu. Si bien que son récit se rapproche davantage du témoignage que de la fiction, caractérisé par une écriture autobiographique qui aborde différents thèmes qui lui sont très chers dans un statut générique évident entre littérature et historiographie. À cet égard, elle souligne entre autres :

> Ma grande frayeur provenait du fait que je refusais de jouer à l'historienne. Les livres d'histoire sont barbants sinon agaçants déjà à leurs premières pages. Étant l'élève assidue d'Émile Zola et de Victor Hugo, je pris la décision d'insérer dans mon livre d'histoire, mon enfance, maturité et environnement naturel qui insuffleraient au contenu un brin de romance, d'aventure et d'intrigue. Et c'est ainsi que naquit « Il était une fois... Marrakech la juive »[47].

Ainsi, le déroulement narratif de ce roman à la fois nostalgique et lucide décrit des espaces tant intérieurs et qu'extérieurs constitués par la mémoire de l'écrivaine, qui demeure vivace, insistant sur le rappel de faits et d'événements pertinents servant de matrice nourricière à ses souvenirs. C'est qu'elle conçoit dans le cœur mouvant du présent le passé comme une forme agissante et une volonté de lutter contre l'oubli du temps. Chaque moment de sa vie est un espace qui s'élargit et dans lequel s'emboîtent des situations d'ordre intime qui constituent des souvenirs dynamiques, autour d'un passé lointain qui en constitue le noyau.

Son vécu, qui revient à son esprit avec ses bonheurs et ses malheurs, engendre une écriture singulière, une écriture romanesque, créatrice d'univers singuliers qui tient le lecteur sous son charme dès les premières lignes. Servi par le désir, la volonté de dire et de décrire, *Il était une fois... Marrakech la juive* est un texte de qualité à la fois troublant et captivant. Il est étonnant et particulièrement émouvant d'autant plus qu'il s'agit d'une histoire vraie, celle d'une femme qui s'élance à la redécouverte de ses racines et tente de reconstruire d'une manière romancée l'itinéraire de sa vie, depuis sa naissance dans la cité rouge de sa terre natale jusqu'à son installation définitive en Israël. C'est un « récit au pays de l'âme », qui abolit « le temps et l'espace par la vertu de l'amour »[48] qui apparaît à travers la rétrospection de sa jeunesse dans un temps révolu. Thérèse Zrihen-Dvir se plonge dans les souvenirs nostalgiques afin de ne pas oublier les épisodes

---

[46] Jean-Marc Desanti. « Il était une fois... Marrakech la Juive de Thérèse Zrihen-Dvir publié chez l'Harmattan », AGORA VOX, vendredi 8 juin 2012.
[47] Échange avec l'écrivaine en date du 13 novembre 2016.
[48] Ben Israël. « Thérèse Zrihen-Dvir, conteuse d'un Maroc disparu ».

servant de bornes à sa vie. Par son écrit, elle réalise une œuvre qui mérite une grande attention par son originalité et sa qualité littéraire.

Jacques BENSIMON

Jacques Bensimon est né à Agadir en 1943. En 1958, il immigre avec sa famille au Canada et passe sa jeunesse à Montréal. Il poursuit des études cinématographiques à New York City. En 1967 il commença à travailler à l'Office national du film du Canada (ONF), en tant que scénariste, rédacteur en chef, directeur et producteur. Il a collaboré à une trentaine de films de l'ONF comme scénariste, monteur, réalisateur et producteur. Il était, entre autres, responsable d'une unité de production de l'ONF en Afrique pour les *Nations Unies* et l'ACDI. Entre 1981 et 1986, il est nommé directeur du comité de programmation du Programme français et aussi directeur de la distribution internationale.

Il déménage à Toronto où de 1986 à 2000, il a occupé le poste de directeur général de TFO, le réseau de langue française de TV Ontario, aidant, entre autres, à établir des partenariats et des accords de coproduction avec les principaux distributeurs du monde entier comme la BBC, Arte et France Télévisions. Il a commencé comme directeur des programmes du secteur des adultes, et en 1989 est devenu son directeur général. Entre autres responsabilités, il était en charge de l'acquisition de longs métrages, et a agi comme animateur en ondes pour toutes les présentations de films sur le réseau.

De 2000 à 2001, Jacques Bensimon devint vice-président exécutif de la Fondation de Télévision de Banff (BTVF) et son chef de l'exploitation[1]. Il a été également nommé commissaire à la cinématographie et président de l'Office national du film du Canada le 26 avril 2001, pour un mandat de cinq ans, qui a été prolongé de six mois et s'est terminé le 17 décembre 2006. Ensuite, il devint président de la *Cinémathèque québécoise* à Montréal, un poste qu'il a occupé depuis juin 2006 jusqu'à son décès en août 2012.

À côté d'une carrière extrêmement riche[2] qui a embrassé plusieurs domaines relatifs à l'audiovisuel et qui a été couronnée par plusieurs prix prestigieux, notamment celui du « 3 juillet 1608 » attribué par le

---

[1] La Fondation est un organisme de bienfaisance qui organise une variété de radiodiffusion, de télévision et les nouveaux événements médiatiques. L'événement phare est le Festival de télévision de Banff qui se tient chaque année en juin et se félicite de 2000 participants de l'industrie audiovisuelle canadiens et internationaux. Le BTVF gère également d'autres événements partout dans le monde, tels que « Le Congrès mondial de la science des Producteurs » et « Le Congrès mondial des producteurs de l'Histoire », et deux fois par an des sessions de formation, par l'Alliance-Atlantis Programme exécutif pour les dirigeants à venir, de la radiodiffusion et la production de l'industrie.

[2] Jacques Bensimon a été aussi Vice-président de l'AITED (Association internationale de l'éducation et les sociétés de télévision Discovery), membre associé du Conseil international de la *National Academy of Television Arts et Sciences* (NATAS) NY, Membre du Conseil de TV5 USA et Honoraire du conseil Membre du *Cercle canadien de Toronto*.

gouvernement du Québec, pour sa contribution unique au développement de la langue française en Amérique du Nord, du Gouverneur général du gouvernement canadien, la réception d'un doctorat honorifique en Lettres de l'Université York à Toronto et, en 1998, la nomination de « Chevalier des Arts et des Lettres » du gouvernement français pour ce qu'il a accompli à TFO ainsi que celle de membre de l'Ordre du Canada en 2005, Jacques Bensimon a aussi réalisé plusieurs films qui exploraient son patrimoine culturel. En 1971, lors d'un retour au Maroc, il entame sa production cinématographique par *Il était une fois... Agadir*[3], un court métrage de fin d'études de 27 mn qui lui permet de rendre un hommage vibrant à la ville de son enfance et au pays natal. En 1977, il évoque dans *20 ans après*, film d'une durée de 56 mn, l'exil de la communauté judéomarocaine dans les années 50 au Canada et les difficultés d'adaptation de ses membres. Il a ensuite effectué plusieurs voyages en Afrique et a commencé la réalisation de documentaires pour la série « Carnets du Maroc » ne dépassant pas 56 mn. En 1984, *Carnets du Maroc, mémoire à rebours*, en est le premier d'une série consacrée au souverain chérifien du royaume qui sera suivi en 1987 par *Au sujet du roi* et *La volonté et la foi*. Ce dernier comporte des entretiens exclusifs avec le défunt monarque Hassan II. C'est en ces termes que Mohamed Ameskane présente les caractéristiques et l'originalité de son premier film de mémoires et de souvenirs de la terre natale :

> Exil, nostalgie, retour. Trois mots qui peuvent, à eux seuls, résumer le film de Jacques Bensimon « Carnets du Maroc ». Utilisant des images d'archives, une bande-son riche et variée, le tout monté d'une manière originale, le réalisateur nous conte la saga d'une famille juive marocaine et par là, l'histoire du Maroc. Deux textes, en voix off, commentent les images. Le premier nous

---

[3] Voici le message qu'il avait adressé pour faire la publicité de ce film qui revêtait une importance particulière dans sa carrière et dans le cheminement de sa vie :
À tous,
Après presque 40 ans, « *ONCE... AGADIR* » que j'ai réalisé à la fin de mes études aux États-Unis et mes débuts de cinéaste à l'ONF a enfin été sous-titré en français sous le titre de « *IL ÉTAIT UNE FOIS... AGADIR* ».
Je vous rappelle que ce film a été fait avec peu de moyens, puisque j'étais étudiant. J'ai donc glané des images à droite et à gauche là où je pouvais. Pour les nostalgiques d'Agadir, j'ai tenté de recréer une ambiance et non pas une réalité qui n'existait plus.
Il s'agit des souvenirs d'un enfant qui a immigré en Amérique du Nord. Vous pourrez dorénavant visionner le film sur le site suivant : http://www.onf.ca/film/il_etait_une_fois_agadir/
Ou vous le procurer en l'achetant sur le site de la boutique en ligne de l'ONF : http://www.onf.ca/
Merci de transmettre cette nouvelle au maximum de gadiris et d'amis. Bon visionnement.
Jacques Bensimon   bensimonj@gmail.com

initie à l'histoire du pays. Le deuxième est saisissant. Lyrique et poétique, il interroge les signes, les traces, la mémoire...[4].

Bensimon est aussi l'auteur d'un roman *Agadir, un paradis dérobé*[5] qui se présente comme l'histoire de la remontée dans la mémoire du temps de l'enfance dans sa ville natale marquée par une vie aussi magnifique que dure et violente. Des retrouvailles avec soi après de longues années de silence et d'oubli, habiles tissages de souvenirs et de fictions, dans lesquels il refuse malicieusement de signer le pacte autobiographique, comme il le précise lui-même.

> Même si cette histoire s'inscrit totalement dans la réalité, j'insiste pour que ce livre soit classé dans la rubrique « fiction ». En l'écrivant, je me suis inspiré des perceptions, des sensations de ma propre vie, mais j'ai également pris certaines libertés, plaçant des personnages réels dans des situations romancées, introduisant des personnages inventés dans des contextes réels. J'espère que les Gadiris de mon époque me pardonneront ces petits détournements qui visent à rendre l'atmosphère d'Agadir. Si l'on se souvient que j'ai passé l'essentiel de ma carrière professionnelle dans le documentaire, on comprendra la démarche qui m'amène à commettre ici un « roman vrai » ou une « réalité romancée ». (17)

En fait, il livre le récit émouvant d'un enfant qui s'éveille au monde à Agadir, ville qu'il a quittée malgré lui, et dont l'évocation des moments ineffaçables de son passé lointain le ramène à sa véritable dimension, celle de son enfance avant le départ vers le Canada.

> Mes douze premières années vécues à Agadir sont des années exceptionnelles, formatrices et marquantes, dont ma mémoire et mon cœur resteront toujours imprégnés de façon indélébile. Cinquante ans après, je peux dire qu'il ne se passe pas un jour sans que surgisse en moi l'Agadir d'avant le séisme. Ces douze années tranchent avec le reste de mon existence. Si comme elles s'étaient passées sur une autre planète, dans un autre temps, ou plutôt en dehors du temps. (16)

Il est important de souligner que cinquante ans après, à l'occasion de la commémoration du tremblement de terre, des milliers de personnes venues du monde entier se sont rendues à Agadir. Bensimon s'est lui aussi envolé en compagnie de sa femme Véra pour rencontrer une bande d'amis

---

[4] Mohammed Ameskane. « Ce Marocain d'ailleurs », *Al Bayane*, 21 décembre 2012, p. 10.
[5] Jacques Bensimon. *Agadir, un paradis dérobé*, Paris, L'Harmattan, 2012, 217 p.

d'enfance, éparpillés aux quatre coins de la planète et qui décident d'être présents ensemble à cet événement mémoriel.

> C'est en plein hiver à Montréal qu'a germé l'idée de nous retrouver en février 2010 à Agadir pour le 50e anniversaire de la destruction de notre ville. Nous avons planifié ce voyage pendant plusieurs mois et avons usé de tous les moyens (Internet, emails, courriers, téléphone) pour reconstituer notre bande, éparpillée dans différents pays du monde. Pour commencer, nous nous sommes régulièrement rencontrés au restaurant d'Albert. Puis, sous l'impulsion de Maurice, nous avons créé l'Association des anciens d'Agadir. Nous nous sommes ensuite réparti les tâches afin de trouver les Gadiris dispersés à travers le Canada, les États-Unis, la France, l'Amérique du Sud ou Israël... Et pour réussir ce tour de force, de nous retrouver tous au Maroc, un demi-siècle après, nous nous sommes improvisés agents de voyages. Car un demi-siècle s'est écoulé depuis qu'à 5,7 sur l'échelle de Richter, Agadir a sombré, en quinze secondes, sous le tremblement de terre qui a emporté notre ville à jamais. (14)

Il débute le récit de ce voyage initiatique par l'évocation de son arrivée à sa ville et à ses sources après un demi-siècle de migration et de rupture avec une terre qui avait vécu dans les décombres et qui s'est reconstituée de ses débris.

> Il est minuit. Pour nous conduire à notre hôtel, le chauffeur de taxi profite de l'heure tardive pour exiger un prix exorbitant. Exténués par 35 heures de voyage, nous n'avons aucune envie de négocier. Nous embarquons dans une vieille Mercedes bringuebalante, mon épouse et moi. À peine de retour dans mon bled, je me fais arnaquer par un chauffeur du Nord qui me prend pour un touriste... (13)

Le lendemain, les retrouvailles à l'hôtel avec des visages perdus depuis des années, la plupart de ses anciens amis étant arrivés, lui procurent une joie inégalée.

> Nous tombons dans les bras les uns des autres dans une euphorie grisante, celle-là même de notre préadolescence. J'ai quelque mal à reconnaître mes amis d'autrefois, devenus, comme moi d'ailleurs, des croulants à la retraite. On croirait se retrouver dans une réunion d'anciens combattants. Les conversations portent sur nos épouses, nos familles, nos enfants, puis nous passons en revue nos divers bobos, le diabète de celui-ci, la prostate de celui-là, les infarctus des uns, les hémorroïdes des autres... (13-14)

De retour à l'hôtel, il est heureux de retrouver Jonathan, son fils aîné, qui vient d'arriver du Canada pour se joindre à eux. Malgré ses multiples obligations de cinéaste professionnel, il a tenu à accompagner son père dans son désir de filmer son retour à sa ville. Ne sachant pas a priori quelle forme prendra le film, il décide de se laisser guider par ses sensations et ses émotions intérieures, déterminé à mémoriser cet instant singulier dans le rappel de son passé lointain. Il opte pour sa réalisation au registre intimiste, presque un court métrage de famille, qui raconte cette nostalgie du pays bien aimé. Pour ne pas perdre de temps, ils se sont mis au travail dès le lendemain négociant avec un jeune chauffeur de taxi une somme forfaitaire pour la journée les conduisant sur les lieux de tournage.

> Le jeune chauffeur berbère nous regarde amusé, mais surtout médusé, de nous voir filmer des pierres, des ruines d'immeubles, des routes démolies. Là où lui ne voit que terrains vagues, c'est « *mon* » Agadir qui se reconstitue doucement dans ma tête : l'Agadir dont je connaissais parfaitement le moindre recoin, le moindre immeuble, les rues, les souks, les mosquées, les marchés, les synagogues. Alors que mon fils me suit avec sa caméra, une ville renaît, s'anime sous mes yeux. J'entre doucement dans les lieux de mon enfance, et me voilà parti pour un long périple. (16)

En cinéaste averti, il décide de capter l'intensité de ce pèlerinage en sons et en images insistant pour que son fils, réalisateur et directeur photo, se joigne à eux dans cette aventure, pour tourner un film sur « son » Agadir.

> S'agissait-il, par cette invitation, de lui transmettre ? Déambuler avec Jonathan dans les décombres de ma ville, c'était comme démontrer à Émile, tout mort et enterré qu'il était au Canada, qu'un père et ses enfants peuvent vivre en harmonie, que j'ai peut-être réussi là où lui avait échoué ! (213)

Dans la redécouverte de son lieu de naissance, tout a changé, tout a disparu. Un grand bouleversement intérieur l'accueille, comme un autre séisme. Et pour mieux définir l'état affectif et émotionnel qui l'habite, il libère sa parole et son écriture se déchaîne pour remonter le cours d'une vie perdue à jamais s'inspirant de faits réels qu'il décrit dans un récit captivant. Celui-ci s'inscrit sous le Protectorat français et survole bien des aspects de l'histoire contemporaine du Maroc. Ainsi, encadrés par un prologue et un épilogue, les quinze chapitres qui composent *Agadir, un paradis dérobé* retracent-ils sa vie depuis le moment où il a pris conscience à l'âge de cinq ans jusqu'à l'exil de sa famille loin des terres chaudes de ses ancêtres. Son écrit se termine alors qu'il arrive à la fin de son terme, luttant contre un mal pernicieux et manifestant le souhait d'effectuer son dernier retour au lieu de son enfance. Pourquoi, donc, ce titre ? La réponse est donnée au moment fatidique où la révolte pour l'indépendance du pays pousse des membres de la communauté juive marocaine de partir ailleurs, « la peur au ventre, sans demander de compte à quiconque [abandonnant] ainsi la terre de leurs ancêtres pour s'expatrier, soit vers la France, qui a fait tant de bien et tant de dégâts, soit vers Israël, cette terre promise par la religion, mais refusée par les hommes, soit au Canada » (201).

> En quittant Agadir, j'ai eu l'impression d'avoir été jeté hors du Paradis. Je laissais derrière moi un pays rêvé, une chaleur que je ne retrouverai plus jamais, mais que je rechercherai continuellement tout au long de ma vie. (201)

En juin 1958, tous les membres de famille atterrissent en tant qu'immigrants dans la Belle province et s'installent à Montréal rejoignant ceux qui les avaient devancés de leur pays natal et des centaines de milliers de Juifs venus d'ailleurs formant ensemble l'une des grandes communautés des juifs sépharades et ashkénazes en Amérique du Nord. Il reste qu'au début de leur arrivée, comme beaucoup de leurs compatriotes qui ont atterri au Québec, ils débarquent dans un pays inconnu avec lequel ils ne partagent pas la même culture. Le dépaysement est total et le sentiment d'étrangeté absolu.

> Dans cette terre d'accueil des années Duplessis et de l'Église omnipotente au Québec, on me fait rapidement comprendre qu'étant francophone, mais non catholique, il n'y a pas de place pour moi, ni dans le milieu scolaire, ni dans la vie sociale ! Je ne peux devenir qu'un anglophone ! Mais ça, c'est une autre histoire !... (201)

Car l'histoire qu'il veut raconter revêt pour lui une extrême importance et se situe dans un autre contexte qui lui permet de parler de ses douleurs et de ses peines, de ses combats et de ses luttes, de ses ombres et de ses lumières. Il vise à donner à voir, à entendre, à percevoir, à partager et à révéler en toute sincérité pour que le lecteur ait le sentiment d'avoir la possibilité de saisir le sentiment d'une urgence qui s'est emparé de lui pour relater ses souvenirs pleins de rebondissements, avant son grand départ dans le but d'une réconciliation avec lui-même et son passé.

Le 29 février 1960, la ville côtière, plaque tournante décisive dans le sud du Maroc, fut détruite en quelques fractions de seconde. Il avait 16 ans quand il apprit la catastrophe qui a frappé sa ville natale. Dans Montréal, qui s'apprête à accueillir un printemps frileux, son esprit restait assombri par l'incompréhension. Avec ce tremblement de terre, sa vie semble s'être arrêtée en cet instant terrible. Le quartier de Talborjt où il avait vécu son enfance est rayé de la carte. Il sentait qu'une partie de lui était comme oblitérée.

> Ce séisme a détruit une ville unique au monde, celle où j'ai vécu, et je veux aujourd'hui témoigner de cette époque qui ne subsiste plus que dans mon cœur et dans mon esprit. Je veux inscrire ce bonheur que les pierres, les rues, les visages m'incarnent plus

désormais. Je veux fixer cette vie, afin de préserver la mémoire de ce lieu. (21)

Il est convaincu que c'est en décrivant tout ce qui existait de son temps, qu'il pourrait faire revivre son quartier, totalement détruit par le séisme. Il revient avec une remarquable sensibilité à son passé et à ses souvenirs à jamais ancrés dans son âme et dans sa mémoire. Et les pages défilent, hantées par une blessure jamais cicatrisée en explorant les thèmes, les situations, les événements et les personnages qui l'ont vivement marqué. Il s'efforce de ramener à la surface les mouvements de son enfance, entremêlés à une multitude de sentiments contradictoires. Il situe le début de ce retour en arrière dans le temps, en 1948, où il commence à prendre conscience de son Moi. Il a cinq ans. Il est 3 heures ; une chaleur étouffante sature la ville, plongée dans un état de léthargie totale. Il désobéit à l'ordre paternel et sort en bas de l'immeuble refusant d'être enfermé à l'intérieur de l'appartement familial. À cet âge, il brave les interdits imposés par son père et sur la pointe des pieds sort et renferme la porte minutieusement, prudemment. En bas de l'immeuble, il assiste à un spectacle inédit qui attire son attention et suscite sa curiosité.

> Malgré le contre-jour, je distingue, au bas des marches, une forme blanche qui semble onduler au rythme d'une musique intérieure. Arrivé au bas de l'escalier, juste avant d'ouvrir le portail en ferronnerie noire à motifs de fleurs, je m'approche d'un homme. Le pantalon baissé, il se frotte avec un plaisir évident contre une femme vêtue d'une djellaba blanche. Je reconnais Ali, le gardien de notre immeuble, savourant les yeux fermés un immense bien-être. (25)

Dehors, il se sent libre et décide d'emprunter le chemin déjà parcouru en compagnie des grandes personnes de sa famille, accélérant les pas en cette journée de chaleur torride pour atteindre la maison de sa tante Lili. Celle-ci, surprise de le voir, lui réserve un accueil enthousiaste l'invitant à se joindre à eux à table où tout le monde réuni semble apprécier ensemble une nourriture délicieuse et raffinée du Souss marocain.

> Une gaieté bon enfant se dégage de cette ambiance chaleureuse où chacun semble parler plus fort que l'autre. On rit à table ; on s'amuse. J'adore cette atmosphère familiale, bruyante, anarchique. Quel contraste ! Chez moi règnent l'ordre et la discipline, et mon père exige le silence à table pendant tout le repas... Tante Lili, mon oncle Elias et Jacob me font la fête. Ma grand-mère maternelle est là, discrète, souriante. (26)

Après l'évocation de ce souvenir marquant d'avoir goûté à une salade de tomates, poivrons et olives noires à l'huile d'argan qui lui procure la sensation de joie, « de retrouver l'essence du pays ancestral où les miens ont vécu pendant des siècles » (27), sa mémoire rappelle la blessure de la déchirure, qui a fait briser son cœur, survenue au lendemain de l'indépendance du pays et du retour du Sultan Sidi Mohammed Ben Youssef.

> Nous sommes le 16 novembre 1955 le pays tout entier vient de vivre une journée exaltante avec ce retour d'exil du roi du Maroc. Mais moi je vis cet événement comme un deuil : mes parents, pressentant que cet événement préfigure la fin de la colonisation et le départ de la France, ont décidé de quitter Agadir pour Casablanca.

C'est un moment douloureux qui affecte les émois et les désarrois de tous ses amis, enveloppés dans la tristesse et le désespoir, assistant impuissamment à cette séparation qui touche leur bande.

> Ils sont tous là, Gégé, Claudius, Samy, Riel, Momo, David, Bébert, Riri, Dédé, Polo... Pour éviter de montrer leur peine, ils se distraient du mieux qu'ils peuvent en se lançant du gravier ou en crachant des noyaux de jujubes. Leur débordement cache l'émotion qu'ils partagent avec moi à l'idée que c'est la fin. La fin de quoi au juste ? La fin d'une époque, la fin d'une partie de notre enfance... (29)

Alors que tout est sur le point de changer, il tarde à monter dans l'autobus tenant fermement les mains de ses amis. Ce qui exaspère son père qui descend furieux pour mettre fin à cette situation. Il le tire brutalement de ses pensées, le saisit par l'oreille pour le faire monter dans le car. Personne ne peut l'aider ou venir à son secours. Ses amis sont paralysés, le regardent, impuissants, les yeux remplis de larmes. Il laisse errer son imagination pour explorer toutes les contradictions impossibles à réaliser. Et s'il se décide de se sauver, de s'extirper des mains de ce père odieux, insensible devant sa peine, de fuir, de se cacher, de ne pas quitter Agadir, de rester ici, chez lui, dans sa ville.

> Je n'aurais qu'à vivre comme un animal sauvage et me cacher dans l'ancienne mine près de l'école. Mes copains m'apporteraient tous les jours à manger... Mes parents, après beaucoup de peine, finiraient par m'oublier.... J'irais alors vivre en ermite dans les collines qui entourent la vile... (31)

Malheureusement, ce n'est que du délire. Forcé de prendre sa place parmi des voyageurs impatients de partir, il affronte le regard sévère de ses parents et les moqueries de ses deux sœurs aînées. Il ne peut contenir ses larmes et taire sa détresse.

> Je pleure et me précipite vers la fenêtre arrière de l'autobus pour voir si mes amis sont toujours là. Dès qu'ils m'aperçoivent, ils se mettent à courir derrière le car. Ils hurlent mon nom en me faisant des signes d'adieu avec leurs bras. (31)

Dès lors, une idée germe dans sa tête. Et s'il réussit à arrêter l'autocar sachant que ses amis tentent encore de le rattraper. Il s'inspire de ses habitudes de délinquant en se servant des pétards reçus comme cadeau de son ami Claudius. Comme il est assis sur la banquette arrière du bus, personne ne le voit quand il allume un premier pétard et le jette par la fenêtre. Il lance un deuxième et l'explosion surprend tous les passagers et force le chauffeur à s'arrêter pour procéder avec son assistant à la vérification de son véhicule. La nuit est tombée sur la ville et son cœur bat très fort en voyant ses amis, tous là, à bout de souffle, après avoir couru pour rattraper l'autobus. Il descend pour les rejoindre et ils le prennent un à un dans leurs bras. Ils rient à en pleurer, car, une grande complicité les unit depuis leur première rencontre sur les bancs de l'école.

Dans le corps du roman qui est un échafaudage des souvenirs qui assaillent l'écrivain, retraité et qui aspire à la paix intérieure, à travers le rappel de ses anciennes fréquentations, il revient sur ses années de garçon dont les turbulences avec sa bande de camarades ont failli faire de lui un véritable délinquant. C'est dans la cour de l'école qu'il rencontre et choisit ses premiers amis. Ils vont devenir solidaires les uns des autres, formant rapidement un groupe soudé qui s'isole du reste de la classe. Non seulement ils vont trouver le moyen d'exclure les autres élèves, mais aussi de se mettre à dos les maîtres qui les considèrent comme des « durs à cuire » (36).

> Je comprends donc vite que l'école va devenir mon défouloir et contrebalancer l'atmosphère carcérale que mon père, par sa sévérité, sait créer à la maison... Nous sommes les premiers, au grand dam de nos maîtres, à introduire les boules puantes dans les classes, à placer des punaises cloutées sur la chaise des instituteurs, à maîtriser les élastiques à tire-boulettes... (37)

Les scènes qu'il décrit révèlent ses pires dérives tantôt grotesques, tantôt tragiques qui expriment de plusieurs manières sa révolte contre l'ordre établi.

> Depuis mon enfance, je me rebelle contre l'autorité, quelle qu'elle soit et d'où qu'elle vienne. Si je subis la violence de mon père sans y pouvoir grand-chose, je me rattrape sur tous ceux qui veulent exercer sur moi la moindre forme de pouvoir ! (38)

Quand ce ne sont pas les maîtres à l'école, ce sont les rabbins qui se plaignent de son comportement parfaitement intentionnel. Il traîne avec lui la sévérité des châtiments que réservent certains maîtres à ses camarades et à lui, ne tolérant par la présence de têtes brûlées dans leurs classes.

> Et que dire de certains maîtres despotes et sadiques qui, sous prétexte de mieux nous éduquer, sont, pour notre bien, de véritables bourreaux. Pour leurs sales besognes, ils utilisent des outils de torture affûtés ; une règle en fer pour nous frapper l'extrémité des doigts qu'ils nous demandent de regrouper ; des martinets et des fouets avec lesquels ils nous rossent en s'assurant, dans un esprit d'équité, de faire compter à haute voix par les élèves le nombre de coups que chacun reçoit. (37)

Au gré de ses souvenances, il se voit ressusciter des amitiés fortes, capitales pour son devenir humain. À côté de la bande de ses camarades avec qui il a fait les mille et un coups allant jusqu'à la découverte de « l'excitation attachée au plaisir de voler » (44) et à qui il rend la part belle de solidarité et de fraternité, d'autres figures surgissent, des personnes de son entourage familial, des connaissances de sa communauté juive ou encore des membres de la société civile qui montrent les différentes couches sociales qui composent sa ville. On croise ses sœurs aînées Madeleine et Géraldine, sa grand-mère lalla Menné, sa Tante Lili, son mari Élias, « mécanicien à la SATAS » (26), leur fils Jacob, son oncle David et sa femme Esther Labos-Shocron, appelée Kokie, Jacquot, le cousin germain qui habite à Casablanca et qui « passe toutes ses vacances à Agadir » (109), Amran, le boucher ; Pinhas, le bijoutier, M. Botbol, qui en plus d'être rabbin, « est épicier, barman, cafetier et coiffeur » (43). On rencontre aussi Ali, le gardien de l'immeuble ; Zazo la bonne qu'il accompagne souvent « quand elle porte au four les tôles sur lesquelles repose le pain qu'elle vient de pétrir » (26) ; Rachel et Esther qui assistent sa mère dans son commerce ainsi que « Mohamed, l'employé modèle du magasin de chaussures » (30), Ali, « ennemi juré » (113) de la bande et son frère aîné Mustapha, un des voyous locaux qu'ils évitent de fréquenter « comme la peste » (113), Michel, un garçon de son âge, heureux de l'avoir comme nouveau camarade et qui lui « donne un accès exclusif à plusieurs découvertes » (135) cinématographiques ; Mathieu, chef d'une bande adverse qui dépasse « de loin les bornes de [leur] éthique guerrière » (186) ; Pascal, son lieutenant ; Denise la maîtresse de son oncle David, ainsi que Mme Aline qui « est l'incarnation de la France dans tout ce qu'elle a de grandiose et de répugnant » (68). De tous ces personnages qui ont traversé sa vie laissant des traces indélébiles, c'est la figure du père qui est dominante. Émile, tailleur de métier, s'avère un chef de famille autoritaire, odieux avec sa famille et surtout cruel et tyrannique envers son fils. Voici comment il le présente :

> J'ai toujours perçu mon père comme un géniteur bourru, trapu, renfermé, négatif, une personne presque incapable de sourire... J'ai

> longtemps cru que sa façon d'entrer en relation avec nous était de nous punir, et son unique fonction de m'empêcher d'être moi-même. J'ai craint ses coups et sa violence qui n'avaient pas de limite une fois déclenchés. Par contre, plus il me frappait, plus j'éprouvais le besoin de me mesurer à cet homme et de transgresser la discipline qu'il tentait de m'imposer. (39)

Leurs rapports conflictuels ont duré longtemps et il n'y avait pas un moyen pour sortir du cercle vicieux de la tragédie de leur relation tendue. De part et d'autre, chacun se cramponne à ses positions. Si, avec l'âge, sa résistance se montrait de plus en plus inventive, les tannées de son père, elles, se faisaient de plus en plus brutales.

> Je suis sûr d'avoir mené mon père au bord de l'épuisement. Il ne sait plus comment me prendre ni quoi faire de moi... Ses coups sont devenus une réalité à laquelle je me suis accoutumé. Quoi que je fasse, je vais en recevoir... Dès lors, je n'en fais qu'à ma tête, comme lui n'en fait qu'à la sienne. (45)

De fait, chaque rencontre, entre père et fils, témoigne de cette violence ainsi que de cette haine, tapies au fond d'eux. Leur adversité ne connaît pas de limite finissant par les détruire mutuellement et déstabiliser l'ordre symbolique familial basé sur le respect des enfants à leurs parents et de l'amour de ces derniers envers leurs progénitures. Pour l'écrivain, à tort ou à raison, le comportement de son père excessif et l'expression de sa colère perpétuelle envers lui cachent certainement une sorte d'anormalité. Longtemps après dans l'avancement l'âge, il a fini par mettre le doigt sur les raisons de la complexité de leur relation.

> Sa violence – je l'ai compris plus tard – vient de ses craintes face à sa vie. Ayant peur pour moi, il tient à me rendre docile, et comme je ne réponds pas à sa vision d'un enfant modèle, plutôt que de s'habituer à ma révolte, il pense qu'à force de discipline je finirai par rentrer dans l'ordre. (45)

Quant à sa mère, il l'aime beaucoup, et la considère sa protectrice, sa complice et l'âme de la famille. « C'est une personne souriante, généreuse, altruiste, une femme à part parmi les gens d'Agadir » (53). Il l'appelle mère courage parce qu'en plus d'être sensible et aimante, c'est une femme d'affaires qui avait de grandes ambitions, très respectée par les commerçants de la ville. Grâce au succès de sa gestion, elle a fini par développer son commerce et atteindre une réputation, au point où on la surnomme « Madame Bata ». Ce qui le comble d'un immense sentiment de bonheur conjugué à de la fierté quand il se promène avec elle.

> Lorsque je l'accompagne au marché, le boucher ou l'épicier s'écrie en la voyant : « Ah voilà Lalla Bata ! » ou encore « Pas un pas sans Bata ! ». J'éprouve une grande fierté à la voir devenue une célébrité locale. Les commerçants en profitent pour la charmer, mais de son côté, elle sait fort ben utiliser son statut pour négocier les meilleurs prix. Dans ces jeux subtils, mon rôle est, me semble-t-il, de veiller à ce que personne n'outrepasse les limites verbales de ces joutes... (58)

Alors, si ses deux parents ont vu leurs affaires respectives grandir et se développer, leur relation de couple laisse à désirer. Elle est même au point mort. Avec le temps, leur rupture sentimentale apparaît manifeste renforçant leurs appartenances à deux familles différentes :

> Les Bensimon-Serero – contrairement aux Abisror, famille de ma mère, qui sont des gens tapageurs, rigolards et fanfarons, issus d'un autre monde – sont plutôt introvertis et intellectuels à la façon des aristocrates du Nord. Je ne comprendrai que beaucoup plus tard la différence entre les deux familles. Mes grands-parents maternels, d'origine berbère, qui, pendant des siècles, voire des millénaires, ont cohabité avec une population berbère islamisée, viennent du Sud marocain... Ils sont futés et malins en affaires, religieux et superstitieux, mais ils n'ont pas de culture générale, mise à part leur culture juive. Les Bensimon, eux, descendent de familles juives chassées d'Espagne lors de l'Inquisition de 1492 se sont réfugiées sur les côtes marocaines. De leur passé glorieux, ils ont conservé le côté hautain et fier d'Européens venus en Afrique forcés par l'exil. (50)

Toujours est-il, témoin de la froideur qui régnait entre ses parents, de l'absence de gestes tendres et d'expressions amoureuses, il n'a pas cessé d'être intrigué de ce qui peut unir deux personnes que tout sépare. Car, chacun a sa propre personnalité et vit dans son monde, indispensable pour avancer vers soi-même, sans le désir d'aller à la rencontre de l'autre.

> Tout au long de mon enfance, je me suis demandé ce qui avait pu déterminer deux personnes aussi dissemblables à s'unir pour la vie. Y a-t-il eu un amour sincère entre cet homme colérique et distant et cette femme ambitieuse et joyeuse ou bien s'est-il juste agi d'un mariage de raison ? J'ai rarement été témoin de gestes affectueux entre mes parents. (56)

L'écrivain réfléchit aussi sur ce qu'il appelle « les anges gardiens » de sa ville : le prédicateur Miloud, le coiffeur Abraham, Pierre, le poète vagabond et Ivo, le vendeur de journaux de Mme Navillot, des personnages hauts en couleur qui, par leurs comportements, leurs actions et leurs dires, révèlent les forces profondes, sous-jacentes à tous les aspects de la vie de sa société. Son écriture est marquée par un regard pénétrant et acéré, dressant le portrait de chacun d'eux, insistant sur le fait qu'à « Agadir, les personnages souffrant de troubles psychiatriques ou psychologiques, à moins qu'elles soient intégrées à la réalité quotidienne de la cité » (101), et ajoutant que « la présence de ces « fous » faisait partie de [leur] vie » (107).

> Miloud, Pierre, Abraham, Ivo... Ils étaient tous là sur la plage, comme des ombres qui se croiseraient sans se voir, chacun promenant son monde intérieur et sa solitude. Il m'arrivait alors de penser qu'ils étaient peut-être les anges gardiens de notre ville, qu'ils nous protégeaient contre les mauvais esprits, les invasions extérieures, et que leur folie garantissait notre bonheur... (107)

Avec une rigueur exemplaire, toujours engagée avec lucidité à révéler toutes les traces enfouies au plus profond de son âme, il donne libre cours à sa parole pour raconter ses rencontres féminines, justifiant ainsi leur insertion dans son texte :

> Si ma propre mère et Kynel ne m'ont pas donné l'affection et l'amour que je recherchais, j'ai eu le bonheur d'être entouré de femmes généreuses et maternelles qui m'ont octroyé leur tendresse avec une générosité sans limites. (750

À commencer par Lalla Menné, une reine sémite, sa grand-mère maternelle qui était sa source de bonheur, de chaleur et de gaieté au temps de son enfance dans sa ferme immense entre Agadir et Inezgane et qui a eu à la fin de sa vie un destin terrible.

> Loin de ce jardin d'Éden, ma grand-mère a fini seule sa vie en Israël, dans une ville-dortoir du Néguev. Guidée uniquement par sa foi religieuse, elle a décidé, bravant la réticence de ses enfants, de suivre des membres de sa famille éloignée pour immigrer en Israël, terre des prières. Abandonnée là, en Terre sainte, par ses cousins trop occupés à refaire leur propre vie, bientôt atteinte de la maladie d'Alzheimer, elle a erré, paraît-il, aux abords du désert, à notre recherche, celle de ses enfants et petits-enfants. Reine sémite, personnage biblique, femme du silence, elle est morte dans le désert brûlant de ce pays massacré, de chaque côté, au nom d'un Dieu Unique. (76)

Après avoir rendu ce douloureux témoignage de sa grand-mère, il passe en revue toutes celles qu'il appelle ses fiancées : « Annette, Esther, Rachel, et d'autres » (77). Dans l'évocation de ses souvenirs intimes, il précise que c'est Zazo, la sauvageonne, la bonne qui va l'initier au plaisir de la chair. Âgée de 16 ans, berbère ne parlant que « la langue locale, le tashlhit, quelques mots d'arabe, mais pas le moindre de français » (98), cette adolescente s'adonne avec lui à toutes sortes de jeux érotiques devenant sa complice dans l'intimité et l'initiatrice de ses premiers émois sexuels. Ce qui est intéressant dans ses révélations, c'est son constat de n'être jamais attiré par les filles de son âge à l'exception d'Annick, jeune, belle, sensuelle qui ne « porte pas de soutien-gorge malgré ses petits seins naissants » (82). C'est la cousine de Meknès de son ami Claudius, avec qui il va vivre un amour d'été envoûtant dont ses ardeurs augmentaient avec la fréquence de leurs rencontres jusqu'au jour où, soudainement elle disparaît comme elle est apparue, le laissant avec une grande peine. Des années plus tard, il la rencontre par hasard en terre canadienne.

> Annick, je la revois, cinquante ans après, à Montréal, lors d'une conférence où je suis l'un des intervenants. Après le panel, elle vient vers moi accompagnée de plusieurs autres femmes du troisième âge. J'ai du mal à faire le lien entre le souvenir et la réalité. Puis, tout à coup, un éclair se fait, ses yeux me parlent. J'ai devant moi l'une des grandes passions amoureuses de mon enfance. C'est maintenant une dame aux cheveux teints, joufflue, avec un double menton, de l'embonpoint et de gros seins tombants. Elle me scrute du regard pour voir si je vais la reconnaître, attendant peut-être que je me déclare ou que je fasse allusion à notre enfance. Loin d'être un gentleman, je me comporte en mufle devant cette veuve qui n'attend qu'un signe de moi pour parler d'un moment précieux d'une autre époque. (84-85)

Ignorant son invitation passive, il veut garder vivace dans son esprit son image du temps de la naissance de leurs désirs mutuels.

> Cinquante ans plus tard, est-ce que je lui en veux encore de m'avoir abandonné sans me prévenir ? La cicatrice amoureuse peut-elle encore être là ? Je préfère rester avec mon souvenir intact : celui de la petite Annick, avec son regard vivace et ses petits seins, celle qui a transformé, l'espace d'un été, ma vie d'enfant. (85)

En fait, il était amoureux de plusieurs femmes, mais il était condamné à n'aimer que des femmes qui lui échappaient. Ses éveils amoureux, réels ou secrets, ne lui sont venus que de femmes adultes, bien plus âgées que lui. Kokie, la mariée espagnole, épouse de son oncle David qui l'engage dans une aventure épistolaire et lui apprend « à mettre des mots sur des sentiments, des humeurs, de peurs... » (80). Ils entretiennent une longue correspondance qu'elle n'interrompt jamais, même quand elle voyage avec son mari l'encourageant à lui raconter tout ce qui se passait dans sa tête. Et dans sa pudeur enfantine, il a osé lui avouer à sa façon le tendre amour qu'il avait pour elle. Il y a aussi la mère de son ami Alain, une Française qui l'avait fortement marqué et dont les images de son habillement après sa sortie de la douche devant lui et son fils attablés en train de manger vont s'inscrire à jamais dans sa mémoire. « Cette femme fière, mère, belle, vulgaire, forte en gueule, qui ose affirmer haut et fort ce qu'elle est, devient pour moi l'incarnation de la beauté » (93), écrit-il. Sa présence reste dans sa vie un grand catalyseur dans le réveil de ses désirs comme il témoigne dans les propos suivants.

> Amoureux fou de cette dame, j'en rêve la nuit, et elle, j'en suis sûr, devine l'effet qu'elle a sur moi. Un jeu de séduction se développe entre nous : en nous servant à goûter, elle se penche parfois au-dessus de mon épaule et m'effleure en souriant la joue ou la main d'un bout de ses seins ou de sa peau encore moite après sa douche.
> Merci Madame, de m'avoir ainsi entrouvert la porte du mystère féminin, dans sa splendeur et ses contradictions. (93)

La dernière de ces femmes s'appelle Dame Luna Shocron, une fée épicurienne qui n'est que la mère d'Esther, connue sous le nom de Kokie. Comme des milliers de familles juives de la péninsule ibérique lors de l'Inquisition, ses ancêtres se sont réfugiés au Maroc. De sa descendance espagnole, Luna « a gardé les airs mélodieux et les gestes accompagnant ses envolées verbales » (94). Avec elle, il a appris la joie de vie, le rire innocent et la grâce du partage.

> Pendant que nous goûtions chaque gâteau et que nous sirotons le thé, elle me raconte des histoires accompagnées de son rire en cascade communicatif qui provoque chez moi des fous rires inextinguibles. Cette dame imposante, d'âge mûr, se transforme subitement en amie, et c'est pour moi un plaisir inouï de voir enfin une adulte se mettre au diapason de l'enfance. (96)

L'écrivain se remémore que c'est la découverte du cinéma qui l'avait sauvé d'une dérive totale. Par ses fréquentations, ses résistances et ses actions, il opérait dans un monde de délinquance au grand désespoir de ses parents, et surtout de son père. Ainsi, dans les salles obscures de sa ville, le cinéma des jours heureux qu'il soit muet ou parlant, comique ou dramatique, inaugure-t-il le début d'une passion, éveillant en lui l'impérieuse vocation du cinéaste qu'il deviendra des années plus tard. Il contribue également à lui offrir une espèce d'entité qui lui ouvre les yeux sur des horizons lointains cheminant dans des régions encore inexplorées, particulièrement propices à l'élargissement de son imaginaire créatif.

> Tout mon environnement est prétexte à imaginer des histoires. Avant même la découverte du cinéma, la vie foisonnante qui

> m'entoure fournit constamment au gamin contemplatif que je suis la matière brute de ses rêves. (120)

Il fréquente toutes les salles qui se distinguent chacune par sa propre spécificité : le Rex, ouverture sur les rêves ; la salle du Marhaba, la colonisation glorifiée ; le Rialto, snobisme et pas de danse ; le Salem, le cinéma populaire venu d'ailleurs et le Sahara, piano-bar suspendu. En tant que spectateur assidu, il ne rate aucune séance s'abreuvant de tous les films de tout genre proposés pendant les années cinquante dans sa ville située au bout du Maroc.

> Dans ce nirvana qu'est Agadir, le cinéma est l'une des principales fenêtres donnant sur le monde. Outre un lieu d'apprentissage, il représente pour moi une véritable ouverture me permettant d'échapper à ma famille. (123)

Ayant consommé des films à profusion venant de France, d'Amérique, d'Égypte et de l'Inde qui lui ont fait découvrir et apprécier des vedettes françaises, américaines et arabes, il décide de devenir cinéaste et de faire son cinéma. C'est le début dans le 7e Art, le jour où en jouant « avec une boîte vide de chaussures Bata dans laquelle [il] découpe, en son centre, avec des ciseaux, une petite fenêtre rectangulaire devant servir de lucarne » (137). Admirant son invention, son oncle va lui offrir un cadeau inestimable qui changera le cours de sa vie.

> C'est ainsi qu'au retour d'un voyage en Espagne, il m'invite chez lui et, en présence de Tante Kokie, il sort d'une boîte en carton un « vrai » projecteur tout vert. La vue de cet objet me plonge dans une émotion inouïe. Ce projecteur devient mon jouet le plus précieux. Grâce à David et Kokie, je passe à la vitesse supérieure et entre dans le domaine des semi-professionnels ! (139)

Un groupe composé de quelques amis assiste à la première projection chez Gégé, et, cette fois, il a réussi dans sa tentative puisque ses copains sont restés béats d'admiration, sans broncher, heureux d'assister ensemble à leur séance privée.

> Mes amis ne se lassent de voir et de revoir les cinq films que mon oncle et ma tante m'ont offerts en même temps que le projecteur. Nous décidons de faire des projections publiques payantes, en retenant toujours la maison de ma grand-mère comme salle de cinéma. (139)

Toute la joie qu'il retient de cette expérience est vitale. En la situant dans le contexte de l'époque, il reconnaît l'effet positif qu'elle a insufflé à sa vie pour aller au-delà des limites du temps et de l'espace. Elle lui a donné à l'avance le goût de persévérer dans cette voie, d'en faire plus tard pas simplement un métier, mais une mission, un engagement et une volonté constante pour changer le monde. Ainsi durant ses premières années à Agadir, elle a façonné son être lui permettant de faire de vraies découvertes et d'acquérir une nouvelle vision de la vie.

> Je me rends compte à quel point cette expérience de cinéma amateur m'a permis d'apprivoiser les rouages de la scénarisation et de l'écriture, et de découvrir que les vraies vedettes, qu'elles aient pour nom Marilyn Monroe, John Wayne ou Gregory Peck, ne se trouvent pas seulement sur l'écran des salles sombres. Elles peuvent tout aussi bien se trouver parmi nous, parmi les gens d'Agadir. Le cinéma m'a permis d'apprécier dans ma ville tous ceux qui pouvaient acquérir une dimension mythique, selon la manière dont on les percevait. (140)

Alors, si chacun de ses amis a son héros qu'il admire et à qui il veut ressembler, le sien n'est pas une image sur l'écran, mais un membre proche de sa famille qui aura une grande influence sur son épanouissement personnel. Il s'agit de son oncle David, qui lui apprend à apprécier la beauté de la vie. Il va passer avec lui le plus de temps possible, pour s'imprégner de son être et de sa philosophie. Car, ce jeune frère de sa mère qui symbolise l'élégance et la nonchalance est un « bon vivant, hédoniste et existentialiste » (141) qui saisit chaque instant de bonheur qui se présente à lui le vivant pleinement, parvenant « à approcher la vie comme un plaisir et non comme un malheur » (141). Ce faisant, il va l'initier à une nouvelle vision de l'existence et lui offre l'opportunité de découvrir d'autres mondes et des aspects insoupçonnés de sa ville. C'est ainsi que, grâce à lui, une vie parallèle à la sienne s'ouvre devant ses yeux, « celle de la France et des Français en terre d'Afrique » (149). Pour l'enfant qu'il était, sortir avec son oncle, c'est quitter son quartier de Talborjt pour aller à la rencontre d'un autre style de vie, européen, animé de soirées dansantes, de repas délicieux dans des restaurants, de dégustation de boissons sur les terrasses de cafés, d'abonnements au « Nautic Club » et « Tennis Club » et des fréquentations du monde riche et coloré, habitant « la ville nouvelle, le quartier des « Français », intimidant de grâce et de beauté » (151). Ayant vécu un rêve éveillé, faisant de sa vie un tourbillon de plaisirs ardents, il a été affecté dans son âme par le tremblement de terre qui a frappé sa ville. Depuis cette tragédie lancinante, il s'est égaré dans un fatalisme existentiel pour transcender la douleur de la perte dans l'oubli du temps.

> Depuis la catastrophe d'Agadir, il a vécu au jour le jour, joué aux cartes, parié aux courses de chevaux, fréquenté les casinos, gagné de l'argent, perdu tout autant. Jamais il n'a pensé à en mettre de côté pour ses vieux jours. Il est mort à la suite d'une maladie, pas

> vraiment pauvre, mais pas riche non plus, n'ayant rien prévu pour sa retraite. Il est né flambeur, a vécu joueur, est mort sans rien devoir à personne. (158)

Le lien qui l'unissait à son oncle était très fort, le signe notable d'une belle influence qui a jalonné le parcours de sa vie. Et même, si par réserve ou par gêne, David ne manifestait pas ouvertement ses sentiments envers lui, il n'en demeure pas moins qu'il était attaché à son neveu le considérant comme son propre fils et l'entourant d'une profonde affection.

> Je n'ai jamais su si mon oncle m'aimait autant que je l'aimais. Sa pudeur l'a toujours empêché de dire ce qu'il ressentait, mais je me rends compte que, grâce à lui, j'ai pu m'extirper de l'emprise négative de mon père et bénéficier d'une autre façon de voir la vie. Si dans son cas tout passait par la passion, le plaisir et l'envie de vivre, dans le mien, c'est le registre émotif et cérébral qui l'a emporté et l'emporte encore. Et si mon père, je m'aperçois aujourd'hui, m'a communiqué sa persévérance, son côté « loup solitaire » et sa sensibilité à une poésie populaire, David, lui, m'a offert l'autre versant de mon être, le côté hédoniste, aventurier, la capacité de répondre aux impulsions, le goût de l'innovation ainsi que celui, joyeux, de refaire le monde. Je ne sais pas si de nos jours des héros comme David existent encore je sais seulement que j'ai eu la chance de vivre à ses côtés, de sentir ce que la passion peut amener à réaliser. (158-159)

En donnant, plus tard, le nom de David à son second fils, il voulut rendre un vif hommage à son oncle. Pourtant dans son enfance et son adolescence, David était souvent en rébellion, ce qui l'inquiétait énormément.

> Je me suis mis à douter : ma révolte serait-elle génétique ? N'étais-je pas en train de reproduire l'aveuglement de mon père face à mon propre fils ? Puis, avec le temps, continuant à remettre en question sa vie professionnelle et personnelle, David, devenu adulte, s'est avéré d'une grande sensibilité et d'une grande intériorité, généreux et pudique. Il y a chez lui un mélange de ma rébellion et du côté aventurier de mon oncle, son côté charmeur... (213)

Jacques Bensimon émaille son texte d'anecdotes, drôles, d'humour ou de brutalité et d'absurdité autour de Jacquot, le cousin germain venu du nord qui va être bloqué après avoir mangé trop de figues de Barbarie. Il raconte comment sa mère aidée par « leur bonne Zmeha – une jeune femme noire, dynamique, d'origine Gnaoua – décident de passer à l'action »(111).

> Toute la bande est là, aux premières loges. De l'extérieur, par une lucarne donnant directement sur les toilettes, nous pouvons admirer la position de mon cousin et l'humiliation qui lui est infligée. « Aïe mon cul ! Aïe mon cul ! » crie-t-il, pendant que Zmeha le tient fermement par la taille et que sa mère essaie à nouveau de lui enfoncer l'embout entre les deux fesses. (111)

Mais quand celui-ci ose laisser ses doigts glisser dans les économies de la grand-mère pour lui piquer quelques billets, il reçoit une punition sévère de la part de Zmeha et Viva. Ces deux « tortionnaires du Moyen Âge » (116) vont lui réserver un châtiment impitoyable en appliquant une barre de fer brûlante sur son bras. Elles lui font subir « trois pour les trois troncs vidés » (117). Les jours suivants, son état s'empire, et fiévreux, il garde le lit.

> Des cloques se forment autour des trois brûlures et le médecin venu le voir a du mal à comprendre comment cette mère qui avait ainsi, de son propre aveu, puni son fils se retrouve en larmes, le suppliant de le sauver. (117)

Il relate aussi des situations déroutantes, inattendues comme celle qui se passe un jour où, seul, il s'ennuie, il invente des jeux et accepte l'invitation d'une dame en haillons de la suivre. Il évoque cette tentative échouée de son kidnapping par cette mendiante qui l'avait emmené chez elle. Désirant le garder auprès d'elle, il passe la nuit les poignets et les mollets attachés par une corde épaisse. Au matin, après avoir fait sa toilette, elle le nourrit en lui tendant « un verre de lait et un bout de pain trempé du miel » (66). Elle le met sur ses épaules en direction de la ville et quand il reconnaît la silhouette d'un membre de sa communauté, il s'est mis à crier. La femme se débat pour le faire descendre et lui imposer le silence, mais il réussit à s'enfuir et à se réfugier dans les bras de Pinhas. La femme tente de s'échapper, mais elle est arrêtée par deux agents de l'autorité. Venus le récupérer au commissariat, ses parents étaient heureux de le revoir sain et sauf. Ils se montrent exceptionnellement affectueux avec lui.

> Ils m'examinent de la tête aux pieds ; ma mère en larmes me serre dans ses bras et me couvre de baisers ; mon père, malgré sa retenue, me lance un regard attendri et complice. (67)

Si cet incident demeure une mauvaise rencontre, passagère qui a fini bien, une autre par contre resta marquée par des séquelles physiques et psychiques ineffaçables. En effet, à huit ou neuf ans, lors d'une visite chez sa grand-mère, en plein jour, il vit le cauchemar de sa vie. Il vécut sa descente vers l'enfer en rencontrant un employé locataire dans la maison vide à cette heure de la journée. Ni son esprit, ni son cœur, ni son corps d'enfant ne pouvaient contenir ce qui déferlait en lui. De la brutalité de cet acte et de la cruauté de ce viol, il était anéanti et meurtri. Quand la brute le libère de ses emprises et l'autorise à rentrer chez lui, il se sent détruit et dépassé. Pour atténuer la douleur qui le déchire, il s'assoit sur un carton, le regard perdu, vers la baie d'Agadir, cette baie si chère qui lui apporte un léger apaisement.

> Je ne pleure plus de douleur je pleure pour pleurer, pour vider ma vie et mon désarroi, mon humiliation et ma colère. Je ne comprends pas totalement ce qui vient de m'arriver, mais j'ai conscience que quelque chose de fondamental a changé ma vie. (165)

Grâce à la force de son écriture, il fait pénétrer le lecteur dans l'intimité de ses souffrances, de ses angoisses, de ses combats, de ses résistances et de ses impuissances.

> Je voudrais faire marche arrière dans le temps, effacer cet après-midi néfaste, mais c'est impossible : il me faudra vivre à jamais, un secret douloureux enfoui au tréfonds de moi-même. (165)

L'écrivain a tenu à tout relater dans les moindres détails pour décrire la gravité de cet acte barbare. Pour lui, en se tournant vers des émotions encore aigües, il a la sensation de se rapprocher de la vérité absolue. De même insiste-t-il sur le fait qu'il a découvert sa sexualité dans la frayeur, dans la panique et dans la douleur extrême. En évoquant cet épisode dans lequel il a vécu une situation si traumatisante qui continue à hanter son présent, il a osé toucher à des choses trop intimistes et trop violentes.

> Je préfère garder le silence... Je me tourne et retourne dans mon lit. Un homme, un inconnu, une brute, vient de me voler mon enfance. La première expérience sexuelle de ma vie a débuté par un viol ! J'en reste terrorisé. (165)

Dans ce récit exclusivement du vécu, dans lequel l'écrivain met en scène son propre moi pour dire son malaise, il avance qu'un « jour, ce diable velu s'est évaporé comme il est venu, sans avertissement, laissant derrière lui des traces indélébiles, inscrites à jamais dans [sa] chair et dans [son] être » (166). Il se met à manger gloutonnement comme pour mutiler son corps qui grossit jusqu'en devenir bouffi. Aussi, en se taisant et en refoulant en lui cet incident tragique, est-il resté prisonnier de la souffrance extrême de ce souvenir inoubliable. Mais avec beaucoup de courage et de travail sur lui-même, il a émergé du silence et de la honte pour se libérer. Cette confession qui est à ce point bouleversante le libère d'un lourd fardeau. C'est un des modes possibles du dépassement de cette dure blessure et déchirure qu'il a vécue et qui démontre sa résilience. C'est pour cela que dans ce roman, il produit une parole forte, courageuse et sincère qui soit dans la fidélité de l'événement. Il a donc éprouvé le besoin de le relater, de manière à faire entendre ce qui, selon lui, n'a jamais été entendu. C'était essentiel de transcender la peur, la honte, le sentiment de culpabilité pour tout dire.

> Ma douleur ne m'a jamais quitté, mais il me semble qu'en écrivant ces lignes, je me libère d'un épisode pénible de ma vie. Ce que je n'ai pas accepté, enfant, je l'admets adulte. J'espère que nommer un pareil acte contribue à l'éloigner de moi et, surtout, à ce que je me pardonne d'avoir participé à un crime dont je ne fus ni l'auteur ni l'initiateur. (166)

Il est essentiel de souligner que dans ce roman qui se veut une traversée dans le temps, il explore au plus juste un monde de souvenirs et invite le lecteur à se joindre à lui. Il relate des faits historiques comme l'arrivée massive à la ville de millions de bestioles volantes, « des herbivores qui ressemblent plutôt à des carnivores et qui attaquent tout sur leur chemin » (167) et dont l'invasion est vue comme un mauvais présage. En effet, après le passage des sauterelles venues du Sahara qui ont causé beaucoup de dégâts, une autre sorte de bestioles plus coriaces et plus farouches surgissent dans la ville.

> Du jour au lendemain, des chenilles métalliques géantes et monstrueuses envahissent les rues d'Agadir : ce sont des chars qui roulent dans les rues entourés de militaires aux aguets, mitraillettes en bandoulière. (171)

Comme tous les enfants de son âge, il ne voit dans cet intimidant déploiement de forces, qui signifie pour les adultes que la France est restée maîtresse des lieux, qu'une distraction de plus pour ses camarades et lui. Ils s'en amusent « comme d'un nouveau cirque qui paraderait pour annoncer un spectacle » (171). Alors que le pays en entier est en feu et en flammes et où les nouvelles à la radio et dans les journaux sont effrayantes rapportant quotidiennement des informations sur des bombes qui éclatent partout, des massacres commis du nord au sud, des arrestations répressives et des exécutions punitives contre les actes de rébellion de la population musulmane et attaques des membres de la résistance locale, le jeune garçon et sa bande ne mesurent pas la gravité de la situation. Cependant, les discussions des adultes et les positions des uns et des autres envers la guerre d'indépendance auront des répercussions sur leurs relations avec les enfants autochtones. Ils vont se livrer à des confrontations directes déterminant leurs champs de bataille et préparant leurs tactiques guerrières. C'est le début aussi de sa grande aventure dans la vie quand Armand et Castani, deux membres d'une bande de joyeux lurons, l'emmènent en compagnie de son ami Gégé dans un bordel. Pour ne pas perdre la face devant eux, il choisit

« une femme plus âgée, brune, plantureuse, avec de gros seins et un côté plus affranchi » (177-178) pour vivre sa première expérience d'homme. Aïcha se sent flattée qu'il l'ait préférée aux autres, plus jeunes et plus attirantes, se donne à lui avec générosité pour lui procurer un immense plaisir qui le fait atteindre un nirvana qui lui était inconnu.

Les changements qui surviennent dans le pays sont énormes et cette rivalité sourde qui régnait entre les bandes des jeunes a été remplacée par une guerre qui a embrassé tout le pays et dont les hommes ne l'ont prise au sérieux qu'à partir du moment où elle s'est mise à faire des victimes dans leur camp.

> Si la guerre a pris fin entre nous deux bandes rivales, elle devient de plus en plus tangible à travers le Maroc. Les populations vivent dans l'insécurité avec des échauffourées quotidiennes, des actes terroristes, des charges de plastic, des cocktails Molotov. Maintenant, les mots indépendance et autodétermination sont tous les jours sur les lèvres des jeunes et sur celles des plus vieux. La violence commence à s'amplifier autour de nous. La ville est atteinte d'une frénésie qu'on s'explique mal ; rien n'est plus ; c'est l'affolement. (197)

Il se souvient bien de ce qui s'est passé en ce mois d'août à l'intérieur et à l'extérieur de chez lui qui va changer tout on destin. Il se révolte contre son père, sur la grosse ceinture qu'il utilisait pour le punir en la coupant en deux morceaux. Découvrant son acte d'insubordination, Émile lui interdit de sortir le menaçant que s'il ose le défier, il sera sévèrement châtié. Malgré ses interdits, devenus routiniers, il décide de désobéir à son ordre. Pour l'arrêter, il défait la ceinture de son pantalon et se précipite sur lui. Mais lui n'a plus peur, il se sent comme immunisé, prêt à aller au bout de son action.

> Il peut me frapper jusqu'au sang, je ne veux qu'une chose : sortir et n'en faire qu'à ma tête. La France pose ses interdits, mon père s'y conforme, et on est en train de détruire ma ville, mon univers. Plus rien ne me fait peur. Mon père lève sa ceinture, les coups s'abattent sur moi. Cet homme-là n'est plus l'autorité qui me fait peur : il n'est plus rien. Les coups continuent à déferler ; je ne sens rien ; la ceinture s'écrase sur mon dos comme du sel sur une plaie ouverte. Je me dirige résolument vers la porte ; j'ouvre le loquet. Mon père se jette sur moi ; je lui saisis le bras, le regarde droit dans les yeux, et lui dis : « *Tu n'es plus mon père ; tu n'as jamais été mon père ! C'est moi qui ne veux plus de toi !* » Il est tellement interloqué qu'il en reste figé. Je sors à reculons et manque de tomber dans l'escalier. (198)

Dehors, il se sent libre étant capable de défier le couvre-feu, l'autorité française qui lui interdit de sortir de chez lui, son père, ses maîtres, les rabbins, tous ces adultes menteurs et tricheurs qui ont détruit le paradis dans lequel il a vécu. Un militaire, mitraillette en bandoulière lui ordonne de rentrer chez lui. La ville est agitée à cause de l'explosion d'une bombe du côté de la place de commerce. Mais lui ne veut plus rentrer chez lui et voir ses parents désirant s'échapper et disparaître à jamais. Il descend la rue en courant vite et arrive au café de la Marine où, témoin de l'agression d'une fillette musulmane par un légionnaire ivre, il vient à son secours. Il ne sait pas ce qui s'est passé en lui, mais il n'a pas pu maîtriser l'intense révolte qui s'est emparée de lui et s'est mis à le frapper de toutes ses forces. En reculant, le militaire fait tomber sa bouteille de bière qui se casse et met à couler dans la rue. Il se dirige vers lui en titubant, avec un long canif. Réussissant à l'esquiver, le légionnaire saisit le goulot de la bouteille cassée sur laquelle il se cogne en trébuchant. Le sang se met à gicler et la petite fille n'arrête pas ses cris hurlant très fort. Il ne se contrôle pas le frappant avec rage le prenant pour une bête qui incarne pour lui le mal, la brutalité et la barbarie.

> Je continue à lui donner des coups de pied, et c'est comme si chaque coup s'adressait à la fois à mon père, au violeur, à l'incompréhension des adultes. Les gens du bar sortent en courant pour m'empêcher d'aller plus loin. L'ivrogne ne cesse de pisser du sang, comme un porc que l'on vient d'égorger. Des pêcheurs espagnols essaient de me contenir. Je veux frapper encore et encore. (200)

Quand il ouvre les yeux, il se trouve à l'hôpital, sa mère à ses côtés, les yeux perdus dans le vide et son père avachi sur une chaise, abattu, épuisé, semblable à un vieillard. Dans le silence de la pièce et le croisement de leurs regards, il sent que quelque chose de terrible est arrivé. Leurs visages expriment la peur, l'inquiétude et le désarroi. Il n'arrive pas à en déceler les raisons puisqu'ils sont chez eux dans leur ville où les êtres humains vivent depuis toujours en parfaite harmonie.

> Par-delà nos querelles de voisinage, en effet, une entente tacite et cordiale unit musulmans, juifs et chrétiens. Pourquoi en serait-il autrement ailleurs ? Je me sens en parfaite symbiose avec mon environnement, mon milieu, mes amis. La ville m'appartient et je suis convaincu que cet équilibre ne s'interrompra jamais. D'ailleurs, je ne me pose pas la question. C'est de l'ordre de l'évidence. (119)

Malheureusement, il assiste impuissant et triste à cette séparation que se produit au sein d'un même peuple qui a cohabité pendant des années, donnant lieu à deux entités humaines, jadis fraternelles et chaleureuses, qui se transforment dans le présent des événements en deux forces antagonistes et opposées. Les Marocains juifs vont être arrachés à leur pays, leur culture, contraints de quitter leur terre de force, pour aller vers d'autres contrées lointaines. Il rappelle les circonstances concrètes dans lesquelles s'est déroulé l'arrachement de sa famille de son pays natal.

> Et puis, un jour, comme des millions d'individus à travers le globe, l'Histoire avec un grand H est venue nous prendre de court et nous lancer sur les routes du monde, comme de nouveaux vagabonds. Mon père décide de vendre rapidement, même à perte, tous ses biens. Ma mère abandonne le magasin, fierté et symbole de son identité. Je n'ai jamais su si j'ai joué un rôle dans leur choix. La cession du pas-de-porte de l'appartement, le déménagement, la vente des meubles, tout se fait en hâte. (200-201)

La « psychose de départ » qui s'est emparée de tous les membres de sa communauté dans sa diversité la plus large a gommé totalement l'idée d'une intégration juive dans la société marocaine libérée du joug de la colonisation. La panique, le doute, les craintes et les inquiétudes concernant un avenir confiant dans le Maroc indépendant ont transformé de paisibles citoyens attachés à leurs racines séculaires en émigrants potentiels vers des terres inconnues, prêts à subir toutes humiliations possibles pour prendre la route de l'exil.

> Le tourbillon de la deuxième moitié du vingtième siècle nous a pris d'assaut. La violence, la décolonisation, l'indépendance du Maroc en 1955... En quelques décennies, nous avons clos à jamais deux mille ans d'histoire en terre marocaine : comme les esclaves sortant d'Égypte, les juifs sont partis, tête basse, achetant à grand prix passeports et autorisations de sortie aux nouveaux hommes forts du royaume ou aux sous-fifres de la nouvelle bureaucratie. (201)

Dans le dernier chapitre de son roman, Bensimon amorce une réflexion pertinente sur la réalité amère de leur exil au Canada où il s'aperçoit, dès leur « établissement à Montréal, que l'autorité patriarcale, héritage de la culture orientale, fond comme neige au soleil » (203). Son père ne pourra pas se redresser de cette chute qui le fait dégringoler de sa position d'homme respecté et reconnu dans sa société à un simple employé travaillant en toute humilité pour un salaire dérisoire dans les manufactures du boulevard Saint-Laurent. « L'Amérique du Nord l'a nivelé du bas » (203). Quant à sa mère, elle entame une nouvelle carrière comme caissière dans une boulangerie-pâtisserie. La cellule familiale perd de sa cohésion et le couple parental se désintègre. Ses deux sœurs aînées se marient rapidement et quittent la maison et ses beaux-frères, Québécois de souche, font leur apparition dans leur famille, « avec leurs valeurs nord-américaines et la désinvolture de la jeunesse » (203).

Le calvaire de son enfance est oublié, remplacé par une chaleur mutuelle et un sentiment de solidarité familiale. Il pose un regard tendre sur son père qui vit un déchirement perpétuel, incapable de s'adapter aux règles rigides d'une société dure et froide à tous les niveaux. Aussi, souffre-t-il des moqueries des autres juifs ashkénazes de l'Europe de l'Est qui ne reconnaissent pas sa judéité, il va réagir avec violence en exhibant son sexe, le mettant sur sa table de travail, leur lançant aux visages des paroles crues, pour affirmer son identité sépharade : « *Et ça, ce n'est pas juif ?* » (204).

Du fait de sa solitude, des affres de l'immigration, de ses blessures encore vives, il se rapproche de son fils comme jamais, changeant d'attitude et de comportement. Il n'est plus animé de rage à vouloir le mater ayant abandonné définitivement la ceinture à l'instant où il a fermé pour toujours la porte de leur maison familiale à Agadir. Il l'a soutenu et encouragé dans la poursuite de sa carrière, le conseillant de ne jamais renoncer à ses rêves allant même à lui offrir, malgré ses difficultés financières, une caméra 8mm. Il va encore plus loin en lui trouvant un vieux monsieur pour son film sur un sans-logis, un SDF. C'est dans ces mots qu'il lui exprime sa profonde gratitude.

> C'est ainsi que, grâce à Émile, s'est amorcée ma carrière de cinéaste en herbe... Au moment où je passerai à la télé. Dans l'émission « Images en tête », sa fierté sera indicible ! (204)

En devenant grand-père, Émile n'a plus rien du tyran d'Agadir. C'est un autre être, affectueux, attentionné et chaleureux, fragilisé par l'âge et la maladie. À sa mort, en plein hiver québécois, l'écrivain sent une douleur incommensurable devant l'immensité de la perte. Il donne le temps au temps pour panser la blessure du vide de l'absence.

> Émile est aujourd'hui enterré dans un cimetière de Montréal. Il repose sous les couches de neige de l'hiver montréalais et les chaleurs humides de l'été. Il m'arrive de lui parler et de lui dire : « *Je te cherche, Papa, toi qui m'as tant fait souffrir dans mon enfance. Je te cherche dans mes songes. Je regrette que l'on se soit si peu connus, si ouvertement haïs et si secrètement... aimés* ». Aujourd'hui, ma consolation est de le retrouver sous les traits de mon fils, Jonathan. De son grand-père, il a la droiture, le sens de l'organisation et l'amour du travail bien fait. Il a réalisé son rêve, celui d'être à plein temps un artiste et un poète. (206)

De son côté, pour sa mère, sa venue au Canada a été pour elle comme une libération salvatrice. Si elle a toujours été gentille et généreuse pour sa progéniture, elle s'est petit à petit transformée en bourreau pour son père. Elle lui mène la vie dure et le couple n'a pas cessé de se déchirer faisant de leurs enfants les arbitraires involontaires de leurs conflits et leurs désaccords. Mais après son grand départ, Fiby éprouve une grande peine, une grande solitude tentant de combler le vide de l'absence en passant plus de temps avec ses enfants et ses petits-enfants. Elle ne sera pas épargnée pas des ravages de la maladie à la fin de ses jours, rongée par ce mal pernicieux d'Alzheimer. Quand son fils lui rendait visite et lui parlait de son mari, de la demeure familiale, elle semblait regarder à travers lui comme à travers une vitre, ayant tout effacé de sa mémoire, tout comme le tremblement de terre. Sa lucidité réapparaît uniquement quand il lui rappelait l'Agadir de son époque où elle était « Madame Bata ». Son visage s'anime et se lance à lui donner des détails sur son commerce, revivant complètement ces moments joyeux. Elle meurt, elle aussi, en hiver à l'âge de 89 ans, enterrée dans le même cimetière que son père. Ainsi, « [s]i la vie les a isolés l'un de l'autre, la mort les aura, au moins, rapprochés » (208).

Dans l'Épilogue, Bensimon termine le rappel des premières années de son enfance à Agadir sur une note poignante. Au moment où il envisage de se lancer dans un mouvement perpétuel vers l'avant, dégagé de toute responsabilité professionnelle, pour savourer son temps libre dans la paix, la méditation et la créativité, une autre secousse le surprend.

> À soixante ans passés, prenant ma retraite après tant d'années de travail, il me semblait pouvoir enfin trouver la paix. Je n'avais plus à me battre contre rien ni personne ; plus à me battre contre ce père, mort depuis, plus à me battre contre ce violeur dont je pensais avoir dépassé l'acte brutal ancré dans ma chair, plus à me battre contre cette violence qui saccagea mon pays, contre ce tremblement de terre qui annihila ma ville. Après tant d'années de bataille, il me semblait être enfin rentré chez moi. Et c'est au moment précis où je me crois en harmonie avec moi-même que des cellules cancéreuses décident d'attaquer mon système. La vie est drôlement faite... (241-215)

Désormais, il n'a qu'un seul but : se battre pour retrouver sa santé. Il se promet à lui dans la conviction totale de ne pas se laisser abattre, de mener ce combat ardu, surtout pour avoir le plaisir d'être encore avec les siens, de partager ensemble la joie des leurs retrouvailles et de se remémorer la vie exceptionnelle qu'il a connue avant le tremblement de terre. Et surtout de saisir les enjeux et dimensions, intimes ou historiques, de l'écriture pour atteindre la plénitude de son être. Il s'exprime lui-même sur la nécessité d'avoir écrit son roman.

> Grâce à ce livre, j'ai pu dire et dépasser les peurs et les tourments qui m'ont hanté. Grâce à ce livre, j'ai pu dire aussi le bonheur immense d'avoir vécu à Agadir. Je sais que maintenant que je suis rentré chez moi. (215)

L'écriture s'avère essentielle, en ce qu'elle permet de dire ce qu'il n'a jamais accepté, en ce qu'elle donne à voir l'évolution d'une ville, d'un pays et d'un peuple, en ce qu'elle permet de revivre des instants d'intimité et de convivialité. En ce sens, son récit reflète sa manière d'affronter les démons du passé, d'en atténuer les souffrances, de retrouver la voix de l'enfant qui sommeillait en lui, de capturer à nouveau une certaine innocence, mais aussi de manifester son vif désir de revenir à sa ville natale pour sa dernière demeure.

> Quoi qu'il en soit, quand je mourrai, assurez-vous, vous, les miens, ceux qui resteront après moi, d'exaucer ce dernier souhait que je forme aujourd'hui, celui d'être enterré au cimetière d'Agadir au son de Que reste-t-il de nos amours ? chantée par Charles Trenet. C'est là que je veux me retrouver parmi mes ancêtres et mes chers disparus, dans le calme paisible de ma ville aimée, que je n'ai jamais vraiment quittée. (215)

Dans cette volonté de témoignage et de confidence, Bensimon se dévoile comme il ne l'a jamais fait. À vrai dire, raconter l'expérience de sa vie exige de l'écrivain du courage, du talent et de l'éthique. C'est ce qui caractérise son roman dans lequel la finesse et l'élégance, la sincérité et l'authenticité dotent son écriture de souffle et de rythme. Une écriture imagée qui donne voix aux sentiments et réussit superbement à toucher et à émouvoir.

Cet homme qui a passé sa vie dans le documentaire, livre son ultime documentaire, sa note finale, qui le lie éternellement à sa ville natale. La nécessaire reconstitution d'un lien, d'un passé, d'une mémoire procure à son écrit une originalité et une grandeur qui lui appartiennent en propre, faisant de lui un fin ciseleur des mots dont le style, d'une infinie délicatesse et d'un sens de la nuance saisissant, se double d'un regard profond et sincère sur Agadir du temps de son enfance. Une ville qu'il a été obligé de quitter, mais que celle-ci tant aimée et chérie ne l'a jamais quitté.

Roger ELMOZNINO

Né à Marrakech en 1938, Roger Elmoznino a grandi à Mogador, ville qu'il adorait et qui a inspiré son imaginaire artistique. En 1973, il choisit le Québec comme terre d'accueil. Il était fier de se dire Québécois d'origine marocaine. Pendant 55 ans, il a dédié toute sa vie à l'éducation, enseignant puis directeur d'école. Il est décédé à Montréal le 13 juin 2014.

Roger Elmoznino était un amoureux de l'apprentissage, à la quête de nouvelles connaissances et un avide lecteur lisant constamment et continuellement jusqu'à dix livres par semaine. Parallèlement à ses études de maîtrise en linguistique[1], il a étudié la botanique, la bijouterie et l'art culinaire. Tout le passionnait. Mais rien n'égale son attachement à sa famille : mari affectueux de son épouse Victoria et père merveilleux pour ses trois filles Arielle, Audry et Laurence[2].

C'est dans *De sable et de neige*[3], un récit beau, vif, intelligent et passionné qu'il révèle et partage avec tout lecteur la force et l'expérience de l'identité qui s'expriment dans un registre qui emprunte à la mémoire, de manière beaucoup plus subtile. C'est un bref récit de quelque quatre-vingt-sept pages, à peine réparti en trente-huit chapitres qui sont tous très courts et accompagnés de dix-huit dessins de l'auteur. En fait, tout le texte, à travers la parole émanant du « je » énonciateur du narrateur-personnage, alter ego de l'auteur, évoque le monde de deux lieux différents, le Maroc et le Québec. Dès le titre, les références au sable et à la neige trouvent tout leur sens à travers les deux parties qui composent le récit. La première est constituée des chapitres suivants : *Mon père, ma mère, Mogador, petite école, Saïd le menuisier, Manuel le bottier, Moha, l'épicier, Nessim, le bijoutier, îles de rêves, mots et images, un voyage pas comme les autres, racines, adieu enfance, nouveau port d'attache, vie à cinq, Mazagan, fantasia* et *le grand départ*. Quant à la deuxième, elle contient les chapitres suivants : *Montréal P.Q., douleur, saisons, et tu gagneras ton pain, mosaïque, pinceaux et couleurs, professeur un jour, professeur toujours, directeur d'école, confidences d'un autre moi-même, verglas, « si je t'oublie Jérusalem que ma main droite se dessèche », adieu petit frère,* et *passe le temps*.

---

[1] Roger Elmoznino. *Profil socio-linguistique d'élèves du secondaire d'une commission scolaire anglophone*, thèse de Maîtrise, Université de Montréal, 1988.
[2] Dans une correspondance en date du 24 mars 2015 avec sa fille Laurence, celle-ci apporte un témoignage judicieux et touchant sur son père. Elle révèle qu'il « adorait ce rôle et le prenait très au sérieux : des petits mots dans les boîtes à lunch si bien préparées, les soupers de Shabbat à plusieurs services, des roses à la St Valentin pour ses filles chéries ».
[3] Roger Elmoznino. *De sable et de neige*, Montréal, Éds la Salamandra Negra, 2014, 87 p.

Dans ce récit d'une extrême sensibilité que l'on lit emporté par une simple, sincère et élégante écriture, d'une rare puissance émotionnelle, Elmoznino invite le lecteur à l'accompagner dans l'évocation de ses souvenirs. De ce fait, il est celui qui donne un sens au déroulement narratif, parce qu'il possède une mémoire, un passé, une histoire. Ce qui l'amène à couvrir exactement la vie du narrateur, de l'âge de sept ans en compagnie de son père jusqu'à la réunion avec sa famille à Montréal.

Ce pan de sa vie qu'Elmoznino choisit de révéler est raconté de façon passionnante. Ce n'est pas sans émotion que le lecteur apprend l'importance que revêt chez lui le rappel de son passé. Dans la clôture de son récit qui joue sur les différents registres de l'émotion, de la nostalgie, de la force mémorielle, de la valorisation d'un mode de vie particulier et du maintien de valeurs séculaires, une certaine nécessité de partir à la recherche de ses traces identitaires s'impose à la réflexion. Partageant avec les membres de sa famille le repas hebdomadaire du vendredi où la table est garnie de « poisson assaisonné de safran (les kabbalistes affirment que le mauvais œil n'a pas d'emprise sur les poissons, habitants des mers), le couscous aux légumes parfumés à la cannelle (pour la prospérité), l'agneau aux amandes et aux pruneaux (un souvenir du sacrifice), les gâteaux au miel... » (84-85), il décèle une certaine nostalgie dans leurs yeux quand ils chantent ensemble. Ainsi, se demande-t-il :

> La Terre africaine aurait-elle laissé des traces à travers moi ? Mes filles auraient-elles mémoire du temps d'avant l'exil ? Au détour d'une phrase qui rappelle quelque souvenir je ne peux m'empêcher de soupirer : « Ah ! Le bon vient temps ! »
> Mais n'est-ce pas toujours et partout le bon vieux temps quand, à l'orée de la vieillesse, on se retourne vers le chemin parcouru ?
> (84)

On observe chez lui, cet intérêt marqué pour le maintien de ses valeurs, ses coutumes. Pendant ces instants privilégiés du shabbat, la famille doit jouir de l'opportunité d'être ensemble. Aucune place pour verser dans la tristesse de l'évocation du temps perdu.

> Ce soir, je ne veux pas d'amertume des ans passés. Je ne veux pas de souvenirs qui noient les yeux. Je ne veux pas mesurer, comparer, regretter. Ce soir je ne veux voir que ma famille réunie.
> (84)

Mais la prise de conscience qui apparaît à l'occasion de cette réunion familiale réveille en lui l'envie de renouer avec sa vie lointaine, pour en faire son présent dans l'élaboration d'un récit autobiographique. Il chemine à rebours vers le passé et alimente son imagination aux sources de la mémoire individuelle et collective. En replongeant dans l'évocation de ses souvenirs, il réussit à trouver un sens et une signification à des évènements qu'il a cherché à privilégier dans le parcours de sa vie. La simplicité chronologique de son texte, élimine la trame complexe des analepses, retours en arrière dans le temps privilégiés par tant d'autres.

Elmoznino excelle véritablement dans les variations énonciatives de son récit à chaque page, voire à chaque paragraphe. En effet, le récit s'élabore en unités narratives autonomes aux multiples souvenirs qui indiquent sa particularité et son originalité. Leur imbrication dans le tissu narratif renforce la lisibilité et la linéarité du discours littéraire. Chaque évocation livre un discours où la motivation est évidente. Aussi, l'écriture sobre et poétique nous emporte-t-elle dans son univers intime et c'est à travers ses yeux que nous remontons le temps et nous traversons les espaces.

Il commence son récit en se remémorant les premières années de son enfance, certifiant que c'est sa propre vie qu'il raconte au lecteur, lequel doit donc adhérer au pacte de confiance par rapport à ce que l'écrivain révèle sur lui. C'est ainsi que dans la structure narrative de son récit, la présence de la figure paternelle est centrale. Il se souvient qu'il avait sept ou huit ans, marchant à côté de son père.

> Je tenais fermement la grande main de mon père. Nous descendions la rue qui menait à la maison. Il marchait, sûr de lui. C'était la première fois que je prenais conscience qu'il était un notable dans notre petite ville. Il connaissait tout le monde et on le saluait avec respect. (6)

Le récit de l'écrivain qui présente son père Jacques Elmoznino, dit « Hernandez », insiste sur le fait que cet ancien légionnaire, matricule 2989 est revenu au pays avec le grade de caporal-chef, décoré de la médaille coloniale au 3e Régiment Étranger. En essayant de reprendre sa vie auprès de sa femme et de ses enfants, il demeurait toujours fier de mettre son uniforme pour participer à la fête des Légionnaires où il allait rejoindre d'autres camarades au « club ». Tard dans la nuit, il revenait légèrement titubant, fredonnant en montant l'escalier un air lointain « C'est nous qui brisons les barreaux des prisons pour nos frères... » (7). Il gardait une grande nostalgie de ce temps lointain, car, parfois, il « laissait échapper quelques allusions sur l'Indochine, le Tonkin ou Sidi-Bel-Abbès... Vite, il se fermait, mais dans ses yeux, il me semblait voir des rizières, des sables brûlants, des palmiers... » (6). Dans ce rappel de la trace du père, l'écrivain se souvient qu'il était un être modeste, chaleureux et généreux distribuant à l'un et à l'autre. Il n'a jamais oublié sa réponse quand un jour, il lui a demandé sa part : « -Toi mon fils, toi, tu as la plus belle part : Tu donnes à ceux qui ont besoin » (6).

Au-delà de l'anecdote, il se dégage du comportement du père la formulation d'une philosophie personnelle : être soi-même et rester humble.

Comme prolongement de ce mode de vie et de pensée, cette caractéristique se transmet de génération en génération. À son tour, l'écrivain projette l'image d'un être généreux, attentif aux autres, humble et chaleureux, valorisant les acquis d'une éducation gravée à jamais dans sa mémoire.

La présentation de son père réveille en lui le désir de parler de sa mère. C'est en ces termes qu'il parle d'elle :

> À l'ombre de mon père, ma mère paraissait frêle et menue. Elle lui portait un amour inconditionnel, indéfectible. À cette époque et dans notre ville, peu de gens avaient voyagé aussi loin que mon père. Et lorsqu'il racontait les villes de l'Orient, les sables du désert, royaume des scorpions et des vipères, les nuits glaciales des campements des rizières annamites, ma mère frissonnait d'une peur rétroactive pour son héros. (7)

Pour pérenniser le souvenir de son attachement à sa mère, il évoque la force des sentiments qui les unissait, ainsi que du rapport particulier qu'il entretenait avec elle.

> Et pourtant, c'est vers ma mère que j'allais me réfugier après quelque réprimande causée par une leçon mal apprise ou un concept mathématique mal assimilé. (7)

Durant son enfance, Elmoznino grandit protégé et aimé par sa génitrice. Au retour de l'école, il retrouve la chaleur du foyer et de l'amour maternel sachant que sa mère si dévouée, si attentionnée, serait toujours là pour lui, dans n'importe quelle circonstance, apaisante, rassurante, protégeant son enfant qui se voulait déjà grand. Dans des fragments d'images, des instants inoubliables, où la figure maternelle rayonne par sa simplicité et sincérité, il se rappelle avec une profonde tendresse un souvenir gourmand marquant réalisé par ses soins.

> Mais la confiture de figues restait ma préférence. Ma mère faisait mijoter les fruits dans un chaudron de cuivre. Les figues exhalaient un arôme de campagne. Je pêchais d'un doigt gourmand le fruit qui s'étalait sur la tartine de pain. Et le goût me revient si persistant et si proche que je perçois encore la béatitude que j'avais alors... (8)

L'écrivain témoigne de son profond attachement à la mère et lui rend un hommage vibrant de sincérité. Pour lui, le véritable ciment c'est l'affection et la tendresse qui ont uni les membres de sa famille, et qu'il a cherché lui aussi à circonscrire dans sa vie et dans ses rapports avec sa femme et ses filles.

Comme tous les écrivains judéomarocains en général, et ceux de Mogador (Essaouira) en particulier, qui ont évoqué dans leurs écrits le lieu de leur naissance, l'écrivain accorde une place privilégiée à sa ville natale, considérée comme un espace producteur de souvenirs, de langages et de discours. Il nous promène dans les dédales de sa ville en prenant du plaisir à partager avec le lecteur des instants de bonheur qui demeurent ancrés dans sa mémoire.

> Nous habitions Mogador, petite ville côtière du Maroc. J'en connaissais les rues coudées à angle droit pour casser l'effet qui soufflait un jour sur deux. J'en connaissais toutes les échoppes, tous les terrains de jeux, les places publiques, les jardins, les murailles creusées de meurtrières, le port et des deux bassins, les courtines et leurs portes-cochères... (9)

Mogador qui est la ville de son enfance, par excellence, se révèle un espace riche et sécuritaire qui enracine son sentiment identitaire. Elle présente une multitude d'aspects qui rappellent ses composantes essentielles, modelant sa personnalité qui prend une allure différente. Ville chère à son cœur, elle est représentée comme un lieu de symbiose entre plusieurs identités et cultures qui lui apportent un épanouissement intérieur.

> Je passais les frontières du mellah, la ville juive, pour arriver à la casbah, la ville musulmane et atteindre le quartier européen, sans aucun problème. J'étais Juif dans les ruelles sombres et délabrées du mellah, j'étais arabe au souk des marchands de tissus et d'épices. Je parlais français avec les intonations pointues apprises à l'école de la Mission Culturelle Française. (9)

L'écrivain rapporte qu'il apprécie beaucoup les découvertes de sa ville qui apparaît comme un lieu pacifique, imprégné d'une affection particulière. Il grandit sensible à la possibilité de la réalisation d'un désir pur de toute anxiété, peur ou agression.

> Mes promenades, mes explorations plutôt, se faisaient sans risque. N'étais-je pas le fils aîné du Tajer Jacques ? Tous les jeudis, congés scolaires, je parcourais ainsi ma ville. (9)

Grâce à ses déambulations en toute liberté, la ville est décrite et vue par lui, ce qui nous entraîne à le suivre dans ses déplacements à travers des lieux très différents les uns des autres : les murailles de la Scala, la plage, le petit port, avec toutes ses activités de pêche, les jardins, avec la grâce de la nature. D'autres lieux l'attiraient comme le Pont Rose qui enjambait l'Oued Ksob (la rivière aux roseaux), le Château Ensablé. Il met en relation une dynamique de cette cité avec ses propres sentiments. Ceci dit, dans cette enfance vécue dans un enchantement certain, il passe d'un espace topographique à un espace humain, entrant, à vrai dire, dans un autre espace de signification qui relève d'une situation personnelle particulière.

> J'oubliais le temps... mais quand le soleil se couchait derrière la masse des îles, les ombres zébrées de flammèches rouges me faisaient frissonner. Je devais rentrer à la maison. Je savais qu'en ces temps bénis, des lendemains lumineux resteraient encore là, suspendus dans les filets du bonheur. (11).

Dans ce processus d'évocation des souvenirs personnels et lointains, surtout liés au développement et à l'épanouissement de son être, la caractéristique la plus frappante est cependant le recours au rappel de ces années écoulées à l'école comme point de référence évidemment important dans le parcours de sa vie. L'écrivain s'avère un bon élève qui se concentre sur le processus d'apprentissage tirant bénéfice de toutes les matières qu'il est appelé à étudier et saisissant chaque occasion pour élargir ses connaissances par le biais du dictionnaire[4]. Il évoque avec une sensibilité touchante son amour pour la langue française.

> Je me délectais de la finesse de la langue française : le bon mot à la bonne place faisant d'une phrase bien faite une portée de musique, ajoutant au sens, musicalité et mélodie. J'allais de Rabelais à Lamartine, de Victor Hugo à Racine, d'Alphonse Daudet à Bossuet... Plus tard, je restai captif de Rousseau, Cocteau, Nerval, Vian... Je passais de l'un à l'autre, allègrement, sautant les siècles, et, de détour en détour, je traquais la phrase au poli délicat, l'alexandrin puissant, l'anecdote contée avec élégance, la pensée qui choque, l'idée provocatrice. (13)

Il mentionne les auteurs qu'il a toujours portés en lui et qui indiquent sa nature profondément littéraire. Cela dénote surtout qu'il est resté fidèle au lieu qui l'a vu naître et où il s'est développé et s'est épanoui humainement et intellectuellement, sinon aux idéaux qui ont encadré le déroulement de sa vie. En fait, il accorde à l'éducation une profonde reconnaissance, prenant au sérieux ses apprentissages scolaires en considérant que l'enseignement, l'instruction, l'éducation jouent un rôle majeur dans l'acquisition des savoirs humains. Mais, tout en considérant l'éducation comme le mécanisme qui lui permet de développer ses aptitudes physiques et intellectuelles, s'autorise-t-il à ne pas négliger les différentes catégories de jeux de récréation. Il aime

---

[4] « De tous les livres dont je me délectais, le dictionnaire, le gros dictionnaire Larousse illustré, restait ma lecture de prédilection. La richesse de ses connaissances dans différents domaines. Le monde en raccourci et à portée de la main » (28).

celui des billes et plus particulièrement le Tiro qui est très répandu chez les jeunes Mogadoriens. Voici comment il le décrit :

> Un joueur tenait une planchette de bois d'une cinquantaine de centimètres environ. Le joueur devait faire sauter un petit morceau de bois avec la planchette pour l'envoyer le plus loin possible. Pendant ce temps, les joueurs de l'autre équipe couraient d'un point à un autre pour arriver à la base de départ. Curieux jeu... Déformation peut-être du Base-ball apporté par les soldats américains qui avaient débarqué au Maroc ? (14)

Durant son enfance dans sa ville natale, des connotations euphoriques colorent les souvenirs de l'écrivain qui puise dans la foulée de sa mémoire et dans la fluidité de la narration pour faire revivre des profils de gens qu'il a connus et côtoyés et qu'il découpe dans le tissu du texte. On entre dans l'échoppe de Saïd le menuisier qui se trouve face à la maison paternelle. « Il y travaillait seulement le bois d'arâre, bois des princes, disait-il » (15). Il se rend aussi chez Manuel, le bottier, qui l'accueille toujours avec la même formule en espagnol. Et il s'assied sur une selle qui sert de siège buvant ses paroles qui abordent tout et rien.

> Pourquoi est-ce que je revenais chez Manuel ? Je n'étais qu'une oreille attentive. J'étais exclu de son monde. Était-ce pour apercevoir les grands yeux noirs de la fillette qui entrebâillait parfois la porte de l'arrière-boutique ? Ou bien pour les monologues de Manuel qui ouvrait pour moi des lucarnes de soleil, de vin, de femme dans la grisaille de son atelier ? (16-17)

Cette idée selon laquelle en présence de Manuel, l'écrivain s'évade vers des contrées lointaines donne à voir l'existence d'une relation spéciale entre eux. C'est d'ailleurs ce qu'il ressent envers ce cordonnier qui a orné son imaginaire. Il ne l'a jamais oublié et lors d'un retour au pays natal, il manifeste le désir de le revoir.

> Bien des années plus tard, en un pèlerinage douloureux et nostalgique, j'étais revenu. L'atelier avait été transformé en une méchante gargote. Manuel était parti retrouver son Andalousie. Et je l'imaginais assis à l'ombre d'un olivier, contant à des enfants ébahis, des souvenirs de Terre Africaine. (17)

Dans le cours du récit, deux autres personnes font partie de ses souvenirs. Nessim, le bijoutier et Moha, l'épicier, qui, de tous les vendeurs d'épices, était bien celui qu'il préférait. « Il savait si bien conter... » (18) et grâce aux histoires qu'il lui avait narrées, il a réussi à le placer en dehors de la dynamique du temps.

Le monde dans lequel l'écrivain grandit et qu'il côtoie est en pleine mutation. Il change, remplacé par un autre qui le place devant son destin. En l'évoquant, il ne s'attarde ni sur les descriptions ni sur les analyses, se contentant de rapporter les faits comme il les a vécus, selon le hasard de l'inspiration. Il excelle en maître conteur relatant des épisodes familiers.

Alors qu'il délaisse le monde de l'enfance, il demeure fidèle à lui-même avançant avec certitude en maintenant tous les acquis qui ont forgé sa personnalité et déterminé aussi bien son devenir humain que professionnel.

> Je restais un élève studieux, passionné d'histoire et de géographie, de sciences... Je lisais tout... même si je ne saisissais pas toutes les implications des concepts géopolitiques, les sophismes de philosophie, les arcanes des idées politiques... Déjà à cette époque je voulais être professeur. « Noble métier, avait dit mon père, mais que de joies et de déboires ! ». (36)

Ce qu'il révèle d'intéressant, c'est que le choix de cette carrière tant désirée qu'il va embrasser avec passion, amour et professionnalisme se présente à lui de façon inattendue et surprenante. En fait, il entre dans la fonction du professeur par un pur hasard.

> Et le destin qui sait si bien frapper aux portes était là : remplacement d'un professeur malade, prolongation de son congé... Mais mes yeux voulaient un autre ailleurs et mon cœur aspirait à d'autres espaces.
> Ainsi ce fut un premier départ.... (36)

Il s'agit d'une école dans un bled où il est muté en pleine année scolaire. La trentaine d'élèves apparaissent « mi craintifs, mi étonnés de voir sur l'estrade de leur classe un professeur romi (étranger) » (37). Là aussi, une autre découverte l'attend. Il a gardé la mémoire vivace de ces instants qui constituent pour lui une expérience personnelle singulière et enrichissante. Ses premiers succès auprès de ses élèves qui sont au CM2 lui ont procuré un grand sentiment de joie et de fierté. D'avoir mené à une réussite bien méritée, en aidant des enfants dépourvus de tout.

Dans l'évocation de cet épisode de sa vie, le rythme de la narration s'accélère et on le suit dans une aventure où l'action ne manque pas, ni d'ailleurs les bons sentiments. Elmoznino constate que beaucoup de choses manquent et il lui a fallu tout bâtir. Étant un instituteur passionné, il maîtrise la situation où il se trouve tout à fait conscient du défi à relever. Il se donne ainsi à la tâche bénéficiant « du prestige qui aurait le professeur venant de la ville et du désir profond de [ses] élèves d'apprendre... » (38). Et surtout de réussir et d'obtenir le Certificat d'Études primaires qui, à cette époque-là, était un grand accomplissement et ouvrait tant de portes. Il saisit les trois mois de vacances pour tout préparer à la rentrée, accueillir les élèves pour bien les préparer à l'examen pour l'obtention de ce diplôme.

Beaucoup de notions sont à leur enseigner et des lacunes à combler avant la fébrilité de fin d'année. Il accompagne ses élèves le jour de l'examen. Il a tout organisé, du départ en autocar à 6 heures du matin pour se rendre à la ville, au centre d'examens, surveillance de vingt-sept gaillards et de trois filles (accompagnées de leur mère), jusqu'à leur retour au douar. Il se souvient que les garçons étaient engoncés dans leur lourde djellaba, chaussés de neuf (pour certains, première paire de chaussures !), portant des sacs de plastique, contenant pêle-mêle des outils d'écolier, du pain, des olives, des œufs durs. Quant aux filles, elles étaient enveloppées dans leur haïk, le bas du visage couvert d'un voile qu'elles détacheraient pudiquement en entrant en classe. Pour lui, « [p]as surprenant d'avoir tant de yeux fixés sur ces étrangers candidats menés par un professeur, qui lui-même étrennait un costume de 3 pièces, une cravate qui se voulait sobre, montre au gousset et cartable de cuir noir... » (39).

À la surprise générale, les résultats à l'examen du Certificat d'études furent plus qu'honorables. Au retour du village, et à son annonce un à un, les noms des élèves qui étaient admis, cela déchaînait des youyous et applaudissements. C'était un moment de véritable gloire pour ces campagnards qui avaient tant étudié sous ses encouragements et qui avaient obtenu une grande réussite. Heure de gloire, pour lui aussi, quand ses élèves se présentaient devant lui dans une posture humble pour lui exprimer leur profonde gratitude.

Ses résultats remarquables pour des élèves dans un bled perdu et dépourvu de tout moyen pour assurer une bonne éducation surprennent et suscitent de la curiosité. Ce succès attire l'attention de l'administration et quelques jours avant la fin de l'année scolaire, il reçoit la visite d'un inspecteur d'enseignement qui venait lui annoncer sa mutation dans une école en ville. Ainsi, commence son second départ professionnel avec un nouveau poste.

La force des souvenirs de l'enfance se conjugue avec un rappel de cette atmosphère où règne la cohabitation harmonieuse entre les deux communautés juive et musulmane. C'est à l'âge de douze ans qu'il fit un voyage pas comme les autres, le plus extraordinaire dont puisse rêver un préadolescent.

Son grand-père vendait des fruits secs (noix, amandes, olives, argan, châtaignes, venant exclusivement des propriétés du Caïd Ouazzani qui se trouvent à une cinquantaine de kilomètres de Marrakech. Trois ou quatre fois par an, il se rendait chez le Caïd pour lui porter le produit des ventes et revenait avec une caravane de marchandises à écouler. Enfant, Elmoznino n'a pas cessé de manifester son rêve d'accompagner son grand-père, mais ses parents s'opposaient catégoriquement à ses désirs de prendre part à cette aventure.

> À chacune de mes demandes, ma mère terrifiée poussait des hauts cris et mon père se contenait de prononcer un non catégorique. Mon grand-père ajoutait : « L'année prochaine ! » Et plus le temps passait, plus mon imagination s'enflammait. (29)

Quand le moment fut venu, il a enfin pu accompagner son grand-père bien protégé par Adil, un ancien tirailleur au service de son père. Il n'a jamais oublié ce voyage sur une mule, ce qu'il y découvrit et les sensations qu'il a éprouvées. Mais ce qui l'a beaucoup frappé, c'est le rapport qu'entretenait son aïeul avec le Caïd. Celui, se tenant devant la porte de sa demeure, s'adresse à son grand-père l'accueillant ainsi : « Salam ya Baba ! ». Pour l'enfant, intimidé par la prestance de ce seigneur (et autant par la *koumia* d'argent à la poignée ciselée, qu'il portait à sa ceinture), il se tenait derrière son grand-père qui répondait au maître des lieux par un « Salam ya Sidi ! » (31), se dépêchant de lui tendre la double sacoche. De la manière digne et simple dont le seigneur la prit, l'enfant pressentit « la confiance totale qui unissait deux hommes si différents : l'un de noir vêtu, l'autre de blanc, l'un juif, l'autre musulman » (31).

Ce qui l'a le plus touché, c'est l'esprit de considération et de tolérance mutuelle qui dominait dans leurs rapports. En fait, « [l]e seigneur connaissait les restrictions alimentaires prescrites par la loi de Moïse et marquait ainsi le respect envers l'invité sous son toit » (31). Plus tard, installés sur des tapis berbères, leur conversation se déroulait en berbère, traitant leurs affaires en bonne entente, en bonne confiance.

La fin de la visite se termine sur une note touchante qui montre à la fois la générosité et la sagesse de ce seigneur berbère appartenant à un autre temps

> Avant de les quitter, le Caïd lui dit :
> -Je dois te faire un cadeau. Demande
> -Dis à grand-père de me donner sa canne !
> un peu surpris, le Caïd se tourna vers grand-père et lui dit : « Donne-la-lui ! Tu as déjà une autre canne de vieillesse ! Béni soit celui qui engendre un enfant qui demande peu et beaucoup. » (32)

Le propos de l'écrivain est volontiers nostalgique, émouvant toujours, lucide toutefois, lui rappelant un temps qui a bel et bien existé, mais qui est à jamais perdu.

> Cette conversation, longtemps commentée à notre retour est restée gravée dans ma mémoire. Aujourd'hui, la canne de grand-père est là, près de mon chevalet. Et il me suffit de la caresser et je me revois, enfant de douze ans, en voyage sur les contreforts de l'Atlas. (32)

Aux dires de l'écrivain, vers l'âge de quatorze, quinze ans, il harcelait son père sur la signification du nom Elmoznino. Intrigué par l'origine de sa famille, il veut savoir quel est le nom de son grand-père, le père de son grand-père et d'où venait sa famille. On constate qu'une des parties les plus intéressantes du récit qui lui permet de déployer tout son talent de conteur, c'est quand il manifeste une certaine curiosité à l'égard de son identité qui lui sera enrichissante. Dans ses veines, coule le sang de ses ancêtres sépharades et pour répondre à ses attentes, il se met à chercher ses origines.

> Curiosité d'adolescent d'abord, puis intérêt et passion. Mon père me montra alors le livre de prières de son père. Sur la page de garde, dans les marges des textes, des inscriptions en hébreu, en arabe, en français. Mon père précisait : « Voici le nom de mon grand-père, Hazdai, puis Jacob, puis moi, Jacques. Vois ! Ici, j'ai écrit ton nom Roger et celui de ta sœur Simone, tes frères Daniel et Paul. Toi, à ton tour, tu écriras le nom de tes enfants ». (34)

De cette filiation, il reçoit en héritage un esprit pénétrant qui le pousse à entamer des recherches approfondies s'intéressant à la généalogie ascendante et descendante. Il se rend bien compte que les membres de sa large famille qui s'opposent à la sortie de leur clan d'origine favorisent le maintien de leur sang entre eux, allant même jusqu'à courir des risques génétiques

> Les branches se croisaient, s'entrelaçaient, faisaient des nœuds inextricables, car, garçons et filles Elmoznino avaient la fâcheuse manie de se marier avec des cousins et des cousines. Et au fil des décennies, Abénaim, Bouhadana et Elmoznino, par mariage, devenaient cousins consanguins. Les hasards de la génétique faisaient fleurir des bourgeons éclatant de force et de santé : un grammairien célèbre, un membre de la délégation pour Sélim II, un médecin savant à la cour d'un vizir d'Andalousie, des poètes, des philosophes, des rabbins et même un illuminé préférant brûler sur le bûcher de l'Inquisition plutôt que de se convertir. (34)

La découverte de l'arbre de ses racines lui semble insuffisante et il décide à procéder à une recherche plus approfondie en remontant le temps, au plus loin encore.

> C'est dans l'Encyclopédie Judaïca que je trouvais trace plus lointaine et au Musée de Tel-Aviv, à la section des noms sépharades que le nom du plus ancien ancêtre apparaît : Elmoznino de Jaca (Aragon) en 1277. Ce n'est qu'à l'âge adulte que je pus me rendre en Espagne visiter la petite ruelle qui portait une plaque : Elmoz Nino.
> C'était de là qu'étaient partis mes ancêtres, fuyant l'intolérance et cherchant refuge au Maroc, à Salonique et en Angleterre. (35)

Elmoznino poursuit sa quête mémorielle et ce qui est clair, c'est que la narration s'élabore dans la préoccupation de livrer un récit intime, simple, non dénué de lucidité précise et de sensibilité frémissante qui atteint vraiment le lecteur. La touche personnelle est très pénétrante rythmant le texte et lui conférant un aspect « vivant ». Tout cela nous incline à penser que l'écrivain veut de façon imperceptible réaliser deux objectifs : d'une part, présenter son récit comme un simple prélèvement d'une tranche de vie et, d'autre part, développer un contenu d'information transparent, voire vrai.

C'est ainsi qu'il rapporte qu'en reprenant son activité professionnelle, il est muté à Mazagan (El Jadida : la Neuve), ville de son épouse et aussi côtière qui ressemble à Mogador où il va entamer une nouvelle existence. Certes, elle n'a ni la grâce ni le charme de son lieu d'enfance, et pourtant, elle deviendra sienne, attachante depuis l'instant où il croise le regard d'une femme, « mince, aux grands yeux noirs pétillants de malice retenue, qui l'attendait sur le bord de la gare routière » (44). C'est une cousine avec qui il va sceller son destin pour la vie, concrétisant ensemble une union heureuse. Dans ce voyage qu'il effectue auprès d'elle, son épouse s'avère un pilier solide, partageant ses mêmes valeurs et croyances, qui saura l'accepter dans son évolution humaine pour enrichir leur relation conjugale.

> Victoria apportait une tranquille stabilité dans mes remous pédagogiques et mes rêves d'impossible évasion. Elle diluait mes doutes, affinait mes émotions et consolidait les liens familiaux. N'avait-on pas les mêmes ancêtres ? (44)

Dans cet espace de bonheur, il va passer douze années menant une vie paisible avec son épouse et ses trois perles qui « apaisaient [ses] pulsions de vagabondage et reléguaient [ses] rêves vers une zone chaque jour un peu plus inaccessible » (42).

> Et vint Arielle... Adorable petite fille, déjà studieuse à cinq ans, curieuse, passionnée de lecture... Puis Audry, raisonnable, posée démontrant déjà un esprit rationnel et cartésien... puis Laurence aux grands yeux noirs, cachant une sensibilité à fleur de peau, canalisant vers elle tout l'amour familial. (43)

On saurait voir dans cette description l'expression d'un profond amour qu'il voue à ses filles, auprès desquelles il apprend l'art difficile d'être père, rôle qu'il prend au sérieux, « angoissé par l'apparition des premières dents, surpris par les premiers pas, enchanté par les premiers mots... Sans cesse attentif, à l'écoute de leurs besoins et souvent torturé par la soif d'y répondre... » (43).

En plus d'être père, il cumule plusieurs emplois : professeur d'histoire et de géographie, journaliste, secrétaire général de différents comités. Ses journées ne suffisaient pas tellement qu'il est occupé. Il reste que Elmoznino aime son métier de professeur et ses élèves semblent l'apprécier. Aussi, ses chroniques dans deux quotidiens suscitent-elles de l'intérêt et semblent plaire. À cela s'ajoute son implication dans plusieurs groupes et associations qui ne cessent de le solliciter. « Étranger dans cette ville qui ne se livrait qu'avec parcimonie [il était] devenue au fil des ans, un notable » (43). Et, pour mieux s'intégrer dans cette ville qui ne lui pas livré tous ses secrets, il se met à étudier son histoire pour bien la connaître et mieux l'apprivoiser. Il lui réserve un chapitre dans son récit, de sa fondation il y a 3600 ans par les Phéniciens, intrépides et audacieux marins, qui avaient fondé des comptoirs sur les côtes de la Méditerranée et de l'Atlantique jusqu'au temps présent. Il ajoute que cette ville qui l'a accueilli lui a offert la possibilité d'un épanouissement teinté d'assagissement : « Par la force des choses, par la pression des autres, de sérieux je devins raisonnable, pondéré, réfléchi » (44), souligne-t-il. De sa relation avec elle, il se dégage une réalité nostalgique qui intériorise chez lui la douleur de l'absence et de l'éloignement.

> Ainsi El Jadida avait aussi ses « lettres de noblesse ». Ville natale de mon épouse et de mes enfants, je me pris à l'aimer, mais avec retenue et prudence. Deux fois déjà, j'avais pris mon bâton de pèlerin. À chaque départ j'avais laissé un peu de moi-même et emporté un peu de « villes aux talons de mes souliers ». (47)

Ce qui est révélateur, c'est que dans la mise en valeur de cet acte de remémoration, l'écrivain affirme sa fierté d'être un Marocain jusqu'aux os. Ce qui a façonné son existence continue à l'habiter au plus profond de son être. Il se souvient de l'appel du muezzin qui domine l'espace, des bruits, des sons et des odeurs. Il entend encore les notes de la musique assourdissante des *gnaoua*s et revoit les vagues des cavaliers qui donnaient des spectacles à l'occasion de fêtes et de célébrations spéciales. Ce n'est pas donc un hasard s'il fait de son passage dans cette ville son aventure personnelle et sa raison d'être dont l'évocation du passé lui procure la grâce et la force des souvenirs.

> Quand je laisse vagabonder ma mémoire aux confins des plages marocaines, les notes nostalgiques de la « retape » se mêlent au son des tambourins.... C'est l'appel des tribus à la Fantasia. (49)

On se doit de préciser que dans cette exploration autobiographique, ce qui fait l'originalité de cet écrivain, c'est qu'il relate des événements intimes et personnels servant à l'expansion de la mémoire avec sincérité et authenticité. Les diverses étapes retranscrites dans son récit nous permettent de déceler que la vie menée avec sa petite famille était simple, chaleureuse et paisible, jusqu'au jour fatidique où il décide de quitter le pays natal pour partir ailleurs.

Contrairement à beaucoup d'écrivains judéomarocains dont l'évocation de leur départ s'engageant sur les chemins de l'exil sert à reconstruire l'histoire de la communauté juive au Maroc, dépassant ainsi, le cadre de l'expérience individuelle, Elmoznino présente ce qu'il juge pertinent pour transmettre sa vérité en évitant les contraintes du témoignage et de l'explication. Il rappelle simplement le contexte sociopolitique dans lequel une éruption de violence a ébranlé tous les habitants du Maroc à cause des évènements au Moyen-Orient, le 5 juin 1967, qui ont affecté les relations harmonieuses entre les deux communautés, le coup d'État de Skirat et l'attaque de l'avion royal, qui à leur tour, ont apporté un lot d'inquiétude, de peur et d'incertitude.

> Les événements avaient plongé ma famille dans l'angoisse. Les prémices de l'exil étaient là... Douleur de ma femme qui laissait ses vieux parents. Douleur de mes filles qui laissaient leurs grands-parents, leurs amis et tous ces petits riens si importants aux yeux des enfants : une tortue qui promenait son indifférence, deux poupées de chiffons endormies derrière un rideau, une chambre tapissée de rose, cocon rassurant... Mes parents déjà migrants sous d'autres cieux me laissaient sans attache. (50)

Cette amère réalité se fait l'écho de son désarroi et il s'efforce de la coïncider avec une vérité historique, celle de l'expulsion des juifs de la péninsule ibérique.

> Et comme mes lointains ancêtres quittant l'Espagne, ma petite famille quittait à son tour l'asile pour une terre d'exil. Vers où se porteraient nos pas ? Vers une Espagne devenue plus tolérante ? Vers une France encore accueillante ? Vers un Israël toujours en guerre ?
> Vent d'Est ? Vent d'Ouest ? (51-52)

À partir de ce moment, le parcours de sa vie au pays natal se termine par son départ pour le Canada. Il voit dans les 3 initiales des deux villes où il a vécu Mogador et Mazagan, ainsi que dans celle de la troisième Montréal, ville choisie comme nouveau pays d'accueil, un signe du destin. Ceci dit, le sentiment de vivre quelque chose d'insolite, de découverte et de changement chasse celui de la peur de perdre tous les repères et l'appréhension de s'adapter à un nouvel environnement et à une culture totalement différente.

> « D'un Océan à l'autre » fière devise du Canada apportait une dimension exaltante. Je me souviens proclamait le Québec ! Des images frangées de neige, des villes qui surgissent de terres presque vierges, un peuple qui cherchait encore, des plaines de blé, des entrailles de terre recelant pierres et métaux précieux, une langue mienne, authentique, aux accents fleurant le terroir... (52)

« Adieu Afrique ! Bonjour Québec ! » (52), cette phrase qui termine la première partie du récit annonce une fin et un recommencement. Ce qui suit représente un grand changement en même temps qu'un élément nouveau dans la vie de l'écrivain qui affirme qu'il est allé à la conquête d'un pays, d'une ville et qu'il était totalement conquis. Tout à Montréal le fascinait : la gentillesse des gens, les maisons, les rues, les marchés arrogants croulant sous l'abondance des marchandises. Il aimait aussi retrouver cette langue, aux accents moyenâgeux, souvenir d'une France lointaine, comme il le souligne : « Je me laissais bercer par des mots oubliés de ce XXe siècle » (54).

Dès son arrivée, il se situe sur un autre registre, surprenant et attrayant, qui augure des perspectives enrichissantes et rassurantes. « Oui ! J'étais le bienvenu ! J'étais déjà chez moi ! J'étais enfin chez moi ! » (55), indique-t-il pour affirmer que c'est ce sentiment qu'il a ressenti en frôlant la terre canadienne. C'est encore ce même sentiment qui le pousse à envisager un projet de vie, celui de s'intégrer dans ce pays et qui le conduit, comme pour marquer sa place et son empreinte de s'affirmer comme québécois et fier de sa nouvelle identité.

On se rend compte qu'il y a chez Elmoznino de la nostalgie pour ce qu'il avait vécu au pays natal, et de la force dans son adaptation dans la société d'accueil. Il se rappelle ce qu'il a découvert en arrivant dans le Nouveau Monde et ses souvenirs sont bien intégrés. Son récit se déploie comme une véritable révélation, non seulement parce qu'il rapporte que dans son passage d'un monde à un autre, il ne sent pas dépaysé, mais qu'il considère que son installation au Canada comme un signe de la providence.

> Je sentirais qu'ici serait ma dernière étape de l'exil. C'est ici que je bâtirais. C'est ici mon nouveau pays, corne d'abondance pour ceux qui ont cœur à l'ouvrage, terre de toutes les libertés pour ceux qui savent les chérir, pays qui donne tant et ne demande presque rien... (61)

Son désir d'intégration est total. Et comme il doit subvenir aux besoins de sa famille, il se met au travail assumant plusieurs responsabilités. Sa vie est passionnante et exigeante. Professeur dans une école, il part à 6 h du matin et ne revient qu'à la tombée de la nuit. Fidèle à lui-même et à ses principes, il donne son amour à sa famille et à ses élèves, se dévouant à leur assurer un bon enseignement et à leur inculquer le désir de l'apprentissage. Il offre aussi des cours privés, enseignant le français à des anglophones. « Professeur un jour, professeur toujours », c'est comme cela qu'il se qualifie aimant beaucoup son métier. En fait, on constate que Roger Elmoznino n'a jamais voulu autre chose que d'être professeur. Au Québec, pendant les saisons qui se suivent, apportant leurs lots de joie et de misères pédagogiques, tant d'élèves, tant de groupes qui se sont succédé au fil des

« Années qui étaient avalées par le temps, ce temps qui semblait toujours [lui] manquer » (69). Son ardeur au travail et son sérieux sont reconnus et appréciés. Il devient directeur d'école et avec cette nouvelle promotion, ses responsabilités et ses heures de travail augmentent. Dans l'évocation de cette période de sa vie, il dresse l'emploi du temps de sa journée typique de travail qui débute à 7h 39 et se termine à 16h 30. Mais ses tâches ne finissent pas puisqu'il continue à la maison, avant le dîner, à corriger les cahiers des élèves.

Ce qui fait le charme indiscutable de ce récit, c'est aussi la faculté avec laquelle l'écrivain retrace les moments forts qu'il vit et qui finissent par devenir familiers. Il met l'accent sur des tranches de sa vie dans l'effervescence de sa société d'accueil où il va tout faire pour s'intégrer à son mode de vie. Son témoignage peut se lire comme une chronique sociale. Pour lui, Montréal n'est pas seulement un nom, un espace et une population. Il garde en mémoire des images d'un croisement riche et combien original de traditions, de personnages emblématiques, de rapports humains chaleureux et de relations marquées de confiance et de civilité !

> Oui ! Montréal des années soixante-dix avait de quoi étonner.
> Je me souviens du vieil aveugle qui vendait ses journaux coin Van Horne et Victoria. Il laissait à ces clients le soin de se servir et de déposer dans une sébile les pièces de monnaie, confiant son pain quotidien à l'honnêteté des passants.
> Je me souviens du laitier qui remplaçait la bouteille vide placée sur le pas de ma porte, par une autre pleine avec, sur le large goulot l'appoint de monnaie... (63)

Il offre aussi un champ spécifique de mémoires socioculturelles chargées d'histoires, de luttes, de rêves et d'aspirations du peuple québécois dans le maintien de sa langue d'origine liée au désir de consolider sa propre identité.

> En ce temps-là, c'était surtout l'anglais qui était la langue de prestige et de travail. Mais le français se parlait avec panache et avec la fierté issue des vieilles familles. (63-64)

Il se dégage chez Elmoznino un don qui consiste à présenter la réalité et à en dégager les aspects insolites de manière originale. Il parle du caractère grandiose de Montréal qui devient au fil du temps cosmopolite, plurielle et dynamique.

> Côte-des-Neiges surprenait : Jamaïcains, Vietnamiens, Hindous, Sri Lankais, Zaïrois, Algériens, Marocains, Soudanais se côtoyaient, respectueux de l'un et l'autre, cédant quand même le pas, à quelques vieilles dames, premières résidentes du quartier.

> Elles hochaient de la tête, tolérantes, un peu surprises de voir ce monde de diversité à leur porte... (63)

Il poursuit en soulignant que loin d'être source de tensions, d'inquiétudes et de malaise, cette démesure de la ville exerce par son univers particulier une force d'attraction qui contribue à tisser des liens durables entre tous ses membres.

> Toutes ces communautés semblaient monolithiques et leurs frontières se touchaient, parfois avec prudence, rarement avec méfiance, toujours avec respect. (64)

Ce qui retient aussi l'attention dans le récit d'Elmoznino, c'est qu'il jette un regard sur Montréal plein de douceur, la décrivant de plusieurs manières en relatant aussi bien sa matérialité plurielle que des événements marquants qui demeurent solidement ancrés dans sa mémoire. À cet égard, il se souvient de ce janvier 97 qui fait basculer toute la ville dans un monde inconnu, violent, dur, inquiétant d'un hiver sans chauffage.

> Trois semaines d'angoisse, d'isolement et de promiscuité, trois semaines de piètre nourriture alors que les supermarchés croulaient sous leurs marchandises, trois semaines où parfois un sourire, parfois une poignée de main apportaient un réconfort, où la solidarité était partout présente, trois semaines où le Québec, hors du temps, essayait de puiser dans ses entrailles la force de renaître... (76-77)

Contrairement aux écrivains venus du pays du Sud qui ont évoqué dans leurs romans les rigueurs de l'hiver, la particularité de la saison froide qu'ils trouvent longue et de l'abondance de la neige, Elmoznino semble bien supporter la dureté du climat hivernal. Il fait partie de ces immigrés qui s'entendent sur une chose : qui prend hiver prend pays. Dans son récit, il ne se plaint pas des températures parfois mordantes, mais plutôt considère la présence de l'hiver féérique admirant la majesté des montagnes recouvertes de neige, la lumière et la beauté de la nature. Il en tire le meilleur parti attendant le retour du printemps, guérisseur des morsures de cette saison qui revient « plus vite comme pressé d'accomplir son œuvre salvatrice » (77). En fait, l'écrivain se dévoile un artiste dans l'âme et qui s'émerveille devant la variété des saisons. Pour lui, dame nature se donne constamment « en spectacle, inventant des couleurs à rendre jalouses les palettes des impressionnistes les plus fous » (58).

Un autre aspect à signaler dans son nouvel ancrage, c'est au Québec, où son autre don va prendre forme, celui de la peinture, qui lui procure quelque satisfaction. Il dessine selon son inspiration et le regard de l'écrivain et complété par celui du peintre qui émaille son récit de dix-huit toiles.

Elmoznino ne se considère ni expert, ni connaisseur, ni même amateur, mais il s'est donné à cette vocation par amour avouant que de « toujours les mots qui chantent et les couleurs qui dansent ont fait [ses] délices » (66).

De très beaux moments d'écriture se profilent dans ce récit, qui parle de son rapport à cet art. Autodidacte en ce domaine, il développe sa propre technique où toute la profondeur est traitée de manière personnelle.

> Technique désuète, talent absent : mes toiles ne faisaient vibrer que moi. Mes yeux ne voyaient pas les traits incertains, les taches de couleurs mal fondues, la perspective erronée... Mais je poursuivais un rêve et j'avais tant de plaisir à peindre... Et le trait s'affina, le pinceau prit hardiesse. L'œil plus critique se fit moins complaisant... Plus je peignais, plus l'envie de peindre se faisait sentir... (66-67)

C'est là où il rencontre sa vocation se libérant de toutes les contraintes et enfin de lui-même pour concrétiser son rêve. Avec une certaine hésitation au départ, le pinceau devient très vite plus sûr. Sa technique se caractérise par certaines constantes dans le choix et le traitement des thèmes liés aux souvenirs lointains de son pays natal et ceux dans sa société d'accueil. Ses réalisations sont pour lui et chaque toile lui procure une joie inégalée et le sentiment d'avoir réussi à aller jusqu'au bout de ses désirs artistiques.

> Mes attentes se firent plus douces : le plaisir de peindre pour peindre, le rêve pour le rêve....
> Et si la toile couverte ne valait que le prix de la toile, j'avais déjà eu la récompense : celle de faire naître un visage, de faire éclore une lumière sur une branche, de saisir un mouvement. Mes mains ne réalisaient toujours pas ce que mon cœur voyait, mais j'étais bien, seul avec moi-même, mes couleurs et mes pinceaux. (67)

Le plaisir de narrer et de raconter des histoires personnelles marque le projet d'écriture d'Elmoznino d'aspects tout à fait réalistes et intimes présentant une certaine unité. Une rhétorique de la remémoration s'élabore ainsi, rhétorique où l'écrivain ne se contente pas de remonter le temps et d'inscrire les souvenirs les plus marquants de son passé aussi bien au Maroc qu'au Québec dans la continuité du présent, mais de saisir l'occasion pour révéler ses convictions et ses croyances. En fait, Elmoznino apparaît une personne pleine d'espoir, de joie de la vie, optimiste et sage. Ce qui confère à l'unicité de son être, une caractéristique bien particulière. Le tissu de son récit est constitué de tranches de sa vie, qu'il choisit et découpe à son gré pour souligner leur importance aussi bien heureuse que malheureuse. C'est dans cette perspective qu'il se permet de partager des souvenirs douloureux vécus en exil, liés à la perte d'êtres chers.

> À l'autre bout du monde, mon père se mourait. Il avait enlevé sa bague (trois anneaux enchevêtrés encerclant un cœur gravé avec le prénom de ma mère) et avait dit : « C'est pour Roger ». (56)

Aux sentiments de douleur, de peine et de chagrin de la séparation qu'il porte en lui, il avance une vérité humainement profonde. Il révèle la force de son attachement à son père qui est irremplaçable et dont le vide de l'absence est incommensurable.

> J'étais enfermé dans une coquille de douleur, les yeux secs, le cœur battant la chamade...
> J'avais encore besoin de mon père.
> N'avait-on pas toujours besoin de son père ? (56)

Son deuxième deuil est lié à la perte de son frère qu'il a eu l'occasion de revoir quand il a effectué un voyage à Jérusalem.

> Deux mois après mon retour d'Israël, la mort de mon frère Daniel me laissa en plein désarroi. Une longue maladie l'avait cloué au lit. Ses crises de désespoir le laissaient pantelant et moi plein de rage impuissante. (83)

Pour rendre hommage au défunt et soutenir sa famille au cours de son deuil, il murmure pour le repos de son âme la prière séculaire « *Hitkadash, veïtkadash shémé raba* » (83). Il s'attache à célébrer ce rite qui indique le degré d'observance de sa religion qui est intégrante dans sa vie et qu'il honore de manière spirituelle et morale.

> Les anciens disent que cette prière apaise. Moi elle me laissait désarçonné, désemparé essayant de garder encore un peu la chaleur d'un souvenir. Mais la vie, étincelle qui voudrait ne jamais s'éteindre, la vie elle, s'accroche. Elle trame autour de nous les chaînons qui soutiennent. Jusqu'au jour où la chaîne nous entraînera à notre tour... (83)

L'écrivain reste inconsolable de la perte de son père et de son petit-frère. Ce qui touche chez lui, c'est qu'il se livre tel qu'il est sans peur et sans fausse pudeur permettant au lecteur de pénétrer son monde intime. Le grand départ de ses proches l'a fait réfléchir sur la futilité de la vie. Dans le chapitre qui clôt son récit « Et passe le temps... », il insère le dernier écho qui reste à partager, le plus émouvant de tous : le passage du temps que l'on ne peut point arrêter et que chacun vit et confronte différemment. Cette appréhension de l'écoulement du temps est perçue dans l'ampleur des changements qui touchent ses proches.

> Quelques rides sont apparues sur le visage de mon épouse. Nous avons cheminé si longtemps ensemble que je ne m'en suis pas

aperçu tout de suite. Et pourtant, elles étaient là ces rides, émouvantes, candides, mais preuves du temps qui passe. (84)

Sa mise en récit est aussi circonscrite par sa prise de conscience que les hivers succèdent aux hivers, les enfants poussent et la famille s'agrandit avec la célébration des mariages de ses filles et l'arrivée de ses petits-enfants. Ce qui constitue en soi une victoire remportée sur la fatalité du destin.

> Mes filles, femmes maintenant, ont fondé famille. Ce soir tous sont là : Arielle, Alain, Laura, Benjamin, David... Audrey, Gabriel, Émile, Léa, Noa... Laurence, Patrick... (84)

Il est permis de penser qu'Elmoznino s'adresse aussi à des membres de sa communauté pour leur livrer une autre vision plus simple, mais ô combien optimiste dans son nouvel environnement. Il est un exemple de ces juifs errants, mais se distingue par cette capacité de planter sa tente là où il se trouve, qui s'adapte et s'accommode aux nouvelles circonstances. Il est plein de gratitude vis-à-vis de la société québécoise qui l'accueille. Contrairement à beaucoup de sépharades, son discours est articulé autour d'une bonne intégration. Le récit qu'il livre peut se lire comme une exploration en profondeur de son identité. Il s'agit d'une écriture très éloignée de ces discours sur l'exil qui témoignent des difficultés rencontrées par les membres de la communauté marocaine et qui se refuse d'être l'écho de la déchirure et de la blessure du passé, mais une voix plus chaleureuse fidèle à ses engagements au fil des ans pour regarder le bon côté de l'exil, prometteur de paix, de sécurité et de découvertes inouïes.

En lisant ce livre, on apprécie sa grâce et ses effets. Un travail d'écriture et de style, parfait en sa construction. L'écrivain privilégie la brièveté et l'économie descriptive. Les phrases, chez lui, les mots s'imposent avec l'évidence de ce qui trouve immédiatement sa place.

En effet, Elmoznino se distingue par une voix, un style, des idées et un plaisir évident de raconter des histoires. C'est un écrivain dont la personnalité fascine et le regard qu'il pose sur son passé demeure riche et surprenant. Son art trouve sa source dans la profondeur de son être livrant un récit exemplaire et attachant, plein d'intensité en ce qu'il se voue à l'essentiel de son sujet.

Caractérisé par une écriture dont le pouvoir de suggestion permet de faire l'économie du déjà-dit, écriture où se marient phrases courtes et efficaces, une maîtrise narrative et stylistique bien ciselée, *Du sable et de neige* est une belle offrande. C'est un récit mené, écrit avec passion par un être plein de sensibilité qui ose livrer ses émotions les plus intimes. Un récit autobiographique auquel on pense longtemps une fois le livre refermé, parce qu'il est passionné et généreux, simple et sincère et nous amène à réfléchir sur le périple de nos propres vies.

Sylvia ASSOULINE

Sylvia Assouline est née à Marrakech en 1941 et a grandi dans une famille sépharade marocaine typique. Elle a vécu en Israël avant de s'installer au Québec en 1969 où beaucoup de Juifs marocains y étaient déjà bien établis.

Enseignante du français langue maternelle et langue seconde à la Commission scolaire protestante de Montréal[1], Sylvia Assouline est auteure de manuels scolaires, de nombreux articles journalistiques[2], de pièces de théâtre et d'un roman. Elle est aussi un membre très actif de la communauté juive de Montréal[3].

Assouline rapporte « qu'elle n'a pas choisi le théâtre, c'est lui qui l'a choisie »[4]. Elle entame sa carrière théâtrale par *La Barraka*, une pièce réalisée pour répondre à la demande d'une dame sépharade de Montréal, qui dans le tapage entourant le bicentenaire de la Révolution française (1789), tenait à commémorer le bicentenaire de l'émancipation des Juifs en France au moyen d'une réalisation théâtrale.

Comme le théâtre était dans sa charge de cours et qu'elle avait monté des pièces avec ses propres élèves, Assouline s'est lancée dans l'aventure. Pour répondre à cette demande de la communauté sépharade de Montréal, elle évoque les événements marquants qui ont permis aux Juifs de France d'accéder à la citoyenneté française. Le folklore marocain moderne et des faits anciens assurent un rythme trépidant à cette comédie[5].

Au Maroc, les Juifs vivaient, en majorité, tous de la même manière leur judaïsme. Arrivés au Canada, ils s'aperçoivent qu'il existe plusieurs clivages entre eux et les Ashkénazes, ces Juifs européens. Ainsi, la jeunesse marocaine est attirée par la mouvance Chabad-Lubavitch[6], ce qui donne

---

[1] Titulaire d'une licence es lettres d'anglais à l'université de Rabat au Maroc, d'un B.A. en littérature française et d'un autre en sciences politiques obtenu à l'Université Hébraïque de Jérusalem, Sylvia Assouline est aussi détentrice d'une Maîtrise en littérature comparée à l'Université de Montréal et a accompli sa scolarité de doctorat dans le même domaine au sein de la même institution.
[2] Elle a collaboré longtemps au journal « *La voix Sépharade* » et au magazine « *La Tribune Juive* ».
[3] Sylvia Assouline est très impliquée dans la communauté juive de Montréal. Elle participe à de nombreux comités en particulier à la Bibliothèque juive, au mois du Livre juif, au comité culturel francophone, et également au comité des femmes juives francophones de la communauté sépharade unifié du Québec. Elle a été la première présidente du comité des dames de sa synagogue Beth RaMbaM. Elle a été souvent invitée à prononcer des paroles de la Torah au centre du Bel Âge et participe aussi au Dialogue Judéo Chrétien de l'Archevêché. De plus, elle est l'heureuse Maman de trois enfants et grand-mère de deux petits-enfants.
[4] Information fournie par l'écrivaine en date du 29 mars 2017.
[5] *Ibid*.
[6] Un mouvement dynamique de la force du judaïsme issu de la branche du Hassidisme.

naissance à sa deuxième pièce *Branche-toi, maman* qui expose les problèmes de certaines familles sépharades lorsque les enfants deviennent plus orthodoxes que les parents. En fait, cette parodie mélodramatique illustre la situation d'une famille juive d'origine marocaine, parmi tant d'autres, qui traverse une crise sérieuse, voire inquiétante, lorsque leurs enfants versent dans une orthodoxie extrême et peu sépharade au goût des parents. À travers la famille Oiknine, on entrevoit certaines raisons qui poussent ces « égarés » en cette fin de siècle vers un retour aux sources, la frustration de la mère qui se voit accusée de tous les maux et sa riposte[7].

Sa troisième pièce *Mariage à Jérusalem*[8] est publiée et jouée au théâtre Saidye Bronfman, en juillet 1998. C'est tout un nouveau thème qu'elle aborde, décrit ainsi dans la quatrième de couverture :

> La victoire de Benjamin Natanyahu en 1996 qui a fait éclater au grand jour tous les clivages ethniques, religieux, politiques latents depuis la création de l'État d'Israël. L'élite travailliste, incrédule devant les résultats de ces élections a aussitôt, dans sa rancœur, imputé sa défaite à « l'assaf-souf » c'est-à-dire la racaille qui aurait contribué à la victoire de Benjamin Natanyahu. L'intrigue de *Mariage à Jérusalem* se situe au lendemain de ces élections et dans l'atmosphère qu'elles ont engendrée.
> Avital Shellef, issue d'un milieu ashkénaze, travailliste, anti-religieux est amoureuse de Yossy Elfassy, sépharade, likoudien, religieux. Elle ne sait comment surmonter l'animosité et le mépris de ses parents à l'égard des gens comme Yossy. Danny, le cousin de Montréal de Yossy, est celui qui aide le couple à prendre le taureau par les cornes et à aller de l'avant.

Assouline avance qu'elle a conçu *En attendant Gilberte, ou Un après-midi au Bel Âge*[9] comme un impromptu où chacun joue son propre rôle, dont le prétexte servira à l'évocation d'une émouvante tranche de vie : celle des parents et des grands-parents de membres de la communauté juive de Montréal. Voici comment on le lit dans la quatrième de couverture :

> La scène se passe à la salle Golan du Centre Communautaire Juif alors que les membres du département du Bel Âge se réunissent suite à une convocation. En attendant l'arrivée de Gilberte, responsable du groupe, chacun se lance sur les conjonctures qui ont mené à cette réunion particulière. De fil en aiguille, l'expérience du déracinement, l'adaptation à cette nouvelle terre d'accueil et à son climat, les multiples difficultés et les joies

---

[7] *Ibid.*
[8] Sylvia Assouline. *Mariage à Jérusalem*, Montréal, Éditions Oasis, 1997, 66 p.
[9] _____. *En attendant Gilberte, ou, Un après-midi au Bel Âge*, Montréal, Éditions Oasis, 2001, 90 p.

rencontrées sur son chemin... Tout y passe en une sorte de mini-saga des Sépharades depuis les années 60 jusqu'à nos jours, dans une atmosphère de nostalgie, d'humour et de conversations à bâtons rompus. Cette pièce est jouée par les membres du Bel âge.

Deux veuves du Bel Âge tentent de séduire un veuf, Jacques Lancry. Des manigances ont lieu pour aider l'une ou l'autre veuve. Laquelle des deux parviendra-t-elle à avoir ce prince charmant ? Tel est le sujet de *La manigance, ou, Un shidoukh au Bel Âge*[10], une comédie hilarante et tendre à la fois, réalisée spécialement pour les gens du Bel Âge du CCJ qui, depuis *En attendant Gilberte*, ont pris goût au théâtre.

> Irène et Marc Kakon, membre du Bel Âge, décident de faire un shidoukh entre leur nouveau voisin, Jacques Lancry, un veuf bien de sa personne, et leur amie Marie, veuve également. Irène et Marie manigancent une rencontre fortuite au foyer du Bel Âge entre les deux veufs. Par un concours de circonstances, heureux ou malheureux, Marie n'arrive pas à l'heure. Jacques Lancry rencontre une autre veuve et disparaît avec elle. Colette, la gaffeuse par excellence, met les pieds dans le plat comme de raison et la nouvelle se répand auprès des membres du Bel Âge. Les mauvaises langues se délient. Tout en craignant de devenir la risée de tout le monde, Marie refuse de se laisser damer le pion aussi facilement. Le suspense s'installe. Qui des deux veuves réussira à avoir Jacques Lancry ? L'intrigue évolue d'une embrouille à l'autre soulevant au passage, dans un comique trépidant, une certaine éducation des filles, le problème des belles-mères et belles-filles, de vieux parents délaissés par leurs enfants, de mariage à l'ancienne et de divorces modernes, d'amitié et d'envie, de thèmes universels baignant dans un folklore typiquement marocain.

L'écriture théâtrale d'Assouline évolue et s'élargit pour embrasser des thématiques plus spécifiques. Intitulée *Rébellion dans le désert*[11], sa sixième pièce évoque un fait historique profondément religieux.

> En se basant sur la Bible et le Midrash, cette pièce relate, sous forme dramatique, la mutinerie de Korah contre le prophète Moïse, après la traversée de la Mer Rouge.
> Au cours de cet épisode historico-biblique, on constate l'effet destructeur de la jalousie, de l'ambition et de la calomnie, mais aussi le pouvoir de l'amour et de la foi.

---

[10] Sylvia Assouline. *La manigance, ou, Un shidoukh au Bel Âge*, Montréal, Éditions Oasis, 2003, 92 p.
[11] _____. *Rébellion dans le désert*, Montréal, Éditions Oasis, 2011, 86 p.

> Cette pièce illustre les talents démagogiques du richissime Korah pour dresser le peuple d'Israël contre Moshé (Moïse) et Aharon, son frère, dans le seul but de s'approprier honneur et pouvoir qu'il leur jalouse et dont il est assoiffé.
> La pièce dévoile également le rôle des femmes : celle qui détruit et celle qui construit.
> Elle révèle la foi des uns et la mécréance des autres : ceux qui veulent lutter pour Eretz Israël, la Terre Promise, et ceux qui ne veulent pas risquer la mort de leurs enfants pour cette terre qui « dévore ses habitants » et qui préfèrent le désert (ou l'exil).
> On assiste au retour des explorateurs un 9 Av et les conséquences de leurs témoignages néfastes en cette date fatidique.
> Des événements éloignés, les réactions humaines brûlantes d'actualité qu'ils ont suscitées et qui, jusqu'à nos jours, continuent de nous interpeller.

Continuant sur sa lancée de création théâtrale, Assouline vient de terminer une septième pièce qui porte le titre *Épices et parfums*. Cette dernière est une comédie qui traite du sempiternel et universel problème de l'infidélité conjugale. En voici le synopsis :

> Dans la soixantaine passée, deux amies, Denise et Mado, vivent une crise matrimoniale que rien ne laissait présager. Après plus de quarante ans de mariage « heureux », selon toutes les apparences et critères sociaux, le mari de l'une la quitte pour aller vivre avec une autre femme.
> Armée de toutes les connaissances qu'elle a pu glaner dans les livres traitant de l'approche positive dans la vie, Denise tente d'aider son amie à surmonter cette infidélité conjugale. Elle essaie en même temps de déterminer les raisons qui poussent un mari qui n'est plus très jeune et qui semble avoir tout ce qu'il faut chez lui à se lancer dans ce genre d'aventures.
> Dans un renversement de situation, les deux amies ont besoin l'une de l'autre pour faire face à leur crise respective.
> La comédie évolue à travers une série d'intrigues vers un dénouement dicté par l'application de l'approche positive de l'une et le pragmatisme de l'autre[12].

Assouline soutient qu'en réalisant ses pièces théâtrales, elle ne visait aucun public en particulier, mais toutes ses pièces étaient présentées aux *Quinzaines Sépharades*. Ainsi, la communauté juive marocaine est son premier public et c'est ce qui explique que ses écrits sont truffés d'un lexique d'arabe juif marocain. Aussi, dans ses pièces expose-t-elle des

---

[12] Information fournie par l'écrivaine en date du 29 mars 2017.

situations particulières, ne prenant pas parti, laissant le public décider à son propre gré[13].

Né sous le signe du rappel de la mémoire, son premier roman *Et le jasmin refleurit*[14], se moule dans l'autobiographie et la biographie. Double de l'écrivaine, Stella entreprend le récit de sa vie, empreinte du souvenir de sa famille, principalement de sa mère et donne au passé sa véritable dimension dont le contenu détermine la forme.

Le roman se divise en deux parties. Le roman s'ouvre par l'évocation d'une rencontre déterminante qui se déroule à Jérusalem en 1966 et se termine par un chapitre qui relate un événement qui s'est produit à Montréal en 1985-86. Entre l'incipit et la clôture de son récit, l'écrivaine tisse des épisodes biographiques et autobiographiques qui créent un tissu textuel embrassant plusieurs situations. Son récit alterne donc entre un passé lointain (le destin de sa mère), et un passé plus récent (les étapes de son parcours personnel), tentant de donner une image fixe de ce passé. En fait, l'écrivaine raconte l'histoire palpitante et captivante, d'une famille, autant que d'une communauté tout entière à travers ses propres pérégrinations en tant que jeune fille juive marocaine. De la Casbah de Marrakech, en passant par Jérusalem, Paris et Montréal, elle brosse un tableau familial des plus prenants et émouvants offrant des croisements de souvenirs personnels et collectifs des membres de la communauté juive de Marrakech, preuve indéniable de la présence de déchirures béantes qui ont marqué le devenir existentiel de plusieurs personnes.

La facture autobiographique semble indéniable dans ce roman. Les dates, les lieux, les événements rapportés et les personnages réels permettent à l'écrivaine de raconter ses propres souvenirs, ses rêves, ses luttes, ses déceptions, ses amours, ses voyages et ses deuils. En fait, elle évoque son passé avec verve et entrain retraçant la vie d'une jeune fille qui grandit au milieu de frères et sœurs dans un *Riad* à la kasbah, entourée par l'affection d'une mère exceptionnelle qui fait tout pour protéger ses enfants leur assurant un bien-être et surtout les encourageant à réussir dans leurs études. Elle veut les voir acquérir une autonomie économique.

Les souvenirs de la demeure familiale qui s'appelait « "*el riad di dar Assaraf*", littéralement "le *Riad* de la maison (dans le sens de famille) Assaraf" (48), occupent une place centrale dans son roman. À Marrakech, au sein de la communauté aussi bien musulmane que juive, posséder un *Riad* était indéniablement un symbole de réussite sociale. L'écrivaine offre une description détaillée de cet endroit plein de vie et de beauté où elle a grandi baignant dans l'abondance. Il y avait un jardinier, des domestiques et des bonnes arabes. Chacun s'occupe d'une tâche particulière. On y trouvait même une couturière qui venait plusieurs fois durant l'année, aux différentes

---

[13] *Ibid.*
[14] Sylvia Assouline. *Et le jasmin refleurit*, Montréal, Éditions Oasis, 2016, 261 p.

occasions des fêtes, pour habiller les femmes et les fillettes. Les garçons avaient recours à un tailleur. Chaque enfant disposait de son propre espace et en plus du jardin – qui était entretenu par Mohamed, *el rbah*, et qui comportait toutes sortes de fleurs, d'arbres fruitiers, une variété d'herbes destinées à soigner les maux que la famille « nommait, en plaisantant, "la pharmacie" » (49) – elle souligne la présence « [p]rès de l'escalier qui menait à la terrasse [d'un] autre cabinet de toilette attenant au *mikvé*, bassin d'eau pour se purifier avant les fêtes et que l'on nommait *nquoi* en arabe » (51). Dans l'éclat de ses souvenirs, elle se rappelle qu'à la veille de Rosh Hashana et de Yom Kippour, les hommes du quartier et autres venaient s'immerger dans ce *mikvé*. Comme sa famille obéissait aux commandements religieux, c'était un privilège et un honneur de pouvoir être admis dans le *Riad di Dar Assaraf*.

Les années de sa jeunesse baignent dans une atmosphère paisible en dépit du fait que le statut social de sa famille a changé, ce qui aurait pu l'empêcher de poursuivre ses études. Mais l'acharnement de sa mère a fait toute la différence. En 1961, sa sœur Arlette et elle-même réussissent leur baccalauréat au lycée Mangin à Marrakech. Leur mère était heureuse parce qu'elle avait tout fait, tout sacrifié pour que ses filles soient éduquées. Grâce à l'entraide familiale qui insiste pour que leurs sœurs continuent leurs études universitaires à Rabat, une nouvelle aventure commence pour les deux jeunes filles qui, accompagnées de leur mère, vont déménager dans la capitale du Royaume pour préparer une licence en anglais. Elles mènent une vie harmonieuse et la mère est ravie de retrouver le Grand Rabbin et sa femme, à qui elle rend visite tous les samedis pour se délecter des paroles de la Torah et approfondir ses connaissances de la Bible. Leur sœur aînée, Hélène, mariée à Casablanca, leur apporte un grand soutien et après trois années, elles obtiennent leurs diplômes. Elles ne tardent pas à trouver du travail comme enseignante de l'anglais dans un collège à Salé.

Tout se passe bien pour la narratrice Stella dans l'accomplissement de ses tâches d'enseignement, jouissant du respect des élèves qui l'apprécient beaucoup ne se doutant pas qu'elle est juive. Il est nécessaire de préciser qu'à cette époque, plusieurs facteurs vont renforcer la continuité de l'émigration clandestine des Juifs vers Israël : la politique d'arabisation du nouveau gouvernement et l'engagement des frères musulmans venus d'Égypte pour assurer l'enseignement en arabe dont l'influence s'avère puissante et dangereuse, la nationalisation d'une partie des écoles de l'Alliance Israélite Universelle, la conversion forcée de quelques jeunes filles juives, la rupture des liaisons postales avec Israël, auxquels s'ajoutent l'adhésion du Maroc à la Ligue Arabe, la visite du président égyptien Gamal Abdel Nasser le 3 janvier 1961[15], ainsi que la situation explosive d'un drame

---

[15] Lors de cette visite, une répression inattendue a touché les membres de la communauté juive au Maroc. La police interna ceux qui se promenaient avec la kippa bleu et blanc ou

historique qui se trame au Proche-Orient mettant fin à deux millénaires de vie juive dans les pays arabes[16].

Stella s'adonne à son travail évitant toute situation conflictuelle jusqu'au jour où l'on découvre qu'elle est juive. Les jeunes donnent libre cours à leur agression verbale qu'ils considèrent légitime puisqu'elle ne mérite pas d'être leur professeur.

> Les rapports harmonieux que j'avais eus jusque-là avec les élèves firent place à une hostilité de plus en plus manifeste. L'idée négative qu'ils avaient du juif ne cadrait pas avec la fonction que j'occupais. Il était impensable pour eux qu'une juive pût être enseignante et avoir de l'autorité sur eux. Comment est-ce que la direction de l'école avait-elle pu tolérer un tel outrage ? (26)

La narratrice comprend que rien ne peut arrêter la montée de la haine manifestée à son égard qui risque de dégénérer sur des agressions violentes. Les jeunes ne se gênent plus de l'attaquer ouvertement et de l'insulter exprimant ainsi les sentiments d'animosité et d'hostilité qui dominent chez une grande partie de la population musulmane envers les Juifs marocains. Une élève qu'elle affectionne beaucoup, pour la protéger, lui suggère de se convertir à l'islam et de se marier avec son frère. Mais la terreur a été semée en elle. Vivre sans la contrainte des attaques devient quasiment impossible du fait que tout le monde sait maintenant qu'elle est juive. Et comme il n'y a pas un seul juif dans le quartier, elle est constamment et littéralement prise de panique. Sa sœur Arlette trouve un mari et part avec lui à Paris. Dès lors, l'idée de résoudre ce problème germe dans son esprit. Elle prend une décision qui va changer son destin. Pour faire plaisir à sa mère qui a manifesté le désir de partir à Jérusalem, elle l'informe de la situation et lui propose d'émigrer vers Israël, comme l'ont fait d'autres juifs.

> Les Juifs n'avaient jamais renoncé au rêve deux fois millénaire de récupérer leur patrie, rêve qu'ils revivifiaient tous les ans. De tous les coins et recoins de la terre, un cri sorti du tréfonds de l'âme juive s'élevait vers l'Éternel qui les avait délivrés de l'esclavage égyptien, lui demandant de faire en sorte qu'ils célèbrent la Pâque « l'an prochain à Jérusalem ». Ce rêve, en 1948, était devenu une réalité. (10)

Elle indique clairement qu'elle est attachée à sa ville natale, à son pays et l'idée de le quitter n'avait jamais frôlé auparavant son esprit. Et si elle se sent obligée de prendre le chemin de l'exil, elle ne peut se rendre qu'à la

---

portaient du noir, et arrêta 25 élèves de la Yeshiva Névé Shalom. □

[16] Voir à ce titre Michel Abitbol. *Le passé d'une discorde : Juifs et Arabes depuis le VIIe siècle*, Paris, Tempus Perrin, 2003, pp. 454-456.

Terre Promise, où elle pense se sentir à l'abri et vivre sans peur loin d'une situation grave et sans issue.

> Je n'ai pas pensé un seul instant d'aller vivre en France où certains de mes frères et sœurs se trouvaient déjà. Je me disais que je devais quitter le Maroc, le pays qui m'a vu naître, grandir, étudier, travailler, m'amuser, rire et pleurer uniquement parce que j'étais juive, alors, il n'y avait qu'une seule place pour moi sur cette terre et cette place se nomme Israël. (28)

D'ailleurs, elle affirme que ses connaissances sur ce pays étaient limitées, associées aux sentiments de sa mère pour qui cette terre se condense en un seul lieu, sa capitale religieuse, considérée comme la ville sainte où sa vie reçoit toute sa signification.

> Je ne savais rien sur Israël. L'éventualité d'un voyage en Israël ne m'avait jamais effleuré l'esprit. La seule notion que j'avais de ce pays était le désir ardent de vivre à Jérusalem qui animait ma mère. Tout Israël se résumait à Jérusalem pour elle. (28)

Ce qui caractérise le récit de Sylvie Assouline, c'est qu'elle intègre la nécessité de quitter son pays natal malgré elle, en plaçant sa décision dans une action personnelle sans chercher à adhérer à la fièvre du départ qui s'est emparée de beaucoup de membres de sa large communauté. Elle témoigne de l'atmosphère qui règne pendant plusieurs années en indiquant certaines vérités liées à l'émigration des juifs du Maroc qui s'est faite en trois vagues d'ampleurs différentes[17].

---

[17] De 1949 à l'Indépendance du Maroc, l'Agence juive, à travers le réseau *Kadima* (organisation pseudo-caritative), organisa le départ d'environ 110 000 Juifs marocains vers Israël. Après la guerre de 1948, entre les communautés juive et arabe, l'État d'Israël est créé et une importante politique d'immigration de juifs en provenance des pays arabes et d'Europe est lancée. Le but des dirigeants sionistes est de « judaïser » rapidement les zones d'où ils expulsaient les Arabes palestiniens. La deuxième vague est intervenue après l'Indépendance. Feu S.M. Mohammed V, qui s'était opposé à l'application sur le territoire chérifien de la législation anti-juive édictée dès 1940 par le régime de Vichy, accorda l'égalité des droits et des devoirs aux Juifs marocains, ordonna la fermeture des bureaux de *Kadima* et l'interdit. Toutefois, malgré l'interdiction, l'émigration se poursuit clandestinement du début de 1957 jusqu'en novembre 1961. Pendant cette période, les agents du Mossad organisèrent, avec l'aide des Anglais, un réseau, le *Misgueret*, qui se chargea du transfert clandestin vers Israël d'environ 29000 Juifs. Voir à ce sujet Haïm Zafrani. *Deux mille ans de vie juive au Maroc : Histoire et culture, religion et magie*, Paris, Maisonneuve et Larose, 1983, p. 299.
Quant à la troisième vague d'émigration, elle s'est effectuée au sortir de la guerre des Six Jours. Plus de 45 000 Juifs quittèrent le Maroc entre 1967 et 1971 ; les plus démunis partaient pour Israël, les autres pour la France, le Canada, les États-Unis ou l'Amérique latine, notamment le Venezuela et le Brésil. Voir Abitbol. *Le passé d'une discorde : Juifs et Arabes depuis le VIIe siècle*, p. 456.

> Ma mère était folle de joie. Elle me fit promettre de garder le secret et de préparer ce voyage en cachette par mesure de sécurité, d'une part, et pour éviter, d'autre part, que quelqu'un ne vienne contrecarrer ce projet. (28)

La narratrice rapporte que pour que son projet aboutisse, il fallait qu'elles soient vigilantes et éviter de courir de graves risques. Elle s'entoure de précaution et discrétion en prenant contact avec la personne chargée de faciliter leur départ parmi d'autres juifs marocains[18].

> Nous n'avions pas de passeport. Le gouvernement les délivrait au compte-gouttes aux ressortissants juifs à cette époque-là. On nous indiqua une adresse où nous pouvions contacter un monsieur qui aidait les gens dans notre situation à sortir du pays. En fait, j'avais déjà vu ce monsieur. Il talonnait les étudiants juifs de l'université. Il leur proposait une bourse pour aller étudier en Israël. Il nous faisait miroiter la qualité de l'Université Hébraïque de Jérusalem ou le privilège de fréquenter le Technion de Haïfa. Cette proposition devenait tout à coup alléchante. (28-29)

Il importe de préciser que pour la narratrice s'engager dans un voyage pour effectuer un aller simple, sans nulle perspective de retour, fut une décision ardue à prendre. Partir équivaut pour elle à arracher son être de son monde habituel pour se lancer dans une aventure inconnue. Mais après réflexion, elle accepte la brutalité de l'arrachement et la dure réalité de l'exil tout en posant une condition déterminante qui consiste à ce que sa mère ne la quitte pas et l'accompagne n'importe où on les installe. Une telle condition acceptée par les responsables à l'agence juive qui prend directement en charge les frais de son immigration, il ne leur reste que d'attendre le moment du grand départ. Ainsi, en 1965, au comble de la peur, sa main soudée à celle de sa mère, la narratrice est désemparée d'être obligée de quitter la terre de ses ancêtres.

> Nous avions quitté le Maroc avec d'autres passagers clandestins. Les « sionistes », c'est ainsi qu'on nommait ceux qui aidaient les juifs à quitter le pays, nous avaient inscrites sur un passeport collectif que les douaniers, à qui l'on avait généreusement graissé la patte, acceptaient, non sans crainte qu'ils trahissent leur parole à la dernière minute. Cachées dans la cale du bateau l'Ancerville, nous nous éloignâmes à tout jamais de ce pays qui fut longtemps

---

[18] À la fin 1966, près de 85 000 Juifs quittèrent le Maroc dans le cadre de l'Opération *Yakhin*, au grand dam de la gauche marocaine qui, dans un éditorial de son journal *Al Tahrir* du 16 décembre 1961, dénonça l'attitude du gouvernement comme « une trahison ». Voir à ce sujet Agnès Bensimon. *Hassan II et les Juifs. Histoire d'une émigration secrète*, Paris, Seuil, 1991, 235 p. et David Bensoussan. *Il était une fois le Maroc*, Montréal, Les Éditions du Lys, 2009, 300 p.

le berceau des juifs, des siècles avant l'invasion arabe de l'Afrique du Nord. (29)

Il est crucial de rappeler que du fait des risques à courir, l'émigration empruntait des voies clandestines jusqu'au naufrage du bateau *Egoz*, le 10 janvier 1961, qui a chaviré et noyé tous ses passagers. La mort tragique de ses 44 passagers révèle comme l'indique Mello « l'ampleur de ce mouvement au monde entier »[19]. Les facilités des départs ont apparu après ce qu'on a appelé « l'accord de compromis » conclu entre Israël et Feu S.M. Hassan II et stipulant que les départs ne soient pas effectués par un organisme israélien et vers Israël et qu'une indemnité financière soit versée. Ainsi du 28 novembre 1961, date de la signature des premiers passeports, beaucoup de juifs vont pouvoir quitter collectivement le pays. La narratrice et sa mère sont inscrites avec d'autres passagers sur un document officiel. Malgré le passage du temps, les conditions insoutenables de la traversée demeurent ancrées à jamais dans sa mémoire.

> Nous vomissions nos tripes au fond de cette embarcation. L'ordre avait été donné aux passagers clandestins, comme nous, de se tenir cachés dans la cale jusqu'à ce que le bateau quitte les eaux territoriales du Maroc et atteigne les eaux internationales. (29)
> À ce moment-là, seulement, nous échappions à la juridiction marocaine.
> Nous reçûmes, alors, l'autorisation de monter sur le pont et notre estomac retrouva un peu de calme.
> L'Ancerville nous mena jusqu'à Marseille et là nous embarquâmes sur le JÉRUSALEM en direction de Haïfa. (29-30)

Contrairement à ses compatriotes qui sont cantonnés à leur arrivée dans les camps de transit (*ma'barot*) à Kiryat Shmona, puis parqués dans les villes dites de développement situées dans le Néguev, en Galilée et dans les zones frontalières, la narratrice s'installe à Jérusalem avec sa mère dans un appartement exigu dans un immeuble réservé aux étudiants d'Afrique du Nord octroyé par la Souknout (Agence juive chargée de fournir des logements aux nouveaux immigrants en Israël). Elle bénéficie de cette bourse d'études offerte par le gouvernement israélien afin d'attirer la jeunesse intellectuelle nord-africaine qui avait plutôt tendance à s'expatrier en France. Ainsi, elle était « la seule étudiante à vivre avec sa mère dans une résidence pour étudiants » (30). Ce logement aussi modeste soit-il comble Anna d'un bonheur inégalé. D'abord, son rêve a été exaucé, vivre à Jérusalem, et ensuite elle vit auprès de sa fille, ce qui lui apporte un grand soutien. Depuis son arrivée, elle a tout fait pour s'intégrer dans la société

---

[19] Annick Mello. « La communauté judéo-marocaine : diaspora et fuites des élites », *Autrepart*, N° 22, 2002, p. 53.

israélienne. Elle n'a pas perdu son temps, s'est inscrite à l'Oulpan et elle a pris des cours d'hébreu. Elle arrive bien à se débrouiller et en quelques mois, elle a apprivoisé son nouvel environnement. Et c'est dans ce minuscule appartement qu'elles chérissent, malgré tout, que Hasiba, une connaissance de leur temps à Marrakech, est venue sans nulle attente leur rendre visite.

Cette simple rencontre inattendue avec cette ancienne amie soulève une grande tourmente chez Anna qui « ne l'avait pas vue depuis son départ du Maroc et même bien avant » (9). Hasiba s'est installée à Haïfa et sa condition de vie s'est bien améliorée et elle a tenu à revoir Anna pour lui étaler sa richesse. La surprise est totale et Anna affiche sa joie de la revoir. Comme de coutume, à la réception d'un visiteur, elle lui prépare du thé et leurs langues se délient pour un échange d'informations depuis leur séparation.

> Anna mesurait toute la distance qui la séparait, désormais, de Hasiba. Elle se demandait comment faire comprendre à cette analphabète qu'elle a changé. Elle n'est plus intéressée par l'argent. Elle a évolué.
> Mais quand on décide de tout quitter pour venir en Israël, c'est Jérusalem avant tout. Dieu m'a accordé mon vœu le plus puissant. Vivre autonome à Jérusalem, *hadik nhya denia ou mefeha* (c'est l'essence même de l'existence) et je ne changerai pour rien au monde ma vie à Jérusalem. D'ailleurs, je me suis même acheté ma demeure finale au Mont des Oliviers. (13)

L'enfance de la narratrice permet aisément de comprendre sa révolte et son indignation devant l'attitude de cette ancienne voisine qui, bien que riche, la jalousait malgré toute l'opulence de sa famille. Elle se rend compte que cette visite a fait resurgir tout ce que sa mère avait enfoui et tenté d'oublier, réussissant à lui infliger une blessure profonde.

> Elle avait réveillé le souvenir du passé fabuleux qu'Anna avait connu, mais qui était révolu depuis bien longtemps et surtout, toutes les souffrances qu'elles avaient supportées ensuite. En dépit de tout ce qu'elle avait enduré, Anna gardait son calme et son sourire. (14)

Certes, à cette joute à laquelle s'est livrée Hasiba, Anna est sortie victorieuse. Mais elle demeure affectée au plus profond de son âme du sort implacable qui s'était abattu sur toute sa famille. Et malgré tout ce qu'elle avait enduré, elle est restée fidèle à elle-même, à ses convictions, tournée vers le futur, armée d'une foi puissante. Ce qui impressionnait la narratrice, c'est la sagesse stoïcienne de sa mère qui « ne questionnait pas contrairement à Job, la volonté divine. Elle se résignait à son sort, non sans effort, convaincue que ce que Dieu fait est pour le bien » (17).

La place de cette visite en incipit du roman sert de charnière et revêt une grande importance dans le projet d'écriture de l'écrivaine qui est essentiellement autobiographique dans lequel elle mêle ses souvenirs personnels et la reconstitution du passé de sa mère ainsi que par extension narrative celui de sa famille au sein de la communauté juive de Marrakech. En fait, constatant que sa mère qui naviguait « calme et même heureuse dans sa nouvelle vie à Jérusalem, riche de toutes les connaissances qu'elle glanait ça et là et qui la comblaient de bonheur jusqu'à ce que Hasiba vienne jeter le trouble dans cette sérénité et remuer le tréfonds de son âme » (34), elle s'efforce de relater les événements majeurs qui avaient marqué sa vie jusqu'à son arrivée dans ce modeste appartement qu'elle partageait avec sa mère et qui étaient revenus avec force cogner dans sa tête. Grâce à ce lien intime qu'elle entretient avec sa mère[20], l'écrivaine se charge d'écrire son histoire. Elle profite donc de ce moment où sa génitrice revit à rebours sa vie pour reconstituer les étapes essentielles de cette période lointaine, afin de donner un sens à ses actes et surtout d'apprendre « des détails de cette histoire qui a traumatisé de différentes façons chacun des enfants » (35). Pour elle, l'histoire de ses parents, Shmouel et Hana, « mérite d'être racontée, ne serait-ce que pour tenter de comprendre ce qui échappe à l'entendement » (34). Dans ce contexte, le rappel de son parcours de vie cède la place à celui de sa mère en lui donnant la parole pour exorciser sa mémoire alourdie par les pesants malheurs qui l'ont frappée et n'épargnant aucun membre de sa famille.

Assouline utilise des éléments polyvalents afin de raconter des souvenirs de sa mère dont le témoignage recoupe par reconstitution un monde où s'enchevêtrent intimité et Histoire. À travers une série de tableaux qui nous dirige, en ruptures chronologiques, de la Casbah de Marrakech, à Jérusalem, Paris, puis Montréal, l'auteure évoque l'histoire fabuleuse et tragique de Shmouel et Hana qui présente des destins individuels.

En quoi l'histoire de sa mère marque-t-elle une rupture avec le schéma de vie habituel des femmes juives au Maroc ? En quoi différentes situations, dans ce roman, révèlent-elles la mémoire blessée de son passé tourmenté au cœur d'un désastre provoqué par la jalousie humaine ? Quel est le secret de sa force face à des souffrances endurées avec courage et noblesse ? Comment a-t-elle réussi à prendre à bras le corps son destin et celui de ses enfants pour redonner des couleurs et de l'espoir devant une vie dévastée ? Les réponses à ces questions s'éclairent en suivant l'itinéraire de vie de Hana depuis le croisement de son regard avec Shmouel jusqu'à son décès en

---

[20] « Je suis celle, parmi les nombreux enfants de ma mère, à avoir vécu le plus longtemps avec elle. Les mariages, les études en France, la fuite du Maroc avaient éloigné l'un après l'autre ses enfants. Il ne restait plus qu'elle et moi » (35).

février 1985, « un samedi 27 shvat et [son enterrement] à Rosh Hodesh Adar (premier jour du mois d'Adar) » (237).

L'histoire de Shmouel et Hana aurait pu être un conte de fées témoignant de la rencontre de deux êtres qui s'aiment, se marient, donnent naissance à plusieurs enfants, vivent heureux jusqu'à ce que la mort les sépare. Malheureusement comme le rappelle le proverbe arabe, « *les vents soufflent à l'encontre des désirs des barques* » et la réalité peut s'avérer parfois dure et cruelle déstabilisant totalement les êtres en anéantissant leurs rêves en commun.

En effet, Hana, fillette âgée d'une dizaine d'années, belle et sensible, jouait comme d'habitude avec d'autres enfants dans la rue au mellah lorsqu'elle est enlevée par les bras puissants d'un *mal'in* (mauritanien ou malien). L'homme venu des confins du Sahara la place à dos de son dromadaire, tout fier de sa prise. Quand elle se rend compte du danger qu'elle court, elle s'évanouit. Mais lorsqu'elle ouvre les yeux, elle constate qu'elle a été sauvée par un jeune homme, un inconnu, qui avait épargné une tragédie de taille aux gens du mellah. Ceux-ci vivaient dans la terreur et la frayeur des raids des hommes bleus quand ils apparaissaient en ville, et aussi devant les attaques des Arabes contre lesquels ils étaient complètement impuissants. C'est que, assujettis à eux, ils « n'osaient jamais leur tenir tête. Ils espéraient encore moins que justice fût faite. Personne ne serait venu à leur secours. Le juif était condamné d'avance sans aucune forme de procès » (40). Il faut en effet ajouter qu'avant l'Indépendance du Maroc, les membres de la communauté juive avaient le statut de *dhimmis,* « que l'on traduit par protégés ou tolérés. Ils étaient soumis à un impôt spécial, la *Jiziya* [...]. Mais ils avaient une autonomie religieuse complète »[21].

Cette rencontre donne naissance à la manifestation d'un amour puissant entre une jeune fille de dix ans et d'un jeune homme dans la vingtaine. Mais Yacoth, la mère de Hana considère leur union trop prématurée. Ce faisant, Shmouel devait attendre encore quelques années avant qu'elle ne lui accorde l'autorisation de prendre sa fille comme épouse. Leur mariage fastueux a duré plusieurs jours faisant l'objet de conversation parmi les membres de la communauté juive de Marrakech. Shmouel, richissime homme d'affaires, pour célébrer son union avec sa bienaimée avait mis en pratique le proverbe qui dit « quand on aime, on ne compte pas ».

Shmouel a fait sa fortune en nourrissant tous les jours des milliers de militaires au Maroc. Avec l'armée française, il s'est enrichi, ce qui lui a valu l'appellation de *tazzer* qui veut dire riche. Il était à la fois admiré et jalousé, aussi bien pour sa personne, sa fortune, son audace, sa générosité proverbiale, mais également pour sa piété et le maintien ainsi que le suivi des rituels juifs. C'est un bon juif, « respectueux du shabbat et de tous les autres commandements, il était surtout connu pour la charité qu'il faisait

---

[21] Voir Bensoussan. *Il était une fois le Maroc.*

sans compter » (44-45). Son union avec la belle Hana, fille pieuse d'un rabbin, s'avère une bénédiction. Non seulement elle lui apporte de la chance, mais également elle le comble d'un immense bonheur. Il était fier d'elle et n'hésitait devant rien pour la gâter et la rendre heureuse.

> Elle ne parlait pas français et ne s'habillait pas à l'européenne. À la manière des épouses juives, elle cachait ses cheveux auburn sous un *san,* sorte de mantille dont elle possédait toute une collection. Shmouel les faisait venir, pour elle, de Tanger et d'Espagne. Elle portait également par-dessus sa robe, un haïk, grand châle qui lui couvrait les épaules et descendait en franges au-dessous de la taille. (45)

D'une extrême beauté et d'une profonde sensibilité, Hana est une femme joyeuse et satisfaite. Mère de plusieurs enfants, des filles et des garçons, qu'elle entoure d'amour et d'affection, c'est une épouse accomplie qui assume bien ses responsabilités vivant heureuse avec son âme sœur Shmouel qui la comble d'amour et de bienfaits, exigeant même d'Ima Yacoth qu'elle s'occupe de la gestion du *Riad* afin de ménager son épouse. Car, la vie quotidienne des femmes juives est très animée, car chargée de mille et une tâches à faire à cause de la place qu'occupe la religion dans le maintien et le respect des traditions juives, des lois alimentaires et des célébrations des différentes fêtes qui ponctuent les saisons et les événements de l'année juive.

> Les juifs n'avaient jamais le temps de s'ennuyer et les femmes juives encore moins. On passait d'un shabbat à l'autre, d'une fête à l'autre, d'une commémoration à l'autre. Le tout ponctué de naissances, brit mila, bar mitsvot, fiançailles, mariages. Une famille moyenne comptait sept, huit ou neuf enfants. Les festivités ne manquaient pas. On mariait souvent l'aîné des enfants en même temps qu'on célébrait l'arrivée d'un nouveau bébé. Chacun de ces événements nécessitait un travail colossal et les femmes avaient toujours du pain sur la planche. Compter sur les hommes pour donner un coup de main était pure illusion. Les servir en permanence allait de soi. Avoir le loisir de ne rien faire était un luxe inexistant. Seul le shabbat permettait aux femmes d'arrêter tout travail et souffler un peu. (58)

Aussi, intelligente, curieuse et pieuse, Hana avait-elle soif de connaissances, s'intéressant à tout et s'entourant de gens qui pouvaient lui apporter quelque savoir. Tous les samedis après-midi, son frère Shlomo, très versé en araméen, venait lui lire et lui expliquer *la paracha* (section biblique) de la semaine. Il traduisait en arabe pour elle et Ima Yacoth des contes et légendes de Haroune El Rachid, de Malékssif, de Shéhérazade. Il leur racontait aussi des contes hébraïques, des histoires tirées de la Torah. La narratrice se souvient que leur grand-mère se chargeait de les raconter ensuite le soir aux enfants pour les endormir. De plus, elle se souvient aussi que dans la demeure familiale à Marrakech, sa mère « invitait souvent ses amies le samedi pour partager avec elle ces moments d'instruction tout en dégustant thé et gâteaux » (61). Plus tard à Jérusalem, elle maintint son désir de s'instruire demandant à son fils Prosper de faire de même. Et à chaque nouvelle découverte, « son visage rayonnait de bonheur à l'écoute de ce savoir qui raffermissait sa piété et élargissait son univers culturel » (61).

Entourée de ses enfants et de sa mère, Hana jouissait d'une vie confortable et luxueuse, gâtée, aimée par son époux, considérée et surtout respectée par tout un chacun. Loin des fréquentations des femmes de son quartier, se tenant à distance des discussions animées de commérages, repliée sur elle-même, elle vivait heureuse et insouciante filant un bonheur parfait pendant de longues années jusqu'au jour où elle voit sa vie culbuter par un cataclysme soudain. En fait, elle évitait de se joindre aux réunions de ses voisines qui passaient un temps exclusivement entre elles riant, parlant et dégustant un plat spécial préparé pour l'occasion : *Skso del esoub* : le couscous aphrodisiaque.

> Pour égayer leur vie et remplir les moments creux, les femmes de la Casbah se réunissaient entre elles, sans hommes. Ces réunions avaient lieu l'après-midi quand les enfants étaient à l'école et les maris au travail. Une d'entre elles se chargeait de préparer *Skso del esoub*, un couscous auquel on incorporait des épices spéciales aux multiples bienfaits. C'était un couscous aphrodisiaque que l'on servait surtout aux jeunes mariées pour les aider à concevoir. On le donnait également aux épouses de tout âge pour les encourager à être plus entreprenantes avec leurs maris et accepter plus facilement les élans amoureux et exigeants de leurs époux. Ce genre de couscous les détendait, déliait leurs langues et les faisait rire comme des folles. En l'absence des hommes, ces femmes se permettaient de raconter des histoires grivoises et de déballer les secrets qu'elles avaient appris sur l'une ou l'autre des voisines ou sur ce qui se passait dans d'autres quartiers de la ville. Il n'y avait plus de retenue : *Nikhnas yayin, yotsé sod* prévient le proverbe ce qui signifie que lorsqu'on absorbe du vin, le secret sort. (63)

Sur l'insistance de sa voisine Zarie, un jour elle avait fini par céder. Et à ses dépens elle apprend une nouvelle qui va la détruire totalement. Une des invitées lui suggère de ne pas abuser de ce plat et devant sa grande stupéfaction lui révèle qu'elle était la seule personne en ville qui ne savait pas que son mari avait une maîtresse. Secouée au plus profond de son être, elle était devenue autre. Le choc est terrible, elle se hâte de partir gardant sa dignité. Mais le changement était apparent. Devenue autre, elle, qui avait toujours un comportement irréprochable, calme et chaleureux, ne réussit plus à contrôler ses émotions. Tout son être vibrait et bouillonnait de colère, ne voulant ni manger ni aller se reposer, attendant de pied ferme le retour de son mari. Apprenant que son mari avait une maîtresse, une fille juive et que ce n'était pas la première escapade, tout son havre de paix et d'amour s'écroule en un instant. Elle avait beaucoup de difficultés à admettre cette secousse inattendue qui avait définitivement ébranlé sa vie, étant « déjà mère de sept enfants. Le dernier marchait à peine, deux autres étaient morts en bas âge et elle n'avait que trente-deux ans à peu près » (67). Sa confrontation avec son mari fut houleuse et Shmouel ne s'attendait pas à une telle réaction « de sa douce Hana qui signifie charme et grâce en hébreu. C'était une furie que l'Amour et la confiance trahis avaient déchaînée. Désormais, la vie de Shmouel et Hana n'était plus la même » (67).

Sur une toile de fond partagée entre la douleur et le désespoir, l'écrivaine dresse un récit aux traits troublants qui recèle, en marge de la profonde blessure de sa mère, une tragique découverte des injustices que subissent les femmes devant l'abus du sexe masculin.

> Dans ces cultures, l'homme était maître et roi, le gagne-pain, le décisionnaire. Que pouvait une femme illettrée avec une ribambelle d'enfants contre celui qui la faisait exister ? Pouvait-elle seulement se révolter ? Elle était à sa merci, entièrement à sa merci. Il pouvait la répudier à sa guise comme on répudie légalement une femme stérile. Mais Hana lui avait donné des enfants, de très beaux enfants, filles et garçons se suivaient. De ce point de vue juridique, la loi était pour Hana ; mais que vaut la loi lorsque l'argent et la notoriété régissent les mouvements de la balance ? (69)

En effet, Shmouel avait tous les droits de prendre une autre épouse, mais cela devait se faire avec le consentement de la première. Toutefois, Hana n'était pas comme les autres femmes. Son mariage n'avait pas été conclu par convention sociale, elle avait associé son âme à celle de son mari. Ils entretenaient entre eux une communion unique. C'était son sauveur et son protecteur, son unique amour. Elle ne pouvait pas, un seul moment, concevoir de le partager avec une autre femme. Sans lui, elle n'a aucune vie. Elle n'existe pas. Il était le soleil de sa vie, sa lumière, sa respiration, celui qui la comblait et la rendait heureuse. Mais cela existait avant la découverte d'une vérité amère. Cette situation l'a beaucoup affectée. Elle est désormais l'épouse trompée et une autre femme était dans le décor. Elle avait perdu le sourire, blessée dans son amour propre par les commérages qui circulent à son sujet de la part de membres d'une communauté dont beaucoup l'enviaient saisissant cette occasion pour la mettre au centre de leurs conversations qui animaient leurs réunions. Les langues des jaloux ne l'épargnent pas anticipant la suite de sa chute tragique. Son mari était un homme à femmes. Il ne s'en cachait pas ; mais c'était aussi un homme qui valorisait sa vie de famille, ses enfants, son épouse, qu'il ne sacrifierait jamais. Ce qui la trouble, c'est qu'en dépit du fait qu'il avait des relations extra-conjugales, son attitude envers elle et ses enfants était restée intacte. Il aurait pu continuer à avoir des relations extra-maritales avec des Françaises, cela ne touchait en rien sa vie de famille et personne au mellah n'était au courant, mais avoir une maîtresse juive, de sa propre communauté, c'est courir un risque grave qui aller le détruire et affecter sérieusement sa famille.

Foudroyée par cette nouvelle, insultée dans son honneur et bafouée dans son amour propre, Hana sombre de plus en plus profondément dans le désarroi. La découverte de cette trahison anéantit toutes ses convictions. Elle était soutenue par Ima Yacoth et son frère Shlomo qui continue à venir lui rendre visite tous les samedis après-midi pour lui raconter « des histoires édifiantes de la Torah pour renforcer sa foi en Dieu, l'aider à comprendre et à faire face stoïquement à ce qu'elle vivait » (75). Non seulement, elle découvre peu à peu toute la richesse de la religion, mais apprend à exister dans l'apprentissage prête à passer d'un état d'esprit à un autre. Pour protéger ses enfants, elle accepte malgré elle cette situation blessante et se laisse ballotter par les événements. Toutefois, elle demeure fidèle à elle-même, ne négligeant pas ses œuvres caritatives, toujours généreuse, toujours prête à aider et à porter secours.

L'image de cette mère contrainte d'admettre l'inadmissible amène l'écrivaine au volet socioculturel et religieux qui domine au sein de sa communauté. L'aventure de son père avec cette jeune juive n'est pas passagère. Il a été piégé tombant dans les filets d'une femme dangereuse, tenace, usant de tous les stratagèmes possibles pour le maintenir sous son contrôle et lui faire payer un gros prix. *El Mesbogha*, la maudite, c'est ainsi que l'on nommait cette créature qui avait mis le grappin sur un homme marié et père de plusieurs enfants, n'avait d'yeux que pour sa fortune. « Femme de peu de vertu, elle ne se souciait pas du mal qu'elle se préparait à infliger à une famille heureuse », aidée par son père, un être malfaisant, dénué de scrupules et de remords « qui était connu à Marrakech pour son expertise en sorcellerie, en magie, en *shehour*. Une engeance de Bil'ham » (77). Ses plans maléfiques visaient à ce que sa fille devienne l'unique maîtresse du *Riad* chassant la première épouse et ses enfants. Ils se mettent ensemble pour aboutir à leurs fins. Ainsi, elle tombe enceinte et donne naissance à une fille et une autre, désirant qu'elle soit prise pour épouse légitime. Enfanter est sa seule manière d'avoir un pouvoir, et donc, de légitimer son statut.

Mais rien à faire. Shoumel refusait de la hausser à ce niveau. Ce qui force le père de l'attaquer sur un autre front. Il fait intervenir son cousin, un rabbin influent dans la communauté pour soulever un cas de conscience. Les deux enfants de la maîtresse sont considérés comme des bâtards, ce qui n'est pas toléré dans le judaïsme. Ainsi, les rabbins du Tribunal rabbinique de Marrakech recourent à la pression pour forcer Hana à accepter que son mari la prenne comme deuxième épouse. Il en avait les moyens et la bigamie était autorisée au Maroc. Tant qu'elle ne donnait pas son consentement, il n'est pas autorisé à le faire.

L'écrivaine qui pose un regard subjectif et intime sur le combat que livre sa mère pour contrecarrer l'acharnement continu contre elle de la part d'hommes influents qui devaient honorer les commandements religieux montre les pires caractéristiques de certains détenteurs du savoir divin. Dans cette perspective, son écriture devient une voix sans appel, une parole vivante pour réagir, dénoncer et s'interroger. Elle a la conscience aiguë d'être chargée d'une tâche à accomplir : faire connaître les souffrances de sa mère et surtout les injustices subies qui ont pour fondement la domination masculine, et surtout celle des rabbins, envers lesquels elle éprouve un respect sacré. Pour elle, ils sont les chefs spirituels de sa communauté, chargés de sauvegarder l'intégrité de l'enseignement du culte judaïque. C'est une terrible trahison qui s'ajoute à son lot de déceptions. Un coup fatal qui ébranle toutes ses convictions personnelles. Déterminée à faire valoir son droit d'épouse qui n'a rien à se reprocher et en vue de protéger sa famille, elle refuse et maintient sa décision. Le rabbin, proche de sa rivale, a même cherché à l'intimider en recourant à l'ordre moral qui doit régner au sein de la communauté. Mais elle a du mal à faire valoir ses choix devant cet homme corrompu qui use de tous ses pouvoirs pour la faire plier et accorder son consentement à Shoumel. Elle manifeste catégoriquement son refus de le partager avec la 'maudite'. Il est son mari légal, son amour exclusif, son sauveur, son protecteur.

> Après la traîtrise de ses amies, le manque de justice de la part d'un rabbin la choqua énormément. Elle avait une foi profonde et était convaincue que la justice de Dieu n'avait rien de commun avec cet homme qui prétendait parler au nom de la Torah. Elle sut qu'il était apparenté à la maudite et qu'il faisait partie de toute une machination pour lui enlever son mari, le père de ses enfants, pour favoriser sa cousine. (80)

Au sein de ces combats contre le pouvoir maléfique de *El Mesbogha*, la maudite et de son père, c'est à la volonté de l'être de refuser la fatalité du destin. Son cri est un défi. C'est ce défi que n'ose même pas imaginer Shmouel, totalement sous le pouvoir de sa maîtresse. C'est ce défi qui affirme la volonté de sa mère de changer l'ordre relationnel au sein de son couple. Sa réaction opère une mutation et rompt avec son attitude passive. Mais elle ne sort pas indemne de tous ces assauts, de toutes ces luttes affrontant de grandes injustices, son corps et son être sont sérieusement affectés. Il reste qu'elle continue à assumer ses responsabilités et à maintenir le même rythme familial, malgré tout ce qu'elle vit et subit.

> Hana était victime de tous les gens mal intentionnés. Pourtant, elle trouvait le courage d'afficher une dignité sans pareille et avait

> l'intelligence de laisser sur leur faim ceux qui par fausse compassion essayaient de lui soutirer des confessions. Elle restait grande dame jusqu'au bout des ongles. À la maison, cependant, ce trop-plein de souffrance qu'elle ne pouvait étouffer se manifestait par des crises de larmes et de sanglots déchirants. (105)

Les difficultés de Hana ne cessent de s'accroître. Certes, son mari était toujours présent et à tous les moments qui ponctuent le calendrier juif. Il passe un temps avec la maudite et revient constamment au domicile familial. Mais celle-ci n'était pas satisfaite, son but est d'être reconnue comme épouse légitime. Son père ne lâche pas prise. Il multiplie ses pouvoirs en utilisant toutes ses connaissances dans la sorcellerie au service de sa fille. Hana était dépassée devant l'emprise de la maudite sur son mari qui se plie à satisfaire toutes ses exigences allant même à dérober des bijoux, habits, objets qui lui appartenaient pour les lui remettre. Tristement, elle se rend compte qu'il n'était plus la même personne qu'elle avait connue. C'était un autre homme. Elle a beau refuser, elle doit néanmoins se plier à la règle imposée par les rabbins. Contre son gré, elle acceptait de le partager avec la maudite tant que celle-ci reste loin d'elle et de sa famille, n'interférant pas dans le domaine familial. Or, la maudite et son père étaient des adversaires voraces qui visaient de s'accaparer de toute la fortune de Shmouel. Ils voulaient à tout prix la chasser du *Riad* et s'attaquaient à la demeure familiale en puisant dans « croyances et pratiques médiévales, la magie noire, la sorcellerie, le *shehour* [qui] avaient une emprise très forte sur les esprits et faisaient partie de leur quotidien (87). C'est Ima Yacoth qui se chargeait d'annuler l'effet maléfique du *shehour*, agissant en toute discrétion, évitant d'alerter sa fille, cherchant à la protéger en la gardant dans l'ignorance de ces horribles et terrifiants agissements. La santé de sa fille est sérieusement affectée, elle développait un goitre qui la rendait encore plus vulnérable aux contrariétés et affectait son humeur touchant son entourage. Ses enfants souffraient de cette dégradation et de l'atmosphère qui régnait à la maison.

L'écrivaine expose une vision claire et pertinente des rapports qui dominent au sein de la communauté juive. Elle s'attaque à la fausseté humaine et la force de la jalousie dévorante qui gangrène chez certaines voisines qui ont fait trop mal à sa mère. En fait, Hana était ébranlée par l'immensité de l'ingratitude humaine et la cruauté de plusieurs personnes envers qui elle était généreuse et chaleureuse.

> Les mauvaises langues se délièrent à qui mieux, mieux. Ceux qui jalousaient Hana affichaient sans honte leur satisfaction de la voir touchée dans son bonheur. Ces individus qui ne vivent que par comparaison avec les autres ne ressentent un semblant de joie qu'à la vue des misères des autres. On les trouve dans toutes les classes sociales, pas seulement chez les démunis. Hana devait apprendre à ses dépens que ce genre de personnes ne tolère pas le bonheur des

> autres. En fait, leurs batteries se rechargent dès qu'une tuile s'abat sur ceux qu'ils jalousent parce qu'ils sont plus choyés par le sort, pensent-ils. À quelque chose, toutefois, malheur est bon. C'est dans l'adversité que les vraies amitiés se manifestent également, accompagnées de valeurs morales authentiques. (84)

L'écrivaine campe également la figure du père dans ses différentes variations allant de l'image du succès, de la richesse qu'il prônait jusqu'à sa chute, voire sa déchéance totale en passant par sa dérive en suivant ses pulsions vertigineuses, sa déroute humaine ainsi que la perte de sa force, de son statut social, de son prestige ainsi que de sa puissance. Elle avance que s'il a tout perdu, c'est à cause du pouvoir maléfique que sa maîtresse exerce sur lui. La réalité de cette situation résulte en l'éclatement de la famille, l'anéantissement de la cohésion. Pour le commun des mortels, croyant aux superstitions et à la sorcellerie, son géniteur vivait une possession, un ensorcellement. Quant à elle, avec le recul du temps, elle considère que c'est de la bêtise absurde cette affaire de sorcellerie et du pouvoir attribué aux djinns. Elle se réfère à une étude faite par Paris-Match sur ce phénomène touchant les ressortissants français qui vivent au Maghreb et qui se perdent dans une dérive totale, que le *shehour* en question n'était rien d'autre que de la drogue, cocaïne ou autre savamment mélangée aux boissons ou à de la nourriture. Ainsi, tout homme qui l'ingurgite ressent un bien-être auprès de la femme qui le lui prodigue. Loin d'elle, le manque le ramène malgré lui pour avoir encore sa dose. En fait, il devient dépendant de la drogue. C'est ainsi qu'elle explique le pouvoir de la maîtresse sur Shmouel qui, aidée par son père, lui faisait subir le même traitement, celui-ci évidemment retournait vers elle dès que son corps éprouvait un manque.

Ce qui touche dans la trame narrative, c'est quand elle incorpore aussi un regard d'enfant qui ne comprend pas les agissements des adultes. Elle rapporte l'attention de sa mère, qui lors d'une visite à Casablanca, rapporte deux bracelets-montres, un pour sa sœur Arlette et un pour elle. Elle était joyeuse de le porter et quand un jour elle l'eut oublié, elle devint triste et désemparée. Sa surprise fut immense quand elle découvrit une fille dans la cour de l'école portant le même bracelet que le sien et en parlant avec elle, celle-ci lui révèle que c'est un cadeau de son père. Elle lui donna son nom qui correspondait à celui de sa famille. Ne pouvant pas établir de lien, elle informa sa mère qui réagit vivement ayant compris que son mari avait franchi un niveau impardonnable en touchant aux affaires de ses enfants. C'est la goutte qui a fait déborder le vase de sa colère et elle décide de l'affronter. Elle attend son retour et lui refuse l'accès à la demeure familiale s'il ne ramène pas le bien de sa fille. Ce qui surprend Shmouel qui ne comprend pas pourquoi elle n'avait jamais réagi en constatant le vol de ses propres affaires, mais pour le bracelet de sa fille, elle apparaît farouche lui intimant l'ordre de ne pas revenir sans le bracelet appartenant à sa fille. Elle savait qu'il prenait beaucoup de ses choses personnelles et de valeur pour les remettre à la maudite qui se pavanait en les portant publiquement. Elle était indifférente à ces agissements outranciers et malsains. Mais quand il avait osé toucher à ses enfants, il avait commis l'impardonnable, car l'amour d'une mère est sacré. En effet, si elle ne peut pas s'assumer financièrement parce qu'elle dépend entièrement de lui, elle n'hésite pas à exprimer sa colère et sa rage refusant d'admettre l'inadmissible et d'agir en épouse soumise, obéissante et silencieuse. Elle sait que le monde dans lequel elle vivait est dur et injuste envers les femmes en raison des blocages d'une société hostile, foncièrement patriarcale et trop souvent intolérante, protégée par le poids de la religion, des traditions et des pratiques séculaires communautaires. Mais quand elle se rencontre qu'il avait osé recommencer en volant le collier de perles de sa fille Fany, infirmière, qui lui avait prodigué tous les soins, s'occupant de lui à l'hôpital alors qu'il avait frôlé la mort, foudroyé par une hémorragie cérébrale, elle avait finalement compris que son mari était irrécupérable, à jamais perdu dans une déchéance totale. En particulier, elle se rend à l'évidence que :

> L'amour le plus puissant, comme celui qu'elle avait connu avec Shmouel, pouvait s'affaiblir.
> La fortune la plus colossale risquait de disparaître.
> Les amis, des oasis dans le désert. Un pur mirage. La santé de l'individu était tributaire de tant d'éléments aléatoires. La jeunesse, la beauté. Tout était éphémère. (129)

L'insistance de l'écrivaine sur la présence de ses frères et sœurs autour de leur mère exprimant leur solidarité en la protégeant indique qu'elle grandit au sein d'une famille soudée. En l'emmenant faire une intervention chirurgicale sans en informer leur père montre bien qu'ils sont conscients chacun à son niveau de cette crise qui les a tous frappés. Même petite, le traumatisme de cette situation demeure soudé de manière surréelle dans ses souvenirs. Elle n'avait jamais oublié la tristesse qui émanait des yeux de sa mère, son désarroi et ses pleurs constants. C'est entre ses enfants, petits et grands, que les solutions aux données de leurs problèmes devaient se trouver. Ils n'avaient de choix que d'être solidaires et de s'entraider pour survivre et pour exister dans une atmosphère plus saine.

Pour Hana – survivant dans la tristesse, l'inquiétude et le désespoir, soutenue par solidarité de tous ses enfants, se tournant vers les livres et notamment vers la foi, pour combler le vide de l'abandon de son mari – se faire dépouiller de ses possessions, jour après jour, pouvait être surmonté. Mais que faire contre les dégâts psychologiques infligés aux enfants par le comportement malsain de leur père ? Après le vol du collier de sa fille, une violence a été perpétrée qui dépassait le caractère acceptable et tolérable. Elle refusait de demeurer enchaînée dans un mariage stérile et s'est sentie libérée de ses devoirs envers un époux qui était devenu un autre, un homme indigne d'assumer ses responsabilités de père, insensible devant l'ampleur de sa peine.

> Il lui avait pris un collier en diamant, des bracelets, des boucles d'oreilles. Elle n'avait rien dit. Elle se contentait de pleurer. Pourquoi, pour une petite bricole de rien du tout, elle faisait tant d'histoires ?
> Comprendra-t-il que l'amour d'une femme pour un homme et celui d'une mère pour ses enfants n'ont pas de commune mesure ?
> (122)

L'écrivaine se souvenait qu'elle entendait souvent sa mère dire à la sienne : « un bout de pain, n'importe où, dans la tranquillité, plutôt que les affres d'un mariage pourri dans cette maison que tout le monde lui enviait ». En fait, sans s'en rendre compte, parlant de son cœur, « elle répétait à sa manière les conseils du roi Salomon « Mieux vaut du pain sec, mangé en paix, qu'une maison pleine de festins, accompagnés de disputes » (Proverbes, chapitre XVII) » (130). Ayant appris la précarité de toute chose, elle savait que seule l'indépendance économique de la femme pouvait lui permettre d'échapper à la tyrannie d'un mari qui ne lui procurait que malheurs, peines et souffrances. Même si elle lui avait signifié sa volonté qu'il n'était admis dans la demeure familiale que s'il rapportait le bracelet de Stella et qu'elle était intraitable quand il osait toucher à ses enfants, il avait recommencé. Non seulement, il avait fouillé dans les affaires de sa fille Fany, il avait forcé la porte de son armoire pour prendre son collier de perles. Ce faisant, elle décida de reprendre sa vie en main quittant son mari définitivement. Pour elle, il était perdu dans les limbes de la déchéance totale. Partir et « [é]viter ces incidents traumatisants qui devenaient de plus en plus fréquents s'imposait » (133) fermement.

> Sa décision était prise. Elle le quitterait.
> [...]
> La maison n'avait plus d'attrait à ses yeux.
> L'amour, la richesse, la joie, les naissances, les fêtes, tout cela faisait partie d'un passé révolu. Il ne restait plus que l'amertume.
> (133-134)

Les femmes étaient enfermées dans la tradition ou l'humiliation. En agissant, Hana opère un grand virage dans sa vie, refusant de continuer à subir. Elle se rebelle et se libère quitte à devenir marginale, mise au ban de la société. Elle élève sa voix, trace son propre chemin pour s'approprier son destin, réappropriation qui ne peut se réaliser que par le biais de retrouver sa dignité bafouée. Elle a su, néanmoins, éviter l'échec ; celui qui guette ceux qui, se laissant abattre par des épreuves imprévues, ne font aucun effort pour rebondir, embarquer dans le train de la vie sans cesse en mouvement. Ainsi, elle acquiert une grande liberté, illustrant une spectaculaire conquête de son autonomie tant émotionnelle qu'humaine en choisissant le prénom d'Anna, qui traduit son renouveau[22].

> C'est ainsi que, lorsqu'Anna se trouvait dans le creux de la vague par des élancements poignants de douleur et de révolte, elle arrivait à reprendre le dessus sur ses souffrances ; elle les surmontait et continuait à insuffler du courage autour d'elle, ne cessant jamais de valoriser la vie et de savourer les plaisirs différents qu'elle lui réservait et surtout de remercier son créateur. (17-18)

Malgré le fait que la vie l'avait maltraitée, Anna va faire preuve de courage et décide de quitter Shoumel pour retrouver la paix avec elle-même. Elle aspirait à vivre une vie paisible loin de l'amertume des déceptions. En plus des problèmes physiques et des séquelles psychologiques qu'elle avait subies, elle devait faire face à son nouveau statut de femme divorcée dans une société où les mentalités et les traditions étaient arrêtées dans le temps. Sans regrets, elle s'éloigna de la kasbah louant un appartement dans un autre quartier, apportant le strict minimum, prenant en charge sa vie et assumant ses responsabilités de mère. Tous ses enfants l'avaient suivie et, soutenue par Ima Yacoth, elle abandonnait le luxe du *Riad* ne comptant que sur elle-même puisqu'elle ne dépendait plus de son mari. Celui-ci était resté affaibli et démuni. Cependant, elle demanda à son fils Prosper de veiller sur lui et de surveiller la demeure familiale. Il est un fait indéniable que pour l'écrivaine ce déménagement demeure incorporé dans un passé remémoré avec bonheur et enchantement malgré la précarité de la situation.

> Nous étions sept personnes dans cet appartement et nous ne disposions pas de lits pour chacun d'entre nous. Les jeunes se contentaient de matelas dans un coin qu'on empilait dans un coin dans la journée et qu'on étalait à l'heure du coucher. Chose curieuse, nous ne regrettions pas le confort du *Riad* où chacun disposait de son espace personnel. Dans ce nouveau logement, nous étions toujours ensemble. On se voyait, on se parlait. Les grands s'occupaient des plus jeunes. Ma mère nous dispensait une affection démesurée. Ma grand-mère crochetait en permanence et elle avait toujours une histoire à nous raconter. La famille n'avait jamais été aussi unie. (149)

---

[22] « C'est pendant cette période que ma mère avait décidé de se moderniser. Elle ne portait plus le *san* qui lui couvrait les cheveux. Elle était désormais une femme libre et sortait la tête nue sans éprouver la moindre gêne. Le haïk avait également disparu. Elle portait robes et manteau. C'est aussi à cette époque qu'elle choisit de se faire appeler Anna plutôt que Hana dont le H était fortement aspiré en arabe comme en hébreu » (150).

Il est certes évident que malgré l'adversité, la dérive parentale a, malgré tout, résulté en certains bienfaits, car elle révèle la forte solidarité des enfants autour de leur mère, particulièrement lors de l'épisode du désir de la maudite de s'installer dans le *Riad*. En effet, se trouvant enceinte pour la troisième fois et donnant naissance à un autre bâtard, les rabbins interviennent une fois de plus en sa faveur pour forcer la main à Shmouel de légitimer leur union. Il céda aux pressions et officialisa leur relation. La réaction d'Anna prouvait qu'il était impossible pour elle de cohabiter avec la maudite. En décidant de se délibérer d'un carcan moralisateur oppressant et répressif, elle n'était plus dérangée d'être considérée comme étrangère dans sa propre communauté. Ce qui lui arrivait lui a valu les médisances d'une grande frange de la communauté juive de Marrakech. Les attaques fusaient de tous les côtés et son parcours était jalonné d'obstacles, de luttes, mais jamais de retours en arrière.

Pressée de prendre possession du *Riad* de Hana, *El Mesbogha* débarqua un soir avec valises et marmaille criant victoire. Informés de cette audace insultante, les frères et les sœurs arrivèrent sur place, animés de rage contenue depuis tant d'années pour la chasser à coups de pied. Témoin de ce drame, l'écrivaine, quasi paralysée, relate les images insolites et mémorisées de cet événement fâcheux en rapportant son désarroi en ces mots :

> Attirés par les cris, les voisins accoururent, la curiosité fusait de leur regard. Ils se bousculaient pour ne rien rater du spectacle. Quelle aubaine cette effervescence dans la rue ! Quel divertissement dans la monotonie de leur vie !
> Je me trouvais, moi-même pétrifiée dans la rue, dans le noir, près de la maison, n'osant croire que la maudite avait osé franchir le pas de la porte et souiller de sa présence, le domaine de ma mère.
> Quelqu'un, parmi les curieux, cria : « Appelez la police » !
> Le mot « police » nous plongeait tous dans la terreur. Dans ce quartier, les agents de police étaient des Arabes, pas toujours bien disposés à l'égard des Juifs. Ce soir-là, ce mot n'eut pas d'effet sur moi. Dans mon esprit d'adolescente, il n'y avait rien à craindre ; ce qui se passait se définissait clairement : le mal d'un côté, le bien de l'autre, la police n'aurait aucune difficulté à démêler les faits. (140-141)

Par ailleurs, un autre incident va lui créer un émoi mémoriel, lorsque son père vint lui présenter ses excuses et avait des difficultés à justifier son action en s'étant emparé de son bracelet-montre pour le donner à son autre fille. Elle était surprise de le voir doux avec elle, lui, qui incarnait pour elle l'image de l'homme fort, puissant, riche, respecté et admiré jouissant d'une place importante au sein de la communauté. Elle était jeune encore et cette situation échappait à sa compréhension. Néanmoins, elle avait observé un changement qui avait affecté toute sa famille et aussi son comportement. En fait, son père, drogué de plus en plus par sa maîtresse, négligeait ses affaires. Roger, son fils aîné et son bras droit, n'était pas encore à la hauteur pour mener à bien ce métier que beaucoup enviaient. Il n'arrivait pas non plus à déjouer les manigances de l'oncle Yéhoudah et de son fils Albert que Shmouel, par amour fraternel et magnanimité, avait pris comme associés, alors qu'ils vivotaient au mellah. Par contre, Yéhoudah n'était pas à la hauteur d'appliquer les mêmes principes. Au contraire, il va s'accaparer tous les pouvoirs s'imposant comme le maître absolu, décideur pour toute la famille, exerçant une autorité encore plus excessive dans une société dominée déjà par les hommes et où les femmes étaient impuissantes. Quand il exigeait « quelque chose péremptoirement, avec sa voix tonitruante, personne ne pouvait lui tenir tête » (95). Tout le monde s'exécutait sur le champ à l'exemple de sa sœur Hélène à qui il avait interdit d'écouter la radio s'empressant de déchirer toutes ses notes prises des discours de Charles de Gaulle. Il entra dans une rage violente lui intimant de n'en parler à personne, conseillant aux autres de garder le profil bas, surtout pendant la présence au pays du gouvernement de Vichy. Les Juifs demeurent toujours coupables même aux yeux de la police, alors il faut éviter coûte que coûte d'aggraver leur situation. Étudiante brillante, Hélène avait manifesté le désir d'aller poursuivre ses études en France. Il l'empêcha de réaliser son rêve et lui trouva un riche époux à Casablanca.

Shmouel fit face à une autre attaque cardiaque. Sauvé et soigné, il reprend sa vie accompagnée des séquelles sérieuses. Il fréquentait souvent le magasin et y passait quelques heures chaque jour, mais son fils Roger gérait à présent toutes les affaires. Il se contentait de faire le tour du quartier. Certains continuaient à lui témoigner amitié et respect comme au temps de sa puissance, d'autres affichaient un comportement méprisant à son égard. Ce qui avait blessé l'écrivaine, c'est que pas mal des membres de sa communauté « ne cachaient pas le peu de considération qu'il leur inspirait désormais » (112). Quant à lui, il demeurait chaleureux, poli et généreux. Ce qui n'empêche pas l'écrivaine de se demander s'il était conscient de ce revirement de situation. Nul ne saurait le dire. Toujours est-il que certains de ses enfants, étaient, eux mortifiés par le changement d'attitude des voisins et d'anciens amis à son égard.

Dans ce devoir de mémoire, l'écrivaine ne peut évoquer sa mère sans faire référence à sa propre vie. Ses souvenirs dévoilent des détails pertinents afin de rendre son portrait cohérent. Ainsi, trahie par l'amour de sa vie, ses amies, la justice bancale de certains rabbins ; dépossédée de ses biens, sa mère aurait pu succomber aux souffrances atroces qu'elle a subies. Au contraire, elle s'est redressée fièrement, demeurant fidèle à ses principes et à ses convictions. Elle ne changea en rien son comportement. Elle continuait d'être aux petits soins pour son mari, même divorcée de lui, « avec amour, patience et fidélité. Elle était un exemple pour ses enfants qui respectaient et aimaient leur père avec toute l'affection qu'elle savait leur communiquer »

(112). Aussi, encourage-t-elle ses filles d'avancer dans leur éducation afin de s'arracher à l'ignorance et à se tailler une place valorisante dans la vie. Et quand elle apprenait par son fils Prosper qu'au sein de sa communauté, la solidarité et la fraternité légendaires faisaient désormais défaut, et que certaines voisines, celles qui se prétendaient être des amies, surtout Hasiba et Zarie, non seulement se réjouissaient de ses malheurs, mais profitaient de son absence pour acheter meubles et tapis qu'elles convoitaient à un prix dérisoire, elle était attristée et profondément déçue. Leur comportement bas, malsain, montre que « rares sont ceux qui se réjouissent du bonheur des autres » (105) et que les gens n'étaient plus attachés aux valeurs morales et religieuses censées conditionner leurs rapports. De cette douloureuse expérience, elle « avait été bien servie par ceux qui se disaient rabbins, professeurs, amis. Des vautours sans foi ni loi. Déception, malhonnêteté, traîtrise inspiraient dégoût, écœurement » (147-148).

Shoumel dépérissait malgré la présence de son fils Prosper à ses côtés. S'intéressant moins à un homme diminué physiquement et surtout financièrement, la 'maudite' le quitte et part s'installer avec ses filles à Casablanca.

> [Elle] l'avait abandonné. Il ne lui servait plus à rien. Son ambition et désir de s'emparer du *Riad* de Hana avaient été annihilés. Elle avait appris à ses dépens que les enfants de Hana ne le lui permettraient jamais. Elle avait donc divorcé et disparu du décor. (151)

Le deuxième volet du roman commence par un échange à Jérusalem, en 1966 entre la mère et sa fille, qui apporte des informations judicieuses et pertinentes sur la vision humaine et spirituelle d'Anna permettant ainsi de cadrer l'ampleur de ses actions prises pour la sauvegarde de l'unité familiale. En tant que « compagne » de sa fille, elle devient sa source d'inspiration et de fierté. En fait, l'écrivaine bénéficie largement de son rapport intime avec sa génitrice qui fournit une base nécessaire sur laquelle elle campe son caractère et reconstruit sa personnalité.

Elle lui révéla la visite de son frère Prosper lui demandant de revenir au *Riad*, car il était incapable de contrôler les agissements malhonnêtes de toutes ces voisines et amis qui profitaient de la situation pour mettre main basse sur tout ce qu'ils convoitaient. À ce moment-là, elle avait compris qu'il fallait agir pour chasser ces êtres vils et sans scrupules de leur espace, sans nulle haine envers eux, même en éprouvant une certaine compassion devant leur convoitise. Même si Hasiba était devenue outrancière affichant sa fortune, elle n'en demeure à ses yeux qu'une pauvre âme qui s'était accaparée de leur bien profitant de moments de vide et de faiblesse de Shoumel. Au fond d'elle-même, Hasiba savait qu'elle ne pourrait jamais l'égaler puisqu'elle ne connaîtra jamais *el mheba*, l'amour puissant, la passion et la vraie richesse bâtie sur des acquisitions, témoignage du bonheur réel et de la joie de vivre. Et quand ses deux anciennes voisines qui l'avaient jalousée auront compris leur bassesse, elles deviendront plus véhémentes continuant « toujours à envier ceux qui ont plus qu'elles et ne seront jamais assouvies » (160). Ainsi, par l'intermédiaire de sa mère, qui avait vécu une énorme déchirure, elle avait découvert l'importance de se doter de volonté, d'esprit de positivité et d'acharnement pour ne pas se laisser sombrer dans le chaos total. Sa mère qui avait « fini par comprendre que *denia te deuz*, la vie passe avec ou sans nous » (162-163), ne s'était pas laissée abattre par l'ampleur du saccage refusant d'être une victime et de figer son existence dans le chagrin. Elle avait fait tous les efforts nécessaires pour donner un nouveau sens à sa vie. C'est ainsi qu'elle lui brosse sa vision humaine et sa propre philosophie, en lui conseillant de s'en souvenir.

> Oui. Il y a une chose que j'ai apprise à mes dépens et qu'il faut que tu comprennes et intériorises : tout passe dans la vie, le bon comme le mauvais. L'existence est un perpétuel mouvement et les tuiles peuvent arriver à n'importe quel moment. Se poser en victime, passer son temps à pleurer et à regretter ce qu'on a perdu te cloue au sol. C'est ça l'échec, c'est ça la souffrance. Réaliser que tout change, tout bouge en permanence, suivre le mouvement de l'existence est la clé du bonheur. On peut tomber, l'essentiel c'est de se relever. C'est ça que la Torah t'enseigne. Garde ta foi en Dieu et va de l'avant, même si ce qui arrive échappe à l'entendement. Il y a plusieurs façons d'être heureux. (164)

Cet échange avait permis à l'écrivaine de comprendre les raisons et les motivations de sa mère de revenir à la demeure familiale et de clarifier beaucoup de zones d'ombre. Elle lui révèle que le fait de quitter son père visait plus à l'aider, lui laisser le champ libre afin qu'il trouve la paix avec lui-même. Mais la justification de son retour tenait principalement à son état physique qui dépérissait, car livré à lui-même, après l'abandon de la 'maudite'. Il avait besoin d'eux, mais elle ne pouvait « pas revenir vivre sous le même toit que lui sans être mariée » (167). Elle revenait, une autre femme, épanouie, plus sûre d'elle, affirmant son nouvel être, libérée de toute crainte et contrainte, libre de ses actes qu'elle assume pleinement et non soumise et obéissante à qui que ce soit.

> Je suis devenue moi-même. Je ne suis plus la poupée dont le mari pouvait disposer à sa guise même s'il m'inondait de toutes sortes de bienfaits matériels. Je suis revenue vers ton père parce que je le voulais, parce qu'il a été une plus grande victime que moi. Je voulais l'aider à se retrouver. Son corps avait été meurtri, mais son âme, j'en étais sûre, n'avait pas été affectée. (169)

En étalant ses explications, ses pensées, ses convictions et ses croyances, Anna réussit à montrer à sa fille une facette profonde de son être qui la distingue, la particularise et la rehausse à ses yeux en personne noble, généreuse et pieuse. Un chantre de l'amour, de la foi juive, et de l'espoir. À travers le portrait maternel qui se dévoile à ses yeux, elle est impressionnée par sa sagesse à vouloir tourner la page et aller de l'avant, comme elle le lui conseille en adoptant le même comportement selon ce proverbe marocain : « *Seuss el falteta dialk* », secoue ta jupe et laisse tomber tout ce qui te dérange » (170). Une vraie leçon de vie !

Dans ce récit, l'écrivaine adopte une stratégie d'écriture particulière où elle oscille entre le présent et le passé, construisant son texte sur l'alternance de deux voix, procurant, de la sorte, un dévoilement d'événements personnels et familiaux pour capter l'essence de cette histoire. Elle émaille son roman de réflexions qui retiennent l'attention et l'espace romanesque est traversé par des proverbes arabes et hébreux. La mise à la fin d'un glossaire dans ces deux langues confirme son identité judéomarocaine. Une telle écriture se nourrit aussi par le rappel de différentes périodes qui servent de repères pour les enjeux mémoriels. À titre d'exemple, dans le chapitre intitulé « Marrakech – 1954 Retour au Riad … Et le jasmin refleurit », la deuxième partie de cet énoncé donnant titre au roman, signale un changement positif dans les rapports familiaux qui lui procure une forte émotion. En effet, à son retour, sa mère constate que son havre d'amour était délabré, dépossédé de ses biens de valeur. Elle ne retenait pas ses larmes qui coulaient abondamment devant la désolation du lieu. Mais une fois sa détresse évacuée, elle prit la décision de faire refleurir le *Riad* comme jadis. Elle s'était mise avec Ima Yacoth à nettoyer les dégâts, reprenant toutes ses responsabilités, réussissant ainsi à redonner vie autour d'elle. L'écrivaine se souvient du retour de sa mère qui induit un renversement surprenant, suggérant qu'elle était non seulement une femme spéciale, mais qu'elle était devenue différente. Elle rapporte ceci :

> Dans la rue, ma mère passait comme une reine, la tête haute et découverte. C'était une autre personne, habillée à l'européenne. Elle projetait tant d'assurance et de dignité que les questions qui taraudaient les voisines curieuses restaient bloquées au fond de leur gorge. Ma mère n'avait que du mépris pour ces hypocrites figées dans le temps. La vie avançait et elles ne s'en rendaient pas compte. Elles désiraient se rapprocher d'elle, témoigner leur fausse compassion et l'inciter à se confier. Tout en démontrant de la politesse, le regard de ma mère les clouait sur place. (175)

Elle offre également des descriptions détaillées des rythmes dynamiques des années de cette reprise de vie ensemble qui illustrent un des meilleurs moments de son passé. La sérénité était revenue et le *Riad* avait retrouvé son rythme heureux de cohabitation. Tout le monde participait à l'ambiance joyeuse qui régnait. L'écrivaine avait gardé des souvenirs vivaces de cette période tels que la célébration de la Bar-Mitzva de Prosper, du réveillon de Noël en présence des membres de la famille, la préparation de Pessah, les sorties en plein air à Saket Elmzod, une petite rivière tout près de Marrakech, dans le jardin de la Ménara ou encore dans l'immense parc de l'Agdal et la joie du partage lors des festivités de la Mimouna. Elle se souvenait de son père heureux de mettre lui aussi la main à la pâte pour les grillades, touchée de voir que ses retrouvailles avec sa mère lui étaient bénéfiques. « Il lui avait sauvé la vie quand elle était petite, elle lui avait fait retrouver son prestige que la maudite lui avait fait perdre » (190). Aussi longtemps qu'elle vivra, elle n'oubliera jamais que leur condition avait beaucoup changé ne disposant pas de l'abondance et du luxe d'auparavant, mais leurs rapports familiaux étaient plus chaleureux, plus intensément vécus et cela compensait tous les déboires d'autrefois. Et surtout que son père avait repris l'usage de la parole, était revenu à l'amour, à sa famille et où ses dernières années étaient apaisantes et chaleureuses jusqu'à ce jour fatidique du 21 mai 1955. Voir son père, allongé sur son lit, après une autre hémorragie cérébrale, sans qu'aucun adulte ne prenne le temps de lui expliquer quoi que ce soit, son désarroi était total. C'est dans ces mots qu'elle relate ce qu'elle avait observé et senti :

> La rumeur traversa les murs. Les voisins commencèrent à venir les uns après les autres. Ma sœur Hélène, l'oncle Yéhoudah et le cousin Albert arrivèrent de Casablanca. J'étais seule avec mon désespoir. On ne me laissait pas approcher de la chambre où se trouvait mon père, mais comme elle avait deux portes, une qui donnait sur la douiria et l'autre sur la salle de bain, je m'étais faufilée par là pour jeter un coup d'œil sur la chambre et découvrir ce qui s'y passait de mystérieux.
> C'était samedi après-midi. Je vis que mon frère Jacquot adossé au mur, regardant dans la direction de mon père, une souffrance atroce sur le visage, il se déchirait la chemise tandis que les sanglots des autres personnes et des prières, probablement le *Shemah* Israël…, me clouaient sur place. Ma grand-mère, que Dieu bénisse son âme, avait su me trouver et m'arracher à cette scène traumatisante. (193-194)

Les obsèques de Shoumel étaient à la hauteur de son rang et de la considération qu'on lui vouait au sein de la communauté juive de Marrakech à telle enseigne qu'elles avaient suscité la jalousie de l'oncle Yéhoudah qui s'était mis à sangloter. Cherchant à le consoler, les présents lui ont demandé pour quelle raison il pleurait. Il répondait qu'il ne versait pas ses larmes en pensant au décès de Shoumel, mais plutôt sur lui-même parce qu'il ne savait pas s'il finirait en beauté comme lui.

Après le grand départ du père, Anna et ses enfants continuèrent à vivre tranquillement dans leur *Riad* jusqu'au moment où la fièvre de quitter le pays s'est emparée d'eux graduellement[23]. Chacun choisissait à sa manière le chemin de l'exil. Les dernières à partir furent l'écrivaine et sa mère après avoir réussi à liquider la demeure familiale, creusant en elles une blessure béante.

> La mort dans l'âme, nous avions été obligés de sacrifier le *Riad* au dixième de sa valeur. Les seuls acheteurs étaient les Arabes et ceux-ci avaient vite compris que les Juifs partaient en Balestine (il n'y a pas de lettre P dans l'alphabet arabe) et qu'il fallait absolument qu'ils vendent leurs biens. Ils profitèrent de la situation pour n'offrir que le minimum. (202-203)

Le récit de la narratrice retourne à l'année 1967 à Jérusalem, où elle cohabitait avec sa mère dans cet appartement octroyé par la Soukhnout, pour situer la continuité de son récit. Rappelons que c'est dans cette modeste habitation que Hasiba était venue rendre visite à Anna. Leur rencontre avait ramené cette dernière à un passé lointain soumettant sa mémoire à l'épreuve du passage du temps. Elle afficha une attitude détachée devant les agissements de cette soi-disant amie où se profilait une vision lucide des rapports malsains qui avaient détruit l'idéal de la fraternité du peuple de Moïse en terre musulmane. Elle était certes matériellement démunie, mais spirituellement comblée. Car, pour elle, vivre à Jérusalem était « la réalisation d'un rêve deux fois millénaire que chaque juif qui se respecte porte en lui » (31). C'était une jouissance qui ne cessait de se renouveler lui apportant un bonheur inégalé.

Il faut introduire ici une distinction capitale dans le rapport entre la mère et la fille dans cette ville emblématique. Elle apprécie d'emblée tout dans la « cité des cieux ». « Elle ne se contentait pas de rêver, espérer, attendre. Elle posait des gestes qui signalaient sa ferme volonté de voir se réaliser ce désir intense et mystique » (31). Elle sillonnait ses zones animées et de communautés diversifiées *à* explorer, découvrant ses musées et ses beautés. Bien qu'analphabète, elle était dotée d'une curiosité intellectuelle rare et s'était inscrite à un *oulpan,* école où l'on enseignait l'hébreu aux nouveaux immigrants, ne ratant aucun cours. Aussi, s'intéressait-elle à la politique. Avec son esprit vif, elle connaissait tous les partis politiques et certains des membres du parlement israélien.

Assoiffée de connaissances, elle voulait s'instruire et son fils Prosper se chargeait de lui assurer l'enseignement de la Torah. Elle s'exerçait à en discerner toutes les subtilités et découvrait une gamme si riche que son esprit

---

[23] « Entre 1957 et 1958, la Casbah se vidait progressivement de ses habitants juifs. Les uns partaient en Israël, d'autres s'installaient à Casablanca, tremplin avant l'exode vers la Terre Promise ou ailleurs » (200).

qualifiait ces découvertes d'éclats magiques dans son existence. De plus, l'apprentissage de l'hébreu lui permet une grande autonomie. À l'âge de 57 ans, elle signa pour la première fois de sa vie son nom hébraïque HANA, les transactions bancaires, au lieu d'apposer le fameux X ou ses empreintes digitales. Elle voulait, non seulement, s'établir en Israël, mais contribuer, à sa manière, à son édification se sentant bénie d'avoir un de ses fils qui servait dans l'armée de défense du pays. Et quand elle apprit l'arrivée du Grand Rabbin du Maroc et de sa femme, une immense joie emplit son cœur. En trouvant leur adresse, elle les contacta et « les visites reprirent comme si le temps et l'espace n'avaient rien interrompu » (207).

Anna veillait sur le bien-être de sa fille, souhaitant la garder sur les chemins de la vertu judéomarocaine tout en respectant ses choix comme chez les gens de sa génération. Elle s'assurait de lui transmettre de bonnes manières et lui apprendre à rester fidèle à elle-même, remplissant son cœur de chaleur, d'humanité et de paix. Elle l'encourageait à rencontrer les filles de son père qui avaient manifesté le désir de s'approcher d'elle, de ne garder aucune animosité envers elles parce qu'elles n'étaient pas responsables des agissements de leur mère, dénuée d'éthique mettant le grappin sur un homme marié avec beaucoup d'enfants, détruisant la vie de plusieurs âmes vivantes. L'écrivaine mesurait sa chance de l'avoir avec elle parce qu'elle était une personne sage, attachante, délicate et chaleureuse. Ce qui l'impressionnait, c'est sa grande capacité d'évolution et d'intégration dans cette ville et surtout le pouvoir de susciter beaucoup d'amour et d'affection de la part de la population estudiantine.

> [Elle] était à présent une habituée de Jérusalem, ville qu'elle connaissait mieux que moi. Tous les étudiants de cette petite résidence universitaire la saluaient comme une des leurs. Elle faisait partie du décor. Certains n'hésitaient pas à lui confier leurs problèmes et à solliciter des conseils. (205)

À plusieurs égards, l'expérience de l'écrivaine durant son séjour dans cette ville se singularise aussi par son lot de déceptions et d'amertume. Durant sa dernière année universitaire en 1968, elle ne disposait plus de la bourse qu'on lui avait octroyée. Ce qui a sérieusement affecté leurs ressources, se contentant de la générosité de Prosper qui tenait à les aider dans ces circonstances difficiles. Ainsi, désirant prendre racine au plus vite dans ce pays, elle commence à chercher du travail. Après de multiples tentatives qui demeuraient vaines, apprenant tristement que, quelles que soient ses qualifications, appréciées par tout employeur, ses origines marocaines lui portaient préjudice et anéantissaient en un trait ses rêves. Elle apprenait avec désolation que l'État d'Israël n'est pas homogène avec « deux catégories de juifs de cultures complètement différentes » (214) qui cohabitaient dans une hostilité apparente. Étant juive venue d'un pays arabe, face au pouvoir des Ashkénazes, trouver du travail apparaissait une tâche ardue et une difficulté insurmontable. Elle ressentait lassitude, désespoir et découragement. Mais son frère Prosper était à ses côtés ne cessant de la pousser à ne pas facilement abandonner et de s'accrocher, l'exhortant de ne pas négliger ses études, de donner le meilleur d'elle-même « pour finir avec succès l'année scolaire » (214). Elle était reconnaissante de son soutien et admirait son attitude positive et de croire que les choses s'arrangeraient positivement tôt ou tard dans la trajectoire de son destin ambivalent.

Prosper l'informe de l'existence d'un concours au Ministère des Affaires étrangères pour recruter des personnes bilingues en français-anglais, ce qui correspondait à son profil. Elle présente sa candidature et passe l'examen. À sa grande déroute, on l'informe que ses résultats sont les meilleurs, mais elle ne sera pas recrutée parce qu'elle n'a pas d'appuis. À cet instant, elle sent que ses espoirs en ce pays venaient de se dissoudre. Ce qu'elle a entendu lui apparaît symptomatique du racisme à l'encontre des membres de sa communauté. Et cette discrimination était une détresse supplémentaire. Le sentiment d'injustice, éprouvé auparavant au pays natal, n'était rien comparé à l'abîme qui, ce jour-là, s'était creusé en elle et autour d'elle.

En fait, c'est autour de cette réalité que l'écrivaine s'applique à montrer l'envers du décor, l'exil, la Terre promise. Entre découragement et exclusion, la dure réalité du quotidien, à travers son incapacité de trouver un emploi à défaut d'avoir du piston, la plonge dans le désarroi jusqu'à ce que la chance lui sourit enfin.

Un jour, un homme se présente chez elle pour lui offrir un poste d'assistante à sa femme, traductrice à l'ONU. Elle accepte sans hésitation avec reconnaissance. Et la providence lui rend visite encore une fois, mettant sur son chemin la rencontre avec un jeune homme de sa ville natale qui lui apporte un soutien inestimable. Il la sauve d'une situation délicate où son employeuse lui demande de retranscrire sans faute ce qui a été enregistré dans un magnétophone et de dactylographier des documents importants et urgents. Ne sachant pas manier une machine à écrire, elle est totalement désemparée. Or, ce visiteur d'Israël, installé au Canada, se propose de le faire à sa place, passant son temps en compagnie de sa mère pendant qu'elle suivait ses cours à l'université. L'amour né entre eux et Anna qui avait l'opportunité de bien l'observer et de l'étudier lui donne son consentement bénissant leur union. C'est ainsi que cette rencontre au hasard du temps l'a menée à se marier avec Solly. Et puisque tous ses enfants se sont éparpillés partout, chacun suivant son chemin, elle l'encourage de suivre son mari en terre canadienne et de ne pas se soucier d'elle. Elle est bien, à Jérusalem, menant sa douce vie, remerciant « son créateur pour le bonheur dont il la gratifiait » (208).

Une fois partie, ses amis et Prosper vont continuer à s'occuper d'elle. Avant de quitter avec sa famille Israël, son fils va s'assurer de son bien-être et débourse la somme nécessaire pour l'achat de l'appartement où elle vit pour la rendre plus indépendante. Elle se met à voyager en France et au Canada pour voir ses enfants et ses petits-enfants. À chacune de ses visites, elle les rassure qu'elle était satisfaite de son sort, les réconfortant tous « affirmant qu'elle était très, très bien à Jérusalem et qu'il ne fallait surtout pas s'en faire pour elle » (227).

Elle devient maîtresse de ses actes et de sa vie décidant même de sa dernière demeure lors de son grand départ. En effet, à chaque fois qu'elle partait en voyage, « elle traînait avec elle, non seulement une grande valise contenant ses effets personnels, mais aussi une petite valise qu'elle n'ouvrait jamais » (227). Elle révèle à sa fille, intriguée, ce mystère en lui confiant que cette valise contient « son linceul, du fil et une aiguille et les instructions à suivre pour ses obsèques en cas de décès » (227). Peu importe où elle se trouve, elle était prête pour accueillir l'ange de la mort. Ne voulant pas être un fardeau pour ses enfants, elle s'est arrangée pour s'assurer elle-même de sa demeure finale, dans le Mont des Oliviers à Jérusalem, en choisissant l'emplacement de sa tombe. Et quand elle rendit l'âme un samedi du mois de février, tous ses enfants de France et du Canada se sont rendus à Jérusalem. Son départ vers sa dernière demeure, la veille de Rosh Hodesh Adar, s'est réalisé selon ses recommandations, enterrée à l'endroit de son choix. Ses enfants ont respecté toutes ses volontés et « pendant la *shiva*, son appartement ne désemplit pas. Des gens venaient de tous les coins du pays. Même son amie Hasiba était venue de Haïfa » (234).

Ce qui est structuré dans la trame narrative dessine un exemplaire relief du parcours d'une femme exceptionnelle. À dire vrai, l'histoire de l'écrivaine, en symbiose avec celle de sa famille et principalement au devenir humain et existentiel de sa mère, parcourt tout l'espace romanesque, faisant résonner le courage et la détermination d'une femme qui reste digne d'elle-même, fidèle à ses principes et à ses convictions malgré tout ce qu'elle va subir. Parce qu'elle était à ses côtés, à chaque douleur, à chaque joie, à chaque événement, parce qu'elle l'avait vue se développer, s'épanouir, l'écrivaine lui voue une admiration spéciale.

De sorte que dans les dernières pages du roman, empreintes d'une intense émotion, elle rend un vif hommage à celle qui avait vécu avec elle. Elle remémore leur relation exceptionnelle et surtout la continuité de sa présence en elle, à chaque fois qu'elle se trouve en détresse. Elle fait appel à son aide et sa mère, même dans l'au-delà, ne cesse de l'encourager à se tenir debout et de marcher droit devant elle avec une résolution farouche vers le développement et l'épanouissement total de son être.

Pour Sylvie Assouline, écrire l'histoire de sa mère, c'est la faire entrer de plain-pied dans la présentation d'une vision sociohistorique des membres de sa communauté juive au Maroc pendant la présence française et au lendemain de l'indépendance du pays, ainsi que de la réalité de vie des juifs marocains en Israël. La réflexion amorcée dans ce roman qui relate le destin d'une famille singulière dont les membres se débattent suite à des malheurs causés par la jalousie humaine sert à la fois de processus de dénonciation des injustices et de célébration du courage de sa mère. Du récit d'une femme blessée dans son amour propre, bafouée dans sa dignité, l'écrit emprunte le chemin de la révélation pour offrir un regard lucide sur la dérive humaine.

Son roman est à la fois autobiographique, historique et féministe qui dépeint la libération d'une femme. Son écriture sobre et précise, subtile et séduisante, servie par une narration qui mêle allègrement le flux des souvenirs lointains et la description classique consiste à présenter et à faire un éloge à sa mère qui prend son destin en charge. C'est tout l'art, et toute la délicatesse, de cette écrivaine qui réussit à nous enchanter par un style dépouillé, sans tomber dans la facilité ou le cliché. Les histoires présentées dans la trame narrative répondent à cette exigence d'authenticité et de vérité – des êtres, des situations, des conditions d'existence, des luttes, des déceptions, des rêves et des espoirs.

Par *Et le jasmin refleurit*, Assouline livre un récit juste, généreux et vivifiant dans lequel elle retrace les mouvements, les voix et les voies de sa famille, des membres de sa communauté et leurs traditions, accomplissant avec talent un devoir de mémoire envers les êtres chers et surtout voler encore plus haut vers un avenir sans inhibitions.

INTRODUCTION À

VOIX MIGRANTES AU QUÉBEC.
ÉMERGENCE D'UNE LITTÉRATURE MAGHRÉBINE

Plumes Maghrébines
dans l'écriture migrante au Québec

Parler de la Maghrébinité littéraire francophone au Québec exige tout d'abord un bref rappel des grandes lignes qui ont marqué le développement et l'évolution de la mouvance littéraire migrante dans cette province canadienne. En effet, la vague émergente d'émigrants venus de pays différents avec des fonds culturels et ethniques variés, surtout ceux qui sont francophones a contribué à l'enrichissement humain, social et culturel du Québec. Pour ce qui est de la littérature, de nouvelles voix ont participé, ces dernières années, au renforcement de ce dynamisme qui reflète à la fois une pluralité, une continuité et une diversité de l'espace francophone au Canada. Ce devenir marquant du fait littéraire dans cette province a suscité la prise de conscience de l'existence d'une littérature appelée « l'autre littérature » ou « écriture migrante » qui, dépassant le projet littéraire, devient une expression vivante et originale d'une reconnaissance identitaire collective et partagée.

Marc Angenot considère l'irruption de littératures issues de communautés culturelles différentes comme « un phénomène massif et incontournable depuis une vingtaine d'années »[1] faisant du Québec, une province à voix multiples en constante expansion[2]. Il convient de préciser que cette mouvance littéraire apparaît dans les années soixante avec des écrivains provenant de pays européens (Belgique, France et Suisse) pour se renforcer vers les années quatre-vingt avec une montée d'écrivains originaires du Moyen-Orient, des Caraïbes et de l'Amérique latine. Vers les années quatre-vingt-dix, le paysage littéraire s'élargit et s'enrichit avec l'arrivée d'écrivains appartenant à des aires de la francophonie du Sud principalement de l'Afrique et du Maghreb. Il reste que, comme l'indique Jérôme Ceccon, ce qui caractérise le plus l'avènement d'un espace propice à l'émergence des écritures migrantes au Québec, c'est que :

> Dès les années 80, la dichotomie entre les "deux solitudes" (Canadienne anglaise et Canadienne française) dont parle Hugh

---

* Nous présentons l'introduction générale sur *L'écriture migrante maghrébine au Québec* qui figure dans le premier ouvrage : *Émergence d'une littérature maghrébine*, Paris, L'Harmattan, 2017, 280 p.

[1] Marc Angenot. « Préface », Denise Helly et Anne Vassal. *Romanciers immigrés. Biographies et œuvres publiées au Québec entre 1970 et 1990*, Montréal, IQRCCIADEST, 1991, p. xii.

[2] Au début du 20ème siècle, les fonds culturels et ethniques d'immigrants étaient plus variés. Ils sont venus par exemple du Chili, de Chine, d'Haïti, de l'Inde et du Liban, suivi au début des années 60 par une nouvelle vague d'immigration : des Juifs Sépharades (Maroc et Tunisie) et ensuite, au cours des années 70/80, des Musulmans des trois pays de l'Afrique du Nord.

MacLennan dans son livre *Two Solitudes* est remplacée par l'ère des trois solitudes avec une troisième voie/voix ou culture immigrée pour reprendre l'expression utilisée en son temps dans *La fresque Mussolini* par Filippo Salvatore. "*Des gens du silence*" (M. Micone) prennent alors possession du langage pour exprimer leur altérité en français à travers la littérature (orale et écrite) au sens large du terme[3].

Certes, cette pluralité de voix issue de communautés culturelles et ethniques différentes a contribué fortement au changement de la composition du Québec renforçant sa politique interculturaliste et le rendant « plurilinguistique ». Ce changement culturel a aussi repoussé quelques frontières littéraires enrichissant ainsi l'expérience québécoise d'une large perspective littéraire globale. En fait, beaucoup d'auteurs francophones de la diaspora ont enrichi la littérature du Québec en particulier, en présentant des expériences humaines très spécifiques, celles de gens exilés dont l'écriture, réalisée dans la société d'accueil loin des pays d'origine, est marquée de métissage culturel et d'une nouvelle construction identitaire.

Parler aussi de la Maghrébinité littéraire francophone au Québec, c'est prendre en considération différents éléments qui remettent en question l'unicité des référents culturels et identitaires, en raison du fait, que ce phénomène de « l'écriture migrante » constitue un courant d'hybridité culturelle qui englobe, comme le dit Sherry Simon, « une multiplicité des savoirs prenant des configurations diverses et variées »[4]. Bien que le terme résonne à l'échelle mondiale[5], au Québec et au Canada, il a des inflexions locales très spécifiques. En fait, ce mouvement n'est pas limité exclusivement au Québec, sa présence a été notée dans d'autres pays. Au milieu des années quatre-vingt en France[6], c'est l'éclosion de la littérature beur[7] et aussi l'apparition du polar comme genre mineur. Aux États-Unis,

---

[3] Jérôme Ceccon. « Les écritures migrantes au Québec », *www. Africultures.com*, publié le 9/9/2004.
[4] Sherry Simon. *Hybridité culturelle*, Montréal, L'Île de la tortue, éditeur, coll. « Les élémentaires. Une encyclopédie vivante », 1999, p. 27. À signaler du même auteur « *Hybridités culturelles, hybridités textuelles* », François Laplantine, Joseph Lévy, Jean-Baptiste Martin et Alexis Nouss (dirs). *Récit et connaissance*, Lyon, Presses universitaires de Lyon, 1998, pp. 233-243.
[5] Voir Jeanette Den Toonder. « La mondialisation de l'écriture migrante », Carrière, Marie/ Khordoc, Catherine (dirs). *Migrance comparée / Comparing Migration. Les littératures du Canada et du Québec/ The Literatures of Canada and Québec*, Berne et al., Peter Lang, 2008, pp. 19-36.
[6] Voir Christiane Chaulet-Achour. « Place d'une littérature migrante en France. Matériaux pour une recherche », Bonn, Charles (dir.). *Littératures des immigrations II*, Paris, L'Harmattan, 1995, pp. 115-124.
[7] Voir Najib Redouane (s. la dir. de). *Où en est la littérature beur ?* Paris, L'Harmattan, 2012, 369 p. et Najib Redouane & Yvette Bénayoun-Szmidt (s. la dir. de). *Qu'en est-il de la littérature 'beur' au féminin ?* Paris, L'Harmattan, 2012, 443 p.

l'affirmation de l'identité des Afro-Américains, relayée par le développement des programmes de « Cultural Studies », ont donné lieu à une considération ainsi qu'à une revalorisation des romans dits ethniques. Au Québec, sa particularité réside au niveau de son allusion à la diversité de pratiques d'écritures qui sert à raccorder la littérature et l'esthétique à l'histoire[8]. Dans son ouvrage *Les littératures francophones. Questions, débats, polémiques*, Dominique Combe réserve une partie aux écritures « migrantes » au Québec, en indiquant ceci :

> La catégorie des « écritures migrantes » est relativement peu employée par la critique française. Nomades et nomadisme sont traditionnellement plus répandus dans la critique et la théorie littéraire françaises sans doute sous l'influence de la pensée « rhizomatique » du philosophe Gilles Deleuze. L'expression « écritures migrantes » a son correspondant en anglais, même si elle s'est imposée également en français, outre-Atlantique, au Québec, et désormais en Europe. Au Québec, le mot (et ses dérivés, comme « transmigrantes ») connaît encore une très grande fortune, du fait de la présence importante de communautés venues d'Italie, d'Haïti, du Liban, d'Asie du Sud-Est. Depuis la fin des années 1960, Montréal est devenue une mégapole multiculturelle, à la faveur d'un assouplissement de la politique d'immigration au Canada et de la nécessité pour le Québec de faire appel à une immigration francophone[9].

Il convient de rappeler que le Canada ayant favorisé une politique d'immigration multiculturelle, attentive aux singularités ethniques, il en est résulté un afflux d'émigrants venus de pays différents avec des fonds culturels et ethniques variés à la recherche d'une vie meilleure. Ce qui a contribué à enrichir l'aspect humain, social et culturel du Canada et de ses différentes provinces. Le Québec qui a connu un discours culturel national plutôt homogène pendant la décennie soixante et soixante-dix voit dans l'arrivée massive de populations étrangères une menace à sa cohésion identitaire québécoise ou canadienne-française. Ce besoin de se nommer et de se différencier est presque une obsession au Québec à telle enseigne que l'acceptation de ces minorités venues d'ailleurs par un groupe majoritaire qui se considère lui-même minoritaire n'a pas été acquise aussi facilement. Les résistances de la société québécoise de s'ouvrir et d'accueillir d'autres francophones étaient marquantes chez les élites politiques, intellectuelles et

---

[8] Voir Klaus-Dieter Ertler. « Les 'écritures migrantes' au Québec et leur oscillation entre identité et différence », Ertler, Klaus-Dieter/Lösching, Martin (dirs). *Canada 2000. Identity and Transformation. Central European Perspectives on Canada. Identité et transformation. Le Canada vu à partir de l'Europe centrale*, Berne et al., Peter Lang, 2000, pp. 169-178.
[9] Dominique Combe. *Les littératures francophones. Questions, débats, polémiques*, Paris, PUF, 2010, pp. 202-203.

sociales. Le repli sur soi et le maintien d'une culture nationale homogène avaient favorisé, entre autres motifs, une image négative de l'étranger. Mais l'évolution de la population et la dimension surtout cosmopolite[10] de Montréal ont conduit certains intellectuels à poser autrement la question identitaire en raison de la présence de plus en plus visible de cultures allogènes. Ainsi, il ne pouvait pas exister une domination absolue d'une seule voix, arrêtée dans le temps et l'espace, mais plutôt une prise de conscience que le paysage culturel québécois est appelé à changer, au cours des années. Son homogénéité est en voie de disparition et ses frontières vont reculer dessinant une nouvelle cartographie humaine où le Québec français d'antan n'a plus une seule souche, ses facettes sont multiples. Comme quoi cette province ne peut plus rester fermée sur elle-même gardant une conception unifiée de la culture, mais se trouve dans la nécessité par l'évolution du temps de s'ouvrir et de prolonger ses racines au-delà des seules frontières géopolitiques et culturelles connues et admises par les Québécois de souche. Des forces nouvelles en provenance de « communautés dont les sujets, majoritairement, sont issus des pays du Sud et qui sont francophones, francophiles, francophonisables ou en voie de francophonisation »[11] sont venues s'ajouter à eux.

Ainsi, dès la fin des années quatre-vingt, on se rend bien compte que le champ littéraire québécois est en profonde mutation. Les écrits changent, un nombre croissant de productions littéraires signées par des immigrantes de tous horizons avec des enjeux multiples apparaît malgré le fait que la littérature québécoise, dans sa centralité arrogante, continue à considérer toutes ces énergies créatrices d'écrivains venus d'ailleurs menaçantes pour son homogénéité utopique. Ignorée par la critique littéraire dite "générale" qui, par ailleurs, tend à occulter la problématique de son émergence[12], une production de textes particulièrement riches coexiste avec ceux qui constituent une littérature nationale qui est faite de conciliations, de ruptures et réconciliations au sein même de la collectivité québécoise et dans la relation avec les communautés mineures, contribuent à enrichir – et peut-être à redéfinir – le champ littéraire québécois. Ces textes sont d'autant plus intéressants qu'ils expriment, au sein du français pris comme langue d'écriture, les tensions provoquées par la rencontre de la culture d'origine et la culture du pays d'accueil. Beaucoup d'écrivains ont montré qu'entre une littérature de l'exil et une assimilation à la littérature nationale, la langue française pouvait être un lieu de synthèse, de rencontre, espace nomade, favorisant, selon l'expression de Régine Robin, une « écriture du hors

---

[10] Guy Scarpetta. *Éloge du cosmopolitisme*, Paris, Grasset, 1981, 304 p.
[11] Robert Berrouët-Oriel et Robert Fournier. « L'émergence des écritures migrantes et métisses au Québec », Toronto, *Litté Réalité*, 3.2, Fall 91, p. 11.
[12] Des écrivains haïtiens ont confirmé à Jean Jonassaint le peu d'intérêt accordé par la critique québécoise à leur présence littéraire, dans *Le Pouvoir des mots, les maux du pouvoir*, Montréal, Presses universitaires de Montréal, 1986, 271 p.

lieu »[13]. Cette production littéraire a permis d'offrir le portrait d'un Québec contemporain où les discours littéraires, historiques et culturels s'entrecroisent pour souligner un certain éclatement des certitudes et une fragmentation culturelle et idéologique.

L'émergence d'une écriture migrante a provoqué d'une part, la panique en produisant l'effet du rejet et du repli sur soi et, d'autre part, a suscité scepticisme et rejet. Mais ce n'est qu'à partir des années quatre-vingt que « "la reconnaissance" de la part de la critique de la pluralité de l'écriture québécoise »[14] commence à se manifester brisant cette loi de silence et d'indifférence qui avait duré pendant au moins deux décennies. Daniel Chartier précise à ce sujet que :

> ce courant littéraire qui, s'il a inquiété les critiques à ses débuts, est aujourd'hui devenu partie prenante d'une littérature contemporaine, héritière d'une tradition d'immigration littéraire dont on a souvent occulté la filiation, au profit de l'effet de nouveauté provoqué par l'apparition de thèmes, de motifs littéraires et d'une utilisation de la langue renouvelés[15].

Force est de bien préciser que ce courant littéraire qui a inquiété les critiques à ses débuts a été classifié au cours du dernier quart d'un siècle selon une multitude de termes : multiculturel, les immigrants, les migrants, transculturels, ethniques, auteurs de minorité, etc. Pourtant, dans les dix dernières années, le terme *migrant* semble avoir été choisi pour représenter un espace spécifique qui couvre, pour certains critiques, l'expérience d'auteurs aussi bien que d'immigrants étant placés dans une mouvance existentielle, dans l'exil et/ou dans un état de diaspora. Selon qu'ils ont immigré eux-mêmes au Canada ou qu'ils sont nés au Québec ou ailleurs de parents qui sont venus d'autres parties du monde. Cette nouvelle vague de gens venant de différentes civilisations, porteurs d'héritages culturels, d'horizons linguistiques, politiques, sociaux et religieux est, à l'origine, précédée d'une sorte d'écriture avec une vision particulière à faire connaître et à faire partager. Aussi, par des repères historiques, idéologiques et psychologiques, des thèmes liés aux parcours migratoires variés, une sensibilité interculturelle et des métaphores particulières, a-t-elle renouvelé les pratiques d'inspiration créatrice dans le champ littéraire québécois, devenant partie prenante d'une littérature contemporaine qui n'avait de choix

---

[13] Régine Robin. *Le Roman mémoriel : de l'histoire à l'écriture du hors-lieu*, Montréal, Éditions du Préambule, 1989, 196 p.
[14] Voir Sherry Simon et David Leahy. « La recherche au Québec porte sur l'écriture ethnique », dans John W. Berry et J. A. Laponce (dir.). *Ethnicity and Culture in Canada: The Research Landscape*, Toronto, University of Toronto Press, 1994, p. 389. pp. 387-409.
[15] Daniel Chartier. « Les origines de l'écriture migrante. L'immigration littéraire au Québec au cours des deux derniers siècles », *Voix et images*, Hiver 2002, Vol. XXVII, N° 2, pp. 304.

que de s'ouvrir et de reconnaître une pluralité culturelle qui a imprimé à son devenir des traits de plus en plus diversifiés. En fait, dans cette province, les auteurs francophones avaient la désignation d'abord « d'écrivains ethniques » au même titre que les « migrants ethniques », les « groupes ethniques », les « minorités visibles », les « allochtones » ou encore les « communautés culturelles » pour être ensuite considérés d'écrivains « migrants », « immigrants », « transculturels », « métisses », « métèques » ou encore « post-modernes »[16], ce qui a enfermé cette mouvance littéraire dans un ghetto identitaire[17], réduisant ainsi, par une tendance de marginalisation explicite, tout son apport à l'évolution marquante de la littérature québécoise qui devait tôt ou tard, faire le deuil du discours identitaire homogène et univoque. Car l'époque dans laquelle l'enjeu de ce changement se manifeste est marquée selon Robert Berrouët-Oriel par « la capacité du champ littéraire québécois d'accueillir l'autre voix, les voix d'ici, venues d'ailleurs, et, surtout, d'assumer à visière levée qu'il est travaillé, transversalement, par des voix métisses »[18].

En fait, le terme « écriture migrante » qui transmet et rend visibles les images, les pratiques d'histoire, les représentations et les interprétations d'exil par les « auteurs migrants » est né au Québec à partir d'un « refus » et a été proposé pour la première fois en 1986-1987 dans le magazine transculturel *Vice Versa*[19] par le poète Robert Berrouët-Oriel. Son apparition comme phénomène distinct de la littérature d'immigration au Québec coïncidait avec la parution du roman *La Québécoite* de Régine Robin[20] et de ce magazine transculturel dont la création s'inscrivait dans cette aspiration à l'hétérogène qui se manifestait notamment par le lancement de revues alternatives telles que *La Parole Métèque*[21], *Dérives*[22]. La réaction de

---

[16] Pierre Nepveu. *L'écologie du réel*, Montréal, Boréal, 1988, p. 210.
[17] Voir Benoît Mélançon. « La littérature montréalaise et les ghettos », *Voix et Images*, N° 48, Printemps 1991, pp. 482-492.
[18] Robert Berrouët-Oriel. « L'effet d'exil du champ littéraire québécois », *Vice Versa*, N° 17, décembre 1986-janvier 1987, p. 20.
[19] *Vice Versa* fondée de 1983 à 1987 et dont le sous-titre Magazine transculturel inscrit en trois langues (français-anglais-italien) baptise le passage à l'hétérogénéité culturelle fortement prônée par des intellectuels et un groupe d'écrivains italo-québécois tels que Falvio Caccia et Antonio D'Alfonso – la maison d'édition *Guernica* qu'a fondée ce dernier en 1978 ou *Nouvelle optique* animées par ceux qu'on appelait les « Néo-Québécois » contribuent fortement à la réception de la littérature italienne par l'institution littéraire du Québec – et par des Québécois de souche, Elle s'inscrivait dans la mouvance transculturelle, c'est-à-dire en prise directe sur les diverses cultures qui façonnent le monde d'aujourd'hui et qui témoignait de la volonté de faire sortir la culture québécoise d'un repliement sur l'enracinement national pour la concevoir comme point de convergence de plusieurs univers culturels. Voir Florence Davaille. « L'interculturalisme en revue : l'expérience vice Versa », *Voix et Images*, Vol. 32, N° 2 (95), 2007, pp. 109-122.
[20] Régine Robin. *La Québécoite*, Montréal, Québec-Amérique, 1983, 200 p.
[21] Fondée en 1982 par Ghila Benesty-Stroka, cette revue est à vocation féministe.

Berrouët-Oriel dans le manifeste publié en décembre 1986 dans le dossier spécial du magazine *Vice Versa* consacré à la culture politique au Québec dénonçait le quasi-silence de l'institution littéraire à l'égard de cette production littéraire venue d'ailleurs et visait deux objectifs simultanément. Tout d'abord reconnaître la contribution de Jonassaint et son ouvrage *Le Pouvoir des mots, les maux du pouvoir* ; ensuite, reconnaître le roman haïtien en diaspora dont il traite. Berrouët-Oriel, plus tard, avec Robert Fournier, insistera sur « l'émergence des écritures migrantes et métisses au Québec » et en présentera les principales caractéristiques :

> Les écritures migrantes forment un microcorpus d'œuvres littéraires produites par des sujets migrants : ces écritures sont celles du corps et de la mémoire ; elles sont, pour l'essentiel, travaillées par un élément massif, le pays laissé ou perdu, le pays réel ou fantasmé constituant la matière première de la fiction. [...]
> Les écritures métisses forment également un microcorpus d'œuvres littéraires produites par :
> 1) des sujets migrants se réappropriant l'Ici, inscrivant la fiction – encore habitée par la mémoire originelle – dans le spatio-temporel de l'Ici ; ce sont des *écritures de la perte* jamais achevées, de l'errance et du deuil. [..]
> 2) des francophones canadiens (de souche française ou anglaise) se réappropriant l'Ailleurs-proche, des mémoires historiques venues d'Ailleurs habitant ou traversant la trame [fictionnelle][23].

Depuis, le terme « écriture migrante » a été largement utilisé par un autre critique comme Pierre Nepveu qui, dans un chapitre de *L'écologie du réel* intitulé « Écritures migrantes », réfléchit sur la très grande diversité des textes migrants ou immigrants parus au Québec, surtout depuis le début des années quatre-vingt », sur ce qui les caractérise et sur ce qui les distingue dans la littérature de l'Ici. L'auteur met en garde contre la tentation d'en faire « un cas ». Il voit dans ce phénomène des rapprochements avec le fait littéraire québécois à partir des années 1960 :

> Pourtant, deux faits majeurs confèrent à l'écriture migrante des années quatre-vingt une signification particulière. Le premier tient au fait que l'imaginaire québécois lui-même s'est largement défini, depuis les années soixante, sous le signe de l'exil

---

[22] La première vague migrante qui remonte aux années 1970 s'est illustrée par la fondation de *Dérives* (1975-1987) qui se définit ainsi comme une revue interdisciplinaire et interculturelle qui tente d'établir le dialogue Québec/Tiers Monde et fait appel aux collaborations les plus diverses.
[23] Robert Berrouët-Oriel et Robert Fournier. « L'émergence des écritures migrantes et métisses au Québec », Toronto, *Litté Réalité*, 3.2, Fall 91, pp. 17-18, *Québec Studies* 14, 1992, pp. 7-22.

> (psychique, fictif), du manque, du pays absent ou inachevé et, du milieu même de cette négativité, s'est constitué en imaginaire migrant, pluriel, souvent cosmopolite [...]
>
> Le deuxième fait important qui caractérise l'écriture migrante des années quatre-vingt, c'est sa coïncidence avec tout un mouvement culturel pour lequel, justement, le métissage, l'hybridation, le pluriel, le déracinement sont des modes privilégiés, comme sur le plan formel, le retour du narratif, des références autobiographiques, de la représentation[24].

Il est significatif de souligner que la définition de ce phénomène que propose Nepveu dans les notes infrapaginales de son ouvrage est édifiante dans le sens où elle a le mérite d'éclairer l'opposition fondamentale entre exil et immigration :

> « Écriture migrante » [...] de préférence à « immigrante », ce dernier terme me paraissait un peu trop restrictif, mettant l'accent sur l'expérience et la réalité même de l'immigration, de l'arrivée au pays et de sa difficile habitation (ce que de nombreux textes racontent ou évoquent effectivement), alors que « migrante » insiste davantage sur le mouvement, la dérive, les croisements multiples que suscite l'expérience de l'exil. « Immigrante» est un mot à teneur socio-culturelle, alors que « migrante » a l'avantage de pointer déjà vers une pratique esthétique, dimension évidemment fondamentale pour la littérature actuelle[25].

Nepveu note la possibilité d'une convergence entre la montée des écritures migrantes depuis quelques années « et le fait que l'écriture québécoise dans son ensemble n'a jamais été aussi cosmopolite et pluriculturelle »[26]. Selon lui, cette présence massive dans le champ littéraire québécois ne peut demeurer dans la marge et parvient à acquérir une certaine reconnaissance en l'intégrant dans la pluralité culturelle pour prendre part à ces écritures de l'écologie même de cette province, c'est-à-dire de ce qu'il désigne par « catastrophisme » :

> Le réel apparaît bel et bien comme « catastrophique », non pas tant au sens de « désastreux », que selon une acception topologique et énergétique : réel des intermittences, des mutations, des tensions destructrices et créatrices. Réel ou ne cesse de se revivre, répétitivement, le drame de l'égarement, de l'altérité dépaysante, de la confusion babélienne des signes et aussi le plaisir fou des

---

[24] Nepveu. *L'écologie du réel*, pp. 200-201.
[25] Note 2 du chapitre 12 : *Écritures migrantes*, pp. 233-234.
[26] Nepveu. *L'écologie du réel*, pp. 201-202.

croisements, des surgissements, des sensations « vraies », c'est-à-dire toujours aussi imaginaires, fictives, irréelles[27].

L'ampleur du phénomène d'auteurs immigrés francophones, venant de parties différentes du monde qui révèle une mosaïque des plus riches et des plus variées qui occupe un élément essentiel du développement de la littérature du Québec a suscité un intérêt considérable de plusieurs critiques littéraires Québécois qui s'accordent à citer les années 1980 comme un temps essentiel dans l'évolution de littérature Québécoise. À côté de Robert Berrouët-Oriel et de Robert Fournier, Pierre Nepveu ainsi que Sherry Simon, on trouve également Simon Harrel[28], Pierre L'Hérault[29], Fulvio Caccia[30], Lucie Lequin et Maïr Verthuy[31], Lise Gauvin[32], Régine Robin[33], Clément Moisan et Renate Hildebrand[34], Daniel Chartier[35], Janet Paterson[36], Gilles

---

[27] *Ibid.*, p. 210.
[28] Simon Harrel. *Le Voleur de parcours : identité et cosmopolitisme dans la littérature québécoise*, Montréal, Le Préambule, 1989, 309 p. Voir aussi *Les passages obligés de l'écriture migrante*, Montréal, XYZ Éditeur, 1995, 252 p.
[29] Pierre L'Hérault. « Pour une cartographie de l'hétérogène : Dérives identitaires des années 1980 », Sherry Simon, Pierre L'Hérault, Robert Schwartzwald et Alexis Nouss. *Fictions de l'identitaire au Québec*, Montréal, XYZ, 1991, pp. 55-114. Voir aussi « L'interférence des espaces migrants et de l'espace littéraire québécois », dans Anna Pia De Luca, Jean-Paul Dufiet et Alessandra Ferraro. *Palinsesti cuturali. Gli apporti delle immigration alla letterature del Canada*, Udine, Forum, 1999, pp. 49-65.
[30] Fulvio Caccia. « Le roman francophone de l'immigration en Amérique du Nord et en Europe : une perspective transculturelle », dans Jean-Michel Lacroix et Fulvio Caccia (dirs). *Métamorphose d'une utopie*, Montréal/Paris, Triptyque et Presses de la Sorbonne Nouvelle, 1992, pp. 91-104.
[31] Lucie Lequin et Maïr Verthuy. « Multi-culture, multi-écriture, la migrance de part et d'autre », dans Lucie Lequin et Maïr Verthuy (dirs). *Multi-culture, multi-écriture : la voix migrante au féminin en France et au Canada*, Paris/Montréal, L'Harmattan, 1996, pp. 1-12. À signaler aussi « *L'écriture des femmes migrantes au Québec* », dans Claude Duchet et Stéphane Vachon (dir). *La recherche littéraire. Objets et méthodes*, Montréal/Paris, XYZ/PUV, 2e édition, 1998, pp. 415-424.
[32] Lise Gauvin. *Langagement : L'écrivain et la langue au Québec*, Montréal, Boréal, 2000, 254 p. À signaler aussi « Autour du concept de littérature mineure. Variations sur un thème majeur », Bertrand, Jean-Pierre et Gauvin Lise (dirs). *Littératures mineures en langue majeure*. Québec, Wallonie-Bruxelles, Berne *et al* /Montréal, Peter Lang/ Presses de l'Université de Montréal, 2003, pp. 19-40.
[33] Régine Robin. « Les champs littéraires sont-ils désespérément monolingues ? Les écritures migrantes », De Vaucher Gravili, Anne (dir). *D'autres rêves. Les écritures migrantes au Québec*, Venise, Supernova, 2000, pp. 19-43. À signaler aussi *Le deuil de l'origine. Une langue en trop, la langue en moins*, Paris, Éditions Kimé, 2003, 238 p. et *Cybermigrances. Traversées fugitives*, Montréal, VLB Éditeur, 2004, 256 p.
[34] Clément Moisan et Renate Hildebrand. *Ces étrangers du dedans. Une histoire de l'écriture migrante au Québec (1937-1997)*, Québec, Nota Bene, 2001, 361 p. Voir aussi Clément Moisan. *Écritures migrantes et identités culturelles*, Québec, Éditions Nota Bene, 2008,149 p.
[35] Daniel Chartier. « Les origines de l'écriture migrante. L'immigration littéraire au Québec au cours des deux derniers siècles », *Voix et images*, Hiver 2002, Vol. XXVII, N° 2,

Dupuis[37], etc. Tous ces critiques ont entrepris la recherche dans ce nouveau champ littéraire contemporain dit : « Littérature migrante » et ont beaucoup contribué à une meilleure compréhension de son impact sur la production et l'évolution de la littérature Québécoise. Leur vision critique et leur cadre analytique ont élargi, d'une part, la notion de Littérature migrante qui reflète la diversité culturelle et raciale, et, d'autre part, ont inscrit une prise de conscience très importante du rôle et de la place de ce pôle nécessaire dans la recherche littéraire contemporaine. Daniel Chartier indique bien l'essor remarquable de ce phénomène qui a un statut spécial et fait désormais partie intégrante de la vie littéraire au Québec.

> L'écriture migrante représente plutôt dans l'histoire de la littérature québécoise un courant littéraire, qu'il faut distinguer de concepts qui lui sont apparentés : la littérature ethnique, qui renvoie à des éléments autobiographiques liés à l'appartenance culturelle sans qu'il y ait pour autant nécessité d'un passage migratoire ; la littérature de l'immigration, un corpus thématique qui traite des problématiques migratoires ; la littérature de l'exil, qui peut prendre selon le cas, la forme de la biographie, de l'essai ou du récit de voyage ; la littérature de diaspora, œuvres produites par des émigrés dans différents pays, mais qui se rattachent aux rouages de l'institution littéraire du pays d'origine ; la littérature immigrante, corpus socioculturel transnational des écrivains qui ont vécu cette expérience traumatisante, mais souvent fertile de l'immigration et enfin, la littérature migrante, qui se définit par des thèmes liés au déplacement et à l'hybridité et par des formes particulières, souvent teintées d'autobiographie, et qui est reçue comme une série dans la littérature[38].

Ces diverses études permettent d'emblée de voir des recoupements entre les acceptions du terme « écriture migrante » et fréquemment brodées autour de la même problématique, elles ont donné lieu à des répétitions constantes du même souci de la critique littéraire et surtout d'indiquer l'intérêt suscité par l'émergence de ces voix migrantes. Nous ne prétendons aucunement dresser un inventaire exhaustif de ces recherches. En présentant quelques-uns des travaux pertinents, nous désirons simplement montrer que

---

pp. 303- 316. Voir aussi *Dictionnaire des écrivains émigrés au Québec, 1800-1999*, Québec, Nota bene, 2003, 370 p.

[36] Janet Paterson. « Quand le je est un(e) Autre : l'écriture migrante au Québec », M. Monford et F. Bellarsi (s. la dir. de). *Reconfigurations : Canadian Literatures and Postcolonial identities*, Peter Lang, 2002, pp. 43-59.

[37] Gilles Dupuis. « Redessiner la cartographie des écritures migrantes/Redesign the Migrant Writings Cartography », *Globe. Revue internationale d'études québécoises*, 10,1, 2007, pp. 137-146.

[38] Chartier. « Les origines de l'écriture migrante. L'immigration littéraire au Québec au cours des deux derniers siècles », p. 305.

la majorité se complaît toujours dans les mêmes réserves accentuant les mêmes redites sur ce sujet qui a été à la mode à un moment donné. La réflexion reste souvent en surface mettant l'accent sur l'importance et sur l'évolution des faits culturels et littéraires au Québec. Ce phénomène, qui a été au départ mal accueilli par les critiques qui l'ont alors nommé « l'autre littérature », a connu un essor remarquable, qui a amené l'institution littéraire québécoise et universitaire à approfondir une réflexion sur la manière d'appréhender sa présence dans le champ littéraire national. En 1992, la revue *Lettres Québécoises* consacre aux littératures mineures du Québec tout un dossier intitulé « de l'autre littérature québécoise, autoportraits » qui permet à Jonassaint d'avancer que la « part néo-canadienne de la littérature québécoise d'expression française s'accroît décennie après décennie depuis 1960 »[39], participant ainsi, selon Lise Gauvin, « à la transformation du pays, à une évolution marquée qui amorce actuellement une phase intéressante »[40].

Autant dire, donc, que la présence des différentes vagues qui se sont succédé a suscité des réactions différentes, voire mitigées du fait de la diversification quant à l'origine de sa production tout en participant à l'avènement de deux phénomènes concomitants : la reconnaissance des écritures migrantes au sein de la littérature québécoise, par le biais notamment de la recherche universitaire, et l'ouverture de cette littérature à des influences venues d'ailleurs qui avaient d'abord provoqué dès son émergence, des résistances, des rejets et des marginalisations, voire des oublis délibérés. La marche du temps a fait en sorte que les deux tendances de la littérature québécoise contemporaine à savoir celle qui maintient la tradition nationale du terroir et l'autre qui s'ouvre et accueille le courant migrant, semblent vouloir entrecroiser leurs trajectoires respectives pour élargir le champ littéraire qui coïncide avec l'effervescence, selon Nepveu, « de tout un mouvement culturel pour lequel, justement, le métissage, l'hybridation, le pluriel, le déracinement sont des modes privilégiés, comme, sur le plan formel, le retour du narratif, des références autobiographiques, de la représentation »[41]. Pour ce critique, une littérature postnationale, « *post-québécoise* » s'est imposée et a imposé ses paramètres qui font qu'à une : « littérature conçue comme un projet fondé sur une mémoire collective et une visée totalisante, se sont substituées la pluralité, la diversité, la mouvance des textes »[42]. Dans ce contexte, les notions d'impureté, d'hétérogénéité, de

---

[39] Jean Jonassaint. « De l'autre littérature québécoise, autoportraits », *Lettres Québécoises*, N° 66, 1992, p. 2.
[40] Cité par Peter G. Klaus. « Littérature québécoise et écrivains immigrants », *Lettres Québécoises*, N° 66, 1992, p. 4.
[41] Nepveu. *L'écologie du réel*, p. 201.
[42] *Ibid.*, p. 14.

métissage, de multiculturalisme ont fait leur apparition pour analyser le discours littéraire contemporain[43].

Il est certain que ces littératures néo-québécoises dont le statut minoritaire les a placées solidement pendant longtemps et sans aucun doute dans « l'exigüité », selon l'expression de François Paré, et plus précisément dans une double minorisation sont « très conscientes de leur origine et de leur originalité, très vivantes, très vitales, malgré l'enlisement inéluctable des communautés [...] dont elles émanent »[44]. Il reste comme le souligne Abbes Maazaoui, que même en étant mineure, selon la célèbre définition donnée par Deleuze et Guattari[45], « cette littérature n'est pas moins littéraire, ni moins complexe »[46]. Il faut donc aborder la création de « l'exigüité en la considérant dans toute sa diversité, ses multiples composantes et éviter autant que possible de la réduire à la marginalisation, voire à l'oubli. Pour Maazaoui, « la définition de cette littérature comme mineure, déterritorialisée, politique, communautaire et marginale risque cependant de renforcer la tendance qui consiste à croire que cette littérature est essentiellement descriptive et mimétique et à la placer ainsi sur les marges du champ littéraire »[47].

Il y a tout lieu de croire que l'écriture migrante qui offre la possibilité d'explorer plusieurs préoccupations thématiques et stylistiques de la littérature contemporaine mondiale apporte de nouvelles visions aux lettres québécoises. À dire vrai, elle représente un renouveau et propose un changement important vis-à-vis de la revendication identitaire et l'acte mémoriel, comme le souligne Nepveu :

> Nostalgie, deuil : ce n'est pas le moindre prix des écritures migrantes que de marquer la fin d'une modernité amnésique, axée sur le pur présent et le culte du nouveau [...]. De nombreux textes des années quatre-vingt mettent en action cette fébrilité, d'agitation de la nostalgie : course folle à travers des traces perdues, confusion entre l'ailleurs et l'ici, le passé et le présent. [...]. Ce qui importe, c'est alors ce va-et-vient, cette occupation de l'Indicible entre le même et l'autre, [...].
> « École du vertige », l'exil devient du même coup une « école de la sensation vraie », où s'éprouvent simultanément les

---

[43] Voir Jean-Michel Lacroix et Fulvio Caccia (dirs). *Métamorphose d'une utopie*, Paris, Montréal, Presses de la Sorbonne Nouvelle/Éditions Triptyque, 1992, 324 p.

[44] François Paré. *Les Littératures de l'exigüité*, Hearst (Ontario), Nordir, 1992, p. 7.

[45] Gilles Deleuze et Félix Guattari retiennent trois caractéristiques propres à la littérature mineure : « la déterritorialisation de la langue, le branchement de l'individuel sur l'immédiat-politique, l'agencement collectif d'énonciation », *Kafka, pour une littérature mineure*, Paris, Minuit, coll. « Critique », 1975, p. 33.

[46] Abbes Maazaoui. « Poétique des marges et marges de la poétique », *L'Esprit Créateur*, Vol. 38, N° 1, printemps 1998, p. 83.

[47] *Ibid.*, pp. 82-83

> ressemblances et les différences, le dépaysement et le repaysement, dans une extrême attention aux détails, aux nuances[48].

Le questionnement de l'identité devient le point de rencontre entre auteurs écrivant à partir des perspectives différentes. La québécité, faisant référence à une population née au Québec ou attachée à un ensemble de valeurs constitutives de son homogénéité, est un concept qui apparaît de plus en plus dépassé et remis en question. Par ailleurs, la présence considérable d'écrivains appartenant à des cultures autres que celles issues d'un Québec francophone qui fonde son existence sur l'homogénéité et le nationalisme offre une dimension nouvelle à la littérature québécoise. L'arrivée d'immigrants d'origines diverses a permis aux Québécois de s'ouvrir à l'Autre, de découvrir une québécité plurielle où l'identité n'est pas seulement la langue française ou la fidélité des origines raciales, religieuses ou filiales, mais un ensemble de potentialités qui permettent de revoir autrement les problèmes de langue et d'identité. L'émergence de la transculturation[49] susceptible de former « des réseaux d'interactions entre plusieurs cultures et plusieurs formes de métissage soit au sein d'une institution littéraire particulière, soit d'une façon continentale, voire mondiale »[50] constitue une remarquable avancée dans l'évolution du champ littéraire québécois. Nepveu avance que « la transculture n'a de véritable sens et ne trouve sa portée que dans une pratique, à la fois lecture et écriture, où le pluriel et le métissage se réalisent dans des circonstances particulières, et à travers des tensions, des paradoxes, des limites »[51]. De son côté, Régine Robin, pense que le métissage et la transculture comme défis pour sortir de l'ethnicité ont poussé les écrivains installés dans une société pluriculturelle de trouver une autre voie que celle du clivage pathologique qui mène à l'exclusion, à la perte identitaire, au dédoublement ou à la schizophrénie. En refusant la voie de l'assimilation ou de la ghettoïsation, en acceptant que la langue d'écriture soit ouverte, plurielle, ces écrivains venus d'ailleurs peuvent :

---

[48] Nepveu. *L'écologie du réel*, pp. 203-204.
[49] Le terme transculturation fut initialement employé par le scientifique cubain Fernando Ortiz dans son ouvrage *Contrapunteo cubano del tubaco y azúcur* en 1940. Pour Jean Lamore : « En fait, le sens exact et créateur de la transculturation selon son inventeur, F. Ortiz, est clair et doit être réhabilité : la transculturation est un ensemble de transmutations constantes ; elle est créatrice et jamais achevée ; elle est irréversible. Elle est toujours un processus dans lequel on donne quelque chose en échange de ce qu'on reçoit [...]. Il en émerge une réalité nouvelle, qui n'est pas une mosaïque de caractères, mais un phénomène nouveau, original et indépendant », dans « Transculturation : naissance d'un mot », Lacroix et Caccia (dirs). *Métamorphose d'une utopie*, p. 47. Cet article avait été déjà publié dans *Vice Versa*, N° 21, novembre 1987, pp. 17-18.
[50] Lucie Lequin. « Quelques mouvements de la transculture », Winifried Siemerling (ed.). *Writing Ethnicity Cross-Cultural and Quebecois Literature*, Toronto, ECW, 1996, p. 129.
[51] Nepveu. *L'écologie du réel*, p. 202.

> dessiner un espace nomade, espace d'une écriture migrante [...] qui ne soit ni celui de l'exil ni celui du déracinement. Espace ni majoritaire ni minoritaire, ni marginal, inscrivant la permanence de l'autre, de la perte, du manque, de la non-coïncidence, la castration symbolique au cœur même de l'écriture.
> Un espace où l'on est d'une certaine façon toujours à côté de la plaque, à côté de ses pompes, jamais tout à fait sur le trait sans pour autant être tout à fait en dehors du réel, un espace de jeu qui interroge et déplace. Il nous faut réinventer le pays d'ailleurs, qui creuse le probable, l'incertain, le tremblé de l'identité[52].

La présence de cette masse d'écrivains natifs d'autres pays est une illustration vivante de la diversité démographique, ethnique et culturelle du Québec comme du Canada entier. En fait, ces francophones venus d'ailleurs, apportant leur conception, leur vision, leur créativité artistique et littéraire, leur dynamisme ont contribué au renforcement d'un devenir transculturel important qui a permis à la communauté humaine et littéraire du Québec de s'agrandir et de s'enrichir. Toutefois, tout en s'opposant à la marginalisation d'une partie de plus en plus importante de la littérature québécoise, Régine Robin note la difficulté d'éviter la ghettoïsation dans l'obsession des origines :

> Ne pas se constituer en ghetto, ne pas écrire de la littérature 'ethnique' précisément, mais comment ? Car il existe aujourd'hui deux courants dans la littérature québécoise : un courant que j'appellerai 'légitime' pour ne pas utiliser le mot si galvaudé et si plein de danger de 'souche' et celui de l'écriture migrante, la fameuse écriture ethnique dont La Québécoite a été en son temps une figure emblématique[53].

Il est important d'indiquer que la querelle qui opposait des « souches et des branches »[54], c'est-à-dire entre les partisans de la tradition nationale, voire nationaliste, de la littérature québécoise et les défenseurs d'un courant littéraire désigné [sous le nom] d'écritures migrantes »[55] semble céder la

---

[52] Régine Robin. « Sortir de l'ethnicité », Jean-Michel Lacroix et Fulvio Caccia (dir). *Métamorphose d'une utopie*, Paris, Montréal, Presses de la Sorbonne Nouvelle/Éditions Triptyque, 1992, pp. 37-38.
[53] Régine Robin. « Postface » – à la deuxième édition de *La Québécoite*, 1993, p. 211.
[54] Cette expression est avancée par l'écrivaine québécoise d'origine algérienne Nadia Ghalem, citée par Maïr Verthuy. « Pan Bouyoucas : le principe des vases communicants ou de la nécessité de sortir de "l'ethnicité" », Christ Verduyn (Editor). *Literary Pluralities*, Bradview Press 1999, 182, note 4.
[55] Gilles Dupuis. « L'émergence des écritures transmigrantes au Québec », Klaus-Dieter Ertler et Martin Löschnigg (eds). *Canada in the Sign of Migration and Trans-Culturalism / Le Canada sous le signe de la migration et du transculturalisme. From Multi- to Trans-Culturalism/Du multiculturalisme au transculturalisme*, Peter Lang, 2005, p. 39.

place à une cohabitation, voire une acceptation des deux tendances qui rendent la littérature québécoise riche de « flux de significations qui dissout les liens anciens pour en créer de nouveaux »[56]. Une littérature hétérogène, multiple et transculturelle[57] à caractère pluriel qui considère les écritures migrantes et métisses, « ces écritures éclatées, écartelées, disant l'errance, l'errance en soi, l'exil et l'enracinement dans l'Ici »[58], comme partie intégrante de son développement et de son évolution, un « nouvel » élément, selon Moisan et Hildebrand, qui contribue indéniablement à la redéfinir :

> En effet, les données textuelles, formelles, génériques, historiques et thématiques, et toutes celles apportées par ces écritures « autres » (sociales, morales, politiques), changent le visage et le paysage de la littérature ainsi que champ propre et la structure de ce champ. Il s'établit donc un rapport de force entre les éléments ainsi identifiés qui fait ressortir les convergences et les divergences, fondamentalement de nature culturelle, et prend des formes diverses et successives que l'on a identifiées en termes d'*uniculturel*, de *pluriculturel*, d'*interculturel* et de *transculturel*, lesquels coiffent nos quatre périodes-chapitres[59].

La contribution des écrivains qu'on appelle communément « néo-québécois » ou « néo-canadiens » à la littérature québécoise est incontestablement visible à travers la diversité d'une production littéraire qui permet à des auteurs de revendiquer en même temps l'appartenance à la culture québécoise et l'appartenance à une culture autre, refusant tout étiquetage qui vise à les exclure au lieu de les inclure. Naïm Kattan, écrivain irakien, ne se définit pas comme un exilé, considérant que pour « tout immigrant, changer de lieu, ce n'est pas s'exiler, c'est renaître »[60]. Il soutient qu'il est toujours oriental, ce qui ne l'empêche pas d'être un écrivain

---

[56] Moisan et Hildebrand. *Ces étrangers du dedans. Une histoire de l'écriture migrante au Québec...*, p. 333.
[57] Voir Iris Gruber. La littérature québécoise est transculturelle – qu'est-ce que la littérature québécoise ?, Klaus-Dieter Ertler et Martin Löschnigg (eds). *Canada in the Sign of Migration and Trans-Culturalism / Le Canada sous le signe de la migration et du transculturalisme. From Multi- to Trans-Culturalism / Du multiculturalisme au transculturalisme*, Peter Lang, 2005, pp. 27-37.
[58] Berrouët-Oriel et Fournier. « L'émergence des écritures migrantes et métisses au Québec », *Litté Réalité*, p. 20.
[59] Moisan et Hildebrand. *Ces étrangers du dedans. Une histoire de l'écriture migrante au Québec...*, p. 14. Du vaste corpus retenu dans cet ouvrage, les auteurs ont dégagé une évolution dont les quatre périodes correspondent à des transformations successives : *L'uniculturel. L'écriture moderne* (1937-1959) ; *Le pluriculturel. L'écriture postmoderne* (1960-1974) ; *L'interculturel. L'écriture immigrante* (1975-1985) et *Le transculturel. L'écriture migrante* (1986-1997).
[60] Marie Caron. « L'itinéraire d'un écrivain migrant », *Lettres Québécoises*, N° 110, 2003, p. 43.

québécois. « Québécois, je suis un écrivain de la francophonie »[61], précise-t-il. De son côté, Régine Robin affirme qu'elle ne se considère pas comme une écrivaine « ethnique » ou « néo ». Pour elle, « une néo [...] n'a guère de place au Québec si son écriture n'est pas de type 'best-seller' »[62]. Pour le poète haïtien Joël Des Rosiers, il réplique au sentiment d'exclusion en inventant une propre identité en parodiant l'expression de « pure laine ». Dans *Théories caraïbes – Poétique du déracinement*, il écrit :

> En 1986 je déclarais : « Nous sommes des Québécois pure laine crépue ». Ce qui signifie que le Québec est aussi notre pays. Nés ici ou arrivés à un âge précoce, nous avons vécu une expérience de la migration et de la société canadienne totalement différente de ceux qui immigrèrent adultes. Nous réclamons notre appartenance au Québec autant que nos racines dans la Caraïbe : nous sommes haïtiens québécois. Nous n'entendons pas être des citoyens de seconde classe de Québec[63].

Quant à l'autre écrivain haïtien Émile Ollivier, qui a placé cette mouvance d'écrivains, venus d'ailleurs, dans la catégorie « archéo-québécois »[64], il a posé cette question pertinente dans son essai *Repérages* :

> Suis-je un écrivain haïtien ? Ou un écrivain de l'exil ? de la migration ? Un écrivain de nulle part, cherchant inlassablement à résoudre l'énigme de son identité. Il m'arrive de ressentir un certain désarroi du fait d'être en deux moitiés. Si je n'étais pas, je serais un Haïtien tout court et non un Haïtien de Montréal ou de l'émigration[65].

Ainsi, les interrogations soulevées par les écrivains migrants sont pour la littérature du Québec un immense défi et une dynamique souhaitable dans la mesure où elles contribuent à redéfinir le rapport à l'autre et à reposer autrement les problèmes de langue et d'identité. Peut-être, et c'est là leur enjeu, les écritures migrantes parviendront-elles à ne pas uniquement constituer des littératures minoritaires à l'intérieur d'une littérature dominante, qui serait la littérature québécoise, mais à devenir les sources d'enrichissement d'une québécité plurielle, riche, diversifiée et englobante.

En fait, animées par la quête d'une nouvelle vie et porteuses de blessures, déchirures, déceptions de leurs existences passées, ces voix

---

[61] Cité par Laurent Mailhot. *La littérature québécoise depuis ses origines*, Montréal, Typo essais, 1997, p. 248.
[62] « Autoportraits », *Lettres Québécoises*, p. 12.
[63] Joël Des Rosiers. *Théories caraïbes – Poétique du déracinement*, Montréal, Triptyque, 1996, p. 182.
[64] Émile Ollivier. *Passages*, Montréal, Éditions de l'Hexagone, 1991, p. 31.
[65] Émile Ollivier. *Repérages*, Montréal, Leméac, 2001, p. 59.

littéraires multiples placent leurs rêves et désirs dans des démarches d'écriture diversifiées dans les genres incluant romans, récits, nouvelles, contes, poésie, et dramaturgies. Leurs productions littéraires permettent de relater la dimension de l'exil, l'histoire de leur quête d'intégration dans la nouvelle société d'accueil, leurs expériences de migration et leur rapport à l'Autre ainsi qu'à la culture nord-américaine. Elles affirment et confirment la mouvance d'une littérature à contre-courant qui existe, qui insiste, qui s'impose. La parole immigrante ne peut que désigner l'exil, le dehors, le migrant, elle devient parole qui fait abolir les frontières, force souterraine qui se manifeste mobilisant les énergies pour la création de son territoire et de ses attaches. Parole vivante qui indique le rôle de ces écrivains qui s'affirment en tant qu'acteurs du devenir et de l'histoire de leur nouvelle société, en présentant des expériences personnelles et collectives très spécifiques, celles de gens exilés qui s'éveillent à leur réalité socioculturelle, repèrent des aliénations de tous genres auxquels ils sont soumis pour les dépasser à travers une écriture réalisée dans la société d'accueil loin des pays d'origine. Celle-ci est marquée de « métissage identitaire »[66] et surtout de « métissage culturel [qui] s'inscrit dans la trame sociopolitique québécoise »[67], dont les dimensions originales ne manquent pas d'influencer l'évolution de la littérature québécoise en particulier et canadienne en général. À vrai dire, ces nouvelles voix qui ont enrichi le patrimoine québécois en prenant place au sein d'une production littéraire « plus que jamais éclatée, polyvocale et polyphonique »[68] ont permis de constater que les frontières de la littérature ne sont plus étroites et de découvrir de multiples identités des écritures migrantes et métisses :

> [Celles-ci] – ce même d'une double polarité, écartelées entre l'Ailleurs et l'Ici, le sédimentaire et le sédentaire. Il s'agit donc d'écritures de la perte, du deuil, nommant l'errance, le pays réel comme le pays fantasmé, qui donnent à la thématique de l'exil, dans [le] champ littéraire [québécois], un timbre nouveau[69].

Certains écrivains québécois, critiques et intellectuels qui occupent jalousement le terrain sous prétexte qu'ils sont de *souche* devaient affronter des dilemmes plus cruciaux pour ouvrir des frontières réelles ou fictives afin de circonscrire une place à d'autres écrivains de langue française venus

---

[66] Roger Bernard. « Du social à l'individu : naissance d'une identité bilingue », Jocelyn Létourneau (s. la dir. de), avec la collaboration de Roger Bernard. *La question identitaire au Canada francophone*, Sainte-Foy, PUL, 1994, pp. 156-157.
[67] Pierre L'Hérault. « Pour une cartographie de l'hétérogène : Dérives identitaires des années 1980 », Sherry Simon, Pierre L'Hérault, Robert Schwartzwald et Alexis Nouss. *Fictions de l'identitaire au Québec*, Montréal, XYZ, 1991, p. 108
[68] Berrouët-Oriel et Fournier. « L'émergence des écritures migrantes et métisses au Québec », p. 32.
[69] *Ibid.*, p. 23.

d'ailleurs qui sont francophones. À vrai dire, certains d'entre eux ne voient en la production de ces nouvelles voix qu'une écriture exotique, insensible, voire indifférente à leur histoire, à leur culture et à leurs droits ancestraux. Ces réactions hostiles s'accompagnent souvent de la négation d'autrui et de son apport considérable. Or, après des études menées par différents chercheurs, il s'est dégagé un consensus autour du fait que l'écriture migrante est variée, elle favorise la présence de l'autre dans le discours hégémonique dominant au Québec en tant qu'instance établissant des normes, une politique linguistique, une ethnographie et une littérature nationale. Ainsi, pour les faire sortir de l'ethnicité, certains écrivains ont bénéficié d'un large intérêt de la part des chercheurs et les diverses études sur eux ont apporté un éclairage sur leur présence en tant que catégorie à part entière de la littérature québécoise ou, devrait-on dire, post-québécoise.

À partir de ce changement de perspectives culturelle et littéraire, le processus d'hybridité et les stratégies qui en découlent sont pris en considération par certains critiques. D'autres tentent de démontrer à partir d'exemples tirés de différentes œuvres dans lesquelles des sphères d'interaction, de jonction entre l'écriture et l'histoire transparaissent avec l'influence langagière et les références culturelles propres au contexte québécois et canadien prouvent qu'il n'y a pas seulement le ton littéraire qui change, la sensibilité aussi puisque ces écrivains sont à la lisière de deux pays, de deux ou trois langues, de plusieurs traditions culturelles et même de pratiques religieuses différentes. La particularité de cette écriture atteint sa consécration en mettant fin au cloisonnement et surtout en permettant à tous les écrivains d'avoir leur place dans une société pluriculturelle favorisant une politique multiculturelle sans exclusion ni assimilation. En considérant leur nouveau lieu de résidence comme leur patrie, beaucoup d'écrivains venus d'espaces culturels variés ont manifesté leur désir de ne pas se trouver continuellement en proie à des sentiments de déchirement, d'écartèlement vis-à-vis des deux patries, mais d'évoluer dans l'une sans renier l'autre, adoptant une attitude de fusion en assumant leurs diverses appartenances au lieu de les confondre avec une seule, érigée en expression identitaire suprême, et en instrument d'exclusion, d'assimilation et de marginalisation.

Il y a lieu de souligner que de plus en plus certains chercheurs accordent une importance particulière à la problématique des transferts culturels[70] entre les écrivains « migrants » et les écrivains « de souche », aux

---

[70] Laurier Turgeon et Anne-Hélène Kerbiriou. « Métissage, de glissements en transferts de sens », Turgeon, Laurier (dir). *Regards croisés sur le métissage*, Québec, Presses de l'université Laval, 2002, pp. 1-20. Voir aussi Laurier Turgeon. « Les mots pour dire les métissages. Jeux et enjeux d'un lexique », Ouellet, Pierre (dir). *Le soi et l'Autre. L'énonciation de l'identité dans les contextes interculturels*, Québec, Presses de l'Université Laval, 2003, pp. 383-402.

nouveaux paradigmes de l'identité[71], aux effets de la migration comme fiction[72] ou encore à la transmigration littéraire qui apparaissent dans la mouvance des écritures migrantes. Ces dernières ont manifesté clairement leur refus de se soumettre aux pièges que semble offrir la société d'accueil en revendiquant la mémoire, en tant que sujet qui s'interroge et se (re)construit sans cesse et en avançant une identité globalisante qui transcende la nostalgie d'un passé idéalisé pour s'insérer dans la culture québécoise qui devient plus large, en ce sens qu'elle s'ouvre à une plus grande acceptation de l'Autre dans sa particularité et dans sa diversité.

L'écriture migrante se présente aujourd'hui comme un phénomène incontournable qui s'est imposé dans le champ littéraire francophone au Canada et ailleurs, en se construisant une identité propre par le biais de créations multiformes, novatrices, ancrées dans des contextes sociopolitiques et historiques bien spécifiques. Précisons d'emblée que, chez certains critiques le terme écriture migrante réfère à une littérature produite par des écrivains qui tendent à affirmer leur appartenance à une société tout en maintenant leur origine en même temps qu'à situer spatialement un lieu d'écriture. Or, il nous semble important de distinguer différemment les multiples voix qui participent à l'essence et au développement de ce fait littéraire au Québec. Des écrivains venus d'ailleurs qui ne sont pas le produit d'une seule tradition, d'une seule culture ancestrale, mais qui s'inscrivent pleinement dans la modernité de l'écriture à partir d'un lieu géographique et non d'une origine ethnique ou d'un unique patrimoine identitaire. Des écrivains qui, engagés dans le jeu des langues, ont su créer leur propre langue d'écriture, et cela dans un contexte culturel québécois multilingue, souvent affecté des signes de la diglossie[73]. C'est dans cette perspective que cette mouvance apparaît comme un espace d'émergence où se développent ces « littératures de l'intranquillité »[74], qui s'inscrivent par le biais de réalisations intéressantes, voire originales dans cette problématique contemporaine de la mondialisation de l'écriture migrante. En fait, l'identité québécoise est devenue plus diffuse et éclatée, à un tel point qu'aujourd'hui, pour de nombreux critiques, l'idée même d'un Québec homogène a perdu tout son sens. De toute part, les constats s'additionnent à savoir que le Québec d'aujourd'hui ne ressemble en rien à cette belle province qui tenait à

---

[71] Danielle Forget. « Les nouveaux paradigmes de l'identité et la littérature migrante au Québec », dans *Le Soi et l'autre. L'énonciation de l'identité dans les contextes interculturels*, sous la direction de Pierre Ouellet, Presses de L'Université Laval, 2003, pp. 35-50.
[72] Voir Robert Berrouët-Oriel. « L'errance en soi : de la migration comme fiction », *Moébius* 31, 1987, pp. 143-148
[73] Lise Gauvin. « Écriture, surconscience et plurilinguisme : une poétique de l'errance », Christiane Albert (s. la dir. de). *Francophonie et identités culturelles*, Paris, Karthala, 1999, p. 13.
[74] Lise Gauvin « propose de substituer à l'expression « littératures mineures » celle, plus adéquate […], de *littératures de l'intranquillité*, empruntant à Pessoa ce mot aux résonances multiples », *Ibid.*, p. 16

maintenir sa cohérence. Qu'on parle de diversification, de pluralisme, d'hétérogénéité, d'éclatement, de fragmentation, le point de vue est le même : celui d'une société qui n'a plus l'unité qui a longtemps fait sa force, mais crée une diversité, voire une pluralité qui fait sa richesse.

Depuis plusieurs années, des voix migrantes maghrébines investissent le champ littéraire francophone au Canada. Des écrivains issus des trois pays du Maghreb et de confession religieuse musulmane ou judaïque ont réalisé des œuvres romanesques, poétiques ou encore théâtrales qui relatent la dimension de l'exil, leur quête d'intégration dans la nouvelle société d'accueil, leurs expériences, leur rapport à l'Autre ainsi qu'à la culture nord-américaine.

En effet, les écrivains maghrébins - au même titre que d'autres écrivains francophones, parmi eux, Gérard Étienne, Émile Ollivier, Dany Laferrière, Naïm Kattan, Abla Farhoud, Mona Latif-Ghattas, Nadine Ltaif, Marco Micone, Sergio Kokis, Régine Robin et Ying Chen pour ne citer que ceux-là, ont produit des textes qui réfléchissent non seulement l'un à l'autre dans l'interrogatoire, la modification et la négation de certains événements historiques, mais ils contribuent aussi à la construction d'une nouvelle conscience de faits historiques concernant leur intégration dans le Nouveau Monde. Ils partagent des souvenirs nostalgiques de leurs patries respectives aussi bien qu'ils s'appliquent à une stratégie de visibilité dans le courant dominant. En d'autres mots, ils ont réussi à rendre la littérature francophone au Canada plus diversifiée par le biais de leurs expériences personnelles et aussi par les techniques narratives novatrices. Cela s'est traduit aussi par l'élaboration d'une nouvelle conscience dans la construction d'une identité multiple en perpétuelle mouvance dans l'état contradictoire où ils se trouvent entre exil et enracinement.

Il faut noter que, même s'ils laissent subtilement deviner qu'ils ne proviennent pas originellement de cette province, ces écrivains maghrébins présentent des écrits de divers genres où se profilent pour certains une sorte d'adéquation avec les préoccupations et les thèmes abordés soit par les écrivains nés au Québec soit par ceux venus d'ailleurs. D'autres mettent en scène des sujets d'actualité reflétant leur inscription dans la réalité du Québec et leur volonté d'acquérir leur place au sein de la littérature québécoise. Et puis, il y a ceux et celles qui dépassent les frontières identitaires et les phénomènes d'exclusion, contribuant à rendre le fait littéraire plus diversifié.

En parcourant la production littéraire des écrivains maghrébins depuis ses débuts jusqu'aux œuvres les plus récentes, on constate une évolution dynamique d'une importance capitale qui s'inscrit dans une progression selon trois tendances à la fois synchronique et diachronique. Cette vision s'insère nécessairement dans l'histoire mouvementée des « espaces » ou des « champs » littéraires québécois dont les aspects à la fois complémentaires et antagonistes traduisent le clivage entre la littérature dominante et celle considérée « mineure ». Or, cette écriture maghrébine migrante au Québec n'a pas joui d'un intérêt considérable de la part de la critique, contrairement aux écritures d'autres groupes minoritaires. Elle nous paraît avoir été négligée, écartée, voire oubliée, comme il transparaît à travers les propos de Louise Gauthier :

> Enfin, notre tour d'horizon littéraire serait incomplet sans un coup d'œil sur les écrivains en provenance du monde arabe : entendons par là le nord de l'Afrique, ou le Maghreb, et le Proche et le Moyen-Orient, ou le Machrek. Non pas qu'ils soient très nombreux, mais leur présence s'impose de plus en plus. Leur appartenance culturelle n'est pas toujours claire [...], en particulier chez les auteurs du Maghreb où la colonisation a amené une importante population française jusqu'à l'ère des indépendances des années 1960. Ainsi, plusieurs des écrivains qui ont œuvré ou œuvrent encore chez nous s'identifient comme Français bien que nés en Algérie : c'est le cas de Bernard Andrès ou Yves Arnau.
> Un trait spécifique de ces auteurs est le courant de culture arabo-musulmane qu'ils véhiculent. Avec eux, nous passons de la civilisation occidentale à la civilisation orientale. C'est un autre univers culturel qui s'ouvre par leur voix. Le Maghreb fournit au moins trois figures très actives actuellement. De Tunisie, Hédi Bouraoui navigue entre la littérature québécoise et franco-ontarienne ; spécialiste de la littérature maghrébine, il est enseignant, essayiste et critique littéraire ; il a publié en outre un roman et quinze recueils de poésie. Dominique Blondeau, par sa production importante de romans et nouvelles ainsi que pas ses activités critiques ou éditoriales, participe activement à l'établissement de liens entre les cultures arabes, françaises et québécoises ; son roman *Un homme foudroyé* (1986) a d'ailleurs obtenu le prix France-Québec/Jean Hamelin. Enfin, Nadia Ghalem, originaire d'Algérie, en plus d'être journaliste, recherchiste et auteure de textes dramatiques, se signale dans ses œuvres de fiction par une intense introspection au cœur de l'univers de la femme arabe. C'est le Machrek toutefois qui se démarque par le nombre de ses représentants. L'Égypte fournit quatre noms qui se sont imposés dans le monde des lettres québécoises : Nadine Ltaif, en poésie ; Anne-Marie Alonzo et Mona Latif-Ghattas, en poésie et en fiction ; et Andrée Dahan, en roman. Le Liban nous a donné Pan Bouyoucas au théâtre et Bernard Antoun en poésie. Enfin, nul ne peut ignorer Naïm Kattan, né en Irak, figure bien connue de la littérature québécoise [...][75].

---

[75] Louise Gauthier. *La mémoire sans frontières. Émile Ollivier, Naïm Kattan et les écrivains migrants au Québec*, Québec, Les Presses de l'Université Laval, 1997, pp. 41-42.

On peut certes s'étonner que la production maghrébine ne fasse pas partie des œuvres retenues et étudiées. On peut aussi se demander pourquoi la critique continue à ignorer cette présence qui affirme sa participation active dans la constitution d'une littérature qui se développe et s'ajoute à la francophonie particulière du Canada. Cette reconnaissance de l'apport de l'écriture migrante maghrébine ne concerne qu'un nombre très restreint d'écrivains présentés dans quelques travaux de recherche. *Le Dictionnaire des écrivains émigrés au Québec* de Daniel Chartier couvre la période de 1800 à 1999 et propose le profil de vingt-neuf écrivains qu'il considère maghrébins[76]. Quant à Lilyane Rachédi, le corpus de son étude intitulée *L'écriture comme espace d'insertion et de citoyenneté pour les immigrants. Parcours migratoires et les stratégies identitaires d'écrivains Maghrébins au Québec*[77] se limite à six écrivains : cinq au Québec et un seul en Ontario[78]. Force est de préciser que l'étude de Mechtild Gilzmer est réservée exclusivement à la littérature migrante francophone d'origine marocaine au Québec[79] dans laquelle elle traite seulement de quelques écrivains juifs et musulmans qui, poussés à s'éloigner de leur terre natale, ont réussi à se faire, pour ainsi dire, adopter par un autre pays[80] et élaborer une nouvelle conscience collective et partagée, celle de la reconnaissance identitaire de leur « marocanité ». Aussi, la présentation de l'apport de cette production dans le champ littéraire québécois demeure-t-elle très minime, limitée à quelques écrivains mentionnés très brièvement[81] ou à des comptes rendus de romans publiés dans différents journaux du Québec.

C'est à la suite d'un constat que la production littéraire au Québec est oubliée par les critiques qui se sont intéressés à ce phénomène de l'écriture

---

[76] Il s'agit de seize Algériens : Bernard Andrés, Yves E. Arnau, Flora Balzano, Joseph-Pierre Barcelo, Salah El Khalfa Beddiari, Arav (s'écrit aussi Aarav Ben Younès, Wahmed Ben-Younès, Djamel Benyekhlef, François-Laure Burlet, Marie Cardinal, Paule Courtois, Nadia Ghalem, Thomas Olivier Mazel, Claude-Gérard Sarrazin, Jean-Michel Schembré, Jean-Michel Wyl ; neuf Marocains : Georges Amsellem, Ghita Benesty-Sroka, Sophia Benyahia, Gérard Cuggia, Myriame El Yamani, Juan Garcia, Pierre Lasry, Serge Ouaknine, Abdelhak Serhane et quatre Tunisiens : Robert Malacci, Georges Robert, Michel Vaïs et Andrée Yanacopoulo.
[77] Lilyane Rachédi. *L'écriture comme espace d'insertion et de citoyenneté pour les immigrants. Parcours migratoires et les stratégies identitaires d'écrivains Maghrébins au Québec*, Québec, Presses de l'Université du Québec, 2000, 196 p.
[78] Les écrivains d'origine marocaine et algérienne au Québec sont Soraya Benhaddad, Wahmed Ben-Younes, Majid Blal, Salah El Khalfa Beddiari et Nadia Ghalem. Hédi Bouraoui est un écrivain d'origine tunisienne qui vit à Toronto, en Ontario.
[79] Mechtild Gilzmer. « La littérature migrante francophone d'origine marocaine au Québec », *Zeitschrift für Kanada-Studien*, 27.2, 2007, pp. 9-29
[80] Ces Marocains sont : Solly Lévy, Serge Ouaknine, Georges Amsellem, Pierre Lasry, Mariam El Yamani et Ahmed Ghazali.
[81] Ces deux écrivaines Nadia Ghalem et Zehira Berfas Houfani sont citées dans l'ouvrage de Christiane Ndiaye (s. la dir. de). *Introduction aux littératures francophones Afrique, Caraïbe, Maghreb*, Monréal, Les Presses de l'Université de Montréal, 2004, pp. 247-249.

migrante qu'il nous a paru nécessaire de mieux faire connaître cette production littéraire qui existe et qui continue à se développer. Pour ce faire, nous avons réalisé des études sur les écrivaines suivantes Nadia Ghalem[82] et Mary Abécassis Obadia[83] ainsi que sur des écrivains sépharades au Québec[84]. Des communications sur ce sujet ont été également présentées dans différents colloques[85]. Notre visée est de sensibiliser les critiques à se pencher sur ce phénomène littéraire, de le mettre en pleine lumière en rendant compte du nombre croissant des écrivains maghrébins de la particularité ainsi que de la diversité de leur production, et de les intégrer dans cette écriture migrante québécoise de langue française. Ainsi, au fil du temps, ce qui était initialement un simple intérêt s'est transformé en un projet de recherche très exhaustif. La réalisation d'un ouvrage qui ferait le point sur cette présence ayant pour objet ces voix maghrébines migrantes au Québec et leur production littéraire depuis le début jusqu'à nos jours s'avère indispensable, voire utile. C'est dans cette perspective que, pendant plusieurs années, nous avons entamé la recherche pour ramasser un corpus disparate et difficile à trouver. Nous n'avons pas voulu nous contenter de quelques écrivain(e)s, mais viser à aborder la production des Maghrébins dans sa totalité conforme aux propos et à l'expressivité de chaque écrivain. En fait, les études présentées dans cet ouvrage, montrent que nombreux sont les écrivains maghrébins qui ont participé au développement de la littérature québécoise en particulier et canadienne francophone en général depuis plusieurs décennies.

Le projet central est d'exposer la diversité de la production maghrébine au Québec dans toute son envergure et dans toute sa richesse. À travers l'examen des écrits romanesques, poétiques et autres, nous tenterons de

---

[82] Najib Redouane. « L'exil-métamorphose de l'être féminin dans *Les Jardins de cristal* de Nadia Ghalem », in *Mythe et mondialisation dans les littératures francophones*, E. Brandusa-Steiciuc, O. Gancevici and E. Oktapoda-Lu (Eds.), Editura Universitătii Suceava, Romania, 2006, pp. 273-284.

[83] Yvette Bénayoun-Szmidt. « Entre la mémoire et l'exil dans *Tanger, les miens et les autres* de Mary Abécassis Obadia », *Francofonia* (Espagne), N° 8, 1999, pp. 307-324 et « Évocation de Tanger revisitée par une écrivaine judéo-marocaine », *Poétique de la ville marocaine*, Actes du colloque du 20-21 juin 2006, Meknès, Publication de la Faculté des Lettres et des Sciences Humaines, Séries Actes du colloque N° 23/2009, pp. 104-112.

[84] Najib Redouane. « L'aventure collective des voix littéraires sépharades au Canada », *International Journal of Francophone Studies*, University of Leeds, (England), 7-1 & 7-2, Fall 2004, pp. 51-65.

[85] Najib Redouane. « De la maghrébinité littéraire canadienne (Québec-Ontario) », at. the *Indian Association For Canadian Studies – XII International Conference*, University of Calicut, Calicut, India (January 3-6, 2001), « Des voix nouvelles en littérature québécoise », International conference of *l'ACQS (American Council For Québec Studies)*, Québec, Canada (November 18-21, 2004) et « Voix maghrébines migrantes au Canada », Congrès Mondial du Conseil International des Études Francophones (*CIEF*), La Nouvelle Orléans, USA (June 21-28, 2009). Yvette Bénayoun-Szmidt. « Évocation de Tanger revisitée par une écrivaine judéo-marocaine », *Poétique de la ville marocaine*, colloque à Meknès (Maroc), 20-21 juin 2006.

préciser les caractéristiques spécifiques de l'écriture de ces Maghrébins qui ont trouvé au Québec en particulier et au Canada en général, une terre d'accueil et un lieu propice d'expression littéraire. Le but de ce projet est conçu pour analyser des productions selon trois tendances générales qui semblent retracer les étapes du fait littéraire maghrébin dans le contexte québécois. Chacune de ces tendances à savoir l'émergence d'une écriture migrante maghrébine, la littérature maghrébine sépharade et la nouvelle vague maghrébine participe à sa manière à l'évolution du phénomène de l'écriture migrante dans le champ littéraire québécois. Les auteurs qui constituent le corpus des trois ouvrages sont présentés par ordre chronologique de la parution des œuvres. Ce premier ouvrage traite le premier volet de cette trilogie.

Pour parler de l'émergence d'une écriture migrante maghrébine au Québec, il serait utile d'exposer les particularités de cette production, étayée par des exemples qui indiquent des individualités littéraires de voix nouvelles issues du Maghreb, voix qui ont déplacé leur territoire de création avec elles dans un nouveau pays qu'elles cherchent à apprivoiser. C'est que dans ses premiers développements, cette pratique d'écriture du lointain chez soi est le fait de quelques écrivains provenant du Maghreb, majoritairement de l'Algérie, qui affirment dès le début leur volonté de s'insérer ou de faire partie du champ littéraire dominant, rejetant toute catégorisation réductrice ou toute visée de marginalisation, voire d'exclusion.

Il y a lieu de noter que la production des écrivains maghrébins de la première génération qu'on peut appeler celle des pionniers est variée aussi bien au niveau du fond que de la forme. À l'exception de Mélikah Abdelmoumen, née en 1972 à Chicoutimi de père tunisien et de mère québécoise et du dramaturge Ahmed Ghazali, d'origine marocaine, tous ces écrivains sont Algériens : Djamel Benyekhlef, Soraya Benhaddad, Wahmed Ben Younès, Taoufik El Hadj-Moussa, Nadia Ghalem, Yamina Mouhoub et Rachid Tridi. En fait, installés au Québec depuis quelques années ou parfois même quelques décennies, ils ont choisi de joindre ceux qui tirent avantage de leur déracinement et de mettre à profit leur condition d'exilé en exploitant l'ambivalence de leur situation réalisant des œuvres qui restent plus ou moins trempées dans des expressions poétiques et romanesques. Par cette résolution, ils ont contribué à l'essor et au déploiement d'une littérature nouvelle et originale, une littérature à laquelle l'appareil critique a, tour à tour, attribué différentes dénominations dans une société québécoise qui, de par sa forte concentration multiethnique[86], devient un lieu propice à l'éclosion d'expériences transculturelles.

Qu'ils soient à la recherche d'une vie plus libre ou pour améliorer leur condition de vie, ces écrivains venus du Maghreb et également d'Europe principalement de France, dès les années soixante, étaient porteurs

---

[86] Voir Pierre Bertrand « Le Québec multiethnique », *Possible*, 12/3, été 1988, pp. 67-74.

d'expériences tricontinentales. Ce qui leur a permis de prendre part directement à cette philosophie généreuse et inventive de la transculturalité pour faire de leur écriture littéraire un lieu riche de significations dans lequel le dilemme linguistique, jadis douloureux, s'est résorbé dans le moule d'une intégration désirée ou obligée. Ces écrivains se serviront du pouvoir du langage pour exprimer leur solitude et partager leurs expériences, présentant la réalité d'autres gens exilés munis de leur propre différence[87]. Chose certaine, par leurs diverses réalisations, ces auteurs appartenant à une communauté culturelle bien spécifique ont su, à leur manière, ébranler les frontières de l'espace culturel québécois, contribuant au même titre que les autres écrivains migrants à élargir le concept même de québécitude qui souligne que l'homogénéité sécurisante de cette province a cédé la place à une hétérogénéité large et que le Québec ne se définit plus par le maintien de son identité nationale, mais par l'acceptation de la différence qui enrichit la société en pleine effervescence humainement, socialement et culturellement.

Pour ces écrivains maghrébins, le fait d'exprimer leur appartenance, leur origine ainsi que leurs particularités à l'intérieur du contexte québécois marqué par le métissage tend à transformer leur écriture en un signifiant puissant. L'intégration de la langue maternelle dans une activité littéraire qui comporte des possibilités régénératrices et thématiques indique clairement qu'ils tiennent à avancer leur propre discours identitaire et culturel. Ce faisant, ils évoquent dans des œuvres authentiques le pays perdu ou fantasmé, mettent en scène une vocation créatrice qui insiste sur une perpétuelle quête identitaire et un désir permanent de s'intégrer d'une façon saisissante au sein de l'institution littéraire québécoise. Leur écriture présente en réalité plus d'une similitude avec l'écriture migrante en empruntant les mêmes thèmes, ceux des notions d'exil et d'altérité, la dépossession et parfois même de la désillusion, le processus d'acculturation où interviennent essentiellement le rapport avec le pays d'origine et des interactions avec le pays d'accueil, l'insertion dans l'Histoire ou encore l'attention portée au transculturel. Elle participe de la sorte à la perpétuation de cette écriture migrante au Québec qui connaît un regain d'intérêt tout en diversifiant les approches de son analyse.

Ces écrivains demeurent les précurseurs d'une écriture maghrébine qui s'attache aux valeurs ancestrales ainsi qu'aux traditions de la culture arabo-musulmane et berbère, tout en s'inscrivant dans ce projet littéraire et sociétal qui domine les transformations profondes de la société québécoise au cours des soixante dernières années. Ils présentent un autre point de vue et participent à l'activité littéraire en pleine expansion.

Alors que les autres écrivains migrants (italiens, haïtiens, arabes, etc.) ont vu leur place dans l'histoire, dans l'évolution du temps, la production

---

[87] Sherry Simon « Écrire la différence. La perspective minoritaire », *Recherches sociographiques*, 2 5, N° 3, septembre-décembre 1984, pp. 457-458.

maghrébine continue à se préoccuper de son statut, cherchant non seulement à créer un espace qui soit le sien, mais aussi s'appliquant à se définir par rapport à ces écritures. En effet, cette production littéraire mérite d'être prise en considération pour accéder à une certaine reconnaissance du fait que ces voix littéraires ont en masse contribué à la diversité dans le champ littéraire francophone au Canada et leur réalisation grandissante ne peut plus demeurer frappée de silence et de négligence cantonnée dans cette littérature de l'oubli. Aussi, leur présence visible et manifeste accentue-t-elle la nécessité pressante pour aller au-delà de la catégorie du migrant pour que les questions de différence culturelle pénètrent toutes les considérations futures de la littérature nationale.

Le projet que nous caressions depuis plusieurs années a fini par prendre corps et voir le jour : *Voix migrantes maghrébines au Québec* regroupe trois parties comportant des écrivains actifs sur le plan littéraire, établis principalement dans cette province canadienne par naissance ou par choix d'immigration. Ces écrivains qui ont choisi d'y vivre se considèrent citoyens à part entière de la société québécoise et désirent apporter leur contribution et leur dynamisme. Ils veulent s'épanouir dans la langue d'écriture, tout en gardant vivace leur héritage linguistique et culturel. C'est ce vouloir-vivre en français, malgré leur statut de migrant ou de minoritaire, qui forge une identité culturelle propre et donne naissance à des manifestations artistiques et littéraires originales qui ne peuvent qu'enrichir la littérature québécoise.

Notre but vise justement à jeter un éclairage particulier sur l'intensité, la profondeur et la diversité de ces voix/voies qui ne sont pas conditionnées par le seul fait d'être issues d'une seule culture. La présentation de cette production littéraire qui tout en entrecroisant les frontières ethniques et culturelles fait émerger une identité créatrice pleine de promesses en quête de reconnaissance et d'affirmation dans le champ de l'écriture canadienne d'expression française. En fait, cette production en genres divers, en nombre riche de thèmes, d'inspirations, de perceptions, de styles, est en réalité le reflet de la diversité des origines et des horizons culturels des Maghrébins au Québec majoritairement Algériens et Marocains porteurs de promesses pour qu'on parle de marocanité ou algérianité littéraires. Mais, nous avons préféré les rassembler et les désigner sous l'expression de « maghrébinité » littéraire distincte des autres littératures migrantes au Québec par la création d'œuvres littéraires qui, bien que conçues en terre québécoise, circonscrivent un espace littéraire francophone inspiré d'horizons multiculturels et d'expériences humaines aux racines flottantes.

Dans le premier ouvrage[88], nous avons tenté de présenter ces écrivains et leurs œuvres pour démontrer que leur activité d'écriture contribue non seulement à un désir de participation à la société d'accueil, mais également à

---

[88] Najib Redouane et Yvette Bénayoun-Szmidt. *Voix migrantes au Québec. Émergence d'une littérature maghrébine*, Paris, L'Harmattan, 2017, 280 p.

un renouveau de la littérature francophone au Canada. Leurs écrits romanesques, poétiques et autres, indiquent une forme motrice de réaffirmation de leur propre ethnicité conjuguée à leur *québécité*, voire à leur *canadianité*. Ils inscrivent leur influence sur l'évolution de la littérature québécoise au sein de cette écriture migrante qui fonde son esthétique sur une hybridité conçue comme une forme littéraire inhérente à tout phénomène migratoire.

Il faut dire que ces écrivains maghrébins jugent que leur présence au Québec est légitimée. Certes, ils vivent entre deux cultures et ils expriment leur désir d'intégration dans une société pluriethnique participant à cette prise de conscience littéraire qui va au-delà d'un nationalisme étroit et fait éclater toutes les frontières. Leur plume maghrébine trempée dans une nouvelle réalité québécoise d'aujourd'hui donne naissance et essence à une écriture vive, passionnée, conjuguant passé et présent. Beaucoup d'écrivains accordent une grande importance à leur expérience personnelle ou à celle de leur collectivité, relatent le vécu de leur exil d'immigrants d'Afrique du Nord juif ou musulman en terre canadienne, réalisent un dialogue interculturel entre le pays d'origine et la terre d'accueil. À travers leurs textes, on rencontre des solitudes qui parfois s'illuminent par le pays d'adoption et le libéralisme canadien, ou s'enlisent dans des souvenances nostalgiques voilées par le temps et par l'âge. Leurs divers écrits portent les traces de leurs parcours et de leurs mouvements physiques, psychologiques et émotionnels entre des espaces non seulement géographiques, culturels, linguistiques, historiques, mais également marqués par des souvenirs lointains et particuliers. L'appartenance à une communauté spécifique, minoritaire suscite, selon Paré, « un tiraillement idéologique »[89] puisque ces écrivains ne peuvent pas se détacher de leurs milieux originels et en même temps doivent s'inscrire dans la société qui les accueille.

Il nous faudra insister sur cette différence de la production littéraire maghrébine, car elle est singulièrement importante révélant la présence d'un corpus considérable d'œuvres, écrites et publiées par des auteurs venus d'ailleurs qui persistent et signent malgré leur méconnaissance par la critique littéraire aussi bien au niveau national qu'international[90]. À vrai dire, ce corpus mériterait que la critique s'y attarde, car il entretient avec l'écriture migrante et la littérature québécoise, des liens organiques. On ne peut donc continuer à faire abstraction de l'effet maghrébin dans le développement de l'écriture migrante au Québec parce que les écrivains maghrébins se projettent dans l'avenir et ont des horizons d'attente dans la revendication

---

[89] Paré. *Les Littératures de l'exiguïté*, p. 125.
[90] À titre d'exemple, cette étude réalisée en Pologne par Tina Mouneimné-Wojtas. « D'un lieu à l'autre. La circulation mémorielle chez les écrivains migrants au Québec », ne mentionne aucun écrivain maghrébin, dans Magdalena Paluszkiewicz-Misiaczek, Anna Reczyńska, Anna Spiewak. *Lieu et mémoire au Canada : perspectives globales*, Polska Akademia Umiejętności, 2005, pp. 331-341.

littéraire et la construction de leur promotion sociale et culturelle. Leur présence « permet de prévoir un état à venir, une évolution »[91] qui constitue un phénomène incontournable va élargir les aires de la francophonie au Canada. La prendre en considération est susceptible d'élargir le champ de la littérature québécoise et de son institution allant même jusqu'à penser différemment et exhaustivement le concept même d'écriture migrante au Québec.

Nous espérons que ce premier ouvrage soit un moyen indispensable à qui désire connaître la production de ces écritures migrantes maghrébines au Québec dans le champ littéraire québécois et son apport à l'ensemble de la littérature d'expression française. Puisse sa réalisation contribuer à faire découvrir de nouvelles perspectives et encourager les chercheurs à considérer cette présence maghrébine et lui donner voix au chapitre.

---

[91] Moisan et Hildebrand. *Ces étrangers du dedans. Une histoire de l'écriture migrante au Québec...*, p. 229.

BIBLIOGRAPHIE

ABÉCASSIS OBADIA, Mary. *Tanger, les miens et les autres*, Montréal, Éds Phidal, 1996, 223 p.

AMSELLEM, Georges. *Le cœur en voyage*, Montréal, Éds du CIDIHCA, 1999, 77 p.
_____. *L'amour en face*, Outremont : G. Amsellem, 2004.
_____. *Secrets murmurés*, Elzévir, 2009, 82 p.
_____. *Nomad's Land*, Israël, Les éditions Balagane, 2012, 78 p.

ASSOULINE, SYLVIE. *Mariage à Jérusalem*, Montréal, Éds Oasis, 1997, 66 p.
_____. *En attendant Gilberte, ou, Un après-midi au Bel Âge*, Montréal, Éds Oasis, 2001, 90 p.
_____. *La manigance, ou, Un shidoukh au Bel Âge*, Montréal, Éds Oasis, 2003, 92 p.
_____. *Rébellion dans le désert*, Montréal, Éds Oasis, 2011, 86 p.
_____. *Et le jasmin refleurit*, Montréal, Éditions Oasis, 2016, 261 p.
_____. *Et le jasmin refleurit*, Montréal, Éds Oasis, 2016, 259 p.

BÉNAYOUN-SZMIDT, Yvette. *Échos de souvenances*, Montréal, Éds du Marais, 2009, 66 p.

BENBARUCK, Salomon. *Trois-Quarts de Siècle Pêle-Mêle*, Québec, Imprimeurs du 21e Siècle, 1990, 289 p.

BENDAYAN, David. *Une jeunesse à Tanger*, Montréal, Éditions Latitudes, 2000, 122 p. ; 2e édition 2004, 174 p.

BENDELAC-LÉVY, Clémence. *Histoires que racontait ma grand-mère... et d'autres*, Québec, Phidal, 1994, 125 p.

BENSIMON, Jacques. *Agadir, un paradis dérobé*, Paris, Éditions L'Harmattan, 2012, 217 p.

BENSOUSSAN, Fiby. *De Marrakech à Montréal*, Montréal, Éditions du Marais, 2009, 174 p.

BENSOUSSAN, David, *Témoignages – Souvenirs de réflexions sur l'œuvre de l'Alliance israélite universelle –* En collaboration avec Edmond Elbaz, Montréal, Éditions du Lys, 2002, 206 p.
_____. *La Bible au berceau*, ouvrage en 3 volumes (préfacé par André Chouraqui), Montréal, Éds du Lys, 2002, 297 p.
_____. *Le fils du Mogador*, Montréal, Éditions du Lys, 2002, 192 p.

BENSOUSSAN, David. *L'âge d'or sépharade en Espagne – Grandeur et décadence de la Convivencia,* Montréal, Les Éditions du Lys, 2006, 202 p.

_____. *L'Espagne des trois religions,* Paris, Éditions L'Harmattan, 2007, 210 p.

_____. *Le livre sépharade, 50é anniversaire de la Communauté sépharade unifiée du Québec,* Montréal, Publication CSUQ, 647 p.

_____. *Il était une fois le Maroc,* Montréal, Les Éditions du Lys, 2009, 300 p. 2e édition augmentée et illustrée, iUniverse, 2012, 620 p.

_____. *Anthologie des auteurs sépharades du Québec,* Montréal, Éditions du Marais, Montréal, 2010, 650 p.

_____. David. *La rosace du roi Salomon,* Montréal, Les Éditions du Lys, 2011, 304 p.

_____. *L'énigme du roi Salomon,* iUniverse, 2012, 248 p.

_____. *Le livre d'Isaïe, lecture commentée,* Montréal, Les Éditions du Lys & Les Éditions du Marais, 2014, 278 p.

BENSOUSSAN, David, ARDITTI ASHER, Sarah. *La mémoire vivante – Récits de l'Âge sépharade,* Montréal, Éds Du Lys, 2000, réédité en 2001, 166 p.

BENSOUSSAN, David, KNAFO, Asher. *Mariage juif à Mogador,* Ouvrage d'art trilingue français-anglais-hébreu, Préface de Haïm Zafrani, Montréal, Éds Du Lys, 2004, 272 p.

ELMOZNINO, Roger. *De sable et de neige,* Montréal, Éditions la Salamandra Negra, 2014, 87 p.

LASRY, Pierre. *Une juive en Nouvelle-France,* Montréal : Editions Midbar, 2004, 387 p.

_____. *Esther a Jewish Odyssey,* Montréal, Éds Mibar 2004, 386 p.

_____. *Don Juan et les moulins à vent,* Montréal, Éds du Marais, 2008, 304 p.

_____. *L'homme qui n'avait rien à dire,* Montréal, Éditions Midbar, 2008.

_____. *Casa mes amours,* Montréal, Éditions Midbar, 2016, 339 p.

_____. *Me and Stanley Kubrick with the NFB Chronicles,* Montréal, Éds Midbar, 2016.

_____. *Casablanca, my love,* Montréal, Éditions Midbar, 2017.

_____. *Numbaï, le marché des voleurs,* Montréal, Éds Kalleck 2017.

LÉVY, Raphaël. *L'Homme qui voulait changer le monde,* Montréal, Lanctôt Éditeur, 2005, 340 p.

_____. *La vie fabuleuse du berger devenu roi d'Israël,* Montréal-Paris, Édition Coups du cœur, 2012, 443 p.

ORÉ ABITBOL, Bob. *Le goût des confitures*, Québec, Éditions Hurtubise HMH, 1986, 95 p.
_____. *Les Faucons de Mogador*, Montréal, Les Éditions Balzac, 1994, 115 p.
_____. *Les amants de Café Prague*, Bloomington, Author House, 2006, 232 p.
_____. *Les Amours Interdites de Mme Cohen*, Bloomington, Author House, 2006, 311 p.

OUAKNINE, Serge. *Poèmes désorientés*, Montréal, Éditions du Noroît, 1993, 86 p.
_____. *Café Prague et autres récits de voyage*, Québec, Humanitas, 2009, 131 p.
_____. *Le Tao du Tagueur*, Montréal, XYZ Éditeur, 2015, 125 p.

YOUNG, Lélia. *Entre l'outil et la matière*, Toronto, Éditions du GREF, 1993, 134 p.
_____. *Si loin des Cyprès*, Montréal, Cidihca, 1999, 151 p.
_____. *Aquarelle, la paix comme un poème*, Montréal, Éds du Marais, 2006, 68 p.
_____. *Réverbère,* Montréal, Éditions du Marais, 2006, 80 p.
_____. *I write these words / J'écris ces mots,* Toronto, Innana Publs, 2013, 90 p.

ZRIHEN-DVIR, Thérèse. *Le Défi* (*The Challenge*). Biographie d'Eitan Dvir Français-Anglais, On (Canada), Promark, 1985, 60 p.
_____. *The Hand of Divine Justice*, Miami, Barnhardt & Ashe Publishers 2007,175p.
_____. *A Quest for Life,* USA, Lulu.com, 2007, 225 p.
_____. *The Stairway to Heaven,* Jerusalem New York, Gefen Pub house, 2011, 160 p.
_____. *Il était une fois... Marrakech la juive*, Paris, Éditions L'Harmattan, 2012, 392 p.
_____. *La Chasse à l'arc en ciel*, Paris, L'Harmattan, 2015, 196 p.
_____. *Derrière les remparts du Mellah de Marrakech – petits contes,* Paris, L'Harmattan, 2015, 220 p.
_____. *Hans et le petit chaperon rouge*, Paris, Éditions L'Harmattan, 2016, 354 p.
_____. *Il sentait bon le sable chaud de mon légionnaire*, Paris, Société des écrivains, 2013, 250 p.
_____. *Comment Jésus fut créé*, Paris, Tatamis Éds, 2014, 197 p.
_____. *Les confessions de Michka*, Paris, Tatamis/du Journalisme continu, 2014, 161 p.

LIVRES ET ARTICLES

ABÉCASSIS, Frédéric, DIRÈCHE, Karima et AOUAD, Rita (dir). *La bienvenue et l'adieu. Migrants juifs et musulmans au Maghreb XVe-XXe siècle*, Casablanca, Karthala, La Croisée des chemins, 2012, 685 p.

ABELLA, Irving. *La Tunique aux multiples couleurs. Deux siècles de présence juive au Canada*, Hull, Québec, Musée canadien des Civilisations, 1990, 175 p.

ABITBOL, Michel. *Relations judéo-musulmanes, perceptions et réalités*, Montrouge, Stavit Éditions, 1999, 367 p.

ALAIN, Émile Chartier. *Système des Beaux-Arts*, Paris, Gallimard, NRF, 1920, 362 p.

ALAOUI, Hassan. « Mon Maroc juif, mon Maroc musulman… », *Maroc diplomatique*, janvier 2016, pp. 10-11.

AMESKANE, Mohammed. « Ce Marocain d'ailleurs », *Al Bayane*, 21 décembre 2012, p. 10.

AMRAN EL-MALEH, Edmond. *Mille ans, un jour*, Marseille, André Dimanche, 2003, 183 p.

AMYOT, Linda. « Serge Ouaknine. *Café Prague et autres récits de voyage* », *Nuit Blanche*, N° 81, 2000-2001, p. 37.

ANCTIL, Pierre, et ROBINSON, Ira (dir.). *Les communautés juives de Montréal, Histoire et enjeux contemporains*, Sainte-Foy, Septentrion, 2010, 275 p.

ARSENAULT, Marie-Louise. « Serge Ouaknine et le cri du tagueur », Entrevue avec Serge Ouaknine - Plus on est de fous, plus on lit!, *Radio Canada*, le lundi 26 janvier 2015.

ASSAF, Robert. *Une certaine vie moderne des juifs au Maroc*, Paris, Jean-Claude Gawsewitch, 2005, 834 p.

AUERBACH, Erich. *Mimésis, la représentation de la réalité dans la littérature occidentale*, traduit de l'allemand par Cornélius Heim, Paris, Gallimard, 1968, p. 559.

AZDOUZ, Rachida. « Les Québécois d'origine maghrébine, entre bricolage, affirmation et reconstruction identitaire », dans *Histoire d'immigrations au Québec*, Québec, Presses de l'Université de Québec, 2014, pp. 233-250.

BARKAÏ, Don (s. la dir.). *Chrétiens, musulmans et juifs dans l'Espagne médiévale. De la convergence à l'expulsion*, Paris, Les Éditions du CERF, 1994, 333 p.

BARTHES, Roland. « Par où commencer ? », *Poétique* 1, N° 1, 1970, pp. 3-9.

BAUER, Julien. *Les minorités au Québec*, Cap-St-Ignace, Boréal, 1994, 126 p.

BEDDOWS, Joël et FRAPPIER, Louise. *Histoire et mémoire au théâtre : perspectives contemporaines*, Hermann, 2016, 256 p.

BÉNAYOUN-SZMIDT, Yvette (Entrevue avec). « Lélia Young », *Le Maghreb Littéraire*, Volume X, numéro 19, 2006, pp. 107-143.

BENCHÉTRIT, Élie ; BENBARUCK, Salomon ; BENSOUSSAN, David ; CASTIEL, Judah ; LÉVY, Solly et PINTO, Solange. *La Communauté sépharade du Québec*, Montréal, Larry Presse, 1992, 38 p.

BENFARES, Mostafa. *Francophonie Québécoise et littérature marocaine migrante. Mémoire, médiation et potentiel symbolique*, Paris, L'Harmattan, 2017, 206 p.

BEN ISRAËL, Nelly. « Thérèse Zrihen-Dvir, conteuse d'un Maroc disparu », *Israpresse*, 24 juin 2015.

BENSADON, Ney. « La femme juive de Tanger et de Tétouan », LEIBOVICI, Sarah (Textes réunis par), *Mosaïques de notre mémoire - Les Judéo Espagnols du Maroc*, Paris, U. I. S. F., 1982, pp. 129-140.

BENSOUSSAN, David. *Anthologie des écrivains sépharades du Québec*, Montréal, Éditions du Marais, 2010, 651 p.

BENSOUSSAN, Raphaël. « Images d'une civilisation », dans Fiby Bensoussan. *De Marrakech à Montréal*, Montréal, Éditions du Marais, 2009, pp. 131-140.

BERDUGO-COHEN, Marie ; COHEN, Yolande et LÉVY, Joseph. *Juifs marocains à Montréal. Témoignages d'une immigration moderne*, Montréal, VLB Éditeurs, 1987, 209 p.

BERTRAND, Denis. « L'espace et le sens *Germinal* d'Émile Zola », Paris-Amsterdam, Éditions Hadès-Benjamins, 1985, 216 p.

BIN-NUN, Yigal. « Interview sur l'émigration des juifs du Maroc », Inès Bel Aiba, Younes Alami, Ali Amar, et Aboubaker Jamai. Le Maroc et le Mossad, Dossier, *Le Journal Hebdomadaire*, N°167, Casablanca, 3 au 9 juillet 2004.

BOURAOUI, Hédi. « Lélia Young. *Entre l'outil et la matière* », *LittéRéalité*, Vol. VI, No 1, Printemps/Été 1997, pp. 172-175.

BRADEL, Ferdinand. *Écrits sur l'histoire*, Paris, Flammarion, 1969, 314 p.

BROMBERT, Victor. « Victor Hugo : l'auteur efface ou le moi de l'infini », *Poétique*, N° 52, 1982, pp. 417-429.

CHAMOISEAU, Patrick. *Martinique*, photographies Michel Renaudeau et Emmanuel Valentin, Paris, Richer-Hoa-Quoi, 1994, 128 p.

CLOUTIER, Marie. « Entrevue. La beauté du geste », *La Presse*, 1er février 2015. COHEN, Yolande. « Souvenirs des départs de Juifs du Maroc au Canada », dans COHEN, Yolande, *et al.*, *Migrations maghrébines comparées : genre, ethnicité, religion (France/Québec de 1945 à nos jours)*, Paris, Riveneuve éditions, 2014, pp. 19-38.

COHEN, Yolande. « Les Juifs sépharades à Montréal », dans BERTHIAUME, Guy ; CORBO, Claude et MONTREUIL, Sophie (s. la dir. de.). *Histoire d'immigrations au Québec*, Québec, Presses de l'Université de Québec, 2014, pp. 95-110. [276 p.].

COHEN, Yolande. « Migrations juives marocaines au Canada ou comment devient-on Sépharade », dans ANCTIL, Pierre et ROBINSON, Ira. *Les communautés juives de Montréal. Histoire et enjeux contemporains*, Montréal, Septentrion, 2004, p. 234-255.
CONORT, Benoît. « Écrits Torontois », *Le français dans le Monde*, N° 264, avril 1994.
DAHAN, Jacques. *Regard d'un Juif marocain sur l'histoire contemporaine de son pays*, Paris, L'Harmattan, 1995, 174 p.
DE CHARLEVOIX, Pierre François-Xavier. *Histoire et description générale de la Nouvelle-France, avec le journal historique d'un voyage fait par ordre du roi dans l'Amérique septentrionale*, Paris, Chez Rolin fils, libraire, 1999, 553 p.
DESJARDINS, Martine. « Au-delà du mur », *L'actualité*, 9 mars 2015.
DESANTI, Jean-Marc. « Il était une fois... Marrakech la Juive de Thérèse Zrihen-Dvir publié chez l'Harmattan », AGORA VOX, 8 juin 2012.
DOUVILLE, Raymond. *Aaron Hart, récit historique*, Trois-Rivières, Éditions du Bien Public, 1938, 194 p.
DUCHARME, Nathalie. « Esther Brandeau, le parcours fascinant de la première juive à résider en Nouvelle-France », Tolerance.ca, 25 mai 2009, http : //www.tolerance.ca/Article.Aspx ?ID=45201&L=Fr.
DULAC, Suzette. « *Si loin des Cyprès* », *L'Express de Toronto* du 21 au 27 mars 2000.
ELBAZ, André E. « Les séphardim au Canada, mythes et réalités », *Les Nouveaux Cahiers*, N° 74, 1983, pp. 16-25.
ELBAZ, André E. « A New Immigration to Canada : North African Jews in Montreal », *Revue d'Études canadiennes*, vol. 3, N° 1, fév. 1968, pp. 51-54.
ELBAZ, Mikhaël. « Figures de l'identité et de l'altérité : les Juifs dans le système urbain et ethnique », dans SIMON-BAROUH, Ida et SIMON, Pierre-Jean (dir.). *Les étrangers dans la ville. Le regard des sciences sociales*, Paris, L'Harmattan, 1990, pp. 324-329.
ELBAZ, Mikhaël. « Entre l'errance et l'espoir : les Juifs de Montréal », *Forces*, N° 73, hiver 1986, pp. 58-59.
ELBAZ, Mikhaël. « Ethnicité et générations en Amérique du Nord. Le cas de la seconde génération de Juifs sépharades à Montréal », *Revue internationale d'action communautaire*, N° 31/71, print 1994, pp. 63-76.
EL FASSI, Joseph. « De Marrakech à Montréal », *Magazine LVS*, sept. 2013, p. 104.
ESCAMILLA-COLLIN, Michèle. *Crimes et châtiments dans l'Espagne inquisitoriale*, tome 1, Paris, Berg international, 1992, 1338 p.
FURET, François. *L'Atelier de l'histoire*, Paris, Flammarion, 1982, 312 p.
GARNEAUX, François-Xavier. *Histoire du Canada depuis sa découverte jusqu'à nos jours*, Vol 1, imprimé par John Lovell, 1845, 558 p. ; Vol 2 : 1846, 576 p. ; Vol 3, Imprimerie de Fréchette et frère, 1848, 567 p. , Vol 4, imprimé par John Lovell, 1852, 326 p.

GENETTE, Gérard. *Seuils*, Paris, Le Seuil, 1987, 388 p.

GILZMER, Mechtild. « Littérature migrante francophone d'origine marocaine au Québec », *Zeitschrift für Kanada-Studien*, 27.2, 2007, pp. 9-29.

GLICKMAN, Susan. *Les aventures étranges et surprenantes d'Esther Brandeau, moussaillon*, Traduit par : Christiane Duchesne, Montréal, Boréal, 2014, 240 p.

GRIVEL, Charles. *Production de l'intérêt romanesque. Un état du texte (1870-1880), un essai de constitution de sa théorie*, La Haye, Mouton, 1973, 428 p.

HELLER-GOLDENBER, Lucette. « Les Juifs marocains au Québec : l'exil et le royaume », *New Romania*, 18, 1997, pp. 171-183.

HOEK, Léo H. « Description d'un archtone, préliminaires à une théorie du titre », dans RICARDOU, Jean et VAN ROSSUM-GUYON, Françoise. *Le Nouveau Roman, hier et aujourd'hui*, Paris, Coll. 10-18, 1972, pp. 289-305.

KING, Joe. « Les sépharades accueillis dans un monde à dominance ashkénaze », dans *Les Juifs de Montréal. Trois siècles de parcours exceptionnel*, traduit de l'anglais par Pierre Anctil, Outremontl, Carte Blanche, 2002, pp. 230-238.[307 p.].

KLEIN-LATAUD, Christine. « Entre l'outil et la matière », *Les Cahiers de la Femme*, Vol 15, number 1, 1994.

LABERGE Marie. *Quelques adieux*, Québec, Boréal, 1992, 397 p.

LACELLE, Andrée Lacelle. « SERGE OUAKNINE, Poèmes désorientés », *Envol*, Vol. II, N° 1, Hiver 1994, pp. 64-66.

LASRY, Jean-Claude. « Essor et traditions : la communauté juive nord-africaine au Québec », dans LASRY, Jean-Claude Lasry et TAPIA, Claude (dir.). *Les Juifs du Maghreb : Diasporas contemporaines. Histoire et Perspectives Méditerranéennes*, Montréal, Les Presses de l'Université de Montréal, Paris, L'Harmattan, 1989, pp. 15-54.

LASRY, Jean-Claude. « A francophone Diaspora », dans WEINFELD, Morton, SHAFFIR, William, COTLER, Irwin (dir.). *The Canadian Jewish Mosaic*, Nexdale, John Wiley & Sons, 1981, pp. 221-240.

LEJEUNE, Philippe. *Le Pacte autobiographique*, Seuil, coll. « Poétique », 1975, 332 p.

LEROY, Béatrice. *L'Expulsion des Juifs d'Espagne*, Paris, Berg International, 1990, 174 p.

LÉVY, Armand. *Il était une fois les Juifs marocains, témoignage et histoire de la vie quotidienne*, Paris, L'Harmattan, 1995, 302 p.

LEVY, Elias. « 'Le Tao du Tagueur'. Un roman de Serge Ouaknine », *The Canadian Jewish News (CJN)*, 17 mars 2017.

LÉVY, Joseph et COHEN, Yolande. « Moroccan Jewish and Their Adaptation to Montreal Life », dans ROBINSON, Ira et BUTOVSKY, Mervin (dir.). *Renewing Our Days. Montreal Jews in the Twentieth Century*, Montréal, Vehicule Press, 1995, pp. 95-118.

LOUVEL, Liliane. *Texte/Image. Images à lire, textes à voir*, Rennes, PUR, 2002, 268 p.

MADELÉNAT, Daniel. « Histoire littéraire », *Dictionnaire des littératures de langue française*, Paris, Bordas, 1984, pp. 1034-1036.

MALCHELOSSE, Gérard. « Les juifs dans l'histoire canadienne », *Les Cahiers des Dix*, vol. 4, 1939, pp. 167-195

MALCHELOSSE, Gérard. « Les premiers juifs canadiens », dans *Le Bien Public*, janvier, février et mars 1939.

MARMETTE, Joseph. *La fiancée du rebelle*, Bibebook, 2015, 78 p.

MARTINELLI, Franco. *L'Inquisition espagnole*, traduit de l'italien par Jean Manga, Paris, Éditions Vecchi, 1987, 319 p.

MCKAY, Sharon E. *Esther*, Penguin Books Canada, 2004, 320 p.

MCKAY, Sharon E. *Esther* (Traduction par Diane Ménard), L'École des Loisirs, 2016, 384 p.

MÉAUX, Danièle. *La photographie et le temps : le déroulement temporel dans l'image photographique*, Aix-en-Provence, Publications de l'université de Provence, 1997, 259 p.

MINCZELES, Henri. *Une histoire des Juifs en Pologne*, Paris, La Découverte, 2006, 372 p.

MOLINO, Jean. « Qu'est-ce que le roman historique ? », Revue d'Histoire littéraire de la France, 75e année, nos 2-3, mars-juin, pp. 195-234.

MONTANDON, Alain. *Les formes brèves*, Paris, Éditions Hachette, 1992, 176 p.

MONTIER, Jean-Pierre, LOUVEL, Liliane, MÉAUX, Danièle et ORTEL, Philippe (éd.). *Littérature et photographie*, Rennes, Presses universitaires de Rennes, coll. « Interférences », 2008, 576 p.

MONTPETIT, Caroline. « Terre promise », *Le Devoir*, samedi 6 janvier 2001, p. D.1.

MORIN ROSSIGNOL, Rino. « Les Trois Solitudes », *Acadienouvelle*, le 2 juin 2005.

NATHAN, Tobie. *La Nouvelle Interprétation des rêves*, Paris, Odile Jacob, 2013, 249 p.

OLDENBURG, Zoé. « Le roman et l'histoire », *La Nouvelle Revue Française*, numéro spécial, « Le roman historique», N° 238, 1972, p. 144. pp. 130-155.

ORÉ ABITBOL, Bob. « Lettre de Californie : Exil sans retour », *Harissa.com*, 28/01/2016.

ORTEL, Philippe. *La Littérature à l'ère de la photographie : Enquête sur une révolution invisible*, Paris, Chambon, 2002, 382 p.

OUAKNINE, Serge. « Exil, catastrophe et rédemption : 1492 l'obsession d'une origine », LASRY, Jean-Claude, LÉVY, Joseph, COHEN, Yolande (s. la dir. de). *Identités sépharades et modernité*, Québec, Presses de l'Université Laval -Éditions de l'IQRC, 2007, pp. 211-228.

PARÉ, Yvon. « Qu'est-ce qui pousse les humains à partir un bon matin », *Lettres québécoises*, n° 101, 2001, pp. 35-36.

PERAHIA ZEMOUR, Erika. « Le judaïsme perdu et retrouvé de Salonique », *Pardès*, N° 28, Paris, 2000, pp. 153-154.

PERRONNET, Jacques. « Poporino ou les mystères de Naples », *Représentations de l'histoire*, Actes du colloque franco-allemand de Cologne (17-18 juin 1988), publiés par Gérard Laudin et Edgar Mass, 1993, pp. 234-243.

PINHAS, Lisa. *Récit de l'enfer : manuscrit en français d'une juive de Salonique déportée*, Paris, Le Manuscrit, 2016, 424 p.

PLUCHON, Pierre. *Nègres et Juifs au XVIIIe siècle. Le racisme au Siècle des Lumières*, Paris, Tallandier, 1984, 313 p.

RICŒUR, Paul. *Histoire et Vérité*, Paris, Seuil, 1955, 362 p.

RICŒUR, Paul. *La mémoire, l'histoire, l'oubli*, Paris, Le Seuil, 2002, 736 p.

ROBINSON, Ira. « Reflections on Antisemitism in French Canada », *Canadian Jewish Studies/Études juives canadiennes*, vol. 21, 2013, pp. 90-121

RODAL, Alti. « L'identité juive », dans ANCTIL, Pierre et CALDWELL, Gary (dir.). *Juifs et réalités juives*, Québec, Institut québécois de la recherche sur la culture, 1984, pp. 19-51.

RONDEAU, Daniel. *Tanger*, Paris, Quais Voltaire, 1987, 193 p.

RONZEAUD, Pierre. « Formes et enjeux de la réécriture moderne des crises du XVIIe siècle : les romans historiques de Raymond Jean », *Représentations de l'histoire*, Actes du colloque franco-allemand de Cologne (17-18 juin 1988), publiés par Gérard Laudin et Edgar Mass, 1993, pp. 244-259.

ROTH, Suzanne. *Les aventuriers du XVIIIe siècle*, Éditions Galilé, 1980, 304 p.

SACK, Benjamin G. *History of the Jews in Canada*, Montréal, Congrès juif canadien, 1945, 285 p.

SAINT-GELAIS, Richard. *L'empire du pseudo. Modernités de la science-fiction*, Québec, Nota-Bene, 1999, 402 p.

SALFELLNER, Harad (auteur), DEBORD, Didier (Traduction). *Le Golem de Prague : les récits juifs du ghetto*, Poitiers, Vitalis, 2010 64 p.

SEBAH LASRY, Arielle. « Synergie entre tradition et modernité », dans Fiby Bensoussan. *De Marrakech à Montréal*, Montréal, Éditions du Marais, 2009, pp. 141-144.SÉGINGER, Gisèle (Textes réunis par). *Écriture(s) de l'histoire*, Strasbourg, Presses Universitaires de Strasbourg, 2005, 358 p.

STROEV, Alexandre. *Les aventuriers des Lumières*, Paris, PUF, « Écritures », 1997, 349 p.

TADIÉ, Jean-Yves. *Le récit poétique*, Paris, PUF, 1978, 206 p.

TARTAKOWSKY, Ewa. *Les Juifs et le Maghreb. Fonctions sociales d'une littérature d'exil*, Tours, Presses Universitaires François Rabelais, coll. « Migrations », 2016, 330 p.

TOMASZ GROSS, Jan. *Les voisins : 10 juillet 1941 un massacre de juifs en Pologne*, Paris, Fayard, 2002, 285 p.

VAÏS, Michel. « Le conte en question », *Jeu 87*, 1998, pp. 8-22.

VAUGEOIS, Denis. *Les Juifs et la Nouvelle-France*, Trois-Rivières, Coll. 17/60, Les Éditions Boréal Express, 1968. 154 p.

VÖLKL, Yvonne. « Un travestissement instructif. Esther Brandeau dans *Une Juive en Nouvelle-France* de Pierre Lasry », Gilles Dupuis, Klaus-Dieter Ertler, Alessandra Ferraro (s. la dir.). *Présences, résurgences et oublis du religieux dans les littératures française* et *québécoise*, Frankfurt a. M., Peter Lang, 2017, pp. 217-235.

WARDI, Charlotte. *Le Génocide dans la fiction romanesque*, Paris, PUF, 1986, 179 p.

WEINFELD, Morton. « Le milieu juif contemporain », dans ANCTIL, Pierre et CALDWELL, Gary (dir.). *Juifs et réalités juives*, Québec, Institut québécois de la recherche sur la culture, 1984, pp. 53-80

WEISGERBER, Jean. *L'espace romanesque*, Lausanne, L'Âge d'homme, Coll. Bibliothèque de littérature comparée, 1978, 269 p.

YOUNG-GUEZ-BELLAÏCHE. « L'expression poétique comme mesure de réflexion et d'action », *Le Maghreb Littéraire*, Vol VII, N° 14, 2003, pp. 133-139.

ZAFRANI, Haïm. *Deux mille ans de vie juive au Maroc. Histoire et culture, religion et magie*, Paris, Maisonneuve et Larose, 1983, 315 p.

ZÉRAFFA, Michel. *La révolution romanesque*, Paris, Union générale d'édition, 1972, 439 p.

AUTRE BIBLIOGRAPHIE

ANGENOT, Marc. « Préface », Denise Helly et Anne Vassal. *Romanciers immigrés. Biographies et œuvres publiées au Québec entre 1970 et 1990*, Montréal, IQRCCIADEST, 1991, pp. xi-x.

BÉNAYOUN-SZMIDT, Yvette. « Entre la mémoire et l'exil dans *Tanger, les miens et les autres* de Mary Abécassis Obadia », *Francofonia* (Espagne), N° 8, 1999, pp. 307-324.

_____. « Évocation de Tanger revisitée par une écrivaine judéo-marocaine », *Poétique de la ville marocaine*, Actes du colloque du 20-21 juin 2006, Meknès, Publication de la Faculté des Lettres et des Sciences Humaines (Séries Actes du colloque N° 23/2009), pp. 104-112.

BERNARD, Roger. « Du social à l'individu : naissance d'une identité bilingue », Jocelyn Létourneau (s. la dir. de). avec la collaboration de Roger Bernard. *La question identitaire au Canada francophone*, Sainte-Foy, PUL, 1994, pp. 155-163.

BERTRAND, Pierre. « Le Québec multiethnique », *Possible*, 12/3, été 1988, pp. 67-74.

BERROUËT-ORIEL, Robert et FOURNIER, Robert. « L'émergence des écritures migrantes et métisses au Québec », Toronto, *Litté Réalité*, 3.2 Aut. 91, pp. 9-35.

BERROUËT-ORIEL, Robert. « L'effet d'exil du champ littéraire québécois », *Vice Versa*, N° 17, décembre 1986-janvier 1987, pp. 20-21.

_____. « L'errance en soi : de la migration comme fiction », *Moébius* 31, 1987, pp. 143-148.

CACCIA, Fulvio. « Le roman francophone de l'immigration en Amérique du Nord et en Europe : une perspective transculturelle », dans Jean-Michel Lacroix et Fulvio Caccia (dirs). *Métamorphose d'une utopie*, Montréal/Paris, Triptyque et Presses de la Sorbonne Nouvelle, 1992, pp. 91-104.

CARON, Marie. « L'itinéraire d'un écrivain migrant », *Lettres Québécoises*, N° 110, 2003, p. 43.

CECCON, Jérôme. « Les écritures migrantes au Québec », *www. Africultures.com*, publié le 9/9/2004.

CHARTIER, Daniel. « Les origines de l'écriture migrante. L'immigration littéraire au Québec au cours des deux derniers siècles », *Voix et images*, Hiver 2002, Vol. XXVII, N° 2, pp. 303-316.

_____. *Dictionnaire des écrivains émigrés au Québec, 1800-1999*, Québec, Nota bene, 2003, 370 p.

CHAULET-ACHOUR, Christiane. « Place d'une littérature migrante en France. Matériaux pour une recherche », Bonn, Charles (dir.). *Littératures des immigrations II*, Paris, L'Harmattan, 1995, pp. 115-124.

COMBE, Dominique. *Les littératures francophones. Questions, débats, polémiques*, Paris, PUF, 2010, 256 p.

DAVAILLE, Florence. « L'interculturalisme en revue : l'expérience Vice Versa », *Voix et Images*, Vol. 32, N° 2 (95), 2007, pp. 109-122.
DELEUZE, Gilles et GUATTARI, Félix. *Kafka, pour une littérature mineure*, Paris, Minuit, coll. Critique, 1975, 159 p.
DEN TOONDER, Jeanette. « La mondialisation de l'écriture migrante », Marie Carrière et Catherine Khordoc (dirs). *Migrance comparée/Comparing Migration. Les littératures du Canada et du Québec/The Literatures of Canada and Québec*, Berne et al., Peter Lang, 2008, pp. 19-36.
DES ROSIERS, Joël. *Théories caraïbes – Poétique du déracinement*, Montréal, Triptyque, 1996, 224 p.
DUPUIS, Gilles. « L'émergence des écritures transmigrantes au Québec », Klaus-Dieter Ertler et Martin Löschnigg (eds). *Canada in the Sign of Migration and Trans-Culturalism / Le Canada sous le signe de la migration et du transculturalisme. From Multi- to Trans-Culturalism / Du multiculturalisme au transculturalisme,* Peter Lang, 2005, pp. 39-46.

_____. « Redessiner la cartographie des écritures migrantes/Redesign the Migrant Writings Cartography », *Globe. Revue internationale d'études québécoises*, 10,1, 2007, pp. 137-146.
ERTLER, Klaus-Dieter. « Les 'écritures migrantes' au Québec et leur oscillation entre identité et différence », Klaus-Dieter Ertler et Martin Lösching (dirs). *Canada 2000. Identity and Transformation. Central European Perspectives on Canada. Identité et transformation. Le Canada vu à partir de l'Europe centrale*, Berne et al., Peter Lang, 2000, pp. 169-178.
FORGET, Danielle. « Les nouveaux paradigmes de l'identité et la littérature migrante au Québec », dans *Le Soi et l'autre. L'énonciation de l'identité dans les contextes interculturels*, sous la direction de Pierre Ouellet, Presses de L'Université Laval, 2003, pp. 35-50.
GAUTHIER, Louise. *La mémoire sans frontières. Émile Ollivier, Naïm Kattan et les écrivains migrants au Québec*, Québec, Les Presses de l'Université Laval, 1997, 144 p.
GAUVIN, Lise. « Écriture, surconscience et plurilinguisme : une poétique de l'errance », Christiane Albert (s. la dir. de). *Francophonie et identités culturelles*, Paris, Karthala, 1999, pp. 13-29.

_____. *Langagement : L'écrivain et la langue au Québec*, Montréal, Boréal, 2000, 254 p. BERTRAND, Jean-Pierre et GAUVIN, Lise (dirs). *Littératures mineures en langue majeure*. Québec, Wallonie-Bruxelles, Berne et al./Montréal, Peter Lang/ Presses de l'Université de Montréal, 2003, 320 p.
GILZMER, Mechtild. « La littérature migrante francophone d'origine marocaine au Québec », *Zeitschrift für Kanada-Studien*, 27.2, 2007 pp. 9-29.
GRUBER, Iris. « La littérature québécoise est transculturelle – qu'est-ce que la littérature québécoise ? », Klaus-Dieter Ertler et Martin Löschnigg (eds). *Canada in the Sign of Migration and Trans-Culturalism / Le Canada sous le signe de la migration et du transculturalisme. From Multi-to Trans-*

Culturalism / Du multiculturalisme au transculturalisme, Peter Lang, 2005, pp. 27-37.

HARREL, Simon. *Le Voleur de parcours : identité et cosmopolitisme dans la littérature québécoise,* Montréal, Le Préambule, 1989, 309 p.

_____. *Les passages obligés de l'écriture migrante,* Montréal, XYZ Éditeur, 1995, 252 p.

JONASSAINT, Jean. « De l'autre littérature québécoise, autoportraits », *Lettres Québécoises,* N° 66, 1992, p. 2.

_____. *Le Pouvoir des mots, les maux du pouvoir,* Montréal, Presses Universitaires de Montréal, 1986, 271 p.

KLAUS, Peter G. « Littérature québécoise et écrivains immigrants », *Lettres Québécoises,* N° 66, 1992, p. 4.

L'HÉRAULT, Pierre. « L'interférence des espaces migrants et de l'espace littéraire québécois », dans Anna Pia De Luca, Jean-Paul Dufiet et Alessandra Ferraro. *Palinsesti cuturali. Gli apporti delle immigration alla letterature del Canada,* Udine, Forum, 1999, pp. 49-65.

_____. « Pour une cartographie de l'hétérogène : Dérives identitaires des années 1980 », Sherry Simon, Pierre L'Hérault, Robert Schwartzwald et Alexis Nouss. *Fictions de l'identitaire au Québec,* Montréal, XYZ, 1991, pp. 55-114.

LACROIX, Jean-Michel et CACCIA Fulvio (dirs). *Métamorphose d'une utopie,* Paris, Montréal, Presses de la Sorbonne Nouvelle/ Éditions Triptyque, 1992, 324 p.

LEQUIN, Lucie et VERTHUY, Maïr. « Multi-culture, multi-écriture, la migrance de part et d'autre », dans Lucie Lequin et Maïr Verthuy (dirs). *Multi-culture, multi-écriture : la voix migrante au féminin en France et au Canada,* Paris/Montréal, L'Harmattan, 1996, pp. 1-12.

_____. « *L'écriture des femmes migrantes au Québec »,* « L'écriture des femmes migrantes au Québec », dans La recherche littéraire. Objets et méthodes, Claude Duchet et Stéphane Vachon, dir., Montréal/Paris, XYZ/PUV, 2e édition, 1998, pp. 415-424.

LEQUIN, Lucie. « Quelques mouvements de la transculture », Winifried Siemerling (ed.). *Writing Ethnicity Cross-Cultural and Quebecois Literature,* Toronto, ECW, 1996, pp. 128-144.

MAAZAOUI, Abbes. « Poétique des marges et marges de la poétique », *L'Esprit Créateur,* Vol. 38, N° 1, printemps 1998, pp. 79-89.

MAILHOT, Laurent. *La littérature québécoise depuis ses origines,* Montréal, Typo essais, 1997, 445 p.

MÉLANÇON, Benoît. « La littérature montréalaise et les ghettos », *Voix et Images,* N° 48, Printemps 1991, pp. 482-492.

MOISAN, Clément et HILDEBRAND, Renate. *Ces étrangers du dedans. Une histoire de l'écriture migrante au Québec (1937-1997),* Québec, Nota Bene, 2001, 361 p.

MOISAN, Clément. *Écritures migrantes et identités culturelles*, Québec, Éditions Nota Bene, 2008, 149 p.

MOUNEIMNÉ-WOJTAS, Tina. « D'un lieu à l'autre. La circulation mémorielle chez les écrivains migrants au Québec », ne mentionne aucun écrivain maghrébin, dans Magdalena Paluszkiewicz-Misiaczek, Anna Reczyńska, Anna Spiewak. *Lieu et mémoire au Canada : perspectives globales*, Polska Akademia Umiejętności, 2005, pp. 331-341.

NDIAYE, Christiane (s. la dir. de). *Introduction aux littératures francophones Afrique, Caraïbe, Maghreb*, Montréal, Les Presses de l'Université de Montréal, 2004, pp. 247-249.

NEPVEU, Pierre. *L'écologie du réel*, Montréal, Boréal, 1988, 243 p.

OLLIVIER, Émile. *Repérages*, Montréal, Leméac, 2001, 136 p.

_____. *Passages*, Montréal, Éds de l'Hexagone, 1991, 230 p.

PARÉ, François. *Les Littératures de l'exiguïté*, Hearst (Ontario), Nordir, 1992, 175 p.

PATERSON, Janet. « Quand le je est un(e) Autre : l'écriture migrante au Québec », M. Monford et F. Bellarsi (s. la dir. de). *Reconfigurations : Canadian Literatures and Postcolonial identities,* P. Lang, 2002, pp. 43-59.

RACHÉDI, Lilyane. *L'écriture comme espace d'insertion et de citoyenneté pour les immigrants. Parcours migratoires et les stratégies identitaires d'écrivains Maghrébins au Québec*, Québec, Presses de l'Université du Québec, 2000, 196 p.

REDOUANE, Najib. « L'aventure collective des voix littéraires sépharades au Canada », *International Journal of Francophone Studies*, University of Leeds (England), 7-1 & 7-2, Fall 2004, pp. 51-65.

_____. « L'exil-métamorphose de l'être féminin dans *Les Jardins de cristal* de Nadia Ghalem », in E. Brandusa-Steiciuc, O. Gancevici and E. Oktapoda-Lu (Eds) *Mythe et mondialisation dans les littératures francophones,* Editura Universităţii Suceava, Romania, 2006, pp. 273-284.

_____ (s. la dir. de). *Où en est la littérature beur ?* Paris, L'Harmattan, 2012, 369 p.

REDOUANE, Najib & BÉNAYOUN-SZMIDT, Yvette (s. la dir. de). *Qu'en est-il de la littérature 'beur' au féminin ?* Paris, L'Harmattan, 2012, 443 p.

ROBIN, Régine. « Les champs littéraires sont-ils désespérément monolingues ? Les écritures migrantes », Anne De Vaucher Gravili (dir). *D'autres rêves. Les écritures migrantes au Québec,* Venise, Supernova, 2000, pp. 19-43.

_____. *Cybermigrances. Traversées fugitives*, Montréal, VLB Éditeur, 2004, 256 p.

_____. *La Québécoite*, Montréal, Québec-Amérique, 1983, 200 p. ; Montréal, Les Éditions XYZ, 1993, 224 p.

_____. *Le deuil de l'origine. Une langue en trop, la langue en moins*, Paris, Éditions Kimé, 2003, 238 p.

_____. « Sortir de l'ethnicité », dans Jean Michel Lacroix et Fulvio Caccia (Textes recueillis par). *Métamorphoses d'une utopie*, Montréal, Triptyque, 1992, pp. 25-43.

_____. *Le Roman mémoriel : de l'histoire à l'écriture du hors-lieu*, Montréal, Éditions du Préambule, 1989, 196 p.

SCARPETTA, Guy. *Éloge du cosmopolitisme*, Paris, Grasset, 1981, 304 p.

SIMON, Sherry et LEAHY, David. « La recherche au Québec porte sur l'écriture ethnique », dans John W. Berry et J. A. Laponce (dirs). *Ethnicity and Culture in Canada : The Research Landscape*, Toronto, University of Toronto Press, 1994, pp. 387-409.

SIMON, Sherry. « Écrire la différence. La perspective minoritaire », *Recherches sociographiques*, 2 5, N° 3, sept.-déc. 1984, pp. 457 458.

_____. « *Hybridités culturelles, hybridités textuelles* », François Laplantine, Joseph Lévy, Jean-Baptiste Martin et Alexis Nouss (dirs). *Récit et connaissance*, Lyon, Presses Universitaires de Lyon, 1998, pp. 233-243.

_____. *Hybridité culturelle*, Montréal, L'Île de la tortue, éditeur, coll. « Les élémentaires. Une encyclopédie vivante », 1999, p. 27.

TURGEON, Laurier et KERBIRIOU, Anne-Hélène. « Métissage, de glissements en transferts de sens », Turgeon, Laurier (dir). *Regards croisés sur le métissage*, Québec, Presses de l'université Laval, 2002, pp. 1-20.

TURGEON, Laurier. « Les mots pour dire les métissages. Jeux et enjeux d'un lexique », Pierre Ouellet (dir). *Le soi et l'Autre. L'énonciation de l'identité dans les contextes interculturels*, Québec, Presses de l'Université Laval, 2003, pp. 383-402.

TABLE DES MATIÈRES

INTRODUCTION
Voix sépharades au Québec 7

ÉTUDES

Bob ORÉ ABITBOL 15

Salomon BENBARUCK 41

Serge OUAKNINE 61

Lélia YOUNG 95

Clémence BENDELAC-LÉVY 115

Mary ABÉCASSIS OBADIA 141

Georges AMSELLEM 153

David BENDAYAN 175

David BENSOUSSAN 195

Pierre LASRY 215

Raphaël LÉVY 247

Fiby BENSOUSSAN 273

Yvette BÉNAYOUN-SZMIDT	293
Thérèse ZRIHEN-DVIR	299
Jacques BENSIMON	331
Roger ELMOZNINO	359
Sylvie ASSOULINE	379

INTRODUCTION À
VOIX MIGRANTES AU QUÉBEC :
ÉMERGENCE D'UNE LITTÉRATURE MAGHRÉBINE :
« PLUMES MAGHRÉBINES DANS L'ÉCRITURE MIGRANTE AU QUÉBEC »   413

BIBLIOGRAPHIE   443

Autres ouvrages publiés par les auteurs de ce volume :

Ouvrages de critique

•*Voix Migrantes au Québec. Émergence d'une littérature maghrébine*, Najib Redouane et Yvette Bénayoun-Szmidt, Coll. *Autour des textes maghrébins,* Paris, L'Harmattan, 2017, 280 p.
•*NAJIB REDOUANE*, Bernadette Rey Mimos-Ruiz et Yvette Bénayoun-Szmidt et (s. la dir. de), Coll. *Autour des écrivains maghrébins,* Paris, Harmattan, 2017, 367 p.
•*MAHI BINEBINE*, Najib Redouane, Yvette Bénayoun-Szmidt et Bernadette Rey Mimos-Ruiz (s. la dir. de), Coll. *Autour des écrivains maghrébins,* Paris, L'Harmattan, 2016, 288 p.
•*Créativité littéraire en Tunisie.* Najib Redouane (s. la dir. de) Coll. *Autour des textes maghrébins,* Paris, L'Harmattan, 2015, 442 p.
•*Les Franco-Maghrébines autres voix/Écritures autres.* Najib Redouane et Bénayoun-Szmidt (s. la dir. de) Coll. *Autour des textes maghrébins,* Paris, L'Harmattan, 2014, 465 p.
•*Les écrivains maghrébins francophones et l'Islam : constance dans la diversité.* Najib Redouane, (s. la dir. de) Coll. *Autour des textes maghrébins,* Paris, L'Harmattan, 2013, 460 p.
•Qu'en est-il de la littérature « beur » au féminin ? Najib Redouane et Bénayoun-Szmidt (s. la dir. de) Coll. *Autour des textes maghrébins,* Paris, L'Harmattan, 2012, 444 p.
•*Où en est la littérature « beur » ?* Najib Redouane (s. la dir. de), Paris, L'Harmattan, 2012, 369 p.
•*Lecture(s) de l'œuvre de Rachid Mimouni,* Coll. *Autour des textes maghrébins,* Paris, Harmattan, 2012.
•*L'œuvre romanesque de Gérard Étienne. É(cri)ts d'un révolutionnaire,* N. Redouane et Y. Bénayoun-Szmidt (s. la dir. de), Coll. *Espaces Littéraires,* Paris, L'Harmattan, 2011, 254 p.
•*AHMED BEROHO,* Najib Redouane et Yvette Bénayoun-Szmidt (s. la dir. de), Coll. *Autour des écrivains maghrébins,* Paris, L'Harmattan, 2010, 298 p.
•*Diversité littéraire en Algérie*, Najib Redouane (s. la dir. de), Coll. *Autour des textes maghrébins,* Paris, L'Harmattan, 2010, 302 p.
•*Vitalité littéraire au Maroc*, Najib Redouane (s. la dir. de), Coll. *Autour des textes maghrébins,* Paris, L'Harmattan, 2009, 371 p.
•*Clandestins dans le texte maghrébin de langue française*, Najib Redouane (s. la dir. de), Coll. *Autour des textes maghrébins*, Paris, L'Harmattan, 2008, 352 p.
•*ASSIA DJEBAR*, Najib Redouane et Yvette Bénayoun-Szmidt (s. la dir. de), Coll. *Autour des écrivains maghrébins*, Paris, L'Harmattan, 2008, 380 p.
•*Écriture féminine au Maroc : Évolution et continuité,* Coll *Critiques littéraires,* Paris, Éds L'Harmattan, 2006, 306 p.
MALIKA MOKEDDEM, Najib Redouane, Yvette Bénayoun-Szmidt et Robert Elbaz (s. la dir. de), Coll. *Autour des écrivains maghrébins*, Paris, Harmattan, 2004, 352 p.
•*TAHAR BEKRI*, Najib Redouane (s. la dir. de), Coll. *Autour des écrivains maghrébins,* Paris, L'Harmattan, 2003, 278 p.
•*Rachid Mimouni : entre engagement et littérature*, Coll Espaces littéraires, Paris, L'Harmattan. Paris, 2002, 268 p.

•*Algérie : Nouvelles Écritures,* C. Bonn, N. Redouane et Y. Bénayoun-Szmidt (s. la dir. de), Coll. *Études Littéraires Maghrébines*, N° 15, Paris, L'Harmattan, 2001, 268 p.
•*RACHID MIMOUNI,* Najib Redouane (s. la dir. de) coll. *Autour des écrivains maghrébins*, Toronto, Éditions La Source, 2000, 423 p.
•*Parcours féminin dans la littérature marocaine d'expression française,* Yvette Bénayoun-Szmidt et Najib Redouane, Toronto, Éditions La Source, 2000, 202 p.
•*1989 en Algérie. Rupture féconde ou Rupture tragique*, N. Redouane et Y. Mokaddem (s. la dir. de), Toronto, Éditions La Source 1999, 261 p.
•*La Traversée du français dans les signes littéraires marocains*, Y. Bénayoun-Szmidt, H. Bouraoui et N. Redouane (s. la dir. de), Toronto, Éditions La Source, 1996, 253 p.

Recueils de poésie de Najib Redouane

• *Le glas du mal,* Montréal, Éditions du Marais, 2018, 72 p.
• *Ballade du séquestré académique*, Montréal, Éditions du Marais, 2016, 68 p.
• *Nomade autarcique*, Montréal, Éditions du Marais, 2016, 76 p.
• *Regard à regard*, Montréal, Éditions du Marais, 2014, 42 p.
• *Murs et murs*, Montréal, Éditions du Marais, 2014, 108 p.
• *Peu importe*, Montréal, Éditions du Marais, 2013,124 p.
• *Pensées nocturnes*, Montréal, Éditions du Marais, 2013, 68 p.
• *Remparts fissurés*, Montréal, Éditions du Marais, 2012, 98 p.
• *Le Murmure des vagues,* Rome, Aracne éditrice, 2011, 77 p.
• *Ombres confuses du temps,* Montréal, Éditions du Marais, 2010, 71 p.
• *Ce soleil percera-t-il les nuages ?* Montréal, Éditions du Marais, 2009, 70 p.
• *Lumière fraternelle,* Montréal, Éditions du Marais, 2009, 66 p.
• *Le Blanc de la parole,* Montréal, Éditions du Marais, 2008, 66 p.
• *Paroles éclatées,* Montréal, Éditions du Marais, 2008, 66 p.
• *Songes brisés,* Montréal, Éditions du Marais, 2008, 66 p.
Romans
•*À l'ombre de l'eucalyptus*, Paris, Éditions L'Harmattan, 2014, 170 p.
•*L'année de tous les apprentissages*, Paris, Éditions L'Harmattan, 2015, 298 p.
•*Le legs du père*, Paris, Éditions L'Harmattan, 2016, 298 p.
•*L'envers du destin*, Paris, Éditions Vérone, 2016, 388 p.

Recueil de poésie de Yvette Bénayoun-Szmidt

• *Échos de souvenance*, Montréal, Éditions du Marais, 2014, 42 p.

CRITIQUE ET ÉTUDES LITTÉRAIRES AUX ÉDITIONS L'HARMATTAN

Dernières parutions

L'EAU ET LA TERRE DANS L'UNIVERS ROMANESQUE DE CLAUDE SIMON
L'obsession élémentaire
Kotowska Joanna
La fascination humaine pour les quatre éléments de la nature remonte aux temps des premières intuitions scientifiques. Claude Simon, un «alchimiste des mots» contemporain, nous propose un regard original sur deux puissances élémentaires qui structurent son univers romanesque : l'aquatique et le tellurique. Ce jeu incessant entre l'existence et le néant substantiel invite le lecteur à (re)découvrir le potentiel émotionnel émanant de l'eau et de la terre chez Claude Simon.
(Coll. Espaces Littéraires, 25.50 euros, 256 p.)
ISBN : 978-2-343-13075-0, ISBN EBOOK : 978-2-14-005253-8

LES ÉCRITURES DE LA FAIM
Éléments pour une ontologie de la faim
Lucereau Jérôme
Comment aborder les problématiques de la faim dans les littératures ? L'auteur cerne de façon synthétique les principales topiques de la faim, puis il différencie et définit les concepts de faim et d'affamé. Enfin il s'efforce d'élaborer un mythe de la faim en puisant les mythes fondateurs sans éviter les assises dogmatiques et religieuses (de la faim et du jeûne) et les problématiques pathologiques (anorexie/boulimie), ni le rapport au Pouvoir. Une ontologie de la faim pourrait modifier considérablement le paradigme contemporain de la faim dans le monde.
(Coll. Critiques Littéraires, 35.00 euros, 404 p.)
ISBN : 978-2-343-13373-7, ISBN EBOOK : 978-2-14-005397-9

ÉTUDES SUR LE THÉÂTRE D'A. CÉSAIRE, A. CAMUS ET B. ZADI ZAOUROU
Soro Aboudou N'golo
Ce livre décrypte les théâtres d'Albert Camus, d'Aimé Césaire et de Bernard Zadi Zaourou en révélant les effets tragiques en relation avec les implications sociales. Le premier axe de recherche montre comment l'espace dramatique dans *Une tempête* d'Aimé Césaire traduit les tensions sociales qu'il y représente. Le second axe de réflexion porte sur le personnage dramatique chez Albert Camus et Bernard Zadi Zaourou.
(Coll. Harmattan Côte-d'Ivoire, 16.50 euros, 154 p.)
ISBN : 978-2-343-13230-3, ISBN EBOOK : 978-2-14-005269-9

COMMUNICATIONS ET ANALYSE DES RELATIONS INTERPERSONNELLES DE LA FEMME DANS LE ROMAN AFRICAIN FRANCOPHONE
Mfoumou Marie Zoé
Cet ouvrage prend appui sur une sélection d'une vingtaine de romans africains francophones écrits entre 1881 et 2003. De leur analyse émergent deux figures de la femme africaine : celle qui sait communiquer et qui entretient des relations harmonieuses avec son entourage - assimilée à une «bonne» femme - et celle rejetée, considérée comme une «mauvaise» femme et avec qui les

relations sont antagoniques. Il passe également en revue les critères d'appréciation de la femme en Afrique, au fur et à mesure de la modernisation de ce continent.
(Coll. Logiques sociales, 27.00 euros, 258 p.)
ISBN : 978-2-343-13138-2, ISBN EBOOK : 978-2-14-005400-6

LES PALIKARES GRECS ET LEURS AVATARS
Breuillot Martine, Debaisieux Renée-Paule, Terrades Marc
Ce sont ces figures grecques du palikare que présente cet ouvrage : d'abord le klephte (ce bandit des grands chemins), ayant pris les traits d'un vaillant guerrier, encensé par les écrivains, ensuite le personnage plein de bravoure, pour terminer sur la figure parodique du palikare-polisson, qui ne rappelle plus que de loin ses ancêtres glorieux. La gloire se transporte du côté des pitreries et du jeu, un jeu qui garde toutefois, en arrière-plan, la notion de défense de la patrie.
(Coll. Études grecques, 14.00 euros, 120 p.)
ISBN : 978-2-343-13544-1, ISBN EBOOK : 978-2-14-005344-3

PROCESSUS DE LA CATÉGORISATION EN LINGUISTIQUE
Nishimura Takuya - Préface de Frank Alvarez-Pereyre
Les sept textes de cet ouvrage présentent quelques réflexions sur la question de la catégorisation linguistique. Il s'agit d'études sur l'état d'un élément qui n'a pas d'appartenance absolue à une catégorie donnée ; cette ambiguïté de relation entre un élément et sa catégorie se situe sur des processus de la catégorisation. Dans ce cadre, on analyse des faits représentatifs de plusieurs langues telles que le japonais, le turc, le vietnamien, le hongrois, l'aïnou, le pomo, etc., sans oublier le français.
(Coll. Langue et parole - Recherches en Sc. du Langage, 23.50 euros, 232 p.)
ISBN : 978-2-343-12943-3, ISBN EBOOK : 978-2-14-005343-6

SOCIOLINGUISTIQUE URBAINE, SOCIOLINGUISTIQUE D'INTERVENTION : APPORTS ET INNOVATIONS
Hommage scientifique à Thierry Bulot
Dirigé par Gudrun Ledegen
À la suite de la Journée d'hommage scientifique à Thierry Bulot, ses collègues et étudiants présentent ici différentes facettes de ses recherches en sociolinguistique urbaine et prioritaire, en éclairant les enjeux et apports de cette nouvelle école sociolinguistique, son inscription sur les terrains africain, algérien, vietnamien, guernesiais, marocain, ainsi qu'avec la méthodologie de la documentarisation. Tou.te.s viennent exemplifier cette approche fructueuse et toujours engagée.
(Coll. Espaces discursifs, 20.00 euros, 188 p.)
ISBN : 978-2-343-13485-7, ISBN EBOOK : 978-2-14-005309-2

L'ÉSOTÉRISME D'EDGAR POE
Joguin Odile
Tardivement reconnu par la critique de son pays qui l'a vilipendé au lendemain de sa mort, épris de Beauté et d'Unité, Poe s'est interrogé passionnément sur les mystères de l'univers et de l'au-delà. Lui, dont la visée artistique était «l'ordre métaphysique», s'est en particulier tourné vers le réservoir d'images et de symboles que lui ont offert les différents ésotérismes (franc-maçonnerie, arcanes du Tarot, alchimie, arithmosophie...). L'étude est consacrée à explorer cette piste encore peu empruntée.
(32.00 euros, 322 p.)
ISBN : 978-2-343-13385-0, ISBN EBOOK : 978-2-14-005137-1

LE DÉCHIFFREMENT DU MONDE
La gnose poétique d'Ernst Jünger
D'Alrange Luc-Olivier
L'œuvre d'Ernst Jünger ne se réduit pas à ses récits et journaux de guerre. C'est une méditation originale sur le Temps, les dieux, les songes et symboles. Elle mène de l'art de l'interprétation au rapport des hommes au végétal et à la pierre, elle est aussi une rébellion contre l'uniformisation, incarnée dans la liberté supérieure de l'Anarque envers tous les totalitarismes. Cet ouvrage qui

met en regard la pensée de Jünger et celles de ses maîtres, de Novalis à Heidegger, entend rendre compte de son dessein poétique et gnostique. Il donne à voir le monde visible comme l'empreinte d'un sceau invisible.
(Coll. Théôria, 18.00 euros, 166 p.)
ISBN : 978-2-343-13346-1, ISBN EBOOK : 978-2-14-005021-3

QUEL OISEAU-MOUCHE TE PIQUE ?
L'éclosion d'une compagnie théâtrale atypique
Hervez-Luc - Préface de Laure Adler
Voici le récit de l'itinéraire atypique de Luc Vandewèghe dit Hervez-Luc. Histoire d'une vie qui aboutit à la création d'une compagnie théâtrale non moins singulière *Quel oiseau-mouche te pique ?* Dans un langage teinté de poésie, Hervez-Luc retrace les étapes de sa vie depuis son enfance jusqu'aux premiers pas professionnels de la compagnie théâtrale qui a pignon sur rue aujourd'hui à Roubaix et qui sillonne la France entière et de nombreux pays à l'étranger.
(14.00 euros, 126 p.)
ISBN : 978-2-343-13190-0, ISBN EBOOK : 978-2-14-004979-8

LES REDONDANCES PRÉDICATIVES EN FRANÇAIS PARLÉ
Depoux Philippe
Français parlé, redondance, prédication, télévision : quels liens unissent ces termes qui semblent avoir bien peu de propriétés en commun ? En mettant en relation milieux sociaux, époques d'enregistrement et types de reformulation, cet ouvrage tente d'expliquer l'usage préférentiel de tel ou tel type de redondance par telle ou telle catégorie de locuteurs.
(Coll. Langue et parole - Recherches en Sciences du Langage, 30.00 euros, 292 p.)
ISBN : 978-2-343-13301-0, ISBN EBOOK : 978-2-14-005188-3

ANDRÉ MALRAUX OU LES MÉTAMORPHOSES DE SATURNE
Lantonnet Évelyne - Préface de Brian Thompson
Peu d'études critiques ont accordé une place au mythe dans la pensée de Malraux. Autodidacte, ce dernier est allé au-devant de la culture ; il n'a pas été formé par l'institution. D'Antigone à Prométhée, quelques figures fascinent Malraux. Cependant, Saturne est la seule instance mythique, qui domine tout un livre. Saturne : un mythe personnel ? Il interpelle d'abord Malraux en tant que penseur. Celui-ci voit en ce monstre dévorateur une parabole de la condition humaine. Mais Saturne l'interroge aussi en tant qu'esthéticien. Il semblerait que Malraux ait inventé les métamorphoses de Saturne.
(Coll. Espaces Littéraires, 30.00 euros, 290 p.)
ISBN : 978-2-343-13112-2, ISBN EBOOK : 978-2-14-005078-7

INITIATION À LA LINGUISTIQUE DIACHRONIQUE DE LA LANGUE FRANÇAISE
Diedhiou Fidèle
Cet ouvrage poursuit un double objectif, à la fois théorique et pratique. Il présente pour chaque chapitre une définition des notions essentielles, avec éventuellement des remarques complémentaires. Sur le plan pratique, il fournit pour chaque cas étudié une fiche retraçant l'histoire phonétique de mots-types du latin au français moderne. Il comprend 15 chapitres permettant de replacer chaque phénomène dans le cadre de son évolution complète, accompagnés de nombreux exercices d'application.
(Harmattan Sénégal, 21.50 euros, 219 p.)
ISBN : 978-2-343-12898-6, ISBN EBOOK : 978-2-14-005084-8

PAROLES, PAROLES ! POUR QUOI PARLONS-NOUS ?
Essai
Bourse Michel
Qu'est-ce qui est mis en œuvre dans l'acte de parler ? Dans la parole adressée à autrui se joue en fait une relation spécifique, au travers de laquelle tout individu se structure. Celle-ci devient alors l'instrument essentiel d'une intersubjectivité possible, c'est-à-dire d'une relation créatrice

qui nous constitue comme sujet dans notre relation à l'autre. Parler aurait donc une fonction véritablement politique : s'y joue en définitive le rapport de chacun d'entre nous au monde.
(Coll. Langue et parole - Recherches en Sciences du Langage, 27.00 euros, 262 p.)
ISBN : 978-2-343-13219-8, ISBN EBOOK : 978-2-14-004955-2

POUR LA PASSION D'ÉCRIRE, UN ESPACE DE LIBERTÉ
Les ateliers d'écriture
Lecarme Philippe
« Ateliers d'écriture » ? Le mot fait désormais partie du langage courant, mais on imagine mal à quel point il recouvre des activités différentes. Ils existent depuis plus de 40 ans et bien des animateurs ont écrit sur leurs pratiques. L'auteur présente ici diverses procédures qu'il a mises en œuvre et dresse à la fois un historique et une évaluation actuelle de cette pratique. Travail utile à tous ceux qui croient que l'écriture reste toujours à réinventer.
(39.00 euros, 418 p.)
ISBN : 978-2-343-12589-3, ISBN EBOOK : 978-2-14-004683-4

MÉLANGES AUTOUR DE JACQUES LE FATALISTE DE DIDEROT
Textes réunis par Jacques Domenech
Ces Mélanges, de la Catalogne au Japon, démontrent des affinités électives, chez des auteurs éclectiques. La transdisciplinarité de la méthode d'Umberto Eco, celle de Michel Butor, s'inspirent des Lumières. Sans recenser tout ce qui gravite autour de l'œuvre de Diderot, le triptyque «Rabelais, Cervantès, Diderot» révèle une imbrication créative spécifique. Kundera oppose une théorie de Weltliteratur : nous retrouvons l'esprit des textes de ce volume. C'est une maestria dans le renversement copernicien. Les premiers sont les derniers. De ce non-dogmatisme naît une esthétique anticonformiste, résolument moderne, celle de Jacques le Fataliste et de sa galaxie.
(Coll. Thyrse (Université Nice-Sophia-Antipolis), 25.00 euros, 236 p.)
ISBN : 978-2-343-13049-1, ISBN EBOOK : 978-2-14-004865-4

CRISE DE LA MODERNITÉ ET MODERNITÉ EN CRISE
Étude contrastive de l'œuvre d'Albert Camus et de celle de Sadegh Hedayat
Hosseini Seyyed Rouhollah - Préface de Pierre Lafrance
Rouhollah Hosseini a choisi deux auteurs, Albert Camus et Sadegh Hedayat, pour illustrer les relations entre modernité et crise. Il tente de discerner chez ces deux hommes ce qui les rapproche dans leur commune recherche d'un sens à la vie, à l'homme et au monde. Il met d'autant mieux en lumière leurs convergences qu'il sait voir ce par quoi ils diffèrent. Aussi son étude n'est-elle pas seulement comparative, mais selon ses propres termes «contrastive».
(Coll. L'Iran en transition, 21.50 euros, 210 p.)
ISBN : 978-2-343-12639-5, ISBN EBOOK : 978-2-14-004799-2

DIX MYTHES À LA HONGROISE
Essais de mythocritique
Kányádi András
Porteurs de significations symboliques, les mythes littéraires ne cessent d'irriguer l'imagination. Ce livre propose un choix de dix figures mythiques récurrentes dans la littérature hongroise au fil de cinq siècles et en proie à une incessante réactualisation. On y trouvera les velléités artistiques d'un Néron décadent, la rhétorique monstrueuse du Minotaure de la Grande Plaine ou encore les occupations des vampires logés au Bois-de-Ville budapestois. Et ce sera aussi l'occasion de redécouvrir quelques grandes plumes de la littérature magyare, comme Babits, Kosztolányi, Márai, Esterházy, Náadas ou Krasznahorkai.
(Coédition ADEFO, Coll. Bibliothèque finno-ougrienne, 21.50 euros, 214 p.)
ISBN : 978-2-343-13136-8, ISBN EBOOK : 978-2-14-004855-5

Structures éditoriales du groupe L'Harmattan

L'Harmattan Italie
Via degli Artisti, 15
10124 Torino
harmattan.italia@gmail.com

L'Harmattan Hongrie
Kossuth l. u. 14-16.
1053 Budapest
harmattan@harmattan.hu

L'Harmattan Sénégal
10 VDN en face Mermoz
BP 45034 Dakar-Fann
senharmattan@gmail.com

L'Harmattan Mali
Sirakoro-Meguetana V31
Bamako
syllaka@yahoo.fr

L'Harmattan Cameroun
TSINGA/FECAFOOT
BP 11486 Yaoundé
inkoukam@gmail.com

L'Harmattan Togo
Djidjole – Lomé
Maison Amela
face EPP BATOME
ddamela@aol.com

L'Harmattan Burkina Faso
Achille Somé – tengnule@hotmail.fr

L'Harmattan Côte d'Ivoire
Résidence Karl – Cité des Arts
Abidjan-Cocody
03 BP 1588 Abidjan
espace_harmattan.ci@hotmail.fr

L'Harmattan Guinée
Almamya, rue KA 028 OKB Agency
BP 3470 Conakry
harmattanguinee@yahoo.fr

L'Harmattan Algérie
22, rue Moulay-Mohamed
31000 Oran
info2@harmattan-algerie.com

L'Harmattan RDC
185, avenue Nyangwe
Commune de Lingwala – Kinshasa
matangilamusadila@yahoo.fr

L'Harmattan Congo
67, boulevard Denis-Sassou-N'Guesso
BP 2874 Brazzaville
harmattan.congo@yahoo.fr

L'Harmattan Maroc
5, rue Ferrane-Kouicha, Talaâ-Elkbira
Chrableyine, Fès-Médine
30000 Fès
harmattan.maroc@gmail.com

Nos librairies en France

Librairie internationale
16, rue des Écoles – 75005 Paris
librairie.internationale@harmattan.fr
01 40 46 79 11
www.librairieharmattan.com

Lib. sciences humaines & histoire
21, rue des Écoles – 75005 Paris
librairie.sh@harmattan.fr
01 46 34 13 71
www.librairieharmattansh.com

Librairie L'Espace Harmattan
21 bis, rue des Écoles – 75005 Paris
librairie.espace@harmattan.fr
01 43 29 49 42

Lib. Méditerranée & Moyen-Orient
7, rue des Carmes – 75005 Paris
librairie.mediterranee@harmattan.fr
01 43 29 71 15

Librairie Le Lucernaire
53, rue Notre-Dame-des-Champs – 75006 Paris
librairie@lucernaire.fr
01 42 22 67 13